A ADVOCACIA PÚBLICA MUNICIPAL
COMO INSTRUMENTO DE CONCRETIZAÇÃO
DOS DIREITOS FUNDAMENTAIS

GUSTAVO MACHADO TAVARES
RAPHAEL DIÓGENES SERAFIM VIEIRA
TAISA CINTRA DOSSO

Coordenadores

Flávia Piovesan
Prefácio

Carlos Figueiredo Mourão
Apresentação

A ADVOCACIA PÚBLICA MUNICIPAL COMO INSTRUMENTO DE CONCRETIZAÇÃO DOS DIREITOS FUNDAMENTAIS

Belo Horizonte

2023

© 2023 Editora Fórum Ltda.

É proibida a reprodução total ou parcial desta obra, por qualquer meio eletrônico, inclusive por processos xerográficos, sem autorização expressa do Editor.

Conselho Editorial

Adilson Abreu Dallari	Floriano de Azevedo Marques Neto
Alécia Paolucci Nogueira Bicalho	Gustavo Justino de Oliveira
Alexandre Coutinho Pagliarini	Inês Virgínia Prado Soares
André Ramos Tavares	Jorge Ulisses Jacoby Fernandes
Carlos Ayres Britto	Juarez Freitas
Carlos Mário da Silva Velloso	Luciano Ferraz
Cármen Lúcia Antunes Rocha	Lúcio Delfino
Cesar Augusto Guimarães Pereira	Marcia Carla Pereira Ribeiro
Clovis Beznos	Márcio Cammarosano
Cristiana Fortini	Marcos Ehrhardt Jr.
Dinorá Adelaide Musetti Grotti	Maria Sylvia Zanella Di Pietro
Diogo de Figueiredo Moreira Neto (*in memoriam*)	Ney José de Freitas
Egon Bockmann Moreira	Oswaldo Othon de Pontes Saraiva Filho
Emerson Gabardo	Paulo Modesto
Fabrício Motta	Romeu Felipe Bacellar Filho
Fernando Rossi	Sérgio Guerra
Flávio Henrique Unes Pereira	Walber de Moura Agra

Luís Cláudio Rodrigues Ferreira
Presidente e Editor

Coordenação editorial: Leonardo Eustáquio Siqueira Araújo
Aline Sobreira de Oliveira

Rua Paulo Ribeiro Bastos, 211 – Jardim Atlântico – CEP 31710-430
Belo Horizonte – Minas Gerais – Tel.: (31) 99412.0131
www.editoraforum.com.br – editoraforum@editoraforum.com.br

Técnica. Empenho. Zelo. Esses foram alguns dos cuidados aplicados na edição desta obra. No entanto, podem ocorrer erros de impressão, digitação ou mesmo restar alguma dúvida conceitual. Caso se constate algo assim, solicitamos a gentileza de nos comunicar através do *e-mail* editorial@editoraforum.com.br para que possamos esclarecer, no que couber. A sua contribuição é muito importante para mantermos a excelência editorial. A Editora Fórum agradece a sua contribuição.

A244   A Advocacia Pública Municipal como instrumento de concretização dos Direitos Fundamentais / coordenado por Gustavo Machado Tavares, Raphael Diógenes Serafim Vieira, Taisa Cintra Dosso. - Belo Horizonte : Fórum, 2023.
414 p. ; 17cm x 24cm.
ISBN: 978-65-5518-504-1

1. Direito. 2. Direitos Fundamentais. 2. Municípios. 3. Advocacia Pública Municipal. 4. Procuradores dos Municípios. I. Tavares, Gustavo Machado. II. Vieira, Raphael Diógenes Serafim. III. Dosso, Taisa Cintra. IV. Título.

CDD 341.27
2023-1   CDU 342.7

Elaborado por Vagner Rodolfo da Silva - CRB-8/9410

Informação bibliográfica deste livro, conforme a NBR 6023:2018 da Associação Brasileira de Normas Técnicas (ABNT):

TAVARES, Gustavo Machado; VIEIRA, Raphael Diógenes Serafim; DOSSO, Taisa Cintra (coord.). *A Advocacia Pública Municipal como instrumento de concretização dos Direitos Fundamentais*. Belo Horizonte: Fórum, 2023. 414 p. ISBN 978-65-5518-504-1.

DA COMISSÃO ORGANIZADORA E DA COMISSÃO JULGADORA/CONSELHO EDITORIAL

COMISSÃO ORGANIZADORA

Presidente da Comissão Organizadora:
Gustavo Machado Tavares (Presidente da ANPM – Gestão 2021/2023)

Vice-Presidente da Comissão Organizadora:
Taisa Cintra Dosso (Diretora Científica da ANPM – Gestão 2021/2023)

Coordenador Científico:
Raphael Diógenes Serafim Vieira (Niterói/RJ)

Presidente da Comissão Julgadora:
Ricardo Marcondes Martins (São Paulo/SP)

COMISSÃO JULGADORA/CONSELHO EDITORIAL

Presidente:
Ricardo Marcondes Martins (São Paulo/SP)

Alexsandro Rahbani Aragão Feijó (Maranhão)
Bruno Santos Cunha (Pernambuco)
Carolina Merida (Goiás)
Cintia Estefânia Fernandes (Paraná)
Cristiane da Costa Nery (Rio Grande do Sul)
Daniel Mitidieri Fernandes de Oliveira (Rio de Janeiro)
Daniela Bonfim (Bahia)
Daniela Copetti Cravo (Rio Grande do Sul)
Débora Sotto (São Paulo)
Flávia Marckezine (Espírito Santo)
Francisco Bertino Bezerra de Carvalho (Bahia)
Geórgia Teixeira Jezler Campello (Bahia)
Luciola Maria de Aquino Cabral (Ceará)
Márcio Cammarosano (São Paulo)
Marina Rocha Pontes de Sousa (Pará)
Martônio Mont'Alverne Barreto Lima (Ceará)
Raphael Diógenes Serafim Vieira (Rio de Janeiro)
Ravi de Medeiros Peixoto (Pernambuco)
Thiago Viola Pereira da Silva (Espírito Santo)
Vitor Penno Reis (Rio de Janeiro)

Dedica-se a todos as procuradoras e procuradores efetivos dos Municípios brasileiros filiados à Associação Nacional dos Procuradores Municipais.

AGRADECIMENTOS

Os coordenadores agradecem a todos os envolvidos na concretização desse trabalho de indiscutível qualidade, bem como aos autores selecionados e premiados, pois são estes últimos os protagonistas que dão vida à presente obra.

Também estendemos os nossos agradecimentos ao presidente do Conselho Editorial, Ricardo Marcondes Martins, bem como, nominalmente, aos procuradores municipais e acadêmicos que que verteram precioso tempo e dedicação na avaliação dos artigos selecionados e premiados: Alexsandro Rahbani Aragão Feijó (São Luís/MA); Bruno Santos Cunha (Recife/PE); Carolina Merida (Goiânia/GO); Cintia Estefânia Fernandes (Curitiba/PR); Cristiane da Costa Nery (Porto Alegre/RS); Daniel Mitidieri Fernandes de Oliveira (Rio das Ostras/RJ); Daniela Bonfim (Salvador/BA); Daniela Copetti Cravo (Porto Alegre/RS); Débora Sotto (São Paulo/SP); Flávia Marckezine (Vitória/ES); Francisco Bertino Bezerra de Carvalho (Salvador/BA); Geórgia Teixeira Jezler Campello (Salvador/BA); Luciola Maria de Aquino Cabral (Fortaleza/CE); Márcio Cammarosano (Santo André/SP); Marina Rocha Pontes de Sousa (Belém/PA); Martônio Mont'Alverne Barreto Lima (Fortaleza/CE); Raphael Diógenes Serafim Vieira (Niterói/RJ); Ravi de Medeiros Peixoto (Recife/PE); Thiago Viola Pereira da Silva (Vila Velha/ES) e Vitor Penno Reis (Rio das Ostras/RJ).

A contribuição de cada uma das pessoas envolvidas tornou possível a realização do 2º Concurso de Monografias Jurídicas Oswaldo Aranha Bandeira de Mello, um concurso de monografias que caminha, ano após ano, rumo à sua consolidação na agenda acadêmica como um dos principais concursos de monografias jurídicas do país.

Ninguém vive na União ou no Estado. As pessoas vivem no Município.

(André Franco Montoro)

SUMÁRIO

PREFÁCIO
Flávia Piovesan 21

NOTA DOS COORDENADORES
Gustavo Machado Tavares, Raphael Diógenes Serafim Vieira, Taisa Cintra Dosso 23

APRESENTAÇÃO
Carlos Figueiredo Mourão 27

PARTE I
ARTIGOS SELECIONADOS

Seção I
Artigos Premiados

Subseção I
Categoria Profissional

PROCURADORIA MUNICIPAL E ESTADO DE DIREITO: CONTRIBUIÇÕES PARA UM MODELO INSTITUCIONAL EM PROL DO DESENVOLVIMENTO DA JUSTIÇA ADMINISTRATIVA EM NÍVEL LOCAL
MÁRIO LUIZ NORRIS RIBEIRO REIS 35

I	Introdução	35
II	A determinação do TCE-RJ para que os municípios estruturassem seus órgãos de Procuradoria (Processo nº 225.221-8/2017)	36
III	O princípio da simetria como fundamento inadequado para justificar a necessidade de estruturação dos órgãos de Procuradoria Municipal	39
IV	Reconhecimento da advocacia pública municipal enquanto função essencial à justiça e os desdobramentos desse status constitucional	43
a)	A advocacia pública municipal na Constituição de 1988	43
b)	O papel estratégico da advocacia pública municipal no desenvolvimento do sistema judicial de proteção do cidadão em face da administração pública	48
V	Proposta de modelo institucional de procuradoria municipal	57
a)	A construção de estruturas estatais e os órgãos de procuradoria municipal enquanto capacidade estatal: bases teóricas para uma nova proposta de modelo institucional	57

| VI | Conclusão | 62 |
| | Referências | 64 |

ANEXO A – TABELA DE MODELO INSTITUCIONAL DAS PROCURADORIAS MUNICIPAIS – APLICADA AO MUNICÍPIO DE BARRA DO PIRAÍ-RJ

A FUNÇÃO DA ADVOCACIA PÚBLICA MUNICIPAL NO FINANCIAMENTO DE DIREITOS: ESTUDO DE CASO DA EXECUÇÃO FISCAL ADMINISTRATIVA

VICENTE FÉRRER JÚNIOR ... 75

1	Introdução	75
2	O município na Constituição da República de 1988	77
3	Competências administrativas dos municípios: o modelo de financiamento e a brecha vertical	81
4	Os avanços na cobrança administrativa da dívida ativa	84
4.1	O protesto extrajudicial das certidões da dívida ativa	85
4.2	O tratamento diferenciado do acervo de créditos inscritos em dívida ativa	87
4.3	As medidas de cobrança administrativa da Lei Federal nº 13.606/2018	88
4.4	As transações fiscais na regularização do crédito inscrito em dívida ativa	89
5	A advocacia pública como vetor de inovação na administração: a cobrança administrativa da dívida ativa municipal	90
6	Conclusão	95
	Referências	97

A REPRESENTAÇÃO JURÍDICA DOS MUNICÍPIOS HISTÓRICOS, MINERADORES E TURÍSTICOS DE OURO PRETO E MARIANA (MG) E SUA RELAÇÃO COM A SUSTENTABILIDADE E DEFESA DOS DIREITOS FUNDAMENTAIS

HÉLIO AUGUSTO TEIXEIRA SILVA ... 101

1	Introdução	101
2	Objetivos e metodologia	103
3	A Advocacia Pública e a gestão das Cidades-Patrimônio	105
4	Tombamento – Conceito e origens	105
5	Cidades-Patrimônio: contextualização dos municípios de Mariana e Ouro Preto	108
6	A infraestrutura turística em Ouro Preto e Mariana e a Administração Municipal	111
7	Investimentos necessários ao turismo e à conservação do patrimônio	111
8	Representação jurídica na defesa do patrimônio histórico e ambiental	113
9	A Advocacia Pública dos Municípios, ações de conservação e instrumentos jurídicos	114
10	Ouro Preto e Mariana: mineração	115
11	Ouro Preto e Mariana: a mineração como certidão de nascimento	115
12	As possibilidades e os desafios da atividade mineradora	116
13	Municípios "com ou sem Procuradoria": desafios e possibilidades da Administração Pública	120
14	Conclusão	125
	Referências	127

APÊNDICE A: PROJETO DE LEI PARA ESTRUTURAÇÃO DAS PROCURADORIAS
DE OURO PRETO E MARIANA 132

ANEXO A: LEI COMPLEMENTAR 59/2008 – INSTITUI A PROCURADORIA GERAL
DO MUNICÍPIO DE OURO PRETO-MG 145

ANEXO B: LEI COMPLEMENTAR 177/2018 – ESTRUTURA ORGANIZACIONAL
DA PREFEITURA DE MARIANA-MG 159

Subseção II

Categoria Universitária

A CARTOGRAFIA DA GESTÃO DA INFORMAÇÃO E O PODER PÚBLICO:
PROCURADORIAS MUNICIPAIS COMO LABORATÓRIOS PARA A
CONCRETIZAÇÃO DO DIREITO FUNDAMENTAL À PROTEÇÃO DE DADOS

PEDRO HENRIQUE DO PRADO HARAM COLUCCI 179

1	Introdução	179
2	O mapa e o território: as dimensões do direito à proteção de dados	181
2.1	A autodeterminação informativa	181
2.2	A separação informacional de poderes	183
2.3	O Supremo Tribunal Federal e a decisão paradigmática na Ação Direta de Inconstitucionalidade 6.387	184
2.4	A Lei de Acesso à Informação e a cultura de transparência	186
3	Procuradorias Municipais e a efetivação de um direito fundamental em construção .	190
4	Poder Público e gestão da informação: limites e propostas	193
4.1	A Advocacia Pública Municipal como agente expansor da cultura de privacidade e proteção de dados	193
5	Considerações finais	194
	Referências	195

Seção II

Artigos aprovados

Subseção I

Categoria Profissional

A ADVOCACIA PÚBLICA MUNICIPAL COMO INSTRUMENTO DE
CONCRETIZAÇÃO DOS DIREITOS FUNDAMENTAIS – PARÂMETROS PARA A
ATUAÇÃO DO MUNICÍPIO EM RELAÇÃO À LIBERDADE RELIGIOSA

ANDRÉ FABIANO GUIMARAES ARAÚJO 199

	Justificativa do tema e do formato do texto	199
1	Relatório	200
2	Fundamentação jurídica – Introdução	201
2.1	Da laicidade do Estado brasileiro	201

2.2	Da posição manifestada pelo TJSP	201
2.3	Da posição manifestada pelo STF	204
2.4	Da posição do TCE-SP	206
2.5	Da posição do TCE-ES	206
2.6	Da permissão ou autorização de uso privativo de bens públicos	207
2.7	Da atividade administrativa de fomento	210
2.8	Síntese dos tópicos precedentes da fundamentação	211
2.9	Do estado atual a respeito da relação entre o Estado e a atividade religiosa	212
2.9.1	Do conceito de religião	212
2.9.2	Do ensino religioso nas escolas públicas	213
2.9.3	Da escusa de consciência em casos de pessoas que guardam um dia sagrado	214
2.9.4	Da imunidade tributária religiosa	215
2.9.5	Da recusa de transfusão sanguínea por testemunhas de Jeová	216
2.9.6	Do sacrifício de animais em cerimônias religiosas	216
2.9.7	Do uso de símbolos religiosos em repartições públicas	217
2.9.8	Das manifestações de proselitismo religioso	217
2.9.9	Das limitações aos cultos presenciais durante a pandemia de COVID-19	219
3	Conclusão – Respostas aos questionamentos específicos	220

A ADVOCACIA PÚBLICA MUNICIPAL COMO INSTRUMENTO DE GARANTIA DE DIREITOS FUNDAMENTAIS DO CONTRIBUINTE E A BUSCA POR UMA REFORMA TRIBUTÁRIA ADEQUADA

EDUARDO AMIN MENEZES HASSAN		225
1	Introdução	225
2	Advocacia Pública	226
2.1	Advocacia Pública Municipal	227
3	Direitos fundamentais	229
3.1	Sobre princípios básicos de direitos fundamentais no Direito Tributário	231
3.2	A importância de se tributar	233
3.3	Quem é o contribuinte brasileiro?	234
4	Por uma reforma tributária adequada	238
5	O papel da Advocacia Pública Municipal como instrumento de garantia de direitos fundamentais do contribuinte	242
6	Conclusão	244
	Referências	245

O PAPEL DA ADVOCACIA PÚBLICA MUNICIPAL PARA A PROMOÇÃO DA DESJUDICIALIZAÇÃO E PARA A CONCRETIZAÇÃO DOS DIREITOS FUNDAMENTAIS DA RAZOÁVEL DURAÇÃO DO PROCESSO E DO ACESSO À JUSTIÇA

FELIPE BARBOSA DE MENEZES		247
1	Introdução	247

| 2 | O problema da litigiosidade, o regime jurídico-administrativo e as funções da Advocacia Pública | 248 |

2   O problema da litigiosidade, o regime jurídico-administrativo e as funções da Advocacia Pública 248

3   A Advocacia Pública Municipal como importante ferramenta para a desjudicialização e para a efetivação dos direitos fundamentais à razoável duração do processo e ao acesso à justiça 256

4   Conclusões 261

Referências 263

A IMPRESCINDÍVEL FUNÇÃO DA ADVOCACIA PÚBLICA MUNICIPAL
MARIANNA VIAL BRITO 267

1   Introdução 267

2   Da Advocacia Pública Municipal e a Constituição da República 269

3   Das funções constitucionais 272

3.1   O fomento dos direitos fundamentais pela Advocacia Pública Municipal 275

4   Os principais desafios da Advocacia Pública Municipal 278

5   Considerações finais 281

Referências 282

O PRINCÍPIO DA LEGALIDADE COMO ESSENCIAL AO EXERCÍCIO DA ADVOCACIA PÚBLICA MUNICIPAL E À EFETIVIDADE DOS DIREITOS FUNDAMENTAIS PROCESSUAIS
MONICA MARIA LAUZID DE MORAES 285

1   Introdução 285

2   A origem e a institucionalização das Procuradorias Municipais 286

3   O Advogado Público na Constituição Federal de 1988 e o Procurador Municipal 287

4   A Administração Pública e o princípio da legalidade 290

5   O exercício da Advocacia Pública Municipal e o princípio da legalidade a gerir a legitimidade de atuação 293

6   A importância do princípio da legalidade na Advocacia Pública Municipal à efetividade dos Direitos Fundamentais Processuais 300

7   Conclusão 304

Referências 306

A SISTEMATIZAÇÃO ORGÂNICO-INSTITUCIONAL DA ADVOCACIA PÚBLICA COMO MEIO DE EFETIVAÇÃO DE DIREITOS FUNDAMENTAIS
ROBSON SOARES DE SOUZA 309

1   Introdução 309

2   Adequabilidade, conformação e motivação dos atos administrativos ao ordenamento jurídico: atuação da Advocacia Pública como órgão técnico e de controle de juridicidade dos atos 312

3   Motivação e fundamentação jurídica do ato administrativo: o controle de juridicidade exercido pela Advocacia Pública por imposição legal 314

4   A atuação da Advocacia Pública como meio de efetivação do direito fundamental à probidade administrativa 321

5	A atuação da Advocacia Pública como representante judicial e extrajudicial dos entes federativos para materialização de preceitos jurídicos fundamentais	323
5.1	A Atuação da Advocacia Pública na Ação Civil Pública como meio de efetivação de direitos difusos e coletivos	324
5.2	Atuação da Advocacia Pública em Ação de Improbidade Administrativa	324
5.3	Atuação da Advocacia Pública para a garantia jurídica da regular aplicação do direito em âmbito administrativo	326
5.4	Atuação da Advocacia Pública para a promoção de celebração de termo de ajustamento de conduta em solução consensual de conflitos no âmbito administrativo	327
6	A obrigatoriedade da atuação da Advocacia Pública como elemento indispensável do ato administrativo e sua positivação no ordenamento jurídico brasileiro	328
7	Análise sistemática dos dispositivos legais referentes ao atual papel institucional da Advocacia Pública	331
8	Considerações finais	333
	Referências	333

A ADVOCACIA PÚBLICA COMO INSTRUMENTO DE REALIZAÇÃO DE DIREITOS FUNDAMENTAIS: UMA IDENTIDADE A SER COMPREENDIDA

VINÍCIUS CALEFFI DE MORAES		337
1	Introdução	337
2	Do conteúdo e do conceito dos direitos fundamentais	338
3	Da advocacia pública dentro de um Estado Constitucional de Direito	346
4	Das considerações finais	356
	Referências	358

Subseção II

Categoria Universitária

A RELEVÂNCIA DA ADVOCACIA PÚBLICA MUNICIPAL NO DIREITO CONSTITUCIONAL PARA A EFETIVAÇÃO DO DIREITO FUNDAMENTAL AO MEIO AMBIENTE ECOLOGICAMENTE EQUILIBRADO NO MUNICÍPIO DE PORTO ALEGRE/RS.

KAIO LUCAS COSTA DA SILVA		365
1	Introdução	365
2	O papel constitucional da Advocacia Pública Municipal e o direito fundamental ao meio ambiente equilibrado	367
2.1	Os direitos fundamentais e o direito fundamental ao meio ambiente equilibrado	367
2.2	As competências municipais e a competência comum ambiental	369
2.3	Advocacia Pública Municipal e o seu papel constitucional	371
3	A Advocacia Pública Municipal e os instrumentos jurídicos necessários para a efetivação do direito fundamental ao meio ambiente ecologicamente equilibrado	373
3.1	Breve relato sobre o cenário atual da Advocacia Pública Municipal	373

3.2	Os instrumentos jurídicos necessários para a efetivação do direito fundamental ao meio ambiente ecologicamente equilibrado	374
3.3	A importância da Advocacia Pública Municipal especializada para a efetivação do direito fundamental ao meio ambiente equilibrado	376
4	Advocacia Pública Municipal na cidade de Porto Alegre e as ações para a efetivação do direito fundamental ao meio ambiente	378
4.1	O panorama ambiental da cidade de Porto Alegre/RS	378
4.2	A Advocacia Pública Municipal em Porto Alegre e suas competências institucionais	380
4.3	A Advocacia Pública Municipal especializada em Porto Alegre/RS e suas ações para a efetivação do direito fundamental ao meio ambiente equilibrado.	383
5	Considerações finais	386
	Referências	387

PARTE II

ARTIGO DE CONVIDADO

ADVOCACIA PÚBLICA, INTERPRETAÇÃO VINCULANTE E SEGREGAÇÃO DE FUNÇÕES

RICARDO MARCONDES MARTINS		397
1	Introito	397
2	Advocacia Pública	397
3	Interpretação jurídica e Advocacia Pública	401
3.1	Competência vinculada e discricionária	401
3.2	Interesse primário e secundário	402
3.3	Burocracia e ponderação	403
3.4	Interpretação vinculante	404
4	Advocacia Pública e segregação das funções	407
5	Conclusões	408
	Referências	409

SOBRE OS COORDENADORES	411
SOBRE OS AUTORES	413

PREFÁCIO

É com profunda honra que aceitei o especial convite para prefaciar este livro, que compreende todas as monografias do 2º Concurso de Monografias que concede o "Prêmio Procurador do Município Oswaldo Aranha Bandeira de Mello".

As 12 monografias selecionadas convergem em uma mesma direção ao consolidar dois argumentos centrais à obra: o exercício da advocacia pública municipal como instrumento para a efetivação de direitos fundamentais e a defesa da instituição da Procuradoria Geral do Município como essencial ao Estado Democrático de Direito. Estas duas ideias nucleares conferem unidade e sentido à multiplicidade de vozes, que ecoam em cada um dos 12 trabalhos destacados.

Sob a perspectiva transversal e multidimensional, o exercício da advocacia pública e a concretização de direitos fundamentais é o argumento desenvolvido a partir de monografias compreendendo detidas reflexões a respeito do exercício da advocacia pública e à efetivação do direito à liberdade religiosa; à reforma tributária adequada; ao financiamento de direitos; ao acesso à justiça e direito à razoável duração do processo; e ao direito ao meio ambiente ecologicamente equilibrado.

Por sua vez, a defesa da instituição da Procuradoria Geral do Município como essencial ao Estado Democrático de Direito é o argumento desenvolvido a partir de monografias compreendendo detidas reflexões a respeito da justiça administrativa; do princípio da legalidade e efetividade dos direitos fundamentais processuais; da gestão da informação e proteção de dados; da representação dos Municípios históricos; e da institucionalidade voltada à efetivação de direitos fundamentais.

Esta obra oferece, assim, uma qualificada contribuição à literatura jurídica nacional, ao fortalecer a identidade institucional da Procuradoria Geral do Município e o próprio exercício da advocacia púbica como condição, requisito e pressuposto da proteção dos direitos humanos, da Democracia e do Estado de Direito. Sob a inspiração do princípio maior da prevalência da dignidade humana e de sua centralidade no Estado de Direito e na institucionalidade democrática, em cada monografia emerge a Procuradoria Geral do Município e sua vocação institucional emancipatória na defesa dos valores maiores que alicerçam o Estado Democrático de Direito.

Heidelberg, Max Planck Institute, 28 julho de 2022.

Flávia Piovesan

Procuradora do Estado de São Paulo. Professora doutora em Direito Constitucional e Direitos Humanos da PUC-SP; Professora dos Programas de Pós-graduação da PUC-SP e da PUC-PR. *Visiting fellow* do Human Rights Program da Harvard Law School (1995 e 2000). *Visiting fellow* do Centre for Brazilian Studies da University of Oxford (2005). *Visiting fellow* do Max Planck Institute for Comparative Public Law and International Law (Heidelberg – 2007; 2008; 2015; 2016;

2017; 2018; 2019; 2021; e 2022). Humboldt Foundation Georg Forster Research Fellow no Max Planck Institute (Heidelberg – 2009-2014). *Lemman visiting scholar* do David Rockefeller Center for Latin America Studies da Harvard University (2018). Foi membro da UN High Level Task force for the implementatiton of the right to development e do OAS Working Group para o monitoramento do Protocolo de San Salvador em matéria de direitos econômicos, sociais e culturais. Foi membro da Comissão Interamericana de Direitos Humanos (2018 a 2021) e ex-Vice-presidente da Comissão Interamericana (2020-2021).

NOTA DOS COORDENADORES

É com grande orgulho e satisfação que a Associação Nacional dos Procuradores Municipais (ANPM) apresenta a coletânea de trabalhos acadêmicos aprovados pela Comissão Científica do 2º Concurso de Monografias Jurídicas "Prêmio Oswaldo Aranha Bandeira de Mello".

O tema escolhido para essa segunda edição, compreensivo para as duas categorias, profissional e universitária, foi: "A Advocacia Pública Municipal como instrumento de concretização dos Direitos Fundamentais".

O nome do prêmio, como ressaltado na primeira edição, homenageia o distinto jurista, Professor e Procurador Municipal Oswaldo Aranha Bandeira de Mello.[1] Por ocasião desse registro, a ANPM renova os agradecimentos à gentileza do renomado professor e filho do jurista homenageado, Celso Antônio Bandeira de Mello, por nos legar o nome do seu pai para patrono deste concurso de monografias. A responsabilidade que nos foi fiduciada é grande, todavia, a entidade honrará o nome de batismo do prêmio mantendo-se firme nos seus propósitos republicanos, bem como na escolha de temas acadêmicos que culminem no aperfeiçoamento do Estado Democrático de Direito.

No prefácio desta edição, a professora Flávia Piovesan destaca a íntima conexão entre o exercício da advocacia pública e a concretização de direitos fundamentais. A arguta perspectiva constitui, com justeza, o objeto temático das monografias selecionadas para integrar a presente obra coletiva. Os trabalhos acadêmicos publicados revelam a detida reflexão dos autores sobre o tema: a vinculação do papel da Advocacia Pública nos Municípios à efetivação dos direitos fundamentais. Portanto, as monografias contemplam temas como o direito à liberdade religiosa, o direito à reforma tributária adequada; o direito ao financiamento de direitos; o direito ao acesso à justiça, o direito à razoável duração do processo, bem como o direito ao meio ambiente ecologicamente equilibrado.

Na apresentação desta edição, o ex-presidente da ANPM, Carlos Figueiredo Mourão, ressalta a importância desta obra coletiva por sua capacidade de inovação e de reinvenção do "novo" para transformar o "conhecimento estanque" em teses jurídicas dinâmicas e inovadoras que, decerto, contribuirão para todos os munícipes. Com a sua particular criatividade, o subscritor assinala que o signo felicidade constitui o produto da composição morfológica dos verbetes "feliz" e "cidade": "felicidade".

Ante o exposto, nota-se que o tema escolhido possui extrema relevância e pertinência com uma das principais bandeiras institucionais de atuação da Associação Nacional de Procuradores Municipais, qual seja: "A Advocacia Pública Municipal como instrumento de concretização dos Direitos Fundamentais".

---

[1] *Oswaldo Aranha Bandeira de Mello* foi renomado jurista, desembargador e professor catedrático da PUC-SP, mas o traço que marca e determina a sua conexão com a identidade da Associação Nacional dos Procuradores Municipais é reconhecido pelo exercício do cargo de Procurador Municipal da capital paulista.

A perspectiva ultrapassa a percepção da moldura semântica da atribuição do advogado público como mero agente público incumbido de, burocraticamente, atuar como intérprete da lei, pois, nesse mesmo exercício, o advogado público protagoniza o papel proativo de viabilizar os direitos fundamentais.

Os membros do Conselho Editorial, após rigoroso escrutínio, aprovaram doze monografias.

Na categoria profissional, foram aprovados os seguintes trabalhos acadêmicos: (i) A Advocacia Pública Municipal como instrumento de concretização dos direitos fundamentais: parâmetros para a atuação do município em relação à liberdade religiosa, de André Fabiano Guimarães de Araújo; (ii) A Advocacia Pública Municipal como instrumento de garantia de direitos fundamentais do contribuinte e a busca por uma reforma tributária adequada, de Eduardo Amin Menezes Hassan; (iii) O papel da Advocacia Pública Municipal para a promoção da desjudicialização e para a concretização dos direitos fundamentais da razoável duração do processo e do acesso à justiça, de Felipe Barbosa de Menezes; (iv) A representação jurídica dos municípios históricos, mineradores e turísticos de Ouro Preto e Mariana (MG) e sua relação com a sustentabilidade e defesa dos direitos fundamentais, de Hélio Augusto Teixeira Silva; (v) A imprescindível função da Advocacia Pública Municipal, de Marianna Vial Brito; (vi) Procuradoria Municipal e Estado de Direito: contribuições para um modelo institucional em prol do desenvolvimento da justiça administrativa em nível local, de Mário Luiz Norris Ribeiro Reis; (vii) O princípio da legalidade como essencial ao exercício da Advocacia Pública Municipal e à efetividade dos direitos fundamentais processuais, de Monica Maria Lauzid de Moraes; (viii) A sistematização orgânico-institucional da Advocacia Pública como meio de efetivação de direitos fundamentais, de Robson Soares de Souza; (ix) A função da Advocacia Pública Municipal no financiamento de direitos: estudo de caso da execução fiscal administrativa, de Vicente Férrer Júnior; (x) A Advocacia Pública como instrumento de realização de direitos fundamentais: uma identidade a ser compreendida, de Vinícius Caleffi de Moraes.

Na categoria universitária, foram aprovadas as seguintes monografias: (i) A relevância da Advocacia Pública Municipal no Direito Constitucional para a efetivação do direito fundamental ao meio ambiente ecologicamente equilibrado no município de Porto Alegre/RS, Kaio Lucas Costa da Silva; e (ii) A cartografia da gestão da informação e o poder público: procuradorias municipais como laboratórios para a concretização do direito fundamental à proteção de dados, Pedro Henrique do Prado Haram Colucci.

Portanto, os artigos selecionados para compor essa 2ª edição passam a constituir ferramenta indispensável para o aprofundamento teórico do estudioso do direito acerca desse papel da Advocacia Pública: concretização dos direitos fundamentais.

Neste ensejo, gostaríamos de fazer uma menção especial aos ganhadores do Prêmio Oswaldo Aranha Bandeira de Mello desta edição, quais sejam: Mário Luiz Norris Ribeiro Reis (1º colocado na categoria profissional); Vicente Férrer Júnior (2º colocado na categoria profissional); Hélio Augusto Teixeira Silva (3º colocado na categoria profissional); e Pedro Henrique do Prado Haram Colucci (1º colocado na categoria universitária).

Enriquece a presente obra coletiva o artigo científico produzido *ad hoc* por nosso convidado especial, o Professor e Procurador Municipal Ricardo Marcondes Martins, que presidiu o Conselho Editorial deste Concurso de Monografias. O artigo apresenta uma radiografia completa das atribuições dos advogados públicos, notadamente quanto ao seu papel de viabilizar o cumprimento do interesse público. Daí o alerta feito no seu artigo, com *spoiler* legítimo nessa apresentação, de que "o interesse secundário, quando se trata da Administração Pública, só é tutelado pelo Direito quando for coincidente com o primário" e, ainda, que "o único interesse da Administração Pública, compatível com o Direito, é o primário, pois o secundário só é admitido quando coincidir com o primário".

Finalmente, os coordenadores desta obra coletiva, Gustavo Machado Tavares (Presidente da Comissão Organizadora), Raphael Diógenes Serafim Vieira (Coordenador Científico) e Taisa Cintra Dosso (Vice-Presidente da Comissão Organizadora), nesse breve registro, agradecem a todos os envolvidos na concretização desse trabalho de indiscutível qualidade, bem como aos autores selecionados e premiados, pois são estes últimos os protagonistas que dão vida à presente obra.

Também estendemos os nossos agradecimentos ao presidente do Conselho Editorial, Ricardo Marcondes Martins, bem como aos membros que verteram precioso tempo e dedicação na avaliação dos artigos selecionados e premiados.

Portanto, registramos os nossos agradecimentos nominalmente aos procuradores municipais e acadêmicos que colaboraram com a presente obra: Alexsandro Rahbani Aragão Feijó (São Luís/MA); Bruno Santos Cunha (Recife/PE); Carolina Merida (Goiânia/GO); Cintia Estefânia Fernandes (Curitiba/PR); Cristiane da Costa Nery (Porto Alegre/RS); Daniel Mitidieri Fernandes de Oliveira (Rio das Ostras/RJ); Daniela Bonfim (Salvador/BA); Daniela Copetti Cravo (Porto Alegre/RS); Débora Sotto (São Paulo/SP); Flávia Marckezine (Vitória/ES); Francisco Bertino Bezerra de Carvalho (Salvador/BA); Geórgia Teixeira Jezler Campello (Salvador/BA); Luciola Maria de Aquino Cabral (Fortaleza/CE); Márcio Cammarosano (Santo André/SP); Marina Rocha Pontes de Sousa (Belém/PA); Martônio Mont'Alverne Barreto Lima (Fortaleza/CE); Raphael Diógenes Serafim Vieira (Niterói/RJ); Ravi de Medeiros Peixoto (Recife/PE); Thiago Viola Pereira da Silva (Vila Velha/ES) e Vitor Penno Reis (Rio das Ostras/RJ).

A contribuição de cada uma das pessoas envolvidas tornou possível a realização do 2º Concurso de Monografias Oswaldo Aranha Bandeira de Mello, um concurso de monografias que caminha, ano após ano, rumo à sua consolidação na agenda acadêmica como um dos principais concursos de monografias jurídicas do país.

Brasília (DF), setembro de 2022.

Gustavo Machado Tavares
Raphael Diógenes Serafim Vieira
Taisa Cintra Dosso

APRESENTAÇÃO

A Associação Nacional dos Procuradores Municipais promoveu o segundo concurso de monografia em homenagem ao Procurador Municipal Oswaldo Aranha Bandeira de Mello, sob o tema "A Advocacia Pública Municipal como instrumento de concretização dos Direitos Fundamentais".

Essa iniciativa capitaneada pelo professor Gustavo Machado Tavares e pela destemida Lilian Oliveira de Azevedo Almeida, com a participação dos principais representantes da advocacia pública municipal na contemporaneidade, Taisa Cintra Dosso, Raphael Diógenes Serafim Vieira e do brilhante professor Ricardo Marcondes Martins, consolidaram trabalhos que deixarão a sua marca indelével na história do Direito Público.

Hannah Arendt, na sua obra *A Condição Humana*, enfocando a expressão *"vita activa"* aduz que os seres humanos produzem três atividades fundamentais para a sua existência, o labor, considerado como o processo biológico do corpo humano; o trabalho que é atividade de produção de coisas artificiais; e, finalmente a ação, como atividade exercida diretamente entre os homens sem a mediação das coisas ou matéria.

Aponta a autora, para demonstrar a importância da ação na condição humana:

As três atividades e suas respectivas condições têm íntima relação com as condições mais gerais da existência humana: o nascimento e a morte, a natalidade e a mortalidade. O labor assegura não apenas a sobrevivência do indivíduo, mas a vida da espécie, o trabalho e seu produto, o artefato humano, emprestam certa permanência e durabilidade à futilidade da vida mortal e ao caráter efêmero do tempo humano. A ação, na medida em que se empenha em fundar e preservar corpos políticos, cria a condição para lembrança, ou seja, para a história. Não obstante, das três atividades, a ação é a mais intimamente relacionada com a condição humana da natalidade; o novo começo inerente a cada nascimento pode fazer-se sentir no mundo somente porque o recém-chegado possui a capacidade de iniciar algo novo, isto é, agir.[2]

É essa a essência desta obra coletiva, trazendo o novo, criando a partir da capacidade humana de transformar o conhecimento estanque em algo dinâmico e inovador para a absorção de todos e que com certeza serão utilizados para futuras transformações humanas.

É essa a beleza humana, se inquietar com o posto. Transformar aquilo que incomoda e que não está em conformidade com as nossas ideais de cidades em novos projetos, fazendo com que essa inquietude seja motivadora para a elaboração de ação concreta para a sua modificação.

---

[2] ARENDT, Hannah. *A Condição Humana*. 10. ed., Rio de Janeiro: Forense Universitária. 2004. p. 16-17.

Espero que as ideias lançadas nesta obra sejam propulsoras de novas transformações, novas ideias, novas cidades, mais humanizadas e harmônicas, em busca da feli'cidade'.

Carlos Figueiredo Mourão

Procurador do Município de São Paulo. Mestre em Direito Constitucional pela Pontifícia Universidade Católica – PUCSP. Presidente da Associação Nacional dos Procuradores Municipais (2016-2018). Presidente da Associação dos Procuradores do Município de São Paulo (2011-2015). Corregedor-Geral do Município de São Paulo (2019-2020).

A Essencialidade da Advocacia Pública Municipal para as Cidades

Caros leitores, leitoras
Venho aqui, neste Cordel
Falar dos Procuradores
Cuja a função e o papel
É mais do que crucial
Digna de honra e laurel
A Advocacia Pública
Na esfera municipal
Representa o Município
Não só em um tribunal
Faz a representação
Mesmo extrajudicial
Tá na Constituição
A sua essencialidade
Pois uma Procuradora
Defende as necessidades
De cada um Cidadão
Sempre buscando igualdade

E o nosso STF
Também pautou este tema
Desta função necessária
Pra enfrentar nossos problemas
Por isso as rimas se encaixam
Nos versos deste poema
Procuradores também
Atuam diariamente
Prestando consultoria
Ao Município da gente
E a assessoria jurídica
Pra gestão ser competente
Fazem o controle interno
Da tal juridicidade
Dos atos da gestão pública
Dando confiabilidade
Evitam fraudes, desvios
Agem com idoneidade
Têm ampla percepção
Dos problemas sociais
São agentes da Justiça
Trabalhando sempre mais
Para garantir enfim

Direitos fundamentais
Mostram o caminho certo
Para que os nossos gestores
Possam criar os projetos
Que sejam transformadores
Favorecendo a Cidade
E todos seus moradores

Para ser Procuradora
Seja de qualquer Cidade
É preciso a empatia
Também sensibilidade
Nutrir o espírito público
Em prol da comunidade

Zelo ao Patrimônio Público
Planejamento Fiscal
Proteção ao Patrimônio
Artístico e Cultural
Graças à Advocacia
Pública Municipal

Também boa governança
Junto às efetivações
Das nossas políticas públicas
Sempre atrás de soluções
Na busca de melhorias
Obras, realizações

Ainda o ordenamento
Urbano municipal
A Segurança Jurídica
E a Segurança Fiscal
Para fazer de uma Cidade
Um lugar sensacional
Dessa maneira preservam
O Estado de Direito
Não é só no gabinete
Que o seu trabalho é feito
O trabalho está nas ruas
E sentimos seu efeito
Parece até invisível
Aos olhos do cidadão
Mas as obras, melhorias
Por toda parte estarão
A Cidade mais moderna
Com muito mais inclusão

Tem Cidade eficiente
Com sustentabilidade
Afeita às inovações
Também sem desigualdade
Se nossos Procuradores
Trabalham com dignidade
Tem gente que se pergunta:
"O que tanto eles procuram?"
Mas brincadeiras à parte
As Cidades se estruturam
Graças a este trabalho
Que as pessoas nem mensuram...
Por isso a ANPM
A nossa Associação
É o espaço que dá Voz,
Vez e Representação
Batalhando com afinco
Pela valorização
E também a OAB
Casa da Advocacia
É nosso espaço de luta,
De encontro e de parceria
Procuradoras unidas
Têm mais força em sintonia
Charles Chaplin já dizia:
"Vida é assunto local"
Por isso essa profissão
É somente essencial!
Um viva à Advocacia
Pública Municipal!

Texto por
Mari Bigio[3]
@marianebigio

---

[3] Mariane Bigio é cantora, escritora, contadora de histórias, radialista e videasta. O texto foi apresentado por ocasião do XVII Congresso Brasileiro de Procuradoras e Procuradores Municipais, no mês de novembro de 2022, em Recife.

PARTE I

ARTIGOS SELECIONADOS

Seção I
Artigos Premiados

Subseção I
Categoria Profissional

PROCURADORIA MUNICIPAL E ESTADO DE DIREITO: CONTRIBUIÇÕES PARA UM MODELO INSTITUCIONAL EM PROL DO DESENVOLVIMENTO DA JUSTIÇA ADMINISTRATIVA EM NÍVEL LOCAL

MÁRIO LUIZ NORRIS RIBEIRO REIS

(1º colocado na categoria profissional do "Prêmio Oswaldo Aranha Bandeira de Mello")

I Introdução

Em 02 de agosto de 2018, o Plenário do Tribunal de Contas do Estado do Rio de Janeiro expediu determinação a todos os municípios jurisdicionados para que constituíssem adequadamente seus órgãos de procuradoria no prazo de 180 dias (Processo nº 225.221-8/2017). A decisão veio após o tribunal constatar que 25% dos municípios jurisdicionados não possuíam sequer Procurador Municipal concursado em seus quadros e que apenas 52% dos advogados públicos municipais que atuam no Estado do Rio de Janeiro são servidores de carreira.

Não se trata de um tema de interesse meramente corporativo, pois projeta reflexos no sistema de justiça como um todo. Isso porque a prestação jurisdicional de qualidade não depende somente da adequada solução dos litígios (atividade fim do sistema de justiça), mas também dos meios e da infraestrutura adequados para atingimento deste fim.

Dentre as estruturas mais críticas para a adequada prestação jurisdicional estão as funções consideradas essenciais à justiça. Tais funções, expressamente destacadas pela Constituição Federal de 1988, são desempenhadas por instituições próprias (Ministério Público, Defensoria Pública, Procuradorias). Cada uma destas instituições possui capacidades e dificuldades próprias para cumprirem efetivamente suas atribuições legais e contribuírem para o bom funcionamento do sistema de justiça.

A compreensão do papel da advocacia pública municipal enquanto função essencial à justiça pressupõe ponderar que, com a Constituição Federal de 1988 e a descentralização das políticas públicas entre os entes federativos, os governos municipais assumiram um protagonismo sem precedentes. As atribuições e competências do poder local foram ampliadas, e sua participação na repartição dos recursos federais aumentou expressivamente.

Para corresponder às novas responsabilidades, os governos locais precisariam fortalecer seu corpo burocrático, em especial seus órgãos jurídicos. Enquanto peça fundamental deste corpo burocrático, a advocacia pública possui o relevante papel de exercer o controle interno de legalidade, condicionando e direcionando a atuação do poder público, desde a formulação, execução e até a defesa (judicial e extrajudicial) das políticas públicas e atos administrativos em geral. Mas apesar da relevância da função, os municípios brasileiros não avançaram suficientemente na estruturação de seus órgãos jurídicos.

Na contramão desta mudança, o que se observa é a advocacia pública em nível municipal sendo exercida por advogados nomeados em cargos de livre nomeação, cuja atuação transitória se encontra sujeita às prioridades partidárias e de cunho eleitoral levadas a efeito pelo chefe do Poder Executivo no quadriênio de seu mandato.

Segundo levantamento feito pela Associação Nacional de Procuradores Municipais (MENDONÇA; VIEIRA; PORTO, 2018), apenas 34,4% (1.893) dos municípios brasileiros têm Procuradores Municipais concursados, enquanto em 65,6% (3.677) dos municípios a advocacia pública é exercida por indicação de natureza política.

Com base nestas informações, é possível perceber que poucos municípios adotaram o modelo constitucional dos órgãos de procuradoria (preconizado nos artigos 131 e 132 da Constituição Federal de 1988), predominando a adoção de arranjos institucionais forjados segundo a concepção de uma advocacia pública típica de governo, em contraposição aos modelos organizacionais mais afeitos à advocacia tipicamente de Estado.

Consequentemente, em nível local, a preservação dos direitos fundamentais e do Estado de Direito (desígnios institucionais da advocacia pública enquanto função essencial à justiça que é) se encontra condicionada aos resultados dos experimentalismos institucionais municipais no que diz respeito à estruturação dos órgãos de procuradoria.

Nesse contexto, e sobretudo a partir da determinação expedida pelo TCE-RJ no Processo nº 225.221-8/2017, foi reforçada a importância e atualidade da seguinte questão: em quais aspectos o aprimoramento institucional dos órgãos jurídicos municipais pode impactar no aperfeiçoamento do sistema judicial[1] e extrajudicial de proteção do cidadão em face da Administração Pública Municipal?

II A determinação do TCE-RJ para que os municípios estruturassem seus órgãos de Procuradoria (Processo nº 225.221-8/2017)

Em 02.08.2018, o Plenário do Tribunal de Contas do Estado do Rio de Janeiro expediu determinação a todos os municípios jurisdicionados para que constituíssem adequadamente seus órgãos de procuradoria no prazo de 180 dias (Processo nº 225.221-8/2017). O processo foi iniciado por solicitação da Associação Nacional de Procuradores Municipais (ANPM), com amparo no artigo 74, §2º da Constituição Federal de 1988, que confere legitimidade a qualquer cidadão, partido político, associação ou sindicato para

---

[1] Para os propósitos deste trabalho a expressão "sistema judicial" compreende o conjunto de meios e da infraestrutura adequados e necessários à solução dos litígios.

denunciar irregularidades ou ilegalidades perante o TCU, estendendo-se essa disposição também aos tribunais de contas estaduais, por força do art. 75 da Constituição.[2]

A relatoria do processo coube ao Conselheiro Substituto Marcelo Verdini Maia, que ponderou que a ausência de referência expressa aos Municípios no art. 132 da Constituição Federal não os exime de observá-lo, invocando como fundamentos o princípio da simetria e o brocardo jurídico latino de que "onde existir a mesma razão, aí se aplicará a mesma regra legal".

Outrossim, ressaltou que a investidura em cargo público depende de aprovação prévia em concurso público (art. 37, II da Constituição) e, considerando que a advocacia pública é função eminentemente técnica, permanente e afeta à defesa dos interesses públicos, sua natureza é incompatível com o provimento em comissão. Destacou ainda as características da uniformidade, continuidade e impessoalidade do serviço público jurídico, que considerou imprescindível à municipalidade.

Após estabelecer essas premissas, o relator passou a enunciar estruturas críticas[3] para o bom desempenho dos órgãos de Procuradoria, sendo:

(1) estruturação da carreira de Procurador do Município, composta de procuradores com vínculo permanente, ocupantes de cargos efetivos providos após a aprovação em concurso público. A exceção à regra seria o Procurador Geral e seu substituto eventual, que poderiam ser extraquadro, desde que a legislação municipal expressamente o permita;

(2) criação de estrutura material e de pessoal condizentes ao pleno funcionamento de suas atividades, o que inclui quadro de apoio composto de servidores concursados para o desempenho de funções administrativas, meramente técnicas, burocráticas e operacionais;

(3) vedação à subordinação dos procuradores à chefia, à direção ou ao assessoramento de pessoas estranhas a essa carreira, sob pena de comprometer sua independência técnica, ressalvado o Procurador Geral e seu substituto legal;

(4) disponibilidade de assessores jurídicos, diretamente subordinados e escolhidos pelos Procuradores, em número razoável para o desempenho das suas atividades.

Assim, nos termos do voto do Conselheiro Relator, por unanimidade, o Plenário do Tribunal de Contas do Estado do Rio de Janeiro decidiu pela expedição de ofícios a todos os prefeitos municipais jurisdicionados cientificando-lhes que:

---

[2] "Art. 74. Os Poderes Legislativo, Executivo e Judiciário manterão, de forma integrada, sistema de controle interno com a finalidade de:
[...] §2º Qualquer cidadão, partido político, associação ou sindicato é parte legítima para, na forma da lei, denunciar irregularidades ou ilegalidades perante o Tribunal de Contas da União".
"Art. 75. As normas estabelecidas nesta seção aplicam-se, no que couber, à organização, composição e fiscalização dos Tribunais de Contas dos Estados e do Distrito Federal, bem como dos Tribunais e Conselhos de Contas dos Municípios".

[3] O conceito de "estruturas críticas" empregado neste trabalho corresponde às estruturas específicas mencionadas por Evans, Rueschmeyer e Skocpol (2002) como aquelas cuja presença é determinante para o atingimento dos objetivos institucionais dos órgãos públicos: "*For the investigation of state capacities, a tactic repeatedly employed to good effect is the identification of specific organizational structures the presence (or absence) of which seems critical to the ability of state authorities to undertake given tasks. In turn, the presence or absence of organizational structures is connected to past state policies, thus underlining the need for historical as well as structural analysis if specific state capacities and incapacities are to be understood*" (EVANS; RUESCHMEYER; SKOCPOL, 2002, p. 351).

– Devem organizar, em até 180 dias após a ciência desta decisão, suas Procuradorias Jurídicas e atribuir as funções de representação judicial e extrajudicial do Município e consultoria jurídica a Procuradores ocupantes de cargos efetivos previamente aprovados em concurso público específico para o cargo; Caso a legislação municipal expressamente o permita e dentro de um juízo de conveniência e oportunidade, poderão designar como Procurador Geral e seu substituto eventual servidores extraquadro; Os procuradores municipais, titulares de cargo efetivo, que exerçam funções de direção, chefia e assessoramento, poderão ser nomeados em comissão ou designados para ocuparem funções gratificadas devidamente criados por lei; As Procuradorias Municipais devem contar com estrutura e pessoal condizentes ao pleno funcionamento de suas atividades, sob pena de frustrar os objetivos que lhes são dirigidos e, em última análise, prejudicar a consultoria jurídica e a representação judicial e extrajudicial do ente federativo; A par dos cargos de Procurador-Geral e de seu substituto eventual, que podem, à luz da legislação municipal, ser exclusivamente comissionados, os Procuradores Municipais não devem ser subordinados, no âmbito da Procuradoria, à chefia, à direção ou ao assessoramento de pessoas estranhas a essa carreira; Nada impede que a legislação municipal contenha previsão de que os próprios Procuradores possuam assessores, por eles diretamente escolhidos, a eles subordinados e em número razoável, para o desempenho de atividades que demandem grau de confiança, sendo certo que tais assessores não poderão praticar atos típicos de representação do ente ou de consultoria jurídica; A partir do dia seguinte à expiração do prazo referido no item 2.1 supra, essa Corte de Contas não aceitará a admissão ou a permanência de advogado público admitido sob a égide da atual Constituição da República sem prévia habilitação em concurso público específico para o cargo, exceto para as funções de Procurador Geral e seu substituto eventual, que poderão ser exclusivamente comissionados se a legislação municipal expressamente assim o permitir; Em conformidade com o disposto no inciso V, do artigo 37 da CR/88, deverão estabelecer, por meio de lei, casos, condições e percentuais mínimos de cargos em comissão a serem preenchidos por servidores da carreira de Procurador Municipal. (TCE-RJ, Processo nº 225.221-8/17, fls. 88-89).

Na prática, a contar do recebimento do ofício do TCE-RJ comunicando a decisão exarada no Processo nº 225.221-8/17, os Municípios teriam 180 dias para estruturarem suas Procuradorias nos moldes preconizados pelo tribunal.

O principal fundamento adotado para amparar essa atuação foi a invocação do princípio da simetria. Consoante as razões do voto do conselheiro relator (acolhido por unanimidade) os municípios, ao organizarem suas funções administrativas e os Poderes Executivo e Legislativo, devem seguir o desenho previamente estabelecido pela Constituição Federal e Estadual, o que leva à conclusão de que a advocacia pública municipal deve seguir os moldes estabelecidos para a União, os Estados e o Distrito Federal, qual seja, ser formulada por servidores aprovados em concurso público. Nesse sentido, a ausência de referência expressa aos municípios no art. 132 da Constituição Federal não os eximiria de observá-lo, por incidir na espécie o princípio da simetria.

Acompanhando este raciocínio, o plenário do TCE-RJ concluiu que a inobservância, por parte dos municípios jurisdicionados, da estrutura de órgão jurídico preconizado pelo art. 132 da Constituição Federal, caracterizaria ilegalidade a justificar a fixação de prazo para adoção de providências necessárias ao exato cumprimento da lei, o que atrairia a competência da Corte de contas para intervir, com fulcro no art. 125, inc. VIII da Constituição Estadual.

Ocorre que a invocação do princípio da simetria como fundamento principal e suficiente para justificar a necessidade de estruturação dos órgãos de procuradoria municipal parece ser demasiadamente superficial diante da complexidade do tema.

Embora mencione o princípio da simetria, a determinação do TCE-RJ carece de maiores explicações quanto ao que se compreende por princípio da simetria e como ele incidiria no tocante à advocacia pública no âmbito da União, Estados, Distrito Federal e Municípios. Faltaram ainda ponderações que explicassem a razão do princípio da simetria, neste caso, prevalecer sobre a autonomia municipal para se auto-organizar.

Além de ser superficial em sua menção ao princípio da simetria, o tribunal deixou de abordar o fato de a advocacia pública municipal constituir função essencial à justiça e desempenhar papel de destaque no sistema judicial de proteção do cidadão em face da Administração Pública.

III O princípio da simetria como fundamento inadequado para justificar a necessidade de estruturação dos órgãos de Procuradoria Municipal

Conforme já abordado, no Processo nº 225.221-8/2017 o Plenário do Tribunal de Contas do Estado do Rio de Janeiro, por provocação da Associação Nacional de Procuradores Municipais, expediu determinação para que todos os municípios jurisdicionados estruturassem seus órgãos de procuradoria segundo o modelo constitucionalmente previsto para os Estados e Distrito Federal (artigo 132 da Constituição Federal).

Nesse sentido, cumpre esclarecer que existem fundadas opiniões no sentido de que o princípio da simetria não poderia ser considerado sequer um princípio e que a sua utilização é inadequada de acordo com o sentido de federalismo no Brasil, sendo aplicado como panaceia para reafirmação do poderio da União. Nesse sentido, Liziero (2019) tece duras críticas à sua aplicação:

> O princípio da simetria, conforme demonstrado, não é um princípio jurídico; é um recurso argumentativo de cerceamento da autonomia dos Estados federados, em especial das disposições de suas Constituições. A uniformização normativa no Estado federal brasileiro além do que dispõe a Constituição Federal nos poderes enumerados da União, fundamentada num suposto princípio da simetria, contribui para a corrosão do já fragilizado sistema federativo brasileiro, além da inconsistência da prática jurídica no Brasil, com o fenômeno do fascínio pelos princípios dos aplicadores e estudiosos do direito (LIZIERO, 2019, p. 409-410).

No mesmo sentido, Lenio Streck (2018) argumenta:

> Tenho dúvidas sobre se é possível alçar a citada simetria ao patamar de um princípio. Na verdade, a simetria tem sido muito mais utilizada como um artifício interpretativo, na falta de uma delimitação conceitual mais acurada. Trata-se de uma espécie de "meta-princípio" ou "superprincípio", construído para servir de plus principiológico na ocorrência de eventual falta de previsão de competência em favor dos Estados-membros. É menos um princípio de validade geral e mais um mecanismo *ad hoc* de resolução de controvérsias que tratam da discussão de competências. Desse modo, se as Constituições dos Estados-membros devem obedecer aos princípios constantes na Constituição da República, e se esta já estabelece os limites legislativos daquelas, resta à aludida "obrigatoriedade da aplicação simétrica" apenas um caráter retórico (STRECK, 2018, p. 380).

Mas, na prática, essas críticas não têm impedido que o dito princípio da simetria seja aplicado pelos operadores do direito brasileiro. A bem da verdade, o TCE-RJ não está isolado nesse aspecto, sendo possível notar a aplicação deste princípio como fundamento jurídico de uma série de julgados em tribunais estaduais.[4]

A reprodução deste entendimento tem sido tão predominante que chega a ser razoável cogitar se a intensa institucionalização de órgãos de procuradoria observada na última década estaria relacionada diretamente à maior intervenção do Poder Judiciário sobre a Administração Pública municipal, fazendo prevalecer a tese da simetria em ações civis públicas e ações diretas de inconstitucionalidade propostas pelo Ministério Público Estadual.

Ocorre que, em se tratando de tema de índole constitucional, compete ao Supremo Tribunal Federal exarar o entendimento definitivo sobre a matéria. E muito embora os ministros da Corte tenham emitido decisões divergentes,[5] recentemente o Supremo rejeitou a tese da simetria e consolidou o entendimento de que a Constituição Federal de 1988 (a exemplo das anteriores) privilegia a autonomia municipal, permitindo que a Administração Pública local decida quanto à forma de auto organização que melhor atenda aos interesses locais, inclusive no que tange à estruturação dos órgãos de advocacia pública, razão pela qual deve ser afastado o entendimento de que o artigo 132 seria norma de observância obrigatória pelos municípios. Confira-se a ementa de recente julgado neste sentido:

> RECURSO EXTRAORDINÁRIO. DIREITO CONSTITUCIONAL E ADMINISTRATIVO. AÇÃO DIRETA DE INCONSTITUCIONALIDADE. LEI 5.071/2017 E DECRETO 17.729/2017 DO MUNICÍPIO DE TATUÍ – SP. ALEGAÇÃO DE OFENSA AOS ARTIGOS 131 E 132 DA CONSTITUIÇÃO FEDERAL. INOCORRÊNCIA. NORMAS CONSTITUCIONAIS DE REPRODUÇÃO NÃO OBRIGATÓRIA PELOS ENTES MUNICIPAIS. INEXISTÊNCIA DE OBRIGATORIEDADE DE OS MUNICÍPIOS INSTITUÍREM PROCURADORIAS MUNICIPAIS. RECURSO INTERPOSTO SOB A ÉGIDE DO NOVO CÓDIGO DE PROCESSO CIVIL. AUSÊNCIA DE CONDENAÇÃO EM HONORÁRIOS ADVOCATÍCIOS NO JUÍZO RECORRIDO. IMPOSSIBILIDADE DE MAJORAÇÃO NESTA SEDE RECURSAL. ARTIGO 85, §11, DO CPC/2015. RECURSO DESPROVIDO. (STF, Ag. Reg. no RE 1.156.016-SP, Rel. Min. Luiz Fux, 1ª Turma, dj. 25.09.2018).[6]

---

[4] Na própria decisão do TCE-RJ no Processo nº 225.221-8/2017 são citados alguns exemplos de julgados neste sentido: TJSP, ADI 2183836-49.2017.8.26.0000, Órgão Especial, julgado em 18.04.2018; TJMS, ADI 106054/2011, Tribunal Pleno; TJRS, AgReg. nº 70011550241, Tribunal Pleno, Rel. Alfredo Guilherme Engiert, dj. 09.05.2005.

[5] Cite-se a seguinte decisão favorável à tese da simetria: "Por força do Princípio da Simetria os Municípios, ao organizarem suas funções administrativas e os Poderes Executivo e Legislativo, devem seguir o desenho previamente estabelecido pela Constituição Federal e Estadual, o que leva à óbvia conclusão de que a advocacia pública municipal deve seguir os moldes estabelecidos para a União e para o Estado. 4. Desta forma, vinculados à forma adotada em âmbito federal e estadual, os municípios do Estado do Espírito Santo, sob pena de inconstitucionalidade, devem atribuir as funções de representação judicial, consultoria e assessoria jurídica a servidores aprovados em concurso público de provas e títulos, de forma a organizar suas Procuradorias Municipais, que serão chefiadas por servidor escolhido dentre os ativos de sua carreira. Por conseguinte, são inconstitucionais quaisquer normas que atribuam a cargos comissionados tais funções. Da mesma forma, será inconstitucional a norma que conferir a chefia do órgão de representação a servidor estranho a seus quadros" (STF, ARE 759931-ES, Dec. Monocrática, Relator Ministro Roberto Barroso, publicação em 12 de dezembro de 2014).

[6] Em seu voto, o relator cita ainda outros precedentes da Corte que confirmam que o entendimento estaria consolidado: "RECURSO EXTRAORDINÁRIO – AUSÊNCIA DE IMPOSIÇÃO CONSTITUCIONAL PARA A CRIAÇÃO DE ÓRGÃO DE ADVOCACIA PÚBLICA MUNICIPAL – DECISÃO QUE SE AJUSTA À JURIS-

Portanto, o que se extrai desta decisão do Supremo é que o fato da Constituição Federal obrigar a União, os Estados e o Distrito Federal a estruturarem órgãos de Procuradoria segundo os requisitos mínimos dos artigos 131 e 132, não obriga igualmente os Municípios, pois, no tocante à advocacia pública, a omissão constitucional milita em favor da autonomia municipal para dispor quanto à sua própria organização.

No entanto, antes que se extraiam conclusões precipitadas da decisão supracitada, cumpre salientar que, com esse entendimento, o Supremo não está avalizando que os Municípios atribuam as funções típicas da advocacia pública a pessoas ocupantes de cargos comissionados, ou que contratem sistematicamente os serviços de advogados particulares para exercerem funções ordinárias da advocacia pública.

É bem verdade que a Constituição Federal de 1988 garante aos Municípios a liberdade para autoadministração, o que inclui gerir seu pessoal, criando, alterando e extinguindo os cargos necessários à execução dos seus serviços, indicando quais os isolados e os de carreira, quais os de provimento efetivo ou em comissão, quais os requisitos exigidos para o provimento, tendo em vista os interesses e as disponibilidades locais. Contudo, a liberdade dos municípios é mitigada pela observância de, ao menos, duas regras fundamentais: (i) a organização deve se fazer por lei; e (ii) deve observar os preceitos constitucionais federais pertinentes aos servidores públicos e as leis federais de caráter nacional (MEIRELLES, 2017).

Nessa linha, apesar de afastar a tese da simetria, o STF não dispensou os municípios de observarem a regra da investidura em cargo público mediante prévia aprovação em concurso, insculpida no art. 37, inc. II da Constituição Federal.[7] E em se tratando de advocacia pública, função patentemente técnica, permanente e afeta à defesa dos interesses públicos, é notória a incompatibilidade com o provimento através de cargos de livre nomeação e exoneração.

PRUDÊNCIA PREVALECENTE NO SUPREMO TRIBUNAL FEDERAL – CONSEQUENTE INVIABILIDADE DO RECURSO QUE A IMPUGNA – SUBSISTÊNCIA DOS FUNDAMENTOS QUE DÃO SUPORTE À DECISÃO RECORRIDA – SUCUMBÊNCIA RECURSAL (CPC/15, ART. 85, §11) – NÃO DECRETAÇÃO, POR TRATAR-SE, AUSENTE SITUAÇÃO DE COMPROVADA MÁ-FÉ, DE PROCESSO DE AÇÃO CIVIL PÚBLICA (LEI Nº 7.347/85, ART. 18) – AGRAVO INTERNO IMPROVIDO" (RE 893.694-AgR, Rel. Min. Celso de Mello, Segunda Turma, DJe de 17.11.2016); "DIREITO ADMINISTRATIVO. AGRAVO INTERNO EM RECURSO EXTRAORDINÁRIO. LEI MUNICIPAL QUE CRIA CARGO EM COMISSÃO PARA A CHEFIA DA PROCURADORIA DO MUNICÍPIO. DIVERGÊNCIA COM O PREVISTO NA CONSTITUIÇÃO ESTADUAL. AUTONOMIA MUNICIPAL. 1. É firme a jurisprudência do Supremo Tribunal Federal de que não cabe à Constituição Estadual restringir o poder de auto-organização dos Municípios de modo a agravar os parâmetros limitadores previstos na Constituição Federal. 2. Inaplicável o art. 85, §11, do CPC/2015, uma vez que, na hipótese, não é cabível condenação em honorários advocatícios. 3. Agravo interno a que se nega provimento" (RE 883.446-AgR, Rel. Min. Roberto Barroso, Primeira Turma, DJe de 16.6.2017); "DIREITO ADMINISTRATIVO. AUTONOMIA MUNICIPAL. ADVOCACIA PÚBLICA. RECURSO EXTRAORDINÁRIO INTERPOSTO SOB A ÉGIDE DO CPC/2015. ALEGAÇÃO DE OFENSA AOS ARTS. 29, *CAPUT*, 98, 99, I E VI, 131 E 132 DA CONSTITUIÇÃO DA REPÚBLICA. CONSONÂNCIA DA DECISÃO RECORRIDA COM A JURISPRUDÊNCIA CRISTALIZADA NO SUPREMO TRIBUNAL FEDERAL. AGRAVO MANEJADO SOB A VIGÊNCIA DO CPC/2015. 1. O entendimento assinalado na decisão agravada não diverge da jurisprudência firmada no Supremo Tribunal Federal. 2. As razões do agravo interno não se mostram aptas a infirmar os fundamentos que lastrearam a decisão agravada.3. Agravo interno conhecido e não provido" (RE 1.154.762-AgR, Rel. Min. Rosa Weber, Primeira Turma, DJe de 13.2.2019).

[7] "Artigo 37. A administração pública direta e indireta de qualquer dos Poderes da União, dos Estados, do Distrito Federal e dos Municípios obedecerá aos princípios de legalidade, impessoalidade, moralidade, publicidade e eficiência e, também, ao seguinte: (Redação dada pela Emenda Constitucional nº 19, de 1998) [...]
II – a investidura em cargo ou emprego público depende de aprovação prévia em concurso público de provas ou de provas e títulos, de acordo com a natureza e a complexidade do cargo ou emprego, na forma prevista em lei, ressalvadas as nomeações para cargo em comissão declarado em lei de livre nomeação e exoneração; (Redação dada pela Emenda Constitucional nº 19, de 1998)".

Disso se extrai que, embora seja facultado ao município decidir autonomamente se terá ou não órgão de procuradoria, uma vez que os serviços jurídicos se provem necessários (e fatalmente o serão), eles devem ser organizados conforme preconiza a constituição, instituindo-se a carreira de Procurador Municipal por lei, e realizando o concurso público de provas e títulos correspondente, assegurando-se a participação da Ordem dos Advogados do Brasil.

Uma vez constituída a carreira de advogado público municipal, aplicam-se aos seus integrantes as prerrogativas constitucionais típicas daqueles que exercem funções essenciais à justiça, conforme decidido pelo STF em precedente com repercussão geral reconhecida, que tratava especificamente do teto remuneratório aplicável à carreira.[8]

Portanto, muito embora os procuradores municipais não estejam expressamente mencionados nos artigos 131 e 132 da Constituição Federal, conforme decidido pelo Supremo Tribunal Federal, eles integram as funções essenciais à Justiça, na medida em que também atuam para a preservação dos direitos fundamentais e do Estado de Direito.

---

[8] "DIREITO ADMINISTRATIVO. REPERCUSSÃO GERAL. CONTROVÉRSIA DE ÍNDOLE CONSTITUCIONAL ACERCA DO TETO APLICÁVEL AOS PROCURADORES DO MUNICÍPIO. SUBSÍDIO DO DESEMBARGADOR DE TRIBUNAL DE JUSTIÇA, E NÃO DO PREFEITO. FUNÇÕES ESSENCIAIS À JUSTIÇA. RECURSO EXTRAORDINÁRIO PROVIDO. 1. Os procuradores municipais integram a categoria da Advocacia Pública inserida pela Constituição da República dentre as cognominadas funções essenciais à Justiça, na medida em que também atuam para a preservação dos direitos fundamentais e do Estado de Direito. 2. O teto de remuneração fixado no texto constitucional teve como escopo, no que se refere ao *thema decidendum*, preservar as funções essenciais à Justiça de qualquer contingência política a que o Chefe do Poder Executivo está sujeito, razão que orientou a aproximação dessas carreiras do teto de remuneração previsto para o Poder Judiciário. 3. Os Procuradores do Município, consectariamente, devem se submeter, no que concerne ao teto remuneratório, ao subsídio dos desembargadores dos Tribunais de Justiça estaduais, como impõe a parte final do art. 37, XI, da Constituição da República. 4. A hermenêutica que exclua da categoria 'Procuradores' – prevista no art. 37, XI, parte final, da CRFB/88 – os defensores dos Municípios é inconstitucional, haja vista que *ubi lex non distinguit, nec interpres distinguere debet*. 5. O termo 'Procuradores', na axiologia desta Corte, compreende os procuradores autárquicos, além dos procuradores da Administração Direta, o que conduz que a mesma *ratio legitima*, por seu turno, a compreensão de que os procuradores municipais, também, estão abrangidos pela referida locução. Precedentes de ambas as Turmas desta Corte: RE 562.238 AgR, Rel. Min. Teori Zavascki, Segunda Turma, DJe 17.04.2013; RE 558.258, Rel. Min. Ricardo Lewandowski, Primeira Turma, DJe 18.03.2011. 6. O texto constitucional não compele os Prefeitos a assegurarem aos Procuradores municipais vencimentos que superem o seu subsídio, porquanto a lei de subsídio dos procuradores é de iniciativa privativa do chefe do Poder Executivo municipal, *ex vi* do art. 61, §1º, II, 'c', da Carta Magna. 7. O Prefeito é a autoridade com atribuição para avaliar politicamente, diante do cenário orçamentário e da sua gestão de recursos humanos, a conveniência de permitir que um Procurador do Município receba efetivamente mais do que o Chefe do Executivo municipal. 8. As premissas da presente conclusão não impõem que os procuradores municipais recebam o mesmo que um Desembargador estadual, e, nem mesmo, que tenham, necessariamente, subsídios superiores aos do Prefeito. 9. O Chefe do Executivo municipal está, apenas, autorizado a implementar, no seu respectivo âmbito, a mesma política remuneratória já adotada na esfera estadual, em que os vencimentos dos Procuradores dos Estados têm, como regra, superado o subsídio dos governadores. 10. *In casu*, (a) o Tribunal de Justiça de Minas Gerais reformou a sentença favorável à associação autora para julgar improcedentes os pedidos, considerando que o art. 37, XI, da Constituição da República, na redação conferida pela Emenda Constitucional 41/03, fixaria a impossibilidade de superação do subsídio do Prefeito no âmbito do Município; (b) adaptando-se o acórdão recorrido integralmente à tese fixada neste Recurso Extraordinário, resta inequívoco o direito da Recorrente de ver confirmada a garantia de seus associados de terem, como teto remuneratório, noventa inteiros e vinte e cinco centésimos por cento do subsídio mensal, em espécie, dos Ministros do Supremo Tribunal Federal. 11. Recurso extraordinário PROVIDO. TESE DA REPERCUSSÃO GERAL: A expressão 'Procuradores', contida na parte final do inciso XI do art. 37 da Constituição da República, compreende os Procuradores Municipais, uma vez que estes se inserem nas funções essenciais à Justiça, estando, portanto, submetidos ao teto de noventa inteiros e vinte e cinco centésimos por cento do subsídio mensal, em espécie, dos Ministros do Supremo Tribunal Federal" (RE 663.696, Rel. Min. Luiz Fux, j. 28.2.2019, P, DJE de 22.8.2019, Tema 510).

Sendo assim, conclui-se que a essencialidade da advocacia pública municipal, segundo o entendimento predominante no Supremo Tribunal Federal, está lastreada em razões de índole constitucional que não constaram nos fundamentos da decisão do plenário do TCE-RJ no caso paradigmático do Processo nº 225.221-8/2017. Enquanto o TCE-RJ adotou a tese da simetria e da reprodução obrigatória dos artigos 131 e 132, a motivação mais adequada para justificar a constituição regular dos órgãos de procuradoria parece ser outra: a de que os procuradores municipais integram as funções essenciais à Justiça, e atuam para a preservação dos direitos fundamentais e do Estado de Direito.

IV Reconhecimento da advocacia pública municipal enquanto função essencial à justiça e os desdobramentos desse status constitucional

a) A advocacia pública municipal na Constituição de 1988

A expressão "advocacia pública" é correntemente empregada entre nós para designar igualmente as funções de acusação penal pública, fiscalização de interesses disponíveis, assistência judiciária aos necessitados e representação judicial, assessoramento e consultoria jurídica às entidades estatais. Assim, as referências mais usuais à "advocacia pública" são, na verdade, menções à advocacia pública *lato sensu*, pois se referem indistintamente às atribuições exercidas pelo Ministério Público, Defensoria Pública e Advocacia Estatal.

Já a "advocacia pública" *stricto sensu*, conforme define Grande Júnior (2009), designa apenas a Advocacia de Estado, sendo esta:

> [...] a função permanente, constitucionalmente essencial à Justiça e ao Estado Democrático de Direito, que compreende o conjunto de atividades atinentes à representação judicial e extrajudicial das pessoas jurídicas de direito público e judicial dos órgãos, conselhos e fundos administrativos excepcionalmente dotados de personalidade judiciária, bem como à prestação de consultoria, assessoramento e controle jurídico interno a todos as desconcentrações e descentralizações verificáveis nos diferentes Poderes que, juntos, constituem a entidade federada (GRANDE JÚNIOR, 2009, p. 79).

Nessa linha, advogado público (em sentido estrito) seria o representante de um gênero, cujas espécies seriam o Advogado da União, o Procurador da Fazenda Nacional, o Procurador Federal, o Procurador do Banco Central, o Procurador do Estado, o Procurador do Distrito Federal e o Procurador do Município.[9]

Mais do que uma mera questão de nomenclatura, a definição da advocacia pública e suas atribuições são objeto de relevantes estudos em direito comparado, que permitem constatar a coexistência de dois grandes modelos de organização da advocacia pública: o modelo unitário, no qual uma única instituição monopoliza as funções de advocacia estatal e de advocacia da sociedade (adotada em países como Inglaterra, Estados Unidos

---

[9] Grande Júnior (2009, p. 79) cita ainda "os Assessores, Consultores e Técnicos Jurídicos abrigados pela regra de transição do art. 69 do ADCT".

e Japão) e o modelo dualista, que divide as funções de advocacia estatal e advocacia da sociedade entre duas instituições distintas (conforme adotado na Itália, Espanha e Argentina).[10]

No Brasil, historicamente houve o predomínio do modelo unitário,[11] mas a Constituição 1988 marcou a transição para o modelo dualista de advocacia pública.[12] Na prática, isso significa que, até a promulgação da Constituição de 1988, o Ministério Público acumulava as funções de defensor dos interesses da sociedade e dos entes políticos.

Conforme depôs Saulo Ramos (2007), em curiosa passagem extraída de sua obra autobiográfica *Código da Vida*, na prática o acúmulo das funções de defensor dos interesses da sociedade e dos entes políticos pelo Ministério Público não contribuía para o bom funcionamento do sistema de justiça:

> O pobre do promotor público federal, um criminalista acostumado a estudar Direito Penal e a lidar com o crime, tinha que enfrentar casos de contratos difíceis, que haviam sido descumpridos ou sofrido interpretações contraditórias nas respectivas execuções. Litígios sobre concessões públicas, licitações, obrigações administrativas, Direito Público, sonegação fiscal, cobrança de tributos, brigas nas exportações e nas importações, nas extrações de minérios, contratos cambiais. Uma infinidade de assuntos, em que enfrentava, do outro lado, escritórios de advocacia poderosos, de grande cultura e altamente especializados. E o deus-nos-acuda foi virando rotina. A defesa da União era feita ao deus-dará.

---

[10] Conforme GRANDE JÚNIOR, 2009, p. 105.

[11] Segundo Sesta (1993) o percurso histórico da advocacia pública brasileira seria o seguinte: "A Constituição Imperial de 1824, no seu art. 48, menciona o Procurador da Coroa e Soberania Nacional, competente para o exercício cumulativo das funções da Advocacia de Estado e da acusação pública, como se depreende das disposições expressas do Decreto nº 5.618, de 2 de maio de 1874, que regulamentava as 'Relações' (Tribunais) do Império (art. 19). O advento da República determinou a mudança da denominação daquele órgão para Procurador-Geral da República (CF/1891, art. 58, §2º), mantido o mesmo complexo de competências. Durante a 1ª República, a Lei nº 221, de 20 de novembro de 1894, dispondo sobre a organização da Justiça Federal, regulava expressamente a competência do Ministério Público como órgão da Advocacia de Estado (art. 28) bem como sua competência em matéria criminal (art. 33). A mesma linha organizativa foi mantida em consolidação da Legislação referente a Justiça Federal, efetivada pelo Decreto nº 3.084, de 5 de novembro de 1898, conforme consta nos arts. 11, 123 e 124. Em 1937, o Decreto-Lei nº 6, de 16 de novembro, definia os 'Procuradores da República como Advogados de Estado (art. 17). Em 1938, o Decreto-Lei nº 986, de 27 de dezembro, novamente definiu o Ministério Público como órgão de Advocacia de Estado (arts. 6º e 9º, I). A Constituição Federal de 1946 previa expressamente a competência do Ministério Público como órgão da Advocacia de Estado (art. 126, § único). Idem a Lei Federal nº 1.341, de 30 de janeiro de 1951 (Lei Orgânica do Ministério Pública da União – arts. 30, I; 37 e 38, I). Idem as Constituições Federais de 1967 (art. 138, §2º) e de 1969 (art. 95, §2º). Só a Constituição Federal de 1988, ao instituir a 'Advocacia Geral da União' (art. 131) dividiu o exercício da advocacia de estado da custódia da lei e da acusação pública" (SESTA, 1993, p. 187-188).

[12] Conforme Colodetti e Madureira (2009): "Não é demais recordar, quando se abordam as especificidades da estruturação das procuradorias Jurídicas no Estado Democrático Constitucional brasileiro, que é relativamente recente a consolidação da advocacia pública como órgão de representação judicial e extrajudicial dos entes políticos e de seus órgãos. Com efeito, anteriormente à promulgação da Constituição de 1988, a representação judicial da União e dos Estados era exercida pelo Ministério Público, que, até então, cumulava as funções de defensor dos interesses da sociedade e dos Entes Políticos. [...] além da atuação do Ministério Público Federal na representação judicial da União Federal, existiam também: (a) a Procuradoria-Geral da Fazenda Nacional (PGFN), na qualidade de órgão da Administração federal direta, com competência inclusive para apurar e inscrever, para fins de cobrança judicial, a dívida ativa da União, tributária ou de qualquer outra natureza, por força do Decreto-Lei nº 147/1967; (b) as Procuradorias-Gerais ou departamentos jurídicos das autarquias federais, que eram regidos por normatização específica; e (c) a Advocacia Consultiva da União (com destaque para a Consultoria-Geral da República), que desempenhava as atividades de consultoria e assessoramento jurídicos no âmbito da Administração Federal, nos termos do Decreto nº 39.237, de 08 de setembro de 1986" (COLODETTI; MADUREIRA, 2009, p. 54-55).

Os prazos eram cumpridos na marra. Os promotores se viravam com instruções recebidas dos assistentes jurídicos dos ministérios. Nas audiências, diante do juiz, em muitos casos, não todos, dava dó. O defensor da União não entendia do assunto, perdia-se diante da argumentação dos advogados privados, a tal ponto que o magistrado federal, em muitas ocasiões, passava ele próprio a defender a União, numa distorção da devida imparcialidade. [...] O problema agravava-se ao extremo pela falta de sistemática, falta de uma advocacia organizada e integrada, que tivesse profissionais exclusivamente encarregados de agir em juízo, na defesa de um cliente tão importante: o nosso país (RAMOS, 2007, p. 129-130).[13]

Assim, planejada para transformar este quadro de precária representação jurídica dos entes federativos, a transição do modelo unitário para o modelo dualista de advocacia pública simboliza um progresso para a advocacia pública brasileira, no sentir de Grande Júnior (2009, p. 105). O autor ressalva, contudo, que o processo de transição ainda se encontra incompleto, dado que as instituições de advocacia de Estado (em sentido estrito) não foram dotadas das garantias necessárias e imprescindíveis para preservar a independência funcional dos advogados públicos e o perfeito exercício de suas atribuições, imprescindíveis ao Estado Democrático de Direito.

Deveras, na Constituição Federal de 1988, a advocacia pública está regulamentada nos arts. 131 e 132[14] e logo se percebe que foram sonegadas aos advogados públicos

---

[13] Vale citar o depoimento completo do autor: "Na Consultoria Geral da República, levei um susto: o Brasil não tinha advogados que defendessem a União nas milhares de ações que corriam na Justiça Federal pelo país afora. Simplesmente este fato fantástico: o Brasil, o meu país, não tinha advogados que o defendessem no Judiciário. O colosso pela própria natureza, terra dos bacharéis em Direito, não tinha advogados para si próprio. Claro que eu já sabia, mesmo porque, antes, na minha vida profissional, havia vencido muitas causas contra o Governo Federal. Para os advogados brasileiros, litigar contra a União era moleza. Meu susto consistiu em verificar que a União não tinha, na estruturação, nenhuma organização ou sistema de intercâmbio e de apoio que funcionasse na defesa do interesse público federal, trocando estudos, colecionando jurisprudência, debatendo questões, ajudando-se reciprocamente. A atividade era estanque, isto é, cada ministério tinha seus assistentes jurídicos (e mal remunerados), que atendiam aos casos internos, proferindo pequenos pareceres sobre a matéria controvertida. Quando surgia uma ação judicial contra a União, ou quando a União tinha que propor uma ação judicial contra alguém, o assunto era estudado isoladamente, no ministério que tivesse competência administrativa para tratar da matéria. Os outros não ficavam nem sabendo. E o encarregado de propor a ação ou de defender a União era simplesmente um estranho: o Ministério Público Federal. Nos assuntos internos, quando havia divergência, os ministros mandavam o problema para a Presidência da República, ouvia-se o Consultor Geral da República, que proferia parecer. Aprovado pelo Presidente, o parecer tornava-se norma obrigatória para toda a administração pública federal. Pelo lado de dentro, o sistema funcionava razoavelmente. Mas, do lado de fora, era um desastre. Em juízo, quem ia representar a União e defendê-la era um promotor público, um Procurador da república, de especialidade criminal junto às varas federais, em processos penais. Assim, o representante do Ministério Público Federal com essa função – que hoje desenvolve com exclusividade – de atuar em ações penais e no máximo em ações civis públicas era chamado a agir em todos os processos de interesse da União, nos mais variados e complexos assuntos jurídicos e para os quais não estava preparado. Nem podia estar, tamanha a variedade e a complexidade de assuntos tão distintos uns dos outros. Aí vinha o deus-nos-acuda, pois os processos eram complicados" (RAMOS, 2007, p. 129).

[14] "Art. 131. A Advocacia-Geral da União é a instituição que, diretamente ou através de órgão vinculado, representa a União, judicial e extrajudicialmente, cabendo-lhe, nos termos da lei complementar que dispuser sobre sua organização e funcionamento, as atividades de consultoria e assessoramento jurídico do Poder Executivo.
§1º – A Advocacia-Geral da União tem por chefe o Advogado-Geral da União, de livre nomeação pelo Presidente da República dentre cidadãos maiores de trinta e cinco anos, de notável saber jurídico e reputação ilibada.
§2º – O ingresso nas classes iniciais das carreiras da instituição de que trata este artigo far-se-á mediante concurso público de provas e títulos.
§3º – Na execução da dívida ativa de natureza tributária, a representação da União cabe à Procuradoria-Geral da Fazenda Nacional, observado o disposto em lei.
Art. 132. Os Procuradores dos Estados e do Distrito Federal, organizados em carreira, na qual o ingresso dependerá de concurso público de provas e títulos, com a participação da Ordem dos Advogados do Brasil

algumas das garantias conferidas às demais funções essenciais à justiça – defensores e promotores públicos. Com efeito, o constituinte foi econômico nas garantias asseguradas aos advogados públicos, quando comparados às demais funções consideradas essenciais à justiça. Na opinião de Moreira Neto (1996), esse tratamento diferenciado não se justifica:

> o desempenho dos advogados de Estado deve ser caracterizado pela independência funcional. Os órgãos da advocacia de Estado, tanto quanto os das demais advocacias públicas, o Ministério Pública e a Defensoria Pública, são independentes nas suas funções técnicas, como funções essenciais à justiça que são insuscetíveis de coação pela manipulação política de vencimentos, de transferência e por outros expedientes que visem influenciar lhes as decisões (MOREIRA NETO, 1996, p. 278).

Mais do que uma incongruência constitucional, a sonegação destas garantias aos advogados públicos fragiliza o exercício de suas funções, dado que sujeita os advogados públicos a interferências indevidas. Por essa razão, Grande Júnior (2009) ressalta a mobilização dos advogados públicos visando suprir a omissão constitucional:

> Para garantir que o controle interno de constitucionalidade exercido pelos advogados públicos seja efetivamente jurídico, pautado em parâmetros jurídicos indisponíveis (parâmetros de caráter objetivo) e operado sob racionalidade jurídica, com a menor interferência possível de parâmetros políticos (subjetivos e, por consequência, disponíveis), as instituições de advocacia pública brasileira tentam conseguir atualmente, em nível constitucional, autonomia administrativa, funcional e financeira. Com o mesmo desiderato, as entidades associativas de advogados públicos buscam ampliar garantias (por exemplo, vitaliciedade e inamovibilidade) e prerrogativas para o exercício da advocacia pública, bem como estabelecer que os Procuradores-Gerais ou Advogados-Gerais sejam membros das respectivas carreiras, a fim de conferir maior seriedade técnica ao controle interno desempenhado (GRANDE JÚNIOR, 2009, p. 87).[15]

Noutro giro, o silêncio constitucional parece ser mais grave no tocante à advocacia pública municipal. Nota-se que o artigo 131 da Constituição disciplina a Advocacia Geral da União (inclusive com menção à Procuradoria da Fazenda Nacional no §3º), enquanto no artigo 132 são institucionalizadas as Procuradorias dos Estados e do Distrito Federal. Porém, em nenhuma passagem a Constituição de 1988 faz referência expressa às Procuradorias Municipais.

---

em todas as suas fases, exercerão a representação judicial e a consultoria jurídica das respectivas unidades federadas. (Redação dada pela Emenda Constitucional nº 19, de 1998).
Parágrafo único. Aos procuradores referidos neste artigo é assegurada estabilidade após três anos de efetivo exercício, mediante avaliação de desempenho perante os órgãos próprios, após relatório circunstanciado das corregedorias. (Incluído pela Emenda Constitucional nº 19, de 1998)".

[15] Neste particular, releva citar recente decisão do Supremo Tribunal Federal, em que a Corte rejeitou a extensão da garantia da inamovibilidade aos procuradores do estado. Confira-se: "A Procuradoria-Geral do Estado é o órgão constitucional e permanente ao qual se confiou o exercício da advocacia (representação judicial e consultoria jurídica) do Estado-membro (CF/88, art. 132). A parcialidade é inerente às suas funções, sendo, por isso, inadequado cogitar-se independência funcional, nos moldes da Magistratura, do Ministério Público ou da Defensoria Pública (CF/88, art. 95, II; art. 128, §5º, I, 'b'; e art. 134, §1º). A garantia da inamovibilidade é instrumental à independência funcional, sendo, dessa forma, insuscetível de extensão a uma carreira cujas funções podem envolver relativa parcialidade e afinidade de ideias, dentro da instituição e em relação à Chefia do Poder Executivo, sem prejuízo da invalidação de atos de remoção arbitrários ou caprichosos" (ADI 1.246, rel. min. Roberto Barroso, j. 11.4.2019, P, DJE de 23.5.2019).

Na prática, a Administração Pública parece refletir a omissão constitucional, na medida em que poucos municípios instituíram seus órgãos de procuradoria. Apenas 34,4% (1.893) dos municípios brasileiros têm Procuradores Municipais concursados, enquanto em 65,6% (3.677 municípios) a advocacia pública é exercida por indicação de natureza política.[16]

A distribuição territorial dos municípios que instituíram órgãos de procuradoria observa o seguinte: 84% dos municípios da Região Norte não têm Procuradores concursados, 77% na Região Nordeste, 73% na Sudeste, 66% na Centro-Oeste e 37% na Região Sul. Reforçando este dado, o estudo constatou que, dentre as cidades brasileiras com Índice de Desenvolvimento Humano (IDH) considerado baixo, 75% não têm procuradores concursados. Esse índice cai para 69% em cidades com IDH médio e para 54% em cidades com IDH alto.

Quanto ao perfil dos órgãos de procurador, dentre as procuradorias estruturadas, 45% têm menos de dez anos de constituição e 82% têm menos de vinte anos. Quanto à formação dos procuradores municipais, apenas 4,8% das Procuradorias Municipais em atuação no Brasil têm ao menos um Procurador com doutorado, enquanto 28,2% têm ao menos um Procurador com formação em nível de mestrado.

No caso paradigmático apreciado pelo TCE-RJ (Processo nº 225.221-8/2017), constou que, em procedimento de Auditoria Governamental de Levantamento feito pela Coordenação de Auditoria de Pessoal Municipal (CPM) foi constatado que do total de 981 procuradores municipais em ação nos 90 municípios do Estado do Rio de Janeiro que responderam à pesquisa, apenas 515 são servidores efetivos, ou seja, cerca de 52%. Outrossim, 22 dos 90 municípios pesquisados não possuem procuradores com vínculo efetivo, ou seja, cerca de 25%, e que 10 mantêm em seus quadros apenas 1 procurador, dos quais 2 efetivos e 8 nomeados em comissão.

Diante desse quadro, Bolonha e Oliveira (2019) tecem críticas ao fato do constituinte de 1988 ter negligenciado a necessidade de impor a estruturação mínima de órgãos e agências municipais, citando como exemplos a advocacia pública, a administração fazendária e órgãos de proteção e defesa do meio ambiente. Os autores ponderam que a discrepância institucional entre os municípios não estaria ligada ao dinamismo da vida local, mas sim ao baixo apreço pelo fortalecimento institucional (o que denotaria uma "baixa densidade institucional" dos Municípios). Por essa razão, enfatizam:

> a ausência de previsão constitucional expressa sobre criação de órgãos de controle interno, tanto de legalidade, quanto de legitimidade e economicidade, inviabilizam praticamente a sadia aplicação de recursos públicos em muitos Municípios (BOLONHA; OLIVEIRA, 2019, p. 236).

Aparentemente confirmando estas críticas, observa-se uma alta nos índices de judicialização de demandas por direitos fundamentais em face do Poder Público local, o que parece ter relação direta com a baixa efetividade dos direitos fundamentais que deveriam ser assegurados pelas políticas públicas sociais sob responsabilidade dos Municípios.

---

[16] Segundo estudo patrocinado pela Associação Nacional de Procuradores Municipais (MENDONÇA; VIEIRA; PORTO, 2018).

Diante deste quadro em que a baixa efetividade das políticas públicas encontra interseção com as funções essenciais à justiça, ganha relevância o papel estratégico da advocacia pública municipal.

b) O papel estratégico da advocacia pública municipal no desenvolvimento do sistema judicial de proteção do cidadão em face da administração pública

Na condição de função essencial à justiça, a advocacia pública é um alicerce indispensável do Estado de Direito. Por essa razão, a expressão "essencial à justiça" não pode ser esvaziada de conteúdo a ponto de ser igualada a "dispensável à justiça". Se a advocacia pública é essencial, ela deve estar presente onde quer que haja Estado de Direito, o que inclui todo o território nacional, e todos os entes estatais.

Na medida em que não existem em nosso território regiões sujeitas a regimes de exceção constitucional, o Estado de Direito aplica-se a toda a Administração Pública, pouco importando que determinado território seja administrado por Prefeitura de escassos recursos, de perfil socioeconômico tipicamente rural, geograficamente distante dos centros urbanos, etc.[17]

Nesse sentido, Sesta (1993) faz uma análise pertinente do caráter indispensável assumido pela advocacia de Estado na Constituição de 1988:

> A institucionalização da Advocacia de Estado, na Constituição Federal de 1988, não se resume a um dispositivo ou um conjunto de dispositivos constitucionais, que possam ser visualizados isoladamente. A instituição da Advocacia de Estado, com radical Constitucional Federal, tanto para a União, quanto para o Distrito Federal e os Estados; sua enumeração entre as funções "essenciais à Justiça", e o regime jurídico especial que se lhe atribuiu, não são mais do que mera consequência das premissas definidoras do Estado de Direito, adotadas pelo constituinte democrático escolhido e, coerentemente, buscou assegurar os melhores instrumentos de preservação do princípio da legalidade administrativa. Foi como decorrência dessas premissas, dessa opção política, que o constituinte institucionalizou a Advocacia de Estado reputando-a como essencial à Justiça, de exis   necessária, pertinente ao novo arcabouço constitucional do país. […] Efetivamente, tais atividades estão definitivamente fora do rol daquilo que alguns administrativistas denominam "burocracia" ou administração: foram instituídas constitucionalmente em nível de órgãos de Estado, dispostos os respectivos radicais no mesmo tópico dos "Poderes de Estado". Assim sendo,

---

[17] Neste particular, mesmo aqueles que reconhecem o tamanho dos municípios como um obstáculo relevante para a estruturação de órgãos de procuradoria, também defendem que, ainda nestes casos, seria indispensável haver ao menos a criação de cargo de provimento efetivo de advogado público: "Mas é fato incontroverso que os Municípios, como entidades estatais, estão investidos de autonomia político-administrativa e, consequentemente, possuem personalidade jurídica de direito público interno. Destarte, necessitam de representação judicial e extrajudicial. E como seus agentes políticos devem rigorosa observância à Constituição e aos princípios da administração pública, torna-se imperioso reconhecer a consultoria jurídica e o 'necessário assessoramento técnico, através de um órgão especializado, estrutura através de cargos acessíveis mediante concurso de provas e títulos, cujos ocupantes tenham a garantia da estabilidade'. Por outro lado, é inegável que existem Municípios sem condições de instituírem e estruturarem autênticas Procuradorias. Logo, inteligente a solução de Emenda Constitucional, estabelecendo critério de obrigatoriedade vinculado ao número de habitantes. Ainda assim, todas as municipalidades precisam, ao menos, criar cargos de provimento efetivo de advogados públicos" (GRANDE JÚNIOR, 2009, p. 81-82).

fica fora de dúvida que, tanto o Ministério Público, quanto a Advocacia de Estado, quanto a Defensoria Pública não podem ser considerados simplesmente órgãos administrativos ou contingentes; são órgãos de Estado, pertinentes ao quadro institucional dotado pela Constituição Federal de 1988, sendo pois de existência necessária. [...] Conquanto não sejam "Poderes" de Estado, não são órgãos administrativos, de existência contingente. Assim como, dentre as ditas "pessoas administrativas", existem as de existência necessária e as de existência contingente, assim também, entre os órgãos integrantes da tessitura organizacional do Estado, há os de existência necessária, que são os órgãos políticos, porque inerentes ao perfil institucional do país, e há os de existência contingente ou possível, que são os órgãos administrativos. Entre os primeiros estão os três "Poderes" de Estado e os correspondentes às ditas "funções essenciais à Justiça (SESTA, 1993, p. 199-201).

Em raciocínio complementar, Colodetti e Madureira (2009) recuperam os ensinamentos de Cappelletti e Garth, na notória obra *Acesso à Justiça*, para sustentar que o advogado público desempenha um papel determinante na concretização da 3ª onda de acesso à justiça, notadamente no contexto da tutela dos interesses do cidadão em face do Estado, a ensejar novos meios, técnicas e formas de atuação do direito com vistas a torná-lo mais efetivo.[18]

Embora Sesta (1993) e Colodetti e Madureira (2009) não se refiram especificamente à advocacia pública municipal, não parece haver razão para excluir os procuradores municipais dessa compreensão. Nesse sentido, Nery (2010) argumenta que se, na divisão de responsabilidades constitucionais, os municípios se encontram em pé de igualdade com os demais entes da federação, o mesmo deve ocorrer com relação ao desenvolvimento de capacidades estatais equânimes no campo jurídico.[19]

---

[18] "Semelhante perspectiva, se não inaugurada, viu-se magistralmente sistematizada em célebre estudo desenvolvido por Mauro Cappelletti e Bryant Garth no final da década de 70, encartado na obra *Acesso à justiça*, ao longo da qual esses notáveis juristas discorrem sobre a necessidade da adoção de soluções práticas (denominadas 'ondas') para derrubar as chamadas 'barreiras ao acesso à justiça'. Naquele tempo, Cappelletti e Garth já destacam entre os obstáculos ao acesso à justiça a reduzida capacidade jurídica pessoal dos cidadãos, que encampa a sua desenvoltura para reconhecer a existência de um direito violado, assim como a possibilidade de ajuizar uma ação judicial. Ao ensejo, recobramos das soluções por eles apontadas que a 'primeira onda' consistiria em garantir assistência jurídica para os pobres; a 'segunda onda', em representar os interesses difusos; e a 'terceira onda', em alterar os meios, técnicas e formas de atuação do direito, para torná-lo mais efetivo, numa clara junção da 'primeira' e da 'segunda onda'. Pois é precisamente nesse ponto que se situam as dificuldades detectadas no contexto da tutela dos interesses do cidadão em face do Estado, a ensejar novos meios, técnicas e formas de atuação do direito com vistas a torná-lo mais efetivo. E, a par de tais dificuldades, impõe-se como exigência do princípio constitucional do amplo acesso à justiça uma atuação mais incisiva dos Advogados Públicos com vistas à compatibilização da sua atividade profissional aos posicionamentos firmados em sede pretoriana acerca das questões que lhes são submetidas diuturnamente. A bem da verdade, semelhante atuação lhes é imposta não apenas como decorrência da cláusula de acesso à justiça, mas, outrossim, pela circunstância de a atividade por eles desenvolvida também ser indispensável a que se preservem os princípios da pessoalidade, da moralidade e da eficiência, impostos, por expressa disposição constitucional, a todos os integrantes da Administração Pública direta e indireta das três esferas da federação. E tal se dá porque os Advogados Públicos atuam, dentro da estrutura administrativa, como substancial instrumento de controle da atividade dos gestores, na exata medida em que a eles (Procuradores) cumpre a defesa dos interesses superiores do Estado, quando se sabe que o compromisso primário dos gestores públicos é com a execução de políticas de Governo. Por tal medida, temos que os Advogados Públicos, quando promovem, sobretudo no âmbito consultivo, a concretização do direito positivo frente às consultas que lhes são dirigidas por particulares e pela própria Administração, exercem atividade normativa concreta correlata àquela desenvolvida pelos membros do Poder Judiciário, guardados, evidentemente, os escopos e eficácias peculiares de uma e outra atuação profissional" (COLODETTI; MADUREIRA, 2009, p. 63).

[19] "Hoje nosso país possui 5.564 (cinco mil quinhentos e sessenta e quatro) Municípios brasileiros, todos com atribuições e competências constitucionalmente definidas. Todos com demandas próprias e necessitando dar

Os argumentos de Nery (2010) nos permitem comparar a difícil realidade da representação jurídica dos municípios com o quadro em que a própria União se encontrava antes da instituição da Advocacia Geral da União ocorrida com a Constituição de 1988. Oportuno relembrar o depoimento de Ramos (2007),[20] já citado anteriormente neste trabalho, que evidencia como, na prática, a inexistência de um órgão próprio de advocacia pública da União impactava negativamente no funcionamento do sistema de justiça, sem perder de vista que estas circunstâncias estão sujeitas a se repetirem hodiernamente com os municípios que não possuem advocacia pública regularmente instituída.

Portanto, as construções teóricas de Sesta (1993), Colodetti e Madureira (2009), assim como as reflexões e depoimentos de Nery (2010), Ramos (2007) e de outros autores anteriormente citados neste trabalho, corroboram que, enquanto função essencial à justiça, a advocacia pública municipal desempenha papel estratégico para o sistema judicial de proteção do cidadão em face da Administração Pública.

Disso decorre que, em tese, caso as funções atribuídas à advocacia pública municipal sejam exercidas de forma precária, o sistema judicial de proteção do cidadão em face da Administração Pública local tende a ser prejudicado. Uma forma de testar essa hipótese seria, por exemplo, verificando se é verdadeira a correlação entre a precariedade da representação jurídica e a litigiosidade excessiva dos municípios.

No levantamento "Justiça em Números", do Conselho Nacional de Justiça (CNJ), a Administração Pública ajuíza um número de demandas maior do que o dos demais 80 maiores litigantes do país. Especificamente, o setor público municipal figura como segundo maior litigante do país na Justiça Estadual, atrás apenas do setor bancário (o setor público estadual é o terceiro maior litigante)[21] sendo que as execuções fiscais correspondem a 37% do estoque de processos (BRASIL, 2014, p. 62).

No Estado do Rio de Janeiro, em 2017, foram distribuídos 459.334 novos processos de execução fiscal, enquanto foram proferidas 319.643 sentenças em execução fiscal. No mesmo ano o acervo acumulado de execuções fiscais pendentes em 1º grau era de 6.539.992 de processos, sendo a imensa maioria de iniciativa dos municípios. Portanto, a cobrança judicial da dívida ativa municipal tem sido um grande desafio para o sistema de justiça em geral, o que também se observa no Estado do Rio de Janeiro.

Em um contexto mais amplo, a judicialização excessiva da dívida ativa municipal é uma das consequências do baixo compromisso com o equilíbrio fiscal, sobretudo com

---

conta de suas responsabilidades. Entretanto, são os Municípios que não possuem o abrigo constitucional às carreiras jurídicas, hoje consolidadas, necessárias e indispensáveis às funções exercidas. [...] Os municípios são diariamente demandados por órgãos e instituições organizadas, estruturadas e com prerrogativas constitucionais para questionar as políticas implementadas e a cobrar posturas e responsabilidades. Como as municipalidades e seus gestores podem dar conta de responder sem um corpo jurídico estruturado, permanente e especializado, com as mesmas prerrogativas constitucionais, a fim de tratarem as questões em igualdade de condições?" (NERY, 2010, p. 253-254).

[20] Eis o depoimento de Ramos (2007): "A defesa da União era feita ao deus-dará. Os prazos eram cumpridos na marra. Os promotores se viravam com instruções recebidas dos assistentes jurídicos dos ministérios. Nas audiências, diante do juiz, em muitos casos, não todos, dava dó. O defensor da União não entendia do assunto, perdia-se diante da argumentação dos advogados privados, a tal ponto que o magistrado federal, em muitas ocasiões, passava ele próprio a defender a União, numa distorção da devida imparcialidade" (RAMOS, 2007, p. 130).

[21] Disponível em http://www.cnj.jus.br/pesquisas-judiciarias/justicaemnumeros/2016-10-21-13-13-04/pj-justica-em-numeros. Acesso em: 15 de março de 2020.

a efetiva arrecadação própria por parte dos governos subnacionais.[22] Porém, a razão mais imediata parece estar relacionada às práticas da Administração Fazendária em nível municipal, dado que, embora a cobrança judicial da dívida ativa seja um método reconhecidamente ineficaz, os Municípios têm insistido na distribuição destas ações, em detrimento de meios alternativos e mais efetivos de cobrança de tributos.[23]

Noutro giro, quando figuram no polo passivo das ações judiciais, os municípios respondem por grande número de demandas por serviços essenciais ao cidadão, como saúde (ações de medicamentos), educação (ações relativas à inexistência de vagas em creches ou na escola do bairro) e assistência social (ações relativas a benefícios como aluguel social, dentre outras demandas). Também é grande o número de ações civis públicas envolvendo matérias sensíveis à efetividade da proteção do cidadão em face da Administração Pública local.

Assim, o problema envolvendo a judicialização excessiva, em especial da dívida ativa municipal, é um exemplo que reflete uma dificuldade sistemática da Administração Pública municipal em conformar suas práticas de modo a evitar a profusão de conflitos judiciais desnecessários com seus cidadãos.

Segundo PERLINGEIRO (2017a), litígios dessa natureza são artificiais, pois decorrem de deficiências internas da própria Administração Pública, e não da efetiva necessidade de prestação jurisdicional, conforme explica:

> a maioria dos litígios é artificial, ou seja, não decorre de uma pretensão cujo atendimento esteja ao alcance das autoridades, mas resulta de uma realidade em que tais autoridades não cumprem seus deveres por falta de infraestrutura suficiente para harmonizar o princípio da legalidade (associado à supremacia dos direitos fundamentais) com o princípio administrativo da subordinação hierárquica. Ademais, em muitos casos, são as autoridades que buscam o Judiciário com pretensões executórias contra particulares, externando o consenso (entre cidadãos, autoridades, Judiciário e legislador) de que autoridades administrativas não são confiáveis para promover a execução das suas próprias decisões, em flagrante contradição com o poder de autoexecutoriedade dos atos administrativos (PERLINGEIRO, 2017a, p. 168-169).

Analisando as origens históricas e estruturais do problema, Perlingeiro (2017a) pontua que a judicialização exacerbada seria também resultado de uma crise de identidade quanto à forma de organização da jurisdição administrativa (compreendida como a prestação estatal para solução coercitiva e definitiva de reclamações ou impugnações de um interessado contra comportamentos de uma autoridade administrativa).

---

[22] Em um contexto mais amplo, a desídia com a cobrança da dívida ativa municipal está relacionada com a repartição de receitas tributárias instituído pela Constituição Federal de 1988, em que Estados e municípios contam com recursos garantidos, independentemente do seu esforço tributário (artigos 157 a 162 da Constituição Federal de 1988). A comprovação da efetiva arrecadação de todos os tributos da competência constitucional do município só é condição para o recebimento de transferências voluntárias, por força do art. 11 da Lei de Responsabilidade Fiscal. Assim, nos municípios de pequeno porte, estima-se ser de 91% a participação das receitas oriundas de transferências constitucionais dos outros entes federativos (ARRETCHE, 2004). Arretche (2004) analisa que, com o elevado nível de dependência de transferências fiscais e a ausência de vínculo entre quem taxa e quem gasta, a tendência deste formato de descentralização fiscal é o baixo compromisso com o equilíbrio fiscal, sobretudo com a efetiva arrecadação própria por parte dos governos subnacionais.

[23] Por um estudo sobre os meios alternativos de cobrança de tributos, ver CASTRO, 2016.

Em síntese, essa crise de identidade consiste no fato dos países latino-americanos, como o Brasil, permanecerem fiéis à tradição do direito europeu continental de jurisdição administrativa, o que conflita com a adoção de institutos de influência do constitucionalismo norte-americano.

No modelo americano, as *courts* não possuem especialização em direito administrativo e não adentram nos fundamentos de fato das decisões administrativas, mas essa limitação é compensada pela existência de agências administrativas independentes, quase judiciais, capazes de assegurar ao cidadão um devido processo legal administrativo.

Já no modelo europeu, em geral, os tribunais são especializados em direito administrativo e não possuem restrições para revisar o conteúdo fático das decisões administrativas. Mas por outro lado, neste modelo europeu a Administração Pública não possui agências administrativas capazes de assegurar o devido processo legal como sucede no sistema americano.

No Brasil, assim como na maioria dos países da América Latina, há um sistema de jurisdição única, com uma estrutura judiciária dotada de especializações apenas ocasionais, ao passo que a Administração Pública é desprovida das prerrogativas das agências administrativas americanas.

Vale salientar que a garantia do devido processo legal administrativo consta nas cartas constitucionais da maioria dos países latinos, inclusive do Brasil (art. 5º LIV e LV). Contudo, essa garantia carece de efetividade, prevalecendo a tradição cultural europeia continental enraizada em nosso sistema, conforme analisa o autor.

Diante deste estado de coisas, Perlingeiro (2017a) conclui que a solução não está em migrar totalmente para o regime europeu continental de jurisdição administrativa (o que demandaria promover uma ampla reforma do Poder Judiciário visando a especialização dos tribunais em direito administrativo). Em sentido contrário, o autor defende que:

> [o] futuro da jurisdição administrativa latino-americana está na efetivação do devido processo legal na esfera administrativa (extrajudicial), tal como importado dos EUA nas últimas décadas, de modo a compensar o déficit de especialização em direito administrativo dos tribunais judiciais latino-americanos (PERLINGEIRO, 2017a, p. 200).

O argumento é reforçado pelo fato de haver, no caso brasileiro, previsão constitucional expressa assegurando ao cidadão o direito ao devido processo legal administrativo. No mesmo sentido, a jurisprudência da Corte Interamericana de Direitos Humanos, que também vincula o Estado brasileiro, sustenta a necessidade de arranjos institucionais semelhantes às agências americanas, capazes de decidir com independência, imparcialidade e capacidade técnica, à luz da Constituição e das normas convencionais de direitos humanos.[24]

---

[24] Em outro estudo, Perlingeiro (2017b) reflete sobre as estruturas organizacionais adequadas para as peculiaridades de países latino-americanos: "*Although it may seem obvious that administrative authorities should seek to protect fundamental rights, the question in decision-making positions is how they should do so. What structure should be used? Do civil servants in decision-making positions require legal qualifications? Do they need to be independent? Do they need to be impartial? It is time for us to look for a model of administrative authorities that are equipped with (quasi-judicial) instruments allowing them to be guided by the public interest and by the principle of proportionality in order to make difficult choices when confronted with conflicting fundamental rights in favor of an individual or a community*" (PERLINGEIRO, 2017b, p. 269).

Neste sentido, Perlingeiro (2017a) conclui:

> [...] deve-se proceder a uma reforma que leve a Administração Pública a portar-se como um instrumento de manifestação do interesse público, e não mais como um ente para a proteção de interesse político e financeiro próprios e ocasionais, com um fim sem si mesmo (PERLINGEIRO, 2017a, p. 201).

Na linha desta proposta, não somente a problemática da litigiosidade excessiva e artificial do poder público, mas também outras disfunções do sistema judicial de proteção do cidadão em face do Estado poderiam ser solucionadas, não mais através de reformas focadas exclusivamente na capacidade de acolhimento das demandas pelo Poder Judiciário, mas através de reformas do Poder Executivo que previnam o surgimento e a repetição sistemática destas demandas.

Estas reformas seriam no sentido de construir meios para que a atividade adjudicatória se dê em respeito aos direitos fundamentais do cidadão. Para tanto, Perlingeiro (2017b) menciona como instrumentos a capacitação de servidores e tomadores de decisão, a atribuição de independência decisória, a constituição de órgãos à semelhança das agências americanas, a observância do devido processo administrativo, e que as decisões administrativas sejam pautadas pelo respeito aos direitos fundamentais, conforme preconizados pela Constituição Federal e pelos tratados internacionais em direitos humanos.[25]

Ocorre que, sem as devidas adaptações, a proposta de Perlingeiro (2017b) representaria um grande desafio para a Administração Pública municipal, considerando a realidade brasileira.

Uma primeira dificuldade a se ponderar diz respeito ao perfil dos tomadores de decisão em âmbito municipal. Na estrutura organizacional de um município, as decisões administrativas geralmente competem a agentes comissionados ou políticos (chefes e diretores de departamentos, secretários ou ao próprio Prefeito Municipal).

Ainda que estes agentes sejam tecnicamente capacitados para compreender a matéria posta em exame (um auto de infração de ISSQN sob apreciação do Diretor do Departamento de Receitas Mobiliárias, um pedido de alvará submetido ao Secretário Municipal de Obras, um pedido de licença ambiental submetido ao Secretário Municipal de Ambiente, etc.), ainda assim faltará o conhecimento para exercer o controle de juridicidade dos atos. É inviável, portanto, realizar a capacitação necessária a todos os tomadores de decisão que compõem a Administração Pública municipal.

---

[25] *"Given an administrative culture and mentality in many ways rooted in the past, it would be premature and even rash to immediately increase the power of administrative authorities to resolve administrative disputes, and restrict or only allow access to courts in a secondary way. In the longer term, however, I recognize that the improvement of so-called 'independent administrative authorities' is the most natural solution. Special attention should be afforded to the experience of American administrative agencies, with a view toward an overdue re-approximation of Brazilian and American administrative justice systems. Therefore, what is required in Brazil, are reforms not only the Judiciary itself or the administrative procedural law (whether supplied by the Judiciary or the administrative authority), but also reforms directed at administrative authorities themselves. These urgently needed reforms would consist of training and qualification of public servants. This training would be technical, but also, and just as importantly, ethical. These reforms would create more efficient administrative authorities that are credible, strong and fortified as a true third branch of government. Brazil requires reforms that lead to an administrative authority that does not hide behind strict legality, comfortable with delegating to the Judiciary the responsibility of recognizing rights based on the Constitution and international conventions. Finally, Brazil needs reform that will result in administrative authorities committed to Rule of Law and which, without relying on the Judiciary, take the initiative to guarantee fundamental rights"* (PERLINGEIRO, 2017b, p. 57).

Da mesma forma, propor que cada município constitua órgãos públicos tecnicamente capacitados, independentes e imparciais para decidirem sob a influência de normas constitucionais e normas convencionais de direitos humanos (a exemplo das agências americanas) é igualmente inviável. Basta considerar os custos decorrentes da criação de um órgão desta natureza para cada área de atuação municipal (um órgão judicante fiscal, um ambiental, um órgão de saúde, outro referente a obras, posturas, etc.). Embora seja viável para Estados, Distrito Federal e União, a profusão de órgãos judicantes não cabe no orçamento dos Municípios, principalmente daqueles de pequeno porte.

Dadas estas condições, a compatibilização da solução proposta por Perlingeiro (2017b) para as disfunções do sistema judicial de proteção do cidadão em face do Estado com a realidade da Administração Pública municipal parece convergir para o enfrentamento da baixa institucionalização dos órgãos de procuradoria municipal.

Afinal, os advogados públicos são agentes que já possuem a atribuição institucional de exigirem a observância do devido processo administrativo e da observância dos direitos fundamentais na tomada de decisão administrativa. Logo, ao menos em termos de preparo técnico, os advogados públicos são os agentes do Poder Executivo Municipal mais preparados para protagonizarem a reforma administrativa em apreço.

Na prática administrativa municipal, as decisões que afetam direitos de terceiros são invariavelmente precedidas de pareceres jurídicos. Estes pareceres são emitidos pelo órgão de advocacia pública municipal, que se manifesta quanto à regularidade do procedimento e juridicidade atinente ao mérito, opinando de modo a subsidiar a tomada de decisão. Inclusive, é bastante comum que as decisões administrativas sejam fundamentadas de forma simplificada, simplesmente prestigiando o parecer jurídico e adotando seus fundamentos como motivação da própria decisão.

A compreensão dessa dinâmica da Administração Pública revela que a reforma administrativa proposta por Perlingeiro (2017b), poderia ser implantada com sucesso dentro das possibilidades organizacionais dos municípios, desde que se invista no fortalecimento institucional dos órgãos de advocacia pública municipal.

Mas resta ainda averiguar de que forma os órgãos jurídicos municipais poderiam agir, na prática, de modo a impactar o desenvolvimento e aperfeiçoamento do sistema judicial e extrajudicial de proteção do cidadão em face da Administração Pública Municipal.

Nesse sentido, releva destacar que a atuação da Procuradoria Municipal perpassa todos os atos de gestão, condicionando a formulação e a efetividade da implementação de políticas públicas, em ordem a que esses não se pratiquem tão só de acordo com a vontade do administrador, mas, sobretudo, conforme a lei e o interesse público. Nesse mister, Luís Inácio Adams (2012) pondera que o advogado público auxilia na tomada de decisão, evitando inconstitucionalidades, garantindo a estabilidade e segurança jurídica da gestão e viabilizando as políticas que traduzem o genuíno interesse público.[26]

---

[26] "Enfrentamos um tempo em que as inconstitucionalidades são, ao cabo e ao fim, a impossibilidade de realizar políticas públicas. Isso inclusive tem dado azo a uma figura caricata do advogado público como sendo o agente do 'não'. Isto é, aquele que inviabiliza a política pública. Esta é uma percepção extremamente equivocada da atuação da Advocacia Pública, da atuação de importantes membros do Estado que estão em verdade interessados em viabilizar políticas públicas dentro da legalidade e das possibilidades existentes. [...] É muito difícil a tomada de decisão por parte do administrador público. Dizer 'sim' envolve um risco, pois é uma escolha, sendo penalizada caso não dê certo. Todavia, há que se lembrar que o Estado é dirigido por

No mesmo sentido, Nery (2010) destaca que a atuação do Procurador Municipal não se resume ao contencioso judicial, mas possui interlocução com a formulação e execução das políticas públicas, auxiliando o tomador de decisão quanto à melhor forma de implementar as diretrizes constitucionais diante das possibilidades legais.[27]

Por exemplo, a autora cita que, no município de Porto Alegre os procuradores municipais possuem atribuição para atuar na defesa dos interesses dos cidadãos e entidades municipais necessitados, em questões relativas à regularização fundiária de terrenos urbanos, fornecendo orientação jurídica promovendo ações, contestando, reconvindo e recorrendo. A iniciativa recebeu o Prêmio Innovare, edição de 2016, na categoria advocacia.[28] Comentando este caso de sucesso, Nery e Prestes (2016) pontuam que políticas públicas como a regularização fundiária demandam atuação permanente e contínua na sua dimensão jurídica, o que só seria viável através de um órgão de advocacia pública devidamente institucionalizado.[29]

Noutro giro, Mazzei *et al.* (2015) destaca que uma forma relevante de atuação da advocacia pública em defesa do Estado de Direito é a proteção do patrimônio público e da moralidade, através do ajuizamento de ações de improbidade e do controle preventivo de legalidade dos atos administrativos. Essa atuação protege o erário e garante que os recursos públicos tenham a destinação correta, em benefício do cidadão.[30] Dessa forma,

---

humanos e não deuses, o planejamento não é uma garantia de sucesso. [...] A atuação da advocacia pública, dentro dessa dinâmica, é essencial ao funcionamento do Estado, pois visa garantir essa estabilidade, preservar esse núcleo, dar ao administrador público segurança jurídica para decidir. Este assessoramento, contudo, não deve ser exercido de modo estritamente cartorial. O assessoramento jurídico é um processo de participação da área jurídica na formação e elaboração da política pública. Não basta o advogado ter conhecimento da lei, é necessário também o conhecimento da necessidade emergente que justifica a política pública. Os advogados públicos devem ouvir o administrador, conhecer as razões que o motivam a fazer uma escolha. A atividade jurídica não está desassociada das demais atividades administrativas, pelo contrário, ela é dependente. Nós não conseguiremos interpretar adequadamente as normas jurídicas se não conhecermos a realidade sobre a qual elas incidem e sobre as consequências que elas provocam" (ADAMS, 2012, p. 27).

[27] "Verifica-se, portanto, que a atuação do Procurador Municipal não se resume mais hoje ao contencioso judicial, mas traduz o reflexo desse contencioso nas políticas públicas, de forma permanente em políticas públicas de Estado e que devem ter continuidade na administração pública. É uma garantia do gestor público que sai, na troca de governos, bem como da sociedade, diretamente beneficiada pelos programas e políticas de Estado, plenamente distinguíveis das políticas de governo. [...] Os direitos fundamentais, as políticas sociais, os chamados direitos prestacionais previstos na Constituição da República, podem ser facilitados em sua aplicação pelo ente público através da atuação dos Advogados Públicos. São eles que mostrarão aos administradores a melhor forma de implementarem as diretrizes constitucionais, conseguindo evitar danos e oneração indevida ao erário, pois cabe ao corpo técnico informar os meios e as possibilidades legais" (NERY, 2010, p. 251-252).

[28] Disponível em: https://www.premioinnovare.com.br/praticas/regularizacao-fundiaria-advocacia-publica-atuando-para-o-reconhecimento-de-direitos. Acesso em: 21 jan. 2021.

[29] "a regularização fundiária é morosa, perpassa gestões e, a nosso ver, estruturas permanentes devem ter atribuição no tema, a fim de garantir a continuidade das ações independente dos gestores. Assim como em outras áreas consolidadas, regularização fundiária na sua dimensão jurídica precisa ser vista como função permanente e contínua da administração pública, independentemente do governo" (NERY; PRESTES, 2016, s.p.).

[30] "Apesar das inúmeras vicissitudes enfrentadas pelos advogados públicos para o desenvolvimento de uma rede de proteção do patrimônio público isenta de influências políticas, tem-se que a advocacia pública surge como mais uma instituição voltada para a defesa da moralidade administrativa. Essa defesa é proporcionada pelo exercício dos instrumentos processuais e extraprocessuais disponíveis no ordenamento jurídico à advocacia pública para a efetiva proteção da moralidade administrativa e do patrimônio público. Entre os instrumentos processuais pode-se destacar a legitimidade ativa para o ajuizamento de ação de improbidade administrativa, inclusive com pedido de indisponibilidade de bens dos envolvidos (art. 7º da Lei nº 8.429/1992), bem como a possibilidade de usufruir da faculdade da assunção do polo ativo na ação popular quando isso for benéfico ao interesse público (art. 6º, §3º, da Lei nº 4.717/1965). Quanto aos instrumentos extraprocessuais, pode-se apontar a consultoria jurídica interna para controle da legalidade dos atos administrativos, a expedição de recomendações de condutas aos servidores públicos quanto ao exercício da função, a criação de súmulas administrativas para

a advocacia pública atua em defesa do direito do cidadão a uma administrativa efetiva e honesta (MOREIRA NETO, 1996).[31]

Por sua vez, a resolução conciliatória de controvérsias, além de se encaixar perfeitamente no conceito de sustentabilidade administrativa defendido por Sousa (2013)[32] é também uma das formas mais imediatas de atuação da advocacia pública no sentido de contribuir para o sistema judicial de proteção do cidadão em face da Administração Pública, evitando o ajuizamento de demandas artificiais.

Quanto à adoção de soluções conciliatórias, Tasse (2011, p. 28) pontua que o advogado público deve "atuar com a combatividade necessária à defesa do ente estatal, mas com os olhos voltados à superação do conflito entre o Estado e o cidadão, para que haja pacificação social e assim possa haver desenvolvimento da estrutura estatal".

Nesse sentido, oportuno mencionar uma iniciativa positiva da Advocacia Geral da União, que vem sendo replicada por procuradorias de vários municípios. Trata-se do programa de redução de litígios e de aperfeiçoamento da defesa da União. Considerando que o prolongamento de demandas artificiais implicava em ineficiências tanto para o órgão quanto para o Poder Judiciário, chegando inclusive a prejudicar a deferência dos julgadores para com a defesa da União, a AGU criou o programa que consiste na aplicação de instrumentos aptos a promover a abstenção e desistência de recursos judiciais da União em hipóteses predefinidas por meio de pareceres referenciais.[33]

Nessa linha de boas práticas, Colodetti e Madureira (2009) lembram que, quando dispõem de autonomia funcional, os advogados públicos podem impactar positivamente na proteção do cidadão em face da Administração Pública Municipal mediante:

> a apresentação de ações de improbidade administrativa, a edição de súmulas administrativas, realização de práticas preventivas de demandas, a possibilidade de dispensa de recursos

---

uniformização de procedimentos, a celebração de termos de ajustamento de conduta, bem como a elaboração de projetos técnicos para encaminhamento ao Fundo de Defesa dos Direitos Difusos (art. 13 da Lei nº 7.347/1985) com o intuito de obter recursos financeiros para aplicação em políticas públicas educacionais voltadas ao combate à corrupção e para a conservação do patrimônio público no âmbito do ente federativo representado" (MAZZEI *et al.*, 2009, p. 714).

[31] "a evolução e aperfeiçoamento da advocacia de Estado, com as características examinadas, garante, em última análise, o direito do cidadão a uma administração efetiva e honesta" (MOREIRA NETO, 1996, p. 279).

[32] Uma concepção interessante quanto à contribuição da advocacia pública para a proteção do cidadão pode ser encontrada em Sousa (2013). O autor sustenta que a advocacia pública deve induzir a administração como um todo a incorporar práticas sustentáveis. Em particular, a sustentabilidade institucional ou interna da advocacia pública se materializaria em boas práticas como o desenvolvimento de uma racionalidade antecipatória na resolução das controvérsias e conflitos e a implementação do princípio da consensualidade. Porém, o autor adverte que isso só seria possível em uma advocacia pública fortemente tecnicizada, substancialmente despolitizada e materialmente aparelhada.

[33] "O programa de redução de litígios e de aperfeiçoamento da defesa da União consiste na criação e aplicação de instrumentos aptos a promover a abstenção e desistência de recursos judiciais da União em hipóteses predefinidas por meio de pareceres referenciais. No período de julho de 2012 a agosto de 2014, os órgãos da Procuradoria-Geral da União se abstiveram de interpor 50.573 recursos judiciais, sendo 13.259 perante o Superior Tribunal de Justiça e 37.317 perante os Tribunais Regionais Federais. No mesmo período, desistiram de 2.517 recursos judiciais interpostos nos referidos tribunais. Com essa iniciativa, provocaram a extinção de 53.090 processos judiciais no aludido período, evitando a movimentação da máquina judiciária e da própria Procuradoria-Geral da União em uma sequência de inúmeras decisões judiciais e novos recursos nesses processos. [...] O prolongamento da tramitação de recursos sabidamente inviáveis, além de contribuir para o estrangulamento do Poder Judiciário e para o aumento do custo do funcionamento da máquina judiciária e da própria Advocacia-Geral da União, compromete a credibilidade da União perante o Poder Judiciário e, ademais, impede que a AGU concentre seus esforços no aperfeiçoamento das teses de defesa da União nas ações classificadas como relevantes" (BRASIL, 2015).

e de entabulamento de acordos nas ações judiciais. Atos que visam ao aprimoramento do "estado de legalidade" e que, salvo melhor juízo, conferem "autonomia funcional" aos Advogados Públicos brasileiros (COLODETTI; MADUREIRA, 2009, p. 57).

Mas quando o litígio for inevitável, não basta ao advogado público defender os interesses da administração em âmbito judicial. Na condição de representante da Administração Pública perante o Poder Judiciário, cabe ao advogado público provocar a revisão de procedimentos que tenham sido questionados em sede judicial e que comportem correção com o objetivo de evitar novas demandas. Nesse sentido, é pertinente a reflexão de Silva Filho (2014);

> No âmbito do contencioso, os Advogados Públicos também podem prestar valioso auxílio e colaborar para o aperfeiçoamento normativo do Estado, na medida que, nas ações judiciais em que o Estado é parte, deparam-se com arguições de inconstitucionalidade por ação ou omissão e outros vícios que acometem leis e atos normativos. Dessa forma, prenunciam decisões judiciais desfavoráveis e precatam o Poder Executivo de eventuais óbices à implementação e execução de políticas públicas. [...] As informações, oriundas da prática jurídica, do dia a dia dos Advogados Públicos que atuam no contencioso, devem constituir uma base de dados dos focos de litigiosidade e servir, proveitosamente, de instrumento para orientar eventuais correções normativas. É necessário, portanto, fomentar, nos órgãos de Advocacia Pública que desempenham atividades consultivas e contenciosas, a cultura da percepção e da avaliação de impacto da norma, na busca de uma maior efetividade, eficácia e eficiência normativa (SILVA FILHO, 2014, p. 35).

Sendo assim, são múltiplas as formas de atuação da advocacia pública municipal que contribuem para o desenvolvimento e aperfeiçoamento do sistema judicial de proteção do cidadão em face da Administração Pública Municipal.

Por exemplo, as referências acima corroboram que os procuradores municipais são agentes estratégicos no enfrentamento das deficiências da Administração Pública, podendo evitar, por exemplo, a profusão de litígios repetitivos com seus cidadãos.

Através da incorporação de mecanismos internos de controle da legalidade e convencionalidade dos atos administrativos, bem como da valorização de métodos de resolução administrativa de conflitos, entre outras formas de atuação, os procuradores municipais são capazes de protagonizar, em âmbito local, a reforma administrativa para ampliar a rede de proteção do cidadão perante a Administração Pública.

Mas para que estejam aptos a contribuir neste desafio, é imprescindível que os órgãos de procuradoria municipal estejam devidamente estruturados, conforme será abordado no tópico seguinte.

V Proposta de modelo institucional de procuradoria municipal

a) A construção de estruturas estatais e os órgãos de procuradoria municipal enquanto capacidade estatal: bases teóricas para uma nova proposta de modelo institucional

A proposta deste trabalho consiste em relacionar a existência, o formato e o funcionamento de um determinado órgão público – procuradoria municipal – com o efetivo cumprimento de sua finalidade institucional (desenvolvimento e aperfeiçoamento do sistema judicial de proteção do cidadão em face da Administração Pública Municipal). Logo, se faz necessário compreender quais fatores interferem na construção e no funcionamento de uma organização estatal, tal como esta que se propõe analisar.

A compreensão sobre a forma como as instituições – no nosso caso, os municípios – exercem sua autonomia organizacional, estruturando seus órgãos públicos, e a partir destas estruturas estatais executam suas políticas públicas, nos remete às referências teóricas presentes em estudos de ciências administrativas e organizacionais, em especial naqueles com enfoque em políticas públicas.

Nesse campo, estudos como os de Skocpol (2002) trabalham com o conceito de "capacidades estatais", que consiste em identificar estruturas organizacionais específicas cuja presença ou ausência são críticas à capacidade dos governos realizarem suas finalidades institucionais. Estes autores destacam que não é possível compreender a capacidade de determinado órgão público em conduzir suas políticas públicas com efetividade sem efetuar uma análise dos fatores históricos e estruturais (sociais, econômicos, políticos e jurídicos) que interferem na construção destas organizações estatais.[34]

Amparado por outros estudiosos do tema, SARAVIA (2006, p. 37) reforça que a estrutura, os quadros de pessoal e a cultura organizacional das instituições desempenham papel decisivo em toda política pública: "as instituições impregnam as ações com seu estilo específico de atuação".

Para Selznick (1949 *apud* SARAVIA, 2006, p. 38) fatores históricos e estruturais são realmente forças tangenciais capazes de moldar as organizações, mas há também que se considerar que, no interior de cada organização, há o fator comportamental dos indivíduos que nelas atuam.[35] Ham e Hill (1988 *apud* SARAVIA, 2006, p. 37) também salientam que as organizações se situam em uma estrutura social mais ampla, mas que também é necessário entender suas estruturas e os comportamentos internos de seus atores.[36]

Nessa linha de raciocínio, Hall e Taylor (2003, p. 220-221) analisaram as principais correntes teóricas neoinstitucionalistas (histórica, da escolha racional e sociológica) dedicadas a elucidar o papel desempenhado pelas instituições na determinação de resultados sociais e políticos. Os autores concluem que é possível identificar ao menos

---

[34] *"For the investigation of state capacities, a tactic repeatedly employed to good effect is the identification of specific organizational structures the presence (or absence) of which seems critical to the ability of state authorities to undertake given tasks. In turn, the presence or absence of organizational structures is connected to past state policies, thus underlining the need for historical as well as structural analysis if specific state capacities and incapacities are to be understood"* (SKOCPOL, 2002, p. 351).

[35] "todas as organizações formais são moldadas por forças tangenciais a suas estruturas racionalmente ordenadas e a suas metas estabelecidas. Toda organização formal – sindicato, partido político, exército, empresa, etc. – tenta mobilizar recursos humanos e técnicos como meio para atingir seus fins. No entanto, os indivíduos dentro do sistema tendem a resistir a ser tratados como meios. Eles interagem como seres integrais, trazendo seus próprios e especiais problemas e propósitos; mais ainda, a organização está imersa numa matriz institucional e está, portanto, sujeita a pressões do seu próprio contexto, ao que um ajuste geral deve ser feito. Como resultado, a organização pode ser vista significativamente como estrutura social adaptativa, que enfrenta problemas que surgem simplesmente porque ela existe como organização em um meio ambiente institucional, independentemente dos objetivos (econômicos, militares, políticos) que provocaram sua existência" (SELZNICK, 1949 *apud* SARAIVA, 2006, p. 38)

[36] HAM, Christopher; HILL, Michael. *The policy process in the modern capitalist State*. Brighton: Wheatsheaf Books, 1988. p. 130.

dois consensos entre as correntes de teorias institucionalistas: (i) que "as instituições influenciam a ação ao estruturarem as expectativas relativas às ações futuras dos outros atores"; e que (ii) "boa parte dos comportamentos são estratégicos ou guiados por objetivos, mas que a gama de possibilidades visadas por um ator estratégico é suscetível de estar circunscrita por um sentimento culturalmente apropriado do que é apropriado fazer".

Portanto, tanto (i) as instituições – suas estruturas, organização, deveres e funções – quanto (ii) os atores ou grupos de atores estratégicos que atuam no seu interior, são determinantes em termos de capacidades estatais, dado que influenciam e condicionam os resultados das políticas (SOUZA, 2006).

Especificamente quanto ao papel dos atores estratégicos, estudos como o de Subirats (1989) asseveram que os atores que compõem o corpo burocrático do Estado exercem um protagonismo muito maior do que meros executores das políticas públicas. Algumas classes burocráticas em particular, aquelas ditas profissionais, a exemplo de professores universitários, policiais, juízes, desempenham um protagonismo ainda mais peculiar. Embora o autor não mencione os procuradores municipais em seus exemplos, essa classe parece se encaixar perfeitamente dentre as classes burocráticas profissionais.

Conforme destaca Subirats (1989), as classes burocráticas profissionais partem de um grau de democracia organizacional interna e autonomia gerencial pouco comparável a outras estruturas organizacionais e administrativas, e nesse contexto, veem a vontade de limitar seu trabalho e controlar seu desempenho como uma interferência intolerável no que consideram dúvidas sobre sua formação profissional, sobretudo considerando que em algumas áreas de atuação não há tantas formas de medir a efetividade dos resultados alcançados (como no caso de políticas de educação, segurança, saúde e justiça).[37]

Os atores burocráticos e sua capacidade de influência sobre as funções estatais também podem ser compreendidas segundo a localização destes atores dentro do corpo burocrático. O alto escalão burocrático agrega atores formuladores de estratégias e políticas públicas, enquanto os atores da burocracia intermediária operacionalizam estas estratégias e gerenciam os burocratas de nível de rua, fazendo o elo entre esses implementadores e os formuladores.

Assim, à luz destas referências teóricas, os Procuradores Municipais seriam uma classe de burocratas estratégicos situados no médio escalão da burocracia, dado que "interagem tanto com o alto escalão quanto com a burocracia implementadora, [sendo] detentores de conhecimento técnico para a liderança dessa, bem como de habilidade de diálogo técnico e político com a burocracia" (LOTTA; PIRES; OLIVEIRA, 2014, p. 486).

---

[37] *"En primer lugar, debemos tener en cuenta que las situaciones que se plantean acostumbran a tener tal grado de complejidad primero, pero sobre todo de variedad, que resulta casi imposible, si no contraproducente, el intentar 'formatear' las pautas de actuación de unas burocracias que podríamos definir (siguiendo a MINTZBERG) como burocracias profesionales (policías, jueces, doctores, enfermeras, profesores [...]). Cada una de las situaciones planteadas requerirá probablemente una cierta respuesta específica, a pesar de que nadie ponga en duda la necesaria regulación general. [...] Las burocracias profesionales son, en ese sentido, las que al partir de un grado de democracia interna y autonomía de gestión poco comparables con otras estructuras organizativas y administrativas, ven en la voluntad de acotar su trabajo y de controlar su actuación una intolerable intromisión en lo que consideran dudas sobre su capacitación profesional. Cabe reconocer, no obstante, que el problema reside también en que no todos los profesionales son igualmente competentes, y en cambio su práctica admite con dificultad ese control. Por otro lado, no hay buenas medidas de resultados (salud, educación, justicia [...]), y eso complica aún más el tema (POLLITT, 1989). Ciertas experiencias gerenciales (en hospitales y universidades, por ejemplo) demuestran las dificultades de esa labor de introducir pautas normalizadoras y de obtención de resultados en entornos muy celosos de su libertad"* (SUBIRATS, 1989, p. 122-124).

Oportuno ponderar que, quanto menor for o tamanho e a complexidade da máquina burocrática, estas divisões tendem a ser mais fluidas, e isso ocorre em municípios de pequeno porte, em que o Procurador Municipal auxilia na tomada de decisões estratégicas junto ao Prefeito, mas também presta atendimento direto ao cidadão.

Mas então, existiria base teórica para afirmar que a presença de uma classe burocrática profissional, como a dos procuradores municipais, pode efetivamente incrementar as capacidades estatais? Existem estudos no campo das ciências organizacionais e políticas públicas que expliquem de que forma a presença ou ausência de uma determinada classe burocrática pode ser determinante para a efetividade de uma política pública?

A resposta para estas questões é positiva, conforme a literatura especializada. Em trabalho de revisão de literatura, Marenco (2017) cita estudos de Evans e Rauch (1999), que elaboraram uma "escala weberiana" para medir níveis de profissionalização no setor público e, através da sua aplicação, encontraram uma correlação positiva entre o grau de profissionalização do serviço público e o crescimento econômico de países.[38]

Ainda segundo a revisão de literatura feita por Marenco (2017), Kohli e o Banco Interamericano de Desenvolvimento também teriam confirmado essa correlação, concluindo que a profissionalização do serviço público afetaria positivamente a qualidade das políticas públicas. Em outro estudo citado por Marenco (2017), Batista (2015) teria identificado ser menos frequente a ocorrência de irregularidades no uso de verbas federais em Municípios cujos servidores ostentavam níveis de escolaridade superior, ao passo que Marenco, Stronhschoen e Joner (2016) observaram incremento na arrecadação de IPTU de municípios com maior proporção de servidores estatutários com formação superior (MARENCO, 2017, p. 1033-1034).

Partindo destes indícios colhidos na literatura científica, Marenco (2017) investigou se a maior concentração de servidores estatutários com formação superior no serviço público de um município é capaz de aumentar as chances para a implementação de um conjunto de políticas urbanas (tais como Plano Diretor, Conselho Municipal de Política Urbana, etc.), tendo constatado que a maior proporção de burocracia profissional aumenta a probabilidade de um município implementar legislação como uso e parcelamento de solo, zoneamento urbano e contribuição sobre melhorias urbanísticas.[39] Como causas, Marenco (2017), cogita as seguintes razões:

---

[38] "A 'Escala de Weberianismo' utilizada oferece uma medida simples do grau no qual essas instituições empregam recrutamento meritocrático e oferecem carreiras estruturadas com progressão funcional e gratificação de desempenho. Descobriu-se que essas características 'weberianas' reforçam, significativamente, as perspectivas de crescimento econômico, mesmo quando controlamos os níveis iniciais de PIB per capita e capital humano. Os resultados indicam que essas características 'weberianas' deveriam ser incluídas como um fator em modelos gerais de crescimento econômico. Eles também sugerem a necessidade de maior atenção, pelos *policy makers*, para a construção de burocracias aprimoradas; e de mais pesquisas, pelos cientistas sociais, sobre as variações em como as burocracias estatais se encontram organizadas" (EVANS; RAUCH, 1999, p. 748).

[39] Oportuno citar outras conclusões de Marenco (2017): "Mesmo quando cotejado com variáveis demográficas ou eleitorais, a presença de burocracia profissional mostrou-se mais potente para explicar as chances de introdução de legislação regulatória sobre o espaço urbano nos municípios brasileiros. Assim, embora o tamanho do município exerça forte influência sobre a legislação urbana, pode-se isolar o efeito da presença de burocracia profissional, mesmo quando controlado pela escala populacional. Considerando micro e pequenos municípios, com menos de 20 mil habitantes, aqueles que apresentam em seu respectivo serviço público mais de 20% de 'estatutários com formação superior', apresentam significativas razões de chance para legislação sobre uso e parcelamento do solo (118%), zoneamento urbano (72%) e lei de melhorias (47%). Desta forma, se faz diferença caso trate-se de grande ou pequeno município, faz também muita diferença – entre pequenos municípios – o perfil da burocracia Governamental" (MARENCO, 2017, p. 1048).

Provavelmente, o insulamento provocado pela autonomia e estabilidade de carreiras públicas permite uma redução de custos de transação políticos associados à implementação de políticas regulatórias. Burocratas de carreira não estão submetidos aos ciclos políticos e eleitorais, tendo, desta forma, mais incentivos para equacionar vetos e resistências mobilizados pela imposição de custos concentrados gerados por este tipo de legislação. Paralelo, a assimetria informacional que acompanha burocracias técnicas pode incrementar seu potencial para a elaboração e formulação de uma agenda de políticas públicas (MARENCO, 2017, p. 1048).

Em outro estudo também digno de menção, Cardoso e Marenco (2020) se dedicaram a compreender algumas das dimensões que envolvem a composição dos cargos comissionados nas burocracias municipais, tentando conectá-los a determinados índices de desempenho.[40] Contudo, os resultados refletem a extrema complexidade do tema, com alguns testes apontando a capacitação e a quantidade de servidores como solução e determinação aos municípios, enquanto outros indicam o inverso. Assim, os autores concluem que as pesquisas que recorrem ao estudo de caso possuem maior potencial para lançar luz sobre a temática.

Portanto, essas referências teóricas oriundas do campo das ciências da administração, notadamente no campo de políticas públicas, tornam ainda mais robusta a hipótese central deste trabalho de que os advogados públicos, enquanto classe burocrática profissional, possuem grande potencial de impacto e transformação da administração municipal, contribuindo decisivamente para o desenvolvimento e aperfeiçoamento do sistema judicial de proteção do cidadão em face da Administração Pública Municipal.

Assim, a contribuição do referencial teórico advindo dos estudos do campo de ciências administrativas e organizacionais pode ser sintetizada nos seguintes pontos principais: (i) a análise da construção de organizações estatais e de seu funcionamento não pode ignorar os fatores históricos e estruturais enquanto forças tangenciais que moldam as organizações; (ii) a estrutura, os quadros e a cultura organizacional das instituições desempenham papel decisivo em toda política pública; (iii) algumas estruturas organizacionais são estratégicas e sua presença ou ausência são críticas à capacidade dos governos realizarem suas finalidades institucionais.

Aplicando estas observações ao objeto de pesquisa, é possível pensar em um esboço de estrutura organizacional adequado às Procuradorias Municipais, contendo todas as estruturas (materiais, financeiros, humanos e de apoio técnico) necessárias ao efetivo cumprimento da sua elevada missão institucional.

Nessa linha, o Anexo A desse trabalho apresenta um esboço de estrutura organizacional de Procuradoria, elencando indicativos do grau de desenvolvimento institucional dos órgãos jurídicos municipais[41] com inspiração na "escala weberiana" já referenciada nos estudos de Marenco (2017) e Evans e Rauch (1999).

---

[40] PIB *per capita*, Índice de Governança Municipal (IGM), e o Índice Firjan de Desenvolvimento Municipal (IFDM), a partir de dados da base MUNIC/IBGE.

[41] A escala foi preenchida com os dados relativos à Procuradoria Geral do Município de Barra do Piraí-RJ em 2021, exclusivamente em razão dos dados necessários serem mais acessíveis ao formulador por conta do vínculo profissional com a instituição. Importante salientar que, em se tratando de pesquisa jurídica profissional, a prática profissional e as percepções subjetivas do formulador orientaram a atribuição de peso para cada estrutura componente da escala. Não obstante, embora a prática profissional tenha sido ponto de partida para formulação da escala, o embasamento teórico construído ao longo do presente trabalho também contribuiu para tornar essa percepção prática mais qualificada e fundamentada sob o ponto de vista jurídico.

A expectativa é que essa escala ofereça subsídios para futuros estudos que se dediquem, por exemplo, à comparação de órgãos de procuradoria de municípios diferentes, tendo por parâmetro a correlação entre o grau de desenvolvimento institucional de seus órgãos de procuradoria municipal e o grau de incidência de práticas consagradas pela literatura especializada como sendo propícias ao desenvolvimento e aperfeiçoamento do sistema judicial de proteção do cidadão em face da Administração Pública Municipal.

Também seria possível realizar a comparação entre diferentes órgãos de Procuradoria, inclusive, através do enquadramento dos resultados obtidos em níveis de desenvolvimento institucional. Ou seja; seria possível estabelecer, por exemplo, que Procuradorias que tenham obtido aproveitamento entre 0% e 40% ostentariam baixo grau de desenvolvimento institucional, enquanto as que obtiveram aproveitamento entre 40% e 75% teriam grau mediano e, finalmente, aquelas cujo aproveitamento supera 75% teriam elevado grau de desenvolvimento institucional.

Assim, o modelo institucional das procuradorias possui potencial para ser explorada como ferramenta em futuros estudos que investiguem, por exemplo, se há maior incidência de boas práticas em advocacia pública (adoção de mecanismos de solução extrajudicial de controvérsia, promoção de políticas de regularização fundiária, dentre outras citadas neste trabalho) nos municípios cujas procuradorias obtiveram maior aproveitamento na escala do modelo institucional. Uma vez confirmada esta hipótese, estar-se-ia diante de uma comprovação empírica do que já foi sustentado a partir de bases teóricas no presente trabalho. Ou seja; o grau de desenvolvimento institucional de um órgão de procuradoria efetivamente impacta no desenvolvimento e aperfeiçoamento do sistema judicial de proteção do cidadão em face da Administração Pública Municipal, sendo possível não somente predizer a forma como isso ocorre, como foi feito no presente trabalho, mas também medir seus reflexos de forma tangível.

VI Conclusão

O presente trabalho pretendeu encontrar respostas para o seguinte problema: em quais aspectos o grau de desenvolvimento institucional dos órgãos jurídicos municipais impacta no desenvolvimento e aperfeiçoamento do sistema judicial e extrajudicial de proteção do cidadão em face da Administração Pública Municipal?

A busca por esta resposta conduziu à análise crítica da determinação expedida pelo TCE-RJ no âmbito do Processo nº 225.221-8/2017 no sentido de obrigar os municípios jurisdicionados a constituírem adequadamente seus órgãos de procuradoria. Dessa análise concluiu-se que os fundamentos adotados pelo tribunal foram superficiais e pouco contribuíam para a resolução deste questionamento. A superficialidade da motivação adotada pelo TCE-RJ consistiu em adotar como motivo determinante a tese da simetria e da reprodução obrigatória, pelos municípios, dos artigos 131 e 132 da Constituição Federal de 1988, ignorando que o multicitado "princípio da simetria" não poderia ser considerado sequer um princípio, e que a sua utilização é inadequada de acordo com o modelo de federalismo no Brasil. Concluiu-se ainda que, após a determinação expedida no Processo nº 225.221-8/2017 do TCE-RJ, o STF rejeitou a tese da simetria aplicada ao tema, e consolidou o entendimento de que a Constituição Federal de 1988 (a exemplo das anteriores) privilegia a autonomia municipal, permitindo que a Administração Pública local decida quanto à forma de auto organização que melhor atenda aos interesses locais, inclusive no que tange à estruturação dos órgãos de advocacia pública (RE 1.156.016-SP).

A importância desse giro argumentativo – que rejeita o princípio da simetria e foca no papel da advocacia pública enquanto função essencial à justiça no âmbito do Estado Democrático de Direito – vai além de uma mera readequação de motivos. Na medida em que a justificativa para a estruturação adequada dos órgãos de procuradoria municipal se amplia e passa a incorporar a compreensão de que os procuradores municipais integram as funções essenciais à Justiça, a questão do modelo de estrutura organizacional mais adequado para atingir a finalidade institucional dos órgãos de procuradoria ganha relevância.

Neste ponto, destacou-se que a baixa institucionalização dos órgãos de procuradoria municipais é parte da problemática envolvendo as disfunções do sistema judicial de proteção do cidadão em face do Estado. O aprimoramento institucional dos órgãos jurídicos municipais impacta diretamente no aperfeiçoamento do sistema judicial e extrajudicial de proteção do cidadão em face da Administração Pública Municipal, em diversos aspectos.

Mas o efetivo cumprimento da finalidade institucional das procuradorias municipais (desenvolvimento e aperfeiçoamento do sistema judicial de proteção do cidadão em face da Administração Pública Municipal) requer, antes, a presença de fatores que interferem na construção e no funcionamento desta organização estatal.

A compreensão sobre a forma como as instituições – os municípios – exercem sua autonomia organizacional, estruturando seus órgãos públicos, e a partir destas estruturas estatais executam suas políticas públicas, nos remeteu às referências teóricas presentes em estudos de ciências administrativas e organizacionais, em especial naqueles com enfoque em políticas públicas. Em especial, o conceito de capacidade estatal desenvolvido por esta literatura, quando aplicado às procuradorias municipais, conduz à percepção de que os órgãos jurídicos possuem estruturas críticas ao seu desempenho, sendo necessário identificá-las e provê-las para o adequado atingimento de suas finalidades institucionais. Nesse sentido, os estudos de Marenco (2017) e Evans e Rauch (1999) proveram o amparo teórico e a inspiração criativa para a construção de um modelo institucional das procuradorias municipais (Anexo A), que permitiu elencar as estruturas críticas cuja presença ou ausência compõe o quadro de desenvolvimento institucional dos órgãos jurídicos municipais.

A proposta de modelo institucional do Anexo A, em formato de escala, pode ser uma ferramenta útil para a construção do modelo institucional de Procuradoria Municipal ideal, assim compreendido como o tipo organizacional que mais favorece o desenvolvimento da justiça administrativa em nível local.

As conclusões deste trabalho encontram limites principalmente na diversidade existente entre os 5570 municípios brasileiros e as graves dificuldades institucionais dos municípios de pequeno porte no sentido de estruturarem seus órgãos de procuradoria. Mas reconhecer que existem dificuldades concretas para o desenvolvimento institucional não implica dispensar a presença de estruturas críticas ao funcionamento de instituições essenciais, como os órgãos de advocacia de estado.

Sendo assim, o modelo institucional de Procuradoria Municipal construído com vistas ao desenvolvimento da justiça administrativa em nível local se apresenta como um ponto de partida para novos estudos acadêmicos que se aprofundem no tema e, ao mesmo tempo, como base teórica para análises comparativas do grau de desenvolvimento de órgãos de procuradoria municipal.

Referências

ADAMS, Luís Inacio Lucena. A importância da AGU na governabilidade e manutenção do Estado Democrático de Direito. *Revista Jurídica Consulex*, Brasília, v. 16, n. 373, p. 26-27, ago., 2012.

ARAÚJO, Gisele Silva. Tradição liberal, positivismo e pedagogia: a síntese derrotada de Rui Barbosa. *Perspectivas*, São Paulo, v. 37, p. 113-144, jan./jun. 2010.

ARRETCHE, Marta. Federalismo e políticas sociais no Brasil: problemas de coordenação e autonomia. *São Paulo em Perspectiva*, São Paulo, v. 18, n. 2, p. 17-26, 2004.

AVILA, Marta Marques. O município no constitucionalismo brasileiro: a presença constante e a mudança de paradigma pós 1988 / The municipality in the brazilian constitucionalism: the constant presence and the change of paradigm after 1988. *Revista de Direito da Cidade*, Rio de Janeiro, v. 10, n. 1, p. 500-531, jan. 2018. Disponível em: https://www.e-publicacoes.uerj.br/index.php/rdc/article/view/30467. Acesso em: 24 ago. 2020.

BALEEIRO, Aliomar Barbosa Lima Sobrinho. *A Constituição brasileira de 1946*. 3. ed. Brasília: Senado Federal, Subsecretaria de Edições Técnicas, 2012. (Constituições Brasileiras, v. V).

BATISTA, Mariana. Burocracia local e qualidade da implementação de políticas descentralizadas: uma análise da gestão de recursos federais pelos municípios brasileiros. *Revista do Serviço Público*, v. 66, n. 3, 2015, p. 345-370, jul. 2015.

BASTOS, Aureliano Cândido Tavares. *Província*: estudo sobre a descentralização no Brasil. Rio de Janeiro: Companhia Editora Nacional, 1870.

BOLONHA, Carlos Alberto Pereira das Neves; OLIVEIRA, Daniel Mitidieri Fernandes de. A contribuição da advocacia pública local para a superação da baixa dimensão institucional dos Municípios brasileiros. *In*: BOLONHA, Carlos; LIZIERO, Leonan; SEPULVEDA, Antônio (orgs.). *Federalismo*: desafios contemporâneos. Porto Alegre: Editora Fi, 2019. p. 227-252.

BRASIL. Ministério da Justiça. *I Diagnóstico da Advocacia Pública no Brasil*. Brasília, 2011. Disponível em: https://www.justica.gov.br/seus-direitos/politicas-de-justica/publicacoes/Biblioteca/diagnostico-advocacia.pdf/. Acesso em: 22 jan. 2021.

BRASIL. Conselho Nacional de Justiça. *Relatório Justiça em Números*. Brasília: CNJ, 2014. Disponível em: http://www.cnj.jus.br/pesquisas-judiciarias/justicaemnumeros/2016-10-21-13-13-04/pj-justica-em-numeros. Acesso em: 15 de março de 2020.

BRASIL. Advocacia Geral da União. *Programa de Redução de Litígios e de Aperfeiçoamento da Defesa Judicial da União*. Brasília, 2015. Disponível em: https://repositorio.enap.gov.br/bitstream/1/2223/1/Programa%20de%20Redu%C3%A7%C3%A3o%20de%20Lit%C3%ADgios%20e%20de%20Aperfei%C3%A7oamentoda%20Defesa%20Judicial%20da%20Uni%C3%A3o.pdf. Acesso em: 21 jan. 2021.

BRASIL. [Constituição (1988)]. *Constituição da República Federativa do Brasil de 1988*. Brasília, DF: Presidência da República, [2016]. Disponível em: https://www.planalto.gov.br/ccivil_03/constituicao/constituicao.htm. Acesso em 30 mar. 2020.

BRASIL. Supremo Tribunal Federal. *Recurso Extraordinário com Agravo nº 759931-ES*, Decisão monocrática do Relator Ministro Luis Roberto Barroso12 de dezembro de 2014. Brasília: STF, [2014]. Disponível em: https://portal.stf.jus.br/servicos/dje/listarDiarioJustica.asp?tipoPesquisaDJ=AP&classe=ARE&numero=759931#. Acesso em 30 mar. 2020.

BRASIL. Supremo Tribunal Federal (2. Turma). *Agravo Regimental no Recurso extraordinário nº 1.156.016-SP*. Relator Ministro Luiz Fux, 17 de novembro de 2016. Brasília: STF, [2016]. Disponível em: https://redir.stf.jus. br/paginadorpub/paginador.jsp?docTP=TP&docID=749829051. Acesso em 30 mar. 2020.

BRASIL. Supremo Tribunal Federal (2. Turma). *Recurso Extraordinário nº 893.694-SE*. Relator Ministro Celso de Mello, 17 de novembro de 2016. Brasília: STF, [2016]. Disponível em: https://redir.stf.jus.br/paginadorpub/ paginador.jsp?docTP=TP&docID=12029958 . Acesso em 30 mar. 2020.

BRASIL. Supremo Tribunal Federal (1. Turma). *Recurso Extraordinário nº 883446-SP*. Relator Ministro Luis Roberto Barroso, 16 de junho de 2017. Brasília: STF, [2017]. Disponível em: https://redir.stf.jus.br/paginadorpub/ paginador.jsp?docTP=TP&docID=13044446 . Acesso em 30 mar. 2020.

BRASIL. Supremo Tribunal Federal (1. Turma). *Agravo Regimental no Recurso Extraordinário nº 1154762-SP*. Relatora Ministra Rosa Weber, 13 de fevereiro de 2019. Brasília: STF, [2019]. Disponível em: https://redir.stf. jus.br/paginadorpub/paginador.jsp?docTP=TP&docID=749139065 . Acesso em 30 mar. 2020.

BRASIL. Supremo Tribunal Federal (Tribunal Pleno). *Ação Direta de Inconstitucionalidade nº 1246-PR*. Relator Ministro Luis Roberto Barros, 23 de maio de 2019. Brasília: STF, [2019]. Disponível em: https://redir.stf.jus.br/ paginadorpub/paginador.jsp?docTP=TP&docID=749917654 . Acesso em 30 mar. 2020.

BRASIL. Supremo Tribunal Federal (Tribunal Pleno). *Recurso Extraordinário nº 663696-MG*. Relator Ministro Luiz Fux, 22 de agosto de 2019. Brasília: STF, [2019]. Disponível em: https://redir.stf.jus.br/paginadorpub/ paginador.jsp?docTP=TP&docID=750595051 . Acesso em 30 mar. 2020.

BUCCI, Maria Paula Dallari O conceito de política pública em direito. *In*: BUCCI, Maria Paula Dallari (org.). *Políticas públicas:* reflexões sobre o conceito jurídico. São Paulo: Saraiva, 2006. p. 1-49.

CAMARINHAS, Nuno. O aparelho Judicial ultramarino português. O caso do Brasil (1620-1800). *Almanak braziliense*, n. 09, mai. 2009. Disponível em: http://www.revistas.usp.br/alb/article/view/11710. Acesso em: 30 mar. 2020. DOI: https://doi.org/10.11606/issn.1808-8139.v0i9p84-102.

CHACON, Vamireh; RODARTE, Claus. *História do Legislativo Brasileiro*: Câmaras Municipais. v. I. Brasília: Senado Federal, 2007.

CARDOSO, André Luiz Rabelo; MARENCO, André. Nomeações políticas nos governos municipais e performance burocrática: avaliando o desempenho. *Revista de Administração Pública*, Rio de janeiro, v. 54, n. 3, p. 360-380, maio/jun., 2020. DOI: http://dx.doi.org/10.1590/0034-761220190020. Acesso em: 30 mar. 2020.

CASTRO, Eduardo Moreira Lima Rodrigues de. *Tributação e Fazenda Pública*: meios alternativos de cobrança de tributos como instrumentos de justiça fiscal. Curitiba: Juruá, 2016.

COLODETTI, Bruno; MADUREIRA, Claudio Penedo. A autonomia funcional da advocacia pública como resultado de sua importância para a aplicação legítima do direito no Estado Democrático Constitucional brasileiro. *Fórum Administrativo – Direito Público – FA*, Belo Horizonte, a. 9, n. 103, p. 54-65, set. 2009.

EVANS, Peter; RAUCH, James E. Bureaucracy and Growth: a cross-national analysis of the effects of "Weberian" State structures on economic growth. *American Sociological Review*, v. 64, n. 5, p. 748-765, out. 1999.

EVANS, Peter B.; RUESCHMEYER, Dietrich; SKOCPOL, Theda. On the road toward a more adequate understanding of the State. *In*: EVANS, Peter B.; RUESCHMEYER, Dietrich; SKOCPOL, Theda (Eds.). *Bringing the state back in*. Cambridge: Cambridge University Press, 2002. p. 347-366.

FARAH, Marta Ferreira Santos. Parcerias, novos arranjos institucionais e políticas públicas no nível local de governo. *RAP – Revista de Administração Pública*, v.35, n. 1, p. 119-145, jan./fev. 2001.

GARRIGA, Carlos; SLEMIAN, Andréa. "Em Trajes Brasileiros": Justiça e Constituição na América Ibérica. (C.1750-1850). *Revista de História São Paulo*, n. 169, p. 181-221, jul./dez. 2013.

GRANDE JÚNIOR, Cláudio. Advocacia Pública: estudo classificatório de direito comparado. *Revista Interesse Público*, Belo Horizonte: Editora Fórum, a. XI, n. 54, p. 77-107, 2009.

GRIN, Eduardo José. Trajetória e avaliação dos programas federais brasileiros voltados a promover a eficiência administrativa e fiscal dos municípios. *Revista de Administração Pública,* Rio de Janeiro, p. 459-480, mar./abr. 2014. DOI: http://dx.doi.org/10.1590/0034-76121399. Acesso em: 30 mar. 2020.

HALL, Peter A.; TAYLOR, Rosemary C. R. As três versões do neo-institucionalismo. *Lua Nova: Revista de Cultura e Política,* São Paulo, n. 58, 2003.

HARVEY, David. O direito à cidade. *Piauí.* n. 82, jul. 2013.

LEAL, Victor Nunes. *Coronelismo, enxada e voto*: o município e o regime representativo no Brasil. 7. ed. São Paulo: Companhia das Letras, 2012.

LIZIERO, Leonam. A simetria que não é princípio: análise e crítica do princípio da simetria de acordo com o sentido de federalismo no Brasil. *Revista de Direito da Cidade,* Rio de Janeiro, v. 11, n. 2, p. 392-411, 2019. DOI: 10.12957/rdc.2019.38725. Acesso em: 30 mar. 2020.

LOTTA, Gabriela Spanghero; PIRES, Roberto Rocha Coelho; OLIVEIRA, Vanessa Elias. Burocratas de médio escalão: novos olhares sobre velhos atores da produção de políticas públicas. *Revista do Serviço Público,* Brasília, v. 65, n. 4, p. 463-492, out./dez. 2014.

MARENCO, André. Burocracias profissionais ampliam a capacidade estatal para implementar políticas? Governos, burocratas e legislação em municípios brasileiros. *DADOS – Revista de Ciências Sociais,* Rio de Janeiro, v. 60, n. 4, 2017, p. 1025-1058. DOI: http://dx.doi.org/10.1590/001152582017141. Acesso em: 30 mar. 2020.

MARENCO, André; STROHSCHOEN, Maria Tereza; JONER, William. Para além de sístoles e diástoles: capacidade estatal, receita e policies nos municípios brasileiros. *In*: ENCONTRO DA ASSOCIAÇÃO BRASILEIRA DE CIÊNCIA POLÍTICA, 10, 2016, Belo Horizonte.

MAZZEI, Marcelo Rodrigues *et al.* A administração pública na tutela coletiva da moralidade administrativa e do patrimônio público: o papel da advocacia pública. *Rev. Adm. Pública,* Rio de Janeiro, v. 49, n. 3, p.699-717, maio/jun. 2015.

MEDEIROS, Ocelio de. Introdução à sociologia jurídica do Município brasileiro. *Revista Brasileiro dos Municípios,* a. I, n. 1-2, p. 3-16, jan./jul. 1948. Disponível em: https://biblioteca.ibge.gov.br/visualizacao/periodicos/180/rbm_1948_v1_n1_n2_jan_jun.pdf. Acesso em: 24 set. 2020.

MEIRELLES, Hely Lopes. *Direito municipal brasileiro.* 18. ed. at. por Giovani da Silva Corralo. São Paulo: Malheiros, 2017.

MELO, Marcus A. Municipalismo, nation building e a modernização do Estado no Brasil. *Revista Brasileira de Ciências Sociais,* São Paulo, v. 8, n. 23, p. 85-100, out. 1993.

MELO, Marcus A. *O município na Federação Brasileira e a questão da autonomia.* São Paulo: Konrad Adenauer, 1999.

MENDONÇA, Clarice Corrêa de; VIEIRA, Raphael Diógenes Serafim; PORTO, Nathália França Figuerêdo. *1º Diagnóstico da Advocacia Pública Municipal no Brasil.* 2. ed. Belo Horizonte: Fórum; Herkenhoff & Prates, 2018.

NERY, Cristiane da Costa. A Constitucionalização da carreira do Procurador Municipal – Função essencial e típica de Estado. *Interesse Público,* Belo Horizonte, a. 12, n. 60, p. 243-260, mar./abr. 2010.

NERY, Cristiane da Costa; PRESTES, Vanesca Buzelato. Regularização fundiária como política de estado, e não de governo. *Revista Consultor Jurídico,* 10 de agosto de 2016. Disponível em: https://www.conjur.com.br/2016-ago-10/regularizacao-fundiaria-politica-estado-nao-governo. Acesso em: 21 jan. 2021.

MOREIRA NETO, Diogo Figueiredo. A advocacia de Estado e as novas competências federativas. *Revista de Informação Legislativa,* Brasília, a. 33, n. 129, p. 275-279, jan./mar. 1996.

NEVES, Margarida de Souza. Os cenários da República: o Brasil na virada do século XIX para o século XX. *In*: FERREIRA, Jorge; DELGADO, Lucilia de Almeida Neves (orgs.). *O Brasil Republicano – O tempo do liberalismo excludente: da Proclamação da República à Revolução de 1930.* Livro 1, 3. ed. Rio de Janeiro: Civilização Brasileira, Rio de Janeiro, 2008.

NOGUEIRA, Ataliba. Teoria do município. *Revista de Direito Público*, v. 6, out./dez. 1968.

OLIVEIRA, Francisco de. O Estado e o Urbano no Brasil. *Revista Espaço e Debates*, n. 6, São Paulo, 1982.

OLIVEIRA VIANNA. *Evolução do Povo Brasileiro*. 3. ed. São Paulo: Companhia Editora Nacional, 1938. Disponível em: http://bdor.sibi.ufrj.br/handle/doc/88. Acesso em: 30 mar. 2020.

OLIVEIRA, Marcello Satore de; SANTOS, Waldir Jorge Ladeira dos. Dívida Ativa: análise da cobrança administrativa e judicial em Municípios do Rio de Janeiro. *Revista do Serviço Público*, Brasília, v. 64, n. 4, p. 481-506, out./dez. 2013.

PERLINGEIRO, Ricardo. Desafios contemporâneos da justiça administrativa na América Latina. *Revista de Investigações Constitucionais*, Curitiba, v. 4, n. 1, p. 167-205, jan./abr. 2017a. DOI: 10.5380/rinc.v4i1.50155. Acesso em: 30 mar. 2020.

PERLINGEIRO, Ricardo. Administrative Functions of Implementation and Adjudication Guided by Primacy of Fundamental Rights. *British Journal of American Legal Studies*, [S.l.], v. 6, n. 2, p.263-277, Dec. 2017b. DOI: 10.1515/bjals-2017-0013. Acesso em: 30 mar. 2020.

PERLINGEIRO, Ricardo. Brazil's Administrative Justice System in a comparative context. *Revista de Investigações Constitucionais*, Curitiba, v. 1, n. 3, p. 33-58, set./dez. 2014.

PINTO JUNIOR, Mario Engler. Pesquisa jurídica no mestrado profissional. *Rev. Direito GV*, São Paulo, v. 14, n. 1, p. 27-48, abr. 2018. Disponível em: http://www.scielo.br/scielo.php?script=sci_arttext&pid=S1808-24322018000100027&lng=pt&nrm=iso. Acesso em: 29 mar. 2021.

PIRES, Maria Coeli Simões. Autonomia municipal no Estado brasileiro. *Revista de Informação Legislativa*, Brasília, a. 36 n. 142, pp. 143-164, abr./jun. 1999.

PONTE NETO, José Julio da. *Poder público local e cidadania* – Atores políticos sociais na construção da democracia participativa no município de Fortaleza. 2005. 266 f. Tese (Doutorado em Direito Público) – Centro de Ciências Jurídicas, Faculdade de Direito do Recife. Universidade Federal de Pernambuco, Recife, 2005.

RAMOS, Saulo. *Código da vida*. São Paulo: Planeta do Brasil, 2007.

REIS, Allan Costa dos. *Emancipação dos municípios fluminenses após a Constituição de 1988 e a dependência das transferências intergovernamentais*. Rio de Janeiro, 2016.

RIO DE JANEIRO. Tribunal de Contas do Estado. *Processo nº 225.221-8/2017*. Relator Conselheiro Substituto Marcelo Verdini Maia. Rio de Janeiro, 28 ago. 2018. Disponível em: https://www.tce.rj.gov.br/documents/43935520/0/procuradorias.PDF. Acesso em: 30 mar. 2020.

RIO DE JANEIRO. [Constituição (1989)]. *Constituição do Estado do Rio de Janeiro de 1989*. Rio de Janeiro, RJ: Governo do Estado, [2017]. Disponível em: http://www2.alerj.rj.gov.br/biblioteca/assets/documentos/pdf/constituicoes/rio_de_janeiro/constituicao_1989/Constituicao_1989.pdf . Acesso em: 30 mar. 2020.

SARAVIA, Enrique. Introdução à teoria da política pública. *In*: SARAVIA, Enrique; FERRAREZI, Elisabete (orgs.). *Políticas públicas*: Coletânea. Brasília: Enap, 2006. p. 21-43.

SCHWARTZ, Stuart B. *Burocracia e sociedade no Brasil colônia:* o Tribunal Superior da Bahia e seus desembargadores, 1609-1751. Trad. Berilio Vargas. São Paulo: Companhia das Letras, 2011.

SESTA, Mário Bernardo. Advocacia de Estado: posição institucional. *Revista de Informação Legislativa*. Brasília, a. 30, n. 117, p. 187-202, jan./mar. 1993.

SILVA, José Afonso da. A advocacia pública e Estado Democrático de Direito. *Revista de Direito Administrativo*, Rio de Janeiro, n. 230, p. 281-289, out./dez. 2002.

SILVA FILHO, Derly Barreto e. A Advocacia Pública e o aperfeiçoamento normativo do Estado Democrático de Direito. *Fórum Administrativo – FA*, Belo Horizonte, a. 14, n. 164, p. 22-36, out. 2014.

SIMMEL, George. As grandes cidades e a vida do espírito. *Mana*, Rio de Janeiro, vol. 11, n. 2, out. 2005.

SINGER, Paul. Campo e cidade no contexto histórico latino-americano. *Revista Mexicana de Sociología*, v. 35, n. 2, p. 301–319, Apr./Jun. 1973. Disponível em: www.jstor.org/stable/3539588. Acesso em: 7 dez. 2020.

SOUSA, Horácio Augusto Mendes de. A advocacia pública sustentável como pressuposto da efetivação do princípio da sustentabilidade na Administração Pública. *Interesse público – IP*, Belo Horizonte, a. 15, n. 79, p. 41-59, maio/jun. 2013.

SOUZA JUNIOR, Cezar Saldanha; REVERBEL, Carlos Eduardo Dieder; AVILA, Marta Marques (coord.) *O município e a federação*. Porto Alegre: BREJObiblio-bureau, 2010.

SOUZA, CELINA. Políticas Públicas: uma revisão da literatura. *Sociologias*, Porto Alegre, a. 8, n. 16, p. 20-45, jul./dez. 2006.

STRECK, Lenio Luiz. *Jurisdição constitucional*. 5. ed. Rio de Janeiro: Forense, 2018.

SUBIRATS, Joan. El papel de la burocracia en el proceso de determinación e implementación de políticas públicas. *Revista Vasca de Administración Pública*. [S.l.], n. 25, p. 67-76, 1989.

TASSE, Adel El. A missão do advogado público na defesa do Estado Democrático. *Revista do Centro de Estudos Judiciários*, Brasília, a. XV, n. 55, p. 25-35, out./dez. 2011.

TAVARES, Iris Eliete Teixeira Neves de Pinho. O município brasileiro sua evolução histórico-constitucional. *Revista de Direito Administrativo*, Rio de Janeiro, v. 209, p. 169-187, jul. 1997. Disponível em: http://bibliotecadigital.fgv.br/ojs/index.php/rda/article/view/47050. Acesso em: 29 mar. 2020.

WEBER, Max. Conceitos e categorias da cidade. *In*: VELHO, Otávio G. (Org.). *O fenômeno urbano*. Rio de Janeiro, Zahar, 1967. p. 69-89.

WIRTH, Louis. O urbanismo como modo de vida. *In*: VELHO, Otavio G. (Org.). *O fenômeno urbano*. Rio de Janeiro, Zahar, 1967. p. 89-112.

ANEXO A – TABELA DE MODELO INSTITUCIONAL DAS PROCURADORIAS MUNICIPAIS – APLICADA AO MUNICÍPIO DE BARRA DO PIRAÍ-RJ

(continua)

PROCURADORIA GERAL DO MUNICÍPIO DE BARRA DO PIRAÍ – 2021			
ESTRUTURAS CRÍTICAS			
I. ESTRUTURA ORGANIZACIONAL	Sim/Não	Min. e máx.	Grau atribuído
1. O Procurador Geral é obrigatoriamente escolhido dentre os integrantes de carreira?	N	0-5	0
2. Há previsão na LOM do PGM assumir a função do Prefeito?	N	0-3	0
3. O substituto eventual do Procurador Geral é obrigatoriamente escolhido dentre os integrantes de carreira?	N	0-4	0
4. Existe Lei Orgânica da Procuradoria?	S	0-5	5
5. Existe órgão colegiado de Procuradores (Conselho Superior)?	N	0-4	0
6. A Procuradoria conta com escola ou centro de estudos?	N	0-2	0
7. A Procuradoria organiza ou custeia capacitações com regularidade?	N	0-2	0
8. Existe algum mecanismo formal de elaboração e consolidação de teses institucionais?	N	0-3	0
9. A Procuradoria possui Ouvidoria própria?	N	0-2	0
10. Existem campanhas de divulgação dos serviços da Procuradoria internamente?	N	0-1	0
11. Existem campanhas de divulgação dos serviços da Procuradoria para a população?	N	0-1	0
12. Existe algum canal próprio pelo qual o cidadão possa se manifestar ou esclarecer dúvidas sobre a atuação da instituição ou de seus integrantes?	N	0-1	0
13. Os procuradores são lotados em núcleos especializados?	S	0-2	2
II. ESTRUTURA ORÇAMENTÁRIA			
14. Houve proposta legislativa orçamentária no último ano para a Procuradoria Geral do Município?	S	0-2	2
15. Houve alteração da proposta no Executivo, antes da remessa do Projeto de Lei?	N	0-2	2

(continua)

16.	Houve veto do Executivo no tocante à Procuradoria Geral do Município, após aprovada a Lei Orçamentária?	N	0-2	2
17.	A instituição elabora a sua folha de pagamento?	N	0-2	0
III. ESTRUTURA FÍSICA E MATERIAL				
18.	A Procuradoria está instalada em imóvel próprio?	N	0-1	0
19.	Possui veículo(s)?	S	0-3	3
20.	Equipamentos de informática, em sua maioria, possuem menos de cinco anos de utilização?	S	0-2	2
21.	A quantidade de impressoras e scanners é suficiente?	N	0-2	0
22.	A quantidade de computadores e estações de trabalho é suficiente?	S	0-2	2
23.	Possui espaço para realização de reuniões?	N	0-2	0
24.	A velocidade da internet e a capacidade de processamento dos computadores é adequada?	S	0-2	2
25.	Possui biblioteca jurídica?	N	0-1	0
26.	Existe um espaço para preparo de alimentos e lanches (copa-cozinha)?	S	0-1	1
27.	O ambiente é suficientemente silencioso?	N	0-2	0
28.	O ambiente possui iluminação adequada?	S	0-2	2
29.	O ambiente é amplo o suficiente a permitir a circulação de pessoas?	S	0-1	1
30.	Existem armários e escaninhos em quantidade suficiente para que documentos e processos sejam armazenados com organização e segurança?	S	0-1	1
31.	O ambiente possui boa circulação de ar?	S	0-1	1
32.	Possui aparelho de ar-condicionado?	S	0-2	2
33.	As mesas e cadeiras são adequadas à atividade de escritório?	S	0-2	2
34.	Os equipamentos de informática possuem os *softwares* necessários para a utilização dos sistemas de processo eletrônico dos tribunais?	S	0-2	2

(continua)

35.	É disponibilizado acesso a sistemas de informação interna da Prefeitura, como sistemas de Protocolo, de Gestão Tributária, Orçamentária, etc.?	S	0-1	1
36.	A Procuradoria possui almoxarifado próprio?	N	0-1	0
37.	Os materiais de expediente (papel, caneta, grampos, etc.) estão disponíveis em quantidade suficiente?	S	0-1	1
38.	A Procuradoria possui Arquivo em suas próprias instalações?	S	0-1	1
39.	A limpeza do ambiente é realizada de forma adequada?	S	0-1	1
40.	Os banheiros são limpos com a frequência necessária?	N	0-1	0
41.	Os procuradores dispõem de gabinetes individuais?	N	0-3	0
IV. ESTRUTURA DE RECURSOS HUMANOS				
42.	Há estudo técnico sobre o número necessário de Procuradores Municipais?	N	0-3	0
43.	O quadro de Procuradores Municipais está completo (inexistência de cargos vagos)?	S	0-3	3
44.	Existe quadro próprio de apoio administrativo?	S	0-2	2
45.	A quantidade de agentes administrativos é suficiente?	N	0-3	0
46.	Há disponibilidade de assessores jurídicos em número suficiente?	N	0-4	0
47.	Os assessores jurídicos são escolhidos e subordinados diretamente aos Procuradores?	N	0-3	0
48.	Há estagiários de direito remunerados prestando serviço?	S	0-2	2
49.	Há estagiários de direito voluntários prestando serviços?	N	0-1	0
50.	Foi realizado ao menos um concurso público nos últimos dez anos?	S	0-3	3
51.	Houve exigência de tempo mínimo de advocacia para fins de inscrição no concurso público?	N	0-3	0
52.	A carreira está estruturada em categorias ou níveis?	N	0-3	0

(continua)

53.	Existem outros cargos de direção privativos do advogado público, além de Procurador Geral ou seu substituto eventual?	N	0-3	0
54.	Há gratificações adicionais ou verbas indenizatórias permanentes que são recebidas pela maior parte dos membros da instituição?	N	0-2	0
55.	A subordinação hierárquica dos procuradores se dá exclusivamente com relação ao Procurador Geral e ao seu substituto (inexistência de subordinação à chefia de outras pessoas estranhas à carreira)?	S	0-3	3
56.	Há alguma espécie de vantagem pecuniária para cumulação de órgãos de atuação?	N	0-2	0
V. CARREIRA E PERFIL DO PROCURADOR MUNICIPAL				
57.	A maioria dos procuradores municipais possuem Especialização (pós-graduação *lato sensu*)?	N	0-3	0
58.	A maioria dos procuradores municipais possuem mestrado ou doutorado?	N	0-4	0
59.	A maioria dos procuradores municipais já havia exercido alguma atividade na área jurídica antes de ingressar na carreira?	S	0-2	2
60.	A maioria dos procuradores municipais exerce atividade como professor universitário?	N	0-3	0
61.	O ingresso na carreira de procurador se dá por concurso público?	S	0-5	5
62.	O subsídio mensal bruto (desconsideradas gratificações e outras vantagens) da classe de acesso à carreira está acima do piso estabelecido para o Estado?	S	0-4	4
63.	A maioria dos procuradores já atingiu a estabilidade no cargo?	N	0-4	0
64.	O teto remuneratório vigente é a remuneração do Desembargador presidente do Tribunal de Justiça?	N	0-4	0
65.	A maioria dos integrantes da carreira é vinculada às associações de classe?	N	0-2	0
66.	As funções de advocacia pública são exercidas exclusivamente por procuradores (inexistência de ocupantes de cargos em comissão exercendo advocacia pública)?	S	0-3	3

(conclusão)

67.	Os procuradores recebem honorários advocatícios?	S	0-4	4
68.	Os honorários advocatícios são recebidos somente pelos procuradores (e pelo procurador geral e seu substituto eventual)?	S	0-3	3
69.	Existe um fundo de recursos?	S	0-2	2
70.	Há dispensa do controle do cumprimento da jornada de trabalho por folha de ponto, controle biométrico ou qualquer outro mecanismo em razão da natureza intelectual da atividade?	S	0-2	2
71.	Os procuradores municipais se encontram, em sua maioria, ocupando os próprios cargos de procurador municipal (e não cargos em comissão de assessoramento, chefia, etc.)?	N	0-3	0
72.	A jornada de trabalho é superior a 20 horas semanais?	S	0-2	2
73.	Há Plano de Cargos, Carreira e Salários?	N	0-4	0
74.	Existe adicional salarial associado a qualificação acadêmica?	N	0-3	0
75.	Existem adicionais salariais – alimentação, transporte, escola e outros?	N	0-2	0

PROCURADORIA GERAL DO MUNICÍPIO DE BARRA DO PIRAÍ – 2021 ESTRUTURAS CRÍTICAS		
RESULTADO	78 / 180	43,33%

Fonte: Elaborado pelo autor, 2021.

A FUNÇÃO DA ADVOCACIA PÚBLICA MUNICIPAL NO FINANCIAMENTO DE DIREITOS: ESTUDO DE CASO DA EXECUÇÃO FISCAL ADMINISTRATIVA

VICENTE FÉRRER JÚNIOR

(2º colocado na categoria profissional do "Prêmio Oswaldo Aranha Bandeira de Mello")

1   Introdução

Este artigo trata sobre o financiamento de direitos e a atuação da advocacia pública na cobrança administrativa da dívida ativa municipal. O tema possui íntima relação com as atividades do advogado público na medida em que propicia a recuperação de ativos, redução da litigiosidade e uma nova forma proativa de defender o erário.

A Constituição da República de 1988 potencializa a posição do município como ente federado. Além das competências tributárias, fiscalizatórias e de poder de polícia, aos municípios também foram direcionadas algumas competências administrativas, atribuições do ente local que exigem dotação e orçamentos próprios para serem efetivadas. Na forma como concebido, o federalismo no Brasil esboça a acomodação de demandas nacionais, regionais e locais, por vezes conflitantes, num país onde as desigualdades inter e intrarregionais eram e ainda são uma constante.[1]

Esta descentralização dos serviços públicos exige dos gestores municipais criatividade na gestão do orçamento e inovação no serviço público para executar suas competências administrativas. Os entes locais gastam mais do que arrecadam. A esta diferença entre o que o ente público consegue produzir de receitas e aquele mínimo necessário para fazer frente as suas despesas dá-se o nome de brecha vertical,[2] que é equalizada pelas transferências intergovernamentais e o esforço fiscal local.

---

[1]   SOUZA, Celina Maria de. Federalismo e descentralização na Constituição de 1988: processo decisório, conflitos e alianças. *DADOS – Revista de Ciências Sociais*, Rio de Janeiro, v. 44, n. 3, p. 513-560, 2001, p. 546-547.

[2]   BAIÃO, Alexandre Lima; CUNHA, Armando Santos Moreira da; SOUZA, Flávio Sergio Rezende Nunes de. Papel das transferências intergovernamentais na equalização fiscal dos municípios brasileiros. *Revista do Serviço Público*, [S. l.], v. 68, n. 3, p. 583-610, 2017, p. 587.

O modelo proposto pela Constituição da República de 1988 prevê os seguintes tributos na esfera municipal: i) contribuições de melhoria, art. 145, III da CRFB/88; ii) imposto sobre a propriedade predial e territorial urbana, art. 156, I da CRFB/88; iii) imposto sobre transmissão de bens imóveis, art. 156, II da CRFB/88; iv) imposto sobre serviços de qualquer natureza, art. 156, III da CRFB/88; v) contribuições previdenciárias cobradas de seus servidores públicos para o regime próprio de previdência, art. 40 da CRFB/88; vi) contribuição para o custeio do serviço de iluminação pública, art. 149-A da CRFB/88; e vii) taxas de polícia e fiscalização relacionados aos serviços sujeitos a sua inspeção.

Diante deste cenário de competências fiscais estreitas e alto custo para cumprir com suas obrigações constitucionais, ao munícipio resta zelar pela arrecadação dos seus créditos tributários inadimplidos. Efetuado o lançamento, com a constituição definitiva do crédito tributário, será dada a oportunidade de pagamento na via administrativa. Caso este não seja efetuado, haverá o encaminhamento para inscrição na dívida ativa municipal.

Por isso, tratando-se de crédito inadimplido que representa um direito a receber para o município contra o devedor, a inscrição em dívida ativa é precedida pela análise de legalidade do lançamento, com a apuração da liquidez e certeza do crédito, conforme exigência do art. 39 da Lei nº 4.320/1964.

De início, a execução destes créditos públicos era feita por execução fiscal judicial, no modelo instituído pela Lei 6.830/1980. Com o passar do tempo, o modelo clássico foi sendo alvejado por críticas e objeto de pesquisas para resolver seus dois principais problemas: a morosidade[3] e a baixa eficiência arrecadatória.[4]

Neste panorama, a advocacia pública municipal assume protagonismo com vetor de inovação na gestão pública, não só através da recuperação de recursos públicos como também no combate à sonegação fiscal, na redução da litigiosidade e do tempo de tramitação das execuções fiscais judiciais.

Medidas simples como o protesto extrajudicial das certidões de dívida ativa, possibilitado pela Lei nº 12.767/12, já é utilizado como alternativa na cobrança de créditos públicos, devendo ser feito em conjunto com outros mecanismos viáveis na via administrativa, como as transações fiscais, averbações nos registros de bens, responsabilizações administrativas e atuação estratégica no acervo das execuções fiscais.

Nesta toada, o objetivo principal deste trabalho é tratar sobre os mecanismos de execução fiscal administrativa e sua aplicação pela advocacia pública municipal no cenário da inovação na cobrança da dívida ativa. Para tanto, considerando os objetivos pretendidos na pesquisa, foi realizada pesquisa bibliográfica e documental, com viés exploratório, investindo na análise de dispositivos legais, dados oficiais, jurisprudência e artigos científicos.

Pensadas em conjunto, a união de teoria e prática, conectando o pensar conceitualmente e a realidade empírica,[5] são as principais premissas para a escolha e definição

---

[3] Em média, para uma execução fiscal ser baixada, com recuperação do crédito ou não, tramitará durante longos 8 anos e 1 mês (BRASIL, 2021a, p. 181).

[4] No Brasil, as execuções fiscais apresentam uma taxa de congestionamento de 87%. Ou seja, de cada cem execuções fiscais em andamento no ano de 2020, apenas 13 execuções foram baixadas (BRASIL, 2021a, p. 176).

[5] ADEODATO, João Maurício. Bases para uma metodologia da pesquisa em direito. *Revista CEJ*, Brasília, v. 3, n. 7, 1999, p. 144-145.

do tema, realizando uma especificação do assunto com as circunstâncias temporais e espaciais.

Pelo objetivo a que se propõe alcançar, o método científico escolhido é o dedutivo,[6] partindo das premissas lançadas para responder ao problema proposto, com a utilização como método de procedimento do estudo de caso do modelo federal da execução fiscal no âmbito administrativo.

O estudo ampara-se numa pesquisa qualitativa, pois se utiliza de dados quantitativos para interpretar o fenômeno estudado de acordo com os critérios estabelecidos. Quanto às técnicas de pesquisa, utilizaremos: i) a documental, com o emprego dos dados da Justiça em Números do CNJ, PGFN em números e demais dados oficiais dos portais da transparência; e ii) a bibliográfica, com o estudo da doutrina sobre a temática da execução fiscal administrativa dos créditos e a advocacia pública.

O estudo do financiamento da concretização de direitos fundamentais através das competências administrativas dos municípios, o protagonismo da advocacia pública na recuperação dos créditos inadimplidos e a inovação no serviço público são os vetores principais deste trabalho. Para além do tradicional feito executivo na via judicial, será apresentado o método de cobrança administrativa, tendo sido a advocacia pública municipal alçada à posição de trazer a inovação no setor e recuperar ativos inscritos em dívida ativa.

Com isso, este artigo foi estruturado em quatro seções. Na primeira, examinamos a posição federativa do município na Constituição da República de 1988. Em seguida, trabalhamos as competências constitucionais dos municípios, a brecha vertical e modelo de financiamento de direitos fundamentais. Na terceira seção, analisamos o processo de modernização da cobrança da dívida ativa da União. Por fim, ponderamos sobre o protagonismo da advocacia pública municipal no direcionamento da inovação na gestão na gestão pública local.

2 O município na Constituição da República de 1988

Com a promulgação da CRFB/88, principalmente pelo disposto nos artigos. 1º e 18, o município passa a integrar a Federação como ente de terceiro grau e figura essencial na organização político-administrativa brasileira. Nessa medida, restou assegurada a este ente a autonomia política, administrativa e financeira. Na política, possibilitou a sua ordenação, regida por uma lei orgânica e com Poderes Executivo e Legislativo próprios, obedecidos os artigos 29 a 31 da CRFB/88. Na via administrativa, possibilita ao município sua auto-organização e a promoção dos serviços públicos de acordo com as características locais.

Dito de outro modo, as autonomias política e administrativa seriam conchas vazias caso não houvesse recursos próprios, oriundos de repasses ou de bases tributárias próprias, para garantir a realização de obras e manutenção dos serviços públicos locais, pois inviabilizaria o exercício autônomo municipal. Seria uma ficção dotar de autonomia administrativa e política sem garantir os recursos necessários para organizar-se e financiar o progresso da população diretamente interessada.

---

6 LAKATOS, Eva Maria; MARCONI, Marina de Andrade. *Fundamentos de metodologia científica*. 5. ed. São Paulo: Atlas, 2003, p. 92.

Dessa forma, esta seção possui o objetivo específico de analisar a posição federativa do município na Constituição da República de 1988, abordando os aspectos das competências administrativas e as autonomias política, administrativa e, principalmente, financeira.

Por isso, destacaremos a autonomia financeira, prevista nos artigos 156 a 162 da CRFB/88, com a atribuição de base tributária própria e repartição de receitas a fim de possibilitar aos entes locais o cumprimento de suas atribuições constitucionais dispostas no artigo 30 da CRFB/88. A nossa carta magna de 1988 reconhece a existência de distorção entre a capacidade de gerar receita e os serviços públicos a serem disponibilizados pelo ente local, criando mecanismos de repasses financeiros entre os entes federados, com a partilha de parte da arrecadação dos entes regionais e do nacional com a representação local.

Entidade político-administrativa de terceiro grau na Federação e pessoa jurídica de direito público interno,[7] ao município foi estabelecida a competência constitucional de instituir e arrecadar os tributos de sua competência. Por instituição, entende-se a aprovação de legislação local com previsão das hipóteses em que o tributo deverá ser constituído através do lançamento. Já a arrecadação se refere não apenas ao pagamento espontâneo, mas também ao combate à sonegação e a cobrança dos tributos inadimplidos e inscritos na dívida ativa.

Como toda pessoa jurídica, o município foi dotado de vida própria, independente dos entes regionais e do nacional, sendo presentado em juízo de acordo com as prerrogativas inerentes a Fazenda Pública. Assim, o desenho constitucional de 1988 dá conta de um ente local com atribuições de criar leis e atos normativos, no exercício do Poder Legislativo, através da Câmara de Vereadores; e gerir os serviços públicos locais, aplicando as leis aos casos individuais e concretos, no exercício do Poder Executivo.

Apenas a função jurisdicional, exercida pelo Poder Judiciário, não é desempenhada pelo município. Este fato, por si só, não descaracteriza sua natureza como verdadeiro ente federado. Por intermédio de seus órgãos governamentais, representados pelos Poderes Legislativo e Executivo, o ente local se dirige, fazendo valer suas autonomias política, administrativa e financeira.

Tanto é assim, que o município, ao lado dos Estados-membros e da União, participa da repartição constitucional das competências administrativas, cujo modelo foi escolhido para possibilitar a melhor prestação do serviço de acordo com a vocação e capacidade de organização de cada ente da Federação. De um lado, as competências da União e dos Municípios são estabelecidas expressamente, constando dos poderes reservados, dispostos nos artigos 21 e 30, respectivamente, enquanto o artigo 23 estabelece as competências comuns aos três entes. Lado outro, o §1º do artigo 25 da CRFB/88 estabelece as competências residuais dos Estados, sendo reservadas aquelas atribuições não vedadas na carta magna.

Dentro dos poderes reservados, podemos identificar aqueles explícitos, que constam da enumeração constitucional, bem como aqueles implícitos, decorrentes dos explícitos ou de princípios constitucionais inerentes. Um caso exemplificativo é a obrigação do município, constante do inciso III do artigo 30 da CRFB/88, de

---

[7] MEIRELLES, Hely Lopes. *Direito municipal brasileiro*. 16. ed. São Paulo: Malheiros, 2008, p. 128.

explicitamente *"instituir e arrecadar os tributos de sua competência"*, sendo logicamente decorrente a obrigação de fiscalizar a arrecadação e dotar a Administração Fiscal de mecanismos legais de combate à sonegação fiscal e ao inadimplemento.

Deste contexto e da previsão constitucional inserida no inciso I do artigo 30 da CRFB/88, destrinchada nos demais incisos, resta clara a previsão de que ao ente municipal caberá a atuação preponderante em *"assuntos de interesse local"*. Daí pode inferir que não há hierarquia entre os entes da Federação no Brasil,[8] sendo estabelecida a regra da competência, legislativa ou administrativa, para verificar qual preceito normativo ou atuação institucional caberá no caso concreto. Com isso, não vislumbramos ordem de preferência ou graus de eficiência das regras de acordo com o ente de onde emanou, mas sim haverá a análise se a atuação foi conforme a repartição constitucional de competências.

Recentemente, na análise da ADPF nº 357/DF, o STF foi chamado a se manifestar quanto à recepção, no novo filtro constitucional de 1988, da ordem de preferência entre as pessoas jurídicas de direito público na expropriação de bens de devedores em comum prevista no parágrafo único do artigo 187 da Lei nº 5.172/1966, o Código Tributário Nacional, e do parágrafo único do artigo 29 da Lei nº 6.830/1980, a Lei de Execuções Fiscais. No julgado, deixou expresso as seguintes conclusões: i) a autonomia e a isonomia entre os entes federados é fundamento da Federação; e ii) normas infraconstitucionais não podem criar distinções entre entes federados, sob pena de *"criar distinções entre brasileiros ou preferências entre si"*, hipótese vedada pelo artigo 19, inciso III da CRFB/88.

O julgado reforça a necessidade de tratamento isonômico entre os integrantes da Federação, obedecendo à competência constitucionalmente estabelecida. Nesse sentido, para caracterizar alguma atividade como de interesse local deve-se considerar a predominância do interesse municipal sobre os Estados e a União, pois um assunto de interesse municipal sempre terá ressonância, mesmo que mínima, nas demais esferas.

Fazendo valer sua autonomia, cabe ao município não só instituir e arrecadar suas exações fiscais, mas também criar mecanismos que combatam a inadimplência e sirvam de desestímulo às práticas de evasão fiscal. A eficiente cobrança dos créditos inscritos em dívida ativa, além de configurar o ingresso de receitas nos cofres públicos, tem a missão de fazer valer o princípio constitucional da isonomia fiscal, dando tratamento diferenciado à exigência do crédito que não foi quitado na cobrança ordinária de constituição.

Para executar seus fins administrativos, os entes públicos necessitam arrecadar recursos em montante suficiente para o financiamento de seus serviços. Importa destacar que todos os direitos, para serem concretizados, exigem o respectivo custeio. Não interessa tratar-se de direitos civis ou políticos, prestacionais ou abstencionistas, todos exigem uma contraprestação financeira por parte da Administração Pública.[9]

Os custos para concretizar os direitos sociais, como o direito constitucional à educação, com a construção e manutenção de escolas, profissionais capacitados e despesas ordinárias, ou o direito constitucional à saúde, com a edificação de hospitais,

---

8 DIAS, Cibele Fernandes. Federalismo e 'pluribus unum': dilemas e conflitos da experiência brasileira. *Revista do Instituto do Direito Brasileiro*, [S.l.], v. 3, n. 4, 2014, p. 2.706.

9 WANG, Daniel Wei Liang. Escassez de recursos, custos dos direitos e reserva do possível na jurisprudência do STF. *Revista Direito GV*, São Paulo, v. 4, n. 2, p. 539-568, jul./dez. 2008, p. 542.

contratação de profissionais da saúde e manutenção dos materiais de consumo são mais visíveis e sensíveis ao nosso sentir.

Todavia, para garantir o direito político ao voto ou a não intervenção na propriedade privada, o Estado estará obrigado a custear as eleições, carrear recursos aos fundos eleitorais e partidários e dar legitimidade ao resultado, no primeiro exemplo, bem como, no segundo caso, será necessário manter um Poder Judiciário a postos, forças de segurança e infraestrutura para fazer valer o direito à propriedade privada. Nestas hipóteses, a necessidade de gasto público solta aos olhos e exige orçamento específico para garantir a não intervenção do Estado ou de terceiro em direito alheio.

Dessa forma, a concretização de direitos exige, irresistivelmente, a realização de custos no seu financiamento.[10] Esta ideia dos custos do direito converge para entender o cenário da finitude dos recursos públicos, motivo pelo qual toda fonte de receita deve ser explorada, retirando a máxima utilidade daquela medida.

Nessa seara, o norte do trabalho, a execução fiscal administrativa da dívida ativa municipal, se encontra mais fortemente com concretização dos direitos fundamentais, já que se roga, ao mesmo tempo, na condição de desestímulo à sonegação, pela possível cobrança posterior do crédito inadimplido quando do lançamento fiscal, bem como em outra fonte frutífera de recursos para fazer frente aos gastos públicos.

Na verdade, a gestão eficiente da base tributária própria abrangerá necessariamente um conjunto de medidas voltadas a atacar todas as frentes de vulnerabilidade ao exercício pleno das competências administrativas locais. A repressão à sonegação mostra-se mais eficaz quando o inadimplemento tributário é combatido através de métodos concentrados e organizados de cobrança da dívida ativa,[11] desestimulando a evasão fiscal pela impunidade.

A previsão constitucional de base tributária própria, possibilitando a arrecadação de recursos públicos, vem acompanhada da obrigação de bem gerir a arrecadação tributária, dotando a Administração Municipal de mecanismos eficazes na cobrança do crédito público.

O resultado da ineficiência ou inexistência de políticas municipais sérias para combater a sonegação e possibilitar a recuperação dos créditos inscritos em dívida ativa é a institucionalização do calote, cuja inadimplência gera custos ao b⟨ ⟩tribuinte, aquele que paga seus tributos no prazo, bem assim, principalmente, para quem necessita de atendimento nos serviços públicos, que ficam precarizados pelo subfinanciamento. Por certo, toda a sociedade paga pelo indivíduo que sonega seus tributos,[12] deixando de contribuir para o financiamento do Estado e afetando a eficiência do serviço público.

Visto que a concretização de todos os direitos fundamentais geram custos e que aos municípios foram destinadas algumas competências constitucionais administrativas, claro está que a cobrança da dívida ativa deve assumir o papel de protagonista na recuperação de ativos e no desestímulo as práticas de evasão fiscal.

---

[10] GALDINO, Flávio. *Introdução à teoria dos custos dos direitos*: direitos não nascem em árvores. Rio de Janeiro: Renovar, 2005, p. 221.

[11] PINTO, Francisco Roberto; FERREIRA, Marcelino José Alves. Políticas públicas e sonegação fiscal: o caso do projeto Grandes Devedores da Procuradoria-Geral da Fazenda Nacional. *Conhecer: debate entre o público e o privado*, [S. l.], v. 07, n. 19, p. 47-68, ago. 2017, p. 61.

[12] GALDINO, Flávio. *Introdução à teoria dos custos dos direitos*: direitos não nascem em árvores. Rio de Janeiro: Renovar, 2005, p. 326.

A esta atitude proativa na busca de recursos partindo das fontes constitucionalmente permitidas classificamos como esforço fiscal, que pode ser conceituado pela diferença entre a capacidade fiscal máxima de arrecadar recursos em determinado ente e a arrecadação efetivamente verificada.[13] Assim, representa a eficiência do ente local em gerar receita própria, em explorar sua base tributária tanto pela arrecadação fiscal quanto através da recuperação da dívida ativa.

O federalismo de cooperação estabelecido na Constituição da República de 1988 buscou a solidariedade e a cooperação entre os entes da Federação, com vistas às reduções das desigualdades regionais, mas exige esforço fiscal concentrado de todos os entes federados para a realização da receita pública que servirá de alicerce para o cumprimento das obrigações constitucionais nacionais, regionais e locais.

Por presentar a Administração em juízo e fora dele, a advocacia pública municipal assume uma função de protagonismo no zelo pelo crédito público constituído a partir do lançamento fiscal dos tributos da competência municipal. Assim, a atribuição funcional para gerir a carteira de créditos inscritos em dívida ativa indica o desafio de propor a execução fiscal judicial e a busca de inovação no serviço público por intermédio dos meios administrativos para a recuperação do crédito público inadimplido.

De tal modo, a definição do município como ente da Federação, pela carta magna de 1988, trouxe também a responsabilidade pelo financiamento das suas competências administrativas, tanto através dos repasses intergovernamentais, quanto pela realização da sua própria receita, através do esforço fiscal.

3   Competências administrativas dos municípios: o modelo de financiamento e a brecha vertical

No cenário de escassez de recursos públicos, utilizados para fazer frente a despesas crescentes, o trato com a arrecadação de receita pública ganha maior notoriedade. Da mesma maneira, recuperar os créditos inadimplidos e combater a sonegação fiscal assume importância ímpar para o estudo do financiamento dos direitos fundamentais.

O financiamento dos gastos públicos no Brasil é essencialmente realizado a partir de receitas derivadas, aquelas oriundas da cobrança de tributos.[14] Todavia, importa relembrar que há possibilidades de cobrança, arrecadação e financiamento de direitos através de receitas originárias, obtidas através do gerenciamento da exploração autorizada do patrimônio público.[15]

De tal modo, este tópico procura destrinchar como ficaram estabelecidas as competências constitucionais dos municípios e qual o modelo de financiamento, tendo em vista a adoção do federalismo fiscal cooperativo. Para esta tarefa é essencial entendermos o que seria a brecha vertical e suas implicações práticas.

---

[13]   ROSSIGNOLO, Darío Alejandro. O esforço fiscal nos países da América Latina e do Caribe. *Revista Finanzas y Política Económica*, Bogotá, v. 9, n. 2, p. 215-247, jul./dic. 2017, p. 224.

[14]   NABAIS, José Casalta. *O dever fundamental de pagar impostos:* contributo para a compreensão constitucional do Estado Fiscal contemporâneo. Coimbra: Almedina, 2012, p. 207.

[15]   FREITAS, Leonardo Buissa; BEVILACQUA, Lucas. Atividade financeira do Estado, transferências intergovernamentais e políticas públicas no federalismo fiscal brasileiro. *Revista Fórum Direito Financeiro e Econômico – RFDFE*, Belo Horizonte, a. 5, n. 9, p. 45-63, mar./ago. 2016, p. 49.

Conforme já trabalhado, a concretização dos direitos fundamentais está diretamente atrelada ao investimento de recursos públicos,[16] sendo primordial o desenvolvimento dos mecanismos que potencializem a arrecadação dos recursos públicos.

De mais a mais, o financiamento de direitos pelos entes subnacionais, além da arrecadação de seus tributos e possibilidades de financiamentos externos, através da realização de dívida pública, é patrocinado através das transferências intergovernamentais. A Constituição de 1988 reconhece, desde já, as desigualdades regionais e a necessidade de reduzi-las como um dos objetivos fundamentais da República.

A este movimento de tentativa de reduzir as desigualdades regionais através das transferências intergovernamentais para os entes subnacionais podemos denominar de equalização regional.[17] Instrumento essencial para garantir a autonomia financeira dos municípios, as transferências intergovernamentais surgem num viés de descentralização financeira, devendo ser realizada em conjunto com o esforço fiscal para reduzir as desigualdades regionais.

O Estado brasileiro, na forma escolhida pela Constituição de 1988, atribuiu autonomia administrativa, política e financeira aos entes subnacionais, estados e municípios, estando a Federação na condição de cláusula pétrea, inserida no artigo 60, parágrafo 4º, inciso I da CRFB/88, que permite sua alteração para fins de aperfeiçoamento, mas veda qualquer tentativa de emenda tendente a abolir a forma de Estado.

Nos termos da nossa Constituição Financeira, é possível identificar a previsão de um federalismo de equilíbrio,[18] onde a União empenha-se no planejamento das políticas públicas e em aperfeiçoar as competências dos entes subnacionais, todos empenhados em explorar sua base fiscal para buscar o equilíbrio federativo.

Para realizar a equalização horizontal, dotando os entes municipais de receitas suficientes para cumprir com seus deveres constitucionais, necessário se faz considerar duas variáveis: a necessidade e a capacidade fiscal.[19] A capacidade representa o esforço fiscal do município em instituir, cobrar, arrecadar e fiscalizar os tributos de sua competência constitucional, com forte reflexo na base tributária da localidade e na renda da população; enquanto a necessidade está ligada a demanda por serviço público em cada região, considerando as condições locais.

No contexto do federalismo cooperativo do Brasil, é possível identificar tanto a distribuição de competências tributárias para instituição e cobrança de tributos aos entes federados, quanto o repasse do produto da arrecadação aos entes de menor capacidade econômica,[20] através de atribuição direta aos entes ou com repasses indiretos, através

---

[16] SCAFF, Fernando Facury. República, Tributação, Finanças. *Revista do Instituto de Hermenêutica Jurídica*, v. 1, 2008, p. 83.

[17] BACHUR, João Paulo. Federalismo fiscal, atribuições fiscais constitucionais e equalização regional: EUA, Alemanha e Brasil em perspectiva comparada. *Revista do Serviço Público*, [S. l.], v. 56, n. 4, p. 377-401, dez. 2005, p. 378.

[18] TORRES, Heleno Taveira. Constituição financeira e o federalismo financeiro cooperativo equilibrado brasileiro. *Revista Fórum de Direito Financeiro e Econômico*, Belo Horizonte, a. 3, n. 5, p. 25-54, mar./ago. 2014, p. 43.

[19] BATISTA, Mariana. Burocracia local e qualidade da implementação de políticas descentralizadas: uma análise da gestão de recursos federais pelos municípios brasileiros. *Revista do Serviço Público*, Brasília, v. 66, n. 3, p. 345-370, set. 2015, p. 351-352.

[20] TORRES, Heleno Taveira. Constituição financeira e o federalismo financeiro cooperativo equilibrado brasileiro. *Revista Fórum de Direito Financeiro e Econômico*, Belo Horizonte, a. 3, n. 5, p. 25-54, mar./ago. 2014, p. 45.

de fundos. As Constituições financeira e tributária marcham no caminho do equilíbrio federativo, com a promoção de meios para o financiamento dos gastos públicos necessários as atribuições constitucionais dos entes federados.

Nestes termos, para atender a equalização regional, a capacidade fiscal do município deve ser inversamente proporcional aos recursos que lhes serão repassados, enquanto os repasses devem ser diretamente proporcionais às necessidades fiscais. Esta diferença entre a necessidade e a capacidade fiscal, ou seja, entre o custeio de serviços públicos a serem prestados pelo município e a quantidade de recursos que sua capacidade tributária consegue absorver autonomamente, independente de transferências dos demais entes, constitui a denominada brecha vertical.[21]

A esta necessária arrumação na repartição de receitas entre os entes federados, que visam custear direitos através da arrecadação própria e das transferências inter-governamentais, podemos chamar de federalismo fiscal cooperativo,[22] um auxílio mútuo entre os três entes federados, que denota como o Estado está organizado, como se dará a autonomia financeira de seus entes, os encargos administrativos que lhes são atribuídos e a forma pela qual será financiado.

Com o desenho federativo desenvolvido pela Constituição de 1988, temos os municípios na condição de ente federado, com autonomia financeira para fazer frente aos seus encargos administrativos constitucionais. Prover a adequada ordenação territorial e os serviços de interesse local, com garantia dos equipamentos públicos necessários para uso da população, demanda um regime de custeio ao ente municipal, já que direitos têm custos.

A execução das políticas pelo ente municipal permite ações com foco na realidade e necessidade local, com a atribuição dada ao ente central de apoiar os entes subnacionais na realização da sua competência constitucional, por transferências intergovernamentais, pelo princípio da subsidiariedade.[23] Essa é a essência do federalismo fiscal cooperativo, partindo da garantia de autonomia financeira aos entes subnacionais, com a limitação do Poder Central e sua atuação em prol do interesse coletivo, incentiva à colaboração entre os entes federados e as transferências intergovernamentais focadas na redução das desigualdades regionais.

Nesse aspecto, autonomia financeira surge como a mais importante ferramenta para os municípios,[24] visto que, estando ausentes os recursos, o ente federado passará a descumprir seus encargos constitucionais. Na realidade de desigualdade regional do nosso país, onde a diferença de desenvolvimento econômico e social entre as regiões

---

[21] PRADO, Sérgio. *A questão fiscal na Federação Brasileira:* diagnóstico e alternativas. Brasília: Instituto de Pesquisa Econômica Aplicada/Comissão Econômica para a América Latina e o Caribe, 2007, p. 7-8.

[22] MENDES, Marcos José. Federalismo fiscal. *In:* ARYATE, Paulo Roberto; BIDERMAN, Ciro (Org.). *Economia do Setor Público.* v. 1. Rio de Janeiro: Editora Campus/Elsevier, 2004, p. 426-427.

[23] DERZI, Misabel Abreu Machado; BUSTAMANTE, Thomas da Rosa de. O princípio federativo e a igualdade: uma perspectiva crítica para o sistema jurídico brasileiro a partir da análise do modelo alemão. *In:* DERZI, Misabel Abreu Machado; BATISTA JÚNIOR, Onofre Alves; MOREIRA, André Mendes (Org.). *Estado federal e guerra fiscal no direito comparado.* Belo Horizonte: Arraes Editores, 2015, p. 477.

[24] MOREIRA. André Mendes. O federalismo brasileiro e a repartição de receitas tributárias. *In:* BATISTA JUNIOR, Onofre Alves; DERZI, Misabel de Abreu Machado; MOREIRA, André Mendes. (Org.) *Estado Federal e Tributação:* das origens à crise atual. Belo Horizonte: Arraes Editores, 2015, p. 157.

ainda é tão nítida, o esforço fiscal do ente municipal para fazer valer sua base fiscal e arrecadar recursos públicos fará a diferença no financiamento dos direitos.

No âmbito do federalismo fiscal cooperativo, mais do que um sistema de cooperação mútua entre os entes federados, restou estabelecido o imperativo de equalização de receitas, com transferências intergovernamentais destinadas aos entes que demandem mais necessidades de receita do que sua capacidade fiscal pode produzir.[25] Assim, o combate à sonegação fiscal e o desenvolvimento de meios administrativos para a execução dos créditos inscritos em dívida ativa municipal assumem destaque na tarefa de diminuir a brecha vertical e suas consequências no subfinanciamento de direitos.

A eficiência econômica e o valor social da justiça são as bases para a formação de um sistema tributário justo.[26] Não só tratando de tributo, mas toda forma de arrecadação de receita pública só pode ser legítima se demonstrar ser eficiente para a sociedade e justa para quem contribui com a realização do patrimônio público. Beneficiar o sonegador com ineficiência na cobrança da dívida ativa, além desestimular o bom pagador, vulnera toda a cadeia de financiamento de direitos, pois desequilibra o sistema de federalismo fiscal pensado na carta magna de 1988.

As exações fiscais são concebidas no contexto da necessidade de compensação, por parte do Estado, para igualar as oportunidades de todas as pessoas que estejam no mesmo nível de talento e motivação, equiparando as chances de crescimento e progresso daqueles que tiveram menos sorte na loteria natural.[27] Tendo isto em vista, é dever atingir a máxima capacidade arrecadatória, com a implantação de mecanismos eficazes e céleres na recuperação dos créditos públicos constituídos e não pagos.

Dessa forma, a política fiscal está ligada a justiça social, sendo uma decorrência lógica o fato de o direito de propriedade ser uma convenção,[28] garantida pelo sistema jurídico, regida pelo Estado, que é mantido através das cobranças fiscais, por intermédio das receitas originárias ou derivadas. O esforço fiscal, a inovação no serviço público e a oportunidade para novos métodos de recuperação dos créditos inscritos em dívida ativa, com foco na redução da desigualdade horizontal, é o cerne do ambiente municipal que se propõe, como ente da Federação, a financiar direitos fundamentais.

4 Os avanços na cobrança administrativa da dívida ativa

O relatório *Justiça em Números*, do CNJ, aponta a execução fiscal como o principal responsável pelo gargalo do Poder Judiciário, tendo a morosidade e baixa efetividade de cobrança como suas características principais. A cada cem execuções fiscais que tramitaram na via judicial no ano de 2020, apenas treze tiveram um desfecho,[29] com sua extinção, não necessariamente por pagamento.

---

[25] MARINS, Daniel Vieira. *O esforço fiscal dos municípios e as transferências intergovernamentais*. Rio de Janeiro: Gramma, 2016, p. 32-33.

[26] MURPHY, Liam. NAGEL, Thomas. *O mito da propriedade*: os impostos e a justiça. São Paulo: Martins Fontes. 2005, p. 16.

[27] RAWLS, John. *Uma teoria da justiça*. São Paulo: Martins Fontes, 2000, p. 89-90.

[28] MURPHY, Liam. NAGEL, Thomas. *O mito da propriedade*: os impostos e a justiça. São Paulo: Martins Fontes. 2005, p. 240.

[29] BRASIL. *Justiça em números 2021*. Brasília: Conselho Nacional de Justiça, 2021a, p. 176.

Percebida a lentidão e dificuldade para a recuperação de créditos inscritos em dívida ativa pela tradicional via da execução fiscal judicial, compreendeu-se a necessidade de inovar nesta seara através de mecanismos que pudessem ter caminho próprio, sem que fosse necessária a atuação judicial, que gera custos e, por vezes, não tem a velocidade esperada para a satisfação do crédito público.

Diante deste cenário, a Procuradoria-Geral da Fazenda Nacional foi corajosa para inovar no serviço público e dotar a cobrança da dívida ativa da União de mecanismos capazes de diminuir o tempo de tramitação e aumentar a recuperação de créditos inscritos em dívida ativa da União. A *expertise* da Fazenda Nacional é de grande valia para as Fazendas Municipais, por ter um sistema de cobrança estruturado e com bons indicativos de sucesso.

Assim, esta seção se preocupa a analisar o caminho já percorrido, no Brasil, para dotar a execução fiscal de eficácia, com a higienização do acervo a ser cobrado, dando tratamento diferenciado de acordo com o crédito e o contribuinte que se pretende executar.

Inicialmente, destacamos que a guinada na atuação da Fazenda Nacional, com alguns dos mecanismos que veremos nos próximos subitens, tem rendido frutos no aumento da arrecadação, sendo digno destaque as arrecadações, no ano de 2020, com: i) benefícios fiscais: R$11.559.974.404,60; ii) Protesto: R$1.721.643.344,77; iii) Corresponsável: R$917.899.247,86; e iv) CADIN/CND: R$1.113.467.465,49.[30]

Com estas práticas de cobrança administrativa o Estado interfere positivamente na tomada de decisões do contribuinte, sem deixar de reconhecer que a relação entre Fisco e contribuinte é permeada por conflitos,[31] pois o Estado Fiscal visa a arrecadação de recursos para manter-se, enquanto o contribuinte tem sua liberdade econômica tolhida pelo dever de pagar tributos.

Desse modo, pela ordem cronológica, dividiremos esta seção em quatro subseções para tratarmos do protesto extrajudicial da CDA, da atuação priorizada do acervo de execuções fiscais, das inovações da Lei nº 13.606/2018 e da utilização das transações fiscais como mecanismos de pacificação de conflitos e recuperação de ativos.

4.1 O protesto extrajudicial das certidões da dívida ativa

Como alternativa ao processo de execução fiscal judicial, vários mecanismos foram pensados para incentivar a regularização do contribuinte. Dentre eles, temos o protesto extrajudicial como uma declaração pública de que o devedor do título extrajudicial, certidão da dívida ativa, se recursou a pagá-lo na data do vencimento.[32]

O método não demanda intervenção do Poder Judiciário, oportuniza mais uma oportunidade para pagamento na via administrativa e faz nova notificação ao contribuinte inadimplente informando o montante da dívida e a oportunidade para pagamento.

---

[30] BRASIL. *PGFN em números 2021*. Brasília: Procuradoria Geral da Fazenda Nacional, 2021b, p. 15.

[31] MACHADO, Hugo de Brito. *Curso de direito tributário*. 39. ed. São Paulo: Malheiros, 2018, p. 27.

[32] VENOSA, Sílvio de Salvo. *Direito civil*: contratos em espécie. São Paulo: Atlas, 2005, p. 496.

Na racionalização do procedimento de cobrança da dívida ativa, percebemos a inicial utilização do protesto extrajudicial das CDAs, autorizado através da Lei nº 12.767/12, que acrescentou o parágrafo único no art. 1º da Lei 9.492/97, a lei geral do protesto de títulos. Nos cartórios é oportunizado novo pagamento ou parcelamento no prazo de três dias, incorrendo no protesto do montante quanto ultrapassado o tríduo para pagamento.

Desde o início, percebemos várias arguições quanto a sua constitucionalidade, resolvidas por intermédio do julgamento da ADI nº 5135,[33] responsável por pacificar que o protesto: i) não constitui sanção política, tendo em vista a ausência de ofensa aos direitos fundamentais dos contribuintes; ii) é meio extrajudicial de cobrança válido, não afastando a execução fiscal judicial como a forma típica e tradicional, mas incluindo outras maneiras de cobranças extrajudiciais, a serem utilizadas isolada ou cumulativamente; iii) faculta ao devedor com título protestado sua manifestação de inconformidade no âmbito judicial ou administrativo; iv) caracteriza-se por ser uma forma proporcional de cobrança, dando publicidade a dívida e incentivando o adimplemento do débito; v) é ato que atende a menor onerosidade ao contribuinte e a maior eficiência ao Fisco; e vi) será realizado somente quando estivermos diante de um crédito líquido e plenamente exigível.

Este primeiro movimento e a consolidação do entendimento da Suprema Corte nortearam a atuação da Administração Pública na elaboração de novas estratégias de exigência do crédito fiscal que sejam independentes do Poder Judiciário. Nessa medida, protesto extrajudicial está se mostrando um procedimento mais rápido e menos custoso ao Erário, contribuindo também para a diminuição dos processos judiciais,[34] com forte incidência sobre os créditos de baixo valor.

O protesto oportuniza nova chance de regularização ao contribuinte, que pode ser inscrito nos órgãos de proteção ao crédito caso permaneça inadimplente, dando publicidade aos terceiros sobre a inscrição do débito em dívida ativa, dando efetividade a proibição de alienação de bens em fraude à execução fiscal, conforme artigo 185 do CTN.

Em suma, o protesto extrajudicial consolidou a possibilidade da cobrança simultânea, nas vias judiciais e administrativa ou somente nesta última. Bem assim, cravo o início da busca por mais eficiência na cobrança da dívida ativa, não afastando o instrumento da execução fiscal judicial e se adaptando as demais figuras de exigências administrativas que viriam a surgir e serão vistas nos próximos subitens.

No âmbito dos municípios, onde, em geral, muitos dos créditos inscritos em dívida ativa apresentam baixos valores se comparados àqueles trabalhados na esfera da União, o protesto extrajudicial funcionará como importante ferramenta complementar no combate à sonegação fiscal e recuperação de débitos inscritos em dívida ativa municipal.

---

[33] O STF fixou a seguinte tese: "O protesto das Certidões de Dívida Ativa constitui mecanismo constitucional e legítimo, por não restringir de forma desproporcional quaisquer direitos fundamentais garantidos aos contribuintes e, assim, não constituir sanção política" (STF, ADI nº 5135, Relator(a): Roberto Barroso, Tribunal Pleno, julgado em 09.11.2016).

[34] DIFINI, Luiz Felipe Silveira. Protesto de certidão de dívida ativa e tutela provisória no novo CPC. *Revista da AJURIS – Associação dos Juízes do Rio Grande do Sul*, [S.l.], v. 45, n. 145, 2018, p. 130.

4.2 O tratamento diferenciado do acervo de créditos inscritos em dívida ativa

No Poder Judiciário, a taxa de congestionamento anual das execuções fiscais é de 87,3%,[35] enquanto o tempo médio de tramitação é de 8 anos e 1 mês.[36] Em outras palavras, a cada cem processos de execução fiscal judicial tramitando no ano, apenas treze foram extintos, com ou sem pagamento.

Diante deste cenário de morosidade e ineficiência, baseado em estudos estatísticos e de eficiência na recuperação de ativos inscritos em dívida ativa, a PGFN inovou na estratégia de cobrança através do Regime Diferenciado de Cobrança de Créditos – RDCC, regulamentado pela portaria PGFN nº 396/2016, como mecanismo de direcionamento da força de trabalho, observados os critérios de economicidade e racionalidade, para a cobrança de créditos elevados e com probabilidade de recuperação.

O escopo do RDCC é arquivar as execuções fiscais onde são executados créditos inferiores a R$1 milhão de reais ou cujos débitos sejam considerados irrecuperáveis ou de baixa recuperação, quando não houver nos autos bens ou direitos úteis à satisfação do crédito executado. Isto tudo com o objetivo de concentrar os esforços da PGFN em créditos recuperáveis e de valor elevado, com a realização de diligências patrimoniais, cautelares fiscais, responsabilizações, reconhecimento de grupo econômico, etc. O foco maior é trabalhar com o volume que representará recuperação de créditos inscritos em dívida ativa.

A lógica passou a suspender a execução fiscal para diligenciar na via administrativa, somente retornando o curso do executivo fiscal caso fossem encontrados bens ou direitos úteis para satisfazer o crédito. Não encontrando bens, estes processos fatalmente serão extintos por prescrição intercorrente, pois não há mais lógica em continuar diligenciando em execuções fiscais de devedores irrecuperáveis e sem patrimônios. Noutro ponto, encontrando bens, as execuções serão desarquivadas e haverá atuação proativa da advocacia pública no sentido de indicar e solicitar a penhora e avaliação dos bens e direitos úteis a satisfação do débito inscrito em dívida ativa da União.

Houve uma inversão dos procedimentos. Ao invés de ajuizar a execução fiscal para depois ir buscar os bens ou direitos penhoráveis, a Fazenda Nacional optou por fazer sua investigação prévia, solicitando a intervenção do Poder Judiciário somente nos casos em que realmente demande a reserva jurisdicional. Ainda, a medida tende a desafogar o Poder Judiciário para que passe a analisar com mais agilidade os casos que realmente demandem sua atuação e possam gerar arrecadação de ativos.

Esta é uma prática que também pode ser utilizada, com as devidas adaptações, para a execução da dívida ativa municipal. Mais do que um programa, analisamos aqui um encadeamento lógico de gestão do acervo da dívida ativa, sempre com o objetivo de aumentar a recuperação de créditos e focalizar o trabalho do advogado público em atuações que tenham potencial de render bons frutos ao Erário.

---

[35] BRASIL. *Justiça em números 2021*. Brasília: Conselho Nacional de Justiça, 2021a, p. 175.

[36] *Idem*, p. 181.

4.3 As medidas de cobrança administrativa da Lei Federal nº 13.606/2018

Recentemente, a Lei Federal nº 13.606/2018 possibilitou uma revolução na cobrança da dívida ativa da União, com medidas que, adaptadas, podem ser aplicáveis e representar uma guinada rumo à eficiência na cobrança da dívida ativa nos municípios brasileiros. Estamos tratando da notificação prévia para pagamento, da averbação pré-executória, da verificação patrimonial prévia, da responsabilização administrativa e do ajuizamento seletivo.

Dispostas do artigo 20-B até o 20-E da Lei nº 10.522/2002, essas inovações estão na esteira da atuação proativa da advocacia pública, como verdadeira guardiã das políticas públicas e dos recursos necessários para seu financiamento. Neste ponto, a inovação no âmbito municipal também é incentivada tanto pelo inicial sucesso das estratégias de cobrança quanto pela análise e adequação da constitucionalidade já realizada no STF.

Pelo procedimento estabelecido, depois de constituída definitivamente a exação fiscal, caso não haja pagamento e seja feita a inscrição em dívida ativa, o contribuinte será notificado, por via postal ou eletrônica, para, em até cinco dias, efetuar a liquidação do valor. Não sendo atendido neste prazo, faculta-se a Fazenda Nacional: i) dar publicidade a CDA para os órgãos que atuam em bancos de dados e cadastros de consumidores e aos serviços de proteção ao crédito; e ii) realizar a averbação da CDA no registro de bens e direitos sujeitos a penhora ou arresto, sem que estas medidas importem na indisponibilidade dos bens, já que configura mera publicidade dos débitos inscritos em dívida ativa.

Já o artigo 20-C da Lei nº 10.522/2002 inova ao possibilitar que o ajuizamento da execução fiscal seja condicionado à prévia existência de bens úteis à satisfação do crédito. Além disso, a regulamentação do dispositivo ficou a cargo do Procurador-Geral da Fazenda Nacional, advogado público que presenta a União na cobrança das execuções fiscais. No exercício desta prerrogativa, o artigo 33 da Portaria PGFN nº 33/2018 dispôs sobre os créditos a que o ajuizamento seletivo se aplicava e o que seria bens úteis para fins de legitimar o ajuizamento da execução fiscal.

Em seguida, é possibilitado o início de processo administrativo para responsabilização de terceiro sempre que houver indícios da prática de ato ilícito, com o objetivo de apurar a responsabilidade de terceiro por débito inscrito em dívida ativa da União, ajuizado ou não. Na missão de regulamentar este dispositivo legal, a PGFN editou a Portaria nº 948/2017 que visa responsabilizar diretores, sócios e representantes, terceiros em geral, pelos débitos de pessoa jurídica com indícios de dissolução irregular, sendo certa que o mero inadimplemento do tributo não legitima, por si só, a responsabilização de sócio.

Com viés progressista, esta lei teve sua constitucionalidade questionada no âmbito de seis ações diretas de inconstitucionalidade de nº 5881, 5886, 5890, 5925, 5931 e 5932. Analisadas em conjunto, a Suprema Corte fixou as seguintes balizas: i) trata-se de regras procedimentais, aplicadas após a constituição definitiva do crédito, não incidindo na reserva de lei complementar para tratar normas gerais de direito tributário, sendo o caso de disposição através de lei ordinária; ii) é constitucional a averbação da CDA em registros de bens e direitos, mesmo quando anterior ao ajuizamento da execução fiscal judicial, pois visa a proteção da boa-fé do terceiro adquirente e a publicidade ao débito inscrito em dívida ativa, possibilitando eficácia ao art. 185 do CTN; iii) é inconstitucional, no âmbito material, a declaração de indisponibilidade de bens e direitos na via administrativa, pois está submetida a reserva jurisdicional, sempre através do o contraditório e da ampla defesa.

Exceção feita ao juízo sobre a indisponibilidade de bens e direitos na via administrativa, os demais instrumentos de cobrança administrativa foram entendidos como constitucionais e aplicáveis na cobrança da dívida ativa. Dessa forma, o STF legitimou o método administrativo de cobrança da dívida ativa, reconhecendo sua economicidade, eficiência, desafogo do judiciário e celeridade.

Visto deste modo, a inovação na atuação norteia a Fazenda Nacional não só na recuperação de ativos inscritos em dívida ativa, mas também na prevenção de dar início a ação de execução fiscal em relação a créditos irrecuperáveis.

A utilização em conjunto dos instrumentos de cobrança extrajudicial vêm representando uma revolução na cobrança da dívida ativa da União, fato que pode ter sua aplicação estendida também aos municípios. Para tanto, necessária à aprovação de legislação local dotando a advocacia pública municipal com estes mecanismos e a possibilidade de cobrança na via administrativa. O teste feito pela Fazenda Nacional facilita a propositura e aprovação de leis locais para replicar estas medidas nos municípios, pois já passou pelo crivo da constitucionalidade e está em operacionalização, além de apresentar seus bons resultados na equalização de trabalho e recuperação de ativos.

4.4 As transações fiscais na regularização do crédito inscrito em dívida ativa

A transação fiscal é uma das formas de extinção do crédito tributário, inserida no artigo 156, inciso III do CTN. Mesmo constando do texto original do CTN, promulgado em 1966, a regulamentação da transação fiscal no âmbito da União só ocorreu através da Lei nº 13.988/2020, a Lei do Contribuinte Legal, que trata dos mecanismos e possibilidades de concessões mútuas, entre Fisco e contribuinte, para pacificar o conflito fiscal e arrecadar recursos aos cofres públicos, por exigência de lei específica constante do artigo 171 do CTN.

Esta resolução de conflitos por mútuas concessões buscará terminar um litígio e culminará na extinção do crédito tributário transacionado. O litígio a ser resolvido pode ser em âmbito judicial ou administrativo,[37] dando primazia à resolução das contendas ainda na fase extrajudicial, tendo por exigência a constituição do crédito através do lançamento definitivo. O crédito inadimplido poderá ser cobrado de forma coercitiva ou por meio consensual, sendo neste último um meio mais célere e econômico, que considera a capacidade contributiva do devedor no cálculo dos descontos e parcelas.

No cenário de crise fiscal, agravado pela situação sanitária da COVID-19, a busca de novos mecanismos de recuperação de ativos inscritos é cada vez mais relevante. Ao contrário dos anteriores parcelamentos fiscais, que davam descontos e dilação de prazos indiscriminados, no uso da isonomia formal, este novo instrumento da transação é tratado com base na realização da justiça fiscal, considerando o necessário tratamento

---

[37] CARVALHO, Paulo de Barros. *Curso de direito tributário*. 30. ed. São Paulo: Saraiva Educação, 2019, p. 475.

fiscal isonômico, que autoriza o tratamento desigual somente na medida em que os contribuintes se desigualem, considerando a capacidade contributiva do sujeito passivo, por meio da qual será analisada sua exata possibilidade de colaborar para a formação do patrimônio público.

Portanto, a transação fiscal melhora a relação entre Fisco e contribuinte, aumentando a recuperação de crédito público e indo além da mera negociação do crédito, como fator determinante para a aplicação isonômica dos benefícios fiscais, pois considera as condições econômicas individuais dos contribuintes para aplicar determinado desconto, prazo e forma de amortização dos débitos inscritos em dívida ativa.

Em notícia[38] publicada em 19 de abril de 2022, a PGFN revela que celebrou mais de 1 milhão de acordos de transação, com o potencial para extinguir por pagamento quase 3 milhões de inscrições em dívida ativa da União, totalizando a regularização de R\$263 bilhões no âmbito da dívida ativa. Os números apresentados servem de reforço argumentativo tanto a atuação proativa da advocacia pública, em todos os níveis, quanto ao aperfeiçoamento das possibilidades de diligenciar os bens e direitos no âmbito administrativo.

A possibilidade de autocomposição no tratamento dos créditos tributários é mais um mecanismo de inovação no setor público, com aplicação da isonomia material através da identificação das necessidades e condições de cada contribuinte,[39] considerando fatores como a capacidade de pagamento, tempo de inscrição em dívida ativa, natureza do crédito, nível de abalo financeiro pela pandemia da COVID-19, etc.

Esta prática de sucesso, já aplicada no âmbito federal, tem potencial para ser replicada nos municípios, com aplicação da justiça fiscal e recuperação de ativos, tendo íntima relação com a função do advogado público enquanto defensor do erário e indutor de boas práticas administrativas que reflitam em benefícios diretos para os cidadãos.

5 A advocacia pública como vetor de inovação na administração: a cobrança administrativa da dívida ativa municipal

Identificada a necessidade de carrear recursos para financiar suas competências constitucionais, além da morosidade e da ineficiência da tramitação judicial da execução fiscal, a advocacia pública, responsável por gerir os créditos inscritos em dívida ativa, deve estar atenta ao aperfeiçoamento dos meios alternativos de cobrança que atendam ao interesse público e vislumbrem um cenário de maior eficiência na recuperação de ativos.

De tal modo, esta seção estudará como a advocacia pública municipal pode produzir inovação no setor público por intermédio da execução fiscal administrativa, com celeridade, redução de custos e maior recuperação de ativos inscritos em dívida ativa.

As demandas da sociedade, progressivamente conectada em rede, são cada vez mais dinâmicas e demandam uma reformulação constante das políticas e serviços

---

[38] TRANSAÇÃO regulariza R\$ 263 bilhões no âmbito da dívida ativa. *Gov.br*, [S.l.], 19 abr. 2022. Notícias. Disponível em: https://www.gov.br/pgfn/pt-br/assuntos/noticias/2022/transacao-regulariza-r-263-bilhoes-no-ambito-da-divida-ativa. Acesso em: 02 maio 2022.

[39] AVELINO, Murilo Teixeira; PEIXOTO, Ravi de Medeiros. Transação tributária: novo paradigma da autocomposição a partir da Lei nº 13.988/2020. *Revista de Informação Legislativa: RIL*, Brasília, DF, v. 59, n. 233, 2022, p. 64.

públicos. Identificado um problema, a morosidade e baixa efetividade na execução fiscal no âmbito judicial, o espírito inovador e empreendedor buscará meios eficazes para resolvê-lo, investindo na celeridade e na eficiência da cobrança da dívida ativa.

Identificado o ponto de ineficiência, ao gestor público caberá buscar medidas saneadoras para a política pública. A inovação no setor público, que poderá ser conectada a outras iniciativas já existentes, apresenta quatro componentes essenciais: i) justificativas e motivos; ii) onde será realizada; iii) quais os facilitadores e inibidores da inovação; e iv) quem será o responsável por promover e coordenar.[40]

A inovação na cobrança da dívida ativa justifica-se no combate à sonegação fiscal e no aumento da arrecadação de recursos públicos. Para a cobrança da dívida ativa é necessário utilizar instrumentos de cobrança administrativa e judicial, em conjunto ou separadamente, tendo em vista a eficiência da arrecadação. A experiência da Fazenda Nacional com a cobrança administrativa facilita a escolha dos entes municipais, que podem ter obstáculos na ausência de recursos para investimento e na falta de vontade política para melhorar o esforço fiscal. Em arremate, caberá à advocacia pública municipal, como gestora da carteira de créditos inscritos em dívida ativa, a promoção e coordenação dos meios inovadores de cobrança administração e recuperação de ativos inscritos em dívida ativa.

Quanto aos motivos para inovar no serviço público, sejam relacionados a problemas governamentais, de ordem interna, ou públicos, de ordem externa, três fatores são determinantes: o excesso, a escassez e o risco.[41] No caso da gestão da dívida ativa municipal, temos o excesso de gastos na tramitação da execução fiscal judicial, a escassez de meios de cobrança efetivos e o risco de fazer proliferar um ambiente de pouca efetividade na utilização da base fiscal própria do ente local como mecanismo de redução da brecha vertical e exercício da autonomia financeira do ente federado.

O empreendedorismo no serviço público será guiado pelos princípios que regem a Administração Pública, principalmente aqueles inseridos no artigo 37 da CRFB/88. Assim, a inovação estará direcionada na melhoria das práticas de serviços e políticas públicas. No caso em estudo, a inovação visa capacitar à advocacia pública municipal de meios suficientes para, dentro do liame constitucional, recuperar o máximo de valores inscritos em dívida ativa, no menor tempo possível e demandando um menor consumo de recursos.

Assim, num primeiro momento, para realizar a inovação no serviço público, necessário fazermos o diagnóstico do problema público. No caso deste trabalho, temos a ineficiente cobrança judicial dos créditos inscritos em dívida ativa municipal. Diagnosticado o problema, surge a responsabilidade de criar os instrumentos de políticas públicas para enfrentá-lo, tal como a criação de normas legais no âmbito local e a regulamentação dos métodos de cobrança administrativa da dívida ativa.

Na investigação de soluções para a solução deste problema, mostrou-se mais frutífera a prática do *benchmarking*,[42] uma análise comparativa que se apropria de práticas

---

[40] EMMENDOERFER, Magnus Luiz. *Inovação e empreendedorismo no setor público*. Brasília: Enap, 2019, p. 22.

[41] SECCHI, Leonardo. *Análise de políticas públicas*: diagnóstico de problemas, recomendação de soluções. São Paulo: Cengage, 2016, p. 50.

[42] Método utilizado para melhorar o processo de tomada de decisão a partir de um estudo comparativo e qualificado, sendo trabalhada a implantação de uma prática que já vem dando certo e gerando seus dividendos (CARVALHO *et al.*, 2019, p. 27-28). No nosso estudo, o *benchmarking* é viável por encontrarmos um caso que

de sucesso para servirem de inspiração na busca de solução para o problema.[43] Esta prática de geração de ideias foi utilizada com vistas a trazer os mecanismos da cobrança extrajudicial da dívida ativa da União para aplicação aos entes municipais.

O protesto extrajudicial das certidões da dívida ativa, a gestão do acervo das execuções fiscais, a averbação pré-executória, o ajuizamento seletivo, a responsabilização administrativa e as transações fiscais representam meios de atuação extrajudicial vocacionados a aumentar a recuperação de ativos num menor espaço de tempo.

No item anterior apresentamos o processo de trabalho da cobrança da dívida ativa da União, que serve como tipo de inovação para melhorar a eficiência na cobrança dos créditos públicos por intermédio de um processo de trabalho significativamente melhorado.[44] Estas alterações na cobrança da dívida ativa da União produziram dois tipos de inovação: i) mudança dos processos organizacionais, com a reorganização do trabalho e a melhora de desempenho de seus servidores e órgão de cobrança, a PGFN; ii) melhoria nos serviços e políticas públicas, com o avanço no atendimento ao contribuinte de forma mais célere, consensual e efetiva, impactando diretamente no aumento da recuperação de ativos e na redução da litigiosidade.[45]

Nesse contexto, a advocacia pública municipal é terreno fértil para desenvolver as capacidades de inovação no serviço público e contribuir com a redução da brecha vertical através do esforço fiscal. Especificamente, tratamos da cobrança administrativa da dívida ativa municipal como liderança transformadora na prestação de serviços públicos, utilizando os casos de sucesso implantados pela PGFN para resolver problemas locais.

Esta mudança estratégica exige a elaboração de um planejamento voltado para conduzir os processos de trabalho rumo ao interesse da coletividade, inovando a gestão da dívida ativa municipal com mecanismos mais céleres e eficientes. Para tanto, além do desejo inovador da advocacia pública, são necessários: i) a vontade política dos poderes executivo e legislativo para realizar o esforço fiscal; ii) recursos tecnológicos para automatizar e digitalizar serviços; iii) criação da base legal que permita a gerência da dívida ativa local com atos extrajudiciais; iv) direcionamento dos recursos financeiros economizados na higienização das execuções fiscais irrecuperáveis para a cobrança administrativa.

Estes indutores de inovação, caso aplicados, direcionarão a nova política pública de gestão da dívida ativa do município para um cenário já testado pela Fazenda Nacional e aprovado pelo aumento de arrecadação. Neste campo, a inovação opera para prover a Administração Pública com boas opções para diminuir ou eliminar os problemas públicos.

O comportamento empreendedor público exige que o órgão tenha expertise e credibilidade em determinado assunto, além das conexões políticas, habilidades de negociação e disponibilidade de recursos humanos para executar a política pública.[46]

---

caminha em direção à eficiência, a cobrança administrativa da dívida ativa da União, em comparação com o sistema de cobrança judicial aplicado na realidade dos entes locais.

[43] ALONSO, Marcos. Custos no serviço público. *Revista do Serviço Público*, v. 50, n. 1, 1999, p. 51.

[44] ORGANIZAÇÃO PARA A COOPERAÇÃO E O DESENVOLVIMENTO ECONÔMICO (OCDE). *Manual de Oslo*: diretrizes para coleta e interpretação de dados sobre inovação. 3. ed. Rio de Janeiro: Finep, 2005. Disponível em: http://www.finep.gov.br/images/a-finep/biblioteca/ manual_de_oslo.pdf. Acesso em: 12 maio 2022, p. 65.

[45] EMMENDOERFER, Magnus Luiz. *Inovação e empreendedorismo no setor público*. Brasília: Enap, 2019, p. 40.

[46] *Idem*, p. 61.

Órgão de consultoria administrativa e presentação da Fazenda Pública em juízo, a advocacia pública municipal apresenta as três principais características que possam indicar o inicial espírito empreendedor.

É fértil e chama atenção a possibilidade inovadora neste ramo. O estudo do modelo comparado, buscando na fonte as práticas mais atuais elaboradas e em utilização na Procuradoria Geral da Fazenda Nacional, diminui as chances de erros quando adaptado o modelo para a execução da dívida ativa do ente municipal. Ademais, os métodos vislumbrados na Seção 3 deste trabalho já passaram pelo crivo de constitucionalidade do Supremo Tribunal Federal, definindo sua possibilidade e parâmetros.

De tal modo, a orientação empreendedora nas políticas públicas apresenta um viés inovador, refletindo na formação de novos processos de trabalho e gestão, identificando oportunidades de melhorar a eficiência do serviço público prestado. Para tanto, se faz imperativo assumir riscos da mudança de um método tradicional de cobrança para outro inovador, que se faz através da liberdade legalmente regrada de atuação.

Estes desafios cobram do advogado público a assunção de riscos e responsabilidades, com o gerenciamento da dívida ativa municipal a partir de indicadores testados de inteligência. As recentes alterações[47] na Lei de Introdução às normas do Direito Brasileiro – LINDB – são neste sentido, de fomentar a inovação e empreendedorismo na administração pública por intermédio de práticas justificadas na sua eficiência, sendo a responsabilização restrita aos casos de dolo ou erro grosseiro.

Além do novo viés interpretativo, os 10 artigos acrescentados na LINDB pela Lei nº 13.655/2018 trazem segurança jurídica e incentiva a inovação na aplicação do direito público. O artigo 20 da LINDB confere segurança jurídica na aplicação dos conceitos jurídicos indeterminados, enquanto o artigo 21 estabelece a observância da razoabilidade e proporcionalidade na apreciação da legalidade do ato administrativo. Já o artigo 22 vai além e considera os reais obstáculos para o desenvolvimento das políticas públicas, enquanto o artigo 23 chega a prever um regime de transição caso haja nova interpretação de conceito indeterminado. O artigo 24 estabelece que a revisão dos atos da administração deva ser feita considerando as orientações gerais da época de sua elaboração, o *tempus regit actum*. O estudo em conjunto destes dispositivos nos leva a crer que se previu o princípio do devido processo decisório,[48] segundo o qual a decisão administrativa estará pautada na certeza jurídica, com o estabelecimento de regras expressas a serem seguidas na decisão administrativa, controladora ou judicial.

Os artigos 26 e 27 dispõem, respectivamente, sobre a possibilidade de transação ou compensação para a aplicação de sanções relacionadas à aplicação do direito público. Em seguida, o artigo 28 possibilita a responsabilização do agente público que praticar ato da administração com dolo ou erro grosseiro, numa tentativa de salvaguardar a atuação dos agentes públicos probos e honestos. A possibilidade de consulta pública prévia a edição de atos normativos por autoridade administrativa é estabelecida no artigo 29.

---

[47] A Lei nº 13.655, de 25 de abril de 2018 tem por objetivo garantir *"segurança jurídica e eficiência na criação e na aplicação do direito público"*.

[48] SOUZA, Patrícia Verônica Nunes Carvalho Sobral de; CAMPOS, Ana Lúcia da Silva; CHARLOT, Yan Wagner Cápua da Silva. Os Reflexos da LINDB no Direito Público. *Relações Internacionais no Mundo Atual*, v. 3, n. 28, 2020, p. 520.

Por fim, o artigo 30 serve de bússola ao administrador público para que opere na melhoria da segurança jurídica na aplicação das normas administrativas.

Pelas alterações expostas, vê-se que a *mens legis* das mudanças trazidas pela Lei nº 13.655/2018 é conferir segurança jurídica, previsibilidade e responsabilização conforme aos agentes públicos, construindo um alicerce onde será seguro inovar e dotar a Administração Pública de mecanismos que caminhem para a eficiência dos serviços públicos.

As medidas de desjudicialização da execução fiscal caminham neste sentido. O protesto extrajudicial, a gestão do acervo de execuções fiscais judiciais, a averbação pré-executória, a responsabilização administrativa e as transações fiscais significaram importantes estruturas para o aumento da recuperação de ativos inscritos em dívida ativa, na melhor gestão dos recursos humanos, na economicidade da cobrança e na diminuição de tempo para a arrecadação, conforme visto na Seção 3 e subseções.

Induzir pequenas mudanças na prática administrativa pode significar grandes avanços quanto à eficiência na cobrança da dívida ativa. As suaves intervenções influenciam na vontade do contribuinte, que é incentivado ao adimplemento do débito fiscal.[49] O protesto extrajudicial da CDA, a averbação do débito de registro de bens, a responsabilização administrativa e os benefícios da pacificação pela transação fiscal induzem o contribuinte a regularizar sua situação com o Fisco por ser mais vantajoso quitar os débitos ao invés de ter seu patrimônio constrangido.

Ainda assim, tal qual aplicado na Fazenda Nacional, adotar sistemas auxiliares de cobrança serve de complemento no gerenciamento da dívida ativa, fato que não afasta a execução fiscal judicial nas hipóteses que os elementos de cobrança administrativa sejam ineficazes.[50] Principalmente no que toca a interrupção da prescrição do crédito tributário, que na via administrativa ocorrerá apenas quando realizada a transação fiscal, o despacho do juiz que ordenar a citação em execução fiscal ainda é requisito fundamental para a não extinção do crédito tributário pela prescrição. Quanto ao crédito não tributário inscrito em dívida ativa, além da transação e citação na execução fiscal judicial, o protesto extrajudicial também interromperá a prescrição pelo artigo 202, inciso II do CC/02.

Por tudo exposto, na esfera municipal a inovação da cobrança da dívida ativa pode tanto se espelhar nas tendências lançadas e testadas pela Fazenda Nacional, como também por novos mecanismos que se adequem ao cenário específico do ente local. Todavia, com o novo arcabouço jurídico da LINDB, as práticas testadas pela União e a necessidade de carrear recursos para fazer frente as suas despesas, fazem imperiosa a atuação inovadora da advocacia pública municipal na cobrança e gerenciamento da dívida ativa local.

---

[49] CRUZ, Antonia Camily Gomes; FEITOSA, Gustavo Raposo Pereira. Nudges fiscais: a economia comportamental e o aprimoramento da cobrança da dívida ativa. *PENSAR – Revista de Ciências Jurídicas*, v. 24, n. 4, 2019, p. 5-6.

[50] ALOCHIO, Luiz Henrique Antunes. Dívida ativa municipal e o "protesto" como "alternativa eficiente" ao "custo" da execução fiscal: uma reflexão a partir do Estado do Espírito Santo. *Revista de Direito Público da Procuradoria-Geral do Município de Londrina*, v. 2, n. 1, 2013, p. 155.

6 Conclusão

Examinada a morosidade e a ineficiência da tradicional cobrança judicial da execução fiscal, cabe ao órgão da advocacia pública inovar no serviço público de gerenciamento da dívida ativa local. A necessidade de financiar direitos e reduzir a brecha vertical demonstram a urgência de voltar os olhares para as medidas administrativas de cobrança. O combate à sonegação fiscal e o aperfeiçoamento do esforço fiscal também incentivam a criatividade na cobrança da dívida ativa.

Constata-se que o tema tratado possui íntima relação com a concretização dos direitos fundamentais, o aumento da arrecadação de receitas públicas, a recuperação extrajudicial da dívida ativa, a automação dos processos de cobrança e o entendimento do STF pela possibilidade de desjudicialização da cobrança.

De um lado, a lentidão na tramitação das execuções fiscais no Poder Judiciário auxilia a construção do quadro de ineficiência da cobrança. Por outro lado, a Constituição da República de 1988 adota um modelo de Estado Social, redutor de desigualdades, que necessita do investimento de recursos públicos para atingir seus objetivos. Nesse interim, a arrecadação da dívida ativa ganha protagonismo especial, chegando ao patamar de R$25,7 bilhões recuperados no ano de 2020 somente pela Fazenda Nacional,[51] mesmo considerando a pandemia da COVID-19 e a crise econômica que se alastrou no mundo.

Daí se confere a importância da recuperação da dívida ativa não só como fator de combate à sonegação e a fraudes fiscais, mais também como importante vetor para a concretização de direitos fundamentais. A inovação no serviço público é cada vez mais incentivada, sendo recomendado utilizar a *expertise* desenvolvida na cobrança administrativa da dívida ativa pela União para melhoria do retorno para as Fazendas Municipais.

O município recebeu especial atenção com a promulgação da Constituição da República de 1988. Alçado ao posto de ente da federação, ao ente local restou reconhecido sua autonomia administrativa, política e financeira. Nesta vertente, a previsão de uma base tributária própria e de transferências intergovernamentais pretendeu financiar as despesas do ente federado com o cumprimento de suas competências constitucionais.

Contudo, as delegações de responsabilidades administrativas disposta na Constituição da República, principalmente as sintetizadas no artigo 30, não foram acompanhadas de uma ampla base tributária, fonte maior da arrecadação de recursos ao poder público. Daí surge o conceito de brecha vertical, para definir esta diferença entre a capacidade de gerar recursos pelo ente federado e a quantidade de verba pública necessária para arcar com suas atribuições constitucionais.[52]

Para atenuar a brecha vertical, o ente local deverá investir nos mecanismos que possibilitem a exploração de sua base tributária, contribuinte para a fiscalização, lançamento, arrecadação e recuperação fiscal. O desestímulo à sonegação fiscal é uma das faces do esforço fiscal, sendo executado também através da efetividade na cobrança dos créditos não adimplidos e inscritos em dívida ativa.

---

[51] BRASIL. *PGFN em números 2021*. Brasília: Procuradoria Geral da Fazenda Nacional, 2021b. Disponível em: https://www.gov.br/pgfn/pt-br/acesso-a-informacao/institucional/ pgfn-em-numeros/pgfn_em_numeros.pdf. Acesso em: 11 maio 2022.

[52] PRADO, Sérgio. *A questão fiscal na Federação Brasileira*: diagnóstico e alternativas. Brasília: Instituto de Pesquisa Econômica Aplicada/Comissão Econômica para a América Latina e o Caribe, 2007, p. 19.

Nesse contexto, a advocacia pública municipal também é desafiada a garantir os meios jurídicos e o aporte financeiro necessário para o cumprimento de suas competências administrativas. A presentação do município em juízo ou fora dele, bem como a responsabilidade pelo gerenciamento da dívida ativa, dirige a advocacia pública para uma atuação repaginada, que exige inovação, eficiência, combate à sonegação fiscal, aumento da recuperação de ativos e reforço na arrecadação de recursos públicos.

O relatório *Justiça em números 2021* apenas descreve uma situação comum no cotidiano do advogado público: execuções fiscais com procedimento de cobrança demorado, custoso e com baixa efetividade na diligência ou arrecadação de bens úteis. Por essa razão, a Fazenda Nacional passou a fazer uso de elementos inovadores e extrajudiciais para a cobrança dos créditos inscritos em dívida ativa da União.

Dentre esses elementos, destacamos o protesto extrajudicial das certidões da dívida ativa; a gestão de acervo de acordo com o valor do débito e a recuperabilidade do crédito; a averbação pré-executória, o ajuizamento seletivo com prévias diligências para a arrecadação de bens úteis para o adimplemento da dívida e a responsabilização administrativa; bem como a resolução consensual, a partir de mútuas concessões com vistas à equalização do passivo fiscal do contribuinte através das transações fiscais. Essa atuação vem sendo exitosa e comprovada pelo aumento da recuperação de créditos inscritos em dívida ativa da União, conforme tratado pelo relatório *PGFN em números 2021*, analisado na Seção 3.

Daí se justifica ser necessária a utilização de critérios específicos para dotar os municípios com mecanismos capazes de cobrar administrativamente a dívida ativa, tendo o aumento da arrecadação por consequência. Nesse aspecto, a advocacia pública municipal é chamada a atuar de maneira proativa, inovando na prestação do serviço público e produzindo o fato novo na gestão da dívida ativa municipal.

Com isso, a utilização da cobrança administrativa está fundamentada na necessidade de inovação no âmbito do setor público para resolver as questões da ineficiência e morosidade da execução fiscal no Poder Judiciário, mediante gestão de acervo e mecanismos capazes de desestimular a sonegação fiscal e as fraudes fiscais estruturadas. Visto no conjunto, esta atuação faz parte do esforço fiscal do município para produzir receitas, explorar sua base tributária e arcar com suas competências administrativas, financiando direitos fundamentais por intermédio de uma gestão eficiente da dívida ativa.

De tal modo, a advocacia pública assume protagonismo neste movimento de inovação no serviço público, com pensamento empreendedor e utilização de ferramentas da cobrança administrativa já testada na Fazenda Nacional. Por certo, a adoção de medidas já testadas e aprovadas no âmbito da União poderá encurtar o caminho dos municípios rumo à efetividade na cobrança da dívida ativa de nível local.

Nessa toada, estudar o modelo de cobrança administrativa da dívida ativa da União serviu para possibilitar sua a utilização através da avaliação comparativa, o *benchmarking*, mecanismo que pode encurtar as variáveis negativas da inovação no serviço público por intermédio da observação de práticas feitas e testadas no nível federal. A ideia de inovar com segurança jurídica, como visto na Seção 4, foi o cerne da Lei nº 13.655/18, que alterou a LINDB para incentivar os agentes públicos a proporem inovação no seu âmbito de atuação e com vista a prestar um serviço público cada vez mais eficiente.

Os resultados alcançados na análise aqui realizada despontam para um cenário de aprimoramento do esforço fiscal na esfera dos municípios, com o consequente aumento na arrecadação fiscal direta e recuperação dos ativos inscritos em dívida ativa. O bom gerenciamento da dívida ativa desanima a prática da sonegação fiscal, já que o não pagamento da exação fiscal no ato do lançamento poderá gerar uma cobrança futura, acrescida de multas, juros e demais encargos legais.

Restaram, portanto, elencados alguns mecanismos utilizados pela Fazenda Nacional na cobrança extrajudicial da dívida ativa e que já apresentaram bons resultados na recuperação de ativos inscritos na dívida ativa da União. Tudo isso demonstra a necessidade e possibilidade da advocacia pública municipal também inovar no serviço público de cobrança e gerenciamento da dívida ativa local, contribuinte para financiar as competências constitucionais dos municípios, arrefecer a brecha vertical, combater a sonegação fiscal e dotar o serviço público de eficiência e qualidade.

Referências

ADEODATO, João Maurício. Bases para uma metodologia da pesquisa em direito. *Revista CEJ*, Brasília, v. 3, n. 7, p. 143-150, 1999.

ALOCHIO, Luiz Henrique Antunes. Dívida ativa municipal e o "protesto" como "alternativa eficiente" ao "custo" da execução fiscal: uma reflexão a partir do Estado do Espírito Santo. *Revista de Direito Público da Procuradoria-Geral do Município de Londrina*, v. 2, n. 1, p. 135-157, 2013.

ALONSO, Marcos. Custos no serviço público. *Revista do Serviço Público*, [S. l.], v. 50, n. 1, p. 37-63, 1999.

AVELINO, Murilo Teixeira; PEIXOTO, Ravi de Medeiros. Transação tributária: novo paradigma da autocomposição a partir da Lei nº 13.988/2020. *Revista de Informação Legislativa: RIL*, Brasília, DF, v. 59, n. 233, p. 61-82, 2022.

BACHUR, João Paulo. Federalismo fiscal, atribuições fiscais constitucionais e equalização regional: EUA, Alemanha e Brasil em perspectiva comparada. *Revista do Serviço Público*, [S. l.], v. 56, n. 4, p. 377-401, dez. 2005.

BAIÃO, Alexandre Lima; CUNHA, Armando Santos Moreira da; SOUZA, Flávio Sergio Rezende Nunes de. Papel das transferências intergovernamentais na equalização fiscal dos municípios brasileiros. *Revista do Serviço Público*, [S. l.], v. 68, n. 3, p. 583-610, 2017.

BATISTA, Mariana. Burocracia local e qualidade da implementação de políticas descentralizadas: uma análise da gestão de recursos federais pelos municípios brasileiros. *Revista do Serviço Público*, Brasília, v. 66, n. 3, p. 345-370, set. 2015.

BRASIL. *Lei nº 4.320, de 17 de março de 1964*. Estatui Normas Gerais de Direito Financeiro para elaboração e controle dos orçamentos e balanços da União, dos Estados, dos Municípios e do Distrito Federal. Brasília, DF: Presidência da República. Disponível em: http://www.planalto.gov.br/ccivil_03/leis/l4320.htm. Acesso em: 22 abr. 2022.

BRASIL. *Lei nº 5.172, de 25 de outubro de 1966*. Dispõe sobre o Sistema Tributário Nacional e institui normas gerais de direito tributário aplicáveis à União, Estados e Municípios. Brasília, DF: Presidência da República. Disponível em: http://www.planalto.gov.br/ccivil_03/leis/l5172compilado.htm. Acesso em: 25 abr. 2022.

BRASIL. *Lei nº 6.830, de 22 de setembro de 1980*. Dispõe sobre a cobrança judicial da Dívida Ativa da Fazenda Pública, e dá outras providências. Brasília, DF: Presidência da República. Disponível em: http://www.planalto. gov.br/ccivil_03/leis/l6830.htm. Acesso em: 15 abr. 2022.

BRASIL. [Constituição (1988)]. *Constituição da República Federativa do Brasil de 1988*. Brasília, DF: Presidência da República. Disponível em: http://www.planalto.gov.br/ccivil_03/constituicao/ConstituicaoCompilado. htm. Acesso em: 03 maio 2022.

BRASIL. *Lei nº 9.492, de 10 de setembro de 1997*. Define competência, regulamenta os serviços concernentes ao protesto de títulos e outros documentos de dívida e dá outras providências. Brasília, DF: Presidência da República. Disponível em: http://www.planalto.gov.br/ccivil_03/leis/l9492.htm. Acesso em: 17 abr. 2022.

BRASIL. *Lei nº 10.406, de 10 de janeiro de 2002*. Institui o Código Civil. Brasília, DF: Presidência da República. Disponível em: http://www.planalto.gov.br/ccivil_03/leis/2002/l10406compilada.htm. Acesso em: 12 maio 2022.

BRASIL. *Lei nº 10.522, de 19 de julho de 2002*. Dispõe sobre o Cadastro Informativo dos créditos não quitados de órgãos e entidades federais e dá outras providências. Brasília, DF: Presidência da República. Disponível em: http://www.planalto.gov.br/ccivil_03/leis/2002/L10522compilado.htm. Acesso em: 22 abr. 2022.

BRASIL. *Lei 12.767, de 27 de dezembro de 2012*. Dispõe sobre a extinção das concessões de serviço público de energia elétrica e a prestação temporária do serviço e sobre a intervenção para adequação do serviço público de energia elétrica; altera as Leis nºs 8.987, de 13 de fevereiro de 1995, 11.508, de 20 de julho de 2007, 11.484, de 31 de maio de 2007, 9.028, de 12 de abril de 1995, 9.492, de 10 de setembro de 1997, 10.931, de 2 de agosto de 2004, 12.024, de 27 de agosto de 2009, e 10.833, de 29 de dezembro de 2003; e dá outras providências. Brasília, DF: Presidência da República. Disponível em: http://www.planalto.gov.br/ccivil_03/_ato2011-2014/2012/lei/L12767.htm. Acesso em: 05 abr. 2022.

BRASIL. *Portaria PGFN nº 396, de 20 abr. 2016*. Regulamenta, no âmbito da Procuradoria-Geral da Fazenda Nacional, o Regime Diferenciado de Cobrança de Créditos – RDCC. Brasília, DF: Presidência da República. Disponível em: https://www.gov.br/pgfn/pt-br/assuntos/divida-ativa-da-uniao/regime-diferenciado-de-cobranca-rdcc/portaria396_2016_1.pdf. Acesso em: 18 abr. 2022.

BRASIL. Supremo Tribunal Federal. *ADI nº 5135/DF*. Relator: Ministro Roberto Barroso. Brasília, 09 de novembro de 2016.

BRASIL. *Portaria PGFN nº 948, de 15 de setembro de 2017*. Regulamenta, no âmbito da Procuradoria-Geral da Fazenda Nacional (PGFN), o Procedimento Administrativo de Reconhecimento de Responsabilidade – PARR. Brasília, DF: Presidência da República. Disponível em: http://normas.receita.fazenda.gov.br/sijut2consulta/link.action?idAto=86309 &visao=anotado. Acesso em: 17 abr. 2022.

BRASIL. *Lei nº 13.606, de 9 de janeiro de 2018*. Institui o Programa de Regularização Tributária Rural (PRR) na Secretaria da Receita Federal do Brasil e na Procuradoria-Geral da Fazenda Nacional; altera as Leis nº s 8.212, de 24 de julho de 1991, 8.870, de 15 de abril de 1994, 9.528, de 10 de dezembro de 1997, 13.340, de 28 de setembro de 2016, 10.522, de 19 de julho de 2002, 9.456, de 25 de abril de 1997, 13.001, de 20 de junho de 2014, 8.427, de 27 de maio de 1992, e 11.076, de 30 de dezembro de 2004, e o Decreto-Lei nº 2.848, de 7 de dezembro de 1940 (Código Penal); e dá outras providências. Brasília, DF: Presidência da República. Disponível em: https://www.planalto.gov.br/ccivil_03/_Ato2015-2018/2018/Lei/l13606.htm. Acesso em: 03 abr. 2022.

BRASIL. *Portaria PGFN nº 33, de 08 de fevereiro de 2018*. Regulamenta os arts. 20-B e 20-C da Lei nº 10.522, de 19 de julho de 2002 e disciplina os procedimentos para o encaminhamento de débitos para fins de inscrição em dívida ativa da União, bem como estabelece os critérios para apresentação de pedidos de revisão de dívida inscrita, para oferta antecipada de bens e direitos à penhora e para o ajuizamento seletivo de execuções fiscais. Brasília, DF: Presidência da República. Disponível em: http://normas.receita.fazenda.gov.br/sijut2consulta/link. action?idAto=90028&visao=. Acesso em: 11 abr. 2022.

BRASIL. *Lei nº 13.655, de 25 de abril de 2018*. Inclui no Decreto-Lei nº 4.657, de 4 de setembro de 1942 (Lei de Introdução às Normas do Direito Brasileiro), disposições sobre segurança jurídica e eficiência na criação e na aplicação do direito público. Brasília, DF: Presidência da República. Disponível em: https://www.planalto.gov.br/ccivil_03/_ato2015-2018/2018/lei/l13655.htm. Acesso em: 20 abr. 2022.

BRASIL. *Lei nº 13.988, de 14 abril de 2020*. Dispõe sobre a transação nas hipóteses que especifica; e altera as Leis nºs 13.464, de 10 de julho de 2017, e 10.522, de 19 de julho de 2002. Brasília, DF: Presidência da República. Disponível em: http://www.planalto.gov.br/ccivil_03/_ato2019-2022/2020/lei/l13988.htm. Acesso em: 03 maio 2022.

BRASIL. Supremo Tribunal Federal. *ADIs nº 5881, 5886, 5890, 5925, 5931 e 5932/DF*. Relator do acórdão: Ministro Roberto Barroso. Brasília, 09 dez. 2020.

BRASIL. *Justiça em números 2021*. Brasília: Conselho Nacional de Justiça, 2021a.

BRASIL. *PGFN em números 2021*. Brasília: Procuradoria Geral da Fazenda Nacional, 2021b.

BRASIL. Supremo Tribunal Federal. *ADPF 357/DF*. Relatora: Ministra Cármen Lúcia. Brasília, 24 de junho de 2021c.

CARVALHO, Matheus Luiz Ferreira de *et al*. Aplicação da ferramenta SERVQUAL para a análise da qualidade em serviços e benchmarking: estudo de caso em empresas varejistas. *GEPROS: Gestão da Produção, Operações e Sistemas*, Bauru, v. 14, n. 1, p. 22-47, 2019.

CARVALHO, Paulo de Barros. *Curso de direito tributário*. 30. ed. São Paulo: Saraiva Educação, 2019.

CRUZ, Antonia Camily Gomes; FEITOSA, Gustavo Raposo Pereira. Nudges fiscais: a economia comportamental e o aprimoramento da cobrança da dívida ativa. *PENSAR – Revista de Ciências Jurídicas*, v. 24, n. 4, p. 1-16, 2019.

DERZI, Misabel Abreu Machado; BUSTAMANTE, Thomas da Rosa de. O princípio federativo e a igualdade: uma perspectiva crítica para o sistema jurídico brasileiro a partir da análise do modelo alemão. *In*: DERZI, Misabel Abreu Machado; BATISTA JÚNIOR, Onofre Alves; MOREIRA, André Mendes (Org.). *Estado federal e guerra fiscal no direito comparado*. Belo Horizonte: Arraes Editores, 2015.

DIAS, Cibele Fernandes. Federalismo e 'pluribus unum': dilemas e conflitos da experiência brasileira. *Revista do Instituto do Direito Brasileiro*, [S.l.], v. 3, n. 4, p. 2.699-2.712, 2014.

DIFINI, Luiz Felipe Silveira. Protesto de certidão de dívida ativa e tutela provisória no novo CPC. *Revista da AJURIS – Associação dos Juízes do Rio Grande do Sul*, [S.l.], v. 45, n. 145, p. 117-140, 2018.

EMMENDOERFER, Magnus Luiz. *Inovação e empreendedorismo no setor público*. Brasília: Enap, 2019.

FREITAS, Leonardo Buissa; BEVILACQUA, Lucas. Atividade financeira do Estado, transferências intergovernamentais e políticas públicas no federalismo fiscal brasileiro. *Revista Fórum Direito Financeiro e Econômico – RFDFE*, Belo Horizonte, a. 5, n. 9, p. 45-63, mar./ago. 2016.

GALDINO, Flávio. *Introdução à teoria dos custos dos direitos*: direitos não nascem em árvores. Rio de Janeiro: Renovar, 2005.

LAKATOS, Eva Maria; MARCONI, Marina de Andrade. *Fundamentos de metodologia científica*. 5. ed. São Paulo: Atlas, 2003.

MACHADO, Hugo de Brito. *Curso de direito tributário*. 39. ed. São Paulo: Malheiros, 2018.

MARINS, Daniel Vieira. *O esforço fiscal dos municípios e as transferências intergovernamentais*. Rio de Janeiro: Gramma, 2016.

MEIRELLES, Hely Lopes. *Direito municipal brasileiro*. 16. ed. São Paulo: Malheiros, 2008.

MENDES, Marcos José. Federalismo fiscal. *In*: ARYATE, Paulo Roberto; BIDERMAN, Ciro (Org.). *Economia do Setor Público*. v. 1. Rio de Janeiro: Editora Campus/Elsevier, 2004. p. 421-461.

MOREIRA. André Mendes. O federalismo brasileiro e a repartição de receitas tributárias. *In*: BATISTA JUNIOR, Onofre Alves; DERZI, Misabel de Abreu Machado; MOREIRA, André Mendes. (Org) *Estado Federal e Tributação*: das origens à crise atual. Belo Horizonte: Arraes Editores, 2015. (Coleção Federalismo e Tributação, v.1).

MURPHY, Liam. NAGEL, Thomas. *O mito da propriedade*: os impostos e a justiça. São Paulo: Martins Fontes. 2005.

NABAIS, José Casalta. *O dever fundamental de pagar impostos*: contributo para a compreensão constitucional do Estado Fiscal contemporâneo. Coimbra: Almedina, 2012.

ORGANIZAÇÃO PARA A COOPERAÇÃO E O DESENVOLVIMENTO ECONÔMICO (OCDE). *Manual de Oslo*: diretrizes para coleta e interpretação de dados sobre inovação. 3. ed. Rio de Janeiro: Finep, 2005. Disponível em: http://www.finep.gov.br/images/a-finep/biblioteca/ manual_de_oslo.pdf. Acesso em: 09 maio 2022.

PINTO, Francisco Roberto; FERREIRA, Marcelino José Alves. Políticas públicas e sonegação fiscal: o caso do projeto Grandes Devedores da Procuradoria-Geral da Fazenda Nacional. *Conhecer*: debate entre o público e o privado, [S. l.], v. 07, n. 19, p. 47-68, ago. 2017.

PRADO, Sérgio. *A questão fiscal na Federação Brasileira:* diagnóstico e alternativas. Brasília: Instituto de Pesquisa Econômica Aplicada/Comissão Econômica para a América Latina e o Caribe, 2007.

PRADO, Sérgio. *Equalização e federalismo fiscal:* uma análise comparada. Rio de Janeiro: Konard-Adenauer-Stiffung, 2006.

RAWLS, John. *Uma teoria da justiça.* São Paulo: Martins Fontes, 2000.

ROSSIGNOLO, Darío Alejandro. O esforço fiscal nos países da América Latina e do Caribe. *Revista Finanzas y Política Económica*, Bogotá, v. 9, n. 2, p. 215-247, jul./dic. 2017.

SCAFF, Fernando Facury. República, Tributação, Finanças. *Revista do Instituto de Hermenêutica Jurídica*, v. 1, p. 79-104, 2008.

SECCHI, Leonardo. *Análise de políticas públicas:* diagnóstico de problemas, recomendação de soluções. São Paulo: Cengage, 2016.

SOUZA, Celina Maria de. Federalismo e descentralização na Constituição de 1988: processo decisório, conflitos e alianças. *DADOS – Revista de Ciências Sociais*, Rio de Janeiro, v. 44, n. 3, p. 513-560, 2001.

SOUZA, Patrícia Verônica Nunes Carvalho Sobral de; CAMPOS, Ana Lúcia da Silva; CHARLOT, Yan Wagner Cápua da Silva. Os Reflexos da LINDB no Direito Público. *Relações Internacionais no Mundo Atual*, v. 3, n. 28, p. 509-536, 2020.

TORRES, Heleno Taveira. Constituição financeira e o federalismo financeiro cooperativo equilibrado brasileiro. *Revista Fórum de Direito Financeiro e Econômico*, Belo Horizonte, a. 3, n. 5, p. 25-54, mar./ago. 2014.

TRANSAÇÃO regulariza R$ 263 bilhões no âmbito da dívida ativa. *Gov.br*, [S.l.], 19 abr. 2022. Notícias. Disponível em: https://www.gov.br/pgfn/pt-br/assuntos/noticias/2022/transacao-regulariza-r-263-bilhoes-no-ambito-da-divida-ativa. Acesso em: 02 maio 2022.

VENOSA, Sílvio de Salvo. *Direito civil:* contratos em espécie. São Paulo: Atlas, 2005.

WANG, Daniel Wei Liang. Escassez de recursos, custos dos direitos e reserva do possível na jurisprudência do STF. *Revista Direito GV*, São Paulo, v. 4, n. 2, p. 539-568, jul./dez. 2008.

A REPRESENTAÇÃO JURÍDICA DOS MUNICÍPIOS HISTÓRICOS, MINERADORES E TURÍSTICOS DE OURO PRETO E MARIANA (MG) E SUA RELAÇÃO COM A SUSTENTABILIDADE E DEFESA DOS DIREITOS FUNDAMENTAIS

HÉLIO AUGUSTO TEIXEIRA SILVA

(3º colocado na categoria profissional do "Prêmio Oswaldo Aranha Bandeira de Mello")

1   Introdução

Relatório da Federação das Indústrias do Rio de Janeiro (FIRJAN, 2019) evidenciou que 1.856 prefeituras (34,8% do total) do Estado não se sustentam e as receitas geradas no município não são suficientes para custear a Câmara Municipal e nem a estrutura administrativa da Prefeitura. A baixa geração de receitas pelas economias municipais configurou-se como principal entrave à gestão fiscal dos municípios brasileiros, conforme o Índice Firjan de Gestão Fiscal (IFGF). A busca pela sustentabilidade por meio do fortalecimento das políticas públicas tem-se mostrado o principal caminho para o bem viver da população.

Considerando o fato de que a representação jurídica através da Advocacia Pública é um meio para se atingirem as metas de sustentabilidade e o equilíbrio entre as receitas e despesas advindas da condição de Históricos Mineradores e Turísticos (HMT),[1] necessário para o cumprimento dos ODS e, ao final serem instrumento de concretização dos Direitos Fundamentais, pretendeu-se estudar a atuação jurídica dos municípios de Ouro Preto e Mariana (MG), em razão de serem relevantes municípios no cenário nacional e de suas representações jurídicas serem estabelecidas de maneira diferente entre si.

---

[1]   São municípios brasileiros que conjugam em suas características o fato de possuírem sítios de relevante valor histórico que já foram alvos de tombamento, são destinos turísticos concorridos tanto pelos turistas nacionais como internacionais e possuem locais que são alvo da exploração minerária, notadamente pela extração de metais de valor econômico.

O fato de serem históricos, mineradores e turísticos, causam-lhes encargos financeiros específicos, de um lado, e receitas, de outro lado, cujo balanceamento importa na sua sustentabilidade socioeconômica. Muitas das questões envolvidas com a sustentabilidade socioeconômica desses municípios são decididas pela Justiça, o que leva a questionamentos sobre a eficácia das suas representações jurídicas.

Ouro Preto e Mariana são municípios representados por Procuradoria Jurídica. Em Ouro Preto, a Procuradoria foi constituída pela Lei Complementar Municipal 59/2008, presente no Anexo A, com cargos delimitados pela referida lei e provimento por meio de concurso público e cargos em comissão. Já em Mariana, a Procuradoria está inserida em uma estrutura organizacional municipal que se altera a cada mandato do Prefeito, sendo a Lei Complementar 177/2018, constante no Anexo B a última alteração imposta pelo executivo e aprovada pelo legislativo local. Os cargos são providos por servidores comissionados de livre nomeação e exoneração.

Diante dessa representação jurídica diferenciada da dos demais municípios, investigou-se a situação e atuação das procuradorias jurídicas de Ouro Preto e Mariana a partir de sua condição particular de municípios históricos, mineradores e turísticos (HMT).

Ouro Preto, segundo o Instituto do Patrimônio Histórico e Artístico Nacional (IPHAN), foi uma das primeiras cidades a ser tombada por esse órgão, em 1938, e foi a primeira cidade brasileira a receber o título de Patrimônio Mundial, conferido pela Organização das Nações Unidas para a Educação, a Ciência e a Cultura (Unesco), em 1980. Mariana foi a primeira capital de Minas Gerais, possui conjunto arquitetônico e urbanístico tombado e delimitado pelo IPHAN.

Ambas as cidades, antigas capitais de Minas Gerais, foram palcos de acontecimentos de alto relevo histórico na formação da nacionalidade brasileira e possuem monumentos, edifícios e templos de arquitetura colonial que constituem verdadeiras obras de arte e devem ser conservados (IPHAN, 1933).

Essas cidades setecentistas, por sua condição de HMT, são afetadas positiva e negativamente como, por exemplo, com as receitas advindas do turismo, em razão da relevância de seus sítios históricos, que atraem diversos empreendimentos e serviços no ramo de hotelaria, transportes, logística, imobiliária e serviços. Entretanto, a particularidade de serem HMT implica a obrigatoriedade de serem conservadas e protegidas como condição inerente ao tombamento.

Como a expansão urbana desses municípios ocorreu predominantemente em encostas, o tombamento exige investimentos em defesa civil, a fim de minimizar desastres geológicos, em segurança patrimonial e infraestrutura de trânsito, nas áreas de saúde, de educação, de moradia e de saneamento para atender à população local e a flutuante com eventos ao longo do ano.

Não é diferente no que tange à mineração. Os municípios de Ouro Preto e Mariana atualmente concentram intensa atividade mineradora de minério de ferro e outros metais preciosos. Com isso, auferem as diversas receitas advindas da atividade, como Imposto sobre Serviços de Qualquer Natureza (ISS), Compensação Financeira sobre a Exploração Mineral (CFEM), o Valor Adicionado Fiscal (VAF), Imposto sobre Circulação de Mercadorias e Serviços (ICMS). Porém, em face da oferta de empregos, uma população de mineradores migra para a região, o que demanda investimentos em infraestrutura de transporte, trânsito, saúde e educação para atender à demanda da população mineradora.

Todas essas demandas naturalmente têm um custo e geram a necessidade do balanceamento de vantagens e desvantagens. Nessa senda, cabe aos municípios HMT aplicar seus recursos, buscando sua sustentabilidade econômica e busca na concretização dos Direitos Fundamentais.

Políticas internacionais exigem ações complementares dessas cidades no sentido de atender a padrões de preservação ambiental e de desenvolvimento urbano, como requer a meta 11.4 do Objetivo do Desenvolvimento Sustentável (ODS) nº 11 da Agenda 2030 da Organização das Nações Unidas (ONU): "Fortalecer as iniciativas para proteger e salvaguardar o patrimônio natural e cultural do Brasil, incluindo seu patrimônio material e imaterial" (SILVA, 2018).

Os municípios HMT, em particular Ouro Preto e Mariana, podem apresentar desequilíbrio fiscal advindos da população, de órgãos de proteção ambiental, de organismos internacionais, etc., além de disputas de recursos da União e do Estado, o que gera demandas que se judicializam, exigindo a atuação das respectivas Procuradorias Jurídicas.

Por outro lado, as populações dos municípios HMT geram demandas contra a municipalidade via Inquérito Civil Público (ICP) e Ação Civil Pública (ACP), patrocinadas pelo Ministério Público. Essas ações possuem fundamento na Lei 7.347/85 (BRASIL, 1985).

De fato, apesar de toda a importância histórica e aparente pujança econômica, a realidade dos municípios HMT não destoa daquela da maioria dos demais municípios brasileiros. A condição HMT requer a elaboração de políticas públicas voltadas para a conservação do patrimônio histórico dos diversos locais tombados, tanto no que se refere à proteção das edificações quanto ao arruamento e demais espaços públicos. Quanto ao turismo, esses municípios possuem demandas específicas referentes ao trânsito, à fiscalização e orientação dos espaços públicos e à infraestrutura para recepção da população flutuante.

Em todas essas questões, levanta-se a importância do apoio jurídico e da estruturação de representação jurídica nos municípios HMT como importante instrumento para o equilíbrio entre as despesas e as receitas inerentes ao turismo e à mineração. Pretende-se, portanto, com a presente pesquisa, identificar a importância da estruturação das representações jurídicas no âmbito dos Municípios HMT, a partir dos exemplos de Ouro Preto e Mariana, apresentando um plano de estruturação mínima para adoção por todos os municípios brasileiros.

2 Objetivos e metodologia

A Advocacia pública dos municípios HMT é essencial para a aquisição e manutenção de seu equilíbrio fiscal que, por sua vez, reverte na concretização de Direitos Fundamentais. O Município de Ouro Preto-MG instituiu sua representação jurídica por meio de Procuradores concursados, conforme Lei Complementar 59/2008 (Anexo A) que disciplina as atribuições e o funcionamento da Procuradoria Jurídica do Município como órgão de defesa, consultoria e assessoria jurídica da administração direta municipal, dispõe sobre o rateio dos honorários advocatícios da sucumbência[2] e dá outras providências (OURO PRETO, 2008).

Já o Município de Mariana implementa sua representação jurídica de forma genérica, em que a Procuradoria está inserida na estrutura geral da administração pública, e é alterada conforme vontade política do gestor atual. A Lei Complementar Municipal nº 177/2018 dispõe sobre o modelo de gestão e a estrutura organizacional da administração direta do Município (MARIANA, 2018) (Anexo B). Dessa forma, o Município é representado juridicamente por advogados nomeados por meio de cargos comissionados de livre nomeação e exoneração, nos termos do artigo 37, II da Constituição Federal (BRASIL, 1988).

Diante desse contexto, objetivou-se, nesta pesquisa:

a) analisar a atuação da representação jurídica nos Municípios de Ouro Preto-MG e Mariana-MG e sua relação com a sustentabilidade e concretização dos Direitos Fundamentais desses municípios;

b) identificar a necessidade de conservar edificações tombadas e as demandas jurídicas via Ação Civil Pública (ACP), Inquérito Civil Público (ICP) e desapropriações inerentes;

c) verificar custos decorrentes do suporte direto à atividade da mineração (manutenção das vias vicinais, por exemplo) e gastos com infraestrutura necessários para atender à população de mineradores, considerando a sustentabilidade e o desenvolvimento sustentável;

d) analisar aspectos inerentes à infraestrutura turística dos municípios estudados e a forma como as administrações municipais agem diante da obrigação de fazer;

e) sugerir projeto de lei para criação e estruturação de Procuradorias Jurídicas Municipais visando proporcionar equilíbrio entre as receitas e despesas nas cidades estudadas.

Este trabalho foi realizado por meio de pesquisa bibliográfica, descritiva e documental, especialmente de processos judiciais que envolvem os municípios HMT de Ouro Preto e Mariana, bem como de leis municipais e federais que tratam os temas "Advocacia Pública", defesa do patrimônio histórico e turístico, questões ambientais e mineração. A pesquisa descritiva exige do investigador uma série de informações sobre o que deseja pesquisar. Esse tipo de estudo pretende descrever os fatos e fenômenos de determinada realidade (TRIVIÑOS, 1987). São exemplos de pesquisa descritiva: estudos de caso, análise documental, pesquisa *ex-post-facto*.

Na pesquisa bibliográfica foram abordados temas referentes ao tombamento e os demais instrumentos jurídicos para preservação do patrimônio histórico e cultural e os principais autores foram Pereira (2015), Meneses (2009), Choay (2006). Ademais, na pesquisa documental foram compilados leis e decretos federais e municipais que balizam a atuação das procuradorias municipais, além de informações referentes a processos judiciais que os municípios de Ouro Preto e Mariana são partes.

---

[2]   Honorários de sucumbência. É o dispositivo pelo qual a parte perdedora no processo é obrigada a arcar com os honorários do advogado da parte vencedora.

Na etapa das análises, o diagnóstico realizado pela Associação Nacional dos Procuradores Municipais (ANPM) que tratou da situação das representações jurídicas nos municípios brasileiros serviu de balizamento para as correlações feitas com os municípios em questão.

No primeiro capítulo, foram abordadas brevemente a representação judicial e a gestão dos municípios HMT; analisou-se a atuação da representação jurídica dos municípios em ações de conservação do patrimônio histórico e cultural, abordando a temática dos instrumentos jurídicos de proteção, especialmente o tombamento e, ao final, foram analisadas as receitas advindas do patrimônio histórico de Ouro Preto e Mariana.

No segundo capítulo, foram tratadas questões referentes à infraestrutura necessária para empreendimentos turísticos nesses municípios e a forma como as administrações municipais agem diante da obrigação de fazer impostas pela característica histórica e por atraírem visitantes.

O terceiro capítulo tratou da mineração nos municípios HMT de Ouro Preto e Mariana com abordagem acerca dos impactos financeiros, socioeconômicos e ambientais da atividade mineradora sob o eixo da sustentabilidade considerando as diretrizes da Agenda 2030 da ONU.

Por fim, no último capítulo, foram analisadas as características de representação jurídica dos dois municípios, abordando-os "com ou sem procuradoria" e desafios e possibilidades da administração pública em ambos os contextos.

3   A Advocacia Pública e a gestão das Cidades-Patrimônio

Apresentam-se, neste capítulo, conceitos desenvolvidos sobre os temas que norteiam a proposta desta pesquisa, como questões relacionadas ao tombamento (conceitos, tipos e formas de classificação); elementos da gestão das cidades-patrimônio; atuação da Advocacia Pública dos municípios nas esferas judicial e administrativa; providências para salvaguardar o patrimônio histórico e cultural (instrumentos jurídicos de proteção), as receitas advindas do patrimônio histórico de Ouro Preto e Mariana, analisando a atuação das representações jurídicas na busca do equilíbrio estre essas receitas, e os investimentos necessários para a manutenção da infraestrutura turística.

Entre os instrumentos jurídicos, destaca-se a elaboração de convênios que visam à captação de recursos no Estado, na União, na iniciativa privada, bem como apoio nas leis de incentivo à cultura, como a Lei Estadual 18.030/2009, ou Lei Robin Hood, e a Lei Federal 8.313/91, ou Lei Rouanet.

4   Tombamento – Conceito e origens

Tombamento é o instrumento jurídico pelo qual se registra o patrimônio ou algo de valor de alguém, ou de determinada comunidade, em livros ou em órgão de Estado com esta função. Rabello (2009) ensina que o tombamento foi regulamentado pelo Decreto-Lei nº 25 de 1937 (DL 25/37), lei nacional recepcionada pela Constituição Federal de 1988 que normatiza seu objeto jurídico, e tem por objetivo impor a preservação de bens materiais, públicos ou privados, aos quais se atribui valor cultural para a comunidade na qual estão inseridos.

Segundo Maria Sylvia Di Pietro (2011), a referida imposição resulta do caráter obrigatório e estatal da decisão de preservar determinado bem, em função do interesse público. O principal efeito da imposição do tombamento é conservar os bens materiais coisas móveis ou imóveis e registrar os bens imateriais que são reconhecidas como portadoras de valores culturais, históricos, artísticos e paisagísticos. Com a imposição do tombamento, cabe aos seus proprietários e ao poder público a obrigação de manter e conservar o bem cultural.

Foi em 1933 que a preservação de bens de interesse cultural foi citada pela primeira vez em um texto constitucional, ao dispor que "cabe à União e aos Estados proteger as belezas naturais e os monumentos de valor histórico e artístico, podendo impedir a evasão de obras de arte" (BRASIL, 1934).

Atualmente, o interesse público pela preservação de bens culturais, implementado por meio do tombamento, está fundamentado nos artigos 215 e 216 da Constituição Federal de 1988, na seção denominada "Da cultura": "O Estado garantirá a todos o pleno exercício dos direitos culturais e acesso às fontes da cultura nacional, e apoiará e incentivará a valorização e a difusão das manifestações culturais". Estão estabelecidas aí as bases dos direitos culturais como um direito coletivo difuso de todos, ou seja, difuso à preservação do patrimônio cultural para fruição pela sociedade brasileira.

Conforme ensina Meneses (2009), a Constituição Federal determina, que as bases conceituais do direito coletivo difuso de preservação e fruição do patrimônio cultural brasileiro, fornecendo parâmetros de tipos de valores que devem ser reconhecidos como tal. Ela amplia o conceito de bem cultural para além dos tradicionais valores, como o histórico e o artístico, referidos no DL 25/37. A Constituição alarga o entendimento de valor cultural para todas as referências simbólicas e afetivas das comunidades nas quais os bens culturais estão inseridos.

Isso significa dizer que qualquer bem material ou imaterial, no qual se reconheça "referência à identidade, à ação, à memória dos diferentes grupos formadores da sociedade brasileira", é susceptível de ser classificado e protegido como patrimônio cultural brasileiro.

É também na Constituição Federal (§1º do art. 216)[3] que o instrumento do tombamento está inserido como uma das ferramentas aptas a serem usadas na preservação do patrimônio cultural. A forma, o uso e os efeitos legais desses diferentes instrumentos, como o tombamento, o inventário, o registro, serão estabelecidos pela lei infraconstitucional que venham a regulamentar.

Pereira (2015) explica a importante contribuição da Constituição de 1988, que, além de alargar o conceito de patrimônio cultural, ampliou significativamente as responsabilidades de sua preservação entre União, Estados, municípios e comunidades e apontou também para outros instrumentos de preservação.

Nesse contexto, Meneses (2009) destaca o fato de que era o poder público que instituía o patrimônio cultural só de bens tombados. Portanto, o tombamento tinha papel de instituir o valor cultural que credenciava a inclusão do bem num rol formalmente

---

[3] §1º do art. 216: "O Poder Público, com a colaboração da comunidade, promoverá e protegerá o patrimônio cultural brasileiro, por meio de inventários, registros, vigilância, tombamento e desapropriação, e de outras formas de acautelamento e preservação".

definido. No entanto, a Constituição Federal reconheceu aquilo que é posição corrente, há muito tempo, nas ciências sociais: que os valores culturais não são criados pelo poder público, mas pela sociedade em lógica inversa.

Pereira (2015) informa que, nessa conjuntura nasce a noção de patrimônio urbano histórico. Trata-se, portanto, do embrião daquilo que se conhece hoje como cidades-patrimônio. Leciona também que a primeira abordagem surgiu na Inglaterra, no começo da década de 1860, simultaneamente ao início das reformas urbanas de Paris.

As cidades seriam, portanto, a garantia de preservação da identidade pessoal, local, nacional e humana, contrapondo-se às transformações que estavam em vias de se realizar, não admitindo que fossem uma exigência da transformação da sociedade ocidental, militando pela sobrevivência da cidade ocidental pré-industrial.

A estrutura urbana pré-industrial e, sobretudo, as pequenas cidades ainda quase intactas passam a ser vistas como frágeis, e preciosos vestígios de um estilo de vida original, de uma cultura prestes a desaparecer, deveriam ser protegidos incondicional-mente e, nos casos extremos, postos de lado ou transformados em museus (CHOAY, 2006, p. 193).

Dessa forma, uma cidade histórica se constituiu em um monumento, mas, ao mesmo tempo, em um tecido vivo, que tem sua preservação definida em três grandes princípios por Choay (2006):

> Em primeiro lugar, todo fragmento urbano antigo deve ser integrado num plano diretor local, regional e territorial, que simboliza sua relação com a vida presente. Nesse sentido seu valor de uso é legitimado, ao mesmo tempo, do ponto de vista técnico, de um trabalho de articulação com as grandes redes primárias de ordenação, e do ponto de vista humano, pela manutenção do caráter social da população [...]. Em seguida, o conceito de monumento histórico não poderia designar um edifício isolado, separado do contexto das construções no qual se insere. A própria natureza da cidade e dos conjuntos urbanos tradicionais, seu ambiente, resulta desta dialética da "arquitetura maior" e de seu entorno. É por isso que, na maioria dos casos, isolar ou "destacar" um monumento é o mesmo que mutilá-lo. O entorno do monumento mantém com ele uma relação essencial [...]. Finalmente, preenchidas essas primeiras condições, os conjuntos urbanos requerem procedimentos de preservação e restauração análogos aos que foram definidos por Boito para os monumentos (CHOAY, 2006, p. 200).

Assim, admitiam-se intervenções que respeitassem o ambiente e o espírito dos lugares, materializados no espaço. Para essa autora, essas cidades-patrimônio constituíam a base fragmentada e fragmentária de uma dialética da história e da historicidade. Cada objeto patrimonial é um campo de forças oposto, que cumpre levar a um sistema de equilíbrio, singular em cada caso, salientando que é na administração dessa dinâmica conflituosa que se confere às malhas antigas o seu valor social.

No Brasil, como destaca Fonseca (2009), desde o século XVIII, são encontradas referências de iniciativas visando à salvaguarda do patrimônio, contudo, apenas em julho de 1933, surgiu a primeira lei federal referente a essa temática, o Decreto nº 22.298, que elevou a cidade de Ouro Preto (MG) à categoria de Monumento Nacional, com a justificativa de ser o lugar da formação da nacionalidade brasileira, além da presença de diversas obras de arte.

Já Mariana-MG, teve seu centro histórico, tombado pelo IPHAN, em 1945, pois apresenta um acervo arquitetônico composto por monumentos que marcam os anos áureos da opulência do passado marcado pela mineração de ouro. Segundo o IPHAN, o traçado urbano policêntrico – pontilhado por igrejas, Passos da Paixão e chafarizes – revela o efeito cênico típico da estética barroca de influência portuguesa.

Verifica-se, portanto, que a preservação do patrimônio cultural atinge de frente institutos jurídicos da maior relevância, cuja atuação demanda conhecimento técnico e estrutura adequada. Com isso, as representações jurídicas dos municípios de Ouro Preto e Mariana atuam diuturnamente com questões ligadas ao tombamento, tanto para preservar bens já tombados evitando, por exemplo, intervenções irregulares e para analisar a viabilidade jurídica do tombamento de novos bens.

Encerrada a questão do tombamento constitucional, mister a análise quanto à conceituação das cidades-patrimônio.

5 Cidades-Patrimônio: contextualização dos municípios de Mariana e Ouro Preto

Ouro Preto e Mariana são conhecidos municípios históricos, mineradores e turísticos (HMT) e localizam-se na região central de Minas Gerais, distando cerca de 100 km da capital, Belo Horizonte. As cidades estão situadas na extremidade sudeste da região, conhecida como Quadrilátero Ferrífero, na zona mínero-metalúrgica do Estado e encontram-se nas cabeceiras do rio Doce, na sub-bacia do Ribeirão do Carmo (SOBREIRA, 2014).

Nesta região, segundo Sobreira e Fonseca (2001), o principal elemento da paisagem na área urbana é a Serra de Ouro Preto, divisor de duas grandes bacias de drenagens regionais do Rio das Velhas e Rio Doce. As altitudes estão entre 1.500 m nas partes altas de Ouro Preto e 750 m nas partes mais baixas de Mariana.

Segundo o Instituto Brasileiro de Geografia e Estatísticas (IBGE, 2017), Ouro Preto possui população estimada de 74.824 habitantes com receitas de R$290.175.350,00 e despesas empenhadas no valor de R$278.648.920,00 (dados de 2017). O Produto Interno Bruto (PIB) *per capita* foi de R$92.319,75 (dados de 2018).

Ambas as cidades foram fundadas no século XVIII e, conforme Carrara (2007), Mariana foi uma das primeiras vilas do Brasil, fundada em 16 de julho de 1711. Segundo o portal Cidade Conecta (2021), Mariana, em 1712, alcançou o posto de primeira capital e, em 1745, o de primeira cidade. Nesse ano, foi instituída a primeira diocese (1745) de Minas, chamada de "primaz de Minas".

Segundo Reis (2020), desde o final do século XIX, o Quadrilátero Ferrífero, é o principal produtor de minério de ferro do Brasil, quando sua utilização foi intensificada e tornou-se um importante suporte industrial do país. Esses aspectos fazem da "primeira de Minas" um dos municípios mais importantes do Circuito do Ouro. Parte integrante da Trilha dos Inconfidentes e do Circuito Estrada Real, Mariana foi tombada em 1945 como Monumento Nacional. Possui ainda riquezas do período colonial, de quando começou a ser traçada a história de Minas Gerais (Figura 1).

FIGURA 1 – Centro histórico de Mariana-MG
Fonte: Pederzoli (2021).

Ouro Preto é uma das cidades mais visitadas pelos turistas nacionais e internacionais, em razão de seu grande acervo patrimonial e artístico construído ainda na época de "Vila Rica", como ilustrado na Figura 2 além de ser um dos lugares mais ricos da colônia pela extração do ouro.

FIGURA 2 – Praça Tiradentes, Ouro Preto-MG
Fonte: Gonçalves e Lobo (2019).

Como dito no tópico anterior, a Constituição de 1988 inaugurou uma nova ótica sobre a questão do patrimônio histórico-cultural. Essa contribuição, na visão de Pereira (2015), além de alargar o conceito de patrimônio cultural, serviu para ampliar significativamente as responsabilidades pela sua preservação entre os entes federativos e as comunidades, apontando também para outros instrumentos de preservação além do tombamento. Nesse sentido, Meneses (2009) destaca que:

> [...] era o poder público que instituía o patrimônio cultural, o que só se comporia de bens tombados. O tombamento, portanto, tinha papel instituinte de valor cultural – daquele valor que credenciava a inclusão do bem num rol formalmente definido. Ao inverso, a nova Constituição Federal reconheceu aquilo que é posição corrente, há muito tempo, nas ciências sociais: os valores culturais (os valores, em geral) não são criados pelo poder público, mas pela sociedade. O patrimônio é antes de mais nada um fato social – essa afirmação, nos órgãos de preservação, nas décadas de 1970 e 1980, provocava escândalos e alimentava mal-entendidos (MENESES, 2009, p. 33).

Nessa conjuntura, o Estado e o poder público passam a ter um papel declaratório e protetor daquilo que a comunidade elegeu, anteriormente, como valor patrimonial. Assim se dá a construção da eleição de um patrimônio cultural, como as cidades de Ouro Preto-MG e Mariana-MG.

Conforme dados do IBGE, Mariana-MG possui população estimada em 61.830 com receitas de R$309.158,770,00 e despesas empenhadas no importe de R$257.822.340,00 (dados de 2017). O PIB *per capita* é de R$45.786,96.

No que se refere à mineração, Ouro Preto e Mariana são protagonistas no Estado de Minas Gerais. A chegada de aventureiros, grupos organizados e membros da corte portuguesa no Brasil à procura de ouro no Estado começou nos primórdios do século XVII (SOBREIRA; FONSECA, 2001), e ainda hoje Minas Gerais é o Estado que mais produz minério.

Pelas estatísticas do Departamento Nacional de Produção Mineral (DNPM, 2014), atual ANM (Agência Nacional de Mineração), Minas Gerais é o maior Estado produtor de minério do Brasil, com 47,01% da produção nacional. Dados obtidos no site do DNPM afirmam que o Estado de Minas Gerais produziu o equivalente a R$800.684.546,79 em 2014.

Se no período colonial houve a corrida pelo ouro, atualmente busca-se pelo minério de ferro. Na região das duas cidades, instalaram-se as mineradoras Vale S.A. e Samarco S.A. que atualmente detém a concessão da lavra do minério de ferro na região.

Com isso, as advocacias públicas de ambos os municípios são demandadas em questões ambientais, reparação de danos ocasionados pela atividade mineradora, como no ocorrido em 2015 em razão do rompimento da barragem de Fundão, pertencente à Samarco, no distrito marianense de Bento Rodrigues. De igual forma atuam em questões tributárias e financeiras, buscando os recursos inerentes à atividade mineradora, como Compensação Financeira pela Exploração de Recursos Minerais (CFEM) e o Valor Adicionado Fiscal (VAF).

Neste sentido, conclui-se que a sua atuação na preservação do patrimônio histórico e cultural e o equilíbrio entre as novas atividades, como a exploração minerária, é de vital importância para preservação dos direitos fundamentais dos cidadãos de Ouro Preto e Mariana. No próximo tópico será abordada a questão do turismo e a atuação das representações jurídicas dos municípios HMT.

6   A infraestrutura turística em Ouro Preto e Mariana e a Administração Municipal

Neste capítulo serão tratadas questões referentes à atuação da advocacia pública dos municípios HMT referentes às demandas de infraestrutura básica e turística, como trânsito, fiscalização e o cumprimento da legislação, conservação e manutenção dos atrativos turísticos para o atendimento aos moradores e visitantes.

7   Investimentos necessários ao turismo e à conservação do patrimônio

Como visto no capítulo anterior, no governo das cidades-patrimônio há a incessante busca de parcerias e recursos financeiros em órgãos federados e da iniciativa privada para a consecução de objetivos comuns. Assim, são criadas associações entre os Municípios para resolução de demandas comuns que afetam as cidades, como a Associação das Cidades Históricas de Minas Gerais e a Associação dos Municípios Mineradores de

Minas Gerais (AMIG), que, por exemplo, atuando em conjunto, entabularam acordo para asfaltamento das estradas que ligam os municípios aos distritos com relevante acervo histórico.[4] O asfaltamento implementado com a utilização de rejeitos de minério da Vale S.A. nas cidades em que a mineradora atua configura parceria que os municípios HMT devem buscar, com o fim de não só manter, mas também melhorar a infraestrutura de seus sítios históricos.

Tais parcerias passam pela análise dos destinatários das melhorias realizadas – os turistas. Segundo a Organização Mundial de Turismo (OMT):

> Um destino turístico é um espaço físico no qual um visitante pernoita pelo menos uma noite. Inclui produtos turísticos tais como, serviços de suporte, atrações e recursos turísticos a um dia de viagem de regresso. Tem fronteiras físicas e administrativas que definem a sua gestão, e tem também imagens e percepções que definem a sua competitividade no mercado. Os destinos turísticos incorporam vários *stakeholders*[5] que geralmente incluem a comunidade local, e podem ainda, abrigar e formar, uma rede maior de destinos (OMT, 2010).

Neste sentido, segundo Cunha (2018), a permanência dos viajantes nos destinos turísticos é percebida em razão da oferta de hospedagem nestes locais, sejam elas formais ou informais. Para isso, faz-se necessária a oferta de hospedagem nas regiões turísticas, o que normalmente é disponibilizado pelas empresas hoteleiras (CASTELLI, 2003, p. 56).

Dentro das demandas de infraestrutura turística, tem-se a oferta turística. Dias e Pimenta (2005, p. 45) explicam que a oferta turística pode ser entendida como "tudo o que faz parte do consumo turístico, incluindo bens e serviços públicos e privados prestados ao turista, recursos naturais e culturais, eventos, atividades recreativas, etc." Os serviços, os equipamentos turísticos e a infraestrutura dos serviços básicos são seus principais componentes.

Como observa Beni (2008, p. 164), a oferta turística ainda pode ser compreendida como um bem ou serviço quantificado e precificado por determinado período. Montejano (2001) lecionou que o produto turístico e/ou a infraestrutura turística baseiam-se no mercado para atender às necessidades dos turistas, como meios de hospedagem, restaurantes, transporte, instalações esportivas, recreativas e culturais.

Beni (2008) argumenta que a necessária infraestrutura para a boa prestação de serviços turísticos inclui investimentos nas áreas de segurança, abastecimento de água no local, coleta e disposição de esgoto no local, energia elétrica e iluminação pública, fornecimento de energia, limpeza pública, transporte coletivo, comunicação, emergência etc., o qual denomina Sistur (Sistema de Turismo).

Para aplicar o modelo Sistur são necessários investimentos de diversas fontes. O governo de Minas Gerais, por exemplo, por meio da Secretaria de Estado de Turismo (SETUR), divulga anualmente a listagem dos municípios mineiros habilitados a receberem parcelas do ICMS Turístico. Em 2018, dos 853 municípios de Minas Gerais, 232 foram habilitados.

---

[4] Disponível em: https://www.diariodoaco.com.br/noticia/0090465-parceria-historica-valoriza-o--turismo-em-cidades-mineiras. Acesso em: 23 mai. 2022.

[5] Termo utilizado para se referir às partes/pessoas interessadas em determinado assunto e que auxiliam para bom funcionamento de um empreendimento.

A Lei 18.030, de 12.01.2009, conhecida como Lei Robin Hood (MINAS GERAIS, 2009), estabeleceu critérios para a distribuição do Imposto sobre Circulação de Mercadoria e Serviços (ICMS) pertencente aos municípios. Para tanto, eles devem ter implementado uma política pública de turismo, um plano municipal de turismo e estar integrado a um circuito que, no caso de Mariana e Ouro Preto, é o Circuito do Ouro.

Desta forma, verifica-se novamente a necessidade de intervenção das Advocacias Públicas dos municípios HMT na etapa de constituição do plano de turismo, na verificação do preenchimento dos requisitos, na fase de envio da documentação, a fim de pleitear os recursos da Lei Robin Hood, e no final em eventuais contestações referentes ao resultado da pontuação para auferir os recursos do ICMS cultural para que, ao fim, tais recursos sejam utilizados das mais diversas formas em proveito ao cidadão e a consecução dos seus Direitos fundamentais.

8 Representação jurídica na defesa do patrimônio histórico e ambiental

Notadamente, o patrimônio tombado consubstancia-se em bens a serem defendidos nas mais diversas formas, destacando-se a alocação de recursos, a edição de leis e atos normativos e a realização de convênios com os demais entes federados, além de ações de desapropriação e ações judiciais interpostas pelo Ministério Público (MP) em face dos Municípios, e destes em face dos cidadãos.

O MP é a instituição permanente, prevista pelo art. 127 da Constituição Federal (BRASIL, 1988), essencial à função jurisdicional do Estado, a quem cabe a defesa da ordem jurídica, do regime democrático e dos interesses sociais e individuais indisponíveis. O MP investiga a ocorrência de eventuais danos ao patrimônio histórico, utilizando-se do Inquérito Civil Público (ICP) e da Ação Civil Pública (ACP), para apurar e reparar os danos causados.

Nessa seara, segundo Milhomem (2016), a Ação Civil Pública é um instrumento processual, de ordem constitucional, destinado à defesa de interesses difusos e coletivos, mesmo estando referida no capítulo da Constituição Federal relativo ao Ministério Público (artigo 129, inciso III). Foi instituída originariamente pela Lei 7.347/85. A Carta Magna potencializou a sua eficácia, também decorrente de seu *status* constitucional.

Segundo a Lei 7.347/85, a propositura da ACP pode ser feita pelo Ministério Público, pela União, ou pelos Estados e Municípios. Em razão da intrincada organização da administração pública no Brasil, também podem promovê-la as autarquias, as empresas públicas, as fundações e as sociedades de economia mista, além das associações constituídas há pelo menos 01 (um) ano, que possuam em seu estatuto, a finalidade de defesa do interesse postulado em juízo, o qual, segundo lição de Paula (2003) é um procedimento processual, adequado para tutela de direitos difusos, como o erário, o meio ambiente e o consumidor.

Cabe também ao MP a condução do Inquérito Civil Público (ICP) previsto no artigo 8º, §1º da Lei 7.347/85, que é o procedimento instaurado para a investigação de danos ou ameaça de dano a bens de interesse difuso, coletivo ou individuais homogêneos. Geralmente o ICP é preliminar ao ajuizamento das ACP's.

Nesse sentido, há a necessidade de atuação das advocacias públicas municipais, tanto no ICP, ainda na fase administrativa, quanto na ACP, na fase judicial, a fim de defender os entes municipais, em havendo alguma impugnação de ato do respectivo executivo.

Há ainda a possibilidade de os municípios figurarem como legitimados ativos na ACP. Neste caso, algum agente público ou até mesmo um particular, ao vislumbrar a ocorrência de um ato lesivo ao patrimônio histórico, cultural e ambiental, pode acionar as representações jurídicas para que tomem as providências judiciais cabíveis, via ACP, para buscar a reparação do dano.

O município de Ouro Preto atua, desde 2015, em seis ACP's, tanto como autor quanto como réu. As referidas ações versam sobre a busca de responsabilidade de particulares por atos lesivos ao patrimônio, e também sobre o MPMG, em face do município, em razão da não implementação de políticas públicas de proteção ao patrimônio. Ainda no município de Ouro Preto, no mesmo período, há quatro ações com a temática de proteção ao patrimônio cultural. Uma das referidas ações possui valor da causa em torno de R$2.000.000,00 referente a salvaguarda de imóvel tombado no distrito de Cachoeira do Campo.

Já o município de Mariana também participa, desde 2015, de quatro ações judiciais: uma sobre reparação de ato lesivo ao patrimônio e três referentes à proteção ao patrimônio cultural. Percebe-se, assim, a importância da estruturação das advocacias públicas nos municípios HMT, uma vez que as demandas judiciais, além de alcançarem recursos vultosos, também cuidam da proteção de valores imateriais, difusos e coletivos.

9 A Advocacia Pública dos Municípios, ações de conservação e instrumentos jurídicos

Como visto anteriormente, os municípios HMT possuem diversas obrigações inerentes à conservação dos bens tombados e do ambiente histórico ao qual pertencem. Com isso, necessitam de lançar mão de diversos instrumentos jurídicos tanto na defesa dos bens, como na captação de recursos com vistas a custear a manutenção dos sítios históricos e investir na reforma de outros.

Nesse sentido, há a Lei 13.019/2014 (BRASIL, 2014) que estabeleceu o regime jurídico das parcerias entre a administração pública e as organizações da sociedade civil, em regime de mútua cooperação, para a consecução de finalidades de interesse público e recíproco, mediante a execução de atividades ou de projetos estabelecidos em planos de trabalho, em termos de colaboração, de fomento ou de cooperação.

Um exemplo desse tipo de ajuste é o denominado Plano de Aceleração do Crescimento (PAC) das Encostas. Trata-se de um plano de ação e apoio ao planejamento e execução de obras de contenção de encostas em áreas urbanas do chamado Programa Gestão de Riscos e Resposta a Desastres, que tem como objetivo promover um conjunto de ações estruturais e não estruturais visando à redução dos riscos de deslizamentos em encostas de áreas urbanas.

As propostas inerentes ao programa que envolvem recursos de transferência voluntária são implementadas por meio de assinatura de contrato de repasse ou convênio, e seguem as orientações do Decreto nº 6.170, de 25 de julho de 2007, da Portaria 507 de 24 de 5 de novembro de 2011 e do Manual de Instruções para Aprovação e Execução dos Programas e Ações do Ministério das Cidades não inseridos no Programa de Aceleração do Crescimento – PAC 2.

Nota-se, mais uma vez, a necessidade de intervenção das advocacias públicas municipais, a fim de verificar a validade dos instrumentos jurídicos consignados, bem como a correta execução dos planos de trabalho celebrados. Trata-se, portanto de uma proteção preventiva e, posteriormente, executiva dos recursos públicos e a defesa dos direitos fundamentais.

10 Ouro Preto e Mariana: mineração

Neste capítulo, analisam-se as nuances inerentes à mineração nos municípios HMT de Ouro Preto e Mariana. Serão abordadas as questões ambientais relacionadas, a arrecadação das receitas advindas da matriz extrativista e os serviços públicos necessários à população mineradora, considerando os aspectos da sustentabilidade, do desenvolvimento sustentável e preservação dos direitos fundamentais.

11 Ouro Preto e Mariana: a mineração como certidão de nascimento

Os municípios de Ouro Preto e Mariana, desde a sua fundação, estão ligados à atividade mineradora. DNPM (2015) relata que a palavra mineração deriva do latim medieval (*mineralis*) relativo a mina e a minerais. Do ato de escavar minas criou-se o verbo "minar" no século XVI e, em consequência da prática de se escavar fossos em torno das fortalezas, durante as batalhas, com a finalidade de fazê-las ruir, adotou-se a palavra "mina" para designar explosivos militares. Com isso, a associação das duas atividades deu origem ao termo mineração, visto que a escavação das minas se faz frequentemente com o auxílio de explosivos (ENRÍQUEZ; DRUMMOND, 2007).

A mineração foi a manjedoura de Ouro Preto e Mariana. A descoberta do ouro em Minas Gerais nos primórdios do século XVII foi responsável por ativar a vida socioeconômica do Brasil e, principalmente, da província Minas Gerais, gerando um novo centro de produção e consumo.

Durante mais de um século, foram desenvolvidas atividades extrativas na região onde, atualmente, estão implantadas essas cidades, com o desenvolvimento tanto dos vales e aluviões quanto das vertentes da serra de Ouro Preto, feição fisiográfica marcante na região (SOBREIRA, 2014). Segundo Silva (1996):

> A mineração, seja em forma de jazidas ou de garimpagem, tem elevada importância na economia e, em muitos casos, desempenha também relevante papel social, como é o caso, p. ex., da areia, pedra e argila utilizados na construção civil. Existem normas jurídicas que tutelam o meio ambiente contra a degradação provocada pela exploração mineral, desde as constitucionais que incluem os recursos minerais entre os bens da União e definem seu regime jurídico (arts. 20, IX, 176), até as que impõem maiores controles à mineração em terras indígenas (art. 231, §3º) (SILVA, 1996, p. 139).

Vê-se que a atividade mineradora conta com previsão e fiscalização do ordenamento jurídico, o qual busca regulamentar a extração dos minerais, a fim de que seja realizada de maneira ambientalmente segura e que traga bons frutos para as cidades envolvidas na atividade.

Essa vocação mineradora acompanha as duas cidades há mais de 300 anos, desde o ciclo do ouro, cujo auge e decadência se deram no século XVIII até hoje, em torno da extração do minério de ferro. Sobreira (2014) leciona que, durante a primeira metade do século XVIII, o desenvolvimento da província e a riqueza gerada para a Coroa tornaram a capital Vila Rica um dos maiores centros populacionais do interior do território. Segundo Ferrand (1894) em 1750, existiam cerca de 80 mil trabalhadores livres ou escravos extraindo ouro na região.

Dias (2014) relata que, com o advento da Nova República, passou-se a considerar de domínio público os bens minerais, sendo vedada a apropriação individual. Salienta-se que o marco na história da mineração no país se deu em 1934, com a criação do Departamento Nacional de Produção Mineral – DNPM (Decreto nº 23.979, de 08.03.1934), com a assinatura do Código de Minas em 10 de julho de 1934 e com a promulgação da Constituição de 1934.

O DNPM foi substituído pela Agência Nacional de Mineração (ANM). Criada pela Lei nº 13.575/2017, com *status* de Agência reguladora, a ANM tem por finalidade promover o planejamento e o fomento da pesquisa, exploração e aproveitamento dos recursos minerais, em todo o território nacional, na forma do que dispõem o Código de Mineração, o Código de Águas Minerais, os respectivos regulamentos e a legislação que os complementa.

A ANM foi criada como resposta ao rompimento da barragem de Fundão, no Distrito de Bento Rodrigues, em Mariana-MG. Após o ocorrido, notou-se a necessidade de maior atuação estatal com finalidade regulatória das concessões de lavra espalhadas pelo país.

Notadamente a proteção da mineração não difere da proteção ao patrimônio histórico, tampouco da questão do turismo nos municípios HMT. A representação jurídica desses municípios é sempre requisitada em matérias relacionadas à atividade mineradora, como a seguir será demonstrado.

12   As possibilidades e os desafios da atividade mineradora

Os municípios de Ouro Preto e Mariana constituem-se como cidades tipicamente mineiras. Carregam consigo o fato de serem o local de nascimento de Minas Gerais. Mariana, como já visto, foi a primeira vila, cidade e capital do Estado. Ao longo do século XVIII, viveram o auge do ciclo do ouro, abastecendo a coroa portuguesa.

Essa pujança econômica de outrora não se reflete nos dias atuais. Ambas enfrentam os mesmos problemas em razão da urbanização desenfreada ocorrida no Brasil nas últimas décadas, o que ocasiona falhas na infraestrutura de serviços básicos, como saneamento e transporte, além da oferta de saúde, educação e assistência social.

De acordo com Sobreira (2001), Mariana apresenta graves problemas decorrentes da má utilização do meio físico e da ocupação inadequada, por ser área com grande complexidade geológica:

[...] Conjugada a estes fatores, a ocupação inadequada prepara o cenário para o desencadeamento de acidentes geológicos em áreas mais declivosas. Além destes problemas de instabilidade de taludes, o assoreamento de canais de drenagem pelo material proveniente das encostas e de atividades mineiras no Ribeirão do Carmo propicia a possibilidade de inundação na planície aluvionar e nas partes mais baixas da cidade. Consequentemente, em muitos locais a população vive em risco quase permanente, com agravante nas épocas mais chuvosas, quando os processos geológicos se manifestam mais intensamente (SOBREIRA, 2001, p. 58).

Diferentemente de muitas cidades interioranas mineiras, onde há o predomínio de atividades agrícolas e pecuária, Mariana tem como atividade predominante a mineração. A prática mineradora impulsiona a economia local e tem apresentado crescimento considerável, todavia, vem ocasionando cada vez mais pressão sobre os recursos naturais, além de acarretar uma série de problemas socioambientais. Segundo Souza, Sobreira e Filho (2005):

As atividades socioeconômicas do município de Mariana são voltadas essencialmente para a mineração, devido às importantes jazidas de minerais metálicos (ferro, bauxita, manganês e ouro) e não metálicos (esteatito, quartzito e gnaisse). As mineradoras Cia. Vale do Rio Doce e Samarco Mineração, responsáveis pela exploração do minério de ferro e ferro-manganês, são as principais propulsoras do desenvolvimento econômico, através da geração de empregos diretos para a comunidade e da geração e recolhimento de impostos e royalties para o Município (SOUZA; SOBREIRA; FILHO, 2005, p. 193).

Para Coelho (2012), a dependência econômica, social e política de uma região frente à mineração pode ser considerada o principal empecilho para a formulação de projetos alternativos. E a população local acaba se vendo envolta numa "minériodependência", cujas implicações superam a economia, estendendo-se para aspectos sociais e até mesmo culturais:

A mineração traz inúmeros males, tem um desenvolvimento limitado e as populações aceitam-na porque dependem dela para conseguirem emprego e para atender às suas primeiras necessidades. É este fato primário que constrange a população local a aceitar os desígnios da mineração e seus inerentes males (COELHO, 2012, p. 128).

Ainda assim, os municípios HMT de Ouro Preto e Mariana conseguem se destacar em relação à maioria dos outros municípios em razão das receitas que auferem da mineração, como o Valor Adicionado Fiscal (VAF) e a Contribuição Financeira pela Exploração Mineral (CFEM).

Segundo Scaff e Silveira (2018), o VAF (Constituição Federal, em seu art. 158, parágrafo único, I, e legislação pertinente) é entendido como principal critério de partilha, entre municípios, das receitas arrecadadas a título de Imposto sobre Circulação de Mercadorias e Serviços (ICMS) pelo Estado-membro.

Ainda conforme Scaff e Silveira (2018), a atividade econômica do setor primário extrativo da economia gera distorções no rateio do VAF, cujo critério jurídico é centrado nas atividades do setor secundário e terciário da economia, em que as operações de compra e venda de matérias-primas e insumos se traduzem em repartição de créditos e débitos de ICMS.

Scaff e Silveira (2018) afirmam que, concernente à partilha entre municípios dos valores arrecadados pelo Estado-membro a título de ICMS, é absolutamente necessário iniciar a exploração do ordenamento jurídico pelo texto constitucional, que traz disposições específicas sobre a matéria, em especial os artigos 158 e 161 da Constituição Federal.

A Constituição determina que 25% do valor arrecadado de ICMS pelos Estados-membros seja partilhado com seus municípios. Desse total, 25% estão sujeitos à lei estadual (art. 158, parágrafo único, inciso II, Constituição Federal). Neste caso, o Poder Legislativo poderá definir os critérios segundo suas prioridades político-econômicas e, no caso de Minas Gerais, a forma de distribuição é via Lei Robin Hood mencionada no tópico anterior. Contudo, 75% do valor total a ser partilhado deve, necessariamente, observar o critério do VAF (art. 158, parágrafo único, inciso I, da Constituição Federal de 1988).

O que significa VAF no texto constitucional? O texto limita-se a estabelecer a "proporção do valor adicionado nas operações relativas à circulação de mercadorias e nas prestações de serviços, realizadas em seus territórios". No entanto, buscando melhor compreensão do tema, verifica-se que ele nasce com a Lei Complementar nº 63, de 1990, especialmente em seu art. 3º, já com as alterações estabelecidas pela Lei Complementar nº 123/2006, conforme abaixo se vê:

> Art. 3º: 25% (vinte e cinco por cento) do produto da arrecadação do Imposto sobre operações relativas à Circulação de Mercadorias e sobre Prestação de Serviços de Transporte Interestadual e Intermunicipal e de Comunicação serão creditados, pelos estados, aos respectivos municípios, conforme os seguintes critérios:
>
> I –3/4 (três quartos), no mínimo, na proporção do valor adicionado nas operações relativas à circulação de mercadorias e nas prestações de serviços, realizadas em seus territórios;
>
> II – até 1/4 (um quarto), de acordo com o que dispuser lei estadual ou, no caso dos territórios, lei federal.

Essa base legislativa norteia a repartição dos recursos do VAF no que se refere não somente à circulação de mercadorias, mas também nos municípios com base econômica no setor primário, com atividades extrativistas como petróleo, minério e geração de energia elétrica. O enorme impacto que o VAF ocasiona nos municípios extrativistas de recursos naturais não renováveis, minério, petróleo ou geração de energia hidroelétrica, torna-se mais um fator de desagregação interna aos Estados, em face de disputas intermunicipais pelos recursos dele decorrentes.

Scaff e Silveira (2018) argumentam que se trata de um rateio intermunicipal, em que pagar mais para um município implica pagar menos para outro. Em linguagem popular, poder-se-ia dizer que se trata do efeito conhecido no Direito Financeiro como "lençol curto", uma vez que mais dinheiro para um ente federativo implica menos para outro.

Na prática, nesses municípios onde os recursos naturais são explorados, o VAF é sempre muito alto. Ainda na lição de Scaff e Silveira (2018), essa situação se torna ainda mais perversa quando o bem extraído é exportado, pois a exportação encontra-se desonerada do ICMS, ou seja, aquela atividade em nada contribui para a arrecadação, mas faz o município participar com alto percentual do rateio do VAF, tendo enorme efeito concentrador no sistema de rateio do ICMS com os municípios, em face do critério utilizado – valor adicionado.

Essa peculiaridade do VAF faz com que existam disputas intermunicipais pela determinação da origem dos recursos – disputas espaciais pela localização do minério –, mesmo que nada seja arrecadado de ICMS pelo município.

Esse fenômeno é visto de maneira bem clara nos municípios de Ouro Preto e Mariana, cujo território espacial é grande em ambos os casos, possuindo distritos distantes do distrito- sede. Há casos como o do distrito de Antônio Pereira, pertencente a Ouro Preto e distante 18 km da sede, porém a 12 km de Mariana, mas sedia empreendimentos ligados à mineração, e o distrito de Passagem de Mariana, que geograficamente é contíguo a Ouro Preto, mas vinculado ao Município de Mariana apesar de distante 4 km. Da mesma forma o distrito de Miguel Burnier, que cedia as atividades da mineradora GERDAU S.A e está a 43 km de Ouro Preto (sua sede) e a 27 km de Ouro Branco-MG e a 34 km de Conselheiro Lafaiete-MG.

Scaff e Silveira (2018) ensinam ainda que, existe uma espécie de correlação entre o valor pago de Compensação Financeira pela Exploração Mineral (CFEM) e o VAF. A CFEM é o *royalty* mineral pago à União pelas empresas que mineradoras e transferido aos municípios em decorrência da exploração dos seus bens minerais.

É de se observar que a CFEM é uma transferência direta aos municípios em cujo território se extrai os bens minerais, sem qualquer correlação redistributiva. Nesse sentido, o VAF possui como característica seu caráter distributivo, de rateio ou partilha. São, portanto, fatias de um único bolo que não será cortado com precisão simétrica. Assim, a CFEM dos municípios onde se desenvolve atividade extrativa mineral cresce na medida em que também cresce o VAF.

A questão que se coloca é que a CFEM é uma transferência intergovernamental obrigatória e direta entre a União e os municípios onde se extraem recursos minerais. Já o VAF, também, é uma transferência intergovernamental obrigatória e distributiva, porém de rateio entre o Estado-membro e todos os municípios.

Scaff e Silveira (2018) ainda lembram também o fato de que o Superior Tribunal de Justiça (STJ) pacificou a questão do ente federativo a ser beneficiado com o rateio do VAF, pelo conceito de Valor Adicionado, como pode ser visto no Recurso em Mandado de Segurança (RMS) nº 14.238 (STJ, 2002). Nesse recurso, o município de Ouro Preto se insurgiu contra a fórmula adotada pelo Estado de Minas Gerais, alegando que as sedes das empresas mineradoras Ferteco Mineração S.A. e Minas da Serra Geral S.A. encontravam-se em seu território, embora a atividade extrativa ocorresse também nos municípios de Congonhas, Belo Vale e Santa Bárbara.

As autoridades fiscais do estado atribuíam parcela do VAF aos municípios onde ocorria a extração, e Ouro Preto onde se encontra a sede das empresas. O Tribunal de Justiça do Estado de Minas Gerais (TJMG) entendeu que o critério adotado pelo Estado estava correto, privilegiando os municípios onde era extraído o recurso mineral, e não aquele onde se encontrava a sede das empresas.

Noutro sentido, o STJ divergiu e decidiu, na linha de incontáveis precedentes relacionados, que "a saída da mercadoria se aperfeiçoa no domicílio fiscal da empresa que pratica a operação de que depende o fato gerador do ICMS", e, com isso, deu ganho de causa ao município de Ouro Preto. Essa foi a decisão final do caso, pois o recurso intentado ao STF não foi apreciado, por ter sido considerada matéria infraconstitucional – Recurso Extraordinário (RE) nº 422.051, Relator Ministro Eros Grau, 2ª Turma.

Tais situações demonstram que a base extrativista minerária coloca os municípios HMT de Ouro Preto e Mariana em um patamar diferenciado, em relação à média geral dos municípios brasileiros com o mesmo número de habitantes e semelhantes condições sociais e que a atuação de suas respectivas advocacias públicas é fundamental para o êxito nas demandas referentes ao tema. Notadamente, os temas acima tratados implicam na atuação direta das advocacias públicas e representam a atuação direta dos Procuradores do município na defesa do erário e dos direitos fundamentais dos munícipes.

13   Municípios "com ou sem Procuradoria": desafios e possibilidades da Administração Pública

As representações jurídicas dos Municípios HMT de Ouro Preto e Mariana são formadas de maneira diferente, em que pese a semelhança entre eles. Mariana provê sua representação jurídica por meio da nomeação em cargo comissionado de advogados privados, cujo vínculo com a administração pública é de livre nomeação e exoneração. Já Ouro Preto constituiu sua procuradoria como órgão permanente nomeando os procuradores municipais através de concurso público de provas e títulos.

A Associação Nacional dos Procuradores Municipais (ANPM), em 2018, realizou o 1º Diagnóstico da Advocacia Pública Municipal no Brasil, desenvolvido com a finalidade de colaborar com a análise da situação atual das procuradorias municipais, instituições ainda pouco estudadas na gestão pública brasileira. O estudo gerou a publicação capitaneada por Mendonça, Vieira e Porto (2018).

Segundo o estudo, mais de 5 mil municípios participaram da pesquisa que se traduziu em uma verdadeira radiografia da advocacia pública. Entre os principais objetivos do diagnóstico estava a busca por melhorias para os Procuradores municipais e o fortalecimento da luta pela dignidade da advocacia pública.

O referido diagnóstico evidenciou que apenas 34% dos municípios brasileiros têm, ao menos, um procurador efetivo. Esse dado é alarmante, pois advogados comissionados têm compromisso direto com o prefeito. Ao final do mandato, eles saem da administração e levam consigo toda a memória jurídica e expertise angariada no período de gestão.

Notadamente, apesar de a Constituição Federal de 1988 conferir indiscutível importância à advocacia pública, o estudo identificou déficit institucional desse órgão na maior parte dos municípios brasileiros (MENDONÇA; VIEIRA; PORTO, 2018).

Outro ponto de extrema relevância à sociedade e aos municípios é que, onde há procurador concursado os índices de Desenvolvimento Humano Municipal (IDHM) e os indicadores de qualidade da gestão pública (IGM-CFA) são melhores.

O levantamento mostrou também que a metade desses municípios com procuradores efetivos não conta com uma Procuradoria instituída e organizada por lei. Essa defasagem é apontada ainda no indicador que mostra que cerca de 66% dos procuradores concursados dividem atribuições no município com profissionais comissionados.

O fato de só 34% das Procuradorias terem profissionais concursados pode ter uma explicação, pois, conforme o 1º Diagnóstico da Advocacia Pública Municipal no Brasil, a maioria dessas instituições foi criada recentemente. Em 1950 foram instituídas 0,6%

e esse volume aumentou para 45% em 2010. Também vale mencionar que só 25% das Procuradorias dispõem de Lei Orgânica.

Apesar de baixo reconhecimento em grande parte dos municípios, o estudo mostra o interesse do Procurador de carreira pela qualificação profissional, pois 86,6% das procuradorias com concursado têm ao menos um procurador com especialização. Nota-se ainda que 28,2% das procuradorias com concursado têm ao menos um procurador com mestrado e apenas 4,8% têm ao menos um procurador com doutorado.

O estudo apontou também que há, no país, o grande mito de que nos municípios pequenos, um advogado comissionado custa menos aos cofres públicos do que um procurador concursado.

O estudo mostrou que um município de pequeno porte (com até 20 mil habitantes) pagava ao procurador concursado a média de R$4.320, enquanto o advogado comissionado recebia cerca de R$4.486. Nas administrações de 20 mil a 50 mil habitantes a diferença é ainda maior, R$4.875 ao procurador efetivo contra R$5.747 ao comissionado.

Os dados estatísticos apresentados no estudo da ANPM (MENDONÇA; VIEIRA; PORTO, 2018) comprovam ainda que municípios pequenos podem e devem contar com os serviços de um procurador concursado, pois eles influenciam diretamente na redução dos gastos do município.

Entre os indicadores do *1º Diagnóstico da Advocacia Pública Municipal no Brasil* que confirmam a importância dos procuradores efetivos atuando nas prefeituras, ganham destaques os que se referem aos índices de qualidades da gestão pública. O estudo mostra que, quando há procurador concursado, eles são melhores. Um exemplo disso é o Índice CFA de Governança Municipal (IGM-CFA), que avalia a governança pública a partir de três dimensões: gastos e finanças públicas; qualidade da gestão; e desempenho. A realidade não foi diferente. Dos municípios com os melhores índices, 54% possuem procurador efetivo. Das administrações que registram indicadores baixos, 68% contam com advogados comissionados.

No IDH-M também é possível verificar a influência do procurador concursado. Os membros efetivos registram mais IDH-M Alto, enquanto os advogados comissionados pontuam mais IDH-M baixo.

Com base nesses pontos, o presente estudo se propõe a apresentar uma sugestão de estrutura mínima a ser aplicada às representações jurídicas dos municípios HMT de Ouro Preto e Mariana, na medida em que se demonstrou tratar-se de um investimento que reverte em melhoria tanto na arrecadação quanto no melhor gasto dos recursos públicos.

O município de Ouro Preto constituiu sua procuradoria por meio da Lei Municipal 59/2008, havendo 14 cargos de Procurador efetivo a serem providos por meio de concurso público. Atualmente, há 12 ocupados com efetivos, 10 com procuradores contratados temporariamente, e ainda 4 assessores jurídicos, conforme dados constantes no Portal da Transparência Municipal.[6]

A Lei 59/2008 estabeleceu a estrutura da Procuradoria de Ouro Preto, formada por Procurador Geral do município, Secretaria Administrativa, Departamento de Atos e Contratos Administrativos (DACAD), Departamento de Assistência ao Cidadão (DACID), Departamento de Defesa do Consumidor (PROCON), Departamento de Legislação e Revisão (DELER) (Fluxograma 1).

---

[6] Disponível em: https://ouropreto.mg.gov.br/transparencia/servidores. Acesso em: 15 mar. 2022.

FLUXOGRAMA 1 – Procuradoria Geral de Ouro Preto-MG
Fonte: Autor, 2022.

Em Mariana-MG, a Procuradoria é instituída pela Lei Orgânica Municipal e não há procuradores efetivos. Trata-se de um órgão hierarquizado formado pelo Procurador Geral do município, três Procuradores Adjuntos Seniores, três Subprocuradores I e cinco Subprocuradores II, um Advogado e um Gerente do Procon, conforme dados do Portal da Transparência[7] (Fluxograma 2).

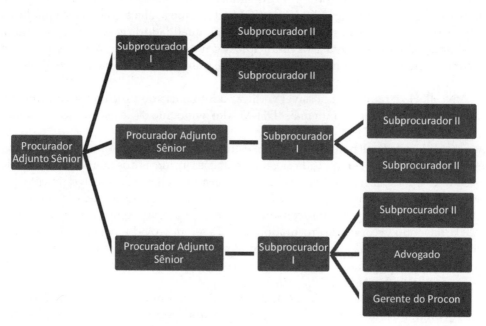

FLUXOGRAMA 2 – Procuradoria Geral de Mariana-MG
Fonte: Autor, 2022.

---

[7] Disponível em: http://www.mariana.mg.gov.br/estrutura-organizacional. Acesso em: 18 mar. 2022.

Verifica-se, portanto que ambas as Procuradorias se enquadram na realidade encontrada pela ANPM por meio do diagnóstico da advocacia pública. Tal fato demonstra uma descontinuidade da atuação jurídica dos municípios, cujos ciclos se interrompem ao término do mandato.

No caso de Ouro Preto, verifica-se que os cargos providos por vínculo temporário são em maior número aos de provimento efetivo. Conclui-se que há demanda pelo trabalho, na medida em que há um grande número de servidores ativos, porém, em sua maioria, contratados ou comissionados, com vínculo temporário junto à administração.

Em Mariana não há servidores efetivos lotados na Procuradoria, quer seja em cargos de gestão ou de assessoramento jurídico ou de atividade fim da Procuradoria. Neste ponto, vislumbra-se que há uma percepção, pelos municípios HMT, dos prejuízos apontados pela ANPM em razão da não estruturação das respectivas representações jurídicas.

Uma representação jurídica municipal deve se estruturar no mínimo em quatro pilares: Contencioso,[8] Consultivo,[9] Fiscal e o Procon. Cabe ao Contencioso planejar, coordenar e executar as atividades contenciosas do município, incluindo as ações judiciais, exceto as de natureza fiscal. Ao setor Consultivo cabe representar os interesses do município nas atividades jurídico-administrativas e técnico-consultivas, coordenando e aprovando pareceres jurídicos, exceto aqueles de natureza contenciosa e fiscal. O Departamento Fiscal é voltado à cobrança da dívida ativa, que é de vital importância na condução das ações de cobrança de créditos públicos municipais e na defesa do município nas ações fiscais propostas por pessoas físicas e jurídicas. Por fim, o Procon é o departamento responsável pela defesa do Consumidor. Esta estrutura é a mínima presente em municípios como de Itabirito-MG,[10] de porte parecido com os HMT de Ouro Preto e Mariana.

Caso haja disponibilidade econômico-financeira, pode haver um incremento nessa estrutura mínima com a inclusão de departamentos especializados, a fim de tratar de matérias sensíveis para toda a administração municipal, como Meio Ambiente e Urbanismo, Serviços Públicos, Atenção à Saúde, Pessoal, Trabalhista. Trata-se de uma estrutura comum em cidades maiores, como Belo Horizonte-MG[11] e Rio de Janeiro-RJ,[12] cuja procuradoria é referência em termos de representação jurídica municipal. Assim, as Procuradorias de Ouro Preto e Mariana teriam a seguinte estrutura básica: I – Gabinete do Procurador-Geral; II – Conselho Superior da PGM; III – Procuradorias Especializadas; IV – Centro de Estudos (Fluxograma 3).

---

[8] Sujeito a litígio ou a disputa (ex.: questão contenciosa). 2. Relativo a contenção ou contenda (ex.: jurisdição contenciosa). Aplicado ao departamento responsável pelos processos judiciais e extrajudiciais que envolvem conflito.

[9] Que se refere à consulta, ao aconselhamento profissional; consultório. Instituído para dar conselhos, pareceres. Cuja função é emitir parecer, dar conselhos, mas não tem poder para deliberar, decidir: órgão consultivo.

[10] Disponível em: https://www.itabirito.mg.gov.br/secretarias/procuradoria-juridica-contenciosa. Acesso em: 10 mar. 2022.

[11] Disponível em: https://prefeitura.pbh.gov.br/procuradoria/decreto16683. Acesso em: 10 mar. 2022.

[12] Disponível em: http://www.rio.rj.gov.br/web/pgm/estrutura-da-pgm. Acesso em: 12 mar. 2022.

FLUXOGRAMA 3 – Proposta de estrutura das Procuradorias dos municípios HMT
Fonte: Autor, 2022.

Ao Procurador Geral competiria a direção e a representação da PGM, praticando todos os atos de gestão, administração, orientação e coordenação, exercendo a supervisão geral do Sistema Jurídico Municipal.

O Conselho Superior da Procuradoria seria formado pelo Procurador Geral e por procuradores efetivos, com mandato de dois anos, encarregados de propor ao Procurador-Geral alterações na estrutura e no funcionamento da PGM; manifestar-se previamente sobre a composição da comissão organizadora dos concursos para ingresso na carreira de Procurador do Município e deliberar sobre a composição das bancas examinadoras e rateio de honorários de sucumbência. Este departamento atuaria também nas questões inerentes à Corregedoria, apurando eventuais desvios de conduta, tanto dos procuradores quanto dos demais servidores, na esfera administrativa disciplinar.

O Centro de Estudos da Procuradoria consolidaria teses jurídicas aplicáveis ao município, com objetivo de dar eficiência e eficácia a essas demandas. Este departamento ficaria, de igual forma, encarregado de buscar o aperfeiçoamento dos Procuradores e demais servidores da Procuradoria, fomentando a contratação de cursos, periódicos e livros que possibilitem melhor atuação coorporativa da Procuradoria e constante atualização dos servidores ali lotados.

Por fim, as Procuradorias especializadas seriam divididas em Procuradoria de Urbanismo e Meio Ambiente, de Serviços Públicos, de Atenção à Saúde, Pessoal, Trabalhista, Fiscal e Consultivo-Administrativa, as quais são extremamente sensíveis para administração pública municipal. O intuito aqui é apenas apresentar os temas, sem, contudo, detalhá-los, uma vez que não é o objetivo deste trabalho. Tal estrutura pode ser visualizada no fluxograma 4.

FLUXOGRAMA 4 – Proposta de estrutura das procuradorias especializadas
Fonte: Autor, 2022.

Desta maneira, tem-se a proposta de projeto de lei, constante no Apêndice A, a ser entregue aos respectivos prefeitos e Procuradores Gerais dos municípios HMT de Ouro Preto e Mariana, para que possam estruturar as suas respectivas Procuradorias visando a melhores resultados no equilíbrio econômico-financeiro das demandas.

14 Conclusão

Após o estudo, conclui-se que os Munícipios HMT de Ouro Preto e Mariana constituem, em suas particularidades inerentes às condições de municípios históricos, mineradores e turísticos, grande relevo no cenário nacional.

Esta relevância é traduzida em melhor arrecadação de receitas e destinação de recursos via parcerias, convênios e destinação de programas que servem para conservar o patrimônio histórico e fomentar a infraestrutura turística. De igual modo, ocorre na arrecadação de receitas oriundas da extração mineral, o que enquadra essas duas cidades entre as que mais arrecadam no país.

A atividade mineradora, por sua vez, gera também investimentos necessários ao atendimento da população local. Entre esses, verificou-se a necessidade de manutenção das vias vicinais e dos gastos com infraestrutura necessários para atender à população de mineradores, como atendimento em escolas, postos de saúde e eventualmente assistência social. Ainda há a necessidade de atuação das representações jurídicas na fiscalização de aspectos inerentes à sustentabilidade e ao desenvolvimento sustentável relacionado com a mineração.

Foi demonstrada a atuação das advocacias públicas na captação de recursos com vistas a melhorias na infraestrutura, como mencionado o PAC das encostas. Assim, com a captação de recursos, é necessário firmar os instrumentos congêneres para a formalização dos repasses, bem como dos processos licitatórios competentes para a realização das intervenções necessárias visando à conservação do patrimônio histórico, turístico e paisagístico.

Concernente à proteção do patrimônio histórico, verificou-se que o instituto do tombamento é amplamente aplicado na sua defesa nos municípios HMT, assim como a atuação incisiva do MP por meio de demandas judiciais e administrativas via Ação Civil Pública (ACP), Inquérito Civil Público (ICP) e Ação de desapropriação, que buscam chamar os particulares e também os municípios a atuarem de forma coordenada na preservação do patrimônio. Sendo assim, vê-se que é imprescindível a atuação da representação jurídica do município, a fim de proteger o patrimônio cultural e também o erário.

Igualmente verificou-se que os municípios HMT auferem receitas em razão de sua qualidade de turísticos, como o ICMS cultural advindo da Lei Robin Hood, bem como recursos da Lei Rouanet. Todavia essas receitas são necessárias na medida em que há demandas inerentes à infraestrutura turística dos municípios. Assim, as representações jurídicas atuam diretamente tanto na fase de captação dos recursos quanto na forma como as administrações municipais agem diante da obrigação de fazer.

Demonstrou-se que, apesar de auferirem receitas em razão de sua condição de HMT, tal fato não faz com que esses municípios estejam entre os que melhor se enquadram na prestação de serviços públicos, como saúde, educação e saneamento básico. Verificou-se também que há defasagem na estrutura de suas respectivas representações jurídicas, o que ocasiona maiores custos e piores resultados em termos de efetivação de políticas públicas.

Os municípios de Ouro Preto e Mariana possuem representações jurídicas estruturadas de maneiras diferentes, mas em ambas se nota uma preponderância de provimentos de cargos por meio de livre nomeação e exoneração em detrimento dos procuradores efetivos, o que, segundo a pesquisa, traz prejuízos ao ente público, o que pode ser constatado pelos baixos resultados de diversos indicadores, apesar dos bons resultados nas receitas advindas da mineração e do turismo.

Nas representações jurídicas de Ouro Preto e Mariana foi possível identificar, em parte, a inobservância aos princípios regentes da Administração Pública, presentes no *caput* do art. 37, da Constituição Federal de 1988, quais sejam legalidade, impessoalidade, moralidade publicidade e eficiência. Isso se deve ao fato de que, ao se preterir o provimento de cargos por meio de nomeação de comissionados, cujo vínculo é de livre nomeação e exoneração ao invés de provimento efetivo através de concurso público, a Administração fere o princípio da impessoalidade, premissa básica do concurso público para o cargo efetivo. É cabível a nomeação de cargos em comissão quando a natureza do cargo é de chefia e assessoramento e pressupõe a confiança do gestor. Nesses casos, no entanto, verificou que os comissionados ocupam cargos de atividade-fim das representações jurídicas, que não guardam relação com chefia e assessoramento.

Quanto à legalidade, observou-se que ao gestor público, no que concerne às suas atribuições profissionais, só cabe fazer o que a lei permite. Assim, a Constituição, lei em sentido amplo, ao determinar a realização de concurso público para provimento de cargos, é ferida com uma maciça nomeação de servidores comissionados e com vínculo temporário, o que gera inconsistências também no que se refere à eficiência. Ao haver nomeação de cargo temporários em representações jurídicas, gera ineficiência na atuação, uma vez que a memória de atuação daquele processo se vai juntamente com a exoneração do servidor comissionado, fazendo com que o seu substituto tenha que iniciar uma nova forma de trabalho com algo que já está em andamento.

Notou-se também, ao longo da pesquisa, uma escassez de dados sobre produtividade e indicadores de resultados obtidos pelas Procuradorias, com parâmetros claros de metas a serem alcançadas e de procedimentos a serem cumpridos. Não há uma diretriz institucional de atuação das Procuradorias, o que pode ser relacionado à descontinuidade das gestões e dos provimentos dos cargos. Igualmente, em razão da pandemia, notou-se que a maior parte dos dados disponibilizados se encerra em 2019, ou seja, em 2020 e 2021 os sistemas de informação e transparência não foram corretamente alimentados e/ou disponibilizados.

Assim, este trabalho propõe o projeto de lei para estruturação das advocacias públicas de Ouro Preto e Mariana com uma estruturação mínima de modo de que se constituam Procuradorias Jurídicas municipais à altura da relevância dos municípios que irão representar, com cargos de Procurador municipal providos por meio de concurso público, com vínculo efetivo, nos termos do artigo 37 da Constituição.

Propõe-se a subdivisão das Procuradorias em departamentos que conciliem as atribuições, divididas entre o contencioso, para atuação nas demandas administrativas e judiciais, e o departamento consultivo, que assessora os gestores quanto aos fundamentos jurídicos para a concretização das políticas públicas nas mais diversas áreas, e no alinhamento das estruturas administrativas, como pessoal, contabilidade, licitação e outros. Assim, a Procuradoria formar-se-ia com a seguinte estrutura básica: I – Gabinete do Procurador-Geral; II – Conselho Superior da PGM; III – Procuradorias Especializadas; IV – Centro de Estudos.

Ao Procurador Geral competiria direção e a representação da PGM, praticando todos os atos de gestão, administração, orientação e coordenação, exercendo a supervisão geral do sistema jurídico municipal e fazendo a interligação entre as demandas do prefeito municipal e os fundamentos jurídicos elaborados pela Procuradoria para supri-las.

A Procuradoria contaria, ainda, com o Conselho Superior, cujos membros teriam dois anos de mandato, e se responsabilizariam pelo estudo de alterações na estrutura e no funcionamento da PGM e do Sistema Jurídico, pelo acompanhamento dos concursos para ingresso na carreira de Procurador do município, e pelas questões inerentes à corregedoria, apurando eventuais faltas funcionais, atuando na esfera administrativa disciplinar.

Ao Centro de Estudos da Procuradoria caberia a consolidação das teses jurídicas aplicáveis ao município, com o objetivo de dar eficiência e eficácia a essas demandas. Este departamento ficaria encarregado também de buscar o aperfeiçoamento dos Procuradores e demais servidores da Procuradoria, por meio da contratação de cursos, livros e periódicos que possibilitassem melhor atuação e constante atualização dos servidores ali lotados.

Havendo disponibilidade financeira do ente, propõe-se a criação das Procuradorias especializadas que seriam divididas em áreas como Procuradoria de Urbanismo e Meio Ambiente, Serviços Públicos, Atenção à Saúde, Pessoal, Trabalhista, Fiscal e Consultivo-Administrativa, as quais são extremamente sensíveis para administração pública municipal. Todos os temas elencados encaixam-se nas demandas de conservação do patrimônio histórico, bem como nas demandas estruturais e sociais do turismo e da mineração. Assim, a Procuradoria efetivamente se tornaria um órgão de apoio na busca do equilíbrio econômico-financeiro das demandas dos municípios HMT e da defesa dos direitos fundamentais.

Por fim, verificou-se que a atuação das representações jurídicas nos municípios HMT de Ouro Preto e Mariana é importante na busca de do equilíbrio econômico-financeiro das demandas inerentes às questões de proteção ao patrimônio histórico e cultural, mineração e turismo. Desta forma, sua estruturação de igual maneira deve proporcionar uma atuação eficiente e assertiva no intuito de identificar boas práticas e alcançar melhores resultados para os munícipes.

Referências

ANDRADE, Mário de. *A arte religiosa no Brasil*. São Paulo: Experimento/Giordano, 1993.

ANDRADE, Nilton de Aquino; FORTES, Mauri. A Lei de Responsabilidade Fiscal nos Municípios – Uma revisão Crítica. *Revista Reuna*, v. 10, n. 3, 2005.

ARQUIVO HISTÓRICO DA CASA SETECENTISTA DE MARIANA (AHCSM). *Carta de elevação da Vila do Ribeirão do Carmo à Cidade de Mariana*, 1745. Registro de Testamentos. Livro 41. p. 27.v. 1º ofício.

BARRETO, Cristiane Gomes. *Índice de performance da sustentabilidade municipal*: uma nova proposta metodológica para a avaliação socioeconômica e ambiental dos municípios brasileiros. Brasília: Unb, 2017.

BENI, Mário Carlos. *Análise estrutural do turismo*. 13. ed. São Paulo: Editora Senac, 2008.

BRANDT, Cristina Thedim. *A criação de municípios após a Constituição de 1988:* o impacto sobre a repartição do FPM e a emenda constitucional nº 15 de 1996. Brasília: Senado, 2010.

BRASIL. [Constituição (1934)]. *Constituição da República dos Estados Unidos do Brasil de 1934*. Rio de Janeiro, RJ: Presidência da República. Disponível em: https://www.planalto.gov.br/ccivil_03/constituicao/constituicao34.htm#:~:text=Constitui%C3%A7%C3%A3o34&text=Art%201%C2%BA%20%2D%20A%20Na%C3%A7%C3%A3o%20brasileira,15%20de%20novembro%20de%201889. Acesso em 29 set. 2021.

BRASIL. *Decreto nº 23.979, de 8 mar de 1934*. Extingue no Ministério da Agricultura a Diretoria Geral de Pesquisas Científicas, criada, pelo Decreto nº 22.338, de 11 de janeiro de 1933, aprova os regulamentos das diversas dependências do mesmo Ministério, consolida a legislação referente à reorganização por que acaba de passar e dá outras providências. Rio de Janeiro. RJ. 8. mar. 1934. Disponível em: https://www2.camara.leg.br/legin/fed/decret/1930-1939/decreto-23979-8-marco-1934-499088-norma-pe.html#:~:text=EMENTA%3A%20Extingue%20no%20Minist%C3%A9rio%20da,passar%20e%20d%C3%A1%20outras%20provid%C3%AAncias. Acesso em: 05 dez. 2021

BRASIL. Decreto-Lei nº 25, de 30 de nov. de 1937. Organiza a proteção do patrimônio histórico e artístico nacional. *Diário Oficial da União*, Ministério da Fazenda, Brasília, DF, 30 nov. 1937. Disponível em: https://www.planalto.gov.br/ccivil_03/decreto-lei/del0025.htm. Acesso em: 24 fev. 2018.

BRASIL. Lei nº 4.320, de 17 de março de 1964. Estatui Normas Gerais de Direito Financeiro para elaboração e controle dos orçamentos e balanços da União, dos Estados, dos Municípios e do Distrito Federal. *Diário Oficial da União*, Ministério da Fazenda, Brasília, DF, 17 mar. 1964. Disponível em http://www.planalto.gov.br/ccivil_03/leis/L4320.htm. Acesso em: 24 fev. 2018.

BRASIL. Lei nº 5.172, de 25 de outubro de 1966. Dispõe sobre o Sistema Tributário Nacional e institui normas gerais de direito tributário aplicáveis à União, Estados e Municípios. *Diário Oficial da União*, Ministério da Fazenda, Brasília, DF, 27 out. 1966. Disponível em: http:/planalto.gov.br/ccivel_03/leis/I5172.htm. Acesso em: 24 fev.2018.

BRASIL. Lei nº 6.830, de 22 set. 1980. Dispõe sobre a cobrança judicial da Dívida Ativa da Fazenda Pública, e dá outras providências. Estados e Municípios. *Diário Oficial da União*, Ministério da Fazenda, Brasília, DF, 22 set. 1980. Disponível em: http://www.planalto.gov.br/ccivil_03/leis/L6830.htm. Acesso em: 24 fev. 2018.

BRASIL. Lei nº 7.347, de 27 jul. 1985. Disciplina a ação civil pública de responsabilidade por danos causados ao meio-ambiente, ao consumidor, a bens e direitos de valor artístico, estético, histórico, turístico e paisagístico (VETADO) e dá outras providências. *Diário Oficial da União*, Ministério da Fazenda, Brasília, DF, 27.jul. 1985. Disponível em: https://www.planalto.gov.br/ccivil_03/leis/l7347orig.htm. Acesso em: 18. jul. 2022.

BRASIL. [Constituição (1988)]. *Constituição da República Federativa do Brasil de 1988*. Brasília, DF: Presidência da República. Disponível em: http://www.planalto.gov.br/ccivil_03/constituicao/constitui%C3%A7ao.htm. Acesso em 29 set. 2021.

BRASIL. Lei complementar 63, de 11 jan. 1990. Dispõe sobre critérios e prazos de crédito das parcelas do produto da arrecadação de impostos de competência dos Estados e de transferências por estes recebidos, pertencentes aos Municípios, e dá outras providências. *Diário Oficial da União*, Ministério da Fazenda, Brasília, DF, 11 jan. 1990. Disponível em: https://www.planalto.gov.br/ccivil_03/leis/lcp/Lcp63.htm. Acesso em: 13 dez. 2021.

BRASIL. Lei nº 8.313, de 13 dez. 1991. Restabelece princípios da Lei nº 7.505, de 2 de julho de 1986, institui o Programa Nacional de Apoio à Cultura (Pronac) e dá outras providências. *Diário Oficial da União*, Ministério da Fazenda, Brasília, DF, 13 dez. 1991. Disponível em: https://www.planalto.gov.br/ccivil_03/leis/l8313cons.htm. Acesso em: 09 set. 2022.

BRASIL. Lei Complementar nº 123, de 14 dez. 2006. Institui o Estatuto Nacional da Microempresa e da Empresa de Pequeno Porte; altera dispositivos das Leis nºs 8.212 e 8.213, ambas de 24 de julho de 1991, da Consolidação das Leis do Trabalho - CLT, aprovada pelo Decreto-Lei nº 5.452, de 1º de maio de 1943, da Lei nº 10.189, de 14 de fevereiro de 2001, da Lei Complementar nº 63, de 11 de janeiro de 1990; e revoga as Leis nºs 9.317, de 5 de dezembro de 1996, e 9.841, de 5 de outubro de 1999. *Diário Oficial da União*, Ministério da Fazenda, Brasília, DF, 13 dez. 1991. Disponível em: https://www.planalto.gov.br/ccivil_03/leis/lcp/lcp123. htm. Acesso em: 15 dez. 2021.

BRASIL. Decreto 6.170, de 25 jul. 2007. Dispõe sobre as normas relativas às transferências de recursos da União mediante convênios e contratos de repasse, e dá outras providências. *Diário Oficial da União*. Ministério da Fazenda, Brasília, DF. 25 jul. 2007. Disponível em: http://www.planalto.gov.br/ccivil_03/_Ato2007-2010/2007/Decreto/D6170.htm. Acesso em: 03 dez. 2021

BRASIL. Lei nº 13.019, de 31 jul. 2014. Estabelece o regime jurídico das parcerias entre a administração pública e as organizações da sociedade civil, em regime de mútua cooperação, para a consecução de finalidades de interesse público e recíproco, mediante a execução de atividades ou de projetos previamente estabelecidos em planos de trabalho inseridos em termos de colaboração, em termos de fomento ou em acordos de cooperação; define diretrizes para a política de fomento, de colaboração e de cooperação com organizações da sociedade civil; e altera as Leis nºs 8.429, de 2 de junho de 1992, e 9.790, de 23 de março de 1999. *Diário Oficial da União*. Ministério da Fazenda, Brasília, DF. 31 jul. 2014. Disponível em: https://www.planalto.gov.br/ccivil_03/_ato2011-2014/2014/lei/l13019.htm. Acesso em: 10 dez. 2021.

BRASIL. Lei nº 13.575, 26 dez. 2017. Cria a Agência Nacional de Mineração (ANM); extingue o Departamento Nacional de Produção Mineral (DNPM); altera as Leis nºs 11.046, de 27 de dezembro de 2004, e 10.826, de 22 de dezembro de 2003; e revoga a Lei nº 8.876, de 2 de maio de 1994, e dispositivos do Decreto-Lei nº 227, de 28 de fevereiro de 1967 (Código de Mineração). *Diário oficial da União*. Brasília, DF. 26 dez. 2017. Disponível em: http://www.planalto.gov.br/ccivil_03/_ato2015-2018/2017/lei/l13575.htm. Acesso em: 12 nov. 2021.

CASTELLI, Geraldo. *Administração hoteleira*. Caxias do Sul: EDUCS, 2003.

CAMPOS, José Ruy Veloso. *Introdução ao universo da hospitalidade*. Campinas: Papirus, 2005.

CHOAY, F. *A alegoria do patrimônio*. São Paulo: Editora Unesp, 2006.

CHUVA, Márcia Regina Romeiro. *Os arquitetos da memória*: sociogênese das práticas de preservação do patrimônio cultural no Brasil (anos 1930-1940). Universidade Federal Fluminense. Niterói, 1998.

COELHO, Tádzio Peters. *Mineração e dependência no quadrilátero ferrífero*. UERJ: Rio de Janeiro. 2012.

CRUZ, Ariane Maria da Silva. *A influência do turismo no desenvolvimento econômico das cidades históricas de Minas Gerais*. Mariana: UFOP, 2018.

CUNHA, Monique Laurencia dos Santos. *Análise da infraestrutura turística e hoteleira do destino turístico praia da joia do atlântico, Ilhéus/BA*. UFPR: Foz do Iguaçu. 2018.

DAVID, Rene. *Os grandes sistemas do direito contemporâneo*. Lisboa: Editora Meridiano, 1972.

DI PIETRO. Maria Sylvia Zanella. *Direito administrativo*. São Paulo. Atlas, 2011.

DIAS, Reinaldo; PIMENTA, Maria Alzira. *Gestão de hotelaria e turismo*. São Paulo: Pearson Prentice Hall, 2005.

DEPARTAMENTO NACIONAL DE PRODUÇÃO MINERAL. DNPM, 2015. *In*: SILVA, Cassio Roberto da (Ed.). *Geo diversidade do Brasil*: conhecer o passado, para entender o presente e prever o futuro. Rio de Janeiro: CPRM, 2008.

ENRÍQUEZ, Maria Amélia Rodrigues da Silva. *Maldição ou dádiva?* Os dilemas do desenvolvimento sustentável a partir de uma base mineira. 2007. 449 f. Tese (Doutorado em Desenvolvimento Sustentável) – Universidade de Brasília, Brasília, 2007.

FERNANDES, Bernardo Gonçalves. *Curso de Direito Constitucional*. Rio de Janeiro: JusPodivm, 2010

FERRAND, P. *L'or a Minas Geraes*. Imprensa Official do Estado de Minas Geraes: Belo Horizonte, 1894. v. II, p. 22-39.

FONSECA, M. C. L. *O patrimônio em processo*: trajetória da política federal de preservação no Brasil. Rio de Janeiro: UFRJ/Iphan, 2009.

HORTA, Raul Machado V. *A autonomia do estado-membro no Direito Constitucional brasileiro*. Belo Horizonte: Imprenta, 1964.

IFGF: Índice FIRJAN de Gestão Fiscal. *FIRJAN* Disponível em: https://www.firjan.com.br/ifgf/. Acesso em: 05 ago. 2020.

IFGF: *Quase duas mil cidades não se sustentam, revela índice de gestão fiscal da Firjan*. Disponível em: https://www.firjan.com.br/ifgf/destaques/brasil/ifgf-quase-duas-mil-cidades-nao-se-sustentam-revela-indice-de-gestao-fiscal-da-firjan.htm. Acesso em: 10 mar. 2021.

IPHAN. *Preparação de candidaturas para o Patrimônio Mundial*. Brasília: UNESCO Brasil, 2013.

IPHAN. Centro Histórico de Ouro Preto (MG). Rio de Janeiro, 1933.

LOBO, Carolina; GONÇALVES, Marcelo. Entre Jacubás e Mocotós. *Lamparina*: o portal de notícias dos alunos da UFOP. Ouro Preto, 9 dez 2019. Disponível em: https://sites.ufop.br/lamparina/blog/entre-jacubas-e-mocot%C3%B3s. Acesso em: 20 abr. 2021

MENDONÇA, Clarice Corrêa de; VIEIRA, Raphael Diógenes Serafim; PORTO, Nathália França Figueirêdo. *1º Diagnóstico da Advocacia Pública Municipal no Brasil*. Belo Horizonte: Fórum. 2018.

MENESES, U. B. O campo do patrimônio cultural: uma revisão de premissas. *In*: I FÓRUM NACIONAL DE PATRIMÔNIO CULTURAL. Ouro Preto: Iphan/MinC, 2009. p. 25-39.

MILHOMEM, Eduardo Borges. *A legitimidade do Ministério Público para propor ação civil pública em matéria tributária*. 2016. 86 f. Dissertação (Programa Stricto Sensu em Direito) – Universidade Católica de Brasília, Brasília. 2016

MINAS GERAIS. Lei nº 18.030, de 12 jan. 2009. Dispõe sobre a distribuição da parcela da receita do produto da Arrecadação do ICMS pertencente aos municípios. *Diário Oficial de Minas Gerais*. Belo Horizonte. 12 jan. 2009. Disponível em: http://www.fazenda.mg.gov.br/empresas/legislacao_tributaria/leis/2009/l18030_2009.html. Acesso em: 29 maio 2022.

MONTEJANO, J. M. *Estrutura do mercado turístico*. Tradução de Andréa Favano. 2. ed. São Paulo: Roca, 2001.

MOTTA, Lia. A SPHAN em Ouro Preto: uma história de conceitos e critérios. *Revista do Patrimônio Histórico e Artístico Nacional*, n. 22,1987.

NATAL, Caion Meneguello. *Ouro Preto:* a construção de uma cidade histórica, 1891-1933. Campinas, SP: Unicamp, 2007.

OLIVEIRA, Marcio Caldas de; GOMES, José Maria Machado. *O tombamento como indutor de desenvolvimento econômico através do turismo cultural e as cidades históricas mineiras*. Rio de Janeiro: Amde, 2011.

ONU BR. NAÇÕES UNIDAS NO BRASIL. *A Agenda 2030*. 2015. Disponível em: https://nacoesunidas.org/pos2015/agenda2030/. Acesso em: 21 jun. 2022

OURO PRETO. Lei 59, de 10 de dezembro de 2008. Disciplina as atribuições e o funcionamento da Procuradoria Jurídica do Município, como órgão de defesa, consultoria e assessoria jurídica da administração direta Municipal, dispõe sobre o rateio dos honorários advocatícios da sucumbência e dá outras providências. *Diário Oficial do Município*. Ouro Preto, MG, 10 dez. 2008. Disponível em: https://cmop.mg.gov.br/leis/. Acesso em: 06 set. 2022.

PAULA, Alexandre Sturion de. Noções sobre a Ação Civil Pública. *Direito Net*. [S.l.], 12 mar. 2003. Artigos. Disponível em: https://www.direitonet.com.br/artigos/exibir/1015/Nocoes-sobre-a-Acao-Civil-Publica. Acesso em: 05 jan. 2021.

PEDERZOLI, Cecilia. Sobre Coleções, Paisagens e Expedições. [S.l.], set. 2021. Disponível em: https://ceciliapederzoli.wordpress.com/sobre-colecoes-paisagens-e-expedicoes/. Acesso em: 05 jan. 2021.

PEREIRA, Danilo Celso. *Cidades patrimônio.* Uma geografia das políticas públicas de preservação no Brasil. São Paulo: USP, 2015.

RABELLO, Sonia. *O Estado na preservação dos bens culturais:* o tombamento. Rio de Janeiro: IPHAN, 2009. (Reedições do IPHAN).

REIS, Fernando Mendes Palhares. Quadrilátero Ferrífero e Comunidade. *Minera Jr.* Ouro Preto, 19 ago. 2020. Blog. Disponível em: https://minerajr.ufop.br/blog.quadrilatero_ferrifero_e_comunidade.html Acesso em: 17 fev. 2022.

RIBEIRO, Aline Nascimento. *O lugar dos documentos nos processos de tombamento e registro do Instituto do Patrimônio Histórico e Artístico Nacional:* um estudo sobre o arquivo histórico da Casa Setecentista de Mariana. Viçosa: UFV, 2017.

ROMERO, Wanise Ferreira; FORTES, Mauri; MARTINS, Eraldo Lopes. *Uma análise do desenvolvimento humano das cidades históricas mineiras por meio da técnica DEA.* Belo Horizonte: Reuna, 2009.

SCAFF, Fernando Facury. Extingam-se os municípios, disse Guedes. O que dirão o Congresso e o STF? *Consultor Jurídico.* [S.l.], 12 nov. 2019. Disponível em: https://www.conjur.com.br/2019-nov-12/contas-vista-extingam-municipios-disse-guedes-dira-supremo. Acesso em: 29 set. 2021.

SCAFF, Fernando Facury; SILVEIRA, Alexandre Coutinho da. *O Valor Adicionado Fiscal (VAF) enquanto critério de partilha federativa e sua inadequação para os municípios de base extrativista.* O uso de ficções jurídicas em Direito Financeiro. Belo Horizonte: RFDE, 2018.

SCHWARTZ, Bernard. *O federalismo norte americano atual:* uma visão contemporânea. Trad. Elcio Cerqueira. Rio de Janeiro: Forense Universitária, 1984.

SILVA, J. A. *Direito Ambiental Constitucional.* São Paulo: Editora Malheiros, 1996.

SILVEIRA, Clairton da. *Procuradoria Geral da Fazenda Municipal de São Leopoldo:* ferramenta de recuperação fiscal. Porto Alegre: UAB, 2012.

SILVEIRA, Carlos Eduardo; MEDAGLIA, Juliana. *Desenvolvimento turístico em cidades históricas:* estudos de caso de Diamantina/MG. Diamantina: UFVJM, 2014. Disponível em: https://www.researchgate.net/profile/Juliana-Medaglia/publication/304784517. Acesso em: 17 set. 2021.

SOBREIRA, F. G.; FONSECA, M. A. Impactos físicos e sociais de antigas atividades de mineração em Ouro Preto, Brasil. *Revista Geotecnia*, n. 92, p.5-27. 2001.

SOBREIRA F.G., LIMA H.M., DOMINGUES A.L., VICENTIM F.V. 2005. Alterações paisagísticas pela extração do ouro do século XVIII no distrito de Passagem de Mariana (município de Mariana, MG). *In:* I SIMPÓSIO BRASILEIRO SOBRE O TECNÓGENO, 2005, Guarapari. *Anais do X Congresso da Associação brasileira de estudos do Quaternário.* São Paulo: ABEQUA, CD-ROM

TONIETTO, A.; SILVA, J. J. M. C. Valoração de danos nos casos de mineração de ferro no Brasil. *Revista brasileira de criminalística*, v.1, n.1, p. 31-38. 2011.

TRIVIÑOS, A. N. S. *Introdução à pesquisa em ciências sociais:* a pesquisa qualitativa em educação. São Paulo: Atlas, 1987.

UNWTO. International Tourism on Track for a Rebound after an Exceptionally Challenging 2009 [online], *UNWTO – World Tourism Organization.* Madrid, 2010. Disponível em: www.tourlib.net/wto/unwto-Barometer-2010-01.pdf. Acesso em: 04 abr. 2018.

APÊNDICE A: PROJETO DE LEI PARA ESTRUTURAÇÃO DAS PROCURADORIAS DE OURO PRETO E MARIANA

Projeto de Lei Complementar nº

Altera a Lei Complementar Municipal nº__, que disciplina as atribuições e o funcionamento da Procuradoria Jurídica do município como órgão de defesa, consultoria e assessoria jurídica da administração direta municipal, dispõe sobre o rateio dos honorários advocatícios de sucumbência e dá outras providencias.

O povo do município de Ouro Preto/Mariana, por meio de seus representantes decretou e eu, em seu nome, promulgo a seguinte Lei Complementar:

Seção I
Das Funções Institucionais e do Sistema Jurídico

Art. 1º A Procuradoria-Geral do Município – PGM, órgão central do Sistema Jurídico Municipal, diretamente vinculado ao Prefeito, exerce privativamente, por seus Procuradores, com iguais deveres e direitos, a representação judicial e a consultoria jurídica do Município.

Art. 2º À PGM é assegurada autonomia técnica, administrativa e financeira.

§1º A autonomia técnica consiste na independência institucional para manifestação jurídica, consultiva e judicial em defesa dos interesses públicos e municipais, observados os princípios e leis que regem a administração pública.

§2º A autonomia administrativa importa contar com quadro próprio de Procuradores e de Pessoal de Apoio e baseia-se na determinação do respectivo regime de funcionamento, na organização de seus serviços e no exercício de todos os atos necessários à gestão e à administração de seus recursos humanos, financeiros e materiais e, no que lhe competir, na titularidade do exercício do poder disciplinar.

§3º A autonomia financeira é garantida por orçamento próprio, que permita o pleno funcionamento da Instituição.

§4º O exercício dos cargos em comissão integrantes da estrutura da PGM é privativo dos Procuradores do município, excetuados aqueles dos serviços de apoio.

Art. 3º O sistema jurídico municipal é composto pela PGM e pelos órgãos jurídicos da Administração Autárquica e Fundacional.

Art. 4º À PGM compete a supervisão, a orientação técnica e o controle das atividades desenvolvidas pelos órgãos jurídicos das entidades da Administração Indireta do município, seja na sua atuação consultiva, seja na judicial.

Seção II
Da Organização

Art. 5º A PGM terá a seguinte estrutura básica:
I – Gabinete do Procurador-Geral;
II – Conselho Superior da PGM;
III – Procuradorias Especializadas;
IV – Centro de Estudos; e
§1º O Gabinete do Procurador-Geral é integrado pelo Procurador Adjunto e um cargo de Diretor Chefe da Procuradoria.

Seção III
Das Competências

Art. 6º Compete à PGM:
I – oficiar no controle interno da legalidade dos atos do Poder Executivo e na defesa dos interesses legítimos do Município;
II – representar judicialmente o município de Ouro Preto/Mariana e suas entidades autárquicas e fundacionais;
III – exercer as funções de consultoria jurídica do Poder Executivo;
IV – exercer a supervisão e fixar a orientação técnica a ser observada pelos órgãos jurídicos da Administração Indireta;
V – cobrar privativamente a dívida ativa do município;
VI – estabelecer normas para o funcionamento integrado do sistema jurídico municipal;
VII – opinar previamente acerca do exato cumprimento de decisões judiciais e nos pedidos de extensão de julgados;
VIII – opinar nos processos administrativos em que haja questão judicial correlata ou em que esta questão possa influir como condição de seu prosseguimento;
IX – aprovar minutas de editais licitatórios, termos, contratos, convênios e outros ajustes a serem firmados pela Administração Pública;
X – elaborar as informações a serem prestadas ao Poder Judiciário em mandados de segurança impetrados contra atos do prefeito e de autoridades municipais da Administração Direta definidas em regulamento;
XI – propor ao prefeito o ajuizamento de representação para a declaração de inconstitucionalidade de leis e atos normativos;
XII – responder às solicitações do Poder Executivo para exame de projetos de lei e demais atos normativos, bem como para elaborar razões de veto;
XIII – propor ao prefeito a edição de normas legais ou regulamentares;
XIV – propor ao prefeito medidas de caráter jurídico que visem a proteger o patrimônio público e a aperfeiçoar ou a corrigir as práticas administrativas;
XV – apresentar suas propostas orçamentárias;
XVI – realizar os concursos públicos de provas e títulos para o ingresso na carreira de Procurador;
XVII – propor ao prefeito a realização de concurso público para o quadro de apoio;

XVIII – celebrar acordos em juízo, observados os critérios e limites fixados por ato do Poder Executivo.

§1º Mediante convênios ou contratos, poderá a PGM prestar consultoria jurídica às empresas públicas e às sociedades de economia mista do Município ou representá-las judicialmente, assegurados o reembolso de eventuais despesas.

§2º A requisição de processos administrativos, informações ou providências solicitadas pela PGM a qualquer órgão da Administração Direta e Indireta, para defesa do interesse público, terá prioridade em sua tramitação, sob pena de responsabilidade funcional.

Art. 7º Ao Procurador-Geral, nomeado em comissão pelo Prefeito, com prerrogativas e representação de Secretário Municipal, compete:

I – exercer a direção e a representação da PGM, praticando todos os atos de gestão, administração, orientação e coordenação;

II – exercer a supervisão geral do sistema jurídico municipal;

III – responder pelos serviços jurídicos, técnicos e administrativos da PGM, exercendo os poderes de hierarquia e controle;

IV – receber citações, intimações e notificações; autorizar a propositura e a desistência de ações, a dispensa de interposição de recursos, em caráter geral ou específico, ou a desistência dos interpostos e, na forma regulamentar, a não execução dos julgados, a confissão, o reconhecimento da procedência do pedido, bem como dar quitação e firmar compromissos;

V – nomear os ocupantes dos cargos e funções de confiança integrantes da PGM, dentre os Procuradores Efetivos e estáveis com exceção do Procurador Geral Adjunto, que será indicados pelo Procurador-Geral para nomeação pelo prefeito;

VI – aprovar previamente a nomeação e a destituição dos ocupantes dos cargos em comissão ou empregos de confiança de natureza jurídica das entidades da Administração Indireta do município, bem como a contratação de advogados para elaborar trabalhos jurídicos de interesse dessas entidades;

VII – executar a gestão do Fundo Orçamentário Especial da PGM, aplicando seus recursos nos termos da presente Lei Complementar;

IX – autorizar a realização de acordos ou transações em juízo, observados os limites e critérios a serem fixados por ato do Prefeito.

Parágrafo único. A delegação de competências para a prática dos atos previstos neste artigo somente será admitida para integrantes da categoria.

Art. 8º O Conselho Superior da PGM será integrado pelo Procurador-Geral e pelo Procurador Adjunto, como membros natos, bem como por três Procuradores e respectivos suplentes, estáveis no cargo, eleitos por maioria simples de votos dos Procuradores em atividade, em votação secreta, na forma do seu Regimento Interno.

§1º O mandato dos membros do Conselho Superior será de dois anos, permitida a reeleição.

§2º O Conselho Superior será presidido pelo Procurador-Geral, que terá direito a voto.

§3º Os membros do Conselho da Procuradoria não terão dispensa do cumprimento das atribuições inerentes aos seus cargos, nem terão direito a qualquer remuneração pelo exercício da função de Conselheiro.

Art. 9º O Conselho Superior reunir-se-á, ordinária e extraordinariamente, na forma regimental.

Art. 10. Compete ao Conselho Superior da PGM:

I – pronunciar-se sobre qualquer matéria ou questão que lhe seja encaminhada pelo Procurador-Geral;

II – propor ao Procurador-Geral e opinar sobre alterações na estrutura e no funcionamento da PGM e do Sistema Jurídico e nas respectivas atribuições;

III – representar ao Procurador-Geral sobre providências reclamadas pelo interesse público ou pelas conveniências do serviço na PGM e no Sistema Jurídico do Município;

IV – manifestar-se previamente sobre a composição da comissão organizadora dos concursos para ingresso na carreira de Procurador do Município e deliberar sobre a composição das bancas examinadoras, bem como sobre as condições necessárias para a inscrição de candidatos em concurso;

V – opinar sobre a política de aplicação dos recursos do Fundo Orçamentário Especial do Centro de Estudos;

VI – exercer o poder disciplinar relativo aos Procuradores do Município, autorizando, de forma motivada, a instauração de sindicância ou de processo administrativo disciplinar e fixando eventuais penas deste último decorrentes, mediante deliberação tomada pela maioria absoluta dos seus membros;

VII – sugerir ao Prefeito, mediante deliberação tomada pela maioria absoluta dos seus membros, a aplicação da pena de demissão a Procurador do Município;

VIII – avaliar o desempenho do Procurador em estágio probatório, por si ou através de comissão especial designada, bem como deliberar sobre a confirmação, ou não, no cargo;

IX – regulamentar as normas gerais de relotação dos Procuradores do Município;

X – deliberar sobre a exoneração de Procurador do Município do cargo de Procurador Corregedor, na forma do art. 11, §2º.

Parágrafo único. Nas reuniões em que houver matéria de interesse específico de carreira integrante do Quadro de Apoio, delas poderão participar, a critério do Conselho, representantes da categoria envolvida.

SEÇÃO IV
DAS PROCURADORIAS ESPECIALIZADAS

Art. 11. As Procuradorias Especializadas exercerão atribuições específicas decorrentes das áreas de atuação da Procuradoria Geral, com as seguintes denominações:

I - Procuradoria Fiscal e Dívida Ativa (PG/PDA).

II - Procuradoria de Patrimônio, Urbanismo e Meio-Ambiente (PG/PUMA);

III- Procuradoria Serviços Públicos (PG/PSE);

IV – Procuradoria de Pessoal e Trabalhista (PG/PTA);

V – Procuradoria de Atenção à Saúde (PG/PAS).

VI – Procuradoria Consultiva e Administrativa (PG/PADM);

Art. 12. As Procuradorias Especializadas estabelecerão as respectivas estratégias de atuação, uniformizando os principais fundamentos da atuação judicial e de consultoria que envolva o mesmo tema ou que tenha o mesmo objeto.

§1º A chefia da Procuradoria Fiscal será exercida por um Procurador-Chefe, que cuidará da área de Dívida Ativa e da área Tributária, auxiliados, respectivamente, por um Procurador Assistente, e um Assessor Jurídico, facultando-se, ainda, ao Procurador-Geral autorizar a indicação de mais de um Procurador, em função da complexidade das atribuições ou da estrutura da Procuradoria Fiscal.

§2º A chefia das demais Procuradorias Especializadas, indicadas nos incisos II a VII do *"caput"* do art. 15, será exercida por um Procurador-Chefe, que será assistido por um Procurador-Assistente e/ou Assessor jurídico, facultando-se ao Procurador-Geral autorizar a indicação de mais de um Procurador-Assistente, em função da complexidade das atribuições ou da estrutura das Procuradorias Especializadas.

§3º As Procuradorias Especializadas poderão formar coordenações ou divisões, sob a supervisão de um Procurador, a fim de atender atribuições específicas da área.

Art. 13. As Procuradorias Especializadas estabelecerão as respectivas estratégias de atuação, uniformizando os principais fundamentos da atuação judicial e de consultoria que envolva o mesmo tema ou que tenha o mesmo objeto.

Art. 14. Quando a causa envolver matérias de competência de mais de uma Especializada a atuação será conjunta, nos termos da orientação da Procuradoria Consultiva e Administrativa (PG/PADM); para o caso, ainda que o acompanhamento formal do Processo Administrativo Virtual (PAV) correspondente seja feito por apenas uma Especializada.

Art. 15. À Procuradoria da Dívida Ativa (PG/PDA) compete:

I – promover a cobrança judicial e extrajudicial da dívida ativa do Município, de suas entidades autárquicas e fundacionais, assim como propor, nos limites legais e regulamentares, resolução dos conflitos fiscais por intermédio de ferramentas alternativas, tais como conciliação, mediação, negociação, acordos, protesto extrajudicial e inscrição em cadastros de devedores;

II – fazer a inscrição da dívida ativa do Município e executar as atividades de processamento, controle e cobrança da dívida ativa;

III – exercer a defesa dos interesses da Fazenda Municipal nos processos de dissoluções judiciais, falências, recuperação judicial, adjudicação, parcelamento e leilão judicial ou em quaisquer outros em que deva ser resguardada a cobrança dos créditos inscritos em dívida ativa, notadamente por meio do exercício do direito de preferência ou de sub-rogação;

IV – articular com órgãos e entidades municipais as medidas e procedimentos necessários à cobrança da dívida ativa, especialmente orientando a Administração Pública Municipal a tornar líquido o crédito público;

V – gerir dados e informações dos sistemas da Dívida Ativa Municipal apresentando-os aos órgãos de controle quando solicitados;

VI – atuar em consultoria jurídica e nos processos judiciais do Município de Ouro Preto/Mariana, de suas entidades autárquicas e fundacionais, relacionados à matéria tributária, ressalvadas as competências da Procuradoria Tributária e da Procuradoria Administrativa, bem como nos casos que envolvam assuntos correlatos e/ou preponderantes com a matéria da Especializada;

VII – exercer especificamente as atribuições que lhe forem cometidas pelo Procurador-Geral.

Art. 16. À Procuradoria Trabalhista (PG/PTA) compete:

I – atuar em consultoria jurídica e nos processos judiciais do Município de Ouro Preto/ Mariana e de suas entidades autárquicas e fundacionais, relacionados à matéria trabalhista e previdenciária, quando decorrente de relação de emprego ou que estejam submetidos à Justiça do Trabalho;
II – acompanhar e assessorar na elaboração de acordos coletivos, no âmbito da Administração Municipal;
III – promover a defesa do Município, de suas autarquias e fundações, bem assim das Empresas e Sociedades de Economia Mista Municipais, nos dissídios coletivos e nas ações relativas a direito coletivo e sindical;
IV – opinar previamente, sobre a realização de acordos no curso de Reclamações Trabalhistas, em que sejam partes Empresas Públicas e Sociedades de Economia Mista Municipais, inclusive quanto a cálculos (valores);
V – minutar os ofícios da Procuradoria relativos à matéria afeta à Especializada.

Art. 17. À Procuradoria de Patrimônio, Urbanismo e Meio-Ambiente (PG/PUMA) compete atuar nos processos judiciais do Município e de suas entidades autárquicas e fundacionais que digam respeito a:

I – parcelamento, zoneamento e uso do solo urbano, direito à moradia e regularização de loteamento urbano;
II – defesa do patrimônio cultural e do meio-ambiente do Município;
III – bens imóveis que integrem ou venham a integrar o patrimônio municipal ou direitos a eles relativos, incluídas as ações possessórias e as relacionadas com a distribuição dos royalties do petróleo;
IV – poder de polícia urbanístico, do meio ambiente e de atividade econômica, ainda que cumuladas com responsabilidade civil, incluindo posturas municipais de comércio, ambulante ou não;
V – prestação do serviço público de saneamento básico;
VI – retribuição pecuniária pela utilização do espaço aéreo, solo, ou subsolo urbano;
VIII- realização das desapropriações amigáveis e judiciais do Município, diretamente ou por meio de Núcleo especializado;
IX – manifestação nas ações de usucapião, retificação de registro e em outros procedimentos afins;
X – atuação em casos que envolvam assuntos correlatos e/ou preponderantes com a matéria da especializada; e
XI – exercício específico das atribuições que lhe forem cometidas pelo Procurador Geral.

Art. 18. À Procuradoria de Pessoal (PG/PPE) compete:

I – atuar nos processos judiciais do Município e de suas entidades autárquicas e fundacionais relacionados às matérias estatutária e previdenciária, bem como a procedimentos de seleção de servidores públicos;
II – atuar em casos que envolvam assuntos correlatos e/ou preponderantes com a matéria da especializada; e
III – exercer especificamente as atribuições que lhe forem cometidas pelo Procurador Geral.

Art. 19. À Procuradoria de Serviços Públicos (PG/PSE) compete:

I – atuar nos processos judiciais do Município e de suas entidades autárquicas e fundacionais que digam respeito a:
a) prestação de serviços públicos e exercício do poder de polícia, ressalvadas as competências da Procuradoria de Patrimônio, Urbanismo e Meio-Ambiente (PG/PUMA);
b) responsabilidade civil, exceto quando especificada a atribuição de outra especializada;
c) orçamento, licitações e contratos;
d) infância e juventude;
f) cobrança pelo serviço público de saneamento básico;
g) outros assuntos que não se incluam na competência das demais Procuradorias Especializadas;
h) casos que envolvam assuntos correlatos e/ou preponderantes com a matéria da especializada; e
i) recuperação de créditos não inscritos em dívida ativa.

II – exercer especificamente as atribuições que lhe forem cometidas pelo Procurador Geral.

Art. 19. À Procuradoria de Atenção à Saúde (PG/PAS) compete:

I – atuar nos processos judiciais do Município e de suas entidades autárquicas e fundacionais que digam respeito a:
a) ações individuais e coletivas decorrentes da prestação do serviço de saúde pública;
b) responsabilidade civil extracontratual decorrente da prestação do serviço de saúde pública;
c) fornecimento de medicamentos, internações e afins.

II – sugerir medidas que tenham por objeto a redução ou mesmo eliminação de novos processos judiciais dentre aqueles relacionados com sua atividade.

SEÇÃO V
DO CENTRO DE ESTUDOS

Art. 21. Ao Centro de Estudos (PG/CES) compete:
I – promover o aperfeiçoamento intelectual dos quadros integrantes da Procuradoria Geral;

II – promover estudos de temas jurídicos e pesquisas bibliográficas e jurisprudenciais;

III – manter intercâmbio com entidades congêneres, nacionais e internacionais no propósito de promover o aperfeiçoamento previsto no inciso I;

IV – coordenar concursos públicos para os quadros da Procuradoria Geral;

V – supervisionar a catalogação de obras de interesse da Procuradoria Geral;

VI – supervisionar a classificação, o registro e a informação de atos municipais oficiais;

VII – orientar e coordenar os serviços de documentação e informação jurídicas;

VIII – promover a divulgação de toda a matéria de natureza jurídico-administrativa de interesse da Procuradoria Geral e do Sistema Jurídico Municipal;

IX – editar e distribuir a "Revista da Procuradoria Geral do Município" e demais periódicos de interesse jurídico, inclusive eletronicamente;

X – adquirir livros, revistas, bem como os materiais e equipamentos necessários às suas finalidades;

XI – exercer as atividades de órgão setorial do Sistema Municipal de Documentação;

XII – coordenar, com o apoio da Gerência de Recursos Humanos (PG/CA/GRH), os procedimentos afetos aos Estágios Jurídicos;

XIII – dirigir o centro de informação técnica e administrativa da Procuradoria Geral;

XIV – propor ao Procurador-Geral medidas que visem ao aprimoramento técnico dos servidores do Quadro de Pessoal da Procuradoria Geral;

XV – organizar cursos, palestras e treinamentos para os servidores do Quadro de Pessoal da Procuradoria Geral;

XVI – promover a inscrição em cursos, palestras e treinamentos dos servidores do Quadro de Pessoal da Procuradoria Geral;

XVIII – exercer o poder disciplinar e correcional no âmbito do Centro de Estudos (PG/CES); e

XIX – exercer especificamente outras atribuições que lhe forem cometidas pelo Procurador-Geral.

Art. 22. À Diretoria de Documentação (PG/CES/DED) compete:

I – planejar, coordenar e supervisionar a execução das atividades técnicas e administrativas na sua área de atuação;

II – planejar e coordenar, ouvido o órgão de informática, a aquisição e implantação dos sistemas eletrônicos que visem o gerenciamento da informação;

III – promover e divulgar a aquisição de livros, assinaturas de periódicos e materiais especiais; IV – normatizar as publicações editadas pelo Centro de Estudos (PG/CES);

V – acompanhar e divulgar o andamento das Representações de Inconstitucionalidade da Lei Orgânica do Município e das leis municipais;

VI – cadastrar e tratar tecnicamente os dispositivos legais publicados nos diários oficiais municipais;

VII – divulgar as informações, publicadas nos diários oficiais municipais, estaduais e federais, necessárias ao exercício das atividades do Sistema Jurídico Municipal; e

VIII – conservar o acervo sob a guarda do Órgão.

Seção VI
Da Carreira de Procurador

Subseção I
Dos Cargos

Art. 23. Os cargos de Procurador do Município, com quantitativo fixado em lei, são organizados em carreira composta de três categorias: primeira, segunda e terceira, de iguais atribuições e responsabilidades.

Subseção II
Do Estágio Probatório

Art. 24. A confirmação do Procurador na carreira decorrerá do preenchimento dos seguintes requisitos, apurados a contar da data do início do exercício funcional:
I – probidade;
II – zelo funcional;
III – eficiência;
IV – participação nas atividades programadas para fins de treinamento;
V – interesse, espírito de iniciativa e de colaboração;
VI – urbanidade;
VII – disciplina;
VIII – satisfatório desempenho técnico das atribuições e funções específicas do cargo.
Parágrafo único. O Procurador em regime de estágio probatório não poderá ter exercício em órgãos ou entidades estranhos à PGM.
Art. 25. A atuação do Procurador, em estágio probatório, será avaliada, ao menos, quadrimestralmente, pelo Conselho Superior ou por Comissão por ele designada.
Parágrafo único. A confirmação no cargo somente poderá ser negada por decisão tomada pela maioria absoluta dos membros do Conselho.

Subseção III
Da Promoção

Art. 26. A promoção às categorias superiores dar-se-á a cada dois anos de efetivo exercício e de forma automática.
Art. 27. Não poderá ser promovido o Procurador que tenha sofrido penalidade funcional nos dois anos imediatamente anteriores a data em que ocorrer a promoção.
Parágrafo único. O prazo para fins de promoção, na hipótese de imposição de penalidade funcional, recomeça a fluir a partir da data da conclusão da sanção.

Subseção IV
Das Garantias e Prerrogativas

Art. 28. Nos termos das disposições constitucionais e legais, são assegurados aos Procuradores os direitos, garantias e prerrogativas concedidos aos advogados em geral.

Parágrafo único. São prerrogativas dos Procuradores do Município:

I – solicitar auxílio e colaboração das autoridades e dos agentes públicos para o desempenho de suas funções;

II – requisitar dos agentes públicos competentes certidões, informações e diligências necessárias ao desempenho de suas funções;

III – ser ouvido como testemunha em qualquer procedimento administrativo municipal em dia e hora previamente ajustados com a autoridade competente;

IV – possuir carteira de identidade e funcional conforme modelo aprovado pelo Procurador-Geral;

V – postular relotação e a ela concorrer, conforme regulamento da PGM.

Subseção VII
Da Remuneração e dos Proventos Dos Procuradores

Art. 29. A remuneração dos Procuradores do Município somente sofrerá os descontos facultativos e os previstos em lei.

Art. 30. Aplica-se aos Procuradores do Município o limite remuneratório fixado para os Procuradores pelo art. 37, XI, da Constituição da República.

Art. 31. O vencimento básico dos Procuradores do Município guardará a diferença de dez por cento de uma para outra categoria, a partir do fixado para o cargo de Procurador do Município de 3ª Categoria.

Art. 32. Aplicam-se à remuneração percebida pelos Procuradores do Município os reajustes de vencimentos que, em caráter geral, venham a ser concedidos aos demais servidores municipais.

Art. 33. O Procurador do Município terá direito a perceber, além de seus vencimentos básicos, as vantagens previstas na presente Lei Complementar e em legislação geral ou específica.

Art. 34. É instituído o Adicional de Qualificação, a ser pago através de recursos do Fundo Especial, destinado aos Procuradores em razão dos conhecimentos adquiridos através de cursos de especialização, mestrado, doutorado e pós-doutorado, desde que a qualificação se dê na área jurídica, conforme percentuais dispostos no Anexo II.

§1º Serão considerados somente os cursos e as instituições de ensino reconhecidos pelo Ministério da Educação, na forma da legislação.

§2º Os cursos de pós-graduação lato sensu deverão ter duração mínima de trezentas e sessenta horas.

§3º Em nenhuma hipótese, o servidor perceberá, cumulativamente, mais de um adicional de qualificação previsto no Anexo II.

§4º O Adicional de Qualificação será devido a partir da data da apresentação do título, diploma ou certificado à Gerência de Recursos Humanos da PGM.

§5º Ao ser concedido, o Adicional de Qualificação integrará a remuneração do servidor enquanto detentor do cargo público no qual foi deferida a vantagem.

§6º A vantagem mencionada no §5º poderá ser revista desde que o servidor reúna os requisitos indispensáveis à sua concessão, na forma prevista no Anexo II.

§7º Após a sua concessão, a vantagem somente será descontinuada na hipótese de novo provimento em cargo público decorrente de aprovação em certame público.

§8º Os aposentados nas categorias funcionais mencionados nesta Lei Complementar poderão requerer a percepção do Adicional de Qualificação, desde que comprovem ter preenchido os requisitos previstos neste artigo antes da aposentadoria.

Art. 35. A parcela de honorários advocatícios que, nos termos do art. 36, não for destinada ao Fundo Especial, será distribuída aos Procuradores a título de honorários de sucumbência, em periodicidade semestral, facultada ao Poder Executivo a redução desse prazo.

§1º A verba a que se refere o caput não integra a remuneração, não será considerada para efeito de cálculo dos proventos de inatividade, de pensões ou de qualquer vantagem funcional, nem sofrerá incidência da contribuição previdenciária.

§2º O rateio dos honorários advocatícios será realizado da seguinte forma:

I – ao Procurador do Município que tiver três ou mais anos de efetivo exercício no sistema jurídico será distribuída uma unidade honorária.

II – ao Procurador do Município que ingressar na carreira será distribuída, após um ano de efetivo exercício no sistema jurídico, 0,33 unidade honorária, cuja referência será acrescida de 0,33 unidade a cada ano de exercício efetivo, até completar uma unidade inteira.

III – após um ano de aposentadoria ou afastamento, inclusive do Sistema Jurídico, a distribuição da unidade honorária ao Procurador do Município sofrerá redução de 0,33 unidade honorária, a cada ano de inatividade ou afastamento, até zerar a unidade.

§3º Alcançar-se-á o valor da unidade honorária pela divisão do montante a ser repassado pela soma de todas as unidades e respectivas frações que os Procuradores do Município fizerem jus.

§4º Aplica-se o disposto no inciso III, do §2º, do presente artigo à distribuição que se fará:

I – aos sucessores do Procurador do Município falecido, na proporção em que lhe era devido;

II – aos Procuradores do Município demitidos ou exonerados do cargo.

§5º Ao Procurador do Município que retornar de afastamento não remunerado será aplicada a regra do inciso II, do §2º, partindo-se da fração de unidade que fazia jus no momento do retorno.

§6º Para os fins dos incisos I e II do §2º, considera-se como efetivo exercício se o afastamento for inferior a um ano.

§7º O Poder Executivo poderá estabelecer teto do valor a ser distribuído por Procurador, a cada exercício financeiro, a título de rateio de honorários.

§8º O valor que exceder o limite previsto no §7º poderá ser distribuído em períodos subsequentes.

§9º O valor da parcela de honorários advocatícios a ser distribuído na forma do caput compreenderá o valor total arrecadado no exercício, incluído o montante total arrecadado no exercício da publicação da presente Lei Complementar.

Seção VIII
Da Ética Funcional

Art. 36. Os Procuradores devem pugnar pelo prestígio da Administração Pública e da Justiça, zelando pela dignidade de suas funções.

Art. 37. É dever do Procurador a observância dos preceitos contidos no Código de Ética Profissional dos Advogados e, ainda:

I – desincumbir-se assiduamente de seus encargos funcionais;

II – desempenhar com zelo e presteza as atribuições de seu cargo e as que lhe forem atribuídas por seus superiores hierárquicos;

III – zelar pela regularidade dos feitos em que funcionar e, de modo especial, pela observância dos prazos legais;

IV – observar sigilo funcional quanto à matéria dos procedimentos em que atuar e, especialmente, nos que tramitem em segredo de justiça;

V – comunicar ao Procurador-Geral irregularidades que afetem o interesse público municipal;

VI – sugerir ao Procurador-Geral providências tendentes à melhoria dos serviços no âmbito de sua atuação;

VII – guardar o respeito, a lealdade e o senso de cooperação, devidos aos demais Procuradores e servidores;

VIII – diligenciar por seu contínuo aperfeiçoamento jurídico;

IX – observar os deveres estabelecidos para o funcionalismo público municipal;

X – não se valer do cargo ou de informações obtidas em decorrência do seu exercício para obter qualquer espécie de vantagem, inclusive no desempenho da advocacia privada.

Art. 38. É vedado ao Procurador falar em nome da Instituição ou manifestar-se, por qualquer meio de divulgação pública, sobre assunto pertinente à sua atuação, salvo quando autorizado pelo Procurador-Geral ou em caráter didático ou doutrinário.

Art. 39. O Procurador dar-se-á por impedido:

I – em processo em que seja parte ou de qualquer forma interessado;

II – em processo em que seja interessado cônjuge ou companheiro, parente, consanguíneo ou afim, em linha reta ou colateral, até o 3º grau;

III – em processo em que haja atuado como advogado de qualquer das partes;

IV – em processo judicial que verse sobre tema a cujo respeito tenha proferido parecer contrário aos interesses municipais;

V – em processo que envolva interesses de quem, nos últimos dois anos, tenha sido cliente seu ou de escritório de que participe;

VI – quando amigo íntimo ou inimigo da parte interessada no processo judicial ou administrativo.

Art. 40. O Procurador poderá declarar-se suspeito por motivo íntimo.

Art. 41. É defeso ao Procurador funcionar como advogado:

I – em processo ou procedimento contencioso ou voluntário em que haja interesse do Município de Ouro Preto/Mariana e/ou de entidade de sua Administração Indireta.

II – na advocacia consultiva privada, em matéria de interesse ou relacionada ao Município de Ouro Preto/Mariana.

Seção IX
Das Disposições Finais e Transitórias

Art. 42. Aos integrantes do Quadro da PGM aplicar-se-ão, subsidiariamente, as disposições gerais relativas aos servidores públicos municipais.

Art. 43. Após cada quinquênio ininterrupto de efetivo exercício no Município, o Procurador e os ocupantes de cargos efetivos do Quadro de Apoio da Procuradoria terão direito ao gozo de licença especial pelo prazo de três meses, com todos os direitos e vantagens do cargo de provimento efetivo.

Parágrafo único. Para os efeitos desse artigo será considerado o tempo de serviço anterior à vigência desta Lei Complementar.

Art. 44. A primeira eleição dos membros componentes do Conselho Superior da PGM será convocada pelo Procurador-Geral no prazo de até cento e oitenta dias, a contar da vigência desta Lei Complementar, e realizada nos trinta dias subsequentes.

Art. 45. Para os efeitos de progressão funcional na carreira de Procurador será considerado o tempo de serviço no cargo prestado anteriormente à vigência desta Lei Complementar.

Art. 46. Para os fins do disposto no art. 26, será considerado o tempo de efetivo exercício e de inatividade dos Procuradores do Município até a entrada em vigor da presente Lei Complementar.

Art. 47. Fica alterado, conforme Anexo III, o quantitativo de cargos das categorias ali mencionadas, do Quadro de Pessoal de Apoio da PGM, mantendo-se os quantitativos das demais categorias.

Art. 48. Até que o percentual referido no Parágrafo único do art. 36 desta Lei Complementar seja fixado, será adotado o total correspondente a setenta por cento, incluindo o exercício no qual a presente Lei Complementar for publicada.

Art. 49. A estrutura de cargos em comissão e função gratificada da PGM será acrescida dos cargos constantes do Anexo.

Art. 50. Esta Lei Complementar entra em vigor na data de sua publicação.

Art. 51. Ficam revogadas as leis

ANEXO A: LEI COMPLEMENTAR 59/2008 – INSTITUI A PROCURADORIA GERAL
DO MUNICÍPIO DE OURO PRETO-MG

LEI COMPLEMENTAR Nº 59 DE 10 DEZEMBRO DE 2008

(Regulamentação: vide Decreto Executivo – 3306 de 12 de Dezembro de 2012 e Decreto Executivo – 4920 de 12 de Setembro de 2017)

Disciplina as atribuições e o funcionamento da Procuradoria Jurídica do Município, como órgão de defesa, consultoria e assessoria jurídica da administração direta Municipal, dispõe sobre o rateio dos honorários advocatícios da sucumbência e dá outras providências

O povo do Município de Ouro Preto por seus representantes na Câmara Municipal decreta e eu, em seu nome, sanciono a seguinte Lei:

CAPÍTULO I
DA PROCURADORIA DO MUNICÍPIO

Art. 1º – A Procuradoria é órgão que representa o Município, judicial e extrajudicialmente, cabendo-lhe, ainda, nos termos desta Lei, as atividades de consultoria e assessoramento jurídico ao Poder Executivo, competindo-lhe especialmente:

I – representar judicialmente o Município, sem prejuízo às atividades de consultoria e assessoramento jurídico, cabendo-lhe privativamente a execução da dívida ativa de natureza tributária;

II – assessorar o Prefeito e demais órgãos da Prefeitura em assuntos de natureza jurídica;

III – promover a cobrança administrativa e judicial da dívida ativa de natureza tributária;

IV – aprovar minutas de convênios e instrumentos similares;

V – coligir, organizar e prestar informações relativas à jurisprudência, à doutrina e à legislação federal, estadual e municipal;

VI – prestar assistência jurídica ao Município, promovendo convênios com o Estado;

VII – opinar juridicamente quando solicitado pelo Prefeito Municipal em qualquer processo administrativo;

VIII – patrocinar, além da representação judicial, os atos de natureza extrajudicial para defesa dos interesses do Município;

IX – promover a cobrança amigável ou judicial de todos os créditos do Município;

X – elaborar pareceres jurídicos sobre assuntos de natureza administrativa, fiscal ou tributária;

XI – elaborar normas e atos normativos, encaminhando-os à Secretaria Municipal de Governo;

XII – analisar editais de licitação, aprovar e elaborar contratos, emitir, quando necessário, parecer quanto a estas matérias;

Art. 2º – O ingresso na classe inicial da carreira de Procurador Municipal far-se-á mediante concurso público de provas, ou de provas e títulos.

CAPÍTULO II
DO PROCURADOR GERAL DO MUNICÍPIO

Art. 3º – O Procurador Geral do Município é de livre nomeação do Prefeito Municipal, dentre advogados de reconhecido saber jurídico e reputação ilibada e terá status e remuneração de Secretário Municipal.

Art. 4º – Compete ao Procurador Geral:

I – Executar as atividades de administração de pessoal, material, patrimonial e serviços gerais da Procuradoria em articulação com a Secretaria Municipal de Planejamento e Gestão;

II – Coordenar a elaboração e acompanhar a execução da proposta orçamentária parcial no âmbito da Procuradoria, em articulação com a Secretaria Municipal de Planejamento e Gestão;

III – Orientar, do ponto de vista jurídico, os processos de desapropriação, alienação e aquisição de móveis ou imóveis de interesse do Município;

IV – Determinar a abertura de sindicância ou processo administrativo, atendendo a requerimento fundamentado, e instaurar Processo de Investigação Preliminar.

Art. 5º – O Procurador Geral do Município poderá, na forma estabelecida, no artigo 215 do Código de Processo Civil, receber citação inicial.

CAPÍTULO III
DA SECRETARIA ADMINISTRATIVA DA PROCURADORIA

Art. 6º – Compete à Secretaria Administrativa da Procuradoria:

I – Assessorar o Procurador Municipal na análise, elaboração de parecer e encaminhamento de assuntos de natureza jurídica;

II – Coligir e organizar informações relativas à jurisprudência, à doutrina e à legislação federal, estadual e municipal;

III – Catalogar, classificar, arquivar e controlar os volumes da biblioteca jurídica;

IV – Protocolar, receber e expedir correspondências e processos;

V – Manter arquivos de processos e documentos de interesse da Procuradoria Municipal.

Parágrafo único – A Secretaria Administrativa terá a seguinte estrutura:

I – Assessoria/Setor Patrimônio:

a) Desapropriações/Servidões;

b) Regularizações Urbanísticas;

II – Setor de processos administrativos;

III – Contencioso/Processos Judiciais;

IV – Convênios e atos Correlatos/Similares;
V – Setor administrativo operacional.

CAPÍTULO IV
DO DEPARTAMENTO DE ATOS E CONTRATOS ADMINISTRATIVOS (DACAD)

Art. 7º – São da competência do DACAD as atribuições previstas no inciso XII, do art. 1º, da presente Lei.
Parágrafo único. Das decisões do DACAD, que afrontarem texto expresso de Lei ou divergirem de decisões anteriores do Município caberá recurso ao Procurador Geral.

CAPÍTULO V
DO DEPARTAMENTO DE ASSISTÊNCIA AO CIDADÃO (DACID)

Art. 8º – O DACID terá a seguinte estrutura:
I – Assistência Judiciária;
II – Assessoria de Direitos Humanos.
Art. 9º – A Assistência Judiciária compete:
I – Prestar assistência e orientação jurídica à população carente do Município;
II – Promover ações judiciais para defender os direitos dos beneficiários da Justiça gratuita;
III – Prestar assistência ao turista necessitado de assistência jurídica quanto aos seus direitos de cidadão.
Art. 10 – À Assessoria de Direitos Humanos compete:
I – Acompanhar as reuniões dos conselhos municipais e prestar-lhes assistência e orientação jurídica;
II – Conhecer e averiguar a ocorrência de fatos lesivos aos direitos humanos e tomar as providências junto às autoridades competentes.
III – Articular-se com a Comissão de Direitos Humanos da Câmara Municipal visando otimizar a abordagem dos casos.

CAPÍTULO VI
DO PROCON

Art. 11 – O PROCON integrará a Procuradoria Jurídica, prevalecendo, quanto ao mesmo, as demais disposições das Leis Municipais e do Código de Defesa do Consumidor.

CAPÍTULO VII
DO DEPARTAMENTO DE LEGISLAÇÃO E REVISÃO (DELER)

Art. 12 – Os atos normativos e atos administrativos serão revisados pelo Departamento de Legislação e Revisão da Procuradoria Jurídica – DELER.
Art. 13 – Será da competência do DELER a padronização dos documentos da Procuradoria e dos documentos legais do Município.

Parágrafo único. Nenhum documento de expediente, norma ou ato normativo deverá ser emitido pela Procuradoria sem prévia revisão do DELER.

CAPÍTULO VIII
DA DÍVIDA ATIVA

Art. 14 – A cobrança da Dívida Ativa será feita pela Procuradoria Municipal, à vista das certidões que lhe forem remetidas pelo órgão competente.

Art. 15 – Os honorários pagos pela parte vencida em virtude de cobrança judicial da Dívida Ativa pertencem ao Procurador Geral do Município, aos Procuradores Municipais efetivos, aos Diretores e Assessores Jurídicos da Procuradoria Jurídica Municipal, em exercício, e, entre estes, serão rateados periodicamente, sempre que houver disponibilidade de caixa, sem prejuízo da remuneração do cargo, observando o teto constitucional previsto no art. 37, XI, da Constituição da República.

Parágrafo único – Os valores que superarem o teto constitucional serão utilizados em programas de treinamento e de melhoria das condições de trabalho da Procuradoria Jurídica Municipal.

Art. 16 – Para efeito do disposto no artigo antecedente fica criada Comissão Gestora de Valores e Consectários – CGV- PJM – para gerir e executar o sistema do Caixa Coletivo, que funcionará sob a coordenação do Procurador-Geral e terá a participação de membros da Procuradoria Jurídica referidos no art. 15.

§1º A CGV-PJM funcionará nos termos do Regulamento elaborado pelo Procurador Geral do Município e homologado pelo Prefeito Municipal por meio de Decreto, o qual disporá sobre a forma de eleição dos demais membros e de sua operacionalização.

§2º A CGV-PJM será responsável pela coordenação das atividades relativas à execução dos honorários, que poderá, nos termos do Regulamento, ser promovida por qualquer dos membros relacionados no art. 15 desta Lei, em benefício dos demais.

Art. 17 – Na ocorrência da prescrição da ação de cobrança, a Procuradoria apurará, para efeito de ressarcimento ao erário, as responsabilidades civil, penal e administrativa dos responsáveis.

CAPÍTULO IX
DOS HONORÁRIOS DE SUCUMBÊNCIA

Art. 18 – Os honorários advocatícios da sucumbência de que trata o artigo 23 da Lei Federal nº 8.906, de 04 de julho de 1.994, pertencem ao Procurador Geral do Município, aos Procuradores Municipais efetivos, aos Diretores e Assessores Jurídicos da Procuradoria Jurídica Municipal, em exercício, e, entre estes, serão rateados periodicamente, sempre que houver disponibilidade de caixa, sem prejuízo da remuneração do cargo, observando o teto constitucional previsto no art. 37, XI, da Constituição da República e as disposições do Regulamento do CGV-PJM.

Parágrafo único: O rateio dos valores de que trata o caput será realizado através da Comissão Gestora de Valores e Consectários – CGV-PJM, nos termos do art. 15 desta Lei e das demais disposições do Regulamento.

Art. 19 – Observada a legislação do Imposto de Renda no ato de levantamento judicial dos honorários advocatícios, quando for o caso, o recolhimento de eventuais diferenças deste imposto à Receita Federal será de responsabilidade exclusiva de cada um dos procuradores beneficiados pelo rateio.

Art. 20 – Caberá à Comissão Gestora de Valores e Consectários – CGV-PJM, até o mês de março de cada exercício, emitir relatório dos honorários da sucumbência rateados entre os servidores referidos no art. 15, para efeito da declaração de ajuste anual do Imposto de Renda.

CAPÍTULO X
DAS DISPOSIÇÕES FINAIS E TRANSITÓRIAS

Art. 21 – As atividades do Departamento de Atos e Contratos Administrativos – DACAD, do Departamento de Assistência ao Cidadão – DACID e do Departamento de Legislação e Revisão – DELER serão dirigidas por servidor da Procuradoria Jurídica do Município designado pelo Procurador Geral por meio de Portaria,

Art. 22 – Os Honorários tratados por esta Lei serão depositados em conta específica e contabilizados extraorçamentariamente.

Art. 23 – Os cargos da Procuradoria Jurídica do Município correspondem ao Anexo I da presente Lei.

Art. 24 – Ficam alterados os Anexos VII, XV e XVII da Lei Complementar nº 21 de 1º de novembro de 2006, que dispõe sobre o Plano de Cargos e Vencimentos da Prefeitura Municipal de Ouro Preto, que passam a vigorar, respectivamente, conforme os Anexos II, III e IV desta Lei Complementar.

Art. 25 – Ficam revogadas a Lei Complementar n 05, de 19 de maio de 2005, a Lei Complementar nº 17, de 14 de agosto de 2006 e a Lei Complementar nº 27. de 29 de dezembro de 2006.

Art. 26 – Esta Lei Complementar entra em vigor na data de sua publicação.

Ouro Preto, Patrimônio Cultural da Humanidade, 10 de dezembro de 2007, duzentos e noventa e seis anos da Instalação da Câmara Municipal e vinte e sete anos do Tombamento.

Angelo Oswaldo de Araújo Santos
Prefeito de Ouro Preto

Substitutivo ao Projeto de Lei Complementar nº 02/08
Autoria: Prefeito Municipal Praça Barão do Rio Branco. 12, Pilar
Ouro Preto MG 35400-000
Tel. (31) 3559-3200

ANEXO I

TABELA DE VENCIMENTOS DE CARGOS COMISSIONADOS		
CARGOS	NÚMERO	CÓDIGO
DIRETOR DA PJM	3	C-4
DIRETOR DO PROCON	1	C-4
ASSESSOR JURÍDICO I	3	C-5
ASSESSOR JURÍDICO II	1	C-6

ANEXO II

(continua)

PREFEITURA MUNICIPAL DE OURO PRETO		
PLANO DE CARGOS E VENCIMENTOS		
CARGOS DE PROVIMENTO EM COMISSÃO		
ANEXO VII		
CARGOS	NÚMERO	CÓDIGO DE VENCIMENTO
ASSESSOR	46	C-8
ASSESSOR ESPECIAL	5	C-2
ASSESSOR JURÍDICO I	3	C-5
ASSESSOR JURÍDICO II	1	C-6
ASSESSOR ADM. E ASSESSOR JURÍDICO SEMAE	1	C-5
ASSESSOR DO PREFEITO	2	C-7
ASSESSOR DE IMPRENSA	2	C-4
ASSESSOR I	82	C-7
ASSESSOR II	50	C-6
ASSESSOR III	47	C-5
ASSESSOR IV	5	C-4
ASSESSOR IV – PROGRAMA BID MONUMENTA	2	C-4
CHEFE DE GABINETE DO PREFEITO	1	C-1
CHEFE DE SETOR II	36	FG II
CHEFE DE SETOR I	38	FG I

(conclusão)

COORDENADOR DEPARTAMENTO BID MONUMENTA	1	C-3
CONTROLADOR INTERNO	1	C-3
COORDENADOR DE OBRAS	1	C-3
COORDENADOR DE PROJETOS E ORÇAMENTOS	1	C-3
COORDENADOR DO DACAD	1	C-3
COORDENADOR PARLAMENTAR	1	C-3
COORDENADORES SEMAE (DIRETORES ADM. E TEC)	2	C-3
DIRETOR DE DEPARTAMENTO	44	C-4
DIRETOR DE FUNDO MUNICIPAL	1	C-4
DIRETOR DO PJM	3	C-4
DIRETOR DE ESCOLA	1	C-4
DIRETOR DO PROCON	1	C-4
GERENTE ADMINISTRATIVO	3	C-5
MOTORISTA DO GABINETE DO PREFEITO	2	C-7
PROCURADOR GERAL	1	SUBSÍDIO FIXADO PELA CÂMARA
SECRETÁRIO MUNICIPAL	12	SUBSÍDIO FIXADO PELA CÂMARA
SUPERINTENDENTE	6	C-3
SUPERINTENDENTE EXECUTIVO DO SEMAE	1	C-1

ANEXO IV

PREFEITURA MUNICIPAL DE OURO PRETO
PLANO DE CARGOS E VENCIMENTOS
DESCRIÇÃO DOS CARGOS COMISSIONADOS

ANEXO Nº XVII
CLASSE: ASSESSOR
CARGOS: Assessor e Assessor I a Assessor VIII
QUALIFICAÇÃO: Livre
DESCRIÇÃO:
Serviços de assessoramento ao Prefeito, órgãos e unidades de hierarquia variada da Prefeitura Municipal.

ATRIBUIÇÕES:
– prestar assessoria ao Prefeito, aos Secretários Municipais e aos titulares de órgãos e unidades da Administração, de nível hierárquico variado, no desempenho de suas atribuições;
– apoiar o titular do órgão na organização e funcionamento de seu gabinete e das unidades que lhe são subordinadas;
– assessorar o titular do órgão ou unidade administrativa a que estiver vinculado em todos os assuntos que lhe forem pertinentes;
– realizar pesquisas e estudos técnicos, mediante solicitação do superior imediato;
– participar de encontros e reuniões, realizar contatos e executar outras atividades técnicas que lhe forem atribuídas pelo superior imediato;
– desempenhar missões delegadas pelo superior imediato;– executar outras atividades que lhe forem confiadas pelo superior imediato
– apresentar relatórios de suas atividades.

CLASSE:ASSESSOR DO PREFEITO
CARGO: Assessor do Prefeito
QUALIFICAÇÃO: Livre
DESCRIÇÃO:
Serviços de assessoramento ao Gabinete, consistindo em dar suporte no transporte do Prefeito e pessoas indicadas.
ATRIBUIÇÕES:
– Assessorar o Gabinete, dando-lhe suporte no transporte do Prefeito e pessoas indicadas e, ainda:
– conhecer as normas de trânsito brasileiras, direção defensiva, noções de primeiros socorros, mecânica, normas de segurança do trânsito e sinalização;

- dirigir automóveis utilizados no transporte oficial de passageiros;
- vistoriar o veículo a ser utilizado, verificando o nível de água, óleo, combustível, lubrificante e outros;
- executar a programação e itinerário estabelecidos pela ordens de serviço;
- inspecionar as partes vitais do veículo, comunicando a quem de direito as falhas verificadas;
- providenciar o abastecimento do veículo;
- executar reparos de emergência no veículo;
- transmitir os acontecimentos de fatos e danos relacionados com o veículo sob sua responsabilidade; preencher, diariamente, fichas de controle dos serviços realizados;
- executar outra atividades correlatas.

CLASSE: CHEFE DE GABINETE DO PREFEITO
CARGO: Chefe de Gabinete do Prefeito
QUALIFICAÇÃO: Livre
ATRIBUIÇÕES:
- prestar assistência direta ao Prefeito e, ainda: planejar, organizar e supervisionar trabalhos de gabinete do Prefeito, tendo em vista a realização de atividades executivas;
- realizar trabalho de atendimento, comunicação e redação no Gabinete;
- assessorar o Prefeito Municipal nos aspectos políticos, administrativos e outros solicitados pelo mesmo;
- executar outras atividades correlatas.

CLASSE: CHEFE DE SETOR
CARGO: Chefe de Setor
QUALIFICAÇÃO: Livre
ATRIBUIÇÕES:
- Planejar, supervisionar, orientar e executar as atividades de competência do respectivo setor e, ainda: assistir ao respectivo Diretor de Departamento nos assuntos de sua competência;
- propor medidas que visem a racionalização dos trabalhos afetos ao respectivo setor;
- praticar os demais atos necessários à consecução dos objetivos do setor;
- efetuar atendimento ao público;
- despachar documentação;
- executar outras atividades correlatas.

CLASSE: CONTROLADOR INTERNO
CARGO: Controlador Interno
QUALIFICAÇÃO: Livre
ATRIBUIÇÕES:
Dirigir os serviços de controladoria interna da Prefeitura, competindo-lhe, entre outros:
- verificar a regularidade da programação orçamentaria e financeira, avaliando o cumprimento das metas previstas no Plano Plurianual, a execução dos programas de governo e do orçamento do Município;

– comprovar a legalidade e avaliar os resultados, quanto à eficácia, eficiência e economicidade, da gestão orçamentaria, financeira e patrimonial nos órgãos e entidades da administração direta e indireta do Município, bem como da aplicação de recursos públicos por entidades de direito privado;
– exercer o controle das operações de crédito, avais e garantias, bem como dos direitos e haveres do Município;
– apoiar o controle externo no exercício de sua missão institucional;
– examinar a escrituração contábil e a documentação a ela correspondente;
– examinar as fases de execução da despesa, inclusive verificando a regularidade das licitações e contratos, sob os aspectos da legalidade, legitimidade, economicidade e razoabilidade;
– examinar a execução da receita bem como as operações de crédito, emissão de títulos e verificação dos depósitos de cauções e fianças;
– examinar os créditos adicionais bem como a conta "restos a pagar" e "despesas de exercícios anteriores";
– acompanhar a contabilização dos recursos provenientes de celebração de convénios e examinando as despesas correspondentes, na forma do inciso IV deste artigo;
– acompanhar, para fins de posterior registro no Tribunal de Contas, os atos de admissão de pessoal, a qualquer título, na administração direta e indireta municipal, incluídas as fundações instituídas ou mantidas pelo poder público municipal, excetuadas as nomeações para cargo de provimento em comissão e designação para função de confiança;
– verificar os atos de aposentadoria para posterior registro no Tribunal de Contas;
– executar outras atividades correlatas.

CLASSE: COORDENADOR
CARGOS; Coordenador de Obras, Coordenador de Projetos e Orçamento. Coordenador do Programa BID/MONUMENTA, Coordenador Parlamentar.
QUALIFICAÇÃO: Livre
ATRIBUIÇÕES:
– participar do planejamento, organização e definição das diretrizes e programas de sua área de atuação;
– planejar, executar, controlar e avaliar as atividades de sua competência;
– coordenar as atividades administrativas no âmbito de sua competência;
– submeter à secretaria responsável, o programa de trabalho e a proposta orçamentaria anual da unidade de sua competência;
– planejar e autorizar a aplicação de recursos financeiros e prestar contas de sua realização;
– representar a unidade de sua competência;
– apresentar aos escalões superiores relatórios de atividades e de resultados;
– promover a integração da unidade com a comunidade, especialmente no âmbito de sua área de atuação:
– cumprir e fazer cumprir as normas de sua área de atuação;
– executar outras atividades correlatas.

ANEXO IV
CLASSE: DIRETOR DE DEPARTAMENTO
CARGOS: Diretor de Departamento, Diretor do Procon
QUALIFICAÇÃO: Livre
ATRIBUIÇÕES:
Orientar, dirigir e supervisionar todas as atividades relacionadas com as atribuições do seu Departamento e, ainda:
– coordenar a elaboração da programação mensal e anual do respectivo Departamento;
– coordenar a implantação dos trabalhos programados e a utilização dos recursos disponíveis;
– controlar os padrões de desempenho e qualidade dos serviços;
– proceder e coordenar à avaliação periódica de desempenho dos servidores em exercício nas unidades sob sua supervisão;
– participar do planejamento e das atividades das áreas da Diretoria;
– participar de equipes multidisciplinares na sua área de competência;
– desempenhar outras atividades que lhe forem atribuídas pelos respectivos Secretários.
– analisar requerimentos solicitando certidões;
– efetuar atendimento ao público.
– assinar documentação referente aos assuntos de sua competência;
– executar outras atividades correlatas.

CLASSE: GERENTE ADMINISTRATIVO
CARGO: Gerente Administrativo
QUALIFICAÇÃO: Livre
ATRIBUIÇÕES:
– orientar, dirigir e supervisionar todas as atividades relacionadas com as atribuições do departamento ou programa sob sua responsabilidade;
– coordenar a elaboração da programação anual de seus respectivos departamentos e programas;
– coordenar a implantação dos trabalhos programados e a utilização dos recursos disponíveis;
– controlar os padrões de desempenho e qualidade dos serviços;
– desempenhar outras atividades que lhe forem atribuídas pelos respectivos Secretários e Diretores.
– analisar requerimentos solicitando certidões;
– efetuar atendimento ao público.
– assinar documentação referente aos assuntos de sua competência;
– executar outras atividades correlatas.

CLASSE: PROCURADOR GERAL
CARGO: Procurador Geral
QUALIFICAÇÃO: Livre A
ATRIBUIÇÕES:
Dirigir a Procuradoria Geral do Município, participando do planejamento, organização e definição de políticas e diretrizes da Procuradoria Geral e, ainda:

– coordenar, orientar e controlar o desempenho das Unidades subordinadas;
– determinar providências e estabelecer contatos relacionados com as atividades da Procuradoria Geral;
– planejar, executar, coordenar e controlar as atividades municipais relativas ao desenvolvimento e aplicação das atividades jurídicas;
– prestar assessoramento jurídico às demais áreas da Administração direta, bem como elaborar pareceres sobre consultas formuladas;
– representar o Município em juízo ou fora dele, ou fazer-se representar para tal fim;
– manter coletânea atualizada da legislação, doutrina e jurisprudências sobre assuntos de interesse do Município, como subsídio às atividades da Administração Pública e informação à população;
– coordenar e implementar as atividades de destinação de honorários decorrentes de sua atuação em juízo, observado o critério de participação coletiva dos procuradores municipais e a legislação federal específica;
– coordenar e executar as atividades administrativas da Procuradoria;
– zelar pelo acervo de leis e decretos Municipais, arquivando-os, sistematicamente, inclusive por meio eletrônico na conformidade do que dispuser a lei;
– prestar assistência jurídica ao Prefeito Municipal;
– elaborar relatórios sobre matéria de natureza jurídica;
– responsabilizar-se, juntamente com o Procurador Adjunto, por todas as atividades da Procuradoria Geral do Município, na conformidade com a resolução expedida por ela;
– executar outras atividades correlatas.

CLASSE: SECRETARIO EXECUTIVO
CARGO: Secretário Executivo
QUALIFICAÇÃO: Livre
ATRIBUIÇÕES:
– prestar, diretamente, ao Prefeito assistência e orientação;
– Elaborar correspondência pessoal do Prefeito, atender às partes, encaminhá-las aos órgãos competentes e marcar-lhe audiência;
– integrar-se com os diversos órgãos da Administração;
– articular-se com os demais órgãos da Administração, orientando-os sobre relatórios anuais e promoções administrativas;
– atender às reclamações do público e encaminhá-las aos órgãos competentes para pronta solução;
– preparar solenidades, expedir convites, tomar providências necessárias ao cumprimento dos programas;
– assessorar as reuniões do Prefeito com suas secretarias;
– preparar e executar serviços de datilografia e digitação em geral;
– organizar e manter organizados fichários, arquivos e correspondências do Gabinete do Prefeito;
– organizar e manter sobre controle, o registro de projetos de lei, decretos, portarias e demais atos baixados pelo Prefeito;
– redigir e encaminhar correspondências e projetos de lei a serem submetidos ao Poder Legislativo.

CLASSE: SECRETÁRIO MUNICIPAL
CARGO: Secretário Municipal
QUALIFICAÇÃO: Livre
ATRIBUIÇÕES:

Exercer função executiva de direção das secretarias do governo municipal, participar do planejamento, organização e definição de políticas e diretrizes de sua área de atuação e, ainda:
– dirigir unidade de primeiro nível de organização;
– coordenar, orientar e controlar o desempenho das unidades subordinadas;
– decidir sobre matéria pertinente à secretaria;
– determinar providências e estabelecer contatos relacionados com as atividades da secretaria;
– assistir ao prefeito em assuntos relacionados com a secretaria;
– executar outras atividades correlatas.

CLASSE: SUPERVISOR HOSPITALAR
CARGO: Supervisor Hospitalar
QUALIFICAÇÃO: Livre
ATRIBUIÇÕES:

– chefiar, planejar, programar, coordenar e supervisionar atividades de terceiro nível de organização;
– programar, organizar, coordenar e controlar o trabalho de unidades ou grupos de pessoas subordinadas;
– propor programas de trabalho ou novas rotinas;
– baixar ordens de serviço e instruções necessárias à execução dos trabalhos;
– promover o aperfeiçoamento dos serviços que estão sob sua supervisão;
– preparar informações e pareceres para expedientes e processos em sua área de atuação;
– apresentar relatórios das atividades realizadas em sua área de atuação;
– requisitar e controlar o material necessário ao trabalho no seu setor;
– executar outras atividades correlatas.
– planejar a coordenação e avaliação das atividades do Sistema Único de Saúde da Secretaria Municipal da Saúde de Ouro Preto.
– determinar a entrada dos usuários no sistema: serviço de urgência e atendimento programado;
– controlar os atendimentos realizados nos PSFs e UBS's;
– controlar e avaliar a cobertura vacinai;
– controlar exames laboratoriais (quantidade, propriedade e variedade)
– controlar o estoque da farmácia pública;
– controlar o atendimento odontológico;
– controlar o setor de marcação de consultas e exames, que são situados dentro da própria Secretaria;
– controlar índices epidemiológicos,
– verificar a condição de atendimento das unidades;
– verificar o índice de satisfação do usuário;

– auxiliar o secretário no controle interno da Secretaria;
– atuar e elaborar as PPP de média e alta complexidade;
– realizar a pactuação da atenção básica anual, usando os dados como um parâmetro para a melhoria dos serviços e atendimentos prestados;
– executar outras atividades

ANEXO B: LEI COMPLEMENTAR 177/2018 – ESTRUTURA ORGANIZACIONAL DA PREFEITURA DE MARIANA-MG

Lei Complementar nº 177, de 13 de julho de 2018.

Dispõe sobre o modelo de gestão e a estrutura organizacional da Administração Direta do Município de Mariana.

O Povo do Município de Mariana por seus representantes legais aprovou e eu, Prefeito Municipal sanciono a seguinte Lei.

TÍTULO I
DISPOSIÇÕES PRELIMINARES

CAPÍTULO I
DO MUNICÍPIO

Art. 1º O Município de Mariana instituição de Direito Público Interno, dotado de autonomia política, administrativa e financeira, integrante do Estado de Minas Gerais, da República Federativa do Brasil.

Art. 2º O Município de Mariana é organizado por meio de Lei Orgânica própria e demais leis que adotar, observados os princípios das Constituições Federal e Estadual.

Art. 3º O Município de Mariana tem os seguintes objetivos prioritários, além dos previstos na Lei Orgânica:

I – gerir interesses locais, como fator essencial de desenvolvimento de seu território;
II – promover, de forma integrada, o desenvolvimento social e económico da população de sua sede, distritos, povoados e zona rural;
III – promover planos, programas e projetos de interesse dos segmentos mais carentes da sociedade;
IV – estimular e difundir o ensino e a cultura, proteger o patrimônio cultural, histórico e o meio ambiente;
V – dotar-se de estrutura administrativa eficiente;
VI – profissionalizar o serviço público;
VII – contribuir para o desenvolvimento da região, de forma cooperativa com os demais municípios que a integram;
VIII – melhorar a qualidade de vida da população de forma contínua e integrada.

CAPÍTULO II
DOS PRINCÍPIOS ÉTICOS

Art. 4º A Administração Municipal se submeterá a preceitos éticos que resguardem a probidade, a legalidade, a impessoalidade, a moralidade administrativa, a eficiência e o respeito aos direitos do cidadão, e ainda:

I – igualdade: tratamento justo de todos os cidadãos e usuários de serviços públicos, sendo vedado qualquer ato discriminatório em decorrência de gênero, raça ou religião;
II – transparência: disponibilização a tempo e modo de informação a respeito dos gastos e receitas públicas, bem como de procedimentos administrativos de interesse dos cidadãos;
III – prestação de contas: os agentes públicos nomeados para o exercício de cargos de direção, chefia e assessoramento deverão prestar contas de dinheiros, bens e valores públicos sob sua responsabilidade, assumindo, integralmente, a responsabilidade e as consequências de seus atos e omissões que derem causa a perda, extravio ou outra irregularidade de que resulte prejuízo ao erário;
IV – responsabilidade administrativa: os agentes públicos deverão zelar pelo cumprimento das normas reguladoras expressas nas leis e normas internas.

Art. 5º A ação do Poder Executivo se exercerá em conformidade com a Lei e com o objetivo de servir à coletividade.

Art. 6º O ato administrativo será motivado e estará fundamentado no interesse público e no resguardo dos direitos individuais e coletivos do cidadão.

Art. 7º Os interessados diretos, a comunidade e os veículos de comunicação terão acesso à informação sobre os atos administrativos naquilo que não afete o interesse da Administração ou individual.
Art. 8º A prestação de serviço a cargo da administração municipal poderá ser atribuída à sociedade civil organizada, observados os princípios de participação e controle dos atos do Poder Executivo.
Art. 9º É obrigatória a declaração de bens, na forma da legislação em vigor, para investidura em cargos em comissão.
Art. 10. O Município adotará Código de Ética que regerá a conduta dos servidores públicos municipais.

CAPÍTULO III
DO CONTROLE DEMOCRÁTICO DO PODER PÚBLICO

Art. 11. O Poder Executivo adotará as seguintes formas de controle democrático da Administração Municipal:

I – audiência pública, com a presença do Prefeito Municipal, do Vice-Prefeito ou de Secretários Municipais, com a finalidade de ouvir o cidadão em suas reivindicações, tendo em vista o atendimento do interesse público e a preservação de direitos;

II – sistema de informação ao cidadão, pelo qual, de modo direto e simples, o cidadão possa obter dos órgãos ou unidades administrativas as informações de seu interesse;
III – deliberações dos conselhos municipais organizados conforme legislação própria.
Art. 12. Poderão ser estabelecidas pelo Poder Executivo:
I – reuniões de debate, constituídas de membros do Poder Executivo e da comunidade, para discussão de temas de interesse desta;
II – pesquisa de opinião pública, como subsídio à decisão governamental.

CAPÍTULO IV
DAS FONTES NORMATIVAS DE ORGANIZAÇÃO DA ADMINISTRAÇÃO

Art. 13. A organização, a estrutura e os procedimentos da Administração Municipal se regem pelas seguintes fontes:

I – Constituições da República e do Estado;
II- Lei Orgânica do Município;
III – Legislações federal e estadual aplicáveis;
IV – Legislação municipal;
V – Políticas, diretrizes, planos e programas dos governos da União, do Estado e do Município;
VI – Decretos, Ofícios e Portarias do Prefeito;
VII – Ofícios e Comunicações Internas dos Secretários Municipais;
VIII – Memorando de titular de unidade administrativa.

CAPÍTULO V
DA GESTÃO ORÇAMENTÁRIA DESCENTRALIZADA

Art. 14. A gestão da administração direta municipal será desburocratizada, o orçamento será descentralizado, aprimorando-se o processo de decisão, os procedimentos, a cooperação entre os serviços, o compartilhamento de conhecimentos e a gestão da informação, visando garantir a prestação dos serviços públicos, de modo a tornar o município de Mariana referência em desenvolvimento sustentável.

§1º. A gestão orçamentária será descentralizada, respondendo os Secretários Municipais, o Procurador Geral e o Controlador Geral pelos atos de ordenação de despesas de suas respectivas pastas.
§2º. Serão nomeados liquidantes para cada Unidade Orçamentária, visando a segregação de funções e a transparência do processo de execução orçamentária.
§3º. As atividades exclusivas de Estado, assim consideradas as de alta relevância, que para o seu exercício é necessário o poder de Estado, são indelegáveis e serão exercidas por servidores públicos concursados.
§4º. As atividades não exclusivas poderão ser terceirizadas, por meio de concessão ou de contratação de prestação de serviços, conforme o caso.

TÍTULO II
DA ORGANIZAÇÃO

CAPÍTULO I
DA ORGANIZAÇÃO EM SISTEMAS

Art. 15. As atividades administrativas comuns a todos os órgãos e entidades da administração direta municipal serão desenvolvidas e executadas de forma centralizada e sistêmica.

Parágrafo Único. A organização em sistemas tem por finalidade assegurar a concentração e articulação do esforço técnico para padronização, aumento de rentabilidade, uniformização, celeridade e economia processuais, combate ao desperdício, contenção e progressiva redução dos custos operacionais.

Art. 16. Serão organizados em sistemas:

I- planejamento e orçamento;
II – tributação, contabilidade e tesouraria;
III – compras, licitação, almoxarifado e patrimônio;
IV – gestão documental, arquivo e publicação oficial;
V – controle interno;
VI – gestão de pessoas e corregedoria administrativa.

Parágrafo Único. A critério do Poder Executivo, poderão ser organizadas em sistemas atividades desdobradas das previstas neste artigo, ou outras cuja coordenação central se demonstre conveniente.

CAPÍTULO II
DOS PRINCÍPIOS FUNDAMENTAIS

Art. 17. A Ação Administrativa Municipal pautar-se-á pelos preceitos contidos nesta Lei e pelos seguintes procedimentos:

I – planejamento estratégico;
II – coordenação geral;
III- controle geral e integridade;
IV- continuidade administrativa;
V – efetividade e eficiência;
VI – modernização administrativa.

Seção I
Do Planejamento Estratégico

Art. 18. Planejamento estratégico é, para os efeitos desta Lei, o estabelecimento de políticas, diretrizes, objetivos, metas e normas sistêmicas que orientem e conduzam a ação governamental, buscando alinhar as estratégias organizacionais aos resultados pretendidos das políticas públicas implementadas.

Parágrafo Único. O núcleo estratégico de governo é composto pelo gabinete do Prefeito, gabinete do Vice-Prefeito, Secretário de Governo e Conselho de Desenvolvimento Estratégico.

Art. 19. O Conselho de Desenvolvimento Estratégico é um órgão consultivo do Prefeito Municipal, composto por 9 (nove) cidadãos notáveis livremente nomeados pelo Prefeito que tem por finalidade analisar, pesquisar e apresentar soluções de questões específicas submetidas pelo Prefeito Municipal.

Art. 20. O *munus* público de Conselheiro do Conselho de Desenvolvimento Estratégico não é remunerado e não gera qualquer espécie de vínculo empregatício ou funcional com o Município de Mariana.
Art. 21. O Conselho de Desenvolvimento Estratégico será regulamentado por Decreto.

Art. 22. As unidades gestoras deverão realizar diagnóstico institucional, com a finalidade de avaliar a capacidade de contribuição efetiva para a implementação do planejamento estratégico proposto, apresentando um plano de ação com os pontos de reforma e as necessidades de melhoria para o cumprimento integral do plano de governo.

Art. 23. A ação governamental obedecerá ao planejamento que vise à formação do desenvolvimento econômico-social do Município, regendo-se pelos seguintes instrumentos administrativos:

I – plano geral de governo;
II – plano plurianual;
III – programas gerais, setoriais, de duração anual;
IV – diretrizes orçamentárias;
V – orçamento-programa anual;
VI – programação financeira ou desembolso;
VII – plano diretor;
VIII – plano de metas.

Seção II
Da Coordenação Geral

Art. 24. Coordenação é, para os efeitos desta Lei, a articulação permanente das atividades entre todos os níveis e áreas, do planejamento até a execução.

Seção III
Do Controle Geral e da Integridade

Art. 25. Controle é, para os efeitos desta Lei, a fiscalização e o acompanhamento sistemático e contínuo das atividades da Administração Pública Municipal.

Art. 26. O controle da Administração Pública Municipal tem por finalidade assegurar a integridade de todos os atos administrativos e que:

I – os resultados da gestão da Administração Municipal sejam avaliados para formação e ajustamento das políticas, diretrizes, planos, objetivos, programas e metas do governo;

II – a utilização de recursos seja realizada conforme os regulamentos e as políticas adotadas;

III – os recursos sejam resguardados contra o desperdício, a perda, o uso indevido, o delito contra o património público e qualquer outra forma de evasão.

Art. 27. O controle na Administração Pública Municipal será exercido:

I – pela chefia competente, quanto à execução de programas e à observância de normas;

II – pela coordenação instituída, quando da execução de projetos especiais;

III – pelos órgãos, com relação à observância das normas gerais que regulam o exercício de suas atividades;

IV – pelo órgão responsável pela política;

V – pelo sistema de controle interno.

Seção IV
Da Continuidade Administrativa

Art. 28. Continuidade administrativa é, para os efeitos desta Lei, a manutenção de programas, projetos e dos quadros de dirigentes capacitados, para garantir a produtividade, a qualidade e a efetividade da ação administrativa.

Seção V
Da Efetividade

Art. 29. Efetividade é, para os fins desta Lei, a realização plena dos objetivos governamentais que assegurem a eficiência e a eficácia administrativa e operacional.

Seção VI
Da Eficiência

Art. 30. Eficiência é, para os fins desta Lei, o princípio que impõe à Administração Pública desempenhar suas atividades com presteza e perfeição, exigindo resultados positivos para o serviço público e satisfatório para os munícipes.

Seção VII
Da Modernização Administrativa

Art. 31. A Administração Municipal promoverá a modernização administrativa, entendendo esta como processo de constante aperfeiçoamento, mediante reforma, desburocratização e desenvolvimento de recursos humanos, em atendimento às transformações sociais e econômicas e ao progresso tecnológico.

Art. 32. Para os efeitos desta Lei, entende-se por:

I – reforma administrativa – as medidas destinadas à constante racionalização de estruturas, de procedimentos e meio de racionalização do serviço público;
II – desburocratização – simplificação de procedimentos administrativos e a redução de exigências burocráticas;
III – terceirização de atividades auxiliares — realização de licitação para a prestação de serviços auxiliares, assim entendidos aqueles que não se referem às atividades fins da Administração;
IV – desenvolvimento de recursos humanos – o aperfeiçoamento contínuo e sistemático do servidor, por meio de projetos e programas educacionais, qualificação profissional e gerencial;
V – controle de resultados – instituição de metas de resultados por secretaria, que deverão ser apurados e medidos.

CAPÍTULO III DA PROCURADORIA

Art. 33. À Procuradoria Geral do Município, órgão de primeiro nível hierárquico da Administração Municipal, com subordinação direta ao Chefe do Poder Executivo, compete as seguintes atribuições:

I – representar judicial e extrajudicialmente o Município, e os órgãos da Administração Direta e Indireta, promovendo-lhes a defesa em qualquer juízo ou instância;
II – orientar as ações do Poder Executivo Municipal;
III – emitir pareceres opinativos nos processos em tramitação nos órgãos do Poder Executivo Municipal;
IV – exercer outras funções no âmbito das relações jurídicas que lhe forem expressamente autorizada pelo Prefeito do Município;
V – exercer a análise da legalidade dos atos do Poder Executivo, especialmente por meio de prévio exame de suas antepropostas, anteprojetos e projetos de leis, e da proposta de declaração de nulidade de atos administrativos;
VI – prestar orientação e assessoramento direto às Secretarias Municipais nas questões de contencioso administrativo e consultoria jurídica;
VII – orientar os órgãos da administração direta e indireta quanto aos instrumentos e procedimentos jurídicos adequados a solução de problemas a eles atinentes;
VIII – revisar pareceres emitidos por empresa de assessoria e consultoria jurídica contratada, para fins de uniformização de entendimento;

IX – centralizar para efeitos de orientação e informação sistemática aos órgãos do Poder Executivo, as leis e decretos vigentes;

X – representar a Fazenda Pública Municipal perante o Tribunal de Contas.

Parágrafo Único. Suprimido

I – Suprimido

II – Suprimido

CAPÍTULO IV
DA CONTROLADORIA

Art. 34. A função de Controle Interno será exercida pela Controladoria Geral, com a participação de técnico de formação específica da área a ser auditada, bem como o estabelecimento de normas de prevenção e controle de gestão nas áreas administrativa, financeira, patrimonial e operacional, nos órgãos e unidades da Administração Pública.

CAPÍTULO V
DA FISCALIZAÇÃO

Art. 35. As funções de fiscalização tributária, de posturas, de obras, de saúde pública e de meio ambiente serão exercidas por servidores efetivos, que poderão requisitar apoio da Polícia Militar, se necessário, para a execução das atividades de seu cargo.

Parágrafo Único – As funções de fiscalização, por envolverem poder de polícia administrativa, são indelegáveis.

CAPÍTULO VI
DA TRANSPARÊNCIA E DO ACESSO À INFORMAÇÃO

Art. 36. Os atos administrativos serão motivados e ficarão disponíveis para consulta de qualquer cidadão que, motivadamente, requerer vistas dos mesmos.

Parágrafo Único. Os documentos sigilosos somente serão disponibilizados para defesa de direito da parte envolvida.

CAPÍTULO VII
DA GOVERNANÇA ADMINISTRATIVA

Art. 37. Governança Administrativa é a criação de mecanismos e procedimentos internos que:

I – assegurem que as decisões administrativas sejam tomadas para garantir o interesse público;

II – assegurem a realização de auditoria periódica;

III – que assegurem a aplicação efetiva do Código de Ética e de Conduta dos servidores públicos municipais;

IV – que permitam detectar e sanar desvios, fraudes, irregularidades e atos ilícitos praticados contra a administração pública municipal;

V – que incentivem a denúncia de irregularidades.

Art. 38. Serão implantados procedimentos de integridade visando cumprir:

I – o padrão ético desejável no serviço público;

II – normas e legislação interna;

III – normas de conduta e postura fixadas no Código de Ética.

Parágrafo Único. Os procedimentos previstos neste artigo serão baixados por Decreto.

TÍTULO III
DISPOSIÇÕES GERAIS

CAPÍTULO I
DO EXERCÍCIO DO PODER EXECUTIVO

Art. 39. O Poder Executivo é exercido sob a direção superior do Prefeito Municipal, auxiliado pelos Secretários Municipais.

§1º. Substitui o Prefeito, no caso de impedimento, e lhe sucede, na vaga, o Vice- Prefeito.

§2º. Equipara-se ao Secretário Municipal, em nível hierárquico, o Procurador Geral e o Controlador Geral.

Art. 40. Os Secretários Municipais, o Controlador Geral e o Procurador Geral são auxiliares diretos do Prefeito e responsáveis pela gestão de sua pasta no exercício das competências e atribuições constitucionais, legais e regulamentares.

Art. 41. A Administração Municipal compõe-se da Administração Direta e Indireta.

§1º. Administração Direta Municipal é, para os efeitos desta Lei, o conjunto dos órgãos administrativos despersonalizados do Poder Executivo.

§2º. As entidades da Administração Indireta somente poderão ser criadas ou autorizadas através de lei específica, com definição de sua área de atuação, conforme estabelecido na Constituição da República.

Seção I
Da Administração Direta

Art. 42. A Administração Direta é constituída por órgãos sem personalidade jurídica, sujeitos a subordinação hierárquica integrantes da estrutura administrativa do Poder Executivo e submetidos à direção superior do Prefeito Municipal.

Parágrafo Único. Os fundos de saúde, educação, assistência social, da criança e do adolescente e outros fundos financeiros são de responsabilidade direta do seu gestor.

Art. 43. A Administração Municipal abrange:

I – no primeiro grau, o Gabinete do Prefeito;
II – no segundo grau, os órgãos de Atividade de Assessoramento Direto e Imediato ao Prefeito, as Secretarias, a Controladoria Geral e a Procuradoria Geral;
III – no terceiro grau, as Subsecretarias;
IV – no quarto grau, as Coordenadorias;
V – no quinto grau, os Departamentos;
VI – no sexto grau, as comissões especiais constituídas por decreto.

Art. 44. À Secretaria Municipal, como órgão central de direção e coordenação das atividades de sua área de competência, cabe exercer a supervisão geral das unidades administrativas subordinadas.

Art. 45. As atividades da Secretaria Municipal serão classificadas em:

I – de direção, planejamento e coordenação das atividades;
II – de assistência e assessoramento;
III – de execução.

Art. 46. Os Secretários Municipais, o Controlador Geral e o Procurador Geral são ordenadores de despesas das pastas das quais são titulares, inclusive das despesas referentes à folha de pagamentos e encargos sociais.

§1º. Os Secretários Municipais poderão delegar a ordenação das despesas para o Subsecretário ou para os Coordenadores, realizadas no âmbito de suas competências.

§2º. Os Secretários Municipais, considerados Agentes Políticos por força da Constituição da República, terão o subsídio fixado por lei de iniciativa da Câmara Municipal vedada a percepção de qualquer outra vantagens de caráter remuneratório não previsto nesta lei.

§3º. Ao Prefeito Municipal, aos Secretários Municipais, ao Controlador Geral e ao Procurador Geral é devido o décimo terceiro salário proporcional ao exercício do cargo, à razão de 1/12 por mês de exercício.

§4º. O Prefeito Municipal, os Secretários Municipais, o Controlador Geral e o Procurador Geral, após completados 01 (um) ano da posse, farão jus ao gozo de 30 (trinta) dias de férias por ano sem prejuízo do subsídio/remuneração, acrescidas de adicional de férias correspondente a 1/3 (um terço) do subsídio/remuneração.

CAPÍTULO II
DOS CARGOS EM COMISSÃO E DAS FUNÇÕES DE CONFIANÇA

Art. 47. As funções de confiança, exercidas exclusivamente por servidores ocupantes de cargo efetivo, e os cargos em comissão, a serem preenchidos por servidores de carreira nos casos, condições e percentuais mínimos previstos em lei, destinam-se apenas às atribuições de direção, chefia e assessoramento.

Art. 48. Os cargos em comissão e as funções de confiança de direção fazem parte da estrutura hierárquica organizacional, e possuem denominação, quantitativos e nível salarial definidos nos anexos desta Lei.

§1º. Os cargos em comissão e as funções de confiança de direção possuem poder hierárquico e controle das atividades sob sua coordenação.

§2º. Os cargos em comissão e as funções de confiança de direção respondem diretamente ao Prefeito ou ao Secretário Municipal que estiver subordinado.

§3º. Os cargos de direção e as funções de confiança são considerados de confiança do superior hierárquico, tendo em vista que compete ao seu ocupante comunicar aos seus subordinados a visão política, a missão e os objetivos preconizados no Piano de Governo.

Art. 49. Os cargos em comissão e as funções de confiança de chefia têm por atribuição a supervisão de serviços ou de pessoas e possuem denominação, quantitativos e nível salarial definidos nos anexos desta Lei.

§1º. Os cargos em comissão e as funções de confiança de chefia possuem o grau de autonomia, independência, liberdade e discricionariedade para planejar e executar os trabalhos que estão sob sua supervisão direta definidos pelo Prefeito ou pelo Secretário a que estiver subordinado.

§2º. O ocupante de função ou cargo de chefia possui informações estratégicas e é responsável pela operacionalização tática do plano de governo, na sua área de competência.

Art. 50. O assessoramento compreenderá funções de complexidade e responsabilidade, que serão atribuídas a pessoas de confiança da autoridade nomeante, comprovada idoneidade, qualificação e/ou experiência e possuem denominação, quantitativos e nível salarial definidos nos anexos desta Lei.

§1º. Os assessores realizam consultoria interna diretamente ao Prefeito, Vice- Prefeito e/ou Secretários Municipais.

§2º. As atribuições de assessoramento estão ligadas à comunicação da visão do gestor público pressupõem poder de atuação abrangente no órgão em que o assessor estiver lotado;

§3º. As funções de confiança e gos em comissão de Assessoria são de confiança do Prefeito Municipal tendo em vista o grau de autonomia e liberdade de atuação exigida para o exercício da função.

Art. 51. Para execução de Programa, Projeto ou Serviço poderá ser designado servidor efetivo, que será responsável pela sua implantação, desenvolvimento, acompanhamento e avaliação.

Parágrafo Único. O servidor responsável por Programa, Projeto ou Serviço será designado, em caráter temporário, enquanto perdurar a atividade para a as Funções de Confiança previstas no anexo desta lei.

Art. 52. O servidor público ocupante de cargo efetivo, nomeado para o exercício de cargo comissionado poderá optar pela remuneração de seu cargo efetivo acrescido de gratificação no percentual de 20% (vinte por cento) incidente sobre o vencimento do cargo comissionado para o qual foi nomeado.

Parágrafo Único. Suprimido

Art. 53. Suprimido.

§1º. Suprimido.
§2º. Suprimido.
§3º. Suprimido.
§4º. Suprimido.
§5º. Suprimido.
§6º. Suprimido.

Art. 54. O Regime Jurídico dos servidores municipais ocupantes de cargos exclusivamente em comissão é o Estatutário, no que lhe for aplicável.

Art. 55. O Município de Mariana implementará progressivamente, no prazo de 05 (cinco) anos, a paridade de gêneros, dentre os cargos comissionados e função de confiança até que seja atingida a paridade de 50% (cinquenta por cento) para cada gênero.

§1º. A apuração do percentual estabelecido no caput para os Cargos Comissionados e para as Funções de Confiança será realizada observando-se a totalidade das funções e cargos existentes.

§2º. No prazo de 02 (dois) anos a contar da publicação desta Lei, o percentual de gênero deverá ser de no mínimo 30% (trinta por cento) de mulheres.

CAPÍTULO III
DA ESTRUTURAÇÃO ADMINISTRAÇÃO DIRETA

Art. 56. A competência de cada órgão da Administração Direta é a prevista nesta Lei, sem prejuízo de outras atribuições que vierem a ser-lhe delegadas.

Art. 57. São poderes inerentes à hierarquia:

I – delegar competência a seus subordinados;
II – avocar competência de seus subordinados;
III – ordenar serviços a seus subordinados;
IV- planejar e coordenar as atividades de competência de seu órgão;
V – controlar os atos de seus subordinados;
VI – corrigir as atividades administrativas de seus subordinados;
VII – poder disciplinar.

SEÇÃO I
Dos Níveis de Estrutura

Art. 58. Os órgãos da Administração Direta obedecerão aos seguintes escalonamentos de subordinação:

I – primeiro nível – Secretaria, Procuradoria e Controladoria;
II – segundo nível — Subsecretaria;
III – terceiro nível — Coordenadoria;
IV – quarto nível — Departamento.
Parágrafo único

Art. 59. Os titulares de cargos de direção superior serão denominados:
I – Secretário(a) Municipal
II – Chefe de Gabinete;
III – Procurador(a) Geral;
IV – Controlador(a) Geral.

Art. 60. As unidades para execução de planos, programas, projetos e atividades serão denominadas: no segundo nível hierárquico, de Subsecretaria; no terceiro nível hierárquico, de Coordenadoria e no quarto nível hierárquico, de Departamento, e seus titulares serão denominados, respectivamente, de Subsecretário(a), de Coordenador(a) e de Chefe de Departamento.

TÍTULO IV
DISPOSIÇÕES ESPECÍFICAS

CAPÍTULO
DA ESTRUTURA ORGÂNICA

Art. 61. A estrutura orgânica da Prefeitura Municipal é a seguinte:
1 – GABINETE DO PREFEITO MUNICIPAL
1.1. Chefia de Gabinete
1.1.1.1. Departamento de Serviços de Cerimonial
1.1.1.2. Departamento de Assuntos Legislativos

2 – GABINETE DO VICE PREFEITO

3 – PROCURADORIA GERAL
3.1. Subprocuradoria de Assessoria Jurídica
3.2. Subprocuradoria de Contencioso Judicial
3.3.1. Coordenadoria de Serviços do PROCON Municipal

4 – CONTROLADORIA GERAL

5 – SECRETARIA MUNICIPAL DE GOVERNO
5.0.1. Coordenadoria de Comunicação

6 – SECRETARIA MUNICIPAL DE PLANEJAMENTO, SUPRIMENTOS E TRANSPARÊNCIA

6.0.1. Coordenadoria de Serviços de Tecnologia da Informação e Inovação
6.0.1.1. Departamento de Informática e Inovação
6.0.1.2. Departamento de Comunicação e Manutenção de Redes
6.0.2. Coordenadoria de Serviços de Licitação
6.0.3. Coordenadoria Geral de Compras
6.0.4. Coordenadoria Geral de Almoxarifado e Patrimônio
6.0.5. Coordenadoria Geral de Controle de Contratos, Convênios e Transparência
6.0.5.1 Departamento de Orçamento, Convênios e Transparência

7 – SECRETARIA MUNICIPAL DE FAZENDA
7.0.1 Coordenadoria dos Serviços da Contadoria Geral
7.0.1.1. Departamento de Registros e Lançamentos Contábeis
7.0.1.2. Departamento de Tesouraria
7.0.2. Coordenadoria de Serviços de Arrecadação
7.0.2.1. Departamento de Fiscalização Tributária
7.0.2.2. Departamento da Dívida Ativa
7.0.3. Coordenadoria de Serviços Fazendários

8 – SECRETARIA MUNICIPAL DE ADMINISTRAÇÃO
8.0.1. Coordenadoria Geral de Pessoal
8.0.2. Coordenadoria de Segurança e Medicina do Trabalho
8.0.3.1. Departamento de Protocolo

9 – SECRETARIA MUNICIPAL DE TRANSPORTES E LOGÍSTICA
9.1. Subsecretaria de Controle e Manutenção de Frotas
9.1.1. Coordenadoria Geral da Frota Municipal
9.1.2. Coordenadoria Geral da Frota Terceirizada
9.1.3. Coordenadoria de Serviços de Oficina de Veículos
9.1.3.1. Departamento de Funilaria e Mecânica

9.2. Subsecretaria de Manutenção de Estradas Vicinais
9.2.1.1. Departamento de Manutenção de Estradas Vicinais

10 – SECRETARIA MUNICIPAL DE DESENVOLVIMENTO SOCIAL E CIDADANIA
10.0.1.1. Departamento de Políticas Sociais
10.1.1.   Coordenadoria de Serviços de Proteção Social Básica
10.1.2.   Coordenadoria de Serviços de Proteção Social Especial
10.1.3.   Coordenadoria de Serviços Administrativos

11 – SECRETARIA MUNICIPAL DE SAÚDE
11.0.1.   Coordenadoria de Serviços de Atenção Básica
11.0.1.1. Departamento de Serviços de Atendimento Domiciliar
11.0.1.2. Departamento de Gestão Interna da Atenção Básica
11.1.2. Coordenadoria de Serviços de Assistência Farmacêutica
11.0.2.1. Departamento de Medicamentos Básicos
11.0.2.2. Departamento de Medicamentos Estratégicos e Especializados
11.0.2.3. Departamento Central de Abastecimento de Farmácias
11.0.3.   Coordenadoria de Serviços de Atenção Secundária
11.0.3.1 Departamento de Assistência Laboratorial
11.0.4.   Coordenadoria de Serviços de Urgência e Emergência
11.1. Subsecretaria de Planejamento em Saúde
11.1.1. Coordenadoria de Serviços de Regulação, Avaliação e Controle
11.1.2.   Coordenador de Serviços de Redes e Educação em Saúde
11.1.3. Coordenadoria de Apoio Administrativo e Planejamento
11.2. Subsecretaria do Sistema Sanitário de Saúde Pública
11.2.1 Coordenadoria de Serviços de Vigilância em Saúde
11.3. Subsecretaria de Administração em Saúde
11.3.1. Coordenadoria de Serviços Administrativos em Saúde
11.3.1.1. Departamento de Infraestrutura e Patrimônio da Saúde
11.3.1.2. Departamento de Gestão de Pessoas da Saúde
11.3.2.3. Departamento Compras e Contratos da Saúde

12 – SECRETARIA MUNICIPAL DE EDUCAÇÃO
12.1. Subsecretaria de Desenvolvimento da Educação Básica
12.1.1.   Coordenadoria de Serviços da Educação Infantil
12.1.2. Coordenadoria de Serviços de Apoio do 1º ao 5º Ano do Ensino Fundamental
12.1.3. Coordenadoria de Serviços de Apoio do 6º ao 9º Ano do Ensino Fundamental
12.1.4. Coordenadoria de Serviços do Ensino de Jovens e Adultos
12.1.5. Coordenadoria de Serviços de Educação Inclusiva
12.1.6. Coordenadoria de Serviços em Tempo Integral
12.1.7. Coordenadoria de Serviços de Inspeção Escolar
12.1.8. Coordenadoria de Serviços de Capacitação
12.1.9. Coordenadoria de Serviços do dentro Vocacional Tecnológico
12.2. Subsecretaria Apoio Operacional

12.2.1. Coordenadoria de Serviços de Alimentação Escolar
12.2.1.1. Departamento de Gestão de Suprimentos da Educação

13 – SECRETARIA MUNICIPAL DE DESENVOLVIMENTO RURAL

13.0.1. Coordenadoria de Desenvolvimento Rural
13.0.1.1. Departamento de Agricultura e Pecuária
13.0.1.2. Departamento de Inspeção e Fiscalização
13.0.1.3. Departamento de Abastecimento

14 – SECRETARIA MUNICIPAL DE DESENVOLVIMENTO ECONÔMICO

14.0.0:1. Departamento de Desenvolvimento Empresarial
14.0.1. Coordenadoria de Serviços do SINE

15 – SECRETARIA MUNICIPAL DE CULTURA, PATRIMÔNIO HISTÓRICO, TURISMO, ESPORTES E LAZER

15.0.0.1. Departamento de Cultura e Turismo
15.1. Subsecretaria de Patrimônio e Eventos Esportivos
15.1.1. Coordenadoria de Patrimônio Histórico
15.1.2. Coordenadoria de Eventos e Lazer
15.1.3. Coordenadoria de Esportes

16 – SECRETARIA MUNICIPAL DO AMBIENTE E DESENVOLVIMENTO SUSTENTÁVEL

16.1. Subsecretaria de Saneamento Básico
16.1.1. Coordenadoria de Serviços de Controle e Fiscalização Ambiental
16.1.1.1. Departamento de Gestão de Resíduos Sólidos e Hospitalares
16.1.1.2. Departamento de Conservação de Rios, Nascentes, Praças e Jardins
16.1.2. Coordenadoria de Serviços e Controle de Licenciamento Ambiental
16.1.1.1. Departamento de Licenciamento Ambiental

17 – SECRETARIA MUNICIPAL DE DEFESA SOCIAL
17.1. Subsecretaria de Defesa Social
17.1.1. Coordenadoria da Guarda Municipal
17.1.1.1. Departamento Municipal de Trânsito
17.1.2. Coordenadoria da Ronda Escolar
17.1.3. Coordenadoria da Defesa Civil Municipal

18 – SECRETARIA MUNICIPAL DE OBRAS E GESTÃO URBANA

18.1. Subsecretaria de Gestão Urbana
18.1.1. Coordenadoria de Serviços de Controle de Contratos e Orçamentos

18.1.2. Coordenado ria de Serviços Distrital
18.1.3. Departamento de Serviços Distrital 1
18.1.2.2. Departamento de Serviços Distrital 2
18.1.2.3. Departamento de Serviços Distrital 3
18.1.2.4. Departamento de Serviços Distrital 4
18.1.3. Coordenadoria de Serviços de Vias Públicas
18.1.4. Coordenadoria de Serviços e instalações
18.1.4.1. Departamento de Obras de Serviços e instalações
18.1.5. Coordenadoria de Serviços de Manutenção de Bens Públicos
18.2. Subsecretaria de Engenharia e Arquitetura
18.2.1. Coordenadoria de Serviços de Análise de Projetos Arquitetônicos
18.2.2. Coordenadoria de Serviços de Obras e Projetos
18.2.3. Coordenadoria de Serviços de Análise de Projetos Urbanos
18.2.3.1. Departamento de Licenciamento de Obras e Serviços de Engenharia
18.2.4. Coordenadoria de Serviços de Fiscalização
18.2.5. Coordenadoria de Serviços de Análise e Controle de Projetos de Infraestrutura Urbana

TÍTULO V
DISPOSIÇÕES FINAIS

Art. 62. O Prefeito Municipal poderá, por Decreto, alterar a subordinação hierárquica de órgãos previstos nesta Lei, desde que não implique em aumento de despesa, em criação ou extinção de órgãos públicos, nos termos do art. 84, VI, alínea "a" da Constituição da República de 1988, com a redação dada pela Emenda Constitucional 32/2001.

Art. 63. A remuneração e o subsídio dos ocupantes de cargos e funções públicos da administração direta do Município, e os proventos, pensões ou outra espécie remuneratória, incluídas as vantagens pessoais ou qualquer outra de natureza remuneratória, não poderão exceder o subsídio mensal do Prefeito.

Art. 64. As competências dos órgãos de primeiro nível hierárquico, constam do Anexo V desta lei e das Subsecretarias, Coordenadorias e dos Departamentos serão baixadas por decreto, no prazo improrrogável de 60 dias após a publicação desta Lei Complementar.

Art. 65. Suprimido

Art. 66. Fica o Chefe do Poder Executivo autorizado a promover as adequações necessárias no orçamento municipal, por Decreto, abrindo créditos orçamentários adicionais e/ou especiais, com a finalidade de dotar as unidades administrativas ora criadas ou modificadas, de recursos necessários ao custeio de suas atribuições, valendo-se como fonte de recurso para a abertura dos créditos orçamentários, da anulação das dotações constantes das unidades extintos ou redimensionadas e da parcela não vinculada do superávit financeiro do exercício findo.

Art. 67. Integra a presente lei os seguintes anexos:

Anexo I – Quadro de Agentes de Políticos;
Anexo II – Quadro de Cargos de Provimento em Comissão e Funções de Confiança:
Anexo III – Tabelas de vencimentos;
Anexo IV – Competência dos órgãos de primeiro nível hierárquico;
Anexo V – Atribuições dos cargos comissionados;
Anexo VI – Atribuições das Funções de Confiança;

Art. 68. Esta Lei entra em vigor na data da sua publicação.

Art. 69. Revogar-se as disposições em contrário, em especial Leis Complementares Municipais nº 083/2011, 098/2012, 105/2013, 142/2014, 161/2017, 162/2017 e o Anexo 11 e IV da LC 003/2001.

MANDO, portanto, a todos a quem o conhecimento e execução desta Lei pertencer, que a cumpram e a façam cumprir, tão inteiramente como nela se contém.

Mariana, 13 de julho de 2018.

Duarte Eustáquio Gonçalves Júnior
Prefeito Municipal de Mariana

Subseção II

Categoria Universitária

A CARTOGRAFIA DA GESTÃO DA INFORMAÇÃO E O PODER PÚBLICO: PROCURADORIAS MUNICIPAIS COMO LABORATÓRIOS PARA A CONCRETIZAÇÃO DO DIREITO FUNDAMENTAL À PROTEÇÃO DE DADOS

PEDRO HENRIQUE DO PRADO HARAM COLUCCI

(1º colocado na categoria universitária do "Prêmio Oswaldo Aranha Bandeira de Mello")

1 Introdução

Em 1993, Tércio Sampaio Ferraz Júnior publicou um artigo seminal intitulado "Sigilo de dados: o direito à privacidade e os limites à função fiscalizadora do Estado",[1] o texto transcendeu o espaço acadêmico e repercutiu entre as os tribunais superiores em matéria de proteção da privacidade e especialmente na jurisprudência do Supremo Tribunal Federal, sendo utilizado como baliza doutrinária para pensar uma dimensão de direitos pouco estudada na época.

A escola de pensamento em território nacional inaugurada por Ferraz Júnior representa um marco na linha do tempo de estudos sobre cultura de privacidade e dogmática de sigilo de dados no país. No entanto, trata-se de uma época em que os impactos que as tecnologias da informação poderiam causar eram apenas especulações sobre um futuro remoto, e problemas como vigilância algorítmica, *Big Data* e escândalos como da dimensão do caso *Cambridge Analytica* habitavam apenas o imaginário de obras de ficção cientifica de final de século.

Isto posto, os desafios que se descortinaram desde então sobre a sociedade informacional exigiram contornos de tutelas legais específicas e uma dogmática mais sofisticada para lidar com problemas decorrentes do sistema de produção de capitalismo de dados, como desenvolvido por Shoshana Zuboff[2] e Cathy O'Neil.[3] Neste sentido, nos encontramos em uma nova fase de regulação informacional, em que a proteção de dados

---

[1] FERRAZ JÚNIOR, T. S. Sigilo de dados: o direito à privacidade e os limites à função fiscalizadora do Estado. *Revista da Faculdade de Direito – Universidade de São Paulo*, [S. l.], v. 88, p. 439-459, jan. 1993.

[2] ZUBOFF, Shoshana. *The Age of Surveillance Capitalism*. v. 1. New York: Public Affairs, 2019.

[3] O'NEIL, Cathy. *Weapons of Math Destruction*: how Big Data Increases Inequality and Threatens Democracy. New York: Crown, 2016.

assume o centro do debate, transcendendo o campo da privacidade e se configurando enquanto um direito fundamental.

O marco legislativo nacional da atual quadra histórica da proteção de dados é a Lei 13.709/2018, conhecida como Lei Geral de Proteção de Dados (LGPD). Sancionado em agosto de 2018, o diploma legal regula o conjunto de normas que visam o tratamento, uso e armazenamento de dados pessoais no país, tendo como função basilar garantir a autodeterminação informativa dos indivíduos.

Diante desse cenário de estruturação de uma cultura de privacidade e proteção de dados pessoais no Brasil, a decisão paradigmática do Supremo Tribunal Federal no julgamento da Ação Direta de Inconstitucionalidade 6.387[4] ocupa um espaço de destaque por ser um marco no campo da defesa de dados pessoais no Brasil, pois abriu espaço para o reconhecimento do direito à proteção de dados pessoais como um direito fundamental *per se*, tornando-o independente do direito à privacidade.

Dessa forma, ao invés de se trabalhar com o a lógica da privacidade de que o dado que merece proteção é somente aquele que é sigiloso, rompe-se com esse raciocínio e institui-se que o dado simplesmente por estar vinculado a uma pessoa, pouco importando se é público ou privado, já é merecedor de proteção, considerando que toda vez que se instrumentalizar esses dados ocorrerá uma interferência na esfera pessoal do indivíduo, e isso deve obedecer aos critérios da proporcionalidade.[5]

O presente trabalho se insere no campo específico de adequação do Poder Público às práticas de proteção e tratamento de dados. Pretende-se, assim, explorar (e não esgotar) a possibilidade de estabelecimento de uma linguagem comum de proteção de dados a partir da Lei Geral de Proteção de Dados (LGPD) na Administração Pública, abordando especificamente a municipalidade enquanto foco de análise, tendo as procuradorias municipais como *locus* propulsores de adequação do poder público local à cartografia da cultura de privacidade e proteção de dados como forma de concreção de direitos fundamentais.

Nesse sentido, o texto se divide em três capítulos, além desta introdução e das conclusões. O primeiro deles se concentra em apresentar as principais noções acerca da proteção de dados, seu conceito, pertinência e agências, bem como a origem e o percurso da construção da noção da autodeterminação informativa no ordenamento jurídico. Trata, ainda, da sua relação com os deveres de transparência da Administração Pública e do, apenas aparente, conflito com a Lei de Acesso à Informação (LAI) na realidade brasileira.

Em continuidade, o capítulo seguinte tem como foco apresentar as funções da Advocacia Pública Municipal, sua imposição constitucional de existência enquanto instituição e posição privilegiada para efetivar direitos fundamentais nos limites de suas esferas de atuação. Após, concentra-se nos desafios contemporâneos da lida do Poder Público com as novas tecnologias, capitalismo de dados e compatibilização dos atos administrativos com a LGPD e a LAI, visando a esclarecer a importância de uma conscientização adequada sobre o tratamento de dados dos cidadãos pela Administração Pública.

---

4   BRASIL. Supremo Tribunal Federal. *Medida Cautelar em Ação Direta de Inconstitucionalidade nº 6.387-DF*. Rel. Min. Rosa Weber. Partido Socialista Brasileiro – PSB x Presidência da República. J. 12 abr. 2020.

5   DONEDA, Danilo. *Da privacidade à proteção de dados pessoais*. Rio de Janeiro: Renovar. 2019.

O último capítulo expõe, destacadamente, iniciativas em andamento para promover a inserção e expansão do Poder Público ao território da cultura de privacidade e proteção de dados, citando projetos elaborados no âmbito de municípios pelas respectivas procuradorias.

Dessa forma, faz-se uma análise das boas práticas de governança de dados do presente para propor caminhos que pulverizem essas iniciativas para outros contextos e setores, partindo de dados particulares e localizados, para se dirigir a propostas mais amplas e pensar aberturas à cultura de privacidade e proteção de dados para ser impulsionada por procuradores municipais, como forma de efetivação de um direito fundamental em construção.

2 O mapa e o território: as dimensões do direito à proteção de dados

Seguindo o modelo da União Europeia de legislação de proteção de dados, a *General Data Protection Regulation* (GDPR), a LGPD estabelece diretrizes rígidas para o manejo de dados, prevendo penalidades para os que não adaptarem suas práticas ao novo padrão de regulamentação, atingindo tanto a esfera pública como a privada.

Dentro desta lógica, a dimensão dos dados pessoais pode ser compreendida dentro do espectro dos direitos da personalidade, considerando que eles não são limitados àqueles que estão elencados no Código Civil, portanto, deve ser considerada também a proteção de dados pessoais dentro do rol de direitos da personalidade.[6]

Portanto, em relação aos nossos dados pessoais, não somos apenas proprietários, no conceito restrito do direito civil, somos titulares, o que denota uma dimensão de controle pautada pelo princípio da "autodeterminação informativa".[7] Assim, origina-se um direito fundamental novo, que restava carente de proteção pelo ordenamento jurídico até então.

A fim de melhor compreender os critérios e os conceitos adotados pelo ordenamento pátrio quanto à gestão da informação pelo Poder Público, é necessário pormenorizar as características e os elementos que os compõem. Dessa forma, adiante se empreenderá uma análise sobre os fundamentos que sustentam e balizam o *corpus* histórico, teórico e legal da proteção de dados, abordando a autodeterminação informativa enquanto direito na contemporaneidade.

2.1 A autodeterminação informativa

O Tribunal Federal Constitucional da Alemanha (*Bundesverfassungsgericht*), no contexto de aprimoração das políticas públicas do país, desenvolveu ao longo de uma série de decisões sobre temas atinentes à privacidade e proteção de dados a consolidação histórica do direito fundamental à autodeterminação informativa. O reconhecimento

---

[6]   BIONI, Bruno Ricardo. *Proteção de dados pessoais*: a função e os limites do consentimento. Rio de Janeiro: Forense, 2019.

[7]   DIAS, Jorge Alves. Do tratamento de dados pessoais pelo Poder Público: o que se espera do Poder Público com a LGPD? *In*: SANTOS, Regiane Martins dos; CARVALHO, Adriana Cristina F. L. de. (Coord.). *Comentários à Lei Geral de Proteção de Dados*. São Paulo: OAB, 2020. p. 68.

formal deste direito fundamental se deu em 1983, no julgamento de inconstitucionalidade de dispositivos da lei do recenseamento alemã.[8]

A lei em questão previa a coleta e o cruzamento de dados pessoais para o censo populacional a ser realizado no país, possibilitando a elaboração de um perfil minucioso sobre a vida privada dos cidadãos, e com isso, acabava violando frontalmente a proteção jurídica da personalidade. O ponto central do questionamento de inconstitucionalidade da lei foi justamente o compartilhamento dos dados, que era operacionalizado a partir de uma especificidade da estrutura organizacional alemã, que permitia que os órgãos da municipalidade que possuíssem informações dos cidadãos pudessem comparar os dados obtidos pelo órgão realizador da pesquisa com os registros públicos da administração local das cidades.

O Tribunal Federal Constitucional Alemão, portanto, expôs que o vício de inconstitucionalidade nos dispositivos questionados da lei do recenseamento se encontrava na relação entre os estudos estatísticos e a execução administrativa, isto é, na inobservância de um dever de vinculação à finalidade principal na coleta de dados.

Dessa forma, a natureza jurídica da utilização de dados de estudos estatísticos e a instrumentalização pela Administração Pública revelou-se especialmente problemática no circuito em que dados originalmente adquiridos para fins estatísticos pudessem ser acessados no interior dos órgãos públicos municipais. Assim, o marco legal histórico sobre proteção de dados no contexto da lei do recenseamento alemã tornou-se uma baliza mundial para as decisões de tribunais constitucionais de outros países, servindo como embasamento comparado para legislações sobre privacidade e proteção de dados.

Portanto, o direito fundamental à autodeterminação informativa tem uma característica fulcral que é a centralização na relação Estado-indivíduo, isto é, tentar oferecer uma coparticipação transparente no tratamento de dados para que o titular possa perceber como os seus dados estão se locomovendo e atravessando diferentes controladores nos órgãos da Administração Pública. Dentro dessa noção, Stefano Rodotà sintetiza que a autodeterminação "[...] se caracteriza cada vez mais claramente como a salvaguarda da pessoa contra a invasão de qualquer poder, destas novas perspectivas, e dos novos poderes que elas manifestam".[9]

Daniela Copetti Cravo aponta:

> A portabilidade de dados, entendida como a possibilidade do titular de transferir seus dados entre diferentes controladores ou obter uma cópia dos dados para armazenamento e uso, tem a potencialidade de gerar inúmeros benefícios aos indivíduos, à sociedade e ao mercado. Além dos efeitos concorrenciais, por meio da redução das barreiras de entrada e do efeito *lock-in*, a portabilidade de dados pode ser usada como uma ferramenta de gestão dos dados pelos titulares, decidindo com quem desejam compartilhar e manter seus dados. Ainda, os dados podem auxiliar o desenvolvimento de atividades, sejam essas de lazer, sociais, familiares ou profissionais.[10]

---

[8] MENDES, Laura. Schertel. *Privacidade, proteção de dados e defesa do consumidor*: linhas gerais de um novo direito fundamental. São Paulo: Saraiva. 2014.

[9] RODOTÀ, Stefano. Autodeterminação e laicidade. *Revista Brasileira de Direito Civil – RBDCivil*. Belo Horizonte, v. 17, p. 139-152, jul./set. 2018. p. 152.

[10] CRAVO, Daniela Copetti. Direitos do titular dos dados no Poder Público: análise da portabilidade de dados. *Revista da ESDM*. Porto Alegre, v. 6, n. 11, p. 51-61, ago. 2020. p. 52

Assim, ressalta-se a importância do exame de finalidade, para verificar se a intervenção do Poder Público é proporcional para se atingir determinado fim. Nesse sentido, O eixo fundamental da autodeterminação informativa entra em crise no mundo contemporâneo ao se perceber a dinâmica de algoritmos inteligentes e de bancos de dados massivos como o *Big Data* alcançando cada aspecto do cotidiano dos indivíduos, fazendo com que nesses novos procedimentos geste-se uma assimetria informacional acentuada.

Abaixo, será abordado especificamente e de forma crítico-analítica o conceito de separação informacional de poderes, visando complementar a noção de assimetria informacional e seus efeitos nocivos na legitimidade do Poder Público enquanto controlador de dados e gestor da informação.

2.2 A separação informacional de poderes

O cenário que possibilita o cruzamento de dados e a criação de bancos de dados de perfis dos cidadãos gera uma posição de vulnerabilidade permanente, fazendo com que a transparência do manejo pela Administração Pública se dissipe. Nesse sentido, o conceito de separação informacional de poderes se mostra pertinente para expor a emergência de se adequar a arquitetura informacional do Poder Público para administrar a coleta, manejo e tráfego de dados dos cidadãos.

Enquanto estamos inseridos em uma sociedade informacional, torna-se importante fragmentar a gestão da informação. Assim, o conceito de "separação informacional de poderes"[11] concentra a ideia de que o Estado não pode ser visto como uma entidade una no âmbito informacional, isto é, deter acesso irrestrito aos dados dos cidadãos e administrá-los conforme a conveniência do momento.

A exigência de vinculação ao princípio da finalidade encontra fundamento na necessidade de inviabilizar que o Estado se torne uma unidade informacional total. Considerando que a acumulação de poderes em um órgão é perigosa pela tendência de se instalar uma estrutura de vigilância sobre os indivíduos.

A problemática reside na impossibilidade de se proteger os dados dos cidadãos perante um Estado que tem acesso total a bancos de dados de indivíduos e mecanismos para minerar essas informações e realizar um devassamento da privacidade das pessoas. Dessa forma, é imperioso existir freios e contrapesos, assim como no desenho institucional de estruturação dos poderes, estabelecendo quais órgãos da administração pública podem ter acesso a determinados dados, de acordo com suas competências e atribuições.

Diante deste cenário, Stefano Rodotà assevera que:

> [...] os algoritmos são cada vez mais a base da ininterrupta produção de perfis individuais, familiares, de grupo, que se tornaram elemento constitutivo da sociedade da classificação e que produzem novas hierarquias sociais [...].[12]

---

[11] DONEDA, Danilo. *Da privacidade à proteção de dados pessoais*. Rio de Janeiro: Renovar. 2019.

[12] RODOTÀ, Stefano. Autodeterminação e laicidade. Trad. Carlos Nelson de Paula Konder. *Revista Brasileira de Direito Civil – RBDCivil*, Belo Horizonte, v. 17, p. 139-152, jul./set. 2018, p. 152.

Em relação aos nossos dados pessoais, não somos apenas proprietários, no conceito restrito do direito civil, somos titulares, o que denota uma dimensão de controle pautada pelo princípio da autodeterminação informativa.[13]

Trata-se, portanto, de um direito fundamental pouco compreendido em sua totalidade, isto é, raramente racionalizado de forma autônoma ao ramo do direito à privacidade e com seus contornos próprios, e que necessita ser salvaguardado pelas instituições do Estado Democrático de Direito, disciplinando o acesso e o uso dessas informações por agentes públicos e privados.

2.3 O Supremo Tribunal Federal e a decisão paradigmática na Ação Direta de Inconstitucionalidade 6.387

A pandemia da COVID-19 desafiou a sociedade civil em todo o mundo de forma sem precedentes e revelou a necessidade de respostas institucionais em larga escala para manter a coesão do corpo social. O cenário pandêmico desencadeou uma torrente de debates jurídicos e políticos, e com razão: o vírus alterou por completo a dinâmica da comunidade e afetou todas as áreas do direito. Em resposta à crise, governos, instituições, organizações da sociedade civil e empresas se organizaram para proteger a saúde pública e conter a proliferação do caos, tentando criar uma margem de normalidade para que serviços essenciais continuassem em operação e conseguissem lidar com a demanda massiva da população.

Dessa forma, considerando que a emergência que se descortinou sobre a vida social fez com que as pessoas ficassem mais tendentes a aceitarem intromissões e restrições sobre seus direitos para responder à crise, as Cortes Constitucionais, como guardiões da Carta Magna, foram provocadas a responder contra práticas autoritárias de exceção na gestão de dados dos cidadãos.

Nesta conjuntura, gesta-se a falsa dicotomia entre privacidade e saúde pública em nome de uma resposta de emergência, causando uma simplificação excessiva sobre os problemas causados pela vigilância e falta de transparência no uso de dados dentro do cenário pandêmico. Assim, podem se consolidar práticas que continuarão a violar sucessivamente a privacidade após esse período ter passado, o que demanda uma atuação especial das instituições responsáveis por realizar a jurisdição constitucional.

Diante desse cenário, o Supremo Tribunal Federal foi provocado a decidir sobre a eficácia da Medida Provisória 954/2020, editada pela Presidência da República, que previa o compartilhamento de dados como nomes, endereços e números de telefone dos assinantes de empresas de telecomunicações sem qualquer processo de anonimização com o Instituto Brasileiro de Geografia e Estatística (IBGE), tendo como justificativa que o instituto utilizaria os dados coletados para realizar a Pesquisa Nacional de Amostra por Domicílios, a PNAD-contínua, visando também coletar informações para desenvolver políticas contra a pandemia durante o período de isolamento.

À vista disso, os demandantes expuseram que a medida provisória não delimita o escopo das estatísticas a serem produzidas, muito menos a necessidade de disponibilizar os dados ou como eles seriam utilizados, não delimitando com a devida transparência o

---

[13] BIONI, Bruno Ricardo. *Proteção de dados pessoais*: a função e os limites do consentimento. Rio de Janeiro: Forense, 2019

escopo das estatísticas e, por conseguinte, desrespeitando os preceitos firmados no texto constitucional que asseguram a dignidade da pessoa humana e o direito à privacidade, que compreende a tutela da inviolabilidade da intimidade, da vida privada, da honra e do sigilo de dados.

A relatora, Ministra Rosa Weber, concedeu uma medida cautelar suspendendo a eficácia do Decreto 954/2020, destacando que o estado das coisas durante a crise pandêmica não pode servir de sustentáculo para desrespeitar as garantias fundamentais insculpidas no texto constitucional. Além disso, o decreto não explicitava como se daria o processo de anonimização dos dados coletados ou qual seria o mecanismo empregado para proteger os dados de usos indevidos. Logo, a relatora apontou a ausência de interesse público legítimo e de proporcionalidade no compartilhamento de dados pessoais dos usuários de telecomunicações.

Essa decisão é um marco no campo da defesa de dados pessoais no Brasil, pois abre espaço para o reconhecimento do direito à proteção de dados pessoais como um direito fundamental *per se*, tornando-o independente do direito à privacidade. O Ministro Gilmar Mendes assevera em seu voto:

> Nesse sentido, a análise do referendo da medida cautelar nesta ADI suscita a oportunidade e o dever de o Supremo Tribunal Federal aprofundar a identificação, na ordem constitucional brasileira, de um direito fundamental à proteção de dados pessoais, a fim de estabelecer de forma clara o âmbito de proteção e os limites constitucionais à intervenção estatal sobre essa garantia individual.[14]

Dessa forma, ao invés de se trabalhar com a lógica da privacidade de que o dado que merece proteção é somente aquele que é sigiloso, rompe-se com esse raciocínio e institui-se que o dado simplesmente por estar vinculado a uma pessoa, pouco importando se é público ou privado, já é merecedor de proteção, considerando que toda vez que se instrumentalizar esses dados ocorrerá uma interferência na esfera pessoal do indivíduo, e isso deve obedecer aos critérios da proporcionalidade.[15]

Assim, a grande lógica e o grande processo de aprendizado que esse julgamento proporciona é a afirmação jurídica de que não existe mais nenhuma espécie de dado que seja insignificante, isto é, que mereça um menor tipo de proteção, pois hoje a capacidade de processar e cruzar dados é muito avançada e gera consequências significativas em uma sociedade da informação que tem o manejo de bancos de dados como o seu principal ativo. Dessa forma, possibilitar um acesso desregulado a dados cadastrais, como o nome de uma pessoa, seu número de telefone e endereço, já é suficiente para traçar um perfil do indivíduo e ter acesso a suas preferências, o que expõe e desguarnece a intimidade do sujeito.

Nesse contexto, o Ministro Gilmar Mendes pontua em seu voto:

> A afirmação de um direito fundamental à privacidade e à proteção de dados pessoais deriva, ao contrário, de uma compreensão integrada do texto constitucional lastreada (i) no

---

[14] BRASIL. Supremo Tribunal Federal. *Medida Cautelar em Ação Direta de Inconstitucionalidade nº 6.387-DF*. Rel. Min. Rosa Weber. Partido Socialista Brasileiro – PSB x Presidência da República. J. 12 abr. 2020. p. 15.

[15] DONEDA, Danilo. *Da privacidade à proteção de dados pessoais*. Rio de Janeiro: Renovar. 2019.

direito fundamental à dignidade da pessoa humana, (ii) na concretização do compromisso permanente de renovação da força normativa da proteção constitucional à intimidade (art. 5º, inciso X, da CF/88) diante do espraiamento de novos riscos derivados do avanço tecnológico e ainda (iii) no reconhecimento da centralidade do Habeas Data enquanto instrumento de tutela material do direito à autodeterminação informativa.[16]

A atuação paradigmática do Supremo Tribunal Federal nesse caso proporciona uma carga conceitual muito mais refinada para compreender a dimensão da proteção de dados no Brasil, consolidando no debate jurídico nacional o direito à autodeterminação informativa. Como comparação, essa decisão se assemelha em grau simbólico ao precedente da Lei do Censo alemã de 1983.

Stefano Rodotà assevera:

> Sem uma forte tutela do "corpo eletrônico", do conjunto das informações colhidas a nosso respeito, a própria liberdade pessoal corre perigo e se reforçam as tendências de construção de uma sociedade de vigilância, da classificação, da seleção social [...] Sem uma forte resistência continua às pequenas violações, aos controles contínuos, capilares, opressivos ou invisíveis que invadem a nossa própria vida cotidiana, encontramo-nos nus e enfraquecidos diante de poderes públicos e privados.[17]

Assim, analisando o cenário brasileiro, em conjunto com os dispositivos da Lei Geral de Proteção de Dados Pessoais, verificamos que em relação aos nossos dados pessoais, não somos apenas proprietários, no conceito restrito do direito civil, somos titulares, o que denota uma dimensão de controle muito mais profunda e que necessita ser salvaguardada pelas instituições do Estado Democrático de Direito, disciplinando o acesso e o uso dessas informações por agentes públicos e privados.

2.4 A Lei de Acesso à Informação e a cultura de transparência

A transparência das ações administrativas é um pilar de legitimidade para o Estado, tendo as previsões sobre publicidade plasmadas na Constituição Federal. No entanto, o Brasil, apesar de expressamente positivado no texto constitucional, apenas em 2011 criou sua legislação de acesso à informação pública, valendo ressaltar a observação de Weida Zancaner: "foram necessários mais de 22 anos após a entrada em vigor da Constituição Cidadã para que uma lei que garantisse o acesso à informação fosse editada e começasse a tentar fazer valer o que a Carta Magna já havia determinado".[18]

A Lei 12.527/2011, promulgada em 18 de novembro de 2011, conhecida como Lei de Acesso à Informação (LAI), se encaixa em uma progressiva demanda global pela democratização de acesso aos dados públicos e representa um importante marco para a democracia do país. A lei permite que qualquer cidadão brasileiro solicite dados e faça

---

[16] BRASIL. Supremo Tribunal Federal. *Medida Cautelar em Ação Direta de Inconstitucionalidade nº 6.387-DF*. Rel. Min. Rosa Weber. Partido Socialista Brasileiro – PSB x Presidência da República. J. 12 abr. 2020. p.20.

[17] RODOTÀ, Stefano. *A vida na sociedade da vigilância*: a privacidade hoje. Rio de Janeiro: Renovar, 2008. p. 278.

[18] ZANCANER, Weida. Lineamentos sobre a lei de acesso à informação. *In*: VALIM, Rafael; MALHEIROS, Antonio Carlos; BACARIÇA, Josephina (*in memorian*) (Coord.) *Acesso à informação pública*. Belo Horizonte: Fórum, 2015. p. 25.

questionamentos diretamente ao governo, sem ter que apresentar qualquer justificativa para isso. Logo, a referida legislação mudou a lógica sobre como funcionava o acesso à informação no país, tirando dos funcionários do governo a arbitrária e hermética prerrogativa de decidir o que valeria ou não ser divulgado.

Como apresenta o diploma legal:

> Art. 10. Qualquer interessado poderá apresentar pedido de acesso a informações aos órgãos e entidades referidos no art. 1º desta Lei, por qualquer meio legítimo, devendo o pedido conter a identificação do requerente e a especificação da informação requerida.
>
> §1º Para o acesso a informações de interesse público, a identificação do requerente não pode conter exigências que inviabilizem a solicitação.
>
> §2º Os órgãos e entidades do poder público devem viabilizar alternativa de encaminhamento de pedidos de acesso por meio de seus sítios oficiais na internet.
>
> §3º São vedadas quaisquer exigências relativas aos motivos determinantes da solicitação de informações de interesse público.[19]

O princípio que baliza a lei é o da publicidade como preceito geral e o sigilo como exceção. Logo, impulsiona a promoção de uma cultura de transparência na Administração Pública. Uma lei que permita o acesso aos dados púbicos é importante para a cidadania como um todo, quando se estima os efeitos desse tipo de legislação no corpo social, o primeiro impacto imaginado pode ser o controle social sobre a corrupção dos governos, um novo instrumento para as pessoas fiscalizarem o poder, isso é uma finalidade extremamente importante, mas não é a única e nem a maior. Wallace Martins Junior atesta:

> Há outro dado a se considerar. Os fins da transparência satisfazem os próprios desideratos da publicidade em maior proporção: atribuição de legitimidade, validade e eficácia à ação administrativa; instrumentalização da observância do bom funcionamento administrativo e dos direitos fundamentais dos administrados; dotação de maiores níveis de controle e fiscalização institucional e social pela vigilância dos princípios da legalidade, moralidade, impessoalidade, proporcionalidade, economicidade, eficiência, imparcialidade, razoabilidade etc.; facilitação do acesso à informação e respeito ao devido processo legal; aproximação entre Administração Pública e administrados, proporcionando maiores níveis de eficiência com a adesão destes e a satisfação de suas necessidades mais concretas por aquela; reaquisição de confiança nas instituições e de garantia de segurança jurídica.[20]

Com o processo de redemocratização e a promulgação da Constituição Federal de 1988, o direito de acesso à informação foi alçado ao nível de direito fundamental, em contraposição à ditadura militar e suas práticas obscuras e autoritárias, em que o

---

[19] BRASIL. *Lei nº 12.527, de 18 de novembro de 2011.* Regula o acesso a informações previsto no inciso XXXIII do art. 5º, no inciso II do §3º do art. 37 e no §2º do art. 216 da Constituição Federal; altera a Lei nº 8.112, de 11 de dezembro de 1990; revoga a Lei nº 11.111, de 5 de maio de 2005, e dispositivos da Lei nº 8.159, de 8 de janeiro de 1991; e dá outras providências. Brasília, DF: Presidência da República, 2011. Disponível em: http://www.planalto.gov.br/ccivil_03/_ato2011-2014/2011/lei/l12527.htm. Acesso em: 20 jun. 2022.

[20] MARTINS JUNIOR, Wallace Paiva. Princípio da transparência. *In*: MARTINS JUNIOR, Wallace Paiva *et al. Tratado de direito administrativo.* São Paulo: RT, 2014. p. 424.

sigilo dos atos de governo era absoluto. Confirma-se o status do direito de acesso à informação a partir do dispositivo do artigo 5º, parágrafo IXV da Constituição de 1988: "é assegurado a todos o acesso à informação e resguardado o sigilo da fonte, quando necessário ao exercício profissional".

Isto posto, uma lei de acesso à informação é o que faz valer os direitos dos cidadãos como um todo em uma democracia, só conseguimos uma efetivação satisfatória destes se estamos informados o suficiente para preservá-los. Dessa forma, nota-se:

> Um indicativo de que a noção de transparência está cada vez mais inscrita no universo dos direitos é o fato de a expressão "direito à informação" estar substituindo a expressão "acesso à informação". Um exemplo disso é o uso da expressão no subtítulo do Projeto de Cooperação assinado por Controladoria-Geral da União e Unesco (Controladoria-Geral da União, 2010, p. 1): "garantia democrática do direito à informação, transparência e participação cidadã".[21]

A referida previsão alcançada se sustenta dentro de um amplo rol de disposições anteriores de diversos documentos internacionais que conferiam acentuada importância à transparência, como Ohlweiler e Cademartori apresentam:

> Com a consolidação da democracia constitucional nos países ocidentais, o direito a ser informado passa a constituir-se em direito fundamental, em seguimento ao disposto no art. 19 da Declaração Universal dos Direitos Humanos (o direito *"to receive information"*) (de receber informação). No mesmo sentido, o artigo 19 do Pacto Internacional sobre direitos civis e Políticos, o art. 13 da Convenção Interamericana sobre Direitos Humanos, o artigo 9 da Carta Africana sobre os Direitos Humanos e dos Povos e o artigo 10 da Convenção Europeia sobre Direitos Humanos.[22]

Com isso, infere-se que a publicidade é uma das molduras do Estado Democrático de Direito, ela possibilita a efetivação de liberdades individuais e permite a participação ativa e vigilante dos cidadãos sobre as ações governamentais, o que leva os líderes políticos a se tornarem mais engajados em práticas de transparência administrativa.

Como atesta Edilsom Farias:

> A transparência do Poder Público permite, na prática, ao cidadão acompanhar a organização, os métodos, as formas concretas da ação administrativa e avaliar, em consequência, o cumprimento dos princípios constitucionais da legalidade, impessoalidade, moralidade, publicidade e eficiência, aos quais a Administração Pública está obrigada a obedecer (CF, art. 37).[23]

---

[21] ANGÉLICO, Fabiano; TEIXEIRA, Marco Antonio Carvalho. Acesso à informação e ação comunicativa: novo trunfo para a gestão social. *Revista Desenvolvimento em Questão*, Ijuí, n. 21, p. 7-27, set./dez. 2012. p. 20.

[22] OHLWEILER, Leonel Pires; CADEMARTORI, Sergio Urquart de. *Do segredo à transparência na administração pública*: os arcana imperii e o direito de acesso à informação. Canoas: Editora LaSalle, 2018. p. 39-40.

[23] FARIAS, Edilsom Pereira. *Liberdade de expressão e comunicação*: teoria e proteção constitucional. 2001. 290 f. Tese (Doutorado em Direito) – Centro de Ciências Jurídicas, Universidade Federal de Santa Catarina, Florianópolis, 2001. p. 158.

Dessa forma, problemas arraigados na história da política nacional e internacional, como o patrimonialismo e a corrupção, se proliferam em espaços onde a transparência dos atos da administração pública não é preservada, como apresenta a historiadora e antropóloga Lilia Schwarcz:

> E, como nossa República é frágil, ela se torna particularmente vulnerável ao ataque de seus dois principais inimigos: o patrimonialismo e a corrupção. O primeiro deles, o patrimonialismo, é resultado da relação viciada que se estabelece entre a sociedade e o Estado, quando o bem público é apropriado privadamente. Ou, dito de outra maneira, trata-se do entendimento, equivocado, de que o Estado é bem pessoal, "patrimônio" de quem detém o poder.[24]

Esses problemas históricos só podem ser combatidos dentro de um cenário onde a sociedade possua instrumentos para monitorar as decisões dos governantes, viabilizando que as práticas administrativas sejam dirigidas conforme o interesse público para reduzir os abusos, a autora continua:

> Ainda segundo Weber, quando o Estado faz uso desse tipo de expediente patrimonial e passa a ser entendido como mera extensão dos desejos daqueles que ocupam o poder, a máquina política acaba por se revelar, ela própria, ineficiente. Isto é, o Estado perde em racionalidade quando os interesses públicos deixam de ditar as normas de governo, e, ainda mais, quando se afirma o personalismo político: essa verdadeira colcha de arranjos pessoais que alimenta práticas de conchavos, de apadrinhamento, de mandonismo e de clientelismo, as quais se sobrepõem à regra pública.[25]

Não se deve adotar ingenuamente a transparência das práticas públicas *per se* como a solução para os vícios que maculam as repúblicas. A ética da transparência deve ser acompanhada da participação social ativa e da vontade política dos governos em fazer valer o que está previsto nas legislações. A transparência dos atos deve ser exigida e aprimorada para que possibilite a criação de espaços onde a fiscalização e o controle social possam se realizar.

Portanto, a possibilidade de controle pela sociedade e de diálogo entre cidadão e Estado exige a superação da assimetria de argumentos, logo, é necessário que as partes tenham conhecimento amplo do contexto em que estão inseridos e as implicações decorrentes.[26] Contudo, desde a promulgação da Lei de Acesso à Informação em 2011, nota-se constantes tentativas de nublar os dispositivos do diploma legal e impedir que estes se concretizem na realidade social. Ohlweiler e Cademartori observam:

> Por parte do Estado, infelizmente assiste-se cada vez mais ações administrativas de desrespeito à coisa pública e que acentuam os efeitos nefastos da organização burocrática, um modo de exercer as competências marcadas pelo segredo. Como já mencionado, Max

---

[24] SCHWARCZ, Lilia Moritz. *Sobre o autoritarismo brasileiro*. São Paulo: Companhia das Letras, 2019. p. 59.

[25] SCHWARCZ, Lilia Moritz. *Sobre o autoritarismo brasileiro*. São Paulo: Companhia das Letras, 2019. p. 60-61.

[26] ANGÉLICO, Fabiano; TEIXEIRA, Marco Antonio Carvalho. Acesso à informação e ação comunicativa: novo trunfo para a gestão social. *Revista Desenvolvimento em Questão*, Ijuí, n. 21, p. 7-27, set./dez. 2012.

Weber destacou a vantagem que o segredo representa para minorias detentoras do poder, bem como a propensão dos governos pela política da ocultação.[27]

Com essa série de tentativas de frustrar o acesso à informação, soma-se ao caldo autoritário a ideia de que a promulgação da LGPD nublaria os efeitos da LAI, no entanto, conforme aponta Marina Iemini Atoji: "A distorção da LGPD para usá-la como muleta para restringir o acesso a informações não é nova, em sua essência. A transparência pública requer vigilância e cobrança constantes; o retrocesso está sempre à espreita".[28]

Dessa forma, iniciativas da sociedade civil como a *newsletter* "Don't LAI to Me" criada pela agência de dados *Fiquem Sabendo*, que tem como proposta divulgar notícias e reportagens sobre a Lei de Acesso à Informação e ferramentas para utilizá-la, são formas de resistência e preservação da cultura de transparência.

3 Procuradorias Municipais e a efetivação de um direito fundamental em construção

Os procuradores municipais, enquanto advogados públicos, são indispensáveis à administração da justiça por meio de suas funções de representação judicial do Poder Público em âmbito municipal, assim como as missões institucionais de prestarem consultoria e assessoria aos gestores para a concretização de políticas públicas. Trata-se, portanto, de uma função essencialmente de Estado, que incumbe as procuradorias de efetivarem os direitos fundamentais dos cidadãos no âmbito mais próximo do corpo social: o município. Conforme bem asseveram Karla Alexsandra Falcão Vieira Celestino e Regina Vera Vilas Bôas:

> A Advocacia Pública é função do Estado, por excelência, que tem como objetivo basilar aprimorar meios de garantir o respeito ao Estado Democrático de Direito, mantendo as suas funções institucionais de consultoria, assessoria e representação judicial, porém, tendo como valores fundantes e principiológicos, o respeito aos direitos fundamentais sociais, a viabilização destes mesmos direitos, e, em observância, sobretudo, à dignidade humana e ao Estado Democrático de Direito.[29]

Assim, compreendendo que o papel da Advocacia Pública Municipal transcende em muito a mera defesa dos interesses patrimoniais do Estado, frisa-se a missão das procuradorias de garantir a efetividade das normas constitucionais em suas esferas de atuação de forma a alcançar diretamente a coletividade.

Nesse sentido, Jacinto Nelson de Miranda Coutinho ao posicionar a Advocacia Pública dentro da quadratura constitucional de 1988, isto é, como representantes de

---

[27] OHLWEILER, Leonel Pires; CADEMARTORI, Sergio Urquart de. *Do segredo à transparência na administração pública*: os arcana imperii e o direito de acesso à informação. Canoas: Editora LaSalle, 2018. p. 51.

[28] ATOJI, Marina Iemini. Proteger dados pessoais, sem perder a transparência jamais. *In*: FÓRUM de Direito de Acesso a Informações (Org.). *A LAI é 10:* o Brasil após uma década da lei de acesso à informação. São Paulo: Abraji, 2022. p. 59-64.

[29] CELESTINO, Karla Alexsandra Falcão Vieira Celestino; VILAS BÔAS, Regina Vera. A efetivação dos direitos fundamentais sociais por meio da atuação concreta da advocacia pública municipal. *Revista Brasileira de Direito Municipal – RBDM*. [S.l.], a. 17, n. 62, p. 59-80, out./dez. 2016. p. 91.

um órgão que não se resume em garantir a vontade do governante, aponta que as procuradorias "[...] devem ocupar o 'lugar' que lhes é devido, conforme as leis e, neles, devem fazer valer a Constituição e demais leis, se necessário contra os governos, ocupantes temporários do poder".[30]

Dessa sorte, há um compromisso democrático-constitucional genético que compõe os pilares dessa instituição. Assim, frente a um cenário jurídico de reconhecimento da autodeterminação informativa enquanto um direito fundamental, e de expansão global da cultura de privacidade e de proteção de dados, traz-se à baila o papel da Advocacia Pública Municipal enquanto instrumento de concretização desse direito fundamental em seu âmbito de influência e atuação.

Uma vez expostas em linhas gerais as funções de proteção e promoção dos direitos fundamentais por parte da Advocacia Pública Municipal, propõe-se pensar o papel que a instituição pode desempenhar dentro da ideia de difusão de uma cartografia comum de proteção de dados na Administração Pública, isto é, o estabelecimento de uma linguagem uniforme para o manejo de dados dos munícipes pelo Poder Público.

Tendências contemporâneas, como o surgimento das cidades inteligentes, que combinam a gestão e prestação de serviços urbanos com tecnologias retroalimentadas por cadeias massivas de dados coletados da própria dinâmica das cidades a partir das informações geradas pelos cidadãos, exigem uma atuação atenta aos princípios projetados pela LGPD, como finalidade, adequação e transparência. Dessa forma, "[...] a incorporação de novas tecnologias, na estrutura da Administração Pública, somente se torna viável e segura se inserida junto a uma série de outros instrumentos como a própria transparência administrativa".[31]

Isto posto, empresas de tecnologias inseridas dentro da lógica de produção do capitalismo dadocêntrico,[32] percebem os municípios como uma fonte atraente para o firmamento de parcerias. No entanto, questiona-se se a Administração Pública está preparada para lidar com as contrapartidas que surgem dessas relações, isto é, o acesso aos dados dos cidadãos.

Assim, as dinâmicas de contratos, parcerias e doações de serviços que se desdobram dessas parcerias colocam a atuação dos procuradores municipais em um campo de exigência de atenção e sofisticação nas consultorias e assessoramentos às prefeituras. Logo, dentro dessa relação entre público e privado, procuradores estarão encarregados de garantir a proteção da Administração Pública, fazendo com que os entes privados ajam conforme diretrizes de *compliance* de dados, como estabelecer cláusulas de responsabilidade para exigir um manejo probo dos dados cidadãos de acordo com a LGPD.

Tome-se, exemplificativamente, a análise de cenário de Evgeny Morozov e Francesca Bria:

---

[30] COUTINHO, Jacinto Nelson de Miranda. Procurador do Estado, sim; Procurador do Governo, não! *Revista Jurídica da Procuradoria-Geral do Estado do Paraná*, Curitiba, n. 10, p. 63-78, 2019. p. 78.

[31] SANTANNA, Gustavo da Silva. Necessária relação entre interoperabilidade e compartilhamento de dados, transparência administrativa e privacidade: uma análise do comportamento da Administração Pública a partir da LGPD. *In*: CRAVO, Daniela Copetti *et al. Lei Geral de Proteção de Dados e o poder público*. Porto Alegre: Escola Superior de Gestão e Controle Francisco Juruena – Centro de Estudos de Direito Municipal. 2021. p. 99.

[32] ZUBOFF, Shoshana. *The Age of Surveillance Capitalism*. v. 1. New York: Public Affairs, 2019.

Cidades e governos ainda têm que compreender que os dados são o ponto central da maior parte das relações de hoje. Como mostramos, um regime de dados alternativo e robusto poderia colocar as cidades no controle de infraestruturas urbanas cruciais e do fornecimento de serviços públicos com base em dados. Um debate público que emergiu – e que pode se tornar cada vez mais visível – trata plataformas digitais como multiutilidades, nas quais dados e camadas de informação estão integrados nas infraestruturas urbanas e permeiam todos os outros tipos de serviços verticais, como o transporte, a energia, a construção, a saúde, a educação e muitos outros. Essa discussão está mudando rapidamente a forma como serviços públicos e infraestruturas são financiados, administrados e fornecidos e afeta a sustentabilidade de seus modelos econômicos de longo prazo. Dados, identidade e reputação são infraestruturas essenciais da economia de plataforma que devem ser mais uma vez reivindicadas pelos cidadãos.[33]

Ainda sobre a necessidade de uma proteção efetiva dos dados, uma gestão tíbia da informação impacta negativamente a percepção dos munícipes sobre a transparência e o *accountability* por parte das prefeituras, isto é, o risco de uma quebra de confiança do próprio cidadão frente ao Poder Público. Portanto, a Advocacia Pública Municipal deve se posicionar como guardiã dos dados dos titulares, pautando-se dentro do escopo de expansão e concreção de uma cultura de privacidade e proteção de dados.

Logo, mesmo considerando que cada município está em inserido em realidades distintas, com níveis de institucionalidade e organização administrativa diferentes, as secretarias enquanto detentoras de autonomia são aptas para tomarem decisões de forma decentralizada. Dessa forma, as secretarias podem exercer a função de controlador conforme os ditames da LGPD, decidindo como os dados para as suas atividades-meio e atividades-fim serão tratados.

Assim, ao se adequar as práticas da Advocacia Pública conforme a LGPD e a LAI, partindo do pressuposto de que as funções de orientação dos procuradores atravessam todos os órgãos da municipalidade, se verificará a mobilização de um efeito que cascateará por toda a administração local.

Nesse sentido, as secretarias enquanto detentoras de autonomia e, portanto, aptas a tomarem decisões de forma decentralizada conforme a realidade de cada município, são espaços privilegiados para lidar com o tratamento de dados pelo Poder Público. Isto posto, sinaliza-se que o próprio conceito de controlador pode ser identificado na estrutura das secretarias, incluindo a própria procuradoria como uma secretaria com agência para decidir como os dados dos cidadãos serão tratados.

Logo, dentro de um órgão de orientação jurídica coeso como são as procuradorias em âmbito municipal a gestão informacional dos dados dos cidadãos pode ser muito mais eficiente operado por estas do que por qualquer outro órgão da administração, considerando que as diversas políticas e serviços geridos pelo município projetam dimensões acentuadamente heterogêneas que dificultam o estabelecimento de uma linguagem comum para a lida com os dados.

Dessa forma, mobilizar uma agenda gradual de governança de dados de acordo com a LGPD e a LAI na administração local, que promova conscientização, criação de

---

[33] MOROZOV, E.; BRIA, F. *A cidade inteligente:* tecnologias urbanas e democracia. São Paulo: Ubu Editora, 2020. p. 178-179.

uma cultura de *compliance* de dados e capacitação interna por meio das procuradorias, se apresenta como um vetor promissor para garantir o direito fundamental à proteção de dados fundamentais aos munícipes.

4 Poder Público e gestão da informação: limites e propostas

4.1 A Advocacia Pública Municipal como agente expansor da cultura de privacidade e proteção de dados

Buscando focar na seara do tratamento de dados pelo Poder Público, na qual se insere o presente trabalho, é possível citar, como exemplo, algumas experiências de implantação da Lei Geral de Proteção de Dados visando o estabelecimento de um dicionário comum para a proteção de dados no âmbito da Administração Municipal.

Nesse sentido, algumas prefeituras se destacam pela vanguarda na adequação de suas práticas conforme os fundamentos da proteção de dados. Como um primeiro exemplo, a Prefeitura de São Paulo a partir do Decreto Municipal 59.767, de setembro de 2020, antecipou-se à vigência da LGPD e regulamentou a aplicação da legislação na esfera do município, tanto no âmbito da administração direta como na indireta, tendo feito com que o município de São Paulo criasse uma estrutura interna de prevenção às sanções administrativas da LGPD, que entrou em vigor somente em 2021.[34]

Em termos de transparência e acesso à informação, a prefeitura de Fortaleza estabeleceu um campo destacado para assuntos atinentes à LGPD no Portal da Transparência do município. Assim, os cidadãos passaram a ter acesso claro e direto sobre os encarregados de dados de cada secretaria do município, criando um canal de amplo acesso à política de gestão da informação da prefeitura.[35]

Os exemplos anteriores de adequações de capitais à LGPD representam boas práticas de gestão da informação no âmbito municipal que podem projetar caminhos para que cada município estabeleça suas próprias estruturas de gestão informacional de acordo com a respectiva realidade administrativa "[...] considerando o permanente conflito entre a inevitável escassez de recursos e o desafio da efetividade dos direitos fundamentais".[36]

Feitas tais considerações, abre-se um campo interessante de atuação para os procuradores municipais que estarão à frente de assuntos relacionados à proteção de dados, tanto em âmbito de assessoria e consultoria aos gestores quanto em sede de representação judicial. Assim, questões como, por exemplo, a utilização de tecnologias de reconhecimento facial nas cidades traz muitos debates e preocupações quanto ao

---

[34] LGPD e advocacia pública: a Lei Geral de Proteção de Dados no Setor Público. *SAJ Procuradorias.* [S.l.], 25 ago. 2021. Boas práticas – Gestão. Disponível em: https://sajprocuradorias.com.br/lgpd-e-advocacia-publica-a-lei-geral-de-protecao-de-dados-no-setor-publico/. Acesso em 12 jun. 2022.

[35] LGPD e advocacia pública: a Lei Geral de Proteção de Dados no Setor Público. *SAJ Procuradorias.* [S.l.], 25 ago. 2021. Boas práticas – Gestão. Disponível em: https://sajprocuradorias.com.br/lgpd-e-advocacia-publica-a-lei-geral-de-protecao-de-dados-no-setor-publico/. Acesso em 12 jun. 2022.

[36] CELESTINO, Karla Alexsandra Falcão Vieira Celestino; VILAS BÔAS, Regina Vera. A efetivação dos direitos fundamentais sociais por meio da atuação concreta da advocacia pública municipal. *Revista Brasileira de Direito Municipal – RBDM.* [S.l.], a. 17, n. 62, p. 59-80, out./dez. 2016. p. 75.

respeito à autodeterminação informacional dos cidadãos e separação informacional de poderes por parte do Poder Público.

Isto posto, os procuradores devem estar preparados para lidar com esses cenários no âmbito das contratações de empresas com o Poder Público, inserindo cláusulas de responsabilidade para exigir da iniciativa privada programas de *compliance* de dados que supram as determinações da LGPD. Ressalte-se a observação de Karla Alexsandra Falcão Vieira Celestino e Regina Vera Vilas Bôas:

> Com efeito, a Advocacia Pública deve ter por meta a concreção da justiça, da legalidade, ressaltando que os advogados públicos defendem o interesse do Estado, que é, nada mais, nada menos, do que a realização da justiça, portanto, a instituição possui como base cimentada a preservação e efetivação dos direitos fundamentais, alicerçada em um Estado Constitucional que lhes dá legitimidade.[37]

A partir das noções expostas, a atuação institucional da Advocacia Pública Municipal se destaca no seu papel de agente disseminador da cultura de privacidade e proteção de dados na esfera municipal, isto é, pulverizando iniciativas de adequação e proteção de dados para outros setores, como forma de efetivação de um direito fundamental em construção.

5 Considerações finais

Como foi observado ao longo dessa breve análise, a Lei Geral de Proteção de Dados proporciona uma uniformidade no tratamento de dados tanto no âmbito do Poder Público quanto na esfera privada.

Logo, visa-se garantir maior segurança jurídica ao trazer uma linguagem comum à gestão da informação, independentemente se o dado for incialmente captado em uma relação de consumo ou se acabou migrando para uma esfera distinta.

Por outro lado, conforme analisado, a Lei de Acesso à Informação tem como objetivo dar transparência a todas as ações do governo, se mostrando fundamental para garantir, como previsto na Constituição, o direito de acesso à informação pública. O saldo desde a implantação é bastante positivo, sendo um avanço na transparência dos dados públicos, possibilitando que o cidadão acesse e solicite informações que antes lhe eram privadas.

Portanto, é importante que nós validemos essas leis e continuemos a exigir que o cumprimento delas seja feito de fato, principalmente em momentos de calamidade pública. Quanto mais informações a sociedade tiver, quanto mais dados ela puder agregar, quanto mais possibilidades de conhecimento daquilo que está sendo feito e tratado na administração dos órgãos e entidades públicas, melhor será o controle social e a participação na vida democrática.

Logo, dentro desse contexto de expansão de uma cultura de privacidade e proteção de dados, aloca-se a Advocacia Pública Municipal em um espaço privilegiado de ação

---

[37] CELESTINO, Karla Alexsandra Falcão Vieira Celestino; VILAS BÔAS, Regina Vera. A efetivação dos direitos fundamentais sociais por meio da atuação concreta da advocacia pública municipal. *Revista Brasileira de Direito Municipal – RBDM*. [S.l.], a. 17, n. 62, p. 59-80, out./dez. 2016. p. 77.

dentro do âmbito dos municípios para servir como guardiã da gestão informacional dos dados dos cidadãos.

Em suma, mobilizar uma agenda gradual de governança de dados de acordo com a LGPD e a LAI de forma harmoniosa na Administração Municipal, promovendo conscientização, criação de cultura e capacitação por meio das procuradorias, se apresenta como um caminho para efetivar o direito fundamental à proteção de dados fundamentais aos cidadãos.

Referências

ANGÉLICO, Fabiano; TEIXEIRA, Marco Antonio Carvalho. Acesso à informação e ação comunicativa: novo trunfo para a gestão social. *Revista Desenvolvimento em Questão*, Ijuí, n. 21, p. 7-27, set./dez. 2012.

ATOJI, Marina Iemini. Proteger dados pessoais, sem perder a transparência jamais. *In*: FÓRUM de Direito de Acesso a Informações (Org.). *A LAI é 10*: o Brasil após uma década da lei de acesso à informação. São Paulo: Abraji, 2022. p. 59-64.

BIONI, Bruno Ricardo. *Proteção de dados pessoais*: a função e os limites do consentimento. Rio de Janeiro: Forense, 2019.

BRASIL. *Lei nº 12.527, de 18 de novembro de 2011*. Regula o acesso a informações previsto no inciso XXXIII do art. 5º, no inciso II do §3º do art. 37 e no §2º do art. 216 da Constituição Federal; altera a Lei nº 8.112, de 11 de dezembro de 1990; revoga a Lei nº 11.111, de 5 de maio de 2005, e dispositivos da Lei nº 8.159, de 8 de janeiro de 1991; e dá outras providências. Brasília, DF: Presidência da República, 2011. Disponível em: http://www.planalto.gov.br/ccivil_03/_ato2011-2014/2011/lei/l12527.htm. Acesso em: 20 jun. 2022.

BRASIL. Supremo Tribunal Federal. *Medida Cautelar em Ação Direta de Inconstitucionalidade nº 6.387-DF*. Rel. Min. Rosa Weber. Partido Socialista Brasileiro – PSB x Presidência da República. J. 12 abr. 2020.

CELESTINO, Karla Alexsandra Falcão Vieira Celestino; VILAS BÔAS, Regina Vera. A efetivação dos direitos fundamentais sociais por meio da atuação concreta da advocacia pública municipal. *Revista Brasileira de Direito Municipal – RBDM*. [S.l.], a. 17, n. 62, p. 59-80, out./dez. 2016.

COUTINHO, Jacinto Nelson de Miranda. Procurador do Estado, sim; Procurador do Governo, não! *Revista Jurídica da Procuradoria-Geral do Estado do Paraná*, Curitiba, n. 10, p. 63-78, 2019.

CRAVO, Daniela Copetti. Direitos do titular dos dados no Poder Público: análise da portabilidade de dados. *Revista da ESDM*. Porto Alegre, v. 6, n. 11, p. 51-61, ago. 2020.

DIAS, Jorge Alves. Do tratamento de dados pessoais pelo Poder Público: o que se espera do Poder Público com a LGPD? *In*: SANTOS, Regiane Martins dos; CARVALHO, Adriana Cristina F. L. de. (Coord.). *Comentários à Lei Geral de Proteção de Dados*. São Paulo: OAB, 2020. p. 64-80.

DONEDA, Danilo. *Da privacidade à proteção de dados pessoais*. Rio de Janeiro: Renovar. 2019.

FARIAS, Edilsom Pereira. *Liberdade de expressão e comunicação*: teoria e proteção constitucional. 2001. 290 f. Tese (Doutorado em Direito) – Centro de Ciências Jurídicas, Universidade Federal de Santa Catarina, Florianópolis, 2001.

FERRAZ JÚNIOR, T. S. Sigilo de dados: o direito à privacidade e os limites à função fiscalizadora do Estado. *Revista da Faculdade de Direito – Universidade de São Paulo*, [S. l.], v. 88, p. 439-459, jan. 1993.

GRAF, Ana Cláudia Bento. *O direito à informação ambiental*. Direito Ambiental em Evolução. Curitiba: Juruá, 1998.

LGPD e advocacia pública: a Lei Geral de Proteção de Dados no Setor Público. *SAJ Procuradorias*. [S.l.], 25 ago. 2021. Boas práticas – Gestão. Disponível em: https://sajprocuradorias.com.br/lgpd-e-advocacia-publica-a-lei-geral-de-protecao-de-dados-no-setor-publico/. Acesso em 12 jun. 2022.

MARTINS JUNIOR, Wallace Paiva. Princípio da transparência. *In*: MARTINS JUNIOR, Wallace Paiva *et al. Tratado de direito administrativo*. São Paulo: RT, 2014. p. 419-478.

MENDES, Laura. Schertel. *Privacidade, proteção de dados e defesa do consumidor*: linhas gerais de um novo direito fundamental. São Paulo: Saraiva. 2014.

MOROZOV, E.; BRIA, F. *A cidade inteligente:* tecnologias urbanas e democracia. São Paulo: Ubu Editora, 2020.

O'NEIL, Cathy. *Weapons of Math Destruction:* how Big Data Increases Inequality and Threatens Democracy. New York: Crown, 2016.

OHLWEILER, Leonel Pires; CADEMARTORI, Sergio Urquart de. *Do segredo à transparência na administração pública:* os arcana imperii e o direito de acesso à informação. Canoas: Editora LaSalle, 2018.

RODOTÀ, Stefano. *A vida na sociedade da vigilância*: a privacidade hoje. Rio de Janeiro: Renovar, 2008.

RODOTÀ, Stefano. Autodeterminação e laicidade. Trad. Carlos Nelson de Paula Konder. *Revista Brasileira de Direito Civil – RBDCivil*, Belo Horizonte, v. 17, p. 139-152, jul./set. 2018.

SANTANNA, Gustavo da Silva. Necessária Relação entre interoperabilidade e compartilhamento de dados, transparência administrativa e privacidade: uma análise do comportamento da Administração Pública a partir da LGPD. *In*: CRAVO, Daniela Copetti *et al. Lei Geral de Proteção de Dados e o poder público*. Porto Alegre: Escola Superior de Gestão e Controle Francisco Juruena – Centro de Estudos de Direito Municipal, 2021. p. 85-100.

SCHWARCZ, Lilia Moritz. *Sobre o autoritarismo brasileiro*. São Paulo: Companhia das Letras, 2019.

ZANCANER, Weida. Lineamentos sobre a lei de acesso à informação. *In*: VALIM, Rafael; MALHEIROS, Antonio Carlos; BACARIÇA, Josephina (*in memorian*) (Coord.) *Acesso à informação pública*. Belo Horizonte: Fórum, 2015. p. 25-34.

ZUBOFF, Shoshana. *The Age of Surveillance Capitalism*. v. 1. New York: Public Affairs, 2019.

Seção II

Artigos aprovados

Subseção I

Categoria Profissional

A ADVOCACIA PÚBLICA MUNICIPAL COMO INSTRUMENTO DE CONCRETIZAÇÃO DOS DIREITOS FUNDAMENTAIS – PARÂMETROS PARA A ATUAÇÃO DO MUNICÍPIO EM RELAÇÃO À LIBERDADE RELIGIOSA

ANDRÉ FABIANO GUIMARAES ARAÚJO

Justificativa do tema e do formato do texto

O texto colocado à apreciação da Comissão Julgadora do certame teve origem em consulta formulada pela Secretaria do Município onde atuo como Procurador.

Considera-se que o texto ora apresentado está devidamente inserido no contexto da atuação da "Advocacia Pública Municipal como instrumento de concretização dos Direitos Fundamentais", uma vez que trata do apontamento de parâmetros para a atuação do Município em relação ao exercício da liberdade religiosa, a qual é reconhecida como direito fundamental pela Constituição de 1988.

De fato, a doutrina ensina que: (i) na liberdade religiosa estão incluídas a liberdade de crença, de aderir a alguma religião, e a liberdade do exercício do culto respectivo; ii) as liturgias e os locais de culto são protegidos nos termos da lei; iii) a lei deve proteger os templos e não deve interferir nas liturgias, a não ser que assim o imponha algum valor constitucional concorrente de maior peso na hipótese considerada; e iv) os logradouros públicos não são, por natureza, locais de culto, mas a manifestação religiosa pode ocorrer ali, protegida pelo direito de reunião, com as limitações respectivas.[1]

Optou-se por apresentar a monografia sob a forma de parecer jurídico, uma vez que a adaptação do texto para outro formato resultaria na perda de elementos que enriquecem o caráter prático deste trabalho.

Aproveito este espaço para agradecer às pessoas que confiaram a mim esta consulta de tamanha importância, e ressalto que o texto faz uso de elementos de identificação fictícios.

---

[1] Cf. MENDES, Gilmar Ferreira; BRANCO, Paulo Gustavo Gonet. *Curso de Direito Constitucional*. 16. ed. São Paulo: Saraiva Educação, 2021, p. 608.

Parecer nº: ANPM.2022.123456789-00[2]
Consulente: Secretaria Municipal de Cultura e Turismo
Assunto: Parâmetros para a atuação do Município em relação à liberdade religiosa

Ementa: Apoio institucional a atividades de cunho não estritamente religioso. Critérios para concessão. Possibilidade, nos casos em que houver preeminência do caráter turístico, social e/ou cultural sobre o aspecto religioso. Estado atual sobre a atuação do Município em relação à liberdade religiosa. Doutrina. Jurisprudência.

1 Relatório

Trata-se de consulta jurídica formulada pela senhora Secretária Municipal de Cultura e Turismo sobre os critérios para a concessão de apoio institucional pelo Município a atividades de cunho não estritamente religioso.

Ressaltando a finalidade de preservar o princípio da impessoalidade da administração pública e considerando que a Constituição Federal de 1988 dispõe sobre a vedação de subvenção a cultos religiosos e igrejas e/ou alianças com representantes da igreja, salvo colaboração de interesse público, a autoridade consulente questionou se o Município poderá oferecer apoio institucional a:

a) Show gospel;
b) Manifestações religiosas de relevante interesse cultural (exemplos: Paixão de Cristo, Folia de Reis, Natal etc.);
c) Quermesses;
d) Cultos religiosos com apresentações musicais;
e) Eventos religiosos que constam no calendário oficial do Município;
f) Evento de manifestação religiosa, como por exemplo, Marcha para Jesus;
g) A autoridade consulente também questiona quem poderá solicitar apoio institucional/financeiro:
  – Igrejas evangélicas, católicas, templos de religiões de matriz africana etc.?
  – Associação religiosas?
  – Associações educacionais, culturais, sociais ligadas a igrejas?
  – Fundações?
  – Grupos teatrais e culturais?
  – Produtores culturais independentes?

O Procurador-Geral do Município aproveita o ensejo da consulta para solicitar uma análise a respeito do estado atual da doutrina e da jurisprudência a respeito da relação entre o Estado e a atividade religiosa a fim de que sejam apresentados parâmetros para a atuação do Poder Público em relação à liberdade religiosa na Municipalidade.

É o relato da consulta. Passa-se à fundamentação jurídica.

---

[2] O número mencionado é fictício.

2 Fundamentação jurídica – Introdução

Inicialmente, cabe destacar os fundamentos jurídicos mencionados pela autoridade consulente na consulta apresentada.

De acordo com o art. 19, I, da Constituição Federal (CF), é vedado à União, aos Estados, ao Distrito Federal e aos Municípios estabelecer cultos religiosos ou igrejas, subvencioná-los, embaraçar-lhes o funcionamento ou manter com eles ou seus representantes relações de dependência ou aliança, ressalvada, na forma da lei, a colaboração de interesse público.

Ainda, o *caput* do art. 37 da Constituição Federal determina que a administração pública direta e indireta de qualquer dos Poderes da União, dos Estados, do Distrito Federal e dos Municípios obedecerá aos princípios de legalidade, impessoalidade, moralidade, publicidade e eficiência.

2.1 Da laicidade do Estado brasileiro

Como se sabe, desde o advento da República (Decreto nº 119-A, de 07 de janeiro de 1890), foi instituída separação total entre o Estado e a Igreja, sendo o Brasil um país leigo, laico ou não confessional, não existindo, portanto, nenhuma religião oficial da República Federativa do Brasil.

Laicidade não se confunde com laicismo. Laicidade significa neutralidade religiosa por parte do Estado. Laicismo, por sua vez, trata-se de uma atitude de intolerância e hostilidade estatal em relação às religiões. Portanto, a laicidade é marca da República Federativa do Brasil, e não o laicismo, mantendo-se o Estado brasileiro em posição de neutralidade axiológica, mostrando-se indiferente ao conteúdo das ideias religiosas. Todas as Constituições pátrias, exceto as de 1891 e 1937, invocaram a "proteção de Deus" quando promulgadas, exprimindo, assim, inegável símbolo de religiosidade.[3]

A esse respeito, em sede de ação direta de inconstitucionalidade (ADI 2.076-AC, Rel. Min. Carlos Velloso), o Supremo Tribunal Federal (STF) afirmou que a invocação a Deus no preâmbulo da Constituição de 1988 não enfraquece a laicidade do Estado brasileiro, que, inclusive, nos termos do art. 5º, VI, declara ser inviolável a liberdade de consciência e de crença, sendo assegurado o livre exercício dos cultos religiosos e garantida, na forma da lei, a proteção aos locais de culto e das suas liturgias.[4]

2.2 Da posição manifestada pelo TJSP

Em sede de apelação em Ação Civil Pública, o Tribunal de Justiça do Estado de São Paulo (TJSP), por maioria, confirmou sentença pela qual o Poder Judiciário determinou que o Município de Santa Bárbara d'Oeste não empregasse, de qualquer modo, bens, dinheiro ou servidores públicos para o fim de contribuir para a realização de qualquer edição do evento denominado "Marcha para Jesus", seja diretamente, seja

---

[3]   Cf. LENZA, Pedro. *Direito Constitucional*. 26. ed. São Paulo: SaraivaJur, 2022, p. 386.

[4]   Cf. STF. *ADI 2.076/AC*, Relator(a): Ministro Carlos Velloso, Tribunal Pleno, julgado em 15.08.2002, DJ 08.08.2003.

por meio da contratação de terceiros, com recursos públicos, para a realização total ou parcial do evento, sob a pena de multa cominatória única de R$100.000,00, sem prejuízo de apuração de crime de desobediência do Prefeito, na esfera apropriada. Confira-se a ementa do acórdão:

> AÇÃO CIVIL PÚBLICA. Santa Barbara D'oeste. Realização de evento religioso denominado Marcha para Jesus. CF, art. 19, I. 1. Evento. Natureza. O evento Marcha para Jesus é promovido em conjunto com as Igrejas Evangélicas e tem caráter eminentemente religioso, conforme se extrai da LM nº 3.136/09 e outras informações juntadas aos autos e obtidas na página eletrônica oficial do evento. 2. Poder Público. Participação. O art. 19, inciso I da Constituição Federal veda a subvenção de cultos religiosos e igrejas, não importando se esta se dará de forma contínua ou se resumirá em apenas um evento. Hipótese que não se enquadra na concepção de colaboração por interesse público, que pressupõe o exercício de uma atividade considerada útil pelo Estado para alcançar um fim pretendido pela coletividade, sem relação com a crença religiosa preconizada pela instituição. 3. Multa. Os artigos 287, 644 e 645 do CPC não excluem a Fazenda Pública do pagamento da multa pela inexecução da obrigação de fazer. Cabe ao administrador, em isso ocorrendo, adotar as providências administrativas, judiciais e criminais contra o servidor faltoso que a elas deu causa. Procedência. Recurso do Município a que se nega provimento.
>
> (TJ-SP – Apelação: 00118320320118260533 SP 0011832-03.2011.8.26.0533, Relator: Torres de Carvalho, Data de Julgamento: 02.09.2013, 10ª Câmara de Direito Público, Data de Publicação: 28.11.2013.)

Na ocasião, o Município defendeu a legitimidade do emprego de recursos públicos para a realização do evento sob os seguintes argumentos:

(i) o evento "Marcha para Jesus" foi instituído como Dia Nacional pela Lei Federal nº 12.025/09, constando do calendário de eventos oficiais da pátria, bem como do Estado de São Paulo, por força da Lei Estadual nº 14.424/11;

(ii) a música gospel e os eventos a ela relacionados possuem caráter cultural, nos termos da Lei Federal nº 12.590/12;

(iii) o art. 19, I, da Constituição Federal prevê a possibilidade de que o Estado estabeleça atos conjuntos com entidades religiosas, porquanto enquadram-se na concepção de colaboração por interesse público como, por exemplo, o Carnaval, as Quermesses Juninas, dentre outros;

(iv) a contribuição do Município para a realização de apenas um evento não implica em subvenção a culto religioso, não havendo a destinação contínua de verbas ou recursos;

(v) há interesse público primário do Município na realização deste evento, que atrai muitas pessoas, que consomem, compram e se hospedam, trazendo benefícios à economia local;

(vi) impedir o emprego de bens e servidores públicos na realização do evento se afigura inexequível, sendo imprescindível a presença do Poder Público em eventos deste porte, pelo menos em relação à segurança, saúde e higiene pública;

(vii) a "Marcha para Jesus" tem caráter de festa popular, de evento cultural e de exposição de ideias e, ainda que se cuidasse de evento estritamente religioso, gozaria de proteção do Estado em razão da liberdade de manifestação e expressão, bem como do direito de reunião, garantidos pela Constituição de 1988.

O voto do Desembargador Relator do acórdão observou que, de acordo com o site do evento, "[a] Marcha para Jesus é um evento pacífico que reúne igrejas cristãs do país e do mundo" (...) e "é aberto à participação de toda a população, e representa a união das pessoas, a comunhão de todos que acreditam em Jesus Cristo". Com base nessa informação, o Desembargador Relator observou que não há como negar o caráter religioso do evento, que é organizado pelo Poder Público junto a igrejas evangélicas.

Os fundamentos do TJSP para proibir o uso de recursos públicos na realização do evento foram os seguintes:

i) O fato de que a "Marcha para Jesus" consta do calendário de eventos oficiais não autoriza o emprego de recursos públicos para sua realização. De fato, a Constituição Federal protege o direito de reunião (CF, art. 5º, XVI), inclusive para fins religiosos (CF, art. 5º, VI), vedando apenas a subvenção de cultos religiosos e igrejas pelos entes federativos (CF, art. 19, I). Assim, não se impede a realização da "Marcha para Jesus", mas tão somente a aplicação de patrimônio público para a sua concretização.

ii) Não há que se falar também em colaboração de interesse público, pois ela pressupõe o exercício de uma atividade considerada útil pelo Estado para alcançar um fim pretendido pela coletividade, sem relação com a crença religiosa preconizada pela instituição, o que não acontece em tal caso, em que restou demonstrada a finalidade religiosa do evento.

iii) Observe-se que a proibição judicial em relação ao emprego de bens, dinheiro e servidores públicos pelo Município para a execução da "Marcha para Jesus" não abrange o suporte que o Poder Público deve promover para a realização de qualquer outro evento de tal dimensão, sendo certo que as questões referentes à segurança, higiene e saúde pública estão diretamente relacionadas ao próprio interesse público, devendo ser concretizadas pela Administração, no exercício de seu poder de polícia.

No julgamento houve voto divergente, cujos fundamentos merecem ser destacados nesta oportunidade:

i) A pretensão da Ação Civil Pública proposta pelo Ministério Público tinha por fundamento a inconstitucionalidade – por ofensa ao art. 19, I, da Constituição Federal – da Lei Municipal nº 3.136/09, que autorizou o Poder Executivo de Santa Bárbara d'Oeste a realizar despesas para a instituição do projeto "A Marcha para Jesus". Segundo a Súmula Vinculante nº 10/STF, viola a cláusula de reserva de plenário (CF, art. 97) a decisão de órgão fracionário de Tribunal que, embora não declare expressamente a inconstitucionalidade de lei ou ato normativo do Poder Público, afasta sua incidência, no todo ou em parte. Desse modo, era vedada à Décima Câmara de Direito Público do TJSP a declaração de inconstitucionalidade de lei municipal, uma vez que se impunha a remessa dos autos ao Órgão Especial do TJSP, nos termos do art. 190 de seu Regimento Interno, pois sua competência exclusiva está afirmada no art. 97 da Constituição Federal e na Súmula Vinculante nº 10/STF.

ii) A Lei Municipal nº 3.136/09 é perfeitamente harmoniosa com a Constituição Federal e se trata de lei local perfeitamente afinada com as legislações estadual e federal, notadamente a Lei Estadual nº 14.424/11 e a Lei Federal nº 12.025/09, as quais instituíram nos âmbitos estadual e nacional, "Dia da Marcha para Jesus".

iii) A "Marcha para Jesus" não é apenas um evento religioso, pois já se transformou numa manifestação cultural que tem até dia oficial nos calendários nacional e estadual. Quando a manifestação religiosa deixa de pertencer apenas ao ritual de determinado templo e invade os espaços públicos, ganhando a adesão da população, transforma-se em manifestação cultural e pode ser incentivada pelos Municípios, pelos Estados e pela União, encarregados também da promoção dos valores humanos que, como o passar do tempo, tornam-se tradições locais, regionais ou até nacionais. Assim já aconteceu com o Carnaval, cuja origem religiosa está até esquecida atualmente, com as procissões de São Benedito em Guaratinguetá, as romarias ao Padre Cícero no Nordeste, as ofertas a Yemanjá, as Congadas e até mesmo o Natal, entre muitas outras manifestações de origem religiosa que ganharam o espaço público e a adesão da população, transformando-se em eventos socioculturais. Assim, a "Marcha para Jesus" não é mais apenas uma expressão de culto religioso, pois já se transformou em manifestação cultural com dia oficial nos calendários nacional e estadual, razão pela qual há interesse público a justificar a colaboração do Município na forma da lei que editou com legitimidade.

iv) A religião é um dos valores humanos mais importantes da sociedade e suas expressões integram o acervo cultural da humanidade. Tanto é assim que a Constituição Federal, em seu preâmbulo, estabelece a promulgação da Constituição da República Federativa do Brasil *sob a proteção de Deus*. As manifestações religiosas constituem substrato de parcela importante da cultura humana e o pretexto de estabelecimento de um Estado laico não pode afastá-las, sob pena de comprometimento da própria história e das instituições sociais. Com efeito, a adoção da tese expendida pelo recorrente implicaria em se expurgar do preâmbulo da Constituição Federal a invocação *"sob a proteção de Deus"*, por ser contrária às convicções dos ateus, agnósticos, politeístas e mesmo dos budistas, pois esta última religião não consagra a adoração a uma divindade.

Com base nos fundamentos mencionados nos parágrafos anteriores, o voto vencido afirmou que a "Marcha para Jesus" também deveria ser considerada um evento cultural de interesse público, não havendo qualquer ilegalidade ou inconstitucionalidade na lei municipal que disciplinou seu incentivo pela Administração Pública.

2.3 Da posição manifestada pelo STF

Em junho de 2013, o Conselho Especial do Tribunal de Justiça do Distrito Federal e Territórios (TJDFT) teve a oportunidade de declarar inconstitucional a Lei Distrital nº 4.876/2012, que dispunha sobre a colaboração de interesse público do Distrito Federal com entidades religiosas. A matéria legislativa já tinha sido objeto de pelo menos outras duas ações diretas de inconstitucionalidade julgadas procedentes (em 2002 e 2010), cujas leis impugnadas também visavam conceder benefícios ou custear despesas com a realização de eventos de cunho religioso. Confira-se a ementa do acórdão:

AÇÃO DIRETA DE INCONSTITUCIONALIDADE. LEI DISTRITAL Nº 4.876/12. CONCEITO DE INTERESSE PÚBLICO. SUBVENÇÃO A CULTOS RELIGIOSOS. DISPENSA DE LICITAÇÃO. IMPOSSIBILIDADE.

O fato de as matérias impugnadas estarem previstas, também, na Constituição Federal não obsta o controle abstrato de constitucionalidade por suposta ofensa de Lei Distrital às normas correspondentes da Lei Orgânica do Distrito Federal. Deve ser declarada inconstitucional Lei Distrital que viola frontalmente a Lei Orgânica do Distrito Federal, ao ampliar o conceito de interesse público, bem assim ao possibilitar a concessão de subvenção a cultos religiosos ou igrejas pelo Poder Público, sem prévio procedimento licitatório. Pedido de declaração de inconstitucionalidade julgado procedente.

(Acórdão 703088, 20120020172455 ADI, Relatora: Ana Maria Duarte Amarante Brito, Conselho Especial, data de julgamento: 11.06.2013, publicação no DJe: 19.08.2013.)

Na ocasião, o TJDFT considerou inconstitucional a tentativa da lei de ampliar o conceito de interesse público, bem como de possibilitar, de forma velada, a concessão de subvenção a cultos religiosos ou igrejas pelo Poder Público, sem prévio procedimento licitatório.

Em sede de recurso extraordinário (RE 812.456/DF), o STF ratificou o entendimento do TJDFT.[5] O Ministro Relator do acórdão destacou diversas pontuações sobre o conteúdo jurídico da ideia de laicidade do Estado, os quais são trazidos a seguir:

i) O primeiro conteúdo jurídico da laicidade refere-se à separação formal entre Estado e Igreja. Um Estado laico, em síntese, não pode se identificar formalmente com qualquer religião ou doutrina religiosa.

ii) O segundo conteúdo jurídico da laicidade contém o *princípio da neutralidade estatal em matéria religiosa*, que veda o estabelecimento, pelo Estado, de preferências ou discriminações entre as confissões religiosas, bem como de interferências da religião no exercício de funções estatais. Assim, a laicidade como neutralidade impede que o Estado (i) favoreça, promova ou subvencione religiões ou posições não religiosas (neutralidade como *não preferência*); (ii) obstaculize, discrimine ou embarace religiões ou posições não religiosas (neutralidade como *não embaraço*); (iii) tenha a sua atuação orientada ou condicionada por religiões ou posições não-religiosas (neutralidade como *não interferência*).

iii) Um terceiro e último conteúdo jurídico essencial da laicidade diz respeito à garantia da liberdade religiosa. A liberdade religiosa constitui, em primeiro lugar, um direito fundamental autônomo em relação ao princípio da laicidade, positivado expressamente pela Constituição de 1988 (arts. 5º, VI e VIII; 143, §1º; e 150, VI, "b"). Enquanto tal, ela integra a autonomia individual e o universo de escolhas existenciais básicas de uma pessoa, sendo expressão nuclear da dignidade humana.

Com base nessas considerações, considerou-se que quando o Estado permite a concessão de subvenção a cultos religiosos ou igrejas, ampliando o conceito de interesse jurídico e autorizando dispensas de licitações, tem-se por quebrada a possibilidade de neutralidade.

---

5   Cf. STF. *RE 812.456/DF*, Relator(a): Ministro Roberto Barroso, Decisão Monocrática, julgado em 18.02.2019, DJe 26.02.2019.

2.4 Da posição do TCE-SP[6]

Em sede de apreciação das contas anuais de 2018 da Prefeitura Municipal de São Sebastião, o Tribunal de Contas do Estado de São Paulo (TCE-SP) detectou eventos religiosos patrocinados com recursos públicos *tendo como objetivo manutenção indireta de promoção de religião.*[7]

Segundo a Súmula nº 2/TCE-SP, é *inconstitucional a aplicação de auxílios ou subvenções, direta ou indiretamente, na manutenção de culto religioso.* Com base nessa orientação, o TCE-SP considera que o patrocínio de cultos e/ou eventos religiosos desrespeita a Súmula nº 2/TCE-SP e o art. 19, I, da Constituição Federal.

2.5 Da posição do TCE-ES

O então Secretário de Estado de Turismo do Espírito Santo formulou consulta ao TCE-ES, sobre a possibilidade de apoiar a realização de eventos culturais e turístico-religiosos, com o intuito de promover e incentivar o turismo no Espírito Santo, sem incorrer na vedação prevista no art. 19, I, da Constituição Federal. Em aparente dissonância com o art. 19, I, da Constituição Federal, o TCE-ES se manifestou pela possibilidade de subvenção, isto é, pela aplicabilidade do art. 180 da Constituição Federal – segundo o qual a União, os Estados, o Distrito Federal e os Municípios promoverão e incentivarão o turismo como fator de desenvolvimento social e econômico –, ainda que envolvendo evento religioso, *desde que se possa fundamentar no caso concreto a existência de preeminência, no evento a ser realizado, do caráter turístico sobre o aspecto religioso.*[8]

Com base em lições doutrinárias, o TCE-ES entendeu que a colaboração de interesse público somente se dará se a instituição religiosa estiver, coincidentemente, desenvolvendo uma atividade beneficente útil à sociedade, como no caso de projetos de alfabetização, de profissionalização etc. Essa colaboração não significa em momento nenhum que o Estado concorda, depende ou se alia à fé religiosa respectiva. O que importa para a colaboração é o interesse público, o qual consiste no desenvolvimento, pela instituição religiosa, de uma atividade considerada útil pelo Estado para atingir um fim pretendido pela coletividade, sem nenhuma relação com a crença religiosa esposada por aquela instituição, que não restará, com isso, referendada pelo Estado.

Para o TCE-ES, é possível o Município amparar programas educacionais e assistenciais mantidos por entidades religiosas, desde que tais atividades sirvam precipuamente ao interesse público. Entende-se, neste caso, como colaboração de interesse público aquela em que a entidade religiosa venha a suprir atividades que estariam no

---

[6] Sabe-se que as decisões dos Tribunais de Contas possuem caráter administrativo, de modo que podem ser revistas pelo Poder Judiciário. Ainda assim, tendo em vista que esses órgãos possuem considerável capacidade técnica e, conforme o STF, ostentam posição eminente na estrutura constitucional brasileira, não se achando subordinados, por qualquer vínculo de ordem hierárquica, a qualquer Poder, uma vez que a competência institucional deles traduz emanação que resulta, primariamente, da própria Constituição da República (cf. *ADI 4.190 MC-REF*, Rel. Min. Celso de Mello), apresentam-se aqui relevantes posicionamento de Tribunais de Contas sobre a temática desta consulta.

[7] Cf. SÃO PAULO. Tribunal de Contas do Estado de São Paulo (TCE-SP). *Processo nº 00004673.989.18-2 (4673/989/18)*. São Paulo: TCE-SP, 2020.

[8] Cf. ESPÍRITO SANTO. Tribunal de Contas do Estado do Espírito Santo (TCE-ES). *Parecer em Consulta TC nº 00014/2008-9 (Processo TC 5045/2008)*. Vitória: TCE-ES, 2009.

âmbito das atividades de competência do Município. Vale frisar que essa possibilidade não pode ocorrer em campo fundamentalmente religioso. Todavia, a concessão do auxílio ou subvenção social mediante convênio com a entidade religiosa está condicionada, ainda, à existência de lei disciplinando a matéria. A lei, pois, é que vai dar a forma dessa colaboração, sendo certo que tal ato normativo não poderá ocorrer no campo religioso. Ademais, a colaboração estatal tem de ser geral, a fim de não discriminar entre as várias religiões. Assim, o repasse de recursos públicos a organizações religiosas, ou quaisquer outras entidades privadas, está condicionado ao exercício de atividade que, sem relação com a crença religiosa preconizada pela instituição, possibilite a efetivação de ações de interesse da coletividade, desde que haja lei regulamentadora da matéria.

De acordo com o TCE-ES, a colaboração financeira de interesse público ou qualquer outro auxílio de bens materiais públicos que torna lícita a aliança entre Estado e organizações religiosas é aquela que diz respeito principalmente aos setores educacional, assistencial e hospitalar, tais como as concedidas a creches, casas de assistência (de auxílio ou, ainda, de socorro), e Santas Casas, na forma e nos limites da lei.

Seguindo essa linha de raciocínio, o TCE-ES considerou possível o apoio financeiro do Poder Público a eventos de música gospel, *desde que evidenciada a preeminência do caráter social e/ou cultural sobre o aspecto religioso*, para os casos em que manifestações culturais relativas à música gospel e os eventos a ela relacionados possam ser subvencionados por recursos públicos.[9]

2.6 Da permissão ou autorização de uso privativo de bens públicos

O Poder Público, em situações determinadas e por meio de vínculos jurídicos especiais, pode consentir com o uso privativo dos bens públicos por pessoa ou grupo de pessoas. Nesses casos, o consentimento estatal pode ser discricionário ou vinculado, oneroso ou gratuito, precário ou estável, dependendo da respectiva previsão legal. A gratuidade prevalece na utilização dos bens públicos pelos indivíduos em geral, mas a onerosidade deve ser a regra para o uso privativo de bens públicos com exclusão dos demais indivíduos, excepcionada nos casos em que o uso do bem público acarreta benefícios para coletividade que justifiquem a ausência de contrapartida pecuniária do particular. Em qualquer hipótese, o consentimento deve ser individualizado, conferindo ao destinatário a prerrogativa de utilizar o bem público com exclusividade e nas condições fixadas no respectivo vínculo jurídico.

Os principais instrumentos públicos para viabilização do uso privativo dos bens públicos são a autorização, a permissão, a concessão e a cessão de uso. Cada ente federativo possui competência legislativa para estabelecer as formas de gestão dos seus respectivos bens, não havendo uniformidade nas expressões utilizadas. No caso de lacuna normativa, os próprios instrumentos jurídicos devem conter as condições para utilização privativa dos bens públicos.

Na data em que esta consulta é respondida, não há legislação municipal que discipline a utilização privativa de bens públicos no Município.

---

9   Cf. ESPÍRITO SANTO. Tribunal de Contas do Estado do Espírito Santo (TCE-ES). *Parecer em Consulta TC nº 00018/2018-1 (Processo TC-08986/2017-7)*. Vitória: TCE-ES, 2018.

O ordenamento jurídico possui lacunas, pois não é possível ao legislador antecipar e englobar nas normas jurídicas toda a complexidade inerente à vida em sociedade. A existência de lacunas não justifica, todavia, a inaplicabilidade do Direito. Nesse sentido, é imperiosa a utilização de instrumentos de integração do sistema jurídico para suprir as eventuais lacunas, tais como a analogia, os costumes e os princípios gerais de Direito (art. 4º da Lei de Introdução às Normas do Direito Brasileiro).

A analogia decorre da máxima latina *ubi eadem legis ratio, ibi eadem legis dispositio*, isto é, onde existe a mesma razão, deve ser aplicada a mesma disposição, o que decorre do princípio da igualdade. Existem duas espécies de analogia:

i) analogia legal ou *legis*, pela qual deve ser aplicada <u>regra</u> que regula caso semelhante ao caso não regulado por regra alguma; e

ii) analogia jurídica ou *juris*, pela qual se busca no <u>sistema jurídico</u> (e não em dispositivo específico) a norma que será aplicada ao caso para o qual não há expressa previsão normativa.

Enquanto a analogia *legis* busca <u>regra</u> existente aplicável a caso semelhante, a analogia *juris* procura nos <u>princípios gerais de Direito</u> a solução para integração da lacuna. Tanto a analogia *legis* quanto a analogia *juris* podem ser utilizadas para supressão de lacunas no Direito Administrativo.

A legitimidade da utilização da analogia depende do respeito ao princípio federativo, bem como da necessidade de prestigiar a autonomia desse ramo do Direito. Por essa razão, a analogia deve ser feita, preferencialmente, com normas jurídicas de Direito Administrativo, sobretudo com base nas normas editadas pelo ente federado respectivo ou com base nas normas gerais ou constitucionais, devendo ser evitada a aplicação analógica de normas de Direito Privado.[10]

No caso em questão, o regramento mais análogo que se encontrou para suprir a lacuna legislativa mencionada foi a Lei Municipal nº 1.234/96,[11] do próprio Município, que disciplina o uso de praças públicas não urbanizadas por proprietários de imóveis a elas lindeiros.

De acordo com a Lei Municipal nº 1.234/96:

i) a autorização ou permissão de uso de bens públicos municipais a terceiros, Executivo, em relação às praças públicas não urbanizadas, preferirá os proprietários a essas lindeiros (art. 1º);

ii) os atos de autorização ou de permissão, não gerarão aos autorizados ou permissionários, correspondentemente aos bens públicos municipais, outro direito que não seja o direito de simples uso para lazer, ressaltando-se que fica terminantemente proibida a promoção, nos bens consentidos a uso, de quaisquer tipos de construções (art. 2º);

iii) os autorizados ou permissionários, como condição a constar expressamente dos atos delegatórios, são obrigados a conservar os bens usados, mediante suas limpezas periódicas, bem como cercá-los em todas as suas extensões, facultando-lhes gramá-los, se assim entenderem necessário (art. 3º);

---

[10] Cf. OLIVEIRA, Rafael Carvalho Rezende. *Curso de Direito Administrativo*. 9. ed. Rio de Janeiro: Forense; Método, 2021, p. 90.

[11] O número mencionado é fictício.

iv) quando lhe convier, o Executivo urbanizará as praças públicas objeto da autorização ou permissão de uso, imitindo-se, automaticamente, nas suas respectivas posses, sem que aos autorizados ou permissionários sejam devidas indenizações ou ressarcimentos, de quaisquer espécies que sejam (art. 4º).

A legislação federal sobre a matéria também merece ser mencionada neste ponto, pois traz aspectos úteis sobre os questionamentos desta consulta.

O art. 22 da Lei Federal nº 9.636/98 estabelece que a utilização, a título precário, de áreas de domínio da União para a realização de eventos de curta duração, de natureza recreativa, esportiva, cultural, religiosa ou educacional, poderá ser autorizada sob o regime de permissão de uso. Por sua vez, o art. 14 do Decreto Federal nº 3.725/2001, que regulamenta a matéria, traz os requisitos para a permissão, que passam a ser destacados a seguir:

i) Do ato de outorga devem constar as condições da permissão, dentre as quais: I) a finalidade da sua realização; II) os direitos e obrigações do permissionário; III) o prazo de vigência; IV) o valor da garantia de cumprimento das obrigações, quando necessária, e a forma de seu recolhimento; V) as penalidades aplicáveis, nos casos de inadimplemento; e VI) o valor e a forma de pagamento, que deverá ser efetuado no ato de formalização da permissão;

ii) Os equipamentos e as instalações a serem utilizados na realização do evento não poderão impedir o livre e franco acesso às praias e às águas públicas correntes e dormentes;

iii) Constitui requisito para que se solicite a outorga de permissão de uso a comprovação da prévia autorização pelos órgãos federais, estaduais e municipais competentes para autorizar a realização do evento;

iv) Durante a vigência da permissão de uso, o permissionário fica responsável pela segurança, limpeza, manutenção, conservação e fiscalização da área, comprometendo-se, salvo autorização expressa em contrário, a entregá-la, dentro do prazo, nas mesmas condições em que inicialmente se encontrava.

v) Nas permissões de uso, mesmo quando gratuitas, serão cobrados, a título de ressarcimento, os custos administrativos da União, relacionados direta ou indiretamente com o evento.

Cabe ressaltar que, de acordo com a doutrina tradicional, enquanto na autorização predomina o interesse privado do autorizatário, na permissão o interesse do permissionário e o interesse público são satisfeitos com igual intensidade.[12] Essa distinção não acarreta qualquer consequência de ordem prática ou jurídica. A autorização e a permissão de uso de bem público são instrumentos jurídicos equivalentes que possuem, na essência, as mesmas características: discricionariedade e precariedade. Assim, é irrelevante a distinção doutrinária que leva em consideração a predominância do interesse satisfeito, mesmo porque o interesse público sempre será o fim de qualquer ação administrativa, razão pela qual a autorização e a permissão podem ser consideradas fungíveis.[13]

---

[12] Cf. DI PIETRO, Maria Sylvia Zanella. *Direito Administrativo*. 33. ed. Rio de Janeiro: Forense, 2020, p. 1584; CARVALHO FILHO, José dos Santos. *Manual de Direito Administrativo*. 34. ed. São Paulo: Atlas, 2020, p. 1353.

[13] Cf. OLIVEIRA, Rafael Carvalho Rezende. *Curso de Direito Administrativo*. 9. ed. Rio de Janeiro: Forense; Método, 2021, p. 1210.

Em síntese, o uso privativo dos bens públicos deve preencher as seguintes características: a) compatibilidade com o interesse público; b) consentimento da Administração; c) cumprimento das condições fixadas pela legislação e pela Administração; d) remuneração, ressalvados os casos excepcionais de uso gratuito; e e) precariedade, que pode variar de intensidade, com a possibilidade de cessar o uso privativo por vontade unilateral da Administração.

2.7 Da atividade administrativa de fomento

A administração pública tem a obrigação de estimular o desenvolvimento de atividades e apoiar a manutenção de estabelecimentos que satisfaçam o interesse público. Tal obrigação consiste no que a doutrina denomina de "atividade administrativa de fomento".[14]

A título meramente exemplificativo, vale mencionar algumas previsões constitucionais a respeito dessa espécie de atividade administrativa. Compete a todos os entes federativos fomentar a produção agropecuária e organizar o abastecimento alimentar (CF, art. 23, VIII) e promover programas de construção de moradias e a melhoria das condições habitacionais e de saneamento básico (CF, art. 23, IX); a União, os Estados, o Distrito Federal e os Municípios promoverão e incentivarão o turismo como fator de desenvolvimento social e econômico (CF, art. 180); a educação, direito de todos e dever do Estado e da família, será promovida e incentivada com a colaboração da sociedade, visando ao pleno desenvolvimento da pessoa, seu preparo para o exercício da cidadania e sua qualificação para o trabalho (CF, art. 205); o Estado promoverá e incentivará o desenvolvimento científico, a pesquisa, a capacitação científica e tecnológica e a inovação (CF, art. 218, *caput*); o mercado interno integra o patrimônio nacional e será incentivado de modo a viabilizar o desenvolvimento cultural e socioeconômico, o bem-estar da população e a autonomia tecnológica do país, nos termos de lei federal (CF, art. 219, *caput*).

A atividade administrativa de fomento pode ser definida como a ação da Administração Pública que tem por objetivo proteger ou promover as atividades, estabelecimentos ou patrimônios de particulares que satisfaçam necessidades públicas ou consideradas de utilidade coletiva, sem o uso da coação e sem a prestação de serviços públicos, ou, mais concretamente, a atividade administrativa que se destina a satisfazer indiretamente certas necessidades consideradas de caráter público, protegendo ou promovendo as atividades dos particulares, sem empregar a coação.[15]

O fomento consiste em uma função administrativa por meio da qual o Estado ou seus delegados estimulam ou incentivam, direta, imediata e concretamente, a iniciativa dos administrados ou de outras entidades, públicas e privadas, para que estas desempenhem ou estimulem, por seu turno, as atividades que a lei haja considerado de interesse público para o desenvolvimento integral e harmônico da sociedade.[16]

---

[14] Cf. MIRANDA, Iúlian. *O fomento estatal às organizações sociais*. 2014. 247 f. Dissertação (Mestrado em Direito) – Faculdade de Direito, Universidade Federal de Minas Gerais. Belo Horizonte, 2014, p. 18.

[15] CF. ROCHA, Sílvio Luís Ferreira da. *Terceiro setor*. 2. ed. São Paulo: Malheiros, 2006, p. 24.

[16] Cf. MOREIRA NETO, Diogo de Figueiredo. *Curso de Direito Administrativo*. 14. ed. Rio de Janeiro: Forense, 2006, p. 524.

A atividade de fomento representa um dever do Estado que deve ser exercido dentro dos limites fixados pela ordem jurídica. A concessão de incentivos a determinado indivíduo ou grupo de indivíduos, em detrimento do restante da coletividade, deve ser pautada por critérios objetivos que garantam uma escolha impessoal, bem como possuir previsão legal. Os benefícios devem ser moralmente legítimos e razoáveis, na estrita necessidade de superação de desigualdades materiais e satisfação do interesse público. Por fim, o fomento deve ser transparente, exigindo-se publicidade ampla dos atos praticados, notadamente para possibilitar o respectivo controle social e institucional.

2.8 Síntese dos tópicos precedentes da fundamentação

Em situações como a que se apresenta nesta consulta, o intérprete do ato normativo precisa verificar, seguindo critérios objetivos e subjetivos, qual valor o sistema jurídico deseja preservar na situação, sempre buscando conciliar os princípios jurídicos que se afiguram em colisão: trata-se da busca da composição dos princípios. Dessa forma, não há como afastar a existência de certa discricionariedade nas hipóteses em que o sistema jurídico não é capaz de oferecer a solução em tese. Entretanto, também não é possível pensar-se em ausência de controle da legitimidade das soluções obtidas a partir da ponderação de valores. Tal controle é feito com base na correção da argumentação desenvolvida a partir dos elementos postos em cada caso concreto.

Com base na posição manifestada pelo TJSP, pode-se afirmar que:

i) a colaboração de interesse público pressupõe o exercício de uma atividade considerada útil pelo Estado para alcançar um fim pretendido pela coletividade, sem relação com qualquer crença religiosa;

ii) a proibição judicial em relação ao emprego de bens, dinheiro e servidores públicos pelo Poder Público para a realização de eventos não abrange o suporte que o Poder Público deve promover para a realização de qualquer evento de dimensão relevante, ainda que seja de caráter religioso, uma vez que as questões referentes à segurança, higiene e saúde pública estão diretamente relacionadas ao próprio interesse público, devendo ser concretizadas pela Administração, no exercício de seu poder de polícia.

Com base na posição manifestada pelo STF, pode-se afirmar que:

i) tendo a Constituição Federal estabelecido que o Estado brasileiro é laico, não podem os entes federativos se identificar formalmente com qualquer religião ou doutrina religiosa;

ii) o *princípio da neutralidade estatal em matéria religiosa* impede que o Estado (i) favoreça, promova ou subvencione religiões ou posições não religiosas (neutralidade como *não preferência*); (ii) obstaculize, discrimine ou embarace religiões ou posições não religiosas (neutralidade como *não embaraço*); ou (iii) tenha a sua atuação orientada ou condicionada por religiões ou posições não-religiosas (neutralidade como *não interferência*);

iii) a liberdade religiosa constitui, em primeiro lugar, um direito fundamental autônomo em relação ao princípio da laicidade, positivado expressamente pela Constituição de 1988, que integra a autonomia individual e o universo de escolhas existenciais básicas de uma pessoa, sendo expressão nuclear da dignidade humana.

Com base na posição manifestada pelo TCE-SP, é vedado o patrocínio com recursos públicos de eventos religiosos *que tenham como objetivo a manutenção direta ou indireta de promoção de religião.*

Com base na posição manifestada pelo TCE-ES, é possível a subvenção de evento pelo Poder Público, ainda que seja de caráter religioso, *desde que se possa fundamentar no caso concreto a existência de preeminência, no evento a ser realizado, do caráter turístico, social e/ou cultural sobre o aspecto religioso.*

O uso privativo dos bens públicos deve preencher as seguintes características: i) compatibilidade com o interesse público; ii) consentimento da Administração; iii) cumprimento das condições fixadas pela legislação e pela Administração; iv) remuneração, ressalvados os casos excepcionais de uso gratuito; e v) precariedade, que pode variar de intensidade, com a possibilidade de cessar o uso privativo por vontade unilateral da Administração.

A concessão de incentivos a determinado indivíduo ou grupo de indivíduos deve ser pautada por critérios objetivos que garantam uma escolha impessoal, bem como possuir previsão legal. Além disso, o fomento deve ser transparente, exigindo-se publicidade ampla dos atos praticados, notadamente para possibilitar o respectivo controle social e institucional.

2.9 Do estado atual a respeito da relação entre o Estado e a atividade religiosa

2.9.1 Do conceito de religião

As liberdades relacionadas às atividades religiosas sempre estiveram presentes na formação constitucional, seja projetando uma determinada religião a um status superior e assegurando o exercício das demais, seja vedando a associação direta entre o Estado e as religiões e igualando-as.[17]

A questão que surge a partir da concepção de sociedade, no âmbito do direito à liberdade religiosa, é a seguinte: se a todos é assegurada a liberdade de religião, assim como a separação entre os domínios político e religioso substantivada no princípio da separação entre Igreja e Estado, como a ordem política pode, então, reconhecer o que conta e o que não conta como religião? Em outras palavras, parece necessário estabelecer um critério de distinção entre uma doutrina abrangente protegida pelo princípio da liberdade religiosa e que se sujeita ao princípio da separação entre Igreja e Estado e doutrinas abrangentes incapazes de alcançar o reconhecimento público necessário para alcançarem o status religioso.[18]

Literatura especializada reconhece a necessidade de estabelecer critérios públicos de definição da identidade religiosa, e propõe alguns elementos característicos da maioria das religiões, embora também aponte que nem todas as religiões satisfaçam a eles:

---

[17] Cf. Cf. ROCHA, Brenner Toledo. *Associação e dissociação com o Estado brasileiro e a decisão acerca do ensino religioso nas escolas*. 2019. 154 f. Dissertação (Mestrado em Direito) – Faculdade de Ciências Humanas e Sociais, Universidade Estadual Paulista "Júlio de Mesquita Filho", Franca, 2019, p. 98.

[18] Cf. ALMEIDA, Fábio Portela Lopes de. *Liberalismo político, constitucionalismo e democracia:* a questão do ensino religioso nas escolas públicas. 2006. 316 f. Dissertação (Mestrado em Direito) – Faculdade de Direito, Universidade de Brasília. Brasília, 2006, p. 106.

(1) crença em seres sobrenaturais; (2) a distinção entre objetos sagrados e profanos; (3) uso ritualístico dos objetos sagrados; (4) a aceitação de um código moral supostamente sancionado por Deus (ou deuses); (5) sentimentos religiosos aguçados pelos rituais ou objetos sagrados (como o mistério ou a exaltação); (6) a prece e outras formas de comunicação com o mundo espiritual; (7) uma visão de mundo que atribui um lugar especial ao indivíduo ou a sua comunidade religiosa; (8) a organização da vida pessoal conforme aos valores da visão de mundo religiosa; e (9) uma organização social unida pelos elementos precedentes.[19]

Embora seja uma questão em aberto se esses critérios seriam capazes de acolher todas as religiões, quando se tem em mente a abertura inerente ao conceito de Constituição, os próprios critérios podem ser redesenhados para tornar possível a integração de novas religiões. De fato, a identidade constitucional deve possibilitar a abertura para a maior variedade possível de identidades religiosas, tendo sempre por foco a igual possibilidade de exercício dos direitos fundamentais por parte das pessoas. Cabe ressaltar que identidades religiosas diferentes dos padrões religiosos da maioria também merecem ser tratadas com igualdade e, para que isso seja possível, é necessário conceber uma identidade constitucional desvinculada de qualquer concepção metafísica específica.[20]

2.9.2 Do ensino religioso nas escolas públicas

O texto constitucional prevê que o ensino religioso, de matrícula facultativa, constituirá disciplina dos horários normais das escolas públicas de ensino fundamental (CF, art. 210, §1º).

Diante dessa previsão constitucional, nas escolas públicas são oferecidas aulas de ensino religioso, normalmente vinculadas a uma religião específica – trata-se do chamado ensino religioso confessional.

A Procuradoria-Geral da República (PGR) propôs ação direta de inconstitucionalidade na qual requereu que fosse conferida interpretação conforme a Constituição ao art. 33, §§1º e 2º da Lei Federal nº 9.394/96 (Lei de Diretrizes e Bases da Educação Nacional) e ao art. 11, §1º "Acordo entre o Governo da República Federativa do Brasil e a Santa Sé relativo ao Estatuto Jurídico da Igreja Católica no Brasil" ("Acordo Brasil-Santa Sé"), aprovado por meio do Decreto Legislativo nº 698/2009 e promulgado por meio do Decreto Presidencial nº 7.107/2010. Na ação, a PGR afirmava que não é permitido que se ofereça ensino religioso confessional (vinculado a uma religião específica), e o ensino religioso deve ser voltado para a história e a doutrina das várias religiões, ensinadas sob uma perspectiva laica e ministrado por professores regulares da rede pública de ensino, e não por pessoas vinculadas a igrejas.[21]

---

[19] Cf. AUDI, Robert; WOLTERSTORFF, Nicholas. *Religion in the public square* – The place of religious conviction in political debate. New York: Rowman & Littlefield Publishers, 1997, p. 5.

[20] Cf. ALMEIDA, Fábio Portela Lopes de. *Liberalismo político, constitucionalismo e democracia:* a questão do ensino religioso nas escolas públicas. 2006. 316 f. Dissertação (Mestrado em Direito) – Faculdade de Direito, Universidade de Brasília. Brasília, 2006, p. 119-120.

[21] Cf. CAVALCANTE, Márcio André Lopes. *O ensino religioso nas escolas públicas brasileiras pode ter natureza confessional.* Buscador Dizer o Direito, Manaus. Disponível em: https://www.buscadordizerodireito.com.br/jurisprudencia/detalhes/009a5510ad149a8e0c750cb62e255175. Acesso em: 8 abr. 2022.

No julgamento dessa ação, o STF teve a oportunidade de apontar parâmetros a serem observados no ensino de natureza confessional da rede pública de ensino,[22] apresentados a seguir:

i) a matrícula deve ser facultativa e não pode ser automática, exigindo-se manifestação de vontade para que o estudante seja incluído na matéria, podendo, ainda, desligar-se da disciplina a qualquer tempo;

ii) deve ser respeitada a pluralidade e a diversidade cultural do país;

iii) é vedada qualquer forma de proselitismo;

iv) os estudantes que não optarem por cursar a disciplina de ensino religioso deverão ter alternativas pedagógicas para atingirem a carga mínima anual de oitocentas horas, exigida pela Lei Federal nº 9.394/96;

v) o ensino religioso deve ser ministrado em aula específica, sendo vedado o ensino transversal dessa matéria.[23]

2.9.3 Da escusa de consciência em casos de pessoas que guardam um dia sagrado

O Supremo Tribunal Federal já teve a oportunidade de julgar recurso extraordinário advindo de mandado de segurança impetrado por candidato de concurso público que foi sorteado para realizar prova de aptidão física num sábado e, em razão de sua crença religiosa, pediu para que sua prova fosse realizada no domingo, o que foi negado pela Administração Pública.[24]

Na ocasião, o STF afirmou que a fixação, por motivos de crença religiosa do candidato em concurso público, de data e/ou horário alternativos para realização de etapas do certame deve ser permitida, dentro de limites de adaptação razoável, após manifestação prévia e fundamentada de objeção de consciência por motivos religiosos, uma vez que se trata de prática a ser adotada pelo Estado, na medida em que representa concretização do exercício da liberdade religiosa sem prejuízo de outros direitos fundamentais.[25]

Apesar do entendimento anteriormente mencionado (e, ressalte-se, mais recente) relativo à possibilidade de remarcação de etapas de concursos públicos para pessoa que invocam escusa de consciência por motivos de crença religiosa para realizar provas em determinadas datas, o STF já se manifestou contrário à remarcação de data de prova do Exame Nacional do Ensino Médio (ENEM). Na ocasião, a Corte afirmou que a designação

---

[22] Cf. STF. *ADI 4.439/DF*, Relator(a): Ministro Roberto Barroso, Relator(a) p/ Acórdão: Ministro Alexandre de Moraes, Tribunal Pleno, julgado em 27.09.2017, Processo Eletrônico DJe-123. Divulg. 20.06.2018. Public. 21.06.2018.

[23] Cf. SANTOS, Eduardo dos. *Manual de Direito Constitucional*. 2. ed. São Paulo: Editora JusPodivm, 2022, p. 480.

[24] Cf. CAVALCANTE, Márcio André Lopes. *É possível que o candidato a concurso público consiga a alteração das datas e horários previstos no edital por motivos religiosos, desde que cumpridos alguns requisitos*. Buscador Dizer o Direito, Manaus. Disponível em: https://www.buscadordizerodireito.com.br/jurisprudencia/detalhes/0dd6049f5fa537d4 1753be6d37859430. Acesso em: 11 abr. 2022.

[25] Cf. STF. *RE 611.874/DF*, Relator(a): Ministro Dias Toffoli, Relator(a) p/ Acórdão: Ministro Edson Fachin, Tribunal Pleno, julgado em 26.11.2020, Processo Eletrônico Repercussão Geral – Mérito DJe-068 Divulg. 09.04.2021 Public. 12.04.2021.

de data alternativa para a realização dos exames não se revela em sintonia com o princípio da isonomia, convolando-se em privilégio para um determinado grupo religioso.[26]

Além disso, o STF firmou posição no sentido de que, nos termos do art. 5º, VIII, da Constituição de 1988, é possível a Administração Pública, inclusive em estágio probatório, estabelecer critérios alternativos para o regular exercício dos deveres funcionais inerentes aos cargos públicos, em face de servidores que invocam escusa de consciência por motivos de crença religiosa, desde que: i) presente a razoabilidade da alteração; ii) não se caracterize o desvirtuamento no exercício de suas funções; e iii) não acarrete ônus desproporcional à Administração Pública, que deverá decidir de maneira fundamentada.[27]

2.9.4 Da imunidade tributária religiosa

A doutrina denomina de imunidade religiosa a previsão constitucional segundo a qual é vedado à União, aos Estados, ao Distrito Federal e aos Municípios instituir impostos sobre templos de qualquer culto (CF, art. 150, VI, "c").[28]

A Constituição de 1988 é expressa no sentido de que essa vedação compreende somente o patrimônio, a renda e os serviços, relacionados com as finalidades essenciais das entidades nelas mencionadas (CF, art. 150, §4º).

Quanto à extensão da imunidade religiosa e suas implicações patrimoniais, perante a inadimplência da entidade imune, a Quinta Turma do Superior Tribunal de Justiça (STJ), em dezembro de 2004, teve de decidir um caso de uma empresa que propôs ação de despejo por falta de pagamento de aluguel devido por certa igreja. Como esta possuía apenas um imóvel apto para a penhora – e o valor dele era menor do que a dívida –, a empresa credora pediu a penhora de parte do faturamento diário da igreja, até a quitação da dívida. No caso, a igreja se manifestou afirmando que a arrecadação do templo (a renda) é impenhorável. O STJ, de acordo com o voto do relator, o Ministro José Arnaldo da Fonseca, por sua vez, entendeu que "ainda que os templos de qualquer culto gozem da isenção tributária expressa por disposição constitucional, esta imunidade restringe-se aos tributos que recairiam sobre seus templos. As demais obrigações, como os encargos assumidos em contrato de locação, não estão abrangidas pelas normas constitucionais".[29]

Adotando posicionamento bastante questionável, o STF consolidou o entendimento de que não cabe à entidade religiosa demonstrar que utiliza o bem de acordo com suas finalidades institucionais. Ao contrário, compete à administração tributária demonstrar a eventual tredestinação do bem gravado pela imunidade.[30]

---

[26] Cf. STF. *STA 389 AgR/MG*, Relator(a): Ministro Gilmar Mendes (Presidente), Tribunal Pleno, julgado em 03.12.2009, DJe-086 Divulg. 13.05.2010, Public. 14.05.2010, Ement. VOL-02401-01 PP-00001 RTJ VOL-00215-01 PP-00165 RT v. 99, n. 900, 2010, p. 125-135.

[27] Cf. STF. *ARE 1.099.099/SP*, Relator(a): Ministro EDSON FACHIN, Tribunal Pleno, julgado em 26.11.2020, Processo Eletrônico Repercussão Geral – Mérito DJe-068 Divulg. 09.04.2021 Public. 12.04.2021.

[28] Cf. SABBAG, Eduardo. *Manual de Direito Tributário*. 9. ed. São Paulo: Saraiva, 2017, p. 421.

[29] Cf. STF. *REsp 692.972/SP*, Relator(a): Ministro José Arnaldo da Fonseca, Quinta Turma, julgado em 16.12.2004, DJ de 21.02.2005, p. 227.

[30] Cf. STF. *ARE 800.395 AgR/ES*, Relator(a): Ministro Roberto Barroso, Primeira Turma, julgado em 28.10.2014, Processo Eletrônico DJe-224 Divulg. 13.11.2014 Public. 14.11.2014.

A imunidade tributária de que ora se trata é restrita aos templos de qualquer culto religioso, não se aplicando à maçonaria, em cujas lojas não se professa qualquer religião.[31]

Por considerar que a imunidade tributária de que gozam os templos de qualquer culto é projetada a partir da interpretação da totalidade do texto da Constituição – sobretudo do disposto nos arts. 5º, VI; 19, I; e 150, VI, "b" –, o STF considera que os cemitérios que consubstanciam extensões de entidades de cunho religioso estão abrangidos pela garantia contemplada no art. 150 da Constituição do Brasil, de modo que não pode incidir imposto predial e territorial (IPTU) em relação a eles.[32]

2.9.5 Da recusa de transfusão sanguínea por testemunhas de Jeová

Tema clássico na doutrina, altamente polêmico, diz respeito à questão jurídica da recusa de transfusão sanguínea por testemunhas de Jeová.

O STF reconheceu haver repercussão geral em recurso extraordinário que discute o conflito acerca da possibilidade de paciente ser submetido a tratamento médico disponível na rede pública sem a necessidade de transfusão de sangue, em respeito à sua convicção religiosa e o direito de autodeterminação dos testemunhas de Jeová de se submeterem a tratamento médico realizado sem transfusão de sangue, em razão da sua consciência religiosa, à luz dos artigos 1º, inciso III; 5º, *caput* e incisos II, VI e VIII; e 196 da Constituição Federal.[33]

A decisão desse caso servirá de parâmetro para a atuação dos profissionais da rede pública municipal de saúde, e provavelmente merecerá uma consulta específica a respeito da conduta a ser adotada pela Administração Pública a partir de sua interpretação.

2.9.6 Do sacrifício de animais em cerimônias religiosas

O sacrifício de animais em cerimônias religiosas é ponto comum em diversas matrizes religiosas, notadamente as de origem africana e indígena. Em razão da formação histórica e da mistura das mais diversas práticas, o sacrifício de animais foi incorporado a muitas cerimônias e rituais religiosos brasileiros.[34]

Ao enfrentar o tema, o Supremo Tribunal Federal afirmou que a prática e os rituais relacionados ao sacrifício animal são patrimônio cultural imaterial e constituem os modos de criar, fazer e viver de diversas comunidades religiosas, particularmente das que vivenciam a liberdade religiosa a partir de práticas não institucionais. Desse modo, a dimensão comunitária da liberdade religiosa é digna de proteção constitucional e não atenta contra o princípio da laicidade, uma vez que o sentido de laicidade empregado

---

[31] Cf. STF. *RE 562.351/RS*, Relator(a): Ministro Ricardo Lewandowski, Primeira Turma, julgado em 04.09.2012, Acórdão Eletrônico DJe-245 Divulg. 13.12.2012 Public. 14.12.2012 RTJ VOL-00228-01 PP-00528.

[32] Cf. STF. *RE 578.562/BA*, Relator(a): Ministro Eros Grau, Tribunal Pleno, julgado em 21.05.2008, DJe-172 Divulg. 11.09.2008 Public. 12.09.2008 Ement. Vol-02332-05 PP-01070 RTJ VOL-00206-02 PP-00906 LEXSTF v. 30, n. 358, 2008, p. 334-340.

[33] Cf., STF. *Tema 1069. RE 1.212.272 RG/AL*, Relator(a): Ministro Gilmar Mendes, Tribunal Pleno, julgado em 24.10.2019, Processo Eletrônico DJe-097 Divulg. 22.04.2020 Public. 23.04.2020.

[34] Cf. SANTOS, Eduardo dos. *Manual de Direito Constitucional*. 2. ed. São Paulo: Editora JusPodivm, 2022, p. 485.

no texto constitucional se destina a afastar a invocação de motivos religiosos no espaço público como justificativa para a imposição de obrigações. Com essas considerações, fixou a seguintes tese: "É constitucional a lei de proteção animal que, a fim de resguardar a liberdade religiosa, permite o sacrifício ritual de animais em cultos de religiões de matriz africana".[35]

2.9.7 Do uso de símbolos religiosos em repartições públicas

O uso de símbolos religiosos em repartições públicas – notadamente o de crucifixos é tema bastante sensível e amplamente discutido na doutrina.

Nos Pedidos de Providências 1344, 1345, 1346, e 1362 questionou-se, perante o Conselho Nacional de Justiça (CNJ), a fixação de símbolos religiosos (o que estava em jogo eram crucifixos) nos prédios dos fóruns e tribunais Brasil afora, sob a alegação de que isso feriria a laicidade do Estado, bem como causaria constrangimento àqueles seguidores de religiões não cristãs, não iconoclastas, ou, simplesmente, aos não adeptos de qualquer tipo de crença. No julgamento conjunto desses processos, todos os presentes, exceto o Relator, entenderam que os objetos seriam símbolos da cultura brasileira e que não interferiam na imparcialidade e universalidade do Poder Judiciário, de forma que não haveria qualquer ferimento a preceitos constitucionais de laicidade ou de liberdade religiosa no ato de manter crucifixos em locais públicos.[36]

O Plenário Virtual do Supremo Tribunal Federal decidiu, por unanimidade, considerar a ação do Ministério Público Federal que questiona a presença de símbolos religiosos em prédios públicos como sendo de repercussão geral.[37] A ação foi proposta pelo Ministério Público Federal (MPF) em julho de 2009. Na ocasião, a instituição solicitou a retirada de todos os símbolos em locais de ampla visibilidade em repartições públicas federais do Estado de São Paulo. Segundo o MPF, embora a maior parte da população seja cristã, o Brasil optou por ser um Estado laico, sem vinculação entre poder e determinada religião ou igreja.[38]

2.9.8 Das manifestações de proselitismo religioso

O proselitismo religioso consiste no esforço com o intuito de ratificar a própria religião, crença e culto ofertado ao fiel, ou seja, é o modo encontrado pelas religiões para atrair novos fiéis à sua crença, utilizando, para tanto, de uma gama de estratégias e formas de apresentação dessa crença que funcionam como uma propaganda, com o intuito de convencer o indivíduo de que sua religião não é adequada e que se sentirá

---

[35] Cf. STF. *RE 494.601/RS*, Relator(a): Ministro Marco Aurélio, Relator(a) p/ Acórdão: Ministro EDSON FACHIN, Tribunal Pleno, julgado em 28.03.2019, Processo Eletrônico DJe-251 Divulg. 18.11.2019 Public. 19.11.2019.

[36] Cf. LAZARI, Rafael de. Símbolos religiosos em repartições públicas e a atuação do Conselho Nacional de Justiça. *Revista do Instituto de Direito Constitucional e Cidadania*, Londrina, v. 3, n. 2, p. 25-34, jul./dez. 2018.

[37] Cf. STF. Tema 1086, Cf. *ARE 1.249.095 RG/SP*, Relator(a): Ministro Ricardo Lewandowski, Tribunal Pleno, julgado em 23.04.2020, Processo Eletrônico DJe-258 Divulg. 26.10.2020 Public. 27.10.2020.

[38] Cf. STF vai decidir se símbolos religiosos em prédios públicos ferem Estado laico. *Revista Consultor Jurídico*, [S.l.], 29 abr. 2020. Repercussão Geral. Disponível em: https://www.conjur.com.br/2020-abr-29/stf-decidira-simbolos-religiosos-reparticoes-ferem-laicidade. Acesso em: 14 abr. 2022.

muito melhor física, moral, psicológica e espiritualmente se migrar para outra corrente religiosa.[39]

Em julgamento emblemático, o STF se posicionou no sentido de que a liberdade de expressão representa tanto o direito de não ser arbitrariamente privado ou impedido de manifestar seu próprio pensamento quanto o direito coletivo de receber informações e de conhecer a expressão do pensamento alheio. Assim, por ser um instrumento para a garantia de outros direitos, a jurisprudência do Supremo Tribunal Federal reconhece a primazia da liberdade de expressão. De fato, a liberdade religiosa não é exercível apenas em privado, mas também no espaço público, e inclui o direito de tentar convencer os outros, por meio do ensinamento, a mudar de religião. O discurso proselitista é, pois, inerente à liberdade de expressão religiosa, de modo que viola a Constituição Federal a proibição de veiculação de discurso proselitista em serviço de radiodifusão comunitária.[40]

Cabe ressaltar que a liberdade de expressão não acolhe o chamado discurso de ódio (*hate speech*), o qual pode ser definido como a manifestação do pensamento que promove ou provoca o ódio, desprezo ou intolerância contra determinados grupos, em razão de preconceitos e discriminações ligados à *religião*, etnia, orientação sexual, deficiência física ou mental, identificação política e diversos outros fatores.[41]

No âmbito do STF, o julgamento mais relevante relacionado ao chamado discurso de ódio, e que gerou acirrada discussão no próprio tribunal, foi o famoso caso "Ellwanger", no qual se avaliou a possibilidade, mesmo em face da liberdade de expressão, de condenar editor de obras de teor antissemita pela prática do crime de racismo.[42] Na ocasião, prevaleceu o entendimento de que o preceito fundamental de liberdade de expressão não consagra o "direito à incitação ao racismo", dado que um direito individual não pode constituir-se em salvaguarda de condutas ilícitas, como sucede com os delitos contra a honra.[43]

Em caso no qual o pastor de uma determinada igreja evangélica, publicou, em seu *blog*, vídeos e *posts* de conteúdo religioso nos quais ofendeu líderes e seguidores de outras crenças religiosas diversas da sua (católica, judaica, espírita, islâmica, umbandista etc.), pregando inclusive o fim de algumas delas e imputando fatos ofensivos aos seus devotos e sacerdotes, o STF manteve a condenação por crime de racismo de que o paciente recorria.[44]

---

[39] Cf. RELIGIÃO e política. A instrumentalização recíproca. Entrevista especial com Ricardo Mariano. *Revista Online Instituto Humanas Unisinos*. [S.l.], 05 nov. 2012. Disponível em: http://www.ihu.unisinos.br/159-noticias/entrevistas/515175-religiao-e-politica-a-instrumentalizacao-reciproca-entrevista-especial-com-ricardo-mariano. Acesso em: 14 abr. 2022.

[40] Cf. STF. *ADI 2.566/DF*, Relator(a): Ministro Alexandre de Moraes, Relator(a) p/ Acórdão: Ministro Edson Fachin, Tribunal Pleno, julgado em 16.05.2018, Processo Eletrônico DJe-225 Divulg. 22.10.2018 Public. 23.10.2018.

[41] Cf. SARMENTO, Daniel. A liberdade de expressão e o problema do "hate speech". *In*: SARMENTO, Daniel. *Livres e iguais*. Rio de Janeiro: Lumen Juris, 2010, p. 208.

[42] Cf. SARLET, Ingo Wolfgang; MARINONI, Luiz Guilherme; MITIDIERO, Daniel. *Curso de Direito Constitucional*. 8. ed. São Paulo: Saraiva Educação, 2019, p. 651.

[43] Cf. STF. *HC 82.424/RS*, Relator(a): Ministro Moreira Alves, Relator(a) p/ Acórdão: Ministro Maurício Corrêa, Tribunal Pleno, julgado em 17.09.2003, DJ 19.03.2004 PP-00024 Ement. Vol-02144-03 PP-00524.

[44] Cf. CAVALCANTE, Márcio André Lopes. *A incitação de ódio público feita por líder religioso contra outras religiões pode configurar o crime de racismo*. Buscador Dizer o Direito, Manaus. Disponível em: https://www.buscadordizerodireito.com.br/jurisprudencia/detalhes/e92e1b476bb5262d793fd40931e0ed53 Acesso em: 14 abr. 2022.

Na ocasião, o STF afirmou que o direito à liberdade religiosa é, em grande medida, o direito à existência de uma multiplicidade de crenças/descrenças religiosas, que se vinculam e se harmonizam – para a sobrevivência de toda a multiplicidade de fés protegida constitucionalmente – na chamada tolerância religiosa. Assim, deve-se distinguir entre o discurso religioso (que é centrado na própria crença e nas razões da crença) e o discurso sobre a crença alheia, especialmente quando se faça com intuito de atingi-la, rebaixá-la ou desmerecê-la (ou a seus seguidores): um é tipicamente a representação do direito à liberdade de crença religiosa; outro, em sentido diametralmente oposto, é o ataque ao mesmo direito.[45]

Vale ressaltar, no entanto, que essa condenação dependerá do caso concreto, ou seja, das palavras que foram proferidas e da intenção do líder religioso de suprimir ou reduzir a dignidade daquele que é diferente de si. Desse modo, não é qualquer crítica de um líder religioso a outras religiões que configurará o crime de racismo. Nesse sentido, recentemente o STF absolveu um líder religioso dessa imputação por falta de dolo, por considerar que a liberdade religiosa inclui o direito ao proselitismo.[46]

O processo mencionado no parágrafo anterior se trata de um caso em que um padre escreveu um livro, voltado ao público da Igreja Católica, no qual fez críticas ao espiritismo e a religiões de matriz africana, como a umbanda e o candomblé. No julgamento, o STF apontou que o discurso discriminatório criminoso somente se materializa após ultrapassadas três etapas indispensáveis: i) uma de caráter cognitivo, em que atestada a desigualdade entre grupos e/ou indivíduos; ii) outra de viés valorativo, em que se assenta suposta relação de superioridade entre eles; e, por fim, iii) uma terceira, em que o agente, a partir das fases anteriores, supõe legítima a dominação, exploração, escravização, eliminação, supressão ou redução de direitos fundamentais do diferente que compreende inferior.[47]

Em síntese, pode-se afirmar que, apesar de as manifestações de proselitismo estarem protegidas pela liberdade religiosa, quando configuram discurso de ódio, passam a ferir direitos fundamentais das vítimas desse discurso odioso e, por conseguinte, a configurar atos ilícitos.

2.9.9 Das limitações aos cultos presenciais durante a pandemia de COVID-19

Diante da pandemia de *Coronavirus Disease 19* (COVID-19), alguns Estados e Municípios editaram decretos restringindo temporariamente atividades religiosas coletivas presenciais a fim de evitar a proliferação da doença.

---

[45] Cf. STF. *RHC 146.303/RJ*, Relator(a): Ministro Edson Fachin, Relator(a) p/ Acórdão: Ministro Dias Toffoli, Segunda Turma, julgado em 06.03.2018, Processo Eletrônico DJe-159 Divulg. 06.08.2018 Public. 07.08.2018.

[46] Cf. CAVALCANTE, Márcio André Lopes. *A incitação de ódio público feita por líder religioso contra outras religiões pode configurar o crime de racismo.* Buscador Dizer o Direito, Manaus. Disponível em: https://www.buscadordizerodireito.com.br/jurisprudencia/detalhes/e92e1b476bb5262d793fd40931e0ed53 Acesso em: 14 abr. 2022.

[47] Cf. STF. *RHC 134.682/BA*, Relator(a): Ministro Edson Fachin, Primeira Turma, julgado em 29.11.2016, Processo Eletrônico DJe-191 Divulg. 28.08.2017 Public. 29.08.2017.

Nesse sentido, o Estado de São Paulo editou o Decreto nº 65.563/2021, que em seu art. 2º, II, "a" proibiu a realização de "cultos, missas e demais atividades religiosas de caráter coletivo".

O Partido Social Democrático (PSD) ajuizou arguição de descumprimento de preceito fundamental (ADPF) pedindo para suspender esse dispositivo do Decreto nº 65.563/2021. Segundo argumentou o partido, essas restrições não poderiam ser impostas porque violariam a liberdade religiosa (liberdade de crença e de culto) prevista na Constituição Federal no art. 5º, VI, segundo o qual é assegurado o livre exercício dos cultos religiosos, e no art. 19, I, de acordo com o qual é vedado a todos os entes federativos embaraçar o funcionamento dos cultos religiosos e igrejas.[48]

Na decisão, o STF fez um panorama bastante abrangente sobre a questão, que é descrito a seguir.[49]

Após a declaração da pandemia mundial do novo Coronavírus pela Organização Mundial da Saúde (OMS), em 11 de março de 2020, diversos países passaram a adotar proibições ou restrições ao exercício de atividades religiosas coletivas. Com variações de intensidade e de horizonte temporal, essas medidas ora consistiam na proibição total da realização de cultos, ora na fixação de diretrizes intermediárias ao funcionamento das casas religiosas. As restrições ao funcionamento das casas de cultos foram impulsionadas por eventos de supercontaminação identificados em diversas regiões do mundo. Colhe-se do Direito Comparado decisões de Cortes Constitucionais que reconhecem a constitucionalidade das restrições às atividades religiosas coletivas presenciais durante a pandemia do novo Coronavírus.

De acordo com a decisão, sob o prisma da constitucionalidade formal, a edição da norma impugnada respeitou o entendimento firmado pelo STF no julgamento da Ação Direta de Inconstitucionalidade 6.341/DF, em que se assentou que todos os entes federados têm competência para legislar e adotar medidas sanitárias voltadas ao enfrentamento da pandemia de COVID-19.

Para o STF, sob o prisma da constitucionalidade material, as medidas impostas pelo Decreto estadual resultaram de análises técnicas relativas ao risco ambiental de contágio pela COVID-19 conforme o setor econômico e social, bem como de acordo com a necessidade de preservar a capacidade de atendimento da rede de serviço de saúde pública. Assim, o ato normativo se afigurou adequado, necessário e proporcional em sentido estrito para o combate do grave quadro de contaminação que antecedeu a sua edição.

3 Conclusão – Respostas aos questionamentos específicos

Considerando-se que as manifestações consultivas devem ser redigidas de forma clara, com especial cuidado à conclusão, a qual deve conter exposição especificada das orientações e recomendações formuladas, utilizando-se tópicos para cada

---

[48] Cf. CAVALCANTE, Márcio André Lopes. *Estados e Municípios podem restringir temporariamente atividades religiosas coletivas presenciais a fim de evitar a proliferação da Covid-19*. Buscador Dizer o Direito, Manaus. Disponível em: https://www.buscadordizerodireito.com.br/jurisprudencia/detalhes/dfccdb8b1cc7e4dab6d33db0fef12b88. Acesso em: 14 abr. 2022.

[49] Cf. STF. *ADPF 811/SP*, Relator(a): Ministro Gilmar Mendes, Tribunal Pleno, julgado em 08.04.2021, Processo Eletrônico DJe-123 Divulg. 24.06.2021 Public. 25.06.2021.

encaminhamento proposto, a fim de permitir à autoridade pública consulente sua fácil compreensão e atendimento,[50] passa-se a responder aos questionamentos específicos da consulta.

a) A Municipalidade poderá apoiar show gospel mediante apoio institucional (autorizações de uso de espaço, divulgação, fornecimento de banheiros químicos, palco, gradil, luz, iluminação, tendas etc.), *desde que se possa fundamentar no caso concreto a existência de preeminência, no evento a ser realizado, do caráter turístico, social e/ou cultural sobre o aspecto religioso.*

O Poder Público deverá dar suporte à realização de qualquer show gospel de dimensão relevante, ainda que seja de caráter religioso, uma vez que as questões referentes à segurança, higiene e saúde pública estão diretamente relacionadas ao próprio interesse público, devendo ser concretizadas pela Administração, no exercício de seu poder de polícia. Nesse aspecto, o Poder Público deve garantir: (i) a ordem, a higiene, a saúde e a segurança pública; e, especialmente, (ii) a liberdade de locomoção daqueles que dela não participarão.

b) O Município poderá apoiar as manifestações religiosas de relevante interesse cultural (Paixão de Cristo, Folia de Reis, Natal etc.) mediante apoio institucional (autorizações de uso de espaço, divulgação, fornecimento de banheiros químicos, palco, gradil, luz, iluminação, tendas etc.), *desde que se possa fundamentar no caso concreto a existência de preeminência, no evento a ser realizado, do caráter turístico, social e/ou cultural sobre o aspecto religioso.*

O Poder Público deverá dar suporte à realização de qualquer manifestação religiosa de relevante interesse cultural de dimensão relevante, uma vez que as questões referentes à segurança, higiene e saúde pública estão diretamente relacionadas ao próprio interesse público, devendo ser concretizadas pela Administração, no exercício de seu poder de polícia. Nesse aspecto, o Poder Público deve garantir: (i) a ordem, a higiene, a saúde e a segurança pública; e, especialmente, (ii) a liberdade de locomoção daqueles que dela não participarão.

c) A Municipalidade poderá apoiar quermesses mediante apoio institucional (autorizações de uso de espaço, divulgação, fornecimento de banheiros químicos, palco, gradil, luz, iluminação, tendas etc.), *desde que se possa fundamentar no caso concreto a existência de preeminência, no evento a ser realizado, do caráter turístico, social e/ou cultural sobre o aspecto religioso.*

O Poder Público deverá dar suporte à realização de qualquer quermesse de dimensão relevante, ainda que seja de caráter religioso, uma vez que as questões referentes à segurança, higiene e saúde pública estão diretamente relacionadas ao próprio interesse público, devendo ser concretizadas pela Administração, no exercício de seu poder de polícia. Nesse aspecto, o Poder Público deve garantir: (i) a ordem, a higiene, a saúde e a segurança pública; e, especialmente, (ii) a liberdade de locomoção daqueles que dela não participarão.

---

[50] Enunciado nº 2 do Manual de Boas Práticas Consultivas. Cf. BRASIL. Advocacia-Geral da União (AGU). *Manual de Boas Práticas Consultivas*. 4. ed. Brasília: AGU, 2016.

d) O Município **não** poderá apoiar cultos religiosos com apresentações musicais, uma vez que nesses casos o caráter religioso dos eventos possui preeminência sobre os aspectos turístico, social e/ou cultural.

Apesar da proibição mencionada, o Poder Público deverá dar suporte à realização de qualquer culto religioso (quer seja com ou sem apresentações musicais) de dimensão relevante, uma vez que as questões referentes à segurança, higiene e saúde pública estão diretamente relacionadas ao próprio interesse público, devendo ser concretizadas pela Administração, no exercício de seu poder de polícia. Nesse aspecto, o Poder Público deve garantir: (i) a ordem, a higiene, a saúde e a segurança pública; e, especialmente, (ii) a liberdade de locomoção daqueles que dela não participarão.

e) A Municipalidade **não** poderá apoiar eventos religiosos, *ainda que constem no calendário oficial do Município*, uma vez que nesses casos o caráter religioso dos eventos possui preeminência sobre os aspectos turístico, social e/ou cultural.

Apesar da proibição mencionada, o Poder Público deverá dar suporte à realização de qualquer evento religioso de dimensão relevante, uma vez que as questões referentes à segurança, higiene e saúde pública estão diretamente relacionadas ao próprio interesse público, devendo ser concretizadas pela Administração, no exercício de seu poder de polícia. Nesse aspecto, o Poder Público deve garantir: (i) a ordem, a higiene, a saúde e a segurança pública; e, especialmente, (ii) a liberdade de locomoção daqueles que dela não participarão.

f) O Município **não** poderá apoiar eventos de manifestação religiosa, a exemplo da "Marcha para Jesus", uma vez que nesses casos o caráter religioso dos eventos possui preeminência sobre os aspectos turístico, social e/ou cultural.

Apesar da proibição mencionada, o Poder Público deverá dar suporte à realização de eventos de manifestação religiosa (a exemplo da "Marcha para Jesus") de dimensão relevante, uma vez que as questões referentes à segurança, higiene e saúde pública estão diretamente relacionadas ao próprio interesse público, devendo ser concretizadas pela Administração, no exercício de seu poder de polícia. Nesse aspecto, o Poder Público deve garantir: (i) a ordem, a higiene, a saúde e a segurança pública; e, especialmente, (ii) a liberdade de locomoção daqueles que dela não participarão.

Em todos os casos até aqui tratados – questionamentos *a), b), c), d), e) e f)* – é possível que o Poder Público autorize a utilização, a título precário, de bens da Municipalidade para a realização de eventos de curta duração, de natureza recreativa, esportiva, cultural, religiosa ou educacional, sob o regime de permissão de uso, *mesmo nos casos em que haja preeminência do caráter religioso sobre os aspectos turístico, social ou cultural*. Ressalta-se que o uso privativo dos bens públicos deve preencher as seguintes características: i) compatibilidade com o interesse público; ii) consentimento da Administração; iii) cumprimento das condições fixadas pela legislação e pela Administração; iv) remuneração, ressalvados os casos excepcionais de uso gratuito; e v) precariedade, que pode variar de intensidade, com a possibilidade de cessar o uso privativo por vontade unilateral da Administração.

g.1.) **Não** poderão receber apoio institucional ou financeiro da Administração Pública, visto que é vedado o patrocínio com recursos públicos de eventos religiosos que tenham como objetivo a manutenção direta ou indireta de promoção de religião:

i) igrejas evangélicas, católicas, templos, terreiros de religiões de matriz africana etc.; e

ii) associações religiosas.

g.2.) Poderão, eventualmente, vir a receber apoio institucional ou financeiro da Administração Pública, *desde que evidenciada a preeminência do caráter turístico, social e/ou cultural sobre o aspecto religioso,* e ressaltando-se que o repasse de recursos públicos está condicionado ao exercício de atividade que, sem relação com a crença religiosa preconizada pela instituição, possibilite a efetivação de ações de interesse da coletividade, desde que haja lei regulamentadora da matéria:

i) associações educacionais, culturais e sociais, ainda que ligadas a entidades religiosas;

ii) fundações;

iii) grupos teatrais e culturais; e

iv) produtores culturais independentes.

É o parecer que submeto à apreciação da autoridade consulente.

Município, 22 de junho de 2022.[51]

NOME DO PROFISSIONAL[52]
PROCURADOR DO MUNICÍPIO – OAB/BR Nº 5.678

---

[51] Data do envio deste texto à ANPM.

[52] A assinatura é fictícia.

A ADVOCACIA PÚBLICA MUNICIPAL COMO INSTRUMENTO DE GARANTIA DE DIREITOS FUNDAMENTAIS DO CONTRIBUINTE E A BUSCA POR UMA REFORMA TRIBUTÁRIA ADEQUADA

EDUARDO AMIN MENEZES HASSAN

1   Introdução

A ideia principal desse texto é demonstrar a importância da Advocacia Pública na concretização de direitos fundamentais do contribuinte, mas, também, fazer uma incursão crítica pelo Direito Tributário pátrio, tratando da necessidade da busca por maior progressividade do sistema e tratando sobre projeto de reforma tributária brasileira.

Este estudo é composto de seis capítulos, sendo este primeiro a introdução, quatro de desenvolvimento e o último formado pela conclusão.

O primeiro capítulo do desenvolvimento é destinado ao conceito de Advogado Público, explicando-se as peculiaridades da Advocacia Municipal e sua importância no sistema democrático.

Já no capítulo terceiro, escreve-se sobre os direitos fundamentais, conceituando e explicando a sua importância para o Estado Democrático. Esses direitos impregnaram o sistema tributário brasileiro, cabendo nesse espaço discorrer sobre alguns dos seus reflexos para o povo e para Advocacia Pública.

Muito se escreve sobre Direito Tributário, mas o foco é sempre a tentativa de "drible" no sistema tributário para não se pagar os tributos, daí a necessidade de se explicar a importância do pagamento de tributos e a razão de se tributar, já que os tributos são ferramentas também responsáveis pelo financiamento das políticas públicas, bem como pelo ajuste social em busca da igualdade.

Qualquer reforma tributária que se resolva fazer não deve alterar as competências tributárias, pré-estabelecidas no âmbito da Constituição Federal/88. Além disso, a partir dessa ideia de federalismo, demonstra-se a inconstitucionalidade da criação do IBS. Será discutida também a possibilidade de uma reforma tributária viável, dentro dos parâmetros constitucionais, que foca na importância da tributação progressiva e não na manutenção da regressividade inerente ao sistema atual.

O quinto capítulo ratifica a importância da Advocacia Púbica Municipal como instrumento de garantia dos direitos fundamentais, explanando sobre como isso ocorre na prática.

No último capítulo, conclui-se pela necessidade de institucionalização da Advocacia Pública Municipal, que é instrumento de garantia dos direitos fundamentais do contribuinte, bem como por uma reforma tributária focada na progressividade, não que tenta solucionar e simplificar o sistema tributário nacional por meio de uma ideia ultrapassada, que gera uma série de atritos políticos e institucionais, por reduzir a autonomia municipal e estadual ao se criar um imposto único para o consumo.

2 Advocacia Pública

O Advogado Público é servidor público, inscrito na OAB, com ingresso mediante aprovação em concurso público, responsável pela assessoria jurídica, defesa judicial e extrajudicial dos interesses da pessoa jurídica a que está vinculado, seja ela administração direta ou indireta.

O Estatuto da OAB também regulamenta a Advocacia Pública, ou seja, o Advogado Público está vinculado não só à normatização do seu ente federativo, senão observe-se:

> Art. 3º O exercício da atividade de advocacia no território brasileiro e a denominação de advogado são privativos dos inscritos na Ordem dos Advogados do Brasil (OAB),
>
> §1º Exercem atividade de advocacia, sujeitando-se ao regime desta lei, além do regime próprio a que se subordinem, os integrantes da Advocacia-Geral da União, da Procuradoria da Fazenda Nacional, da Defensoria Pública e das Procuradorias e Consultorias Jurídicas dos Estados, do Distrito Federal, dos Municípios e das respectivas entidades de administração indireta e fundacional.

Aproveita-se o ensejo para explicar que, apesar de ainda constar no dispositivo acima, a Defensoria Pública não faz mais parte das atividades de advocacia, em razão da Emenda Constitucional número 80/2014 ter equiparado este órgão à Magistratura e ao Ministério Público no que couber.

No que se refere aos órgãos da Advocacia Pública, por serem compostos por advogados servidores públicos, seus membros possuem direito às vantagens de seu regime próprio e às prerrogativas dos advogados, desde que não haja vedação do ente estatal ao qual se subordina e conforme compatibilidade normativa e ética. No mesmo sentido, os Advogados Públicos se sujeitam ao ônus decorrente do Estatuto da OAB e das normas do ente que lhe remunera.

O ideal é que exista ônus, mas também bônus, com harmonização entre as normas. Nesse sentido, quando não houver vedação legal do ente o Advogado Público pode, por exemplo, exercer advocacia privada, salvo contra a fazenda que lhe remunera.

Aproveita-se da conclusão de Gisela Ramos:

> Assim, para o exercício profissional, os integrantes destas entidades são obrigados à inscrição na OAB, e sujeitam-se às normas estabelecidas no Estatuto, no Regulamento Geral

e no Código de ética e Disciplina. A exigência contida no Estatuto respeita-se tão-somente ao exercício da advocacia, de forma que coexiste harmonicamente com normas próprias aplicáveis à categoria funcional respectiva.[1]

Em razão do ente estatal mais numeroso ser o Município, a maioria dos Advogados Públicos é municipal, passa-se a análise e conceito de Advogado Público Municipal.

2.1 Advocacia Pública Municipal

O Município é ente estatal autônomo, conforme se infere do art. 18 da CF/88: "A organização político-administrativa da República Federativa do Brasil compreende a União, os Estados, o Distrito Federal e os Municípios, todos autônomos, nos termos desta Constituição".

Para tanto, há competência dos Municípios para criar seus tributos, que são essenciais para o custeio das políticas públicas locais. "Saliente-se que está implícito no exercício da competência tributária a existência de um mínimo de recursos financeiros, obtidos diretamente através de sua própria competência tributária".[2]

Segundo Hugo de Brito Machado, "entende-se por atribuição constitucional de competência tributária a outorga pela Constituição Federal, a cada uma das pessoas jurídica de direito público que integram a Federação, de parcelas do poder de tributar".[3] Em outras palavras, a competência para tributar é o poder-dever dos entes estatais, outorgado pela Constituição Federal, para instituir tributos.

Os Municípios que não conseguem administrar seus próprios tributos mostram uma grande ineficiência e dependem de repasses dos Estados e da União para sua manutenção e para prestar o mínimo de serviços aos cidadãos. A instituição dos tributos municipais é importante para que haja maior eficiência na administração pública municipal, preservando-se a autonomia deste ente e o sistema federativo equilibrado.

E sem uma Advocacia Pública institucionalizada esse mister se torna ainda mais difícil. A institucionalização das carreiras de Advogado Público Municipal é uma tarefa árdua em razão da grande quantidade de municípios brasileiros,[4] em especial, pela dificuldade de subsistência de boa parte deles. A maioria dos Municípios vive de repasse de verbas e sequer tem viabilidade de existência, muitos foram criados simplesmente para satisfação política de seus idealizadores.

Saliente-se a importância da Advocacia Pública Municipal como carreira essencial de Estado, focada em estratégias para manutenção dos princípios constitucionais, principalmente da legalidade, impessoalidade, moralidade, publicidade e eficiência. Nos últimos anos essa importância ficou ainda mais marcada, em razão da atuação das procuradorias municipais em apoio aos gestores e à população na realização de políticas públicas de enfrentamento da pandemia causada pelo COVID-19.

---

[1] RAMOS, Gisela Gondim. *Estatuto da Advocacia*: comentários e jurisprudência selecionada. 4. ed. Florianópolis: OAB/SC Editora, 2003, p. 90.

[2] MORAES, Alexandre. *Direito Constitucional*. 25. ed. São Paulo: Atlas, 2010, p. 282.

[3] MACHADO, Hugo de Brito. *Curso de Direito Constitucional Tributário*. São Paulo: Malheiros, 2012, p. 311.

[4] Segundo dados do IBGE são 5.568 municípios no Brasil. Informação disponível na internet: https://www.ibge.gov. br/geociencias/organizacao-do-territorio/estrutura-territorial/15761-areas-dos-municipios.html?=&t=acesso-ao-produto, acesso em: 12 mai. 2022.

Apesar dos políticos e gestores terem resistência na institucionalização da Advocacia Pública Municipal, afirmando ser mais custosa do que a contratação de advogados terceirizados e comissionados, dificultando a aprovação da PEC 17/2012, não parece ser verídica a afirmação. Conforme se infere dos dados do *1º Diagnóstico da Advocacia Pública Municipal no Brasil*, os salários dos comissionados e terceirizados costumam ser maiores do que dos Procuradores Municipais.[5]

A maioria dos Advogados Públicos, que é formada por Procuradores Municipais, tem sua remuneração total entre R$4.400,01 e R$8.800,00; as grandes remunerações não são a regra, uma pequena parte dos Advogados Públicos recebe mais do que R$17.000,00 mensais como remuneração total, incluindo honorários de sucumbência. [6]

Saliente-se que o Advogado Público está bem longe dos R$47.700,00, que é o custo médio de um juiz no Brasil, segundo o CNJ.[7] O Magistrado mais barato do ano de 2016 custou R$23.387,00 aos cofres do Estado do Piauí, também segundo o relatório do CNJ de 2017, enquanto o Advogado Púbico mais barato custou em média R$4.320,39.[8]

A realidade é que apenas 35%[9] dos Municípios brasileiros possuem Advogados Públicos concursados, muito poucos possuem estrutura adequada para garantir a atuação de forma autônoma e com a eficiência necessária para se cumprir as funções típicas dessa carreira. Para que haja institucionalização real da Advocacia Pública Municipal, é necessário o mínimo de estrutura para atuação, como criação de cargos por lei, realização de concurso público, plano de cargos e salários, bem como estrutura de trabalho adequada.

Defende-se que cada Município tenha ao menos um Advogado Público de carreira concursado, com intuito de preservar a memória jurídica do ente, manter o mínimo de independência técnica em relação aos gestores, atuando em favor da justiça, em prol do Município e, consequentemente, da sua população.

Percebe-se, assim, a importância da institucionalização da Advocacia Pública Municipal, que é instrumento de efetivação de direitos fundamentais do contribuinte. Para se desenvolver mais o raciocínio, explicar-se-á os direitos fundamentais.

---

[5] O diagnóstico mostra que a remuneração total de comissionados e terceirizados é maior que a dos procuradores concursados, entre os municípios de pequeno e médio porte. MENDONÇA, Clarice Corrêa de; VIEIRA, Raphael Diógenes Serafim; PORTO, Nathália França Figuerêdo. *1º Diagnóstico da Advocacia Pública Municipal no Brasil*. 2. ed. Belo Horizonte: Fórum; Herkenhoff & Prates, 2018, p. 96.

[6] MENDONÇA, Clarice Corrêa de; VIEIRA, Raphael Diógenes Serafim; PORTO, Nathália França Figuerêdo. *1º Diagnóstico da Advocacia Pública Municipal no Brasil*. 2. ed. Belo Horizonte: Fórum; Herkenhoff & Prates, 2018, p. 52-59.

[7] RAMALHO, Renan. Despesa média com juiz no Brasil é de R$ 47,7 mil por mês, informa CNJ. *G1*, Brasília, 04 set. 2017. Política. Disponível em: https://g1.globo.com/politica/noticia/despesa-media-com-juiz-no-brasil-e-de-r-477-mil-por-mes-informa-cnj.ghtml. Acesso em: 16 jun. 2019.

[8] MENDONÇA, Clarice Corrêa de; VIEIRA, Raphael Diógenes Serafim; PORTO, Nathália França Figuerêdo. *1º Diagnóstico da Advocacia Pública Municipal no Brasil*. 2. ed. Belo Horizonte: Fórum; Herkenhoff & Prates, 2018, p. 54.

[9] O Diagnóstico aponta que apenas 34,4% dos Municípios brasileiros contam com procuradores concursados. MENDONÇA, Clarice Corrêa de; VIEIRA, Raphael Diógenes Serafim; PORTO, Nathália França Figuerêdo. *1º Diagnóstico da Advocacia Pública Municipal no Brasil*. 2. ed. Belo Horizonte: Fórum; Herkenhoff & Prates, 2018, p. 19.

3 Direitos fundamentais

Os direitos fundamentais modernos estão em ascensão desde o declínio dos regimes nazifascistas, quando o positivismo jurídico implicou em descrédito do direito, em virtude das atrocidades ocorridas em nome da lei. Com a crise do direito positivo, surge uma nova teoria:

> [...] jusfilosófica que está sendo chamada de pós-positivismo, que poderia muito bem ser chamado de positivismo ético, já que seu propósito principal é inserir na ciência jurídica os valores éticos indispensáveis para a proteção da dignidade humana. Percebeu-se que, se não houver na atividade jurídica um forte conteúdo humanitário, o direito pode servir para justificar a barbárie praticada em nome da lei.[10]

Os direitos fundamentais possuem conteúdo ético e estão ligados à ideia de dignidade da pessoa humana, limitação do poder e justiça. Na visão de Alexy, o conceito de direito pressupõe três elementos necessários: decretação de acordo com a ordem, eficácia social e correção quanto ao conteúdo, sendo que a pretensão de correção implica justiça.[11] O terceiro elemento decorre da relação complementar entre direito e moral.

"Além do conteúdo ético (aspecto material), os direitos fundamentais também possuem um conteúdo normativo (aspecto formal)".[12] Direitos fundamentais são direitos do homem positivados, o que não exclui a sua validez moral, mas se acrescenta uma jurídico-positiva[13] e devem estar positivados nas Constituições.

Em tema de direitos fundamentais, considerados como normas, os efeitos jurídicos relevantes defluem diretamente das próprias normas que os consagram, havendo indisponibilidade tanto ativa quanto passiva em relação às situações jurídicas que se entendam constituídas a partir da interpretação normativa.[14]

Outrossim, não há impedimento para que os direitos fundamentais sejam também positivados por normas infraconstitucionais, sendo o legislador ordinário o responsável por disciplinar parte do conteúdo dos direitos fundamentais, porém, com certas amarras. "A declaração de um conteúdo essencial destina-se, sim, ao legislador ordinário, pois é esse que, em sua tarefa de concretizador dos direitos fundamentais, deve atentar àquilo que a constituição chama 'conteúdo essencial'".[15]

É preciso cuidado, todavia, ao se ampliar de mais o rol de direitos fundamentais, já que eles "não são nenhum remédio universal",[16] possuindo limitações próprias da ciência jurídica. Alguns casos devem ser resolvidos por política e moral, não devendo sobrecarregar demasiadamente o direito.

---

[10] MARMELSTEIN, George. *Curso de Direitos Fundamentais*. 3. ed. São Paulo: Editora Atlas, 2011, p. 11.

[11] ALEXY, Robert. *Constitucionalismo discursivo*. Org. trad. Luís Affonso Heck. 4. ed. Porto Alegre: Livraria do Advogado, 2015, p. 19-27.

[12] MARMELSTEIN, George. *Curso de Direitos Fundamentais*. 3. ed. São Paulo: Editora Atlas, 2011, p. 19/20.

[13] ALEXY, Robert. *Constitucionalismo discursivo*. Org. trad. Luís Affonso Heck. 4. ed. Porto Alegre: Livraria do Advogado, 2015, p. 49.

[14] GALDINO, Flávio. *Introdução à teoria dos custos dos direitos*. Direitos não nascem em árvores. Rio de Janeiro: Editora Lumen Juris, 2005, p. 10.

[15] SILVA, Virgílio Afonso da. *Direitos Fundamentais*: conteúdo essencial, restrições e eficácia. 2. ed. São Paulo: Malheiros Editores, 2011, p. 24.

[16] ALEXY, Robert. *Constitucionalismo discursivo*. Org. trad. Luís Affonso Heck. 4. ed. Porto Alegre: Livraria do Advogado, 2015, p. 102.

Os direitos fundamentais surgem primeiramente da necessidade de proteção do povo contra os abusos do Estado. "[...] Um país verdadeiramente democrático deve possuir um mecanismo de controle do poder estatal para proteger os cidadãos contra o abuso e a opressão".[17] É com temor a esse Estado que surgem posições jurídicas que afirmam que os direitos fundamentais retiram do legislador ordinário a disponibilidade absoluta sobre esses direitos.[18]

Como afirma Alexy, na visão realista, os direitos fundamentais além de democráticos, por permitirem a manutenção do sistema através da garantia da igualdade e da liberdade, são não democráticos, por desconfiarem do legislador, vinculando-os.[19] A limitação da disponibilidade do poder do legislador é essencial para resguardar o povo de abusos legais.

Direitos fundamentais são direitos de categoria constitucional, reflexos da dignidade da pessoa humana, que limitam a atuação estatal, bem como dos particulares, e servem como parâmetro para o ordenamento jurídico.

Esses direitos são dotados de eficácia e, logo, devem ser aplicados direta e imediatamente, isto é, mesmo que não haja lei regulamentando. "A atuação judicial pró-direitos fundamentais têm-se mostrado de suma importância para que esses direitos saiam do papel e alcancem alguma efetividade, pois o Parlamento e o Governo, por diversas razões, são incapazes de cumprir a contento os objetivos traçados na Constituição".[20] O cidadão não pode ficar à mercê do legislador, devendo o judiciário, na omissão desse e, desde que provocado, supra essa lacuna legislativa.

A Advocacia Pública tem papel fundamental na atuação de consultoria e fiscalização da gestão pública para se garantir a observância do cumprimento do ordenamento jurídico. Além disso, sua atuação judicial, muitas vezes visa a materialização de direitos fundamentais, seja na busca de recursos para instrumentalizar a sua concretização por meio das políticas públicas, seja na defesa do erário, que é do povo, tendo em vista que o bem público tem sim dono.

E a atuação do Judiciário se baseia na missão de analisar as possibilidades existentes. Saulo José Casali Bahia explica essa atuação dando ênfase ao princípio da eficiência:

> O Judiciário possui a missão de distinguir, na ordem constitucional de um Estado, entre os conteúdos necessários, os conteúdos possíveis e os conteúdos impossíveis. Ao atuar no plano da possibilidade, faculta o possível, exclui o impossível, exige o necessário. A compreensão do que possa ser exigido, ou seja, do que seja necessário, é um campo aberto. Pode-se pensar que este campo ganha chance de ser preenchido ou definido pelo recurso ao princípio da eficiência, hoje colocado ao lado da legalidade, da moralidade, da publicidade e da impessoalidade como passível de controle pelo Judiciário.[21]

---

[17] MARMELSTEIN, George. *Curso de Direitos Fundamentais*. 3. ed. São Paulo: Editora Atlas, 2011, p. 39.

[18] SARLET, Ingo Wolfgang. *Eficácia dos direitos fundamentais*. Uma teoria dos direitos fundamentais na perspectiva constitucional. 10. ed. Porto Alegre. Livraria dos Advogados, 2010, p. 92.

[19] ALEXY, Robert. *Constitucionalismo discursivo*. Org. trad. Luís Affonso Heck. 4.ª ed. Porto Alegre: Livraria do Advogado, 2015, p. 53.

[20] MARMELSTEIN, George. *Curso de Direitos Fundamentais*. 3. ed. São Paulo: Editora Atlas, 2011, p. 346.

[21] BAHIA, Saulo José Casali. *O Poder Judiciário e os Direitos Humanos*. Disponível em: http://www2.trf4.jus.br/trf4/upload/editor/aft_PODER%20JUDICIARIO%20E%20DIREITOS%20HUMANOS.pdf. Acesso em 04 mar. 2013.

Os direitos fundamentais possuem como características: a supremacia por serem direitos constitucionais, a impossibilidade de extinção por serem cláusulas pétreas, a aplicabilidade imediata – por serem direitos subjetivos –, eficácia horizontal – aplicação entre particulares –, bem como a relatividade.

Não há mais como ampliar a discussão aqui nesse espaço sobre características gerais dos direitos fundamentais, por outro lado, segue-se explicando os princípios básicos de Direito Tributário, limitando-se aos que são originários dos direitos fundamentais.

3.1 Sobre princípios básicos de direitos fundamentais no Direito Tributário

Em razão da CF/88 ser prolixa e analítica, tratando de diversos temas, há uma imensa quantidade de normas de Direito Tributário espalhadas em seu corpo. Normas de hierarquia superior, que devem ser observadas sempre que se criar legislação infraconstitucional e que são responsáveis pela limitação do direito de tributar.

O contexto pós-positivista e neoconstitucionalista elevou o status dos princípios constitucionais ao de normas jurídicas. Segundo Sacha Calmon Navarro Coêlho: "os princípios constitucionais tributários e as imunidades (vedações ao poder de tributar) traduzem reafirmações, expansões e garantias dos direitos fundamentais e do regime federal. São, portanto, cláusulas constitucionais perenes, pétreas, insuprimíveis (art. 60, §4º, da CF)".[22]

Os princípios constitucionais tributários são mandamentos de otimização,[23] normas que objetivam regulamentar as relações entre os contribuintes e o Estado como instituidor de tributos, limitando a tributação, de forma a equalizar a relação no sistema tributário, certificando proteção ao contribuinte, bem como fomentando o direito do ente estatal de instituir tributos para custear os serviços públicos.

A título de ilustração, cita-se alguns exemplos de princípios tributários constantes da CF/88: princípio da capacidade contributiva, previsto no art. 145 §1º; princípio da legalidade, art. 150, I; princípio da isonomia, art. 150, II; princípio da irretroatividade, art. 150 III, "a"; princípio da anterioridade, art. 150, III, "b" e art. 150, III, "c"; princípio da vedação ao confisco, art. 150, IV; princípio da transparência, art. 150, §5º; princípio da não cumulatividade, art. 153, §3º, II e art. 155, §2º, I; princípio da seletividade, art. 153, §3º, I e art. 155, §2º, III.

Ao lado dos princípios estão as imunidades tributárias, que geram os mesmos efeitos de limitar o poder de tributar.[24] Há o seguinte consenso sobre imunidade: regra jurídica constitucional; delimita competência dos entes da federação; obsta o exercício

---

[22] COELHO, Sacha Calmon Navarro. *Curso de Direito Tributário Brasileiro*. 15. ed. Rio de Janeiro: Forense, 2016, p. 162.

[23] Para compreender um pouco mais sobre conceito de princípios como mandamentos de otimização, vide: ALEXY, Robert. *Constitucionalismo discursivo*. Org. trad. Luís Affonso Heck. 4. ed. Porto Alegre: Livraria do Advogado, 2015.

[24] BALEEIRO, Aliomar. *Limitações constitucionais ao poder de tributar*. 8. ed. at. Mizael Abreu Machado Derzi. Rio de Janeiro: Forense, 2010, p. 375.

de atividade legislativa, pois nega competência para criação de imposições tributárias em casos específicos; distingue-se da isenção, que se dá no âmbito infraconstitucional.[25]

As imunidades fazem parte das limitações constitucionais do poder de tributar, conforme explica Aliomar Baleeiro.[26] Todavia, diferencia-se dos demais princípios constitucionais tributários. "A imunidade é, portanto, regra de exceção e de limitação de competência, que atua, não de forma sucessiva no tempo, mas concomitantemente".[27]

As imunidades estão previstas no art. 150, VI da CF/88: imunidade recíproca; imunidade dos templos de qualquer culto, imunidade dos Partidos Políticos e das Entidades Assistenciais; imunidade dos livros, jornais e periódicos e do papel destinado à sua impressão; e a imunidade de fonogramas e videofonogramas musicais produzidos no Brasil contendo obras musicais ou literomusicais de autores brasileiros e/ou obras em geral interpretadas por artistas brasileiros bem como os suportes materiais ou arquivos digitais que os contenham, salvo na etapa de replicação industrial de mídias ópticas de leitura a laser.

Cabe aqui firmar opinião, que sai um pouco do consenso, no que se refere a imunidade tributária recíproca: entende-se sua classificação como princípio de direito fundamental, sendo mais do que uma limitação constitucional ao poder de tributar. Não se trata, dessa forma, de uma regra, mas sim de princípio decorrente do próprio federalismo, que sequer precisava estar expresso na Constituição Federal.

Saliente-se que a realidade brasileira tem o Município como grande contribuinte, negligenciando-se a quantidade de tributos federais e estaduais suportados por este ente ao adquirir bens e serviços, diferente do que ocorre em países como a França, em que há uma real compensação.[28] Essa situação demonstra que a imunidade recíproca não é completamente observada no Brasil como se deveria, isto é, como princípio decorrente do federalismo.

Quase todas as imunidades e os princípios de Direito Tributário decorrem basicamente de três grandes princípios: princípio da solidariedade, ou seja, o Estado é uma ficção jurídica do qual todos precisam participar para que ocorra seu funcionamento legítimo; princípio da justiça tributária, que busca se alcançar parte da justiça social por meio da tributação; e o princípio da segurança jurídica, que busca evitar surpresas por meio de consensos pré-estabelecidos.

Ademais, "o Direito Tributário não pode prescindir da ética e da Moral",[29] Tipke critica o abandono dos filósofos e juristas na aplicação da ética e da moral ao Direito Tributário. É preciso lembrar que no mundo moderno, uma ciência social não pode ignorar a outra, está tudo imbricado.

Acredita-se na relação complementar entre direito, economia e moral, não se deve, destarte, ignorar as influências entre si, nem suas autonomias e idiossincrasias.

---

[25] BALEEIRO, Aliomar. *Limitações constitucionais ao poder de tributar*. 8ed. at. Mizael Abreu Machado Derzi. Rio de Janeiro: Forense, 2010, p. 372.

[26] BALEEIRO, Aliomar. *Limitações constitucionais ao poder de tributar*. 8. ed. at. Mizael Abreu Machado Derzi. Rio de Janeiro: Forense, 2010, p. 372.

[27] BALEEIRO, Aliomar. *Limitações constitucionais ao poder de tributar*. 8. ed., at. Mizael Abreu Machado Derzi. Rio de Janeiro: Forense, 2010, p. 374.

[28] BALEEIRO, Aliomar. *Limitações constitucionais ao poder de tributar*. 8. ed., at. Mizael Abreu Machado Derzi. Rio de Janeiro: Forense, 2010, p. 495.

[29] TIPKE, Klaus. *Moral Tributaria del Estado y de los contribuyentes*. Trad. Pedro Manuel Herrera Molina. Madri: Marcial Pons, 2002, p. 12.

Outrossim, defende-se que a ambição de um Direito Tributário justo deveria ser maior do que a de um Direito Tributário economicamente ótimo,[30] buscando melhoria do Estado Social pela igualdade real; sem, contudo, ignorar as responsabilidades orçamentárias.

Princípios precisam se adequar a realidade. "O sistema tributário justo deve ser construído a partir da convicção de que existe somente uma fonte impositiva",[31] a renda (acumulada) é essa fonte, que no âmbito empresarial é o lucro.

> Um princípio consagrado por estudiosos e escrito em nossa Carta Magna é o da capacidade contributiva, requisito essencial para o critério de justiça fiscal. Associado aos princípios da progressividade e da seletividade, ele tende a assegurar uma tributação proporcionalmente maior para quem aufere rendimentos mais elevados, detém maior patrimônio e consome produtos menos essenciais.[32]

Apesar da consagração do princípio da capacidade contributiva e da comprovação de que o princípio da progressividade é uma das melhores ferramentas para se alcançar a justiça fiscal, percebe-se que pouco ou quase nada se fez nas reformas tributárias para se melhorar essa situação. Ampliou-se ainda mais as desigualdades por meio da regressividade fiscal no Brasil.[33]

Os tributos possuem, também, a função de aumentar o bem-estar social. Daí a necessidade de se ratificar a importância de se tributar.

3.2 A importância de se tributar

Os tributos são necessários para que o Estado possa garantir a liberdade, daí o aforismo: "Tributos são o preço da liberdade".[34] O tributo é a principal fonte de receita para o Estado, que deve atuar em busca do bem-estar da sua população.

Há quatro grandes funções dos tributos: a função alocativa, que tem como objetivo equilibrar a sociedade, tributando mais de quem ganha mais e menos de quem ganha menos; a função de manutenção de soberania monetária, isto é, o pagamento de tributos só pode ocorrer em moeda nacional; função monetária, controlar a inflação retirando liquidez de mercado, dando mais segurança a economia; e fiscal, tenta-se equilibrar o gasto público de acordo com a arrecadação, mantendo forte a democracia e a confiança dos mercados.

Apesar da tributação não resolver todos os problemas, ela é uma das ferramentas para equilibrar as desigualdades. Dever-se-ia tributar mais de quem ganha mais, para se distribuir melhor a renda via políticas púbicas adequadas.

---

[30] Intepretação do que diz Tipke quanto a ambição do Direito Tributário ser economicamente ótimo e não justo. TIPKE, Klaus. *Moral Tributaria del Estado y de los contribuyentes.* Trad. Pedro Manuel Herrera Molina. Madri: Marcial Pons, 2002, p. 63.

[31] TIPKE, Klaus. *Moral Tributaria del Estado y de los contribuyentes.* Trad. Pedro Manuel Herrera Molina. Madri: Marcial Pons, 2002, p.18.

[32] SINDIFISCO NACIONAL. *Sistema Tributário:* diagnóstico e elementos para mudança. 3. ed. Brasília: Sindifisco Nacional, 2018, p. 11.

[33] Para entender essas alterações vide: SINDIFISCO NACIONAL. *Sistema Tributário:* diagnóstico e elementos para mudança. 3. ed. Brasília: Sindifisco Nacional, 2018, p. 23-25.

[34] TIPKE, Klaus. *Moral Tributaria del Estado y de los contribuyentes.* Trad. Pedro Manuel Herrera Molina. Madri: Marcial Pons, 2002, p. 44.

Para alcançar os objetivos e fundamentos previstos na atual Constituição brasileira devem ser resgatados os princípios de justiça tributária. O Estado tem obrigação de intervir e retificar a ordem social, a fim de remover as mais profundas e perturbadoras injustiças sociais. Assim, o quantum com que cada indivíduo vai contribuir para as despesas do Estado deve alcançar todos os cidadãos que se acham na mesma situação jurídica, sem privilegiar indivíduos ou classes sociais. A lei tributária deve ser igual para todos e a todos deve ser aplicada com igualdade.[35]

O Estado brasileiro, assim como todos os Estados modernos baseados no modelo constitucional democrático, possui uma quantidade grande de atribuições no que se refere a políticas públicas, o que implica em consequente grande carga tributária para a população. Não há possibilidade de prestação de serviços públicos sem recursos financeiros para custeá-los.

Não se ignora a existência de outras fontes de receitas dos Estados, mas se ratifica que o tributo é a principal entre elas. Dessa forma, a tributação precisa estar atrelada aos gastos com políticas públicas. E o controle de gastos com essas demandas é decisão política e não apenas econômica.

Cabe salientar que a infraestrutura básica de trabalho da Advocacia Pública também é custeada via tributos e que há retorno garantido a sociedade, seja pelo trabalho de arrecadação de tributos dos inadimplentes, seja pelo auxílio nas políticas públicas por meio da assessoria jurídica aos gestores, fazendo se observar as normas, em especial os princípios norteadores da administração pública. Todavia, nem sempre há preocupação do gestor público em equipar as procuradorias. "Ainda é realidade no Brasil a inexistência de gabinetes e de computadores para as procuradorias municipais".[36]

Não há possibilidade de existência do Estado sem os tributos, que são essenciais para manutenção da máquina pública, além da importância para a economia da nação. Mas quem paga essa conta? As grandes empresas? Quem ganha mais? Quem produz menos? No próximo item busca-se a resposta para quem é o contribuinte no Brasil.

3.3 Quem é o contribuinte brasileiro?

Para se responder a esse questionamento é preciso analisar dados referentes à população brasileira. Utiliza-se, para tanto, pesquisa do IBGE que trata da análise das condições de vida da população brasileira. Essa pesquisa se divide em três vieses: estrutura econômica e mercado de trabalho, levando-se em conta o desemprego e informalidade da população, formada por maioria de negros e pardos; padrão de vida da população e distribuição de renda, analisando características de acesso à moradia, bens e serviços; e educação, dividindo a análise em: básica e superior, que visa o acesso, trajetória e permanência, e gestão escolar, que analisa as metas de gestão democráticas.[37]

---

[35] SINDIFISCO NACIONAL. *Sistema Tributário:* diagnóstico e elementos para mudança. 3. ed. Brasília: Sindifisco Nacional, 2018, p. 94.

[36] MENDONÇA, Clarice Corrêa de; VIEIRA, Raphael Diógenes Serafim; PORTO, Nathália França Figuerêdo. *1º Diagnóstico da Advocacia Pública Municipal no Brasil.* 2. ed. Belo Horizonte: Fórum; Herkenhoff & Prates, 2018, p. 69.

[37] IBGE – INSTITUTO BRASILEIRO DE GEOGRAFIA E ESTATÍSTICA. *Síntese de indicadores sociais:* uma análise das condições de vida da população brasileira: 2019. Coordenação de População e Indicadores Sociais. Rio de Janeiro: IBGE, 2019, p. 7-10.

Ao tratar da análise das características da divisão de renda no Brasil, Hoffmann aduz: "A expressão 'distribuição da renda' pode se referir à maneira pela qual a renda nacional é repartida entre as várias categorias de pessoas que constituem a sociedade".[38] O Brasil é um dos países do mundo com maior desigualdade na distribuição de renda, sendo a disparidade maior entre os homens do que entre as mulheres, o que não significa que elas ganhem mais que eles, na verdade ocorre o oposto.[39]

A importância de se almejar o pleno emprego não deve ser descartada, até por que "uma das características fundamentais da crise que atingiu a economia brasileira a partir de 2014 foi o grande crescimento do desemprego".[40] As políticas públicas precisam se voltar também a isso, mas é preciso calcular esse custo e buscar praticar uma política fiscal justa e não só boa economicamente. É preciso cautela na distribuição de benesses fiscais, como as isenções e reduções tributárias.

Outro grande problema do Brasil e do mundo é a concentração de renda: os 10% mais ricos ficam com quase metade da renda do país.[41] A distribuição de renda na área urbana é maior que na rural, todavia, "a desigualdade para toda a população é maior do que a desigualdade dentro da área urbana ou dentro da área rural".[42]

Na economia mundial e brasileira os serviços se tornaram a principal atividade no que se refere a renda gerada. "Os serviços continuaram a crescer relativamente na economia brasileira ao longo da série até alcançarem 73,3% da geração de valor adicionado bruto, em 2017 e 2018".[43] Por outro lado, a informalidade no mercado de trabalho implica um marcador de desigualdades, gerando a falta de acesso aos mecanismos de proteção social vinculados à formalidade.[44]

Para se traçar o perfil produtivo e identificar o nível de industrialização, terciarização, influência da atividade agropecuária e extensão do setor público, é preciso se

---

[38] HOFFMANN, R. Distribuição da renda no Brasil em 2017: uma apresentação didática das principais características da distribuição da renda no Brasil de acordo com dados da PNAD Contínua de 2017. *Economia & Região*, Londrina, v. 7, n. 2, p. 5-28, jul./dez. 2019. Disponível em: https://www.uel.br/revistas/uel/index.php/ecoreg/article/view/36687/0. Acesso em: 10 mar. 2022, p. 6.

[39] HOFFMANN, R. Distribuição da renda no Brasil em 2017: uma apresentação didática das principais características da distribuição da renda no Brasil de acordo com dados da PNAD Contínua de 2017. *Economia & Região*, Londrina, v. 7, n. 2, p. 5-28, jul./dez. 2019. Disponível em: https://www.uel.br/revistas/uel/index.php/ecoreg/article/view/36687/0. Acesso em: 10 mar. 2022, p. 15.

[40] HOFFMANN, R. Distribuição da renda no Brasil em 2017: uma apresentação didática das principais características da distribuição da renda no Brasil de acordo com dados da PNAD Contínua de 2017. *Economia & Região*, Londrina, v. 7, n. 2, p. 5-28, jul./dez. 2019. Disponível em: https://www.uel.br/revistas/uel/index.php/ecoreg/article/view/36687/0. Acesso em: 10 mar. 2022, p. 16.

[41] HOFFMANN, R. Distribuição da renda no Brasil em 2017: uma apresentação didática das principais características da distribuição da renda no Brasil de acordo com dados da PNAD Contínua de 2017. *Economia & Região*, Londrina, v. 7, n. 2, p. 5-28, jul./dez. 2019. Disponível em: https://www.uel.br/revistas/uel/index.php/ecoreg/article/view/36687/0. Acesso em: 10 mar. 2022, p. 19.

[42] HOFFMANN, R. Distribuição da renda no Brasil em 2017: uma apresentação didática das principais características da distribuição da renda no Brasil de acordo com dados da PNAD Contínua de 2017. *Economia & Região*, Londrina, v. 7, n. 2, p. 5-28, jul./dez. 2019. Disponível em: https://www.uel.br/revistas/uel/index.php/ecoreg/article/view/36687/0. Acesso em: 10 mar. 2022, p. 20.

[43] IBGE – INSTITUTO BRASILEIRO DE GEOGRAFIA E ESTATÍSTICA. *Síntese de indicadores sociais:* uma análise das condições de vida da população brasileira: 2019. Coordenação de População e Indicadores Sociais. Rio de Janeiro: IBGE, 2019, p. 14.

[44] IBGE – INSTITUTO BRASILEIRO DE GEOGRAFIA E ESTATÍSTICA. *Síntese de indicadores sociais:* uma análise das condições de vida da população brasileira: 2019. Coordenação de População e Indicadores Sociais. Rio de Janeiro: IBGE, 2019, p. 17.

analisar o conjunto das atividades econômicas do país.[45] A partir dessa análise é possível fazer um diagnóstico da economia e traçar as necessidades da população, focando em políticas públicas mais acertadas para a melhoria de vida.

O setor produtivo brasileiro mostra uma concentração no setor de serviços, seguido em importância pela indústria, tanto para a geração de produto como para a absorção de mão de obra; tal característica revela um perfil moderno e desenvolvido do Brasil quando comparado com outros países da América Latina.[46] Por outro lado, há também características de países em desenvolvimento, como o grande número de trabalhadores domésticos.[47]

Após estudos sobre a distribuição de renda e da pobreza no Brasil, destacando a disparidade da pobreza no Nordeste, Hoffmann, após analisar os percentuais encontrados, referentes à insuficiência de renda e à renda total declarada, explica:

> Isso significa que bastaria redistribuir 5,9% da renda total para eliminar a pobreza como ela foi definida, isto é, fazer com que todos os brasileiros tivessem uma renda per capita de pelo menos R$500,00 por mês. Desprezando os custos de transferência, isso poderia ser obtido, por exemplo, tirando menos de 14% da renda do décimo mais rico e distribuindo esse valor entre os pobres. Na realidade, a parcela da renda do décimo mais rico que teria que ser transferida deve ser menor, pois sua renda está subdeclarada. Desse ponto de vista puramente contábil a tarefa de eliminar a pobreza parece fácil.[48]

Percebe-se que a igualdade e eficiência precisam andar lado a lado. Para se aumentar a riqueza de um país é preciso reduzir as desigualdades por meio de políticas públicas adequadas e inclusão das classes mais desfavorecidas na economia. Não é tarefa fácil ajustar as desigualdades por meio da tributação, é preciso ter cuidado na dosagem do remédio para não adoecer mais ou matar o paciente.

"[...] A partir de 2015 houve redução no pessoal ocupado com vínculo formal de trabalho, atrelado ao aumento dos empregados sem carteira e dos trabalhadores por conta própria".[49] Isso acarretou aumento da pobreza monetária, tendo em vista que os trabalhadores informais ganham menos que o mínimo adequado para se viver.

> Além da escassez de rendimento, a pobreza em uma definição ampla também engloba níveis de educação, alimentação e saúde abaixo dos padrões/direitos estabelecidos, falta de

---

[45] IBGE – INSTITUTO BRASILEIRO DE GEOGRAFIA E ESTATÍSTICA. *Síntese de indicadores sociais:* uma análise das condições de vida da população brasileira: 2019. Coordenação de População e Indicadores Sociais. Rio de Janeiro: IBGE, 2019, p. 24.

[46] IBGE – INSTITUTO BRASILEIRO DE GEOGRAFIA E ESTATÍSTICA. *Síntese de indicadores sociais:* uma análise das condições de vida da população brasileira: 2019. Coordenação de População e Indicadores Sociais. Rio de Janeiro: IBGE, 2019, p. 25.

[47] IBGE – INSTITUTO BRASILEIRO DE GEOGRAFIA E ESTATÍSTICA. *Síntese de indicadores sociais:* uma análise das condições de vida da população brasileira: 2019. Coordenação de População e Indicadores Sociais. Rio de Janeiro: IBGE, 2019, p. 25.

[48] HOFFMANN, R. Distribuição da renda no Brasil em 2017: uma apresentação didática das principais características da distribuição da renda no Brasil de acordo com dados da PNAD Contínua de 2017. *Economia & Região*, Londrina, v. 7, n. 2, p. 5-28, jul./dez. 2019. Disponível em: https://www.uel.br/revistas/uel/index.php/ecoreg/article/view/36687/0. Acesso em: 10 mar. 2022, p 27.

[49] IBGE – INSTITUTO BRASILEIRO DE GEOGRAFIA E ESTATÍSTICA. *Síntese de indicadores sociais:* uma análise das condições de vida da população brasileira: 2019. Coordenação de População e Indicadores Sociais. Rio de Janeiro: IBGE, 2019, p. 60.

acesso a serviços básicos, ambiente pouco saudável, dentre outros aspectos que compõem a pobreza em suas variadas dimensões.[50]

Percebe-se, dessa forma, que apenas o crescimento econômico não é suficiente para resolver o problema social, devendo-se levar em conta aspectos outros de bem-estar social. Como exemplo de acessos que não precisariam necessariamente de rendimento direto: educação, proteção social, moradia adequada, serviços de saneamento básico e internet.[51]

As políticas públicas precisam ser focadas nesses aspectos supracitados, mas o financiamento delas pelos tributos precisam buscar retirar de outra parte da população com maior renda. Explica-se: em razão da regressividade tributária pátria quem paga a conta é quem mais precisa.

Sobre quem banca o orçamento público, explica Souza:

> O orçamento estatal, agora pago pela classe média e pelos pobres em sua maior parte, deixa de ser usado em serviços essenciais para pagar de volta aos ricos o que eles deveriam ter pagado como todos os outros cidadãos. Os ricos não só não pagam o que deveriam, como ficam ainda mais ricos porque cobram uma sobretaxa, que é a maior do mundo no caso brasileiro, pelo dinheiro que emprestam e que deveriam ter pagado como imposto.[52]

Feita essa análise, pode-se concluir que o maior contribuinte brasileiro é a classe média e o pobre, já que pelo menos 53% da carga tributária são pagas por eles,[53] ratificando a regressividade do sistema tributário e a importância de se buscar maior justiça fiscal pela progressividade tributária, que implica em quem ganha mais paga mais.

A atuação da Advocacia Púbica na assessoria jurídica para se fomentar as políticas públicas e a atuação judicial na cobrança dos tributos e defesa do erário, talvez sejam as mais importantes funções dessa carreira. Essas atuações demonstram que a Advocacia Pública é um dos instrumentos de garantia dos direitos fundamentais do real contribuinte.

A população brasileira é marcada por grande desigualdade e concentração de renda, que exige uma série de políticas públicas em busca de uma melhoria social, devendo a maior parte ser concretizada nos Municípios e bancada por meio dos tributos.

Nesse sentido, seria adequada uma reforma tributária que reduzisse autonomia dos Municípios? Seria adequada uma reforma que continua focada em tributos regressivos? Esses questionamentos levam ao próximo capítulo, que tem como ideia

---

[50] IBGE – INSTITUTO BRASILEIRO DE GEOGRAFIA E ESTATÍSTICA. *Síntese de indicadores sociais*: uma análise das condições de vida da população brasileira: 2019. Coordenação de População e Indicadores Sociais. Rio de Janeiro: IBGE, 2019, p. 71.

[51] Para maior aprofundamento: IBGE – INSTITUTO BRASILEIRO DE GEOGRAFIA E ESTATÍSTICA. *Síntese de indicadores sociais*: uma análise das condições de vida da população brasileira: 2019. Coordenação de População e Indicadores Sociais. Rio de Janeiro: IBGE, 2019, p. 71-75.

[52] SOUZA, Jessé. *A elite do atraso*: da escravidão à Lava Jato. Rio de Janeiro: Leya, 2017, p. 94.

[53] Segundo pesquisa de Orçamentos Familiares do IBGE (Instituto Brasileiro de Geografia e Estatística), quase 80% (mais precisamente 79%) da população brasileira, que recebe até três salários mínimos (R$2.172), contribui com a maior parte, 53%, de toda a arrecadação tributária do país. Disponível em: https://ibpt.com.br/populacao-que-recebe-ate-tres-salarios-minimos-e-a-que-mais-gera-arrecadacao-de-tributos-no-pais/. acesso em: 17 maio 2022.

central discutir projeto de reforma tributária, criticando aspectos que não resolvem a situação brasileira, bem como demonstrar os entraves da proposta em tramitação no Congresso Nacional.

4 Por uma reforma tributária adequada

O foco das principais propostas de reforma tributária brasileira é nos tributos regressivos e sugerem a criação do Imposto sobre Bens e Serviços – IBS, que substituiria o Imposto sobre Produtos Industrializados (IPI), o Imposto sobre Operações Financeiras (IOF), o PIS, o PASEP, a COFINS, a Cide-Combustíveis, todos tributos federais; o Imposto sobre Circulação de Mercadorias e Serviços (ICMS), estadual, e o Imposto sobre Serviços (ISS), que é municipal.

"O sistema tributário brasileiro é conhecidamente regressivo, pois onera mais os pobres, e inclusive a classe média, do que os mais ricos".[54] Essa é a grande falha do sistema fiscal pátrio e mundial. Mais da metade da arrecadação dos impostos no Brasil é decorrente do consumo, ou seja, tanto o pobre quanto o rico pagam o mesmo tributo na compra de produtos básicos do dia a dia, a exemplo do pão, do arroz, do feijão, etc.

Piketty defende o imposto progressivo como uma das soluções para resolução das desigualdades no mundo: "O imposto progressivo é uma instituição indispensável para fazer com que cada pessoa se beneficie da globalização, e sua ausência cada vez mais evidente pode levar a globalização econômica a perder apoio".[55]

A ideia de racionalização do sistema, sem aparente redução de carga tributária, mudando bases de incidência e uniformizando a legislação, deveria focar na alteração da tributação do consumo para a renda, bem como na redução da regressividade e aumento da progressividade. Todavia, isso não parece ocorrer.

Senão observe-se o resumo da proposta de reforma tributária aparentemente mais forte que tramita no Congresso Nacional (PEC 110/2019):

1. Haveria a concentração de quase todos os tributos atuais sobre consumo (IPI, ICMS, ISS, IOF, PIS/PASEP, COFINS) no IBS (Imposto sobre Bens e Serviços), único imposto sobre consumo (produto/serviço), que seria fiscalizado pelo Superfisco Estadual (conjunto de todas as Unidades Federativas em carreira única), com relativa autonomia.

2. Criação do Imposto seletivo federal e/ou estadual Monofásico, com perfil "extrafiscal", sobre energia, combustível, telecomunicações, cigarros, bebidas, veículos, pneus e autopeças, minerais, eletroeletrônicos e eletrodomésticos, (ou seja, entrega o IBS aos Estados, mas a melhor parte fica com o leão – energia, minerais, combustível, telefonia – ou tributa duas vezes).

3. Criação da antiga CPMF (com outro nome para não chamar a atenção), com possibilidade de divisão da arrecadação com Estados/Municípios, e redução da carga tributária sobre a folha.

4. CSSL entra no IRPJ.

---

[54] GUERRA, Alexandre *et al. Os donos do dinheiro:* o rentismo no Brasil. São Paulo: Fundação Perseu Abramo, 2019, p. 91.

[55] PIKETTY, Thomas. *O capital no século XXI.* trad. Mônica Baumgarten de Bolle. Rio de Janeiro: Intrínseca. 2014, p. 616.

5. IRPF limitando isenções de distribuição de lucros de pessoas jurídicas, efetivamente progressivo e atacando aplicações financeiras.

O projeto ignora a autonomia dos entes municipais e estaduais, não há previsão de mecanismos de incentivo ao desenvolvimento social por região, que pareça funcionar dentro da perspectiva política vigente, isto é, com concentração do recebimento dos tributos pela União para posterior repasse. Além disso, o projeto de reforma é tímido quando se refere a busca pela progressividade.

O Estado possui como principal fonte de obtenção de recursos os tributos, quanto maior a quantidade de serviços ofertadas pelo Estado maior será a carga tributária. Sobre o tema Hugo de Brito Machado aduz:

> Muitos afirmam que nossa carga tributária é muito elevada. Na verdade, porém, a carga tributária de um País deve ser considerada em relação aos serviços públicos nele efetivamente prestados, de sorte que é muito difícil a comparação com outros Países sem um conhecimento seguro e completo dos tributos e dos serviços públicos.[56]

Faz-se necessário se ater também a qualidade dos gastos públicos, isto é, o problema gerado pelo mau gestor, que muitas vezes faz escolhas trágicas equivocadas, sem levar em conta as reais necessidades da população, ignorando os problemas sociais e a desigualdade.

Qualquer reforma tributária deve ser pensada com base em sistemas dinâmicos, já que a reforma decorre da obsolescência do sistema tributário. Segundo Salvador, há duas prováveis causas do não avanço da Reforma Tributária decorrentes do conflito distributivo: a distribuição da carga tributária entre os membros na sociedade e a falta de coordenação entre os Estados, responsáveis pela arrecadação do ICMS.[57] Acrescente-se a isso a falta de coordenação entre os Municípios quanto ao ISS, principalmente pelas disparidades de tamanho e orçamento entre esses entes federativos.

Uma proposta de reforma tributária no Brasil deveria ser pautada pela retomada dos princípios de equidade, de progressividade e da capacidade contributiva no caminho da justiça fiscal e social, priorizando a redistribuição de renda. As tributações de renda e do patrimônio nunca ocuparam lugar de destaque na agenda nacional e nos projetos de reforma tributária após a Constituição de 1988.[58]

Percebe-se que o processo de reforma tributária deve ser permanente e com eventos relevantes, levando-se em conta os custos e riscos, que geram conflitos e impasses. Ademais, não se deve esquecer da importância de se alcançar segurança jurídica, evitando-se imprevisibilidade, para se fomentar a economia do país, bem como a busca por maior justiça fiscal.

O contribuinte é inquieto por natureza, já que o tributo é um mal necessário. Muitas das soluções apresentadas por meio dos diversos projetos de reforma tributária tentam encontrar primeiro a solução para depois atacar o problema. Com isso, percebe-se que falta compreensão política para enfrentar o tema.

---

[56] MACHADO, Hugo de Brito. *Curso de Direito Constitucional Tributário*. São Paulo: Malheiros, 2012, p. 379.

[57] SALVADOR, Evilásio. *Perfil da desigualdade e da injustiça tributária*. Brasília: INESC, 2016, p. 7.

[58] SALVADOR, Evilásio. *Perfil da desigualdade e da injustiça tributária*. Brasília: INESC, 2016, p. 8.

Outro aspecto que não pode ser ignorado na reforma tributária é o excesso de burocracia. O neoliberalismo e o processo de globalização impuseram aos países seguidores dessa ordem mundial a adoção de medidas político-administrativas de adequação a uma nova realidade. No Brasil não foi diferente.

Se o neoliberalismo por um lado impunha a redução de gastos públicos com a formação de um Estado apenas regulador, a globalização, por seu turno, exigiu maior confiabilidade das instituições, maior eficiência da máquina pública, com mínima intervenção governamental nos mercados. Diante desse cenário, "sugeriu-se" aos Estados em desenvolvimento aderir a reformas administrativa, previdenciária e tributária, que os fizesse responder a essas demandas.

A República Federativa do Brasil, formada pela união indissolúvel dos Estados e Municípios e do Distrito Federal, dá a eles competências das quais se depreende a tributária, como forma de obtenção dos recursos financeiros para cumprimento de suas metas. A arrecadação do Imposto Sobre Serviços – ISS faz parte do desenvolvimento econômico dos grandes municípios brasileiros.

Ao se criar o IBS, excluindo o ISS das arrecadações diretas municipais, retira-se parte da autonomia de tributar, nos moldes que lhe foi conferida pelo art. 156, inciso III, da CF. Observe-se que a redução de competência tributária do ente estatal implica em inconstitucionalidade, indiretamente, em medida que põe em risco a forma federativa brasileira, que estaria blindada pela cláusula pétrea do art. 60, §4º, inciso I, da Constituição Federal/88.

Sendo assim, é preciso refletir como se realizar essa reforma tributária, simplificando a burocracia do sistema, mas sem reduzir a autonomia dos entes federativos. O que parece ser viável utilizando sistemas informatizados e uniformizados, sem a necessidade de alteração de competências. Isso poderia gerar eficiência, mas ainda seria necessário resolver a crise do processo administrativo fiscal, que é outro grande problema nacional em razão da sua morosidade.

Ademais, excessiva concentração de recursos financeiros no governo federal favorece o clientelismo político. Estados dependem cada vez mais de verbas federais e deles os Municípios tornam-se eternos pedintes. Parece evidente que a competência tributária deva ser atribuída aos três níveis de governo conforme as c____rísticas de cada tributo.[59]

Uma reforma tributária adequada não pode focar apenas na simplificação e eficiência, ignorando a equidade e mantendo a perpetuação da regressividade.[60] "A ideia de regressividade tributária está intimamente conectada à própria ideia de capacidade contributiva, medida como disposição econômica dos indivíduos de colaborarem com a coletividade".[61]

---

[59] HAIDAR, Raul. Proposta de reforma tributária deve ser discutida com patriotismo. *Revista Consultor Jurídico*, [S.l.], 4 set. 2017. Justiça Tributária. Disponível em: https://www.conjur.com.br/2017-set-04/justica-tributaria-proposta-reforma-tributaria-discutida-patriotismo. Acesso em: 5 abr. 2018.

[60] ANDRADE, José Maria Arruda de; D'ARAÚJO, Pedro Júlio Sales. A regressividade da matriz tributária brasileira: o que é e por que estudá-la nos dias de hoje. *In*: BUCCI, M. P. D.; SOUZA. R. P. de. *O ensino jurídico no bicentenário da independência*. Belo Horizonte; São Paulo: Editora D'Plácido, 2022, p. 138.

[61] ANDRADE, José Maria Arruda de; D'ARAÚJO, Pedro Júlio Sales. A regressividade da matriz tributária brasileira: o que é e por que estudá-la nos dias de hoje. *In*: BUCCI, M. P. D.; SOUZA. R. P. de. *O ensino jurídico no bicentenário da independência*. Belo Horizonte; São Paulo: Editora D'Plácido, 2022, p. 139.

Andrade e D'Araújo são favoráveis a uma reforma nos tributos da relação de consumo e apoiam a ideia do imposto de valor agregado. Todavia, salientam para a necessidade de "conjugação de uma boa estrutura técnico-tributária com a sua carga tributária efetiva".[62] Para tanto, deve se ater a: estrutura normativa, a sociedade e instituições que adotarão, carga tributária potencial e quem pagará efetivamente,[63] ou seja, com seletividade. Percebe-se que essa reforma e a tributação brasileira continua focada no consumo, com tímidas tentativas de melhoria da regressividade.

Não é suficiente a importação de um IVA dos países da Europa, sem levar em consideração as desigualdades sociais da população brasileira, que é extremamente pobre. E a ideia de resolução dos problemas após a tributação, com redistribuição de renda, leva a três entraves sérios: o fim da poupança das classes menos abastadas, a falta de eficiência nas políticas públicas e a sua demora de implementação.

Apesar do aumento da carga tributária, não se percebe a melhoria quanto à justiça fiscal. O sistema tributário brasileiro concentra-se "em tributos regressivos e indiretos e que oneram mais os trabalhadores e os pobres, uma vez que mais da metade da arrecadação provém de tributos que incidem sobre bens e serviços, havendo baixa tributação sobre a renda e o patrimônio".[64]

Dessa forma, percebe-se a grande importância em identificar o contribuinte (o que se fez em capítulo anterior), bem como levar em conta os efeitos decorrentes de qualquer tentativa de reforma tributária na sociedade. Não se pode, simplesmente, fazer a vontade do "mercado".[65] Até porque o tal mercado faz mais do que manipular as regras do jogo. E já está em um segundo passo, apropriando-se das próprias instituições que definem as regras do jogo, mudando a lei ao invés de contorná-la, mostrando sua força e apoderando-se da caneta.[66] Infelizmente não são as grandes corporações que pagam a maior parte dos tributos no Brasil e no mundo, mas as que mais se favorecem da situação atual.

Não se admite uma reforma tributária que tente resolver o problema alterando a competência tributária constitucional. O IBS não é a solução dos problemas tributários do país, trata-se na verdade de um equívoco do legislador, que tenta por meio de um imposto obsoleto simplificar o complexo.[67] Não se pode ignorar a regressividade tributária

---

[62] ANDRADE, José Maria Arruda de; D'ARAÚJO, Pedro Júlio Sales. A regressividade da matriz tributária brasileira: o que é e por que estudá-la nos dias de hoje. *In*: BUCCI, M. P. D.; SOUZA. R. P. de. *O ensino jurídico no bicentenário da independência*. Belo Horizonte; São Paulo: Editora D'Plácido, 2022, p. 147.

[63] ANDRADE, José Maria Arruda de; D'ARAÚJO, Pedro Júlio Sales. A regressividade da matriz tributária brasileira: o que é e por que estudá-la nos dias de hoje. *In*: BUCCI, M. P. D.; SOUZA. R. P. de. *O ensino jurídico no bicentenário da independência*. Belo Horizonte; São Paulo: Editora D'Plácido, 2022, p. 147.

[64] SALVADOR, Evilásio. *Perfil da desigualdade e da injustiça tributária*. Brasília: INESC, 2016, p. 8.

[65] Sobre o tema: "O fato de os oligopólios poderem se referir a si mesmos como 'os mercados', ao mesmo tempo em que justamente não precisam se submeter a nenhum mercado, gera esta aparência de ausência de poder, ou de um poder abstrato, justamente 'os mercados'. Mas quando se diz que 'os mercados estão nervosos', significa em geral que meia dúzia de especuladores estão insatisfeitos" (DOWBOR, Ladislau. *A era do capital improdutivo*. 2. reimp. São Paulo: Autonomia Literária, 2017, p. 113).

[66] DOWBOR, Ladislau. *A era do capital improdutivo*. 2. reimp. São Paulo: Autonomia Literária, 2017, p. 113.

[67] "Em tudo, não se pode esquecer a nossa imorredoura vocação para copiar modelos de outros países, construídos em circunstâncias peculiares e diferentes das nossas. É o servilismo cultural, polo oposto e igualmente medíocre da xenofobia no campo das ideias. [...] O mais grave é que buscamos copiar modelos em franca obsolescência, como o IVA" (MACIEL, Everardo. O equívoco da reforma tributária. *O Globo*, Rio de Janeiro, 05 out. 2017. Artigos. Disponível em: http://noblat.oglobo.globo.com/artigos/noticia/2017/10/o-equivoco-da-reforma-tributaria.html. Acesso em: 30 mai. 2018).

brasileira, onde os mais necessitados pagam a conta, para satisfazer os interesses de uma minoria que detém a riqueza.[68]

Após essa análise crítica sobre a tentativa de reforma tributária, passa-se para a discussão do papel da Advocacia Pública Municipal como instrumento de garantia de direitos fundamentais do contribuinte.

5 O papel da Advocacia Pública Municipal como instrumento de garantia de direitos fundamentais do contribuinte

A Advocacia Pública consta da CF/88 no Capítulo IV como função essencial à justiça, juntamente com Ministério Público, Advocacia e Defensoria Pública. Cada função com suas prerrogativas próprias, em especial a autonomia funcional de cada um, para realização de atividades que garantam a manutenção do Estado Democrático de Direito.

Analisando de forma rasa parece não haver menção na CF/88 da Advocacia Pública Municipal, já que a Seção II do Capítulo IV traz expressamente apenas a AGU, PGE e PGDF. Ocorre, todavia, que os Municípios são entes federativos, tanto quanto União, Estados e DF, não havendo sentido na existência de Advocacia Pública apenas para os últimos citados. Até porque os direitos constitucionais não se interpretam em tiras, como observado por Eros Grau.[69]

Nesse sentido, houve julgamento recente no STF da relatoria do Ministro Luiz Fux que afirmou expressamente: "os procuradores municipais integram a categoria da Advocacia Pública inserida pela Constituição da República dentre as cognominadas funções essenciais à Justiça, na medida em que também atuam para a preservação dos direitos fundamentais e do Estado de Direito".[70]

Ao ver rapidamente o título do capítulo o leitor pode indagar: como o Procurador Municipal vai garantir direitos fundamentais do contribuinte se ele atua em favor da fazenda pública?

Engana-se quem pensa que os direitos fundamentais do contribuinte são ignorados pela Advocacia Pública Municipal. Primeiramente, deve-se lembrar que todos são contribuintes, seja diretamente ou indiretamente, já que os tributos fazem parte dos custos dos bens e serviços que de uma forma ou de outra são consumidos pela população. Em segundo lugar, deve-se lembrar que os entes estatais são ficções jurídicas criadas para facilitar a melhoria da sociedade como um todo, ou seja, eles deveriam servir ao povo.

Cabe aqui destacar a importante relação entre o Índice de Desenvolvimento Humano Municipal (IDHM) e a institucionalização da Advocacia Pública Municipal, "sendo maior o número de municípios que contam com procuradores efetivados por

---

[68] Para entender a "dimensão do rentismo no país, além de mostrar que ele se beneficia de um sistema tributário altamente regressivo, que permite que grande parte da riqueza associada ao rentismo não pague impostos como o de renda ou pague impostos muito diminutos na comparação internacional, como é o caso de impostos sobre heranças e doações", vide GUERRA, Alexandre *et al. Os donos do dinheiro:* o rentismo no Brasil. São Paulo: Fundação Perseu Abramo, 2019, p. 109.

[69] GRAU, Eros Roberto. *A ordem econômica na Constituição de 1988.* 15. ed. São Paulo: Malheiros Editores, 2012.

[70] Tratou-se no caso sobre o tema teto remuneratório dos procuradores municipais, interpretando-se a expressão "procuradores" contida no art. 37, XI da CF/88, na sua forma extensiva, como se acredita ser a mais coerente. BRASIL. Supremo Tribunal Federal (Plenário). *Recurso Extraordinário 663.696 Minas Gerais.* Relator: Luiz Fux, data de julgamento: 28.02.2019, data de publicação: 22.08.2019. Brasília: STF, [2019].

meio de concurso entre aqueles com níveis mais elevados de desenvolvimento humano".[71] Isso não é coincidência! Isso ratifica a relação da Advocacia Pública Municipal como garantidora de direitos fundamentais.

A Advocacia Pública Municipal possui autonomia e não se confunde com o advogado do gestor público. O seu papel é de se fazer cumprir as normas jurídicas, em especial, garantindo-se os direitos fundamentais previstos na CF/88, tanto para o ente quanto para a população. Explica-se: o Advogado Público defende os interesses da população ao representar o Município.

Tanto que a boa qualidade da gestão pública está intimamente ligada a existência de Procuradores Municipais concursados. O diagnóstico mostra, ao analisar comparação de índices que medem a qualidade de gestão dos Municípios, essa relação: "Quanto maior a qualidade da gestão pública, apurada segundo a metodologia específica de cada um desses índices, maior o percentual de cidades cuja Advocacia Pública municipal conta com ao menos um procurador concursado".[72]

Quando há litígio entre um contribuinte e o Município é preciso se perceber que no momento da derrota do ente a conta é repassada à população, já que seus tributos são a sua fonte de receita principal, responsável pelo pagamento das despesas. Ademais, a Advocacia Pública deve sempre alertar à Administração Municipal quando esta estiver em desacordo com às normas jurídicas, mesmo que aparentemente haja uma perda ao erário ou contrarie o gestor.

Não pode, por exemplo, o Advogado Púbico executar uma dívida prescrita, ou ignorar um auto de infração eivado de vícios legais e executar a dívida decorrente dele, ou passar por cima da comprovação de um pagamento feito pelo contribuinte e continuar uma demanda executória. Ao contrário, deve o Advogado Público agir de forma a defender diretamente à norma, e, consequentemente, garantir os direitos fundamentais do contribuinte.

Será que a atuação jurídica realizada por carreiras sem estabilidade e sem autonomia funcional, como terceirizados e comissionados, ocorreria da mesma forma que por um Advogado Público concursado, para atuar com imparcialidade e responsabilidade em prol do ente estatal? Parece que não.

Lembre-se que a contratação na maioria das vezes ocorre por meio discricionário, no caso dos comissionados; ou por inexigibilidade de licitação, no caso de escritórios terceirizados, em casos que muitas vezes há sim possibilidade de competição. Sem falar na instabilidade e dependência dessas funções ao gestor, em razão da ausência de vínculo perene com o ente.

Ademais, abusos de poder são cometidos com certa frequência, já que, infelizmente, onde há seres humanos, poder e dinheiro, sempre existirá abuso e corrupção. Essas situações devem ser evitadas ao máximo, daí as funções de fiscalização de diversos órgãos públicos internos como a Advocacia Pública e as Controladorias, bem como por órgãos externos de controle: Ministério Público e Tribunais de Contas. E, porque não

---

[71] MENDONÇA, Clarice Corrêa de; VIEIRA, Raphael Diógenes Serafim; PORTO, Nathália França Figuerêdo. *1º Diagnóstico da Advocacia Pública Municipal no Brasil*. 2. ed. Belo Horizonte: Fórum; Herkenhoff & Prates, 2018, p. 19.

[72] MENDONÇA, Clarice Corrêa de; VIEIRA, Raphael Diógenes Serafim; PORTO, Nathália França Figuerêdo. *1º Diagnóstico da Advocacia Pública Municipal no Brasil*. 2. ed. Belo Horizonte: Fórum; Herkenhoff & Prates, 2018, p. 34.

dizer, o próprio cidadão, través das ferramentas constitucionais como Direito de Ação, Mandando de Segurança e Ação Popular.

Dessa forma, defende-se que a Advocacia Pública dos Municípios deve ser exercida por advogado concursado com carreira institucionalizada,[73] para garantir atuação com imparcialidade, confiabilidade e eficiência, mantendo-se a memória jurídica do ente mesmo quando houver alteração de gestor, evitando-se perdas de prazos e de dinheiro aos cofres públicos.

O papel da Advocacia Pública é instrumentalizar o Município para a realização de sua função principal, observando as normas jurídicas, que é garantir o máximo de políticas públicas de forma eficiente, fortalecendo o bem-estar social da população e mantendo-se a democracia.

6   Conclusão

Ao se realizar esse estudo sobre a Advocacia Pública como instrumento de efetivação de direitos fundamentais do contribuinte e a busca por uma reforma tributária adequada, conceituando Advocacia Pública, direitos fundamentais, demonstrando quem é o real contribuinte brasileiro e explicando uma das ideias de reforma tributária, chega-se ao estágio final do trabalho com a certeza da inadequação da reforma tributária que cria o IBS, seja por ferir a autonomia dos Munícipios e Estados, seja por focar em tributos regressivos, ignorando a necessidade de aumento da progressividade no sistema tributário brasileiro.

Destaca-se que o ISS é responsável por mais de 50% do montante da arrecadação tributária municipal.[74] Não há como manter a autonomia municipal sem que este ente estatal seja competente e responsável pela arrecadação deste imposto. Uma reforma tributária que pretende instituir o IBS, baseado no IVA, mostra-se ultrapassada e não parece ser a solução para os problemas tributários nacionais.

A instituição dos impostos municipais é de extrema importância para que haja maior eficiência na administração pública municipal, preservando-se a autonomia deste ente e um sistema federativo equilibrado. Sendo o Município responsável pela prestação de uma gama de serviços públicos à população, é preciso o mínimo de autonomia na arrecadação para melhor atender essas demandas com políticas específicas.

Há uma rejeição das pessoas em pagar tributos, que não percebem que o Estado precisa deles para manter as políticas públicas e garantir os direitos fundamentais. É preciso se desenvolver na população a consciência de que o público tem dono e é do povo e não de ninguém, para se fomentar a cobrança por melhor gestão dos bens públicos e se ter orgulho do que é construído pelos tributos pagos.

---

[73] "A institucionalização das procuradorias municipais acontece com sua previsão e organização em lei municipal, mas não se resume a isso. Além desse ponto, ela envolve também outras questões pertinentes à estruturação e ao fortalecimento da Advocacia Pública no âmbito dos municípios, como a existência de procuradores efetivados por meio de concurso público específico para a carreira, entre outras." MENDONÇA, Clarice Corrêa de; VIEIRA, Raphael Diógenes Serafim; PORTO, Nathália França Figuerêdo. *1º Diagnóstico da Advocacia Pública Municipal no Brasil*. 2. ed. Belo Horizonte: Fórum; Herkenhoff & Prates, 2018, p. 27.

[74] BREMAEKER, François E. J. de. *A importância do ISS para o Município*. Observatório de Informações Municipais. Rio de Janeiro, mar. 2017 Disponível em http://oim.tmunicipal.org.br/abre_documento.cfm?arquivo=_repositorio/_oim/_documentos/119D75C6-D89E-0784-ADA1E07E2F609DE714032017054331.pdf&i=3073, Acesso em: 10 maio 2022.

E, para a prestação adequada, é preciso uma Advocacia Pública com autonomia. Para se ter essa autonomia e independência funcional é essencial haver institucionalização legal adequada, plano de cargos e salários condizente com a realidade e estrutura física que permita o trabalho em prol da população. Essa infraestrutura adequada da Advocacia Pública Municipal gera a possibilidade de se defender os interesses da sociedade, sem se curvar ao poder do mau gestor, ampliando-se a garantia dos direitos fundamentais do contribuinte.

Não se esgota aqui a matéria, servindo esse estudo para fomentar ainda mais as discussões sobre os temas aqui levantados, caso o texto tenha despertado ao menos curiosidade sobre a Advocacia Pública Municipal, sua relação com o Direito Tributário e os direitos fundamentais do contribuinte, já se alcança seu objetivo.

Referências

ALEXY, Robert. *Constitucionalismo discursivo*. Org. trad. Luís Affonso Heck. 4. ed. Porto Alegre: Livraria do Advogado, 2015.

AMARAL, Gustavo. *Direito, escassez & escolha*. Critérios jurídicos para lidar com a escassez. 2. ed. Rio de Janeiro: Lumen Juris, 2010.

ANDRADE, José Maria Arruda de; D'ARAÚJO, Pedro Júlio Sales. A regressividade da matriz tributária brasileira: o que é e por que estudá-la nos dias de hoje. *In*: BUCCI, M. P. D.; SOUZA. R. P. de. *O ensino jurídico no bicentenário da independência*. Belo Horizonte; São Paulo: Editora D'Plácido, 2022. p. 137-156.

ARISTÓTELES. *Ética a Nicômaco*. Trad. Torrieri Guimarães. 6. ed. São Paulo: Martin Claret, 2012.

ÁVILA, Humberto. *Teoria dos princípios* – Da definição à aplicação dos princípios jurídicos. 7. ed. São Paulo: Malheiros Editores, 2007.

BAHIA, Saulo José Casali. *O Poder Judiciário e os Direitos Humanos*. Disponível em: http://www2.trf4.jus.br/trf4/upload/editor/aft_PODER%20JUDICIARIO%20E%20DIREITOS%20HUMANOS.pdf. Acesso em: 04 mar. 2022.

BALEEIRO, Aliomar. *Limitações constitucionais ao poder de tributar*. 8. ed. at. Mizael Abreu Machado Derzi. Rio de Janeiro: Forense, 2010.

BASTOS, Celso Ribeiro. *Curso de Direito Constitucional*. São Paulo: Celso Bastos, 2002.

BRASIL. Supremo Tribunal Federal (Plenário). *Recurso Extraordinário 663.696 Minas Gerais*. Relator: Luiz Fux, data de julgamento: 28.02.2019, data de publicação: 22.08.2019. Brasília: STF, [2019].

BREMAEKER, François E. J. de. *A importância do ISS para o Município*. Observatório de Informações Municipais. Rio de Janeiro, mar. 2017 Disponível em http://oim.tmunicipal.org.br/abre_documento.cfm?arquivo=_repositorio/_oim/_documentos/119D75C6-D89E-0784-ADA1E07E2F609DE714032017054331.pdf&i=3073, Acesso em: 10 maio 2022.

CARNEIRO, Claudio. *Impostos federais, estaduais e municipais*. 5. ed. São Paulo: Saraiva, 2015.

CARVALHO, Paulo de Barros. *Curso de Direito Tributário*. 27. ed. São Paulo: Saraiva, 2016.

COELHO, Sacha Calmon Navarro. *Curso de Direito Tributário Brasileiro*. 15. ed. Rio de Janeiro: Forense, 2016.

DOWBOR, Ladislau. *A era do capital improdutivo*. 2. reimp. São Paulo: Autonomia Literária, 2017.

GALDINO, Flávio. *Introdução à teoria dos custos dos direitos*. Direitos não nascem em árvores. Rio de Janeiro: Editora Lumen Juris, 2005.

GUERRA, Alexandre *et al. Os donos do dinheiro:* o rentismo no Brasil. São Paulo: Fundação Perseu Abramo, 2019.

GRAU, Eros Roberto. *A ordem econômica na Constituição de 1988.* 15. ed. São Paulo: Malheiros Editores, 2012.

HAIDAR, Raul. Proposta de reforma tributária deve ser discutida com patriotismo. *Revista Consultor Jurídico,* [S.l.], 4 set. 2017. Justiça Tributária. Disponível em: https://www.conjur.com.br/2017-set-04/justica-tributaria-proposta-reforma-tributaria-discutida-patriotismo. Acesso em: 05 abr. 2018.

HARADA, Kiyoshi. A impossível Reforma Tributária: a guerra do ICMS. *Jus Navigandi,* Teresina, a. 18, n. 3498, jan.2013. Disponível em: http://jus.com.br/revista/texto/23565. Acesso em: 05 abr. 2022.

HOFFMANN, R. Distribuição da renda no Brasil em 2017: uma apresentação didática das principais características da distribuição da renda no Brasil de acordo com dados da PNAD Contínua de 2017. *Economia & Região,* Londrina, v. 7, n. 2, p. 5-28, jul./dez. 2019. Disponível em: https://www.uel.br/revistas/uel/index.php/ecoreg/article/view/36687/0. Acesso em: 10 mar. 2022.

IBGE – INSTITUTO BRASILEIRO DE GEOGRAFIA E ESTATÍSTICA. *Síntese de indicadores sociais:* uma análise das condições de vida da população brasileira: 2019. Coordenação de População e Indicadores Sociais. Rio de Janeiro: IBGE, 2019.

MACHADO, Hugo de Brito. *Curso de Direito Constitucional Tributário.* São Paulo: Malheiros, 2012.

MACIEL, Everardo. O equívoco da reforma tributária. *O Globo,* Rio de Janeiro, 05 out. 2017. Artigos. Disponível em: http://noblat.oglobo.globo.com/artigos/noticia/2017/10/o-equivoco-da-reforma-tributaria.html. Acesso em: 30 mai. 2018.

MARMELSTEIN, George. *Curso de Direitos Fundamentais.* 3. ed. São Paulo: Editora Atlas, 2011.

MENDONÇA, Clarice Corrêa de; VIEIRA, Raphael Diógenes Serafim; PORTO, Nathália França Figuerêdo. *1º Diagnóstico da Advocacia Pública Municipal no Brasil.* 2. ed. Belo Horizonte: Fórum; Herkenhoff & Prates, 2018.

MORAES, Alexandre. *Direito Constitucional.* 25. ed. São Paulo: Atlas, 2010.

PIKETTY, Thomas. *O capital no século XXI.* Trad. Mônica Baumgarten de Bolle. Rio de Janeiro: Intrínseca. 2014.

RAMALHO, Renan. Despesa média com juiz no Brasil é de R$47,7 mil por mês, informa CNJ. *G1,* Brasília, 04 set. 2017. Política. Disponível em: https://g1.globo.com/politica/noticia/despesa-media-com-juiz-no-brasil-e-de-r-477-mil-por-mes-informa-cnj.ghtml. Acesso em: 01 jun. 2022.

RAMOS, Gisela Gondim. *Estatuto da Advocacia:* comentários e jurisprudência selecionada. 4. ed. Florianópolis: OAB/SC Editora, 2003.

SALVADOR, Evilásio. *Perfil da desigualdade e da injustiça tributária.* Brasília: INESC, 2016.

SARLET, Ingo Wolfgang. *Eficácia dos direitos fundamentais.* Uma teoria dos direitos fundamentais na perspectiva constitucional. 10. ed. Porto Alegre. Livraria dos Advogados, 2010.

SINDIFISCO NACIONAL. *Sistema Tributário:* diagnóstico e elementos para mudança. 3. ed. Brasília: Sindifisco Nacional, 2018.

SILVA, Virgílio Afonso da. *Direitos Fundamentais:* conteúdo essencial, restrições e eficácia. 2. ed. São Paulo: Malheiros Editores, 2011.

SOUZA, Jessé. *A elite do atraso:* da escravidão à Lava Jato. Rio de Janeiro: Leya, 2017.

TIPKE, Klaus. *Moral Tributaria del Estado y de los contribuyentes.* Trad. Pedro Manuel Herrera Molina. Madri: Marcial Pons, 2002.

O PAPEL DA ADVOCACIA PÚBLICA MUNICIPAL PARA A PROMOÇÃO DA DESJUDICIALIZAÇÃO E PARA A CONCRETIZAÇÃO DOS DIREITOS FUNDAMENTAIS DA RAZOÁVEL DURAÇÃO DO PROCESSO E DO ACESSO À JUSTIÇA

FELIPE BARBOSA DE MENEZES

1   Introdução

A Advocacia Pública, carreira típica de Estado e de *status* constitucional (art. 132),[1] possui um papel de inegável importância no Estado Democrático de Direito, tendo em vista agir em devotada defesa da democracia e da ordem jurídica, cooperando para, dentro dos critérios da legalidade, pôr limites à atuação do gestor público e proporcionar mais estabilidade dos ambientes jurídicos onde a Administração promove suas políticas públicas, além prevenir e combater a corrupção neste âmbito.

O Advogado Público, portanto, possui uma notável função, "eis que sua atuação está aberta à sociedade, na medida em que envolve o interesse público, estando sempre sujeito às críticas da comunidade, destinatária final da atuação administrativa".[2]

Na esfera municipal, o papel do Procurador do Município merece um destaque social, especialmente em razão do fato de que, prestando a necessária consultoria jurídica para a administração municipal, auxilia na tomada das decisões administrativas cotidianas e coopera para a adequada promoção das políticas públicas locais e tão

---

[1]   Aqui, vale registrar que muito embora ainda não exista referência expressa à Procuradoria de municípios na Constituição da República (art. 132), não haveria que levantar dúvidas acerca da inclusão implícita dos procuradores municipais no dispositivo, sendo certo que o mesmo engloba, pelo princípio isonomia e da simetria decorrente da forma federativa de Estado, os procuradores dos municípios (que inegavelmente fazem parte de carreira jurídica típica de Estado e não de governo), havendo, inclusive, reconhecimento do STF neste sentido, ao julgar o tema 510 de repercussão geral, ocasião em que expressamente insere o Procurador Municipal nas funções essenciais à Justiça. Além disso, neste contexto, cabe ainda o registro que de que a institucionalização da referida carreira vem sendo debatida no Congresso Nacional, em especial na PEC nº 17/2012, que busca regulamentar a Advocacia Pública no âmbito dos municípios.

[2]   CARVALHO, Guilherme; FERRAZ, Sergio. *Advocacia Pública Municipal*. Soluções estruturantes proporcionais. Salvador: Editora JusPodivm, 2021. p. 58.

particulares de cada um dos mais de 5.570 municípios do país.[3] O Procurador Municipal, não há como se negar, está sempre mais próximo dos problemas e questões do Ente Público do qual são representantes.

E no âmbito do litígio judicial, seu papel proeminente também é evidente, tendo em vista que ser a Fazenda Pública um dos maiores litigantes do país,[4][5] o que abarrota o Poder Judiciário de demandas e retarda a prestação da tutela jurisdicionado.

Neste ponto, conforme será observado, a Advocacia Pública Municipal pode, de maneira substancial e através de suas funções típicas, contribuir para a contenção litigiosidade fazendária e para a concretização o direito fundamental ao acesso à justiça e a duração razoável do processo, promovendo a desjudicialização das causas que envolvem o Ente Público.

2   O problema da litigiosidade, o regime jurídico-administrativo e as funções da Advocacia Pública

Como consequência direta do fato de o Estado resultar de uma ordem jurídica e estar estritamente vinculado aos limites do que a legislação e a Constituição determinam, cumpre aos agentes públicos, "em suas atividades cotidianas, aplicar corretamente o direito, servindo, assim, aos interesses juridicizados pelos legítimos representantes do povo".[6]

No entanto, não se pode negar que, cotidianamente, um elevado número de demandas judiciais são ajuizadas em face do Poder Público "justamente sob a invocação de hipotética negativa de fruição a direitos subjetivos" dos particulares, o que demonstra, em concreto, um "hiato entre a prática e a teoria", isto é, entre a obrigação jurídico-normativa a que os agentes estatais cuidem da correta aplicação do direito e o fato real de que, muitas vezes, essa função da Administração Pública não é exercida de maneira satisfatória.[7]

O Estado, portanto, também erra, sendo certo ainda que, tradicionalmente, quando se constata a Fazenda Pública figurando como parte em um determinado processo, e quando se verifica que esse processo foi instaurado em razão da incorreta aplicação

---

[3]   Naturalmente quando há o referido profissional aprovado em concurso público do Ente Municipal, o que é altamente aconselhável e representa uma das principais lutas da carreira.

[4]   O relatório divulgado pelo Conselho Nacional de Justiça, em março de 2011, foi apresentado uma listagem dos 100 maiores litigantes do país, contendo o percentual de processos nas diversas esferas da justiça brasileira, cujos números são impactantes. Foi constatado "que o setor público (Federal, Estadual e Municipal), bancos e telefonia representam 95% do total de processos dos 100 maiores litigantes nacionais. Desses processos, 51% têm como parte ente do setor público, 38% empresa do setor bancário, 6% companhias do setor de telefonia e 5% de outras empresas". Dentre o setor público, destacam-se o INSS, a União, a Fazenda Nacional e Fazendas Estaduais e Municipais.

[5]   Vale registrar a existência de parecer elaborado pela Procuradoria da Fazenda Nacional (PGFN/CRJ/No 756/2010), onde o órgão apresenta considerações a respeito do Anteprojeto de elaboração do Código de Processo Civil 2015, destacando que "deve-se reconhecer que a atuação em juízo da Fazenda Pública difere, em muito, da atuação em juízo dos particulares, na medida em que, consoante já foi exposto, estatísticas demonstram que mais de 60% das demandas judiciais em curso são contra a Fazenda Pública, isto é, têm o Ente Público no polo passivo da relação processual. Este número, *per se*, já é suficiente para se constatar que o Ente Público em juízo necessita de tratamento diferenciado no processo para bem proteger o interesse público".

[6]   MADUREIRA, Claudio Penedo. *Advocacia Pública*. Belo Horizonte: Fórum, 2015, p. 32.

[7]   MADUREIRA, Claudio Penedo. *Advocacia Pública*. Op. cit., p. 32.

do direito pela Administração Pública, já se remete às ideias de morosidade da justiça, provocada pela resistência processual excessiva. Essa é uma realidade, infelizmente, mesmo diante dos novos paradigmas do processo, notadamente do acesso à justiça, da duração razoável, da busca por resultados e da efetividade[8] da tutela jurisdicional.

Na esfera processual, o Poder Público é vinculado ao dever da oficialidade, ou seja, da atuação de ofício nos processos em que é parte.[9] A Fazenda Pública tem o dever de dar prosseguimento ao processo judicial, adotando todas as medidas processuais necessárias à proteção do patrimônio e do interesse público.

Há também uma "obrigatoriedade", em tese, determinada pelos princípios da legalidade estrita e da indisponibilidade dos bens e interesses públicos de que o Ente Público ofereça resistência processual na maioria dos casos, de modo que, havendo recurso cabível, não poderia, em suposição, dispor o Procurador do mecanismo recursal que a lei prevê. Pela mesma lógica, sem previsão legal autorizativa, não poderia a Fazenda celebrar acordos em Juízo, sob o pretexto de que "haveria disponibilidade de bem ou interesse público".[10]

Por essas razões, conforme já relatado, a Fazenda Pública representa um dos maiores litigantes do país, com destaque, naturalmente, aos municípios brasileiros, considerando o quantitativo das unidades federativas. Neste sentido, o jurista Kazuo Watanabe[11] reconhece o Poder Público como um "grande gerador de conflitos".

O resultado de tudo isso, por consequência, é o atraso da entrega da tutela jurisdicional pelo Poder Judiciário, que sempre se encontra sobrecarregado de demandas.

De qualquer maneira, o que se pretende ponderar no presente trabalho, é que, não obstante todas essas questões, não deve o advogado público agir de forma incondicional em prol de uma proteção ao erário ou de uma indisponibilidade absoluta do interesse público, sobretudo quando, para isso, acabe por não aplicar corretamente o ordenamento jurídico-normativo.

Aqui vale revisitar, ainda que brevemente, o regime jurídico-administrativo e os conceitos de legalidade e interesse público, bem como analisar as funções típicas da advocacia pública, a fim de se chegar ao cerne do presente trabalho, demonstrando como

---

[8] A respeito desses novos paradigmas do processo, especialmente a efetividade, consultar: MENEZES, Felipe Barbosa de. Omissão intencional da forma e instrumentalidade do processo. *In*: CONPEDI; UFSC. (Org.). *Processo e Jurisdição*. v. I. Florianópolis: CONPEDI, 2014, p. 65.

[9] Percebe-se que, em que pese a "impulsão de ofício" seja expressamente prevista para os processos administrativos do Poder Público (art. 2º, parágrafo único, XII da Lei 8.784/1999, que regula o processo administrativo no âmbito da Administração Pública Federal), sua aplicação também é nítida para os processos judiciais da Fazenda Pública, notadamente em razão dos princípios da indisponibilidade dos bens públicos e da legalidade.

[10] Esclarecendo este ponto, e considerando que a consequência automática desta realidade é a interposição de recursos, Cláudio Madureira (*Advocacia Pública*. Op. cit., p. 33) explica que esse fato "ocorre por que o Estado é elemento orgânico da institucionalização política de uma sociedade, e por isso sustenta numerosas responsabilidades e pretensões, que o conduzem, cotidianamente, aos litígios judiciais; mas também porque comumente se supõe que competiria aos servidores públicos, em vista do conteúdo do princípio da indisponibilidade do interesse público, a defesa incondicional do erário; contexto em que cumpriria aos advogados públicos, como profissionais de atividade jurídica vinculada, posicionarem-se contrariamente às suas convicções jurídicas, sustentando o insustentável, ou contestando o incontestável, como forma de legitimar opções políticas e administrativas preconcebidas pelos governantes e demais gestores públicos, num contexto em que não lhes caberia dispor sobre direitos e interesses deduzidos em juízo pelo Poder Público".

[11] WATANABE, Kazuo. O acesso à justiça e a sociedade moderna. *In*: GRINOVER, Ada Pellegrini; DINAMARCO, Cândido Rangel; WATANABE, Kazuo (Coord.). *Participação e processo*. São Paulo: Revista dos Tribunais, 1988, p. 130.

o controle interno de juridicidade exercido pelo advogado público pode contribuir para a contenção da litigiosidade e, assim, para a concretização dos Direitos Fundamentais do acesso à justiça e da duração razoável do processo.

Com efeito, e como já é notório no âmbito do estudo do Direito Administrativo, é muito natural a consciência de que não há como falar em neste ramo do direito sem que seja pensado num conjunto de regras e princípios que esteja intima e sistematicamente ligado a ele. E conforme afirma Celso Antônio Bandeira de Mello[12], esses princípios devem guardar peculiaridades com o Direito Administrativo e ter entre si "uma relação lógica de coerência e unidade compondo um sistema ou regime: o regime jurídico-administrativo", o qual representa, em sua essência, a base de todo o Direito Administrativo.

Esse regime jurídico especial, naturalmente, traz elementos norteadores fundamentais para a existência do sistema administrativista, valendo destaque aos princípios da supremacia do interesse público sobre o privado e a indisponibilidade, pela Administração Pública, dos interesses públicos.

O princípio da supremacia do interesse público sobre o privado, reconhecidamente um preceito clássico no Direito Administrativo, é, na verdade, norteador do Direito Público em geral,[13] e determina a superioridade do interesse geral sobre o particular, demonstrando-se, nas palavras de Celso Antônio Bandeira de Mello, como condição "da sobrevivência e asseguramento deste último".[14]

No que tange ao princípio da indisponibilidade dos bens e interesses públicos pela Administração, é de se compreender que os bens e interesses públicos não pertencem à Administração e muito menos aos seus agentes, uma vez que cabe a eles apenas o papel de geri-los e conservá-los. Nos termos usados por Odete Medauar,[15] "segundo tal princípio, é vedado à autoridade administrativa deixar de tomar providências ou retardar providências que são relevantes ao atendimento do interesse público, em virtude de qualquer outro motivo".

Por outro lado, especialmente diante da ideia de vinculação dos agentes estatais ao Direito, a análise da legalidade administrativa e da conceituação de interesse público é também fundamental.

Assim, o princípio da legalidade administrativa encontra-se positivado no art. 37, *caput* do texto constitucional, onde é expressamente previsto que a administração pública deverá obedecer, entre outros, ao princípio de legalidade, o qual, conforme ensina Hely Lopes Meirelles,[16] "significa que o administrador público está, em toda a sua atividade funcional, sujeito a mandamentos da lei e às exigências do bem comum, e deles não se pode afastar ou desviar, sob pena de praticar ato inválido e expor-se a responsabilidade".

---

[12] MELLO, Celso Antônio Bandeira de. *Curso de Direito Administrativo*. 30. ed. São Paulo: Malheiros, 2013, p. 53.

[13] MENEZES, Felipe Barbosa de. *Remessa necessária e Fazenda Pública*: compatibilização do instituto ao controle de juridicidade exercido pela Advocacia Pública. v. 1. Belo Horizonte: Editora Dialética, 2020. p. 58.

[14] Na transcrição literal das palavras do eminente autor: "Significa que o Poder Público se encontra em situação de autoridade, de comando, relativamente aos particulares, como indispensável condição para gerir os interesses públicos postos em confronto. Compreende, em face da sua desigualdade, a possibilidade, em favor da Administração, de constituir os privados em obrigações por meio de ato unilateral daquela. Implica, outrossim, muitas vezes, o direito de modificar, também unilateralmente', relações já estabelecidas" (MELLO, Celso Antônio Bandeira de. *Curso de Direito Administrativo*. Op. cit., p. 70-71).

[15] MEDAUAR, Odete. *Direito Administrativo Moderno*. 16. ed. rev. e atual. São Paulo: Revista dos Tribunais, 2012, p. 142.

[16] MEIRELLES. Hely Lopes. *Direito administrativo brasileiro*. 25. ed. São Paulo: Malheiros, 2000, p. 82.

Com é possível observar, não restam dúvidas que todos os agentes públicos se vinculam à legalidade e não estão autorizados, portanto, a atuarem contra disposição de lei ou de forma em que a ela não permita. Pela lógica do princípio da legalidade administrativa, não existe liberdade nem vontade pessoal na Administração Pública, de modo que, enquanto para o particular é perfeitamente lícito fazer tudo que a lei não proíbe, para o Poder Público, só lhe é permitido fazer o que a lei autoriza.[17]

E, aqui, vale registrar que não há motivo para que se estabeleça qualquer diferenciação entre legalidade e juridicidade como princípios jurídicos.[18] Segundo Cláudio Madureira,[19] a "investigação acerca da hipotética separação entre a legalidade e a juridicidade conduz, por imperativo lógico, à indagação sobre se é possível, entre nós, a aplicação das leis sem necessária referência do intérprete (aplicador) às normas e princípios" integrantes da Constituição.[20] Assim, deve-se empregar a juridicidade "como legalidade em um sentido mais amplo", de modo a vincular a Administração Pública e seus servidores "não apenas à lei em sentido formal, mas ao próprio direito quando considerado em sua integralidade", ou seja, também aos enunciados prescritivos que fazem parte do texto da Constituição Federal. Quando a Carta Constitucional faz menção à *legalidade*, portanto, deve-se considerar *juridicidade*.

Por oportuno, há também outro importante conceito que entendemos como de imprescindível compreensão: o de interesse público. A importância se dá especialmente para se explicar o fenômeno da disposição em juízo sobre direitos e interesses transitoriamente defendidos pela Administração Pública em contrariedade ao Direito, a fim de levar à contenção do litígio fazendário e à desjudicialização e, por fim, contribuir para a promoção do acesso à justiça e da duração razoável e efetividade do processo.

Entretanto, é de se considerar que seu conceito, realmente, é "uma das noções mais caras ao Direito Público", representando um conceito jurídico indeterminado[21] "e, como tal, vago e impreciso, podendo ser utilizado, portanto, nas mais diversas situações e para os mais diversos fins, donde resulta sua forte conotação ideológica".[22]

---

[17] MEIRELLES. Hely Lopes. *Direito administrativo brasileiro*. Op. cit., p. 82

[18] Madureira (*Advocacia Pública*. Op. cit., p. 36) faz referência a autores como Maria Sylvia Zanella Di Pietro e Romeu Felipe Bacellar Filho que se posicionam em favor da acepção mais restritiva de legalidade, ou seja, de legalidade como vinculação apenas às leis em sentido formal. Este último autor sustenta que a adoção do sentido mais restrito é exigência da própria Constituição Federal, aduzindo que "se o princípio da legalidade pretendesse abarcar a própria vinculação constitucional da atividade administrativa seria inútil e totalmente despida de sentido a afirmação dos outros princípios constitucionais da Administração Pública", fazendo ainda o conceito amplo "confundir legalidade e constitucionalidade" (BACELLAR FILHO, Romeu Felipe. A noção jurídica de interesse público no direito administrativo brasileiro. *In*: BACELLAR FILHO, Romeu Felipe; HACHEM, Daniel Wunder (Coord.). *Direito Administrativo e interesse público*: estudos em homenagem ao Professor Celso Antônio Bandeira de Mello. Belo Horizonte: Fórum, 2010, p. 99). Segundo o referido jurista, portanto, a atividade administrativa pressupõe a observância dos dois princípios separadamente, o da legalidade (observância da lei formal) e da juridicidade (obediência aos mandamentos do ordenamento jurídico como um todo, inclusive das normas constitucionais).

[19] MADUREIRA, Claudio Penedo. *Advocacia Pública*. Op. cit., p. 36.

[20] MADUREIRA, Claudio Penedo. *Advocacia Pública*. Op. cit., p. 37.

[21] Marçal Justen Filho diz que essa indeterminação no conceito de interesse público "dá margem ao risco de sua aplicação desnaturada" (JUSTEN FILHO, Marçal. Conceito de interesse público e a "personalização" do Direito Administrativo. *Revista Trimestral de Direito Público* São Paulo, n. 26, p. 115-136, 1999, p. 116)

[22] MESSIAS, Francisco das Chagas Gil. Interesse público e interesse estatal. *Boletim de Direito Administrativo*. São Paulo, v. 20, n. 12, p. 1412-1416, dez. 2004, p. 1.412.

De qualquer maneira, abordaremos o conceito que, no nosso entendimento, melhor se adéqua à temática em tela, especialmente considerando a postura do Poder Público em respeito à ordem jurídica.

Com efeito, sem a pretensão de visitar todos os posicionamentos sobre o tema, a doutrina sempre buscou conceituar o termo "interesse público", sendo esse associado a "'bem de toda a coletividade', à percepção geral das exigências da vida na sociedade"[23] e às "aspirações ou vantagens licitamente almejadas por toda a comunidade administrada, ou por parte expressiva de seus membros".[24] Ainda existe a tradicional classificação de interesse público *primário* e *secundário*, sendo o primário referente aos interesses de toda a sociedade, ou seja, "a razão de ser do Estado e sintetiza-se nos fins que cabe a ele promover: justiça, segurança e bem-estar social", e, o secundário, aquele da pessoa jurídica de direito público, podendo "ser identificado como interesse do erário, que é o de maximizar a arrecadação e minimizar as despesas".[25] Nesta perspectiva, percebe-se claramente que apenas os interesses primários são interesses públicos, que não se confundem com os chamados secundários.

Adotadas tais premissas, Celso Antônio Bandeira de Mello[26] ensina que o interesse público (conforme colocado, o primário), na realidade, consiste justamente naquele que a lei prevê como sendo o interesse da coletividade, ou seja, manifesta-se na "observância da ordem jurídica estabelecida a título de bem curar o interesse de todos".

Cláudio Madureira,[27] interpretando essa conceituação,[28] pressupõe o interesse público como sendo a "correta aplicação do direito", funcionando como "limitador da intervenção estatal na esfera das disponibilidades jurídicas do cidadão, de modo a que essa intervenção se opere apenas nas hipóteses taxativamente admitidas pelo ordenamento jurídico-positivo". Nas palavras do referido autor, "a realização do interesse público deve guardar irrestrita compatibilidade com o direito, adequando-se, assim, aos ditames da legalidade administrativa"[29] e adotando, então, "a conotação que o direito lhe atribuir".[30]

Com efeito, o conceito de "interesse público" que melhor se adéqua ao exercício da função administrativa, é o de ser "a correta aplicação do direito", a fim respeitar o interesse de todos, como concluído pelos juristas referenciados.

Assim, será o Direito que vai determinar a atuação do Estado em respeito ao interesse público, de modo que se a lei ou a Constituição (ordem jurídica), num determinado caso concreto, prescreve uma determinada postura por parte da Administração Pública, ou uma solução que deva ser por ela encampada, e essa não age em conformidade com a norma, é questão de interesse público que seja o ato desfeito pela própria

---

[23] MEDAUAR, Odete. *Direito Administrativo Moderno. op. cit.*, p. 142.

[24] MEIRELLES. Hely Lopes. *Direito administrativo brasileiro. op. cit.*, p. 81.

[25] BARROSO, Luís Roberto. Prefácio. *In*: SARMENTO, Daniel (org.). *Interesses públicos versus interesses privados*: desconstruindo o princípio da supremacia do interesse público. Rio de Janeiro: Lumen Juris, 2005, p. xiii.

[26] MELLO, Celso Antônio Bandeira de. *Curso de Direito Administrativo*. Op. cit., p. 73.

[27] MADUREIRA, Claudio Penedo. *Advocacia Pública*. Op. cit., p. 57.

[28] A propósito, conferir também MADUREIRA, Claudio Penedo. A advocacia pública estadual e sua unidade orgânica. *Revista da Procuradoria Geral do Estado do Espírito Santo*, v. 13, n. 13, p. 183-225, jan./jun. 2014a, p. 213).

[29] MADUREIRA, Claudio Penedo. *Advocacia Pública*. Op. cit., p. 41.

[30] Conforme observa o próprio Bandeira de Mello, justamente por se tratar de um conceito jurídico, "é óbvio que a concreta individualização dos *diversos interesses qualificáveis como públicos* só pode ser encontrada no próprio Direito Positivo" (MELLO, Celso Antônio Bandeira de. *Curso de Direito Administrativo*. Op. cit., p. 68).

Administração, ainda que exista algum interesse seu transitório (e, no caso, secundário) em jogo.

É neste contexto que reside um ponto de suma relevância para a carreira da Advocacia Pública, especialmente no que tange a sua contribuição para a promoção do direito fundamental ao acesso à justiça, à duração razoável do processo e a sua efetividade: os agentes estatais, com destaque para a atuação da Advocacia Pública, devem sempre buscar a realização do interesse público primário, aplicando corretamente o direito a fim de "assegurar aos administrados a integral fruição dos direitos subjetivos que lhes são assegurados pelo ordenamento jurídico-positivo", mesmo que dessa postura puder resultar "contrariedade a interesses transitoriamente defendidos pelo Poder Público, comumente designados como interesses secundários",[31] o que acontece muito no campo processual, quando o Estado defende esses interesses em juízo.

Partindo para esse ponto, é cediço que a Constituição Federal de 1988 conferiu aos advogados públicos as atividades típicas de consultoria jurídica e de contencioso judicial, conforme se pode extrair dos artigos 131[32] e 132[33] que, respectivamente, adjudicam tais funções às advocacias públicas federal e estaduais. Cabe registrar, claro, que, não obstante à omissão expressa na Constituição acerca da consultoria jurídica e contencioso judicial no âmbito dos municípios, certo é que essas atividades típicas também foram conferidas à Advocacia Pública Municipal, já que se trata de funções que, por imperativo constitucional, devem ser exercidos por procuradores efetivos, a fim de realizarem o controle interno de juridicidade do agir administrativo no âmbito da municipalidade.[34] Aliás, é como já foi reconhecido pelo Supremo Tribunal Federal em sede de repercussão geral.[35]

A atividade consultiva, então, exercida cotidianamente no âmbito administrativo do ente público, é destinada à "orientação dos agentes estatais sobre como deve se dar a aplicação do direito",[36] sendo onde reside, nas palavras de Luciane Moessa de Souza[37] "a mais relevante das funções da advocacia pública", já que se apresenta como uma forma de "prevenção de conflitos jurídicos envolvendo o Poder Público", de modo a "evitar as situações de cometimento de ilícito pelo Estado, as quais poderiam resultar em litígios

---

[31] MADUREIRA, Claudio Penedo. *Advocacia Pública*. Op. cit., p. 39.

[32] "Art. 131. A Advocacia-Geral da União é a instituição que, diretamente ou através de órgão vinculado, representa a União, judicial e extrajudicialmente, cabendo-lhe, nos termos da lei complementar que dispuser sobre sua organização e funcionamento, as atividades de consultoria e assessoramento jurídico do Poder Executivo"

[33] "Art. 132. Os Procuradores dos Estados e do Distrito Federal, organizados em carreira, na qual o ingresso dependerá de concurso público de provas e títulos, com a participação da Ordem dos Advogados do Brasil em todas as suas fases, exercerão a representação judicial e a consultoria jurídica das respectivas unidades federadas"

[34] MADUREIRA, Claudio Penedo. *A advocacia pública estadual e sua unidade orgânica*. Op. cit., p. 183-225.

[35] Anotação Vinculada – art. 132 da Constituição Federal – "A expressão 'Procuradores', contida na parte final do inciso XI do art. 37 da Constituição da República, compreende os Procuradores Municipais, uma vez que estes se inserem nas funções essenciais à Justiça, estando, portanto, submetidos ao teto de noventa inteiros e vinte e cinco centésimos por cento do subsídio mensal, em espécie, dos Ministros do Supremo Tribunal Federal" (RE 663.696, rel. min. Luiz Fux, j. 28.2.2019, P, DJE de 22.8.2019, Tema 510).

[36] MADUREIRA, Claudio Penedo. *Advocacia Pública*. op. cit., p. 95.

[37] SOUZA, Luciane Moessa de. Consultoria jurídica no exercício da advocacia pública: a prevenção como melhor instrumento para a concretização dos objetivos do Estado brasileiro. *In*: GUEDES, Jefferson Carús; SOUZA, Luciane Moessa de (Coord.). *Advocacia de Estado*: questões institucionais para a construção de um Estado de Justiça: estudos em homenagem a Diogo de Figueiredo Moreira Neto e José Antônio Dias Toffoli. Belo Horizonte: Fórum, 2009, p. 166.

administrativos e judiciais. Por meio desta primeira função típica,[38] inclusive, é que a Advocacia Pública atua emitindo pareceres e demais manifestações internas a fim de, nos termos da norma aplicável, formar as súmulas e enunciados administrativos, com o objetivo de uniformizar o posicionamento do Ente Público sobre determinada questão, a fim de influenciar, também, na atuação contenciosa do Estado.[39]

A função de contencioso judicial, por sua vez, representa a atividade em que "os advogados públicos atuam como partícipes da atividade cognitiva desenvolvida pela comunidade de intérpretes no campo da aplicação do direito", participando do convencimento do Poder Judiciário de que algumas posturas defendidas pelo Ente Público encontram amparo no ordenamento jurídico.[40] Esta função, enfim, se caracteriza pela atuação do Estado em juízo.

Por outro lado, existe ainda no âmbito de atuação da Advocacia Pública, uma terceira função típica, qual seja, o controle interno da juridicidade[41] dos atos da Administração, que é exercido privativamente[42] pelos advogados públicos que, na sua atividade, buscam controlar a correta aplicação do direito pela Administração Pública. Já que, nos termos do art. 70 da Constituição da República, o controle interno pode ser exercido por diversos profissionais em suas respectivas áreas (economia, contabilidade, meio ambiente, finanças etc.), é atribuído à Advocacia Pública apenas o controle do conteúdo jurídico das condutas administrativas adotadas do Estado.[43]

Mas um ponto interessante a ser considerado é que o controle interno da juridicidade do agir administrativo é realizado, em concreto, justamente por ocasião do exercício das atividades consultiva e contenciosa pelos advogados públicos. A representação judicial, a consultoria e o assessoramento são reforçados com a função de controle interno de juridicidade, "que irrompe como consequência natural das três primeiras, por ser desempenhada no exercício daquelas".[44]

Desse modo, o Procurador Municipal, por exemplo, quando atua na consultoria jurídica do Município, naturalmente controla a aplicação do direito pela Administração Municipal, conduzindo-a a postura administrava mais adequada ao caso concreto,

---

[38] E naturalmente exercendo um controle interno de juridicidade do agir administrativo, conforme será visto na sequência.

[39] MENEZES, Felipe Barbosa de. *Remessa necessária e Fazenda Pública:* compatibilização do instituto ao controle de juridicidade exercido pela Advocacia Pública. Op. cit., p. 69.

[40] MADUREIRA, Claudio Penedo. *Advocacia Pública.* Op. cit., p. 101.

[41] Claudio Madureira chama de "controle da juridicidade do agir administrativo" (MADUREIRA, Claudio Penedo. *Advocacia Pública.* Op. cit., p. 38), valendo registrar novamente que quando se trata de controle da legalidade administrativa deve-se considerar o emprego da "juridicidade" (como legalidade em um sentido mais amplo), de modo a vincular o Poder Público não apenas à lei em sentido formal, mas ao próprio direito em sua integralidade (também normas constitucionais).

[42] Acerca da privatividade da função de controle interno de juridicidade pela Advocacia Pública, consultar também artigo publicado por Carlos Figueiredo Mourão (MOURÃO, Carlos Figueiredo. A advocacia pública como instituição de controle interno da Administração. *In:* GUEDES, Jefferson Carús; SOUZA, Luciane Moessa de (Coord.). *Advocacia de Estado:* questões institucionais para a construção de um Estado de Justiça: estudos em homenagem a Diogo de Figueiredo Moreira Neto e José Antônio Dias Toffoli. Belo Horizonte: Fórum, 2009, p. 133).

[43] MADUREIRA, Claudio Penedo. *Advocacia Pública.* Op. cit., p. 103.

[44] GRANDE JUNIOR, Cláudio. Advocacia pública: estudo classificatório de direito comparado. *In:* GUEDES, Jefferson Carús; SOUZA, Luciane Moessa de (Coord.). *Advocacia de Estado:* questões institucionais para a construção de um Estado de Justiça: estudos em homenagem a Diogo de Figueiredo Moreira Neto e José Antônio Dias Toffoli. Belo Horizonte: Fórum, 2009, p. 64.

dentro das exigências do interesse público (observância na ordem jurídica). Da mesma maneira, na prática, o controle da juridicidade se dará também quando o este Procurador atua no contencioso judicial do município, onde ele deverá estudar e avaliar qual será a condução mais adequada do processo conforme o direito determina, seja no sentido contestar ou recorrer, pugnando pela proteção do ato impugnado em juízo, seja para reconhecer a falta de juridicidade do ato da administração pública e dispor do interesse defendido, posto que contrário ao direito.

Portanto, no exercício da atividade de controle interno de juridicidade, o advogado público deve atuar em consonância com o interesse público, para esse efeito compreendido como a correta aplicação do Direito (os agentes estatais são estritamente vinculados à legalidade administrativa e não podem se opor à adequada observância da ordem jurídica).

Com maior razão ainda, quando esse controle é realizado no âmbito da atividade de contencioso judicial, é possível que o Procurador Municipal, por exemplo, disponha de interesses transitoriamente defendidos em juízo, em uma lide concreta em que esteja representando o município, que se revelem contrários ao Direito. Neste contexto, percebendo o Procurador Municipal que o ato impugnado foi praticado em desrespeito ao direito pátrio, cumpre a este profissional utilizar as ferramentas jurídicas à sua disposição para reverter essa situação, que se revela antijurídica, "deixando de apresentar defesa e recursos, bem como procurando promover a conciliação no processo".[45] [46]

E, no viés da atuação da Fazenda Pública em Juízo, a disposição, pelos procuradores, sobre interesses e direitos transitoriamente defendidos pelo Poder Público, mas contrários ao direito, independe de expressa autorização legislativa[47] e "é pressuposto necessário ao atendimento não apenas do princípio da legalidade, mas também do princípio da supremacia do interesse público sobre o privado", bem como, ainda segundo Cláudio Madureira,[48] "do próprio princípio da indisponibilidade do interesse público":

> a incidência do princípio da indisponibilidade do interesse público, longe de constituir impedimento jurídico a que os procuradores disponham, em juízo, sobre direitos e inte-resses transitoriamente defendidos pelo Poder Público, mas contrários ao direito pátrio, torna impositivo o ato de disposição. Em primeiro lugar porque esses interesses transi-tórios, na medida em que se demonstram contrários ao direito, não correspondem ao

---

[45] MADUREIRA, Claudio Penedo. *Advocacia Pública*. Op. cit., p. 312.

[46] Cláudio Madureira critica a consolidação, no âmbito da Advocacia Pública, do que chama de "inconsciente coletivo", que corresponde a suposição de "que os advogados públicos devem posicionar-se contrariamente às suas convicções jurídicas, contestando o incontestável, ou sustentando o insustentável", tendo em vista a sua atuação inteiramente vinculada à vontade administrativa, "o que os obrigaria defender, incondicionalmente, todo e qualquer interesse manifestado pelo poder público ou, em última instância, pelos governantes e pelos demais agentes da Administração" (MADUREIRA, Claudio Penedo. A advocacia pública e o controle de juridicidade do agir administrativo. *Revista da Procuradoria Geral do Estado do Espírito Santo*, v. 14, n. 14, p. 41-66, 1º/2º sem. 2015, p. 62-63).

[47] Segundo observação feita por Jefferson Guedes, na prática, a disposição sobre interesses deduzidos em Juízo pela Fazenda Pública ainda é embaraçada em razão do "baixo nível de regulamentação disponível e pelo isolamento do profissional encarregado do ato, que muitas vezes é somente o advogado público que atua no processo naquele momento" (GUEDES, Jefferson Carús. Transigibilidade de interesses públicos: prevenção e abreviação de demandas da Fazenda Pública. *In*: GUEDES, Jefferson Carús; SOUZA, Luciane Moessa de (Coord.). *Advocacia de Estado*: questões institucionais para a construção de um Estado de Justiça: estudos em homenagem a Diogo de Figueiredo Moreira Neto e José Antônio Dias Toffoli. Belo Horizonte: Fórum, 2009, p. 252).

[48] MADUREIRA, Claudio Penedo. *Advocacia Pública. op. cit.*, p. 314.

interesse público, e por isso não são interesses indisponíveis. Em segundo lugar, porque se a equívoca aplicação do direito pela Administração induz, na face oposta, negativa a direitos subjetivos assegurados pelo ordenamento, que resultam da observância da ordem jurídica estabelecida, o interesse público residirá justamente na disponibilidade desses interesses transitórios.

E, não se tratando de faculdade, mas de conduta obrigatória,[49] os procuradores atuantes no contencioso não podem se negar ao dever de "corrigir equívocos na aplicação do direito" pelo Ente Público, sendo que a função típica de controle de juridicidade e a adoção dos meios jurídicos para tanto "impõe-se por uma *questão de legalidade,* por uma *questão de moralidade* e por uma *questão de eficiência*".[50]

Pelo exposto, tendo em vista a incidência dos princípios administrativos da legalidade, moralidade e eficiência, de ordem constitucional, bem como dos princípios implícitos da supremacia do interesse público sobre o privado e da indisponibilidade do interesse público, é possível a conclusão de que a Advocacia Pública detém o poder-dever de, sempre que verificado que ato impugnado vai de encontro ao interesse da sociedade na observância da ordem jurídica posta, dispor sobre os interesses deduzidos em juízo pelo Poder Público, independentemente da existência autorização normativa neste sentido.

3 A Advocacia Pública Municipal como importante ferramenta para a desjudicialização e para a efetivação dos direitos fundamentais à razoável duração do processo e ao acesso à justiça

O preceito do acesso à justiça é um direito constitucionalmente previsto, mais precisamente no art. 5º, inciso XXXV, da Constituição Federal, o qual veda à lei excluir da apreciação do Poder Judiciário qualquer lesão ou ameaça a direito. Tal direito garante a possibilidade de acesso ao Poder Judiciário e à Justiça.

Mauro Cappelleti e Bryant Garth,[51] analisando a aplicação do referido direito, explicam que:

A expressão "acesso à Justiça" [...] serve para determinar duas finalidades básicas do sistema jurídico – o sistema pelo qual as pessoas podem reivindicar seus direitos e/ou resolver seus litígios sob os auspícios do Estado. Primeiro, o sistema deve ser igualmente acessível a todos; segundo, ele deve produzir resultados que sejam individual e socialmente justos.

---

[49] BEZNOS, Clovis. Procuradoria Geral do Estado e defesa dos interesses públicos. *Revista de Direito Público,* São Paulo, a. 23, n. 93, p. 137-141, jan./mar. 1990, p. 138.

[50] Segundo Madureira, trata-se de uma questão de legalidade em razão do fato de que se o direito autoriza a sua implementação, os agentes estatais não podem se furtar em fazê-lo e uma questão de moralidade porque se o agente público está ciente e convicto de que a conduta do Poder Público está equivocada e contrária ao direito, ele não pode persistir com o ato, mesmo que a pretexto de interesses particulares da Administração, sob risco de ofender o princípio da moralidade administrativa. A eficiência, por sua vez, é claramente evidenciada, visto que "uma opção administrativa por litigar, quando se sabe, de antemão, que vai perder, não traduz, por óbvio, o melhor resultado da prestação" do serviço público (MADUREIRA, Claudio Penedo. *Advocacia Pública.* Op. cit., p. 331-332).

[51] CAPPELLETTI, Mauro; GARTH, Bryant. *Acesso* à *justiça.* Porto Alegre: Fabris, 1998, p. 08.

Evidente importância é atribuída ao acesso à justiça no ordenamento jurídico pátrio, bem como em instrumentos normativos internacionais, tendo em vista a previsão expressa no art. 5º, inciso LXXIV, da Constituição Federal, que busca promover a ampliação do referido direito, determinando que "o Estado prestará assistência jurídica integral e gratuita aos que comprovarem insuficiência de recursos". Da mesma forma, destaca-se da Declaração Universal dos Direitos do Homem,[52] a disposição no sentido de que "todo homem tem direito a receber, dos tribunais nacionais competentes, remédio efetivo para os atos que violem os direitos fundamentais que lhe sejam reconhecidos pela constituição ou pela lei".

Como forma de garantir a efetividade do acesso à justiça, Waldo Wanderley[53] explica que esta não é limitada ao ingresso no Judiciário, para que esse Poder entregue a tutela ao interessado, mas também engloba a justa resolução do conflito fora do Judiciário:

> Ao se referir ao movimento universal de acesso à Justiça, é de se observar que "acesso à Justiça" tem significado peculiar e abrangente. Não se limita à simples entrada, nos protocolos do judiciário, de petições e documentos, mas compreende a efetiva e justa composição dos conflitos de interesses, seja pelo judiciário, seja por forma alternativa, como são as opções pacíficas: a mediação, a conciliação e a arbitragem.

O acesso à justiça, portanto, também se representa na ideia de que o Poder Público deve não apenas viabilizar a "entrada" ao Judiciário, mas também "saída" da jurisdição, tendo em vista toda a problemática exposta acerca da litigiosidade no país e todas as dificuldades de se obter tutela jurisdicional em tempo razoável.

Neste contexto, o fenômeno que chamamos de desjudicialização se apresenta como forma de extensão do acesso à justiça, se demonstrando como mais uma ferramenta de efetivação do direito do jurisdicionado. De fato, como explica Flávia Zanferdini, deve ser este o objetivo que se almeja ao ingressar junto ao sistema jurídico, que precisa produzir "resultados individuais e socialmente justos, ou seja, a solução de litígios deve ser proporcionada por métodos com qualidade, tempestivos e efetivos, buscando-se sempre a pacificação social".[54]

Nas palavras de Adelson Luiz Correia,[55]

> A desjudicialização permite a atuação de novos agentes, órgãos e instâncias na consecução da efetivação da justiça, bem como autoriza a utilização de outros instrumentos na realização do direito. Com esse viés pluralista e democrático, mais adequado às necessidades da sociedade contemporânea, vislumbra-se um novo modelo de jurisdição, não mais concentrada no Poder Judiciário, mas compartilhada com outros atores do cenário jurídico – a partir da releitura e atualização do conceito de acesso à justiça.

---

[52] Assembleia Geral da ONU. *"Declaração Universal dos Direitos Humanos"*. "Nações Unidas", 217 (III) A, 1948, Paris. Disponível em: https://www.unicef.org/brazil/declaracao-universal-dos-direitos-humanos. Acesso em: 30 jan. 2023.

[53] WANDERLEY, WALDO. *Curso de mediação e arbitragem*. Brasília. MSD, 2004, p.16-17.

[54] ZANFERDINI, Flávia de Almeida Montingelli. Desjudicializar conflitos: uma necessária releitura do acesso à justiça. *Novos Estudos Jurídicos*, Itajaí, v. 17, n. 2, p. 237-253, mai./ago. 2012, p. 245.

[55] CORREIA, Adelson Luiz. Desjudicialização como política pública de acesso à justiça. *In*: GEVEHR, Daniel Luciano THAINES, Aleteia Hummes (Orgs.). *Direitos humanos na contemporaneidade*: problemas e experiências de pesquisa. Guarujá: Científica, 2021, p. 26

Representa a desjudicialização, portanto, um "alívio" ao Judiciário, em contraponto à progressão da litigiosidade das relações sociais, em especial das fazendárias, se mostrando essencial em razão do aumento da inacessibilidade e da morosidade, sendo uma ferramenta chave para assegurar a razoável duração do processo, expressamente prevista pelo art. 5º, inciso LXXVII, CRFB/88.

Em razão da crescente insuficiência do sistema judiciário, o conceito de jurisdição deve ser ampliado para que se possa atender às demandas dos jurisdicionados, a fim de que seus direitos obtenham a efetiva tutela, conforme explica Rodolfo de Camargo Mancuso:[56]

> O sentido contemporâneo de jurisdição já se desligou da acepção meramente semântica de "declarar o direito", seja porque tal função não é mais exclusiva dos órgãos jurisdicionais, mas consente o concurso de outros agentes, órgãos e instâncias, seja porque o simples dizer o direito é muito pouco para que se tenha por atendido o poder-dever de composição justa, efetiva, tempestiva e duradoura do conflito, a que faz jus aquele cuja situação é tutelada pela ordem normativa ou ao menos é com ela compatível.

Assim, a procura de maior eficiência do acesso à justiça, conjuntamente a uma consumação justa e eficiente do direito, a desjudicialização se apresenta como instrumento de ampliação da tutela jurisdicional. Conclui, neste sentido, Norma Jeane Fontenelle Marques,[57] ao explicar que a desjudicialização representa um progresso na resolução de conflitos, liberando o Judiciário "para cumprir adequadamente o seu mister, nas demandas que forem levadas à sua apreciação, além de se traduzir em uma nova forma de acesso à Justiça".

No mesmo sentido, explicam Mauro Cappelletti e Bryant Garth[58] que a "preocupação fundamental é, cada vez mais, com a 'justiça social', isto é, com a busca de procedimentos que sejam conducentes à proteção dos direitos das pessoas", demonstrando, portanto, que a desjudicialização se apresenta como uma forma de promover a eficiência do sistema judiciário e a própria justiça social.

Quanto à razoabilidade da duração do processo, destaca-se o Artigo 8.1 da Convenção Americana sobre Direitos Humanos (Pacto de São José da Costa Rica), promulgada pelo Decreto 678/1992:[59]

> Toda pessoa tem direito a ser ouvida com as garantias e dentro de um prazo razoável por um juiz ou tribunal competente, independente e imparcial, instituído por lei anterior, na apuração de qualquer acusação penal formulada contra ela, ou na determinação de seus direitos e obrigações de caráter civil, trabalhista, fiscal ou de qualquer outra natureza.

---

[56] MANCUSO, Rodolfo de Camargo. *A resolução dos conflitos e a função judicial no contemporâneo Estado de Direito.* 2. ed., rev., atual. e ampl. São Paulo: Revista dos Tribunais, 2014, p. 60.

[57] MARQUES, Norma Jeane Fontenelle. A desjudicialização como forma de acesso à justiça. *Conteúdo Jurídico*, Brasília (DF), 29 jul. 2014. Artigos. Disponível em: https://www.conteudojuridico.com.br/consulta/Artigos/40301/a-desjudicializacao-como-forma-de-acesso-a-justica. Acesso em: 14 jun. 2022.

[58] CAPPELLETTI, Mauro; GARTH, Bryant. *Acesso à justiça. op. cit.*, p. 93.

[59] BRASIL. *Decreto nº 678, de 6 de novembro de 1992.* Promulga a Convenção Americana sobre Direitos Humanos (Pacto de São José da Costa Rica), de 22 de novembro de 1969. Brasília, DF: Presidência da República. Disponível em: http://www.planalto.gov.br/ccivil_03/decreto/d0678.htm. Acesso em: 15 jun. 2022.

Da mesma forma, no rol constitucional dos direitos e garantias fundamentais, especificamente no art. 5º, inciso LXXVIII da CF, há expressa previsão de que "a todos, no âmbito judicial e administrativo, são assegurados a razoável duração do processo e os meios que garantam a celeridade de sua tramitação".

Feitas estas considerações sobre o direito fundamental à razoável duração do processo e ao acesso à justiça, bem como em relação ao fenômeno da desjudicialização, é possível chegar à invariável conclusão de que a Advocacia Pública Municipal tem um notável papel para a concretização desses direitos fundamentais relacionados ao processo, especialmente diante da contribuição para a contenção da litigiosidade fazendária.

Assim, conforme foi analisado, a falsa percepção de que a resistência processual incondicional atente ao interesse público não pode ser absorvida inconscientemente, pelo Advogado Público,[60] sendo certo que, com a mudança desta postura, os Entes Públicos estariam contribuindo consideravelmente para a diminuição da morosidade do Poder Judiciário e "para despertar uma maior confiabilidade nas instituições oficiais".[61]

Oportunamente, Celso Antônio Bandeira de Mello[62] ensina que, não obstante seja usual "a resistência administrativa em cumprir suas obrigações quando o fazê-lo implica reconhecer a injuridicidade prévia de sua conduta, essa sua resistência não é procedimento juridicamente plausível". O Advogado Público, portanto, se "não acreditar na juridicidade de sua tese defensiva, ela não deve litigar, deve corrigir a ilicitude administrativa".[63]

Neste campo, a Advocacia Pública pode contribuir decisivamente para a redução dos níveis de litigiosidade que chegam ao Judiciário,[64] valendo considerar que, no âmbito municipal, essa contribuição seria ainda mais notável, tendo em vista o alto índice de litigiosidade dos Municípios, em virtude da quantidade de entes federativos desta espécie no país.

Na prática, podemos considerar, sem a pretensão de esgotar os exemplos, alguns importantes mecanismos de atuação disponíveis aos advogados públicos municipais, a fim de que, no exercício do controle interno de juridicidade do agir administrativo, possam dispor de forma legítima de interesses transitoriamente defendidos no processo, mas reconhecidos como contrários ao Direito (caso em que o ato impugnado nega a fruição a direitos subjetivos reconhecidos pelo ordenamento).

---

[60] Claudio Madureira aduz que os procuradores devem ter ciência e consciência de que "exercem controle interno de juridicidade do agir administrativo, e de que por isso têm o dever jurídico de fazer prevalecer", na ocasião de sua atuação nos processos administrativos e judiciais (atividades consultiva e contenciosa), "uma correta aplicação do Direito" (MADUREIRA, Claudio Penedo. *A advocacia pública e o controle de juridicidade do agir administrativo*. Op. cit., p. 62-63).

[61] SOUZA, Luciane Moessa de. *Consultoria jurídica no exercício da advocacia pública: a prevenção como melhor instrumento para a concretização dos objetivos do Estado brasileiro*. op. cit., p. 167.

[62] MELLO. Celso Antônio Bandeira. Direito a férias anuais. *Revista de Direito Público*, São Paulo, a. 21, n. 85, p. 157-160, jan./mar. 1988, p. 160.

[63] MARTINS, Ricardo Marcondes. Mandado de segurança e controle judicial da função pública. *Revista de Processo*, São Paulo, a. 33, n. 163, set. 2008, p. 90.

[64] CASTRO, Aldemario Araújo. A advocacia pública como instrumento do Estado brasileiro no controle da juridicidade dos atos da administração pública. *Jus Navigandi*, Teresina, a. 12, n.1630, dez. 2007, p. 02. Disponível em: http://www.jus.com.br/artigos/10772. Acesso em: 15 jun. 2022.

Destacam-se, aqui: o pedido de dispensa da apresentação de defesa e autorização para reconhecimento da procedência do pedido às respectivas Procuradorias Municipais, nos termos do art. 487, III, a do Código de Processo Civil; o pedido de autorização para desistência de ações propostas e renúncia do direito em que se funda o litígio; a solicitação às respectivas Procuradorias dos Municípios de dispensa da apresentação de recursos e autorização para desistência de recursos *sub judice*,[65] a opção pela realização de conciliação no processo, por meio de pedido formalizado às suas respectivas Procuradorias.

Outro importante mecanismo (senão o de maior destaque) que dispõe a Advocacia Pública Municipal é a prévia criação de enunciados e súmulas administrativas de caráter vinculantes, com o objetivo de nortear o Ente Municipal no sentido de qual postura processual deva ser adotada em determinado caso concreto.

Com efeito, no contexto das funções consultiva e de controle interno de juridicidade, a Advocacia Pública, através de seus órgãos jurídicos, pode firmar orientação no âmbito da administração pública,[66] através de pareceres, manifestações, enunciados ou súmulas administrativas, com possibilidade de vincular os órgãos estatais e nortear a Administração rumo à correta aplicação do Direito.[67]

Na prática, a partir de um determinado tema relevante, com a necessidade de uniformização, emite-se parecer ou editam-se enunciados administrativos a fim de nortear a atuação da Administração Pública. As súmulas administrativas, no âmbito do município, por exemplo, possibilitam firmar entendimentos em relação a temas diversos sobre servidores públicos municipais (interpretação do estatuto da categoria), a respeito de serviços e bens públicos da municipalidade, sobre licitação e contratos administrativos, e a processos administrativos em geral, cuja relevância e repercussão seja evidente em relação a toda esfera administrativa do Ente Municipal. Por outro ângulo, notadamente, podem as súmulas também guiar a atuação do Município no contencioso judicial, abordando hipóteses de autorização para dispensa de interposição de recursos (vistos como desvantajosos ou inviáveis), tratando do reconhecimento de direitos pelo Ente Municipal e da celebração de acordos, dentre outras questões importantes para a contenção do litígio judicial e atenuação do prejuízo para a Administração.

Aliás, vale registrar, no próprio Código de Processo Civil há previsão expressa no art. 496, parágrafo 4º, inciso IV, de hipótese de dispensa da remessa necessária nos casos de sentença proferida com "entendimento coincidente com orientação vinculante firmada no âmbito administrativo do próprio ente público, consolidada em manifestação, parecer ou súmula administrativa". Referidas manifestações, evidentemente, são de atribuição da Advocacia Pública e a inovação legislativa contribui para a eficiência,

---

[65] Quando se verificar, em concreto, e após a apresentação de defesa (depois de passado o momento processual para a manifestação do reconhecimento do pedido, da desistência da ação e da renúncia ao direito) que "o pedido articulado pela parte adversária ou a sua resistência à pretensão do Poder Público encontra amparo no direito" (MADUREIRA, Claudio Penedo. *Advocacia Pública*. Op. cit., p. 324-325)

[66] A propósito, a respeito da previsão normativa sobre a produção de súmulas e enunciados administrativos no âmbito das Procuradorias Municipais ao redor do país, conferir: MENEZES, Felipe Barbosa de. *Remessa necessária e Fazenda Pública*: compatibilização do instituto ao controle de juridicidade exercido pela Advocacia Pública. Op. cit., 2020.

[67] Postura que vai em direção à ideia de interesse público que, conforme visto, na acepção de Celso Antônio Bandeira de Mello, possui o significado de "observância da ordem jurídica estabelecida a título de bem curar o interesse de todos" (MELLO, Celso Antônio Bandeira de. *Curso de Direito Administrativo*. Op. cit., p. 73).

pois incentiva a edição de súmulas administrativas e, por consequência, para a desjudicialização, se compatibilizando com a função típica de controle de juridicidade exercida pelos advogados públicos,[68] além refletir alguns importantes ideais confirmados pelo CPC, como os da boa-fé[69] ou probidade processual e cooperação e efetividade. Por fim, é claro, para viabilizar a aplicação do referido dispositivo legal, que limita o instituto da remessa necessária, é relevante registrar a necessidade de dar publicidade às orientações vinculantes, pareceres ou súmulas administrativas.[70] Neste sentido, o Enunciado nº 433 aprovado no Fórum Permanente de Processualistas Civis, em 2015, prevê que "cabe à Administração Pública dar publicidade às suas orientações vinculantes, preferencialmente pela rede mundial de computadores".

Por todo o exposto neste tópico, imperiosa a utilização, pelos membros da Advocacia Pública, dos mecanismos apontados, capazes de antecipar o desfecho dos litígios que envolvem a Fazenda Pública, quando esta verificar a ausência de juridicidade da posição da Administração e, com isso, a utilidade ao interesse público.

Por derradeiro, não restam dúvidas que a contenção de litígios fazendários e a desjudicialização são formas de promover direito fundamental à razoável duração do processo e combater a morosidade que assola o Poder Judiciário, o que definitivamente pode ser instrumentalizado com muita eficiência pelos membros da Advocacia Pública, que, no âmbito municipal, representam uma atuação de notável relevância, tendo em vista o quantitativo de demandas dos municípios brasileiros e as diversas temáticas especiais que envolvem a municipalidade.

Aliás, dar ao cidadão um resultado prático para sua demanda, quando o direito lhe assistir (interesse público determinar), deve ser considerado como uma das missões da Advocacia Pública, enxergando a desjudicialização como um valor institucional e fundamental da carreira, que realmente contribui para a efetivação do direito fundamental à razoável duração do processo e ao acesso à justiça.

4   Conclusões

Conforme foi analisado no presente estudo, como natural consequência de o Poder Público estar estritamente vinculado aos limites da lei e da Constituição, devem seus agentes, cotidianamente, aplicar o direito de forma correta, servindo ao interesse

---

[68]   MENEZES, Felipe Barbosa de. *Remessa necessária e Fazenda Pública*: compatibilização do instituto ao controle de juridicidade exercido pela Advocacia Pública. Op. cit., p. 174.

[69]   O princípio da boa-fé processual é expressamente previsto no CPC de 2015 nos seguintes dispositivos: "Art. 5º Aquele que de qualquer forma participa do processo deve comportar-se de acordo com a boa-fé"; "Art. 322. O pedido deve ser certo. (...) §2º A interpretação do pedido considerará o conjunto da postulação e observará o princípio da boa-fé"; "Art. 489. São elementos essenciais da sentença: (...) §3º A decisão judicial deve ser interpretada a partir da conjugação de todos os seus elementos e em conformidade com o princípio da boa-fé".

[70]   A publicidade deve ser realizada preferencialmente pela internet, já que se trata do veículo de comunicação atualmente mais difundido, podendo ainda haver a publicação dos enunciados através de Diário Oficial, edital ou, inclusive, ofício direto expedido pelo Ente Público aos Tribunais de Justiça e Tribunais Regionais Federais ou Tribunais Regionais do Trabalho, a fim de dar efetividade à ciência do Poder Judiciário em relação às orientações vinculantes firmadas no Poder Executivo, o que representa mais uma demonstração de cumprimento do princípio da boa-fé processual e cooperação no processo (MENEZES, Felipe Barbosa de. *Remessa necessária e Fazenda Pública*: Compatibilização do instituto ao controle de juridicidade exercido pela Advocacia Pública. Op. cit., p. 188).

público. No entanto, o Estado também erra, sendo notoriamente elevado o número de demandas judiciais que são ajuizadas em face do Poder Público (ou por ele), em virtude da função da Administração Pública não ser exercida de maneira satisfatória.

E considerando ser o Estado vinculado ao dever da oficialidade, a Fazenda Pública tem o dever de dar prosseguimento ao processo judicial, adotando todas as medidas processuais necessárias à proteção do patrimônio e do interesse público, o que também contribui para torná-la, além de um grande gerador de conflitos, um dos maiores litigantes do país (destacando-se, aqui, os municípios, tendo em vista o quantitativo das unidades federativas), remetendo à ideia de morosidade da justiça, provocada pela resistência processual excessiva.

Em contrapartida, foi analisado que, na esfera de atuação da Advocacia Pública, uma importante função típica se destaca, por ocasião do exercício das atividades contenciosa e consultiva: o controle interno da juridicidade dos atos da Administração, desempenhado de forma privativa pelos advogados públicos que, por meio dessa função, buscam controlar a correta aplicação do direito pela Administração Pública.

Assim, no âmbito do contencioso judicial do Município, esse controle da juridicidade se verifica quando o Procurador Municipal avalia qual será a condução mais adequada do processo conforme o determina direito (seja contestando ou recorrendo, em luta pela proteção do ato impugnado no processo, seja para reconhecer a falta de juridicidade do ato da administração pública e dispor do interesse defendido, se contrário ao direito).

Neste contexto, é possível que o Procurador do Município, a título de exemplo, disponha de interesses momentaneamente defendidos em uma lide em que esteja representando o município, que se revelem contrários ao Direito e, portanto, ao interesse público, conforme visto. Cabe a este causídico público, percebendo que o ato impugnado foi praticado em desrespeito ao direito, utilizar os mecanismos jurídicos à sua disposição para reverter essa circunstância antijurídica, deixando de apresentar defesa, recursos ou promover a conciliação no processo, com o objetivo de dar fim à demanda judicial.

E como foi visto, por ocasião da análise do valor da desjudicialização e do acesso à justiça para a sociedade, a garantia da efetividade do acesso à justiça não é limitada ao ingresso no Poder Judiciário, para que seja entregue a tutela, englobando também a justa resolução do conflito fora do judiciário. Esse direito também se manifesta na ideia de que o Poder Público deve não apenas viabilizar a "entrada" ao Judiciário, mas também a "saída".

Neste mesmo sentido, e tendo em vista a notória problemática relativa à litigiosidade no país, o fenômeno que chamamos de desjudicialização se apresenta como forma de extensão do acesso à justiça, se mostrando como um importante instrumento de efetivação do direito do jurisdicionado e um verdadeiro "alívio" ao Judiciário.

Nesta seara, a Advocacia Pública Municipal pode contribuir decisivamente para a redução da litigiosidade fazendária do país, sendo certo que, considerando o elevado quantitativo de ações judiciais que envolvem os diversos municípios brasileiros, essa contribuição é ainda mais notável.

Em termos práticos, destacaram-se algumas relevantes ferramentas de atuação disponíveis aos Procuradores Municipais, a fim de que, no exercício do controle interno de juridicidade dos atos administrativos da municipalidade, possam dispor de direitos e interesses que, discutidos no processo, sejam reconhecidos como contrários ao Direito.

Dentre outros, são usuais a formalização de pedido para a dispensa da apresentação de defesa e autorização para reconhecimento da procedência do pedido, a autorização para desistência de ações propostas e renúncia do direito em que se funda o litígio, bem como para dispensa da apresentação de recursos, além da realização de conciliação no processo. Por fim, como alternativa de notório destaque, a Advocacia Pública Municipal pode previamente criar de enunciados e súmulas administrativas de caráter vinculantes, com o objetivo de nortear o Ente Público no sentido de qual postura processual deva ser adotada em determinado caso concreto, visando a desjudicialização.

Aqui, por derradeiro, vale relembrar as palavras de Claudio Madureira,[71] no sentido de que "a falsa ideia de que a resistência processual incondicional atende ao interesse público não pode ser absorvida cegamente, ou inconscientemente, pela Advocacia Pública".

Portanto, a contenção de litígios fazendários e a desjudicialização são formas de promover direito fundamental à razoável duração do processo e combater a morosidade que assola o Poder Judiciário, o que definitivamente pode ser instrumentalizado com muita eficiência pelos membros da Advocacia Pública, que, no âmbito municipal, representam uma atuação de notável relevância, tendo em vista o quantitativo de demandas dos municípios brasileiros e as diversas temáticas especiais que envolvem o Direito Municipal.

Por fim, sem sombra de dúvidas, a postura de contenção do litígio fazendário e de promoção da desjudicialização, através da atuação da Advocacia Pública Municipal, além de ser vista como relevante para concretizar os direitos fundamentais à razoável duração do processo e ao acesso à justiça, precisa ser consolidada como um valor institucional e fundamental da referida carreira (uma verdadeira missão), o que invariavelmente despertará, cada vez mais, um maior grau de confiabilidade nas instituições oficiais.

Referências

BACELLAR FILHO, Romeu Felipe. A noção jurídica de interesse público no direito administrativo brasileiro. *In*: BACELLAR FILHO, Romeu Felipe; HACHEM, Daniel Wunder (Coord.). *Direito Administrativo e interesse público*: estudos em homenagem ao Professor Celso Antônio Bandeira de Mello. Belo Horizonte: Fórum, 2010.

BARROSO, Luís Roberto. Prefácio. *In*: SARMENTO, Daniel (Org.). *Interesses públicos versus interesses privados*: desconstruindo o princípio da supremacia do interesse público. Rio de Janeiro: Lumen Juris, 2005. p. xiii.

BEZNOS, Clovis. Procuradoria Geral do Estado e defesa dos interesses públicos. *Revista de Direito Público*, São Paulo, a. 23, n. 93, p. 137-141, jan./mar. 1990.

BRASIL. *Decreto nº 678, de 6 de novembro de 1992*. Promulga a Convenção Americana sobre Direitos Humanos (Pacto de São José da Costa Rica), de 22 de novembro de 1969. Brasília, DF: Presidência da República. Disponível em: http://www.planalto.gov.br/ccivil_03/decreto/d0678.htm. Acesso em: 15 jun. 2022.

BRASIL. Procuradoria-Geral da Fazenda Nacional. *PGFN/CRJ/Nº 756/2010*. 15 de abril de 2010. Disponível em: https://www.gov.br/pgfn/pt-br/assuntos/noticias/2010/Parecer%20756-2010.pdf. Acesso em: 30 jan. 2023.

---

[71] MADUREIRA, Claudio Penedo. *A advocacia pública e o controle de juridicidade do agir administrativo*. Op. cit., p. 62-63.

BRASIL. Supremo Tribunal Federal. *Recurso Extraordinário 663.696/MG*. Tema 510. Recurso extraordinário em que se discute, à luz dos artigos 37, XI (com a redação dada pela Emenda Constitucional nº 41/2003), e 132, da Constituição Federal, a possibilidade, ou não, de considerar-se como teto remuneratório dos procuradores municipais o subsídio dos desembargadores do tribunal de justiça. Relatoria: Min. Luiz Fux, 22 de agosto de 2019. Disponível em: https://portal.stf.jus.br/jurisprudenciaRepercussao/verAndamentoProcesso.asp?incide nte=6083656&numeroProcesso=1306505&classeProcesso=ARE&numeroTema=510. Acesso em: 30 jan. 2023.

CAPPELLETTI, Mauro; GARTH, Bryant. *Acesso à justiça*. Porto Alegre: Fabris, 1998.

CARVALHO, Guilherme; FERRAZ, Sergio. *Advocacia Pública Municipal*. Soluções estruturantes proporcionais. Salvador: Editora JusPodivm, 2021.

CASTRO, Aldemario Araújo. A advocacia pública como instrumento do Estado brasileiro no controle da juridicidade dos atos da administração pública. *Jus Navigandi*, Teresina, a. 12, n. 1630, dez. 2007. Disponível em: http://www.jus.com.br/artigos/10772. Acesso em: 15 jun. 2022.

CORREIA, Adelson Luiz. Desjudicialização como política pública de acesso à justiça. *In*: GEVEHR, Daniel Luciano THAINES, Aleteia Hummes (Orgs.). *Direitos humanos na contemporaneidade*: problemas e experiências de pesquisa. Guarujá: Científica, 2021. p. 23-37.

GRANDE JUNIOR, Cláudio. Advocacia pública: estudo classificatório de direito comparado. *In*: GUEDES, Jefferson Carús; SOUZA, Luciane Moessa de (Coord.). *Advocacia de Estado*: questões institucionais para a construção de um Estado de Justiça: estudos em homenagem a Diogo de Figueiredo Moreira Neto e José Antônio Dias Toffoli. Belo Horizonte: Fórum, 2009. p. 64.

GUEDES, Jefferson Carús. Transigibilidade de interesses públicos: prevenção e abreviação de demandas da Fazenda Pública. *In*: GUEDES, Jefferson Carús; SOUZA, Luciane Moessa de (Coord.). *Advocacia de Estado*: questões institucionais para a construção de um Estado de Justiça: estudos em homenagem a Diogo de Figueiredo Moreira Neto e José Antônio Dias Toffoli. Belo Horizonte: Fórum, 2009. p. 252.

JUSTEN FILHO, Marçal. Conceito de interesse público e a "personalização" do Direito Administrativo. *Revista Trimestral de Direito Público*, São Paulo, n. 26, p. 115-136, 1999.

MADUREIRA, Claudio Penedo. A advocacia pública estadual e sua unidade orgânica. *Revista da Procuradoria Geral do Estado do Espírito Santo*, v. 13, n. 13, p. 183-225, jan./jun. 2014a.

MADUREIRA, Claudio Penedo. *Instituição de procuradorias jurídicas no* âmbito *dos municípios: uma imposição constitucional*. Revista Fórum Municipal e Gestão de Cidades, a. 2, n. 5, p. 28-39, maio/junho de 2014b.

MADUREIRA, Claudio Penedo. *Advocacia Pública*. Belo Horizonte: Fórum, 2015a.

MADUREIRA, Claudio Penedo. A advocacia pública e o controle de juridicidade do agir administrativo. *Revista da Procuradoria Geral do Estado do Espírito Santo*, v. 14, n. 14, p. 41-66, 1º/2º sem. 2015b.

MADUREIRA, Claudio Penedo; RAMALHO, Lívio Oliveira. *Juizados da Fazenda Pública:* Estruturação dos Juizados Especiais da Fazenda Pública Estadual e Municipal (Lei nº 12.153/09) em vista da Teoria dos Microssistemas e das Particularidades da Celebração de Acordos pelo Poder Público. Salvador: JusPodivm, 2010.

MANCUSO, Rodolfo de Camargo. *A resolução dos conflitos e a função judicial no contemporâneo Estado de Direito*. 2. ed., rev., atual. e ampl. São Paulo: Revista dos Tribunais, 2014.

MARQUES, Norma Jeane Fontenelle. A desjudicialização como forma de acesso à justiça. *Conteúdo Jurídico*, Brasília (DF), 29 jul. 2014. Artigos. Disponível em: https://www.conteudojuridico.com.br/consulta/Artigos/40301/a-desjudicializacao-como-forma-de-acesso-a-justica. Acesso em: 14 jun. 2022.

MARTINS, Ricardo Marcondes. Mandado de segurança e controle judicial da função pública. *Revista de Processo*, São Paulo, a. 33, n. 163, set. 2008.

MEDAUAR, Odete. *Direito Administrativo Moderno*. 16. ed. rev. e atual. São Paulo: Revista dos Tribunais, 2012.

MEIRELLES. Hely Lopes. *Direito administrativo brasileiro*. 25. ed. São Paulo: Malheiros, 2000.

MELLO, Celso Antônio Bandeira de. Direito a férias anuais. *Revista de Direito Público*, São Paulo, a. 21, n. 85, p. 157-160, jan./mar. 1988.

MELLO, Celso Antônio Bandeira de. *Curso de Direito Administrativo*. 30. ed. São Paulo: Malheiros, 2013.

MENDONÇA, Clarice Corrêa de; VIEIRA, Raphael Diógenes Serafim; PORTO, Nathália França Figuerêdo. *1º Diagnóstico da Advocacia Pública Municipal no Brasil*. 2. ed. Belo Horizonte: Fórum; Herkenhoff & Prates, 2018.

MENEZES, Felipe Barbosa de. Omissão intencional da forma e instrumentalidade do processo. *In*: CONPEDI; UFSC. (Org.). *Processo e Jurisdição*. v. I, Florianópolis: CONPEDI, 2014, p. 64-82.

MENEZES, Felipe Barbosa de. *Remessa necessária e Fazenda Pública:* compatibilização do instituto ao controle de juridicidade exercido pela Advocacia Pública. v. 1. Belo Horizonte: Editora Dialética, 2020.

MENEZES, F. B.; MORAES NETO, A. F. A autocomposição como forma de concretização da eficiência administrativa. *Revista da Escola Superior de Direito Municipal*, Porto Alegre, v. 4, n. 8, p. 21-33, dez. 2018.

MESSIAS, Francisco das Chagas Gil. Interesse público e interesse estatal. *Boletim de Direito Administrativo*. São Paulo, v. 20, n. 12, p. 1412-1416, dez. 2004.

MOURÃO, Carlos Figueiredo. A advocacia pública como instituição de controle interno da Administração. *In*: GUEDES, Jefferson Carús; SOUZA, Luciane Moessa de (Coord.). *Advocacia de Estado*: questões institucionais para a construção de um Estado de Justiça: estudos em homenagem a Diogo de Figueiredo Moreira Neto e José Antônio Dias Toffoli. Belo Horizonte: Fórum, 2009. p. 133.

ONU – ORGANIZAÇÃO DAS NAÇÕES UNIDAS. Assembleia Geral das Nações Unidas. *Declaração Universal dos Direitos Humanos da ONU*, 1948. Disponível em: https://www.unicef.org/brazil/declaracao-universal-dos-direitos-humanos. Acesso em: 30 jan. 2023.

SOUZA, Luciane Moessa de. Consultoria jurídica no exercício da advocacia pública: a prevenção como melhor instrumento para a concretização dos objetivos do Estado brasileiro. *In*: GUEDES, Jefferson Carús; SOUZA, Luciane Moessa de (Coord.). *Advocacia de Estado*: questões institucionais para a construção de um Estado de Justiça: estudos em homenagem a Diogo de Figueiredo Moreira Neto e José Antônio Dias Toffoli. Belo Horizonte: Fórum, 2009. p. 166-167.

WANDERLEY, WALDO. *Curso de mediação e arbitragem*. Brasília. MSD, 2004.

WATANABE, Kazuo. O acesso à justiça e a sociedade moderna. *In*: GRINOVER, Ada Pellegrini; DINAMARCO, Cândido Rangel; WATANABE, Kazuo (Coord.). *Participação e processo*. São Paulo: Revista dos Tribunais, 1988.

ZANFERDINI, Flávia de Almeida Montingelli. Desjudicializar conflitos: uma necessária releitura do acesso à justiça. *Novos Estudos Jurídicos*, Itajaí, v. 17, n. 2, p. 237-253, mai./ago. 2012.

A IMPRESCINDÍVEL FUNÇÃO DA ADVOCACIA PÚBLICA MUNICIPAL

MARIANNA VIAL BRITO

1 Introdução

Embora sua origem não seja corretamente datada, constata-se, através dos registros, que o exercício da advocacia é uma das atividades profissionais mais antigas e importantes da nossa história, dado que a função de defender pessoas, bens, direito e interesses alheios, verifica-se desde antes de Cristo.

Como forma de confirmação, o doutrinador Paulo Luiz Netto Lôbo[1] relembra alguns exemplos pouco mencionados no desenvolvimento da humanidade, mas que comprovam os primeiros passos dessa atividade. O primeiro deles foi o caso do Código de Manu, que, em um determinado fragmento, afirmava que os sábios em leis poderiam ministrar argumentos e fundamentos para quem necessitasse de defesa perante tribunais e autoridades. Na mesma linha, podemos citar o que ocorria no Egito, quando proibiam as alegações oratórias, a fim de que não influenciasse os magistrados, entre outros momentos que podem servir como parâmetro de há quanto tempo essa função é realizada nas sociedades como um todo.

Vale lembrar que nos mencionados períodos, a atividade advocatícia ainda não possuía o caráter profissional reconhecido, o que somente foi alterado no século VI, por intermédio do Imperador Romano Justino, antecessor de Justiniano, quando foi instituído a primeira Ordem dos Advogados no Império Romano do Oriente, preconizando que todos os que fossem advogar no foro fossem registrados para tal função. Assim, percebemos que, embora o advogado já exercesse sua função de representação judicial, demorou séculos para que conquistasse o devido prestígio.

Outrossim, sabemos que, atualmente, a história da municipalidade no nosso país não detém a mesma relevância que os demais entes federativos adquiriram no decorrer dos anos. De tal modo essa condição não se limita apenas a sua importância histórica, mas também as diversas áreas que envolvem a atividade municipal, quando, por exemplo, vemos que até meados da década de 70, o cargo de vereador era um serviço voluntário,

---

[1] LÔBO, Paulo. *Comentário ao Estatuto da Advocacia e da OAB*. 10. ed. São Paulo: Saraiva, 2017, p. 19.

no qual não havia nenhum tipo de contraprestação pecuniária para auxiliar o ofício. Ou seja, mesmo com toda importância da atividade municipal prestada, sempre houve uma certa desatenção por parte da Administração Pública e do Poder Legislativo no tratamento do ente federativo que mais se aproxima da população.

Revendo atentamente o histórico dessas referidas funções, observamos que tal negligência também se estendeu à atividade de Advocacia Pública, uma vez que, mesmo com todo o prestígio já conquistado, desde os tempos das Ordenações Afonsinas,[2] a instituição se viu, por muitos anos, esquecida no ordenamento jurídico, ganhando devido destaque constitucional com a promulgação da Carta Magna de 1988, e, mesmo com todo o referido lapso temporal, a Advocacia Pública só foi definitivamente estruturada com a edição da Lei Complementar nº 73 em 1993, quando houve a composição da Advocacia-Geral da União.

Vale recordar que, anteriormente, os textos constitucionais brasileiros eram totalmente silentes a respeito da atividade da advocacia pública e quando traziam algo, faziam apenas menções, as quais, na maioria das vezes, atrelavam-se ao Ministério Público, tendo em vista que, até 1988, cabia ao Ministério Público o papel de representante judicial da União e os Ministérios Públicos Estaduais assumiam as comarcas interioranas, na falta de Procuradorias próprias.[3]

Em contrapartida, o serviço de assessoramento administrativo prestado, ficava a cargo da Consultiva-Geral da União, enquanto integrante da Advocacia Consultiva da União, e as consultorias jurídicas estaduais.[4]

Nesse sentido, Roberto Luís Luchi Demo[5] sustenta que a Procuradoria Geral da Fazenda Nacional também prestava esse tipo de consultoria, contudo, tal função se restringia apenas no âmbito do Ministério da Fazenda, uma vez que sua estrutura era desvinculada, funcional e administrativamente da Consultoria-Geral da República. Por essa razão, os referidos profissionais não atuavam de maneira contenciosa, em virtude de a função ser realizada pelo Ministério Público.

Por sua vez, além dos mencionados órgãos, o doutrinador ainda frisa que as autarquias e fundações públicas federais eram representadas por procuradores próprios, em decorrência de já possuírem um quadro jurídico para desempenhar a atividade consultiva e contenciosa. Entretanto, mesmo com a devida representação, a Consultoria-Geral da República exercia grande influência jurídica sobre referidas procuradorias, em decorrência da força tutelar exercida pelos Ministérios de Estado em cima dessas pessoas jurídicas.[6]

Ao que se refere a esfera federal, segundo o antigo ordenamento constitucional, as funções de consultoria jurídica se realizavam de modo dissociada e independente, como se fossem de natureza diversa. Ao passo que toda a orientação consultiva direcionada

---

[2]   HEITOR, Ivone Susana Cortesão. *Ordenações Afonsinas*. Disponível em: http://www.ci.uc.pt/ihti/proj/afonsinas/. Acesso em: 14 mai. 2022.

[3]   MENDONÇA, Fabiano André de Souza. Comentários aos arts. 131 e 132. *In*: BONAVIDES, Paulo; MIRANDA, Jorge; AGRA, Walber de Moura. *Comentários à Constituição Federal de 1988*. Rio de Janeiro: Forense, 2009, p. 1.654

[4]   *Ibidem.*

[5]   DEMO, Roberto Luís Luchi. *Advocacia pública*. Revista dos Tribunais, São Paulo, a. 91, n. 801, p. 699-738, jul. 2002. p. 705.

[6]   Idem. p. 706.

à União ficava a encargo da Consultoria-Geral da República e a Procuradoria-Geral da Fazenda Nacional.

Assim, as procuradorias das autarquias e fundações públicas federais se responsabilizavam pelas questões relacionadas ao funcionamento dos mencionados entes e ao Ministério Público Federal cabia a parte contenciosa, atuando diretamente nas causas em que a União figurava como parte, podendo, inclusive, trabalhar como assistente nos processos das autarquias e fundações públicas federais.

Tal cenário se modificou somente em 1988, com a vigência do artigo 131 da Constituição da República, onde o constituinte preconizou que a representação jurídica, judicial e extrajudicial, do Poder Público seria, a partir de então, da Advocacia do Estado, ou seja, da Advocacia Geral da União, assemelhando-se ao modelo italiano (*avvocatura dello stato*).[7]

Doutrinadores defendem que essa ação foi um dos passos determinantes para estabelecer a moralidade nos atos, em virtude de não ser recomendado reunir em um só órgão a capacidade de ingressar judicialmente em face do Estado e ao mesmo tempo que ele ainda detenha a função de representá-lo, uma vez que haveria confusão de atribuições, gerando mais possibilidades de casos de corrupção e negligências.

Ante a breve narrativa, conclui-se que o que efetivamente ocorreu com a função prestada pelo advogado do Estado foi tão somente uma alteração da nomenclatura e a criação de um novo Ministério Público, a fim de que desse vazão às demandas exigidas pela nova sociedade.

A contrario sensu, Aldemário Araújo Castro[8] entende que o constituinte fomentou uma grande alteração no que diz respeito a representação da União em juízo, tendo em vista que, até aquele momento, o cargo do Ministério Público, transformar-se-ia em um sistema complexo de órgãos.

Logo, vê-se que a presente introdução teve como objetivo expor sucintamente os limites das funções institucionais da Advocacia Pública no decorrer do tempo, de modo que possamos compreender minimamente como se deu o processo de criação das Procuradorias Públicas, bem como suas funções, para, enfim, analisarmos a forma que as procuradorias municipais atuam em favor de uma comunidade.

2 Da Advocacia Pública Municipal e a Constituição da República

Conforme anteriormente mencionado, após um longo lapso temporal, o texto constitucional de 1988 dispensou somente dois artigos acerca da Advocacia Pública, nos quais foram mencionados apenas a União, os Estados e o Distrito Federal, sendo totalmente silente quanto aos municípios.

Na leitura do artigo 131, o constituinte define, basicamente, que a Advocacia-Geral da União é a instituição que representará a União, judicial e extrajudicialmente, exceto nas execuções da dívida ativa de natureza tributária, quando a competência será da Procuradoria-Geral da Fazenda Nacional.

---

[7] MENDONÇA, Fabiano André de Souza. Comentários aos arts. 131 e 132. *In*: BONAVIDES, Paulo; MIRANDA, Jorge; AGRA, Walber de Moura. *Comentários à Constituição Federal de 1988*. Rio de Janeiro: Forense, 2009, p. 1.654

[8] CASTRO, Aldemario Araújo. A (centenária) Procuradoria-Geral da Fazenda Nacional: seu papel e sua importância para a sociedade e para o Estado. *In*: GUEDES, Jefferson Carús; SOUZA, Luciane Moessa de (Coord.). *Advocacia de Estado: questões institucionais para a construção de um Estado de justiça*. Belo Horizonte: Fórum, 2009.

Ressalta ainda que caberá à Advocacia Geral da União, nos termos da lei complementar, o que dispuser sobre sua organização e funcionamento, as atividades de consultoria e assessoramento. Por fim, fica estabelecido, nesse dispositivo, que o ingresso nas classes iniciais de carreira da instituição realizar-se-á por meio de concurso público de provas e títulos.

De igual maneira, o artigo 132 preconiza que os procuradores dos Estados e do Distrito Federal serão organizados em carreira, por meio de concurso público de provas e títulos, assegurando aos procuradores estabilidade do cargo, após três anos de efetivo exercício, mediante avaliação de desempenho perante os órgãos próprios.

Ou seja, ao longo desses mais de trinta anos da Constituição da República, percebe-se que, devido a determinação constitucional, apenas a União, os estados e o Distrito Federal editaram leis objetivando aparelhar a Advocacia-Geral e as Procuradorias Estaduais, todavia, o mesmo não ocorreu com os municípios e suas Procuradorias.

Sobre o tema, parte da doutrina entende que o silêncio do constituinte desobriga que os municípios constituam suas Procuradorias sobre as regras estabelecidas pelos artigos 131 e 132, uma vez que se trata de um silencio eloquente, logo, não foi caso de falha do legislador, mas sim, uma escolha de não os incluir. Ao passo que há defensores da tese de que, na verdade, a Constituição conferiu grau de autonomia aos municípios para sua própria disciplina normativa nas questões da Advocacia Pública.

Nesse liame, André Cyrino[9] aduz que ficou a critério do município, conforme a extensão territorial e disponibilidade financeira, definir o regulamento das suas Procuradorias. Já Bruno Galindo acrescenta que o constituinte optou por liberar o ente de um regulamento específico, por entender que, em um país com tantas realidades distintas, seria necessário que cada prefeitura construísse seus regulamentos de acordo com as suas limitações e necessidades.[10]

Por outro lado, grande parte da doutrina e jurisprudência, preceitua que, mesmo não havendo obrigatoriedade constitucional, o mais apropriado é que cada município organize e concentre todas suas atividades jurídicas em Procuradorias próprias, utilizando-se de servidores públicos efetivados por intermédio de concurso público, e não por meio de advogados ou escritórios de advocacia contratados de forma aleatória, visando a conformidade com artigo 37, II da Carta Magna.

A partir desse entendimento, defensores como os Ministros do Supremo Tribunal Federal, Luiz Roberto Fux,[11] a Carmen Lúcia Antunes Rocha e o jurista Celso Antônio Bandeira de Mello argumentam que a expressão 'procuradores', contida no final do inciso IX do artigo 37 da Constituição da República, engloba também os Procuradores Municipais, tendo em vista que o cargo está inserido, apesar de implicitamente, nas "Funções Essenciais à Justiça". Isto é, ainda que o artigo 132 não venha citando o município, deve-se aplicar as regras idênticas dos demais entes.

---

[9]   FERRAZ, Sérgio; CARVALHO, Guilherme. *Advocacia Pública Municipal soluções estruturantes proporcionais.* Salvador: Editora JusPodivm, 2021. p. 20.

[10] GALINDO, Bruno. Advocacia pública e a autonomia do município no federalismo brasileiro. *Revista Consultor Jurídico*, São Paulo, 25 ago. 2019. Opinião. Disponível em: https://www.conjur.com.br/2019-ago-25/bruno-galindo-advocacia-publica-autonomia-municipio. Acesso em 29 mai. 2022.

[11] BRASIL. Supremo Tribunal Federal. *Recurso Extraordinário nº 663.696/MG.* Relator: Min. Luiz Fux. Recorrente: Associação dos Procuradores Municipais de Belo Horizonte – APROMBH. Recorrido: Município de Belo Horizonte. Brasília (DF), 28 fev. 2019.

Buscando solucionar o problema da omissão legislativa, tramita atualmente no Congresso Nacional a Proposta de Emenda à Constituição Federal (PEC nº 17/2012), cujo objetivo é modificar o que preconizado no artigo 132, estendendo aos municípios a obrigatoriedade de organizar o cargo de Procurador para que seu ingresso seja mediante concurso público com a devida participação da Ordem dos Advogados do Brasil (OAB) em todas as etapas, bem como que o cargo tenha estabilidade após três anos de efetivo exercício, através de avaliação de desempenho.

Embora os entusiastas da PEC afirmem que a norma tem o objetivo de estabelecer que que cada município tenha, ao menos, um procurador concursado, é importante destacar que o texto da proposta apresentada não faz qualquer tipo de ressalva ou diferenciação entre as singularidades de cada região, mas sim, apenas incluirá o município no rol elencado, como mencionado.

Todavia, esclarece-se que, diferente do que muitos contrários a lei alegam acerca da alteração constitucional, também não haverá nenhuma espécie vinculação de salário a nenhuma outra carreira jurídica, justamente pelo fato de já existir uma vedação constitucional para isso, conforme previsto no artigo 37, XIII.

Corroborando essa tese e julgando pelos dados apresentados pelo *1º Diagnóstico de Advocacia Pública Municipal*,[12] realizado em 2018, resta comprovado que a suposta incapacidade econômica levantada pelos opositores do projeto foi derrubada, haja vista que a média salarial dos advogados puramente comissionados e dos advogados aos advogados públicos efetivos, em regra, é ligeiramente acima.

Interpretando as informações trazidas, concluímos que a escolha de contratar advogados extraquadro em desfavor do serviço público efetivo, escolhido por meio de concurso público, reserva-se contrária ao princípio da economicidade.

Tal fato se confirma quando vemos a diferença remuneratória entre os cargos no âmbito estadual, uma vez que o responsável para propor a remuneração é o chefe do Poder Executivo. Logo, a função para regulamentar o regime jurídico e a remuneração de seus servidores sempre ficará a encargo dos munícipios, em razão do princípio da autonomia dos entes federativos.

Em todo caso, é importante frisar que o maior objetivo da instauração das Procuradorias Municipais é a preservação da memória jurídico-institucional, evitando-se, desse modo, a perda das informações judiciais, o que causaria graves prejuízos ao erário e à gestão pública.

Sem mencionar que, com a aplicação de um concurso público, avaliar-se-ão os candidatos mais capacitados ao cargo, o que, consequentemente, trará mais benefícios à população, uma vez que se trataria de uma contratação impessoal, o que possibilitaria, inclusive, a implementação de políticas públicas com o devido respaldo técnico.

Vale recordar que tal medida protege não só a sociedade, como também os próprios gestores, no caso, os prefeitos, pois, ao explicitar a obrigatoriedade da realização de concurso público para a posse do cargo, inviabiliza por completo que ocorram casos de improbidade administrativa, haja vista que, atualmente, a Constituição da República já determina que para a investidura de cargo ou emprego público depende de prévia aprovação em concurso público de provas ou provas e título, com fulcro no artigo 37, II.

---

[12] MENDONÇA, Clarice Corrêa de; PORTO, Nathália França Figueiredo; VIEIRA, Raphael Diógenes Serafim. *1º Diagnóstico da Advocacia Pública Municipal no Brasil*. Belo Horizonte: Fórum; Herkenhoff & Prates, 2018. p. 61.

Ademais, nada impede que o chefe do executivo permaneça nomeando procuradores gerais de sua confiança para acompanhá-lo durante sua gestão. Ao passo que, ao fim do seu mandato, o novo administrador ainda possua toda a memória institucional preservada, evitando que ele seja surpreendido ao ser questionado por atos anteriores a sua posse.

Em face do exposto, infere-se que o intuito da PEC nº 17/2012 é regulamentar e fomentar as funções da Advocacia Pública Municipal e a essencialidade à justiça e, por conseguinte, combater a corrupção, já que os procuradores públicos devem ser representantes do Estado e não de um governo. Até mesmo porque são esses agentes públicos responsáveis por auxiliar as posições jurídicas e normativas vigentes em uma gestão administrativa municipal.

Além disso, a proposta de emenda constitucional visa fortalecer ainda mais os municípios por meio dos seus agentes, nos quais, a partir de então, serão suficientemente qualificados e isentos para o cargo, defendendo não só o ente público, mas como toda a sua integralidade, uma vez que se trata de um direito e uma garantia da sociedade brasileira. Logo, a medida busca padronizar um sistema em todos os municípios, dando ainda mais moralidade, segurança e transparência ao serviço público municipal.

3 Das funções constitucionais

Com base na etimologia da palavra, o advogado, basicamente, é o indivíduo que fala ou intercede em nome ou benefício de outrem, defendendo e protegendo os direitos de seu representado, tanto nas esferas judiciais, como também nas áreas administrativas, arbitral, negocial, entre outros, fundamentando-se sempre nas diretrizes do direito e da ética profissional.

Percebe-se por sua vez que a função do Advogado Público é transmitir os interesses do Estado. Desse modo, para se tornar um bom advogado público, faz-se necessário que o Procurador faça mais do que simplesmente representar o município nos litígios judiciais, mas sim apoie, viabilize e acompanhe os projetos idealizados pelos gestores públicos.

Entretanto, é imperioso recordar que o advogado público, mais do que um simples postulante dos direitos estatais, também compõe a instituição ,_al defende. Em outras palavras, ao mesmo tempo que ele protege os anseios do seu representado, consequentemente, acaba defendendo os dele próprio, haja vista que acaba se tratando de uma só instituição.

Tal circunstância, evidencia-se quando constamos que o advogado público, no exercício de suas funções contenciosas, sequer carece de instrumento procuratório para atuar no litígio. Isso ocorre porque ele não representa o ente público, ele puramente o é. O que, por consequência, acaba o diferenciando dos demais advogados.

Ante ao narrado, compreende-se que a função do advogado público é atuar conforme o regimento vigente do Estado no qual ele integra, no caso do Brasil, um Estado Democrático de Direito, que, nas palavras de Alan Stone,[13] trata-se do modelo democrático ideal, pois é uma sociedade "regida por lei, não por caprichos dos governantes". Sendo

---

[13] STONE, Alan. Rule of Law. *In:* SHAFRITZ, Jay (Org.). *International Encyclopedia of Public Policy and Administration.* v. 4. Boulder: Westview Press, 1998. p. 2010.

esse o verdadeiro motivo do Poder Público trabalhar sem grandes interferências, pois respeita, única e exclusivamente, o conjunto de normas jurídicas em vigor.

Por outro lado, o doutrinador Marcus Gouveia dos Santos[14] preponderava que:

> O princípio democrático tem um caráter preponderantemente orgânico e formal, diz respeito a quem é o titular do poder estatal, ou seja, se refere à formação, à legitimação e ao controle dos órgãos que exercem o poder organizado do Estado. O Estado de Direito, por sua vez, tem caráter material e procedimental, constitui a maneira como deve proceder a atividade estatal, impondo limites e vinculando o Estado como forma de garantir a liberdade individual e social, notadamente através do reconhecimento de direitos fundamentais, da legalidade administrativa e da proteção jurídica por meio de Tribunais Judiciais independentes. Por outro lado, a previsão do Estado Social na Constituição não se trata de um princípio de legitimação ou de delimitação do poder estatal, como os princípios democrático e do Estado de Direito, respectivamente, mas sim de estabelecimento de um determinado fim ao Estado.

Insta salientar que se trata de princípios constitucionais basilares e têm como propósito fomentar e garantir os direitos fundamentais, em especial a dignidade da pessoa humana, princípio nuclear e inviolável do ordenamento brasileiro, bem como impor a diretriz, ordem, forma e limitação ao Poder Estatal, vinculando-o sobre seu conteúdo e alcance.

Ou seja, o Advogado Público contemporâneo deverá, ao mesmo tempo, arguir em prol do direito e da vontade política dos representantes do povo e, concomitantemente, atuará pelos avanços dos interesses políticos, impulsionando-os, dentro dos limites legais.

Todavia, é importante reconhecer o cunho político sempre existente nesses organismos, porém, sempre preservando o modo de tratamento dos advogados destinados viabilizar as ambições dos governantes.

Isso não significa dizer que o Advogado Público se torna uma espécie de fiscal das ações governamentais ou uma espécie de *Parquet* interno, pois, ainda que haja a função de controle interno de juridicidade da ação, seu objetivo principal é viabilizar juridicamente as políticas públicas estabelecidas pelos gestores, bem como orientar nas questões sobre as alterações no direito positivo, oferecendo seus possíveis impedimentos, interpretações e riscos ao administrador.

Nessa eterna busca de proteger os interesses e os legítimos fins da Administração Pública para a manutenção do Estado Democrático de Direito, o constituinte conferiu ao Advogados Públicos a função de prestar consultoria jurídica e de atuar como representante do ente público, consoante preconiza os artigos 131 e 132.

Entende-se, dessa maneira, que esses advogados, ao tomarem posse de seus cargos, passam a integrar o corpo daquele determinado órgão que representa, tratando-se, assim, de uma espécie do gênero advocacia, no qual possui a incumbência de defender e promover os interesses coletivos, sejam eles, da União, dos estados, do Distrito Federal ou dos municípios.

---

[14] SANTOS, Marcus Gouveia dos. A advocacia pública como instituição essencial ao estado de direito democrático e social. *Revista de Estudos Institucionais*, v. 5, n. 2, p. 422-440, maio/ago. 2019. Disponível em: https://pdfs.semanticscholar.org/105f/0f791ce61c1d9b8c23144741b0aa5aad1923.pdf. Acesso em 05 jun. 2022.

Não obstante, além das mencionadas funções, também incumbe ao Advogado Público promover o equilíbrio entre os interesses da gestão pública e as condições estabelecidas pelo Poder Legislativo.

Portanto, percebe-se que o papel desse agente público não se limita em apenas representar e defender, judicial e extrajudicialmente, seu órgão, o Advogado Público precisa ser um consultor proativo, que busca abranger os mais diversos assuntos para a melhor prestação do serviço.

Por essa razão, as funções são tipificadas e estruturadas pelo próprio Estado, nas quais são estabelecidas pela vontade popular representada na forma do Poder Executivo, porém, mantendo os parâmetros determinados pelo Poder Legislativo e, obviamente, do próprio constituinte.

Nesse modo, nota-se que os dispositivos legais conferem à Advocacia Geral da União, às Procuradorias dos Estados e do Distrito Federal e, ainda que implicitamente, às Advocacias Públicas Municipais, as funções preventivas, que seriam os serviços de consultoria e assessoramento, a fim de evitar possíveis ilegalidades, e as funções postulatórias, no caso, a representação jurídica na defesa dos interesses dados aos cuidados do Estado.

Corroborando o referido entendimento, o doutrinador Marcos Juruena Villela Souto[15] sustentava a instauração de um corpo técnico próprio e permanente para o controle da juridicidade, nos seguintes termos:

> A necessidade de um corpo técnico permanente é reconhecida pela própria Constituição Federal, o que permite um controle preventivo das ações da Administração, para evitar que elas, muitas vezes, criem dúvidas nos administrados e dívidas para os sucessores. Não é desejável que tal papel seja desempenhado por cargos de provimento fiduciário ou por terceiros, dos quais não se exige nem o concurso nem o conhecimento do histórico de problemas e de questões típicas de cada órgão ou entidade. É indispensável a profissionalização dessas carreiras, que são típicas de Estado e não de governo, com cargos providos por aprovados em concursos públicos.
>
> (...)
>
> Sob a ótica de que a multiplicidade de controles aprimora a Democracia e favorece o cumprimento do princípio da cortesia pela facilitação da defesa dos interesses dos administrados, não se afigura como problemática a existência de Procuradorias nos Poderes Legislativo, Judiciário bem como junto aos Tribunais de Contas. Afinal, os Procuradores dos Estados e dos Municípios não são Procuradores do Poder Executivo, tendo previsão constitucional no Capítulo dedicado às funções essenciais à Justiça, no Título da Organização dos Poderes e não no Capítulo dedicado à Administração Pública (só para a União que se limitou a atuação da AGU ao Poder Executivo).

Dessa maneira, fica mais uma vez reforçada a enorme necessidade da formação de um corpo jurídico permanente, que possa atender as necessidades da sociedade e do Poder Público. Ou seja, somente com a profissionalização dos agentes públicos podemos construir bases sólidas para o Estado Democrático de Direito.

---

[15] SOUTO, Marcos Juruena Villela. O papel da Advocacia Pública no controle da legalidade da administração. *Interesse Público*, Belo Horizonte, v. 6, n. 28, nov. 2004. Disponível em: https://bdjur.stj.jus.br/jspui/bitstream/2011/30962/papel_advocacia_publica_souto.pdf. Acesso em 05 jun. 2022.

3.1 O fomento dos direitos fundamentais pela Advocacia Pública Municipal

Ao analisarmos toda a Constituição da República, percebemos que, desde o seu conteúdo até a sua estrutura, foi feita com um enorme cuidado para que os direitos e garantias fundamentais recebessem o devido destaque. Tal fato se comprova quando, ao finalizar os princípios fundamentais, o legislador passa a dispor sobre esses direitos, restando claro que são indispensáveis para uma sociedade democrática, livre e justa. Por essa razão, o Estado Democrático deve garantir o exercício do poder do povo, resguardando, sempre e acima de tudo, os todos direitos e garantias fundamentais, a fim de que haja a redução das desigualdades sociais, bem como a promoção do desenvolvimento nacional.

Entretanto, a importância desses dispositivos vai muito além da sua simples disposição constitucional, esses direitos são, basicamente, a representação da liberdade pública, tornando-se, dessa forma, valores universais e intertemporais, em que são impostos ao Estado sua fiel observância e proteção irrestrita.

Segundo o jurista Alexandre Guimarães Gavião Pinto,[16] os direitos fundamentais simbolizam um núcleo inviolável de uma sociedade política, cujo objetivo é a garantia da dignidade da pessoa humana. Em virtude disso, não devem ser reconhecidos apenas no âmbito formal, mas sim, materialmente efetivados de maneira contínua pelo Poder Público.

Importante salientar que os direitos fundamentais possuem uma posição bidimensional, haja vista que almejam duas finalidades: o primeiro, que se refere o equilíbrio entre os direitos individuais e o coletivo, e o segundo, que visa assegurar o legítimo campo da democracia.

Sendo assim, todo texto constitucional deve ser interpretado a fim de que todos os anseios ali previstos sejam alcançados. Preceitua-se, dessa maneira, ser legítimo o princípio da supremacia do interesse público, uma vez que se privilegia a coletividade. Para isso, devemos considerar que todas as instituições fazem parte de todo um conjunto para que esses preceitos sejam respeitados, em especial, as instituições essenciais à justiça.

Observando o atual cenário, resta comprovado que a Advocacia Pública, do mesmo modo que a Defensoria Pública e Ministério Público, exerce função essencial à Justiça, segundo as diretrizes preconizadas pela Carta Magna, desempenha, por intermédio de seus membros, importantes funções com o intuito de zelar pela coletividade. Incumbindo-a, nesses termos, promover e defender os interesses públicos da União, estados, Distrito Federal e municípios, por meio de representação judicial, em todos os âmbitos federativos, das pessoas jurídicas de direito público que integram a administração direta e indireta, conforme estabelece o artigo 182 do Código Processo Civil de 2015.

No entanto, a Advocacia Pública, tanto na espera federal, como na estadual ou municipal, foi idealizada para ir muito de somente promover os interesses da Administração, uma vez que se trata de um interesse secundário, mas sim, acima de tudo,

---

[16] PINTO, Alexandre Guimarães Gavião. Direitos Fundamentais legitimas prerrogativas de liberdade, igualdade e dignidade. *Revista da EMERJ*, Rio de Janeiro, v. 12, n. 46, p. 126-140, 2009, p. 126.

fazer com que a coletividade seja politicamente representada, respeitando todos os princípios constitucionais.

Faz-se necessário esclarecer, desde já, que o interesse público primário, segundo os preceitos de Renato Alessi,[17] é um conjunto de interesses individuais preponderantes em uma determinada organização jurídica da coletividade. Por sua vez, o interesse secundário seria, por exemplo, o próprio aparelhamento organizativo do Estado. Ao passo que esses somente poderão ser realizados se coincidirem com o interesse público primário.

Logo, como mencionado nos tópicos anteriores, nos casos de conflito, caberá à Advocacia Pública Municipal a defesa da legalidade, tanto jurídica quanto administrativamente. Da mesma forma, incumbe-a direcionar os órgãos, agentes públicos e políticos internos no que tange a principiologia e os limites legais no ordenamento administrativo público municipal. Por outro lado, tão indispensável quanto, ainda há a busca de garantir que o cidadão tenha seus direitos fundamentais respeitados pela Administração, a fim de que se evite um conflito e, eventualmente, uma sobrecarga do Judiciário.

Com efeito, como instituição fundamental para a Justiça, a Advocacia Pública deverá sempre ser comprometida com a justiça substancial e social, uma vez que, sem igualdade material não há viabilidade do devido exercício de liberdade ou políticos, pois acabaria por frustrar a finalidade do Estado de Direito Democrático e Social.

Em outras palavras, entende-se que papel da Advocacia Pública Municipal tem sido muito além de apenas proteger o patrimônio público, reduzindo despesas e desperdícios, seja com a prevenção de demandas dispensáveis, litígios evitáveis ou com a recuperação de créditos. As procuradorias municipais acabam por impactar, inclusive, no combate à corrupção, nos casos de improbidade administrativa e à sonegação fiscal, bem como no auxílio das políticas públicas, segundo anteriormente exposto.

De acordo com Marcus Gouveia dos Santos,[18] o maior objetivo da Advocacia Pública é zelar pela "interpretação e aplicação do Direito que concretize o ideal de justiça, por meio do respeito aos princípios densificadores do Estado de Direito, da democracia e da socialidade, conferindo efetividade aos valores materiais constitucionais, dentre eles os direitos fundamentais".

Em função disso, faz-se necessária a obrigatoriedade da real implementação da Advocacia Pública nos municípios, por meio da criação de um órgão específico e com autonomia de pessoa jurídica de direito público, a fim de promover os interesses dos seus administrados e os interesses locais, efetivando assim os direitos e garantias constitucionais.

Somando-se a todas as funções apresentadas, ainda se sobrepôs, em 2020, uma crise sanitária do vírus SARS-CoV-2, sem precedentes, no qual requereu a tomada de sérias medidas que, por consequência, geraram grandes repercussões fiscais e econômicas.

De modo que, em razão do protagonismo adquirido pelos estados e municípios em relação ao Poder Público Federal, devido aos vários julgamentos do Supremo Tribunal

---

[17] ALESSI, Renato. Instituciones de derecho administrativo. t.1. Buenos Aires: Bosch, Casa Editorial, 1970, p. 103.

[18] SANTOS, Marcus Gouveia dos. A advocacia pública como instituição essencial ao estado de direito democrático e social. *Revista de Estudos Institucionais*, v. 5, n. 2, p. 422-440, maio/ago. 2019. Disponível em: https://pdfs.semanticscholar.org/105f/0f791ce61c1d9b8c23144741b0aa5aad1923.pdf. Acesso em 05 jun. 2022.

Federal, por exemplo o ADI 6341/DF, fizeram com que, finalmente, a Advocacia Pública Municipal ganhasse o devido prestígio, uma vez que se equiparou ao nível estadual, dando à instituição, a legalidade dos atos e a vontade das regiões foram preservados para o devido enfrentamento da doença, nos moldes do artigo 23, inciso II da Constituição da República.

Entretanto, na análise Alessandro Farias Leite,[19] diretor da Associação Nacional dos Procuradores Municipais – ANPM, alguns pontos devem ser destacados, senão vejamos:

> (…) escancaram-se os espaços para a atuação normativa e discricionária da Administração, há situações urgentes em que o gestor não pode simplesmente ficar preso às amarras da lei em sentido formal, devendo ser guiado pelo Ordenamento Jurídico como um todo, notadamente à Constituição Federal.

> Emerge assim, de forma vigorosa a figura do Procurador Municipal e sua atuação no assessoramento do Poder Executivo, tanto no prisma do controle interno de legalidade dos atos da gestão, bem como na colaboração para viabilizar no plano fático as políticas públicas escolhidas pelos munícipes em decorrência do princípio democrático.

Nesse momento, mostrou-se então a necessidade das procuradorias aprimorarem suas ações no que se refere o controle interno de legalidade propriamente dito, haja vista que seria muito ínfima a atuação do Advogado Público caso limitassem-se apenas em extinguir procedimentos com fulcro em indeferimentos diretos. Por isso, é necessário que, além dos pareceres, seja feita uma análise aprofundada do contexto socioeconômico, a fim de que possam ser feitas outras sugestões acerca daquela situação.

Vale recordar, desde já, que, nos momentos em que o gestor público for submetido a controle dos demais órgãos e instituições, avaliar-se-á sua atuação com relação ao interesse público, analisando, inclusive, se foi guiado pelos nortes da Administração Pública e os outros ensinamentos da probidade administrativa.

De igual forma, o assessoramento para implantação de políticas públicas se tornou fundamental para a atuação efetiva das procuradorias municipais, uma vez que, em circunstâncias calamitosas, como no período pandêmico, atos de auxílios financeiros, ajudas de custos às pessoas em estado de vulnerabilidade social, tal como a realocação de pessoas e a restrição de atividades, causaram, e ainda causam, um imenso impacto no reajuste da normalidade.

Portanto, a partir do momento que os gestores públicos passam a ter mais poderes e liberdades para agir, semelhante a crise sanitária, exige a necessidade de controle e fiscalização, ressaltando ainda mais a magnitude da instituição, o que corrobora os requerimentos de uma Procuradoria Municipal ainda mais forte e efetiva para o fomento dos valores de uma advocacia em prol da população e não puramente governamental.

Face ao suscitado, demonstra-se cristalina a precisão do fortalecimento das Procuradorias Municipais, em virtude de serem as mantenedoras do Estado de Democrático de Direito, no qual provem a efetivação dos direitos fundamentais preconizados pela Constituição Cidadã de 1988.

---

[19] LEITE, Alessandro Farias. O papel da advocacia pública municipal na pandemia de covid. *Associação Nacional dos Procuradores Municipais (ANPM)*, Brasília, 13 de julho de 2020. Voz do Associado. Disponível em: https://anpm.com.br/voz-do-associado/o-papel-da-advocacia-publica-municipal-na-pandemia-de-covid. Acesso em 08 jun. 2022.

4   Os principais desafios da Advocacia Pública Municipal

Após o marco institucional de 1988, o constituinte, como já descrito, inaugurou um dos momentos mais importantes para a Advocacia Pública ao longo da história do Estado brasileiro, tendo em vista que estabeleceu a existência das funções essenciais à justiça, dividindo-as basicamente em três grandes grupos, sendo eles: o Ministério Público, Defensoria Pública, Advocacia Pública e Privada, prescrito nos artigos 127 a 135.

Observa-se que a lei maior teve o cuidado de realçar ainda mais o valor dessas instituições que, sem elas, não haveria acesso ao Poder Judiciário, tendo em vista que não possui legitimidade de propor ações.

Acerca do tema, a ilustre doutrinadora Maria Sylvia Di Pietro[20] leciona que o constituinte aferiu dois sentidos a palavras Justiça empregada na Seção IV recebeu um duplo sentido:

> a) *Justiça como instituição*, como sinônimo de Poder Judiciário, já que este não tem legitimidade para dar início às ações judiciais, decidindo os conflitos que são postos e nos limites postos pelo advogado, pelo promotor de Justiça, pelo advogado público, pelo defensor público; sem esses profissionais, a Justiça não é acionada; ela não existe;
>
> b) *Justiça como valor*, incluída no preâmbulo da Constituição entre os valores supremos de uma sociedade fraterna pluralista e sem preconceitos, e que consiste na "vontade constante de dar a cada um o que é seu" (*justitia est constans et perpetua voluntas jus suum cuique tribuendi*").

Nesse contexto, compreende-se que o papel das Procuradorias Municipais é, dentre outras, empenhar-se na defesa dos interesses públicos primários e secundários, privilegiando, obviamente, os interesses primários em relação aos secundários, haja vista que, nos casos de litígio, deve haver a construção responsável do Estado Democrático de Direito.

Entretanto, mesmo diante de todo impacto e relevância da Advocacia Pública Municipal na realidade da nossa população, ainda há muito carências materiais das mais diversas ordens. A primeira delas gira em torno na inadequação do ambiente de trabalho, nas quais grande parte das vezes são pequenas estruturas, sem a devida qualidade para os funcionários e procuradores.

Igualmente precários são os equipamentos de trabalho e os sistemas operacionais informatizados que não permitem o fácil e rápido acesso a informações indispensáveis para o funcionamento da procuradoria, bem como a falta de capacitação profissional da equipe técnica, uma vez que muitos dos colaboradores estão desatualizados das mudanças legislativas, jurisprudenciais e, inclusive, procedimentais.

Por fim, no que diz respeito aos recursos humanos, nota-se um enorme déficit em algumas cidades no quadro de procuradores, causando, consequentemente, uma sobrecarga de funções aos advogados.

Sobre o tema, recentemente foi realizada uma pesquisa inédita, onde o escopo era ter um panorama geral da situação das Procuradorias Municipais. Após muito estudo, o

---

[20] DI PIETRO, Maria Sylvia Zanella. A Advocacia Pública como função essencial à Justiça. *Consultor Jurídico*, [S.l.], 18 ago. 2016. Interesse público. Disponível em: https://www.conjur.com.br/2016-ago-18/interesse-publico-advocacia-publica-funcao-essencial-justica. Acesso em: 09 jun. 2022.

1º Diagnóstico de Advocacia Pública Municipal no Brasil[21] constatou um dado que há muitos anos têm sido alertado, o déficit institucional da presença dos advogados públicos efetivados nos 5.570 municípios espalhados pelo nosso país.

Segundo o diagnóstico, aproximadamente, 65,6% dos municípios não têm um advogado público efetivo. Em outras palavras, são 3.654 municípios, sendo a maior parte deles na região norte do Brasil, sem um advogado público oriundo de concurso público e incumbido das funções da Advocacia Pública.

Na consulta, observou-se ainda que, ao contrário do que se imaginava, o número das cidades pequenas, com até 50.000 habitantes, que não possuem Procuradores Municipais próprios é praticamente equivalente as cidades de médio porte, com até 100.000 habitantes.

Tal fato ocorre não pela falta de demandas jurídicas, mas sim, como citado, pelos gestores entenderem que, por não haver menção expressa das Procuradorias Municipais no artigo 132 da Constituição da República, não há obrigatoriedade de realização de concurso público para a contratação de advogados, optando, por sua vez, passar a responsabilidade da função para os servidores puramente comissionados ou escritórios de advocacia.

Posto isso, verifica-se que os dados obtidos pelo estudo são de uma enorme preocupação, tendo em vista que mais da metade dos municípios brasileiros, bem como seus gestores, são assessorados e representados por indivíduos livremente contratados, sem qualquer espécie de estabilidade funcional, o que, por consequência, tornam-se vulneráveis às ingerências políticas.

Além disso, frisa-se ainda, sobre a, já mencionada, dificuldade no que tange a afirmação da concepção da real função das Procuradorias Públicas Municipais, em virtude de inúmeras vezes serem minimizadas em meras Procuradorias de Governo, em que buscam somente pleitear os requerimentos dos gestores.

Certamente, essas adversidades se distinguem de forma e intensidade conforme cada localidade, haja vista que, em certas cidades, alguns gestores se preocupam com a qualidade do serviço prestado e o bem-estar dos seus funcionários, sempre mantendo e aperfeiçoando suas capacidades. Em contrapartida, outros prefeitos tratam as procuradorias com um verdadeiro descaso, deixando-as em um total abandono.

A título de exemplo, encontram-se alguns casos[22] onde ficou cristalina a falta de sensibilidade governamental quando se refere a Advocacia Pública. O primeiro deles foi quando, o então Presidente Luís Inácio Lula da Silva, vetou importante dispositivo, da Lei de Diretrizes Orçamentárias – LDO, que objetivava determinar limites para as restrições financeiras ao funcionamento da Procuradoria-Geral da Fazenda Nacional – PGFN.

Passados alguns anos, no segundo semestre de 2012, já no governo da Presidente Dilma Rousseff, foi encaminhado para o Congresso Nacional um projeto de lei que visava alterar a Lei Orgânica da Advocacia-Geral da União – AGU (Lei Complementar nº 73 de 1993), que, devido a uma cúpula administrativa tomada por corrupção e escândalos, foram diretamente contra a exclusividade no exercício das funções institucionais da AGU

---

[21] MENDONÇA, Clarice Corrêa de; PORTO, Nathália França Figueiredo; VIEIRA, Raphael Diógenes Serafim. *1º Diagnóstico da Advocacia Pública Municipal no Brasil*. Belo Horizonte: Fórum; Herkenhoff & Prates, 2018, p. 36.

[22] CASTRO, Aldemario Araújo. Desafios atuais da Advocacia Pública. Disponível em: http://www.fonsecademelo britto.com/?p=669. Acesso em: 10 jun. 2022.

por seus membros de carreira, bem como a prática da independência técnico-funcional em bases republicanas.

No mesmo raciocínio, ainda na gestão de Dilma Rousseff, o veto integral[23] do Projeto de Lei Complementar nº 114/11, no qual atribuiria um percentual mínimo de 2% do orçamento líquido dos estados às Defensorias Públicas, como é feito em outras instituições. A proposta visava regularizar a autonomia financeira e orçamentária das Defensorias, o que tornaria a prestação do serviço ainda mais eficiente.

Dessarte, percebe-se que o maior desafio da Advocacia Pública Municipal, diz respeito a falta de sensibilidade e, por conseguinte, o convencimento dos principais agente políticos da necessidade de realmente tornar a função das procuradorias uma atividade essencial à Justiça em vários sentidos, níveis, materiais, jurídicas e políticas, conforme foi o desejado pelo constituinte.

No que se refere o tema, Aldemário Araújo Castro[24] ainda ressalta que todo esse movimento não conta apenas com os Advogados Públicos, sejam eles da esfera federal, estadual e municipal, mas também com a relevante auxílio da Ordem dos Advogados do Brasil – OAB, pela integração de diversos seguimentos da sociedade civil e, principalmente, devido a todo o debate levantado pela impressa, tanto nos veículos de comunicação, quanto no Parlamento.

Fora isso, existe ainda uma dificuldade da atividade em si, contida basicamente na delimitação do papel do Advogado Público, uma vez que, por ser desdobrar em vários liames, acaba gerando alguns problemas entre o procurador público e os governantes.

Entende-se que o Advogado Público deve agir como intermediador entre as partes, no caso, a parte e o magistrado, priorizando, obviamente, o interesse público em detrimento do privado. A problemática, nesse caso, é que o interesse público nem sempre coincide com a vontade pública. Nesse sentido, é importante esclarecer que a Administração Pública não é titular do interesse público, mas sim, mera guardiã desses direitos, devendo por ele zelar.

Tendo em vista que a Advocacia Pública mensura sua atividade, tanto esfera contenciosa quanto consultiva, nos limites da legalidade, suas ações sempre visaram o prol da coletividade e do interesse público. De modo que, no contencioso, serão defendidas as políticas públicas e os atos administrativos conforme estabelecido pelo regulamento pátrio. Logo, há uma séria dificuldade para defender atos que são visivelmente ilegais ou inconstitucionais. Da mesma forma ocorre na esfera consultiva ao pontuar os caminhos e soluções para afastar as ilicitudes de alguma ordem.

Isto posto, caracterizam-se os grandes desafios atuais no âmbito da Advocacia Pública Municipal. O primeiro que diz respeito ao esforço de diversos setores sociais a fim de tocar os gestores políticos para realmente fomentar a atividade da Advocacia Pública como Função Essencial à Justiça em todos os níveis e o segundo seria o investimento de tempo e financeiro buscando auferir a adequada prestação do serviço público.

---

[23] DILMA veta projeto que concedia autonomia financeira às Defensorias Públicas. *Migalhas*, [S.l.], 8 jan. 2013. Disponível em: https://www.migalhas.com.br/quentes/170442/dilma-veta-projeto-que-concedia-autonomia-financeira-as-defensorias-publicas. Acesso em: 10 jun. 2022.

[24] CASTRO, Aldemario Araújo. Desafios atuais da Advocacia Pública. Disponível em: http://www.fonsecademelobritto.com/?p=669. Acesso em: 10 jun. 2022.

5   Considerações finais

De acordo com os estudos de Joseph A. Schumpeter[25] e Robert Dahl,[26] o conceito de democracia envolve contestação e participação, no qual o povo é o verdadeiro detentor do governo, sendo ele quem escolhe, através do voto nas eleições, quem será o porta-voz e o responsável pela tomada de decisões daquela sociedade.

Isso ocorre porque, para que exista uma sociedade onde os indivíduos sejam politicamente iguais, assegurando a proteção dos seus direitos fundamentais, é indispensável de que ela esteja estabelecida em alicerces fundamentais, como liberalismo, legalidade e justiça. Em outras palavras, o fundamento essencial do Estado Democrático de Direito é nos permitir fundar a percepção material do Estado na persecução do bem comum, consolidada na justiça social.

De modo que, mesmo com os referidos cientistas políticos acreditando, na época, que o pleno cumprimento desse objetivo se tratava de mera utopia, hoje, em nossa Carta Magna, o constituinte de 1988, após anos do regime ditatorial, teve o cuidado fossem implementados mecanismos constitucionais que viabilizassem (ou chegássemos bem próximos de conseguir) a real efetivação e a preservação do um Estado Democrático de Direito, bem como para fortalecer a cidadania, ampliando os instrumentos para a participação popular e de controle público.

Entre os diversos meios estabelecidos foram criados os chamados direitos fundamentais, baseados no princípio da dignidade da pessoa, cuja finalidade é preconizar o mínimo indispensável para a proteção decente de um sujeito se mantenha dentro de um grupo administrado pelo Poder Estatal.

Como visto, além de elencar todo esse novo conjunto de direitos fundamentais para os indivíduos, a Constituição da República se preocupou ainda em compor e fortalecer as instituições, especificamente, a fim de que fossem órgãos protetores desses direitos, denominando-as como funções essenciais à justiça, as quais abrangem: o Ministério Público, a Defensoria Pública, a Advocacia e a Advocacia Pública, objeto do presente estudo.

Nesse contexto, muito embora a Advocacia Pública já existisse desde o período do Brasil Colônia, longo e árduo foi o processo para que, enfim, essa instituição fosse, ainda que timidamente, reconhecida. Todavia, mesmo depois de mais de 30 anos de redemocratização, observa-se que ainda há um silencio constitucional acerca das Procuradorias Municipais, gerando, consequentemente, prejuízos ao erário.

Isso não significa dizer que as Procuradorias Municipais deixaram de atuar diariamente para a defesa dos interesses do Estado, na busca da efetividade dos valores constitucionais, em especial, os direitos fundamentais, independente da omissão legislativa.

Por esse motivo, o legislador infraconstitucional tem oferecido diversas inovações, visando intensificar ainda mais o desempenho das advocacias para o devido cumprimento dessas prerrogativas, bem como para uma atuação menos verticalizada entre Governo e cidadãos.

---

[25]   SCHUMPETER, J. *Capitalismo, socialismo e democracia*. Rio de Janeiro: Fundo de Cultura, 1961, p. 267

[26]   DAHL, R. *Poliarquia*: participação e oposição. São Paulo: EDUSP, 1997. p. 25

Portanto, conclui-se que, mesmo não integrando a estrutura do Poder Judiciário, a Advocacia Pública Municipal, assim como as demais instituições, é imprescindível não só para a atividade jurisdicional, mas também para a proteção dos direitos fundamentais e o fortalecimento da cidadania.

Referências

ALESSI, Renato. *Instituciones de derecho administrativo*. t. 1. Buenos Aires: Bosch, Casa Editorial, 1970.

BRASIL. Supremo Tribunal Federal. *Recurso Extraordinário nº 663.696/MG*. Relator: Min. Luiz Fux. Recorrente: Associação dos Procuradores Municipais de Belo Horizonte – APROMBH. Recorrido: Município de Belo Horizonte. Brasília (DF), 28 fev. 2019.

CASTRO, Aldemario Araújo. A (centenária) Procuradoria-Geral da Fazenda Nacional: seu papel e sua importância para a sociedade e para o Estado. *In*: GUEDES, Jefferson Carús; SOUZA, Luciane Moessa de (Coord.). *Advocacia de Estado*: questões institucionais para a construção de um Estado de justiça. Belo Horizonte: Fórum, 2009. p. 547-560.

CASTRO, Aldemario Araújo. Desafios atuais da Advocacia Pública. Disponível em: http://www.fonsecademelobritto.com/?p=669. Acesso em: 10 jun. 2022.

DAHL, R. *Poliarquia*: participação e oposição. São Paulo: EDUSP, 1997.

DEMO, Roberto Luís Luchi. Advocacia pública. *Revista dos Tribunais*, São Paulo, a. 91, n. 801, p. 699-738, jul. 2002.

DI PIETRO, Maria Sylvia Zanella. A Advocacia Pública como função essencial à Justiça. *Consultor Jurídico*, [S.l.], 18 ago. 2016. Interesse público. Disponível em: https://www.conjur.com.br/2016-ago-18/interesse-publico-advocacia-publica-funcao-essencial-justica. Acesso em: 09 jun. 2022.

DI PIETRO, Maria Sylvia Zanella. *Direito administrativo*. 32. ed. Rio de Janeiro: Forense, 2019.

FERRAZ, Sergio; CARVALHO, Guilherme. *Advocacia Pública Municipal*: soluções estruturantes proporcionais. Salvador: JusPodivm, 2021.

GALINDO, Bruno. Advocacia pública e a autonomia do município no federalismo brasileiro. *Revista Consultor Jurídico*, São Paulo, 25 ago. 2019. Opinião Disponível em: https://www.conjur.com.br/2019-ago-25/bruno-galindo-advocacia-publica-autonomia-municipio. Acesso em 29 mai. 2022.

HEITOR, Ivone Susana Cortesão. *Ordenações Afonsinas*. Disponível em: http://www.ci.uc.pt/ihti/proj/afonsinas/. Acesso em: 14 mai. 2022.

LEITE, Alessandro Farias. O papel da advocacia pública municipal na pandemia de covid. *Associação Nacional dos Procuradores Municipais (ANPM)*, Brasília, 13 de julho de 2020. Voz do Associado. Disponível em: https://anpm.com.br/voz-do-associado/o-papel-da-advocacia-publica-municipal-na-pandemia-de-covid. Acesso em 08 jun. 2022.

LÔBO, Paulo. *Comentário ao Estatuto da Advocacia e da OAB*. 10. ed. São Paulo: Saraiva, 2017.

MENDONÇA, Clarice Corrêa de; PORTO, Nathália França Figueiredo; VIEIRA, Raphael Diógenes Serafim. *1º Diagnóstico da Advocacia Pública Municipal no Brasil*. Belo Horizonte: Fórum; Herkenhoff & Prates, 2018.

MENDONÇA, Fabiano André de Souza. Comentários aos arts. 131 e 132. *In*: BONAVIDES, Paulo; MIRANDA, Jorge; AGRA, Walber de Moura. *Comentários à Constituição Federal de 1988*. Rio de Janeiro: Forense, 2009.

DILMA veta projeto que concedia autonomia financeira às Defensorias Públicas. *Migalhas*, [S.l.], 8 jan. 2013. Disponível em: https://www.migalhas.com.br/quentes/170442/dilma-veta-projeto-que-concedia-autonomia-financeira-as-defensorias-publicas. Acesso em: 10 jun. 2022.

PINTO, Alexandre Guimarães Gavião. Direitos Fundamentais legitimas prerrogativas de liberdade, igualdade e dignidade. *Revista da EMERJ*, Rio de Janeiro, v. 12, n. 46, p. 126-140, 2009.

SANTOS, Marcus Gouveia dos. A advocacia pública como instituição essencial ao estado de direito democrático e social. *Revista de Estudos Institucionais*, v. 5, n. 2, p. 422-440, maio/ago. 2019. Disponível em: https://pdfs.semanticscholar.org/105f/0f791ce61c1d9b8c23144741b0aa5aad1923.pdf. Acesso em 05 jun. 2022.

SCHUMPETER, J. *Capitalismo, socialismo e democracia*. Rio de Janeiro: Fundo de Cultura, 1961.

SOUTO, Marcos Juruena Villela. O papel da Advocacia Pública no controle da legalidade da administração. *Interesse Público*, Belo Horizonte, v. 6, n. 28, nov. 2004. Disponível em: https://bdjur.stj.jus.br/jspui/bitstream/2011/30962/papel_advocacia_publica_souto.pdf. Acesso em 05 jun. 2022.

STONE, Alan. Rule of Law. *In:* SHAFRITZ, Jay (Org.). *International Encyclopedia of Public Policy and Administration*. v. 4. Boulder: Westview Press, 1998. p. 2010.

TAVARES, Gustavo Machado; MOURÃO, Carlos Figueiredo; VIEIRA, Raphael Diógenes Serafim (Coord..). *A obrigatoriedade constitucional das Procuradorias Municipais*. Belo Horizonte: Fórum, 2022.

O PRINCÍPIO DA LEGALIDADE COMO ESSENCIAL AO EXERCÍCIO DA ADVOCACIA PÚBLICA MUNICIPAL E À EFETIVIDADE DOS DIREITOS FUNDAMENTAIS PROCESSUAIS

MONICA MARIA LAUZID DE MORAES

1 Introdução

A Administração Pública em todos os atos emanados segue o princípio da legalidade, caracterizando-se como pilar de seus gestores. Significa dizer que, o administrador público está, em toda a sua atividade funcional, sujeito aos mandamentos da lei, sob pena de praticar ato inválido e incorrer na responsabilização disciplinar, cível e criminal.

Realidade similar orienta os atos da Advocacia Pública. Considerando o operador do Direito como indispensável à administração da justiça, maior a indissociabilidade do exercício de sua missão institucional com o respeito ao princípio da legalidade, sem o qual, tornam-se inválidos os atos emanados e, em consequência, inoperante a finalidade da consecução do interesse público.

Neste sentido, sabemos que na Administração Pública só é permitido fazer o que a lei autoriza, sendo objeto deste estudo perquirir o papel da Advocacia Pública Municipal e sua relação com o princípio da legalidade, conexo ao efetivo ingresso nos quadros de carreira, para fins de legitimação dos seus atos e para a busca da efetividade dos Direitos Fundamentais Processuais.

Começamos a abordagem versando, brevemente, sobre a origem e a institucionalização das Procuradorias Municipais, intentando situar o leitor a respeito da "genealogia" do Procurador Municipal e sua importância na representação dos entes federativos (item 2).

Na sequência, para a compreensão da importância da Advocacia Pública e sua independência para a promoção da gestão pública imparcial, versamos sobre sua competência institucional na Constituição Federal de 1988, destacando a ausência na norma fundamental da figura do Procurador Municipal, bem como, a necessária constitucionalização da carreira e ingresso efetivo para a observância do princípio da legalidade e a legitimação dos seus atos (item 3).

Sendo assim, adentramos no tema central da abordagem, versando sobre a *supremacia do interesse público sobre o particular*, por meio do exercício da Advocacia Pública Municipal em estreita obediência ao Princípio da Legalidade, e a legítima atuação de seus pares, pelo ingresso na carreira em obediência ao art. 37, II da Constituição Federal de 1988, e sua relação direta com a qualidade da gestão pública para o alcance da efetividade de Direitos Fundamentais Processuais – da capacidade postulatória à validade ao ato exaurido (itens 4, 5 e 6).

Assim, apresentamos ao leitor, em abordagem precisa, a estreita relação do mister da Advocacia Pública Municipal com o princípio da legalidade à efetividade dos Direitos Fundamentais Processuais.

2 A origem e a institucionalização das Procuradorias Municipais

Referenciar a origem da Advocacia Pública brasileira significa apontar o desenvolvimento até sua institucionalização no ordenamento jurídico, ressaltando sua importância na representação dos entes federativos.

A origem da Advocacia Pública pode ser vista em três fases distintas. Primeira Fase: Colônia e Império (1500-1889). Segunda Fase: República até a Constituição Federal de 1988 (1889 a 1988). Terceira Fase: pós Constituição de 1988. A primeira fase, que vai de 1500 a 1889, é disciplinada pelas denominadas Ordenações Afonsinas, Manuelinas e Filipinas.

As Ordenações Afonsinas de 1446 previam a figura do Procurador dos Nossos Feitos, ao qual era atribuída a defesa dos direitos da Coroa, a preservação do patrimônio e bens reais, e a função de defesa de órfãos, viúvas e pobres. As Ordenações Manuelinas de 1521 modificaram a defesa das pessoas carentes, antes atribuídas ao Procurador dos Nossos Feitos, passando a ser atribuição do Promotor da Justiça da Casa de Suplicação. Nas Ordenações Filipinas de 1603, a figura do Procurador dos Nossos Feitos foi subdividida nos cargos de Procurador dos Feitos da Coroa e Procurador dos Feitos da Fazenda. Por sua vez, por meio do Regimento da Relação da Bahia, de 07 de março de 1609, foi implantado o Tribunal da Colônia e sua composição, dentre os quais faria parte o Procurador dos Feitos da Coroa, que acumularia a função de Procurador dos Feitos da Fazenda e Fiscais, bem como do Promotor de Justiça da Casa de Suplicação.[1]

Com a Constituição de 25 de março de 1824, o Brasil atribuiu *status* constitucional ao Procurador da Coroa e Soberania Nacional, caracterizando-se como o primeiro diploma para a almejada institucionalização da carreira da Advocacia Pública a nível de Norma Fundamental.

No entanto, a Carta Constitucional foi sucinta ao tratar da Advocacia Pública, dedicando apenas dois artigos sobre o assunto. Inclusive, mantendo-se assim até a promulgação da Constituição Federal de 1988.

---

[1]   DRUMOND, Marcos Gustavo de Sá. A representação de agentes públicos pela Advocacia de Estado: pressupostos e requisitos. *Caderno Virtual*, [S. l.], v. 3, n. 48, out. 2020. Disponível em: https://www.portaldeperiodicos.idp.edu.br/cadernovirtual/article/view/4810. Acesso em: 08 jun. 2022.

O primeiro artigo (art. 131) dispôs sobre a Advocacia Geral da União, e o segundo artigo (art. 132) fixou a obrigatoriedade de organização das Procuradorias, e respectiva carreira, para os Estados e Distrito Federal, sem fazer menção aos Municípios – lacuna jurídica que ainda persiste no âmbito da Advocacia Pública Municipal.

A ausência na *Lex Fundamentalis* da Advocacia Pública no âmbito dos Municípios repercute no embate que a carreira trava pelo reconhecimento do *status* constitucional – ao contrário do exigido para os demais entes políticos.

No que pertine a institucionalização por lei das Procuradorias Municipais, observa-se história relativamente recente nos municípios brasileiros. Antes da promulgação da Constituição Federal brasileira, a institucionalização das procuradorias era praticamente ausente, tendo apenas sete procuradorias sido instituídas por lei até 1987. Após a promulgação da Constituição, o ritmo de institucionalização cresceu ligeiramente, sendo 2013 o ano em que mais procuradorias foram institucionalizadas por lei. Entre as procuradorias que foram institucionalizadas por lei, 83% tiveram a lei promulgada a partir do ano 2000.[2]

Apesar da expressa importância conferida na Constituição Federal de 1988 à Advocacia Pública, assim como, do percurso a sua institucionalização pela legislação extravagante, ainda é patente o déficit institucional desse órgão na maior parte dos municípios brasileiros: apenas 34,4% dos municípios contam com, pelo menos, um procurador ocupante de cargo efetivo. Significa dizer que, quase dois terços dos municípios não dispõem de procurador concursado para prestar a assessoria e a consultoria necessárias à orientação jurídica dos agentes responsáveis pela gestão do Estado.[3]

Entendemos que a inserção constitucional da Advocacia Pública Municipal legitima a atuação dos operadores do direito, pois regulariza o exercício da função na persecução do princípio maior que rege a Administração Pública: da *legalidade*. Significa dizer que, tem-se gestão pública municipal imparcial.

Na busca do legítimo Estado Democrático de Direito, faz-se imprescindível o respeito às regras inafastáveis na República brasileira e, em consequência, para a defesa dos direitos fundamentais e a exequibilidade da gestão pública com qualidade.

3 O Advogado Público na Constituição Federal de 1988 e o Procurador Municipal

Para a compreensão da importância da Advocacia Pública e sua independência para a promoção da gestão pública imparcial, faz-se necessário versar sobre seu papel e competência institucional.

Com a Constituição Federal de 1988 podemos constatar como missão da Advocacia Pública a representação judicial e extrajudicial dos Entes públicos, como expressamente

---

[2] MENDONÇA, Clarice Correa de; VIEIRA, Raphael Diógenes Serafim; PORTO Nathalia França Figuerêdo. *1º Diagnóstico da Advocacia Pública Municipal no Brasil*. 2. ed. Belo Horizonte: Herkenhoff & Prates, 2018. p. 27.

[3] MENDONÇA, Clarice Correa de; VIEIRA, Raphael Diógenes Serafim; PORTO Nathalia França Figuerêdo. *1º Diagnóstico da Advocacia Pública Municipal no Brasil*. 2. ed. Belo Horizonte: Herkenhoff & Prates, 2018. p. 28.

prevê o art. 131 em relação à União,[4] e o art. 132 em relação ao Estados e ao Distrito Federal.[5]

No entanto, as funções da Advocacia Pública não se restringem a representação judicial e/ou extrajudicial, caracterizando-se num amplo feixe de competências inerentes ao próprio labor do operador do direito. Tal seja, tem-se, por exemplo, a atividade consultiva, por meio da qual analisa a legalidade e legitimidade dos atos administrativos executados no desempenho da Gestão Pública.

No sentido, a doutrina administrativa, destacando a função de controle, exercida precipuamente por meio da atividade consultiva, que tem por objetivo a orientação da atuação do administrador público, conferindo segurança jurídica aos atos administrativos praticados, evitando o posterior questionamento acerca de sua eventual ilegalidade ou inconstitucionalidade.[6]

Isto posto, podemos observar a importância do papel da Advocacia Pública para o alcance de uma Gestão Pública imparcial, na qual, a atuação do Procurador deve ser respaldada sob o manto da legalidade, inerente aos atos administrativos e princípio maior da atividade Estatal. Pelo que, faz-se evidente, ainda, a constante luta pelo ingresso efetivo – por meio do concurso de provas e/ou provas e títulos – no cargo de Procurador Municipal, pois carente de institucionalização constitucional, fato a permitir contratações que violam a Carta Magna Federal e os direitos fundamentais.

Neste aspecto, surgem também indagações quando se fala na possível defesa de agentes públicos pelas Procuradorias, caracterizando-se em matéria de polêmica acadêmica e jurisprudencial.[7] A polêmica se assenta sobre a suposta pulverização dos serviços da Advocacia Pública, que deveria se concentrar na representação do ente federado, visto o volume do número de competências dos advogados públicos. Acrescentamos também que, dita competência corrobora com o necessário exercício imparcial, legitimado pela institucionalização da carreira e promoção do efetivo ingresso nos quadros da Advocacia Pública Municipal.

Dentre os princípios que regem a atuação da Administração Pública temos o da *supremacia do interesse público sobre o particular*. Portanto, estamos a fomentar a questão, intrínseca, a carreira da Advocacia Pública e, precipuamente, ao do Procurador Municipal, relacionada a obediência da legalidade, entendida aqui, pela legítima atuação de seus pares, por meio do ingresso na carreira em obediência ao determinado no art. 37, II da Constituição Federal de 1988.[8]

---

[4] "Art. 131. A Advocacia-Geral da União é a instituição que, diretamente ou através de órgão vinculado, representa a União, judicial e extrajudicialmente, cabendo-lhe, nos termos da lei complementar que dispuser sobre sua organização e funcionamento, as atividades de consultoria e assessoramento jurídico do Poder Executivo".

[5] "Art. 132. Os Procuradores dos Estados e do Distrito Federal, organizados em carreira, na qual o ingresso dependerá de concurso público de provas e títulos, com a participação da Ordem dos Advogados do Brasil em todas as suas fases, exercerão a representação judicial e a consultoria jurídica das respectivas unidades federadas. (Redação da EC 19/1998)".

[6] DI PIETRO, Maria Sylvia Zanella. *Curso de Direito Administrativo*. 25. ed. São Paulo: Atlas, 2011.

[7] O Supremo Tribunal Federal, por meio de ADI, na qual foi suscitada a inconstitucionalidade do art. 22 da Lei n. 9.028, de 12 de abril de 1995, com redação dada pela Medida Provisória nº 2216-37, de 31 de agosto de 2001, e, subsidiariamente e sucessivamente, contra o art. 22 da Lei Federal 9.028, de 12 de abril de 1995, na redação conferida pela Lei Federal 9.649, de 27 de maio de 1998 e contra o art. 22 da Lei Federal 9.028, de 12 de abril de 1995, em sua redação original.

[8] "Art. 37. A administração pública direta e indireta de qualquer dos Poderes da União, dos Estados, do Distrito Federal e dos Municípios obedecerá aos princípios de legalidade, impessoalidade, moralidade, publicidade e eficiência e, também, ao seguinte: (Redação dada pela Emenda Constitucional nº 19, de 1998) [...]"

A Advocacia Pública Municipal deve primar pela carreira efetiva dos seus servidores, na prática de atos regulares no exercício da função, com o propósito de atender ao interesse público, consubstanciado na imparcialidade e legalidade, para fins de efetividade dos direitos fundamentais.

Os órgãos, cargos e funções são abstrações legais que ganham vida com a pessoa humana que passa a agir em seu nome, de forma que impossível se torna a cisão entre o servidor e o órgão. Muito embora os órgãos sejam um "centro de competência governamental ou administrativa", sede na qual se inserem as funções, cargos e agentes, eles jamais podem subsistir sem os últimos, posto que é através dos agentes que os órgãos estatais exprimem sua vontade.[9]

Com efeito, aplicando interpretação teleológica aos dispositivos constitucionais relativos Advocacia Pública, assim como, posto que é por meio dos agentes que os órgãos estatais exprimem sua vontade, apresenta-se indissociável à figura do Procurador Municipal sua atuação em conformidade à legalização e legitimação. Significa dizer que, nossa norma fundamental não pode ser violada e interpretada em detrimento da primazia do interesse público sobre o particular.

Numa perspectiva sob a atuação da Advocacia Pública Municipal em conformidade à legalização e legitimação, o *1º Diagnóstico da Advocacia Pública Municipal no Brasil* aponta os municípios com procurador concursado, na seguinte proporção: "Os resultados do presente Diagnóstico permitem inferir que 34,4% dos municípios brasileiros contam com ao menos um procurador municipal ativo, ocupante de cargo de provimento efetivo, após aprovação no respectivo concurso público específico para a carreira".[10]

Portanto, tem-se 65,6% de Municípios sem Procurador concursado, sem ocupante de cargo de provimento efetivo, após aprovação no respectivo concurso público específico para a carreira.

A informação referenciada confirma os desafios para o alcance do objetivo da institucionalização das procuradorias municipais no Brasil, na medida em que a maior parte das cidades do país ainda se encontra desprovida de servidores concursados. Fato que, evidencia a importância da Advocacia Pública como efetivo instrumento de controle preventivo de ilícitos, assim como, para a promoção do princípio da legalidade inerente aos atos administrativos.

Destacamos ainda, a importância não somente da institucionalização, mas, principalmente, da conscientização e do respeito à legalidade pública, eis que, existem Procuradorias Municipais criadas por lei e com sua carreira devidamente organizada, com procuradores efetivos, que em literal violação das disposições constitucionais, admitem o ingresso no cargo por terceiros em burla ao devido concurso público de provas e/ou provas e títulos.

O papel do procurador na defesa do interesse público deve servir de alicerce para a conscientização de sua necessária independência funcional, para fins de exercício

---

II – a investidura em cargo ou emprego público depende de aprovação prévia em concurso público de provas ou de provas e títulos, de acordo com a natureza e a complexidade do cargo ou emprego, na forma prevista em lei, ressalvadas as nomeações para cargo em comissão declarado em lei de livre nomeação e exoneração (Redação dada pela Emenda Constitucional nº 19, de 1998)".

[9] MELLO, Celso Antônio Bandeira de. *Curso de Direito Administrativo*. 11. ed. São Paulo: Malheiros, 1999.

[10] MENDONÇA, Clarice Correa de; VIEIRA, Raphael Diógenes Serafim; PORTO Nathalia França Figuerêdo. *1º Diagnóstico da Advocacia Pública Municipal no Brasil*. 2. ed. Belo Horizonte: Herkenhoff & Prates, 2018. p 28.

pleno e imparcial do seu labor, na promoção dos direitos fundamentais e da dignidade da pessoa humana.

4 A Administração Pública e o princípio da legalidade

Falar em Administração Pública e o princípio da legalidade, na proposta apresentada no corrente trabalho, significa versar sobre sua relação direta com a qualidade da gestão pública, para o alcance de efetividade de direitos fundamentais. *In casu*, o próprio direito fundamental de advogar.

Como exemplo, se a atividade do membro da Advocacia Pública é considerada por lei como exercício da advocacia (art. 3º, §1º da Lei nº 8.906/93), e se houve o preenchimento das qualificações profissionais legais (art. 5º, XIII da CF/88 c/c art. 8º do Estatuto da OAB), o advogado público não deve sofrer restrições para exercício de seu direito fundamental de advogar. Incluindo, a independência funcional para o alcance da qualidade da gestão pública.

No sentido, observa-se que municípios com procurador concursado indicam qualidade da gestão pública. Os resultados do cruzamento dos índices de qualidade da gestão pública com a existência de procuradores municipais concursados demonstram a relação positiva entre esses fatores. Quanto maior a qualidade da gestão pública, apurada segundo a metodologia específica de cada um desses índices, maior o percentual de cidades cuja Advocacia Pública Municipal conta com ao menos um procurador concursado.[11]

Entre os municípios com concursados, há uma média de 8 procuradores efetivos e 4 procuradores não efetivos por instituição. Nos municípios onde não há concursados, foi observada uma média de 2 profissionais não concursados exercendo funções típicas de procurador.[12]

Portanto, constata-se que, o *1º Diagnóstico da Advocacia Pública Municipal no Brasil* aponta a carência de procuradores efetivos, mesmo naqueles municípios onde há carreira organizada e instituída por lei, em violação a legalidade constitucional do devido concurso público.

Sob esse prisma, necessário se faz conceituar o princípio da legalidade na Administração Pública e sua relação com a qualidade da gestão pública e promoção dos direitos fundamentais à advocacia pública.

A cada disciplina jurídica é imprescindível observar os princípios que as orientam. Para a Administração Pública o gestor deve seguir os princípios inerentes aos atos administrativos, entre eles: legalidade, impessoalidade, moralidade, publicidade, eficiência, supremacia do interesse público, finalidade, razoabilidade, proporcionalidade, motivação etc. *In casu*, versaremos sobre o *princípio da legalidade*: normativo diretor da atividade administrativa.

O princípio da legalidade aparece expressamente na Constituição Federal em seu art. 37, *caput*: "a administração pública direta e indireta de qualquer dos Poderes da

---

[11] MENDONÇA, Clarice Correa de; VIEIRA, Raphael Diógenes Serafim; PORTO Nathalia França Figuerêdo. *1º Diagnóstico da Advocacia Pública Municipal no Brasil*. 2. ed. Belo Horizonte: Herkenhoff & Prates, 2018. p 33.

[12] Op. cit. p 74.

União, dos Estados, do Distrito Federal e dos Municípios obedecerá aos princípios de legalidade, impessoalidade, moralidade, publicidade e eficiência". Encontra-se ainda no art. 5º, II, da Carta Magna: "ninguém será obrigado a fazer ou deixar de fazer alguma coisa senão em virtude da lei".

Leciona Hely Lopes Meirelles: "a legalidade, como princípio de administração, significa que o administrador público está, em toda sua atividade funcional, sujeito aos mandamentos da lei, e às exigências do bem comum, e deles não se pode afastar ou desviar, sob pena de praticar ato inválido e expor-se à responsabilidade disciplinar, civil e criminal, conforme o caso".[13]

Diz-se, então, que ao Administrador Público só é dado fazer aquilo que a lei autorize, de forma prévia e expressa, caracterizando, dessa maneira, a denominada indisponibilidade dos interesses públicos.

Ainda na doutrina de Hely Lopes Meirelles: "na Administração Pública não há liberdade nem vontade pessoal. Enquanto na administração particular é lícito fazer tudo que a lei não proíbe, na Administração Pública só é permitido fazer o que a lei autoriza".

Para José Afonso da Silva, lei é a expressão da vontade geral que só se materializa num regime de divisão de poderes em que ela seja o ato formalmente criado pelos órgãos de representação popular, de acordo com o processo legislativo estabelecido na Constituição.[14]

Segundo Oswaldo Aranha Bandeira de Mello, a lei tem um valor formal, de se impor, imediatamente, de modo superior a qualquer manifestação do Estado-poder, a todas as autoridades estatais e aos componentes do Estado-sociedade e de se impor, ainda virtualmente, sem necessidade de se apoiar em regra anterior às suas prescrições, limitada no seu poder tão-somente pelos textos constitucionais.[15]

O princípio da legalidade é uma das maiores garantias para os gestores públicos, digamos que, um dos pilares do ordenamento jurídico brasileiro. Representa a subordinação do Poder Público à lei. Tal seja, a lei define as condições da atuação dos agentes administrativos, para fins de atingir o interesse público e a almejada efetividade dos direitos fundamentais.

Versando sobre o princípio da legalidade como o normativo diretor da atividade administrativa, enfatiza-se a importância e a valoração da Advocacia Pública Municipal, para que se entenda o papel do profissional e a sua atuação, orientando os gestores a investirem na realização de concursos públicos. Cumprir a legalidade na execução dos atos públicos proporciona a efetivação do princípio fundamental da própria dignidade humana.

O *1º Diagnóstico da Advocacia Pública Municipal no Brasil* elucida aspectos relevantes sobre o funcionamento das Procuradorias Municipais e a necessidade da promoção do concurso público para provimento dos cargos de Procurador Municipal. Entre as principais informações, conforme mencionamos, é a de que apenas 34,4% dos municípios brasileiros contam com ao menos um procurador municipal ativo, ocupante de cargo

---

[13] MEIRELLES, Hely Lopes. *Direito Administrativo Brasileiro*. 31. ed. São Paulo: Malheiros, 2005.

[14] SILVA, José Afonso. *Curso de Direito Constitucional Positivo*. 15. ed. São Paulo: Malheiros, 1998.

[15] MELLO, Oswaldo Aranha Bandeira de. *Princípios gerais de Direito Administrativo*. 3. ed. v. 1. São Paulo: Malheiros, 2011.

de provimento efetivo, após aprovação no respectivo concurso público específico para a carreira. Esse dado demonstra a relevância do servidor efetivado por meio de concurso para a execução da advocacia municipal, visto também sua relação direta com o Índice de Desenvolvimento Humano Municipal (IDHM) e com a maior qualidade da gestão pública.[16]

Com efeito, podemos dizer que o princípio da legalidade é o normativo pilar da Administração Pública, devendo o gestor dele usar com a primazia do interesse público sobre o particular. Mesmo na técnica usada pelo legislativo de permitir ao gestor público uma margem de leitura e interpretação da lei em um espaço específico, o que se costuma denominar de "margem de interpretação" ou "margem de discricionariedade", faz-se defeso violar princípios inerentes ao próprio Estado de Direito, como é o caso do princípio da legalidade.

O espaço de liberdade para interpretação da lei por gestores, inclusive, consubstancia-se como a origem de órgãos controladores do poder. E o Poder Judiciário está entre esses órgãos controladores, analisando a legalidade dos atos administrativos e o limite permissivo da atuação discricionária. Eis que, "a lei não excluirá da apreciação do Poder Judiciário lesão ou ameaça a direito".[17]

Nítida, então, a relação da Administração Pública e o princípio da legalidade, para o alcance da efetividade de direitos fundamentais, garantindo-se ao profissional o ingresso por meio do concurso público.

Como nos ensina o prof. Diogo de Figueiredo Moreira Neto, ao tratar das carreiras jurídicas de estado:

> Revela-se, assim, que, se, por um lado, no plano do ideal, já se disponha de princípios orientadores do aperfeiçoamento da atuação da Advocacia de Estado, o que inclui a incumbência, mormente dirigida ao legislador, de explicitar as condições institucionais necessárias para torná-la cada vez mais eficiente em sua missão constitucional, com vistas a que a ação administrativa dos entes estatais, nos três níveis federativos, seja cada vez mais obediente à ordem jurídica, por outro lado, no plano do real, a árdua luta, ainda por vencer, continua se ater ao escopo, bem mais modesto, que ainda é o de alcançar um mínimo satisfatório de eficácia no desempenho dessas funções, o que é obstado, desde logo, pela ausência de um correto entendimento sobre sua missão por parte dos próprios legisladores, notadamente sobre a sua importância para a realização do Estado Democrático de Direito.[18]

Concluindo a doutrina referenciada, com maestria aponta Cristiane da Costa Nery:

> Tal assertiva é de suma importância para a compreensão do contexto em que se insere a advocacia pública, em especial a municipal, que ainda demanda organização em várias

---

[16] MENDONÇA, Clarice Correa de; VIEIRA, Raphael Diógenes Serafim; PORTO Nathalia França Figuerêdo. *1º Diagnóstico da Advocacia Pública Municipal no Brasil*. 2ª ed. Belo Horizonte: Herkenhoff & Prates, 2018.

[17] "Art. 5º Todos são iguais perante a lei, sem distinção de qualquer natureza, garantindo-se aos brasileiros e aos estrangeiros residentes no País a inviolabilidade do direito à vida, à liberdade, à igualdade, à segurança e à propriedade, nos termos seguintes: [...] XXXV – a lei não excluirá da apreciação do Poder Judiciário lesão ou ameaça a direito".

[18] MOREIRA NETO, Diogo de Figueiredo. A Advocacia de Estado revisitada: essencialidade ao Estado Democrático de Direito. *In*: GUEDES, Jefferson Carús; SOUZA, Luciane Moessa (Coord.). *Advocacia de Estado*: questões institucionais para a construção de um Estado de justiça. Belo Horizonte: Fórum, 2009.

localidades do país. Para que se garanta isenção e correção na função constitucional exercida pelo Advogado Público, imprescindível o respeito profissional, a independência e autonomias funcionais reais, nos termos da Constituição Federal e das legislações respectivas. A governabilidade e a boa administração podem ser garantidas pela atuação desse profissional, o que leva ao fortalecimento dos próprios entes públicos que representam.[19]

A Advocacia Pública como função essencial à justiça, assim constitucionalmente prevista, deve se respaldar no manto da legalidade, com fins de gerir imparcialidade e qualidade à gestão pública municipal, primando pela efetividade dos deveres básicos de uma Administração proba e fiel do pilar normativo para a realização do Estado Democrático de Direito. Entenda-se: com a observância do devido ingresso na carreira de Procurador Municipal por meio do concurso público.

5 O exercício da Advocacia Pública Municipal e o princípio da legalidade a gerir a legitimidade de atuação

Conforme exposto, o exercício da Advocacia Pública está indissociável a obediência do princípio da legalidade, eis que, entendemos como o alicerce do arcabouço jurídico para legitimar a atuação do Procurador Municipal.

Neste aspecto, faz-se mister conceituar legitimidade e relacionar a persecução da Advocacia Pública Municipal por seus membros oriundos dos quadros de carreira, em atenção a Carta Magna Federal (art. 37, II).

Na legislação adjetiva cível a legitimidade da parte é a condição de ser detentor do direito buscado, a condição de ser legítimo para propor a demanda, para solicitar ou restaurar direito. A lei dispõe quem é legítimo, condição sem a qual, o sujeito processual não pode reivindicar em juízo. Ainda, as partes legítimas do processo serão os sujeitos da relação de direito material, ou seja, deve haver correspondência entre os indivíduos detentores do direito e as partes do processo instaurado.

O Código de Processo Civil de 2015, em seu artigo 17, dispõe que para postular em juízo é necessário ter interesse e legitimidade. Inclusive, os processos poderão ser extintos com resolução de mérito ou sem resolução de mérito. Quando a extinção ocorre sem a resolução do mérito, verifica-se vício de índole processual ou formal, em que não há análise da lide propriamente dita, sendo a ausência de legitimidade uma dessas hipóteses.[20]

Dentre as classificações da legitimidade no âmbito processual, destacaremos as denominadas: legitimidade ordinária, extraordinária, exclusiva e concorrente. Adianta-se que, a Advocacia Pública Municipal está prevista dentro da legitimação exclusiva.

A legitimidade ordinária é exercida pelo sujeito processual que defende ação em nome próprio e para defender seu direito, parte legítima para estar na demanda.

---

[19] NERY, Cristiane da Costa. A constitucionalização da carreira do procurador municipal: função essencial e típica de Estado. *Interesse Público*, Belo Horizonte, v. 12, n. 60, p. 243-262, mar./abr., 2010. Disponível em: https://bd.tjdft.jus.br/jspui/handle/tjdft/5794. Acesso em: 08 jun. 2022.

[20] "Art. 485. O juiz não resolverá o mérito quando:
VI – verificar ausência de legitimidade ou de interesse processual".

Na legitimidade extraordinária, o sujeito processual atua em nome próprio, porém defende direitos de outrem. Como exemplo, a atuação dos sindicatos, a litigar pelo direito da categoria ou profissão liberal a que pertence.

A legitimidade exclusiva é aquela em que somente o sujeito substituto pode atuar como parte. No artigo 5º da Lei de Ação Civil Pública, podemos destacar exemplo de atuação dos municípios para propor ação principal e cautelar.[21]

A legitimidade concorrente é aquela contida em mais de um sujeito processual. Pode ser conjuntiva ou disjuntiva. Sendo que na legitimidade concorrente conjuntiva, tem-se mais de uma pessoa legítima e todos devem atuar no processo, o que chamamos de litisconsórcio necessário. Já na legitimidade concorrente disjuntiva os sujeitos podem ir em juízo em conjunto ou separadamente, o denominado litisconsórcio facultativo.

Nossa preocupação inicial foi conceituar legitimidade e classificar o instituto, para fins de posterior relação com o princípio da legalidade e com o exercício da Advocacia Pública Municipal. Entretanto, também se apresenta imprescindível a definição de outros institutos básicos de direito adjetivo cível: a capacidade de ser parte, a capacidade de estar em juízo, e a capacidade postulatória.

De acordo com o Código Civil, todos que nascem com vida possuem personalidade civil, pois estão aptos a contrair direitos e deveres. Inclui-se nesses direitos, a possibilidade de figurar como parte em um processo judicial (artigos 1º e 2º do Código Civil). Portanto, todos que têm personalidade civil (pessoa física e jurídica), tem capacidade de ser sujeito da relação jurídica processual. Merecem destaque, as situações que permitem entes despersonalizados, como os órgãos públicos, a capacidade de ser parte.

Conforme o Código de Processo Civil, a capacidade de estar em juízo é atribuída ao pleno exercício de seus direitos pelo sujeito da relação jurídica processual.[22] A guisa de exemplificação, a pessoa física incapaz deve ser fazer representar em juízo, variando essa forma de representação entre representação *stricto sensu*, assistência ou curadoria.[23]

No que pertine ao objeto do nosso estudo, as pessoas jurídicas, por sua vez, são *ficções jurídicas* que se fazem presentes no processo por intermédio de seus representantes. *In casu*, a legislação adjetiva civil prevê que o município seja representando em juízo ativa e passivamente por seu prefeito ou procurador.[24]

Com efeito, tem-se a denominada capacidade postulatória, caracterizando-se como atributo para que determinada pessoa possa praticar validamente atos processuais, conferido por meio da habilitação junto a Ordem dos Advogados do Brasil (capacidade técnica-formal), sob pena de nulidade do processo, de acordo com os artigos 1º e 3º da Lei nº 8.906 /94.

---

[21] "Art. 5º Têm legitimidade para propor a ação principal e a ação cautelar:
III – a União, os Estados, o Distrito Federal e os Municípios".

[22] "Art. 70. Toda pessoa que se encontra no exercício de seus direitos tem capacidade para estar em juízo".

[23] *"Art. 71. O incapaz será representado ou assistido por seus pais, por tutor ou por curador, na forma da lei.*
Art. 72. O juiz nomeará curador especial ao:
I – incapaz, se não tiver representante legal ou se os interesses deste colidirem com os daquele, enquanto durar a incapacidade;
II – réu preso revel, bem como ao réu revel citado por edital ou com hora certa, enquanto não for constituído advogado.
Parágrafo único. A curatela especial será exercida pela Defensoria Pública, nos termos da lei".

[24] *"Art. 75. Serão representados em juízo, ativa e passivamente:*
I – a União, pela Advocacia-Geral da União, diretamente ou mediante órgão vinculado;
II – o Estado e o Distrito Federal, por seus procuradores;
III – o Município, por seu prefeito ou procurador".

Tratando-se de Fazenda Pública sua representação é feita, via de regra, por procuradores judiciais, que são titulares de cargos públicos privativos de advogados regularmente inscritos na OAB, detendo, portanto, capacidade postulatória. Como a representação decorre da lei, é prescindível a juntada de procuração; a representação decorre do vínculo legal mantido entre a Administração Pública e o procurador.[25]

Assim, tem-se que a procuração é materialização de negócio jurídico, circunstância incompatível com a natureza da relação que se estabelece entre o órgão público e seus procuradores. Seu poder de representação está *in re ipsa*. Não por acaso, descabe substabelecimento dos poderes advindos da lei decorrentes da nomeação.[26]

No que se refere ao exercício de cargo público, a capacidade postulatória, dar-se-á por observância do mandamento constitucional, via aprovação prévia em concurso público de provas ou de provas e títulos, de acordo com a natureza e a complexidade do cargo ou emprego, na forma prevista em lei (art. 37, II, CF/88).

Chega-se, digamos, na relação entre a legitimidade e a legalidade posta em análise que, apesar de possuírem diferentes significados, encontram-se indissociáveis para o exercício da Advocacia Pública, dependente de uma atuação respaldada na observância da legalidade inerente aos atos administrativos, assim como, imbuída da legitimidade para a validade dos atos de representação (leia-se presentação).[27] Enquanto a legitimidade trata da autenticidade e da justificação com a vontade geral, por meio da lei, a legalidade é a realização das ações conforme os princípios legais, precipuamente, em atenção a *Lex Fundamentalis*.

Nos termos do art. 1º da Constituição Federal, a República Brasileira é formada pela união indissolúvel dos Estados Membros, dos Municípios e do Distrito Federal, autônomos e organizados, constituindo-se em Estado Democrático de Direito. Referenciada norma expressa de maneira inconteste a autonomia dos Municípios.

A implantação de uma estrutura técnico-burocrática formada por agentes públicos efetivos nas Administrações Públicas Municipais é imperativo constitucional, observando-se competências específicas aos municípios.[28] Fato que, evidencia a

---

[25] CUNHA, Leonardo Carneiro da. *A Fazenda Pública em juízo*. 18. ed. Rio de Janeiro: Forense, 2021. p. 5.

[26] PEREIRA, Hélio do Valle. *Manual da Fazenda Pública em juízo*. Rio de Janeiro: Renovar, 2003. p. 82.

[27] A utilização do termo presentação para indicar de que determinada pessoa jurídica atua em ato próprio foi idealizada e propagada por Pontes de Miranda. Consoante o ilustre doutrinador "os atos dos órgãos das pessoas jurídicas são atos das pessoas jurídicas (princípio da presentação – e não representação – da pessoa jurídica pelos órgãos): 'Consideram-se praticados pelas sociedades os atos dessa natureza provenientes de seus diretores, gerentes ou liquidantes'". *In*: VALE, Horácio Eduardo Gomes. Princípio da presentação. *Revista Jus Navigandi*, Teresina, a. 26, n. 6661, set. 2021. Disponível em: https://jus.com.br/artigos/93475. Acesso em: 14 jun. 2022.

[28] "Art. 30. Compete aos Municípios:
I – legislar sobre assuntos de interesse local;
II – suplementar a legislação federal e a estadual no que couber;
III – instituir e arrecadar os tributos de sua competência, bem como aplicar suas rendas, sem prejuízo da obrigatoriedade de prestar contas e publicar balancetes nos prazos fixados em lei;
IV – criar, organizar e suprimir distritos, observada a legislação estadual;
V – organizar e prestar, diretamente ou sob regime de concessão ou permissão, os serviços públicos de interesse local, incluído o de transporte coletivo, que tem caráter essencial;
VI – manter, com a cooperação técnica e financeira da União e do Estado, programas de educação infantil e de ensino fundamental;
VII – prestar, com a cooperação técnica e financeira da União e do Estado, serviços de atendimento à saúde da população;
VIII – promover, no que couber, adequado ordenamento territorial, mediante planejamento e controle do uso, do parcelamento e da ocupação do solo urbano;

necessidade de constitucionalização da carreira dos Procuradores Municipais, como uma questão de fortalecimento dos municípios – entes federativos autônomos.

No sentido da importância e persecução pelo efetivo ingresso na carreira de Procurador Municipal assegurando observância aos princípios que regem a Administração Pública e, em específico, o princípio da legalidade:

> O corpo funcional que compõe a estrutura efetiva do serviço público é que garante o conteúdo técnico-jurídico da Administração Pública. Principalmente porque esse corpo funcional obedece a forma de ingresso diferenciada, à capacidade, habilitação e à especialização, que são instrumentos da moralidade e eficiência, e garantem a impessoalidade e legalidade, princípios expressamente arrolados no artigo 37 da Constituição Federal. Para que a população receba serviços modernos e adequados, é necessário um serviço público forte e eficiente. Isto somente se consegue através de servidores com carreiras valorizadas e respeitadas. São as carreiras de estado que viabilizam a implementação de políticas públicas, que exercem o controle interno e prévio da legalidade e possibilitam, em última análise, uma sociedade mais justa, melhor e dentro da legalidade.[29]

O Procurador Municipal, como parte da Advocacia Pública, assume salutar importância no controle da legalidade e na primazia do interesse público sobre o particular, devendo, portanto, seus atos revestirem da legitimidade para a própria regularidade do seu labor profissional. Legitimidade, entenda-se, adquirida por meio do respeito a norma fundamental pela via do concurso de provas e provas e títulos. Requisito este, indiscutível nas Procuradorias Municipais constituídas por leis e com carreiras consolidadas por seus pares, por meio do ingresso efetivo nos quadros da Administração Pública.

Na lição do Prof. Celso Bandeira de Mello, na produção do ato administrativo – atinente ao sujeito – deve-se estudar a capacidade da pessoa jurídica que o praticou, a quantidade de atribuições do órgão que o produziu, a competência do agente emanador e a existência de ou inexistência de óbices à sua atuação no caso concreto, concluindo que vício no pressuposto subjetivo acarreta a invalidade do ato.[30]

Por isso é cogente que a Advocacia Pública Municipal, vista a autonomia federativa dos municípios, tenha sua missão institucional realizada por agentes capazes legalmente para a produção do ato administrativo, sob pena de vício no pressuposto subjetivo e invalidação do ato. É que o interesse público só pode se concretizar na forma da lei. Por definição, interesse algum é interesse público senão quando conformado pela ordenação normativa, inclusive quanto à forma de se efetivar.

Entendimento contrário divergiria da jurisprudência do Supremo Tribunal, que assentou a inconstitucionalidade de lei pela qual se cria cargo em comissão sem fixar as atribuições correspondentes legitimadoras desta forma de provimento. A criação de cargos de provimento comissionado sem aquela demonstração, burla o requisito do concurso público, contrariando a Constituição da República.

IX – promover a proteção do patrimônio histórico-cultural local, observada a legislação e a ação fiscalizadora federal e estadual".

[29] NERY, Cristiane da Costa. A constitucionalização da carreira do procurador municipal: função essencial e típica de Estado. *Interesse Público*, Belo Horizonte, v. 12, n. 60, p. 243-262, mar./abr., 2010. Disponível em: https://bd.tjdft.jus.br/jspui/handle/tjdft/5794. Acesso em: 08 jun. 2022.

[30] MELLO, Celso Antonio Bandeira de. *Curso de Direito Administrativo*. 11. ed. São Paulo: Malheiros, 1999. p. 280.

Necessário se demonstrar, na legislação, as atribuições do cargo criado coerentes com o princípio constitucional da livre nomeação e exoneração, justificando-se a condição de exceção à regra do concurso público para a investidura em cargo público. No exercício da Advocacia Pública Municipal, não se permite supor que a relação formada entre a autoridade nomeante e o servidor nomeado dependa de um vínculo de fidúcia especial.

A regra geral de ingresso na carreira pública, para provimento dos respectivos cargos, é por meio do concurso público. Admite-se, excepcionalmente, a possibilidade de ingresso no serviço público por meio de contratação ampla e o preenchimento dos cargos de confiança é uma dessas exceções. No entanto, não há como admitir que esta exceção seja uma brecha para dar suporte à contratação ampla, com verdadeira violação a regra do concurso público.

Ofende o disposto no art. 37, II, da Constituição Federal norma que cria cargos em comissão cujas atribuições não se harmonizam com o princípio da livre nomeação e exoneração, que informa à investidura em comissão. Necessidade de demonstração efetiva, pelo legislador da adequação da norma aos fins pretendidos, de modo a justificar a exceção à regra do concurso público. Portanto, faz-se necessário que a legislação demonstre que as atribuições dos cargos a serem criados se harmonizam com os princípios que regem a Administração Pública e, precipuamente, com o princípio da legalidade.

Com efeito, é inconstitucional a criação de cargos ou empregos de provimento em comissão cujas atribuições são de natureza burocrática, ordinária, técnica, operacional e profissional, que não revelam plexos de assessoramento, chefia e direção, e que devem ser desempenhadas por servidores investidos em cargos de provimento efetivo mediante aprovação em concurso público.

A jurisprudência anuncia a inconstitucionalidade de leis que criam cargos de provimento em comissão que possuem atribuições técnicas, burocráticas ou profissionais, ao exigir que elas demonstrem, de forma efetiva, que tenham funções de assessoramento, chefia ou direção.[31]

Segundo os estudos apresentados no *1º Diagnóstico da Advocacia Pública Municipal no Brasil*, índices ainda insatisfatórios são vistos no que se refere a organização e institucionalização das Procuradorias Municipais, concluindo-se, por assim dizer, pelo uso de cargos comissionados para o exercício de atribuições de natureza burocrática, ordinária, técnica, operacional e profissional, que não revelam plexos de assessoramento, chefia e direção:

> Em 49,2% dos municípios com procuradores efetivos, a procuradoria foi organizada e institucionalizada por lei municipal. Entre os municípios sem efetivos, apenas 36,3% tiveram a procuradoria institucionalizada por lei. A média para as duas amostras – municípios com e sem concursados – é de que em 43% dos municípios a procuradoria foi

---

[31] STF, ADI 3.706-MS, Rel. Min. Gilmar Mendes, v.u., DJ 05.10.2007; STF, ADI 1.141-GO, Tribunal Pleno, Rel. Min. Ellen Gracie, 29.08.2002, v.u., DJ 29.08.2003, p. 16; STF, AgR-ARE 680.288-RS, 1ª Turma, Rel. Min. Luiz Fux, 26.06.2012, v.u., DJe 14.08.2012; STF, AgR-AI 309.399-SP, Rel. Min. Dias Toffoli, Informativo STF 663; STF, AgR-RE 693.714-SP, 1ª Turma, Rel. Min. Luiz Fux, 11.09.2012, v.u., DJe 25.09.2012; STF, ADI 4.125-TO, Tribunal Pleno, Rel. Min. Cármen Lúcia, 10.06.2010, v.u., DJe 15.02.2011; TJSP, ADI 150.792-0/3-00, Órgão Especial, Rel. Des. Elliot Akel, v.u., 30.01.2008; STF, ADI 3.233-PB, Tribunal Pleno, Rel. Min. Joaquim Barbosa, 10.05.2007, v.u., DJe 13.09.007, RTJ 202/553; STF, AgR-ARE 656.666-RS, 2ª Turma, Rel. Min. Gilmar Mendes, 14.02.2012, v.u., DJe 05.03.2012.

institucionalizada e organizada por lei. É importante ressaltar que o fato de um município contar com lei que disciplina a procuradoria não significa, necessariamente, que disponha de procurador concursado. Da mesma forma, é possível que, em um município com procurador concursado, não exista lei que disponha sobre a criação e estruturação da procuradoria. Embora sejam fenômenos distintos, a estruturação da procuradoria por lei e a presença de procurador efetivo são características com tendência de sobreposição, ou seja, municípios que caminham em direção a uma caraterística acabam, também, galgando a outra.[32]

Os dados coletados pelo referido diagnóstico indicam também, que a prática de alocar profissionais não concursados para realizar as atribuições da Advocacia Pública Municipal tem relação com as características associadas ao tamanho dos municípios, vejamos:

> Nas cidades de maior porte populacional, percebe-se uma proporção menor de procuradorias em que os profissionais concursados dividem as atribuições do cargo com outros não concursados. Nesse sentido, quanto menor o porte municipal, maiores as chances de existência de profissionais não concursados realizando atribuições da Advocacia municipal junto a procuradores concursados.[33]

Dentro desse contexto de capacidade postulatória, observamos que os municípios, nos termos do art. 182, do CPC, são representados em juízo pela Advocacia Pública. No entanto, o art. 75, III do CPC mantém uma regra antiga no sistema brasileiro, ao dispor que o município será representado em juízo, ativa e passivamente, por seu prefeito ou procurador. Bem se poderia ter, seguindo o disposto no art. 182 do CPC, adotado a mesma regra existente para a União e Estados, cometendo aos procuradores a representação dos municípios.[34]

Pelo que, principalmente em municípios de pequeno porte, onde não há o cargo de procurador judicial, nessas hipóteses, a representação *é* confiada ao prefeito, que poderá constituir advogado, outorgando-lhe poderes mediante procuração a ser exigida em juízo.[35]

O Código de Processo Civil de 2015, em seu art. 75, III, perdeu importante evolução jurídica para a consolidação da carreira da Advocacia Pública Municipal, pois ao permitir a defesa dos direitos do município pelo prefeito, conferiu competência ao gestor para outorgar poderes a advogado alheio a carreira jurídica municipal. Logo, em divergência ao princípio pilar que rege os atos da Administração Pública: *princípio de legalidade.*

Por sua vez, consta no §4º do art. 75 do CPC a possibilidade de: "Os Estados e o Distrito Federal ajustarem compromisso recíproco para a prática de ato processual por seus procuradores em favor de outro ente federado, mediante convênio firmado pelas respectivas procuradorias".

---

[32] MENDONÇA, Clarice Correa de; VIEIRA, Raphael Diógenes Serafim; PORTO Nathalia França Figuerêdo. *1º Diagnóstico da Advocacia Pública Municipal no Brasil*. 2. ed. Belo Horizonte: Herkenhoff & Prates, 2018. p. 34.

[33] Op. Cit. p. 39.

[34] CUNHA, Leonardo Carneiro da. *A Fazenda Pública em juízo*. 18. ed. Rio de Janeiro: Forense, 2021. p. 12.

[35] MACEDO, Bruno Regis Bandeira Ferreira. As mudanças no NCPC no papel da Fazenda Pública: considerações sobre a capacidade postulatória, prazo processual e o reexame necessário. *In:* ARAÚJO, José Henrique Mouta; CUNHA, Leonardo Carneiro da (Coords). *Advocacia Pública*. Salvador: JusPodivm, 2015. p. 43.

Da análise do §4º do art. 75 do CPC, sobre a possibilidade de convênio para a prática de ato processual por procurador de outro ente federativo, evidenciamos sua importância para a valorização da Advocacia Pública, para fins de elidir a burla ao provimento efetivo dos cargos públicos, em violação a essência do pressuposto processual da legitimação *ad causam*: "[...] A celebração de um convênio com essa finalidade facilita e dinamiza a presentação dos Estados e do distrito Federal, além de valorizar a Advocacia Pública e evitar a contratação de advogados privados pelos entes públicos, muitas vezes abusiva".[36]

Apontando, novamente, os dados obtidos pelo *1º Diagnóstico da Advocacia Pública Municipal no Brasil*, sobre as espécies de profissionais que exercem a Advocacia Pública Municipal, podemos aferir a proporção de municípios que contam com outros profissionais para a realização da Advocacia Pública Municipal:

> Entre as procuradorias com concursados, 46% contam com procuradores municipais investidos em cargos comissionados e em 17% há escritórios de advocacia contratados por inexigibilidade ou dispensa de licitação para representação do município. Entre as procuradorias em que não há procurador concursado, a representação, judicial e extrajudicial, e a consultoria jurídica à Administração municipal são feitas por procuradores municipais em cargos comissionados em 75,4% dos casos.[37]

Deve-se atender à finalidade da ordem jurídica para a efetivação do interesse público, primando pela legitimação do exercício da Advocacia Pública, observando a lei para a defesa da obrigatoriedade da realização do concurso público para procurador nos municípios brasileiros. Ainda mais, no contexto de uma realidade, onde os gastos com os profissionais contratados, mostram-se maiores que os gastos com os procuradores concursados, pois a remuneração total de comissionados e terceirizados é maior que a dos procuradores concursados, entre os municípios de pequeno e médio porte.

São inúmeros os fatores que evidenciam a inafastabilidade do provimento efetivo na carreira da Advocacia Pública Municipal: a supremacia do interesse público sobre o particular – dignidade humana;[38] a indisponibilidade do interesse público; a finalidade da ordem jurídica de consecução do bem comum; a legalidade inerente aos atos administrativos; a regularidade da capacidade postulatória – legitimidade; o equilíbrio financeiro e orçamentário; e o fortalecimento e a valoração da carreira – constitucionalização da carreira do Procurador Municipal.

Dessa maneira, podemos também evidenciar a relação direta do exercício legítimo da Advocacia Pública Municipal com os denominados princípios fundamentais processuais, tal seja, a Advocacia Pública Municipal como instrumento de concretização dos Direitos Fundamentais. Significa dizer que, caminham indissociáveis do exercício do operador do direito sua capacidade postulatória e o respeito aos princípios processuais

---

[36] GODINHO, Robson Renault. Comentários ao art. 75. *In:* CABRAL, Antonio do Passo; CRAMER, Ronaldo (Coords.). *Comentários ao novo Código de Processo Civil*. Rio de Janeiro: Forense, 2015. p. 136.

[37] Op. cit. p. 42.

[38] O interesse público reveste-se de aspectos axiológicos, na medida em que se preocupa com a dignidade do ser humano. *In:* DI PIETRO, Maria Sylvia Zanella. *Discricionariedade administrativa na Constituição de 1988*. São Paulo: Atlas, 1991. P. 157.

fundamentais, para fins de alcance do próprio interesse público – aqui entendido, como intrínseco ao princípio da dignidade da pessoa humana.

Por sua vez, para a efetividade dos direitos fundamentais processuais, tem-se a definição do direito como de suma importância para o entendimento do alcance da teleologia da norma à realização da proteção e defesa da dignidade da pessoa humana – neste estudo, entendida como a Administração Pública imparcial e representada legitimamente por seu agente em prol da exequibilidade do interesse público.

Neste sentido, entendemos que a definição satisfatória do Direito só *é* possível se nos colocarmos do ponto de vista do ordenamento jurídico,[39] tal seja, da complexidade inerente a Administração Pública e da simetria dos seus atos ao aparato normativo. O exercício da Advocacia Pública Municipal e o princípio da legalidade a gerir a legitimidade de atuação, devem ser entendidos como plexos de forças motrizes para a aplicação do Direito[40] e alcance da efetividade dos Direitos Fundamentais Processuais.[41]

6 A importância do princípio da legalidade na Advocacia Pública Municipal à efetividade dos Direitos Fundamentais Processuais

A ciência processual não pode olvidar da força normativa da Constituição e da importância dos direitos fundamentais.[42] Concepção positivada na legislação adjetiva civil de 2015, com os denominados direitos ou normas fundamentais processuais. Falar em processo ou em direito pressupõe a noção da palavra responsabilidade. Neste mister se enquadra o exercício da Advocacia Pública Municipal, cujo desempenho está na estrita observância do dever legal – princípio da legalidade, e da persecução da capacidade postulatória – legitimidade.

O tema da responsabilidade diz respeito aos conceitos moral e jurídico, sendo que, em ambos, há a ideia de que "os seres humanos se consideram uns aos outros como agentes morais, ou seja, seres capazes de aceitarem regras, cumprirem acordos e de agirem obedecendo a essas determinações".[43]

---

[39] No sentido, doutrina Norberto Bobbio: "[...] digamos que não foi possível dar uma definição do Direito do ponto de vista da norma jurídica, considerada isoladamente, mas tivemos de alargar nosso horizonte para a consideração do modo pelo qual uma determinada norma se torna eficaz a partir de uma complexa organização que determina a natureza e a entidade das sanções as pessoas que devam exercê-las e a sua execução. Essa organização complexa é o produto de um ordenamento jurídico. Significa, portanto, que uma definição satisfatória do direito só é possível se nos colocarmos do ponto de vista do ordenamento jurídico"(BOBBIO, Norberto. *Teoria do ordenamento jurídico*. São Paulo: Polis, 1989. p. 22).

[40] "A realização dos princípios de direito público depende da fidelidade dos funcionários no cumprimento dos seus deveres; a das regras do direito privado, da eficácia dos motivos que levam o interessado a defender o seu direito: o seu interesse e o seu sentimento jurídico. Se estas forças motrizes recusam os seus serviços, se o sentimento jurídico é débil e embotado, e se o interesse não tem poder suficiente para vencer a preguiça, a versão contra as questões, e o medo dos processos, resulta simplesmente que a regra de direito nunca é aplicada" (IHERING, Rudolf Von. *A luta pelo Direito*. Rio de Janeiro: Forense, 1992. p. 44-45).

[41] Tema abordado no item 6.

[42] DONIZETTI, Elpídio. O processo como meio de efetivação dos Direitos Fundamentais. *Migalhas*, [S.l.], 8 jun. 2010. Disponível em: https://www.migalhas.com.br/depeso/109416/o-processo-como-meio-de-efetivacao-dos-direitos-fundamentais. Acesso em 15 de junho de 2022.

[43] BARRETO, Vicente de Paulo. *O fetiche dos direitos humanos e outros temas*. 2. ed. Porto Alegre: Livraria do Advogado, 2012. p. 78.

Dessa maneira, relacionar os direitos fundamentais ao dever funcional do labor legal e legítimo, significa alcançar a almejada efetividade normativa. Tal seja, ser capaz de reconhecer os conceitos moral e jurídico, aceitando e cumprindo regras, obedecendo a definição de Direito, proposta no respeito ao ordenamento jurídico. E, os denominadas Direitos Fundamentais Processuais, caracterizem-se como parte deste aparato normativo à disposição da Advocacia Pública, para bem desempenhar seu mister e promover a efetividade normativa.

Antes de passarmos à análise das normas fundamentais processuais e sua relação com o princípio da legalidade e da legitimidade ao exercício da Advocacia Pública Municipal, brevemente teceremos sobre o alcance e evolução dos Direitos Fundamentais.

Os Direitos Fundamentais de primeira geração – das liberdades individuais, são os denominados direitos civis e políticos, titularizados pelos indivíduos e oponíveis em face da atividade estatal. São exemplos, o respeito à liberdade e à propriedade privada.

Os Direitos Fundamentais de segunda geração – da igualdade material, são os direitos sociais, econômicos e culturais. Trata-se de direito de titularidade coletiva.

A terceira geração dos Direitos Fundamentais foi marcada pela importância da solidariedade e compreende a defesa do meio ambiente, a autodeterminação dos povos, a proteção do consumidor, dentre outros.

Por fim, os direitos fundamentais de quarta geração, são relacionados às discussões que envolvem o pluralismo e a diversidade, de forma a concretizar os ditames do Estado social. Ainda, alguns doutrinadores, como Paulo Bonavides, sustentam uma quinta categoria de Direitos Fundamentais, incluindo a paz como direito fundamental de quinta geração.

Nesse contexto, a influência e consolidação da hermenêutica constitucional no âmbito de interpretação e aplicação das normas processuais fornecerá a direção para os poderes da República em suas missões, indispensáveis à efetivação das normas de direitos fundamentais. Advocacia Pública como função essencial à justiça é parte essencial dessa missão, promovendo os atos necessários ao alcance do interesse público.

As normas fundamentais do Código de Processo Civil de 2015 (artigos 1º a 12) constituem direção hermenêutica a guiar o intérprete na resolução dos problemas inerentes à concretização do acesso à Justiça.[44] A responsabilidade hermenêutica é estruturante para o exercício da Advocacia Pública, para fins de alcance de um processo democrático, com observância da legalidade e da legitimidade à efetivação dos direitos fundamentais processuais. Portanto, o paradigma da responsabilidade implica em decisões com base na legalidade, reclama a observância irrestrita dos direitos fundamentais, em suas múltiplas dimensões, à luz do devido processo legal.

O art. 1º do CPC dispõe que o processo civil será ordenado, disciplinado e interpretado conforme os valores e as normas fundamentais estabelecidos na Constituição da República Federativa do Brasil, observando-se as disposições da legislação adjetiva civil. Notamos que, a proposta inserta no referenciado artigo remete a Constituição Federal, na qual, encontram-se os direitos fundamentais e princípios sobre os quais se

---

[44] "A Parte Geral apresenta em seus primeiros 12 artigos as premissas normativas que servem de base para a construção de um sistema unitário que deve sempre ser interpretado a partir do formalismo constitucional democrático embasado nos direitos fundamentais processuais" (THEODORO JUNIOR, Humberto *et al. Novo CPC – Fundamentos e sistematização*. Rio de Janeiro: Forense, 2015. p. 22).

baseia a atuação jurisdicional e dos sujeitos da relação jurídica processual, caracterizando-se como um sistema inspirado nos valores éticos que permeiam os direitos e garantias fundamentais.[45]

O art. 2º do CPC expressa que "o processo começa por iniciativa da parte e se desenvolve por impulso oficial, salvo as exceções previstas em lei". Nesta norma fundamental processual, destacamos a iniciativa da parte e sua necessária legitimidade à instauração da demanda.

O art. 3º do CPC dispõe que "não se excluirá da apreciação jurisdicional ameaça ou lesão a direito", tal seja, nenhuma lei, nem outro ato impositivo unilateral, público ou privado, pode impedir alguém de solicitar proteção jurisdicional.

O art. 4º do CPC descreve que, "as partes tem o direito de obter em prazo razoável a solução integral do mérito, incluída a atividade satisfativa" – tempo necessário para que a jurisdição seja proporcionada efetivamente, trazendo segurança às partes.

O art. 5º do CPC dispõe que "aquele que de qualquer forma participa do processo deve comportar-se de acordo com a boa-fé". Reconhecendo-se, pois, a presença da boa-fé objetiva em todo o sistema normativo atual, competindo as partes envolvidas na relação processual o dever de agir com lisura e lealdade. Insta-nos observar que, a boa-fé objetiva para a Advocacia Pública, como função essencial à justiça, faz-se imperativa, decorrendo a legalidade e a legitimidade como pressupostos da validade dos atos emanados.

O art. 6º do CPC dispõe que "todos os sujeitos do processo devem cooperar entre si para que se obtenha, em tempo razoável, a decisão de mérito justa e efetiva". Significa afirmar que, a cooperação é característica de um direito democrático, edificado pelas partes da relação jurídica processual e decorrente da conjugação dos princípios da boa fé e do contraditório.

O art. 7º do CPC traz a norma fundamental da igualdade combinada com o contraditório, sendo "assegurada às partes paridade de tratamento em relação ao exercício de direitos e faculdades processuais, aos meios de defesa, aos ônus, aos deveres e à aplicação de sanções processuais, competindo ao juiz zelar pelo efetivo contraditório". Relaciona-se à ideia de processo justo, no qual seja dispensado às partes e procuradores idênticos tratamentos, para fins de iguais oportunidades em juízo.

No art. 8º do CPC "ao aplicar o ordenamento jurídico, o juiz atenderá aos fins sociais e às exigências do bem comum, resguardando e promovendo a dignidade da pessoa humana e observando a proporcionalidade, razoabilidade, a legalidade, a publicidade e a eficiência". Em sua redação podemos constatar diretrizes para o modo de ser e decidir do magistrado no processo. Ainda, percebemos a expressa referência a dignidade da pessoa humana e a legalidade – neste trabalho, princípios apresentados como fundamentais ao papel da Advocacia Pública.

No art. 9º "não se proferirá decisão contra uma das partes sem que ela seja previamente ouvida". No art. 10, "o juiz não pode decidir, em grau algum de jurisdição,

---

[45] "Da Constituição emergem os requisitos do processo justo, o qual supera, em profundidade, o feitio preponderantemente procedimental da antiga visão do devido processo legal. Deixa esse moderno processo tipificado pelo novo constitucionalismo, construído pelo Estado Democrático de Direito, de ser tratado como simples instrumento técnico de aplicação da lei para tornar-se um sistema constitucional de tutela de direitos, sempre que lesados ou ameaçados. Fortemente inspirado nos valores éticos que permeiam os direitos e garantias fundamentais, esse processo justo, enraizado na ordem constitucional [...]" (THEODORO JUNIOR, Humberto. *Curso de Direito Processual Civil*. v. 1. 57. ed. Rio de Janeiro: Editora Forense, 2016. p. 69).

com base em fundamento a respeito do qual não se tenha dado às partes oportunidade de se manifestar, ainda que se trate de matéria sobre a qual deva decidir de ofício". Nestas normas fundamentais processuais se vislumbra o denominado princípio do contraditório, democratizando o processo e evitando possíveis nulidades.

No art. 11 do CPC "todos os julgamentos dos órgãos do Poder Judiciário serão públicos, e fundamentadas todas as decisões, sob pena de nulidade", ressalvando o sigilo para os casos de segredo de justiça na conformidade do parágrafo único. Os atos processuais, portanto, devem ser públicos, para fins de preservação da ordem jurídica. Ao princípio da publicidade se integra a exigência de motivação dos atos decisórios, sendo indispensável que as razões sejam explicitadas pelo órgão judicante.

Por fim, no art. 12 do CPC "os juízes e os tribunais atenderão, preferencialmente, à ordem cronológica de conclusão para proferir sentença ou acórdão".

As normas fundamentais do processo civil são essenciais para o papel da Advocacia Pública, no que concerne ao seu manejo e adequação para a consecução da finalidade pública e respeito ao princípio maior da legalidade, aplicável em todo seu plexo de competências, juntamente com os demais princípios, a doutrina e a jurisprudência.

Ao Procurador Público compete defender os interesses sociais, particularizados numa entidade pública, sempre segundo a lei – legalidade; e conforme sua legitimidade – entendida neste estudo como capacidade postulatória para a validade do ato emanado.[46]

Considerando a atividade administrativa como expressão do interesse público, o Advogado Público deverá primar pelo fundamento jurídico de seu desempenho, rechaçando a aplicação do Direito segundo critérios de conveniência e, em consequência, coibindo ações ou omissões injustas. O cargo público que o operador do Direito ocupa tem missão prevista e amparada por lei – função essencial à justiça, com deveres e direitos previamente determinados ao exercício do mister público a que se propõe.

Por simetria, o Procurador Municipal como membro da Advocacia Pública, não se evade à regra constitucional, cujo exercício profissional está associado a legalidade e a legitimidade, requisitos imprescindíveis para alcançar a efetividade normativa dos direitos fundamentais processuais.

No sentido, tem-se observado o aumento dos pleitos dos Procuradores Municipais em demonstrar a relevância do servidor efetivo para a carreira jurídica, enfatizando a qualidade da gestão pública. De fato, como já exposto pelos dados apresentados no *1º Diagnóstico da Advocacia Pública Municipal no Brasil*, vejamos:

> A proporção de municípios com procurador concursado é maior entre os grupos de municípios com maior Índice de Desenvolvimento Humano Municipal (IDHM). Também quanto maior a qualidade da gestão pública, demonstrada pelo Índice de Governança Municipal do Conselho Federal de Administração (IGM-CFA) e pelo Índice de Gestão Fiscal da Federação das Indústrias do Estado do Rio de Janeiro (IFGF), maior o percentual de cidades cuja Advocacia Pública municipal conta com ao menos um procurador concursado.[47]

---

[46] Remetemos o leitor ao item 5.

[47] MENDONÇA, Clarice Correa de; VIEIRA, Raphael Diógenes Serafim; PORTO Nathalia França Figuerêdo. *1º Diagnóstico da Advocacia Pública Municipal no Brasil*. 2ª ed. Belo Horizonte: Herkenhoff & Prates, 2018. p. 95.

Como mencionamos, o Procurador Municipal, como parte da Advocacia Pública, assume salutar importância no controle da legalidade e na primazia do interesse público sobre o particular, devendo, portanto, seus atos revestirem da legitimidade para a própria regularidade do seu labor profissional. Legitimidade, entenda-se, adquirida por meio do respeito a Norma fundamental pela via do concurso de provas e provas e títulos. Requisito este, indiscutível nas Procuradorias Municipais constituídas por leis e com carreiras consolidadas por seus pares, por meio do ingresso efetivo nos quadros da Administração Pública.

Corroborando com o exercício parcial da Advocacia Pública Municipal, as atribuições e deveres inerentes as suas funções apontam a necessidade da regular capacidade postulatória, diga-se, da legitimidade dos seus atos. Entre as atribuições do Procurador Municipal podemos destacar: a representação judicial e extrajudicial do município e das entidades da Administração indireta; dar assistência a autoridade assessorada no controle interno da legalidade dos atos a serem por ela praticados ou já efetivados; e requisitar dos órgãos e entidades da Administração municipal as informações, esclarecimentos e documentos necessários ao desempenho de suas atribuições.

Neste panorama, imprescindível ratificar que, o alcance da efetividade dos direitos fundamentais processuais, advém, preliminarmente, da observância da legalidade por meio do ingresso efetivo no cargo de Procurador Municipal. Assegurando assim, a aplicação do preceito fundamental maior expresso na Carta Magna Federal (art. 37, II), bem como, a regularidade de sua capacidade postulatória – legitimidade *ad causam*.

Importante para a compreensão da realidade da Advocacia Municipal brasileira sua função essencial à justiça, devendo, por simetria, ao disposto às carreiras da Advocacia Pública dos outros entes federativos, primar pela constitucionalização de sua carreira, e pela legitimação de seus integrantes, por meio da investidura em cargo ou emprego público, via concurso de provas ou de provas e títulos. Assim, caminharemos ao encontro do respeito e efetividade dos direitos fundamentais processuais, para a realização da gestão pública de qualidade e adequação dos serviços em prol do interesse maior: de toda a coletividade.

7   Conclusão

A Advocacia Pública Municipal entendida como função essencial à justiça, merece tratamento constitucional, assim como ocorre com as demais carreiras jurídicas. Pelo que, sua missão institucional está relacionada, diretamente, na observância do princípio da legalidade, entendido neste artigo, por meio do ingresso permanente pela via do concurso público. Garantindo, assim, ao administrador público uma gestão comprometida com o interesse público e com a ordem constitucional. Por sua vez, avalizando ao Procurador Municipal a observância do princípio da legalidade; a legitimação de seus atos – capacidade postulatória; e a efetividade dos Direitos Fundamentais Processuais.

Os dados coletados no *1º Diagnóstico da Advocacia Pública Municipal no Brasil*, elucida aspectos relevantes sobre o funcionamento das procuradorias municipais brasileiras. Um dos principais aspectos, remete-nos a baixa porcentagem de Procuradores Municipais concursados, sendo que apenas 34,4% dos municípios brasileiros contam com ao menos um procurador municipal ativo, ocupante de cargo de provimento efetivo, após aprovação no respectivo concurso público específico para a carreira.

Essa informação subsidia o tema ora proposto, para fins de demonstrar a importância do servidor efetivo e a relação com a qualidade da gestão pública. Neste mister se enquadra o exercício da Advocacia Pública Municipal, cujo desempenho está na estrita observância do dever legal – princípio da legalidade, e da persecução da capacidade postulatória – legitimidade.

Dessa maneira, relacionar os Direitos Fundamentais ao dever funcional do labor legal e legítimo, significa alcançar a almejada efetividade normativa. Tal seja, ser capaz de reconhecer os conceitos moral e jurídico, aceitando e cumprindo regras, obedecendo a definição de Direito, proposta no respeito ao ordenamento jurídico. E, os denominados Direitos Fundamentais Processuais, caracterizem-se como parte deste aparato normativo à disposição da Advocacia Pública, para bem desempenhar seu mister e promover a efetividade normativa.

A efetividade, no sentido de respeito à função social da norma, e a eficácia, consistente na produção de efeitos do mandamento normativo, precisam ser buscadas conjuntamente pelo operador do Direito. A Advocacia Pública Municipal como instrumento de concretização dos Direitos Fundamentais, deve optar por meios adequados ao alcance dos objetivos sociais previstos constitucionalmente.

Sob essa perspectiva, as políticas públicas devem se voltar em prol do bem comum, sem parcialidade, para atender a primazia do interesse público sobre o particular, pautando-se sob o manto da legalidade.

Por meio do exercício direto das atribuições típicas da Advocacia Pública Municipal, é possível a concretização de direitos fundamentais. Desta sorte, a Advocacia Pública é função indispensável de efetivação das normas fundamentais.[48]

Assim, a compreensão da realidade da Advocacia Municipal brasileira, notadamente em um país com extremas diversidades, promove a valoração da carreira jurídica e a qualidade da gestão pública, entendida na primazia do interesse público e, em consequência, coopera para o alcance da utópica teleologia da dignidade da pessoa humana.

"A defesa do Direito é um dever para com a sociedade"
(Rudolf Von Ihering).

---

[48] TAVARES, Gustavo Machado. Dia Nacional da Advocacia Pública: celebração e reflexão. *Revista Consultor Jurídico*, [S.l.], 7 mar. 2022. Opinião. Disponível em: https://www.conjur.com.br/2022-mar-07/gustavo-tavares-dia-advocacia-publica-celebracao-reflexao. Acessado em 15 jun. 2022.

Referências

BARRETO, Vicente de Paulo. *O fetiche dos direitos humanos e outros temas*. 2. ed. Porto Alegre: Livraria do Advogado, 2012.

BASTOS, Celso Ribeiro. *Hermenêutica e interpretação constitucional*. São Paulo: Celso Bastos Editor, 1997.

BOBBIO, Norberto. *Teoria do ordenamento jurídico*. São Paulo: Polis, 1989.

CARVALHO FILHO, José dos Santos. Manual de Direito Administrativo. 12. ed. Rio de Janeiro: Lúmen Júris, 2005..

CUNHA, Leonardo Carneiro da. *A Fazenda Pública em juízo*. 18. ed. Rio de Janeiro: Forense, 2021.

DALLARI, Adilson. Controle compartilhado da Administração da Justiça. *Revista Eletrônica de Direto do Estado*, n. 2, abr./maio/jun., 2005.

DI PIETRO, Maria Sylvia Zanella. *Curso de Direito Administrativo*. 25. ed. São Paulo: Atlas, 2011.

DI PIETRO, Maria Sylvia Zanella. *Discricionariedade administrativa na Constituição de 1988*. São Paulo: Atlas, 1991.

DONIZETTI, Elpídio. O processo como meio de efetivação dos Direitos Fundamentais. *Migalhas*, [S.l.], 8 jun. 2010. Disponível em: https://www.migalhas.com.br/depeso/109416/o-processo-como-meio-de-efetivacao-dos-direitos-fundamentais. Acesso em 15 de junho de 2022.

DRUMOND, Marcos Gustavo de Sá. A representação de agentes públicos pela Advocacia de Estado: pressupostos e requisitos. *Caderno Virtual*, [S. l.], v. 3, n. 48, out. 2020. Disponível em: https://www.portaldeperiodicos.idp.edu.br/cadernovirtual/article/view/4810. Acesso em: 08 jun. 2022.

FERREIRA, Sérgio A. Comentários à Constituição, v. 3. Rio de Janeiro: Freitas Bastos. 1991.

GODINHO, Robson Renault. Comentários ao art. 75. *In*: CABRAL, Antônio do Passo; CRAMER, Ronaldo (Coords.). *Comentários ao novo Código de Processo Civil*. Rio de Janeiro: Forense, 2015.

IHERING, Rudolf Von. *A luta pelo Direito*. Rio de Janeiro: Forense, 1992.

JUNIOR, Carlos Grande. O Estado Democrático de Direito e a incipiente advocacia pública. *Revista Jus Navigandi*. Teresina, ano 9, n. 400, ago. 2004. Disponível em: https://jus.com.br/artigos/5580. Acesso em: 08 jun. 2022.

BRASIL. [Constituição (1988)]. *Constituição da República Federativa do Brasil de 1988*. Brasília, DF: Presidência da República. Disponível em: https://www.planalto.gov.br. Acesso em: 08 jun. 2022.

BRASIL. *Lei nº 8.906, de 04 de julho de 1994*. Dispõe sobre o Estatuto da Advocacia e a Ordem dos Advogados do Brasil (OAB). Brasília, DF: Presidência da República. Disponível em: https://www.planalto.gov.br. Acesso em: 08 jun. 2022.

BRASIL. *Lei nº 13.105, de 16 de março de 2015*. Código de Processo Civil. Brasília, DF: Presidência da República. Disponível em: https://www2.camara.leg.br. Acesso em: 08 jun. 2022.

MACEDO, Bruno Regis Bandeira Ferreira. As mudanças no NCPC no papel da Fazenda Pública: considerações sobre a capacidade postulatória, prazo processual e o reexame necessário. *In*: ARAÚJO, José Henrique Mouta; CUNHA, Leonardo Carneiro da (Coords). *Advocacia Pública*. Salvador: JusPodivm, 2015.

MEDAUAR, Odete. *Direito Administrativo Moderno*. 7. ed. São Paulo: Ed. Revista dos Tribunais, 2003.

MEIRELLES, Hely Lopes. *Direito Administrativo Brasileiro*. 31. ed. São Paulo: Malheiros, 2005.

MELLO, Celso Antônio Bandeira de. *Curso de Direito Administrativo*. 11. ed. São Paulo: Malheiros, 1999.

MELLO, Oswaldo Aranha Bandeira de. *Princípios gerais de Direito Administrativo*. 3. ed. v. 1. São Paulo: Malheiros, 2011.

MENDONÇA, Clarice Correa de; VIEIRA, Raphael Diógenes Serafim; PORTO Nathalia França Figuerêdo. *1º Diagnóstico da Advocacia Pública Municipal no Brasil*. 2. ed. Belo Horizonte: Herkenhoff & Prates, 2018.

MOREIRA NETO, Diogo de Figueiredo. A Advocacia de Estado revisitada: essencialidade ao Estado Democrático de Direito. *In*: GUEDES, Jefferson Carús; SOUZA, Luciane Moessa (Coord.). *Advocacia de Estado*: questões institucionais para a construção de um Estado de justiça. Belo Horizonte: Fórum, 2009.

NERY, Cristiane da Costa. A constitucionalização da carreira do procurador municipal: função essencial e típica de Estado. *Interesse Público*, Belo Horizonte, v. 12, n. 60, p. 243-262, mar./abr., 2010. Disponível em: https://bd.tjdft.jus.br/jspui/handle/tjdft/5794. Acesso em: 08 jun. 2022.

PEREIRA, Hélio do Valle. *Manual da Fazenda Pública em juízo*. Rio de Janeiro: Renovar, 2003.

SILVA, José Afonso. *Curso de Direito Constitucional Positivo*. 15. ed. São Paulo: Malheiros, 1998.

TAVARES, Gustavo Machado. Dia Nacional da Advocacia Pública: celebração e reflexão. *Revista Consultor Jurídico*, [S.l.], 7 mar. 2022. Opinião. Disponível em: https://www.conjur.com.br/2022-mar-07/gustavo-tavares-dia-advocacia-publica-celebracao-reflexao. Acessado em 15 jun. 2022.

THEODORO JUNIOR, Humberto *et al. Novo CPC* – Fundamentos e sistematização. Rio de Janeiro: Forense, 2015.

THEODORO JUNIOR, Humberto. *Curso de Direito Processual Civil*. v.1. 57. ed. Rio de Janeiro: Editora Forense, 2016.

Bibliografia consultada

BONAVIDES, Paulo. *Curso de Direito Constitucional*. 5. ed. São Paulo: Malheiros, 1994.

CÂMARA, Alexandre Freitas. *Lições de direito processual civil*. v. 2. 23. ed. São Paulo: Atlas, 2014.

CANOTILHO, José Joaquim Gomes; MOREIRA, Vital. *Fundamentos da Constituição*. Coimbra: Coimbra, 1991.

CARVALHO, José Orlando Rocha de. *Teoria dos pressupostos e dos requisitos processuais*. Rio de Janeiro: Lumen Juris, 2005.

CRETELLA JÚNIOR, José. *Elementos de Direito Constitucional*. 4. ed. São Paulo: Revista dos Tribunais, 2000.

DIDIER JUNIOR, Fredie. *Curso de Direito Processual Civil*: introdução ao Direito Processual Civil. Parte geral e processo de conhecimento. 17. ed. Salvador: JusPodivm, 2015.

DONIZETTI, Elpídio. *Curso Didático de Direito Processual Civil*. 19. ed. São Paulo: Atlas, 2016.

DWORKIN, Ronald. *Levando os direitos a sério*. Trad. Nelson Boeira. São Paulo: Martins Fontes, 2002.

DWORKIN, Ronald. *Justiça para ouriços*. Trad. Pedro Elói Duarte. Coimbra: Almedina, 2012.

HOMMERDING, Adalberto Narciso. *Vinte uma lições de teoria geral do processo*. Porto Alegre: Sergio Antônio Fabris Editor, 2003.

OMMATI, José Emílio Medauar. *Uma teoria dos direitos fundamentais*. 3. ed. Rio de Janeiro: Lumen Juris, 2016.

STRECK, Lenio Luiz. *Hermenêutica jurídica e(m) crise*: uma exploração hermenêutica da construção do Direito. 10. ed. rev. e atual. Porto Alegre: Livraria do Advogado, 2011.

VALE, Horácio Eduardo Gomes. Princípio da presentação. *Revista Jus Navigandi*, Teresina, a. 26, n. 6661, set. 2021. Disponível em: https://jus.com.br/artigos/93475. Acesso em: 14 jun. 2022.

WAMBIER, Luiz Rodrigues; TALAMINI, Eduardo. *Curso avançado de processo civil*: teoria geral do processo. v. 1. 16. ed. São Paulo: Revista dos Tribunais, 2016.

A SISTEMATIZAÇÃO ORGÂNICO-INSTITUCIONAL DA ADVOCACIA PÚBLICA COMO MEIO DE EFETIVAÇÃO DE DIREITOS FUNDAMENTAIS

ROBSON SOARES DE SOUZA

1 Introdução

A atuação do poder estatal é materializada por meio de atos administrativos necessários para expressar seus comandos, calcados, notadamente, nos princípios da legalidade, impessoalidade, moralidade e publicidade.[1] A contextualização política explicitada no início da Constituição da República de1988, em seu Título I – Dos Princípios Fundamentais – impõe que (artigo 1º) a República Federativa do Brasil é um Estado de Direito, no qual há tripartição funcional do poder em Legislativo, Executivo e Judiciário (artigo 2º), arrolando-se seus objetivos fundamentais (artigo 3º),[2] consubstanciando-se nos alicerces de toda atividade a ser desempenhada por este Estado de Direito.

Para a abordagem da matéria a ser tratada importa, inicialmente, a análise dos três primeiros artigos da Constituição da República de 1988 uma vez que neles se encontram o motor primário para o impulsionamento de toda atividade estatal, notando-se que se referem à criação e formação do estado brasileiro e a relação com seu povo.

Constituindo-se a República Federativa do Brasil em Estado Democrático de Direto, por óbvio, submetem-se ao império das leis tanto a pessoa jurídica de direito

---

[1] "O ato administrativo pode ser definido como a declaração do Estado ou de quem o represente, que produz efeitos jurídicos imediatos, com observância da lei, sob regime jurídico de direito público e sujeito ao controle pelo Poder Judiciário" (DI PIETRO, Maria Sylvia Zanella. *Direito Administrativo*. 22. ed. São Paulo: Atlas, 2009, p.196).

[2] "Art. 1º A República Federativa do Brasil, formada pela união indissolúvel dos Estados e Municípios e do Distrito Federal, constitui-se em Estado Democrático de Direito e tem como fundamentos: I – a soberania; II – a cidadania; III – a dignidade da pessoa humana; IV – os valores sociais do trabalho e da livre iniciativa; V – o pluralismo político. Parágrafo único. Todo o poder emana do povo, que o exerce por meio de representantes eleitos ou diretamente, nos termos desta Constituição. Art. 2º São Poderes da União, independentes e harmônicos entre si, o Legislativo, o Executivo e o Judiciário. Art. 3º Constituem objetivos fundamentais da República Federativa do Brasil: I – construir uma sociedade livre, justa e solidária; II – garantir o desenvolvimento nacional; III – erradicar a pobreza e a marginalização e reduzir as desigualdades sociais e regionais; IV – promover o bem de todos, sem preconceitos de origem, raça, sexo, cor, idade e quaisquer outras formas de discriminação" (BRASIL. [Constituição (1988)]. *Constituição da República Federativa do Brasil de 1988*. Brasília, DF: Presidência da República. Disponível em: http://www.planalto.gov.br/ccivil_03/leis/l7347orig.htm. Acesso em: 22 jun. 2022).

público interno, quanto seus agentes e sendo formada pela união dos estados, municípios e Distrito Federal, conforme o formato do pacto federativo adotado pela Constituição da República de 1988,[3] também por óbvio, simetricamente, todos esses entes políticos estão submetidos aos ditames normativos instituídos de forma democrática porquanto todo poder emana do povo (artigo 1º, parágrafo único da CF/88).

Assim, sendo refletida a vontade do povo por meio das leis, confere-se a legitimidade desse Estado Democrático de Direito para aplicá-las em suas relações jurídico-administrativas, conjugando-se a democracia e o constitucionalismo,[4] emergindo o sistema de defesa e garantias dos direitos fundamentais.[5]

Com o intuito de se aprofundar no tema principal do presente trabalho, visa-se, antes, enfatizar que por meio da produção de normas, advinda do contexto democrático, cria-se a viabilidade jurídica de o Estado funcionar. Desse modo, utilizando-se das autorizações legais, editando-se seus atos conforme se determina e se permite em normas, o Estado busca promover aquilo que a Constituição da República de 1988 preconiza de seu artigo 1º ao artigo 4º.

Induvidoso, portanto, que o poder estatal, através da atuação de seus agentes, deve observar o contexto jurídico para o exercício regular de suas funções assim como promover e garantir diretos fundamentais, respeitando-se o direito como integridade na medida em que deve espelhar a vontade da comunidade.[6]

---

[3] "O princípio federativo é responsável por definir a nossa forma de Estado, qual seja, a Federação, caracterizada pela união indissolúvel de organizações políticas dotadas de autonomia, com fim de criação e manutenção do Estado Federal. [...] A Constituição de 1988 institui como entidades da Federação a União, os Estados-membros, o Distrito Federal e os Municípios. Para estes, não há o que falar de soberania, mas sim, de autonomia" (FERNANDES, Bernardo Gonçalves. *Curso de Direito Constitucional*. 3. ed. Rio de Janeiro: Lumen Juris, 2011, p. 210-211).

[4] "O Estado constitucional democrático, como o nome sugere, é produto de duas ideias que se acoplaram, mas não se confundem. Constitucionalismo significa poder limitado e respeito aos direitos fundamentais. O Estado de direito como expressão da razão. Já democracia significa soberania popular, governo do povo. O poder fundado na vontade da maioria. Entre democracia e constitucionalismo, entre vontade e razão, entre direitos fundamentais e governo da maioria, podem surgir situações de tensão e de conflitos aparentes. Por essa razão, a Constituição deve desempenhar dois grandes papéis. Um deles é o de estabelecer as regras do jogo democrático, assegurando a participação política ampla, o governo da maioria e a alternância no poder. Mas a democracia não se resume ao princípio majoritário. Se houver oito católicos e dois muçulmanos em uma sala, não poderá o primeiro grupo deliberar jogar o segundo pela janela, pelo simples fato de estar em maior número. Aí está o segundo grande papel de uma Constituição: proteger valores e direitos fundamentais, mesmo que contra a vontade circunstancial de quem tem mais votos. E o intérprete final da Constituição é o Supremo Tribunal Federal. Seu papel é velar pelas regras do jogo democrático e pelos direitos fundamentais, funcionando como um fórum de princípios – não de política – e de razão pública – não de doutrinas abrangentes, sejam ideologias políticas ou concepções religiosas" (BARROSO, Luiz Roberto. Judicialização, ativismo judicial e legitimidade democrática *[Syn]Thesis*, Rio de janeiro, v. 5, n. 1, p. 23-32, 2012. Disponível em http://www.e-publicacoes.uerj.br/index.php/synthesis/article/view/7433. Acesso em 26 dez. 2014).

[5] "A noção de Estado Democrático de Direito está, pois, indissociavelmente ligada à realização dos direitos fundamentais. É desse liame indissolúvel que exsurge aquilo que se pode denominar de plus normativo do Estado Democrático de Direito. Mais do que uma classificação de Estado ou de uma variante de sua evolução histórica, o Estado Democrático de Direito faz uma síntese das fases anteriores, agregando a construção das condições de possibilidades para suprir as lacunas das etapas anteriores, representadas pela necessidade do resgate das promessas da modernidade, tais como igualdade, justiça social e a garantia dos direitos humanos fundamentais" (STRECK, Lenio Luiz. *Hermenêutica Jurídica e(m) crise*: uma exploração hermenêutica da construção do Direito. 11. ed. rev., atual. e ampl. Porto Alegre: Livraria do Advogado, 2014).

[6] "A integridade exige que as normas públicas da comunidade sejam criadas e vistas, na medida do possível, de modo a expressar um sistema único e coerente de justiça e equidade na correta proporção. Uma instituição que aceite esse ideal às vezes irá, por esta razão, afastar-se da estreita linha das decisões anteriores, em busca de fidelidade aos princípios concebidos como mais fundamentais a esse sistema como um todo" (DWORKIN, Ronald. *O império do direito*. 3. ed. São Paulo: Martins Fontes, 2014, p. 264).

Com base em tais preceitos, revela-se que a legalidade, a segurança jurídica e demais princípios, assim como todo aparato normativo, imprescindíveis para dar legitimidade aos atos que irão expressar a atuação estatal, devem ser objeto de análise prévia, antecedente ao momento de efeitos jurídicos, de órgão específico e permanente na estrutura administrativa do Estado, sendo a Advocacia Pública a instituição responsável por tal múnus.

Partindo da organização político-administrativa adotada pela Constituição da República de 1988 (artigo 18),[7] analisando-se o tema em âmbito municipal e considerando o princípio da simetria entre União, Estados, Distrito Federal e Municípios, há de se ressaltar que o prefeito e seus secretários, definidos como agentes políticos, devem atuar em estrita observância às leis, sendo que, para tanto, os entes federativos detêm em sua estrutura a instituição da Advocacia Pública, a qual incumbe as funções de representação judicial e extrajudicial, de consultoria e assessoramento jurídico ao Poder Executivo.

Ou seja, para o regular funcionamento da atividade administrativa municipal deve-se respeitar e aplicar as normas sendo que a atribuição e o dever de adequação da atuação ao contexto normativo é da Advocacia Pública. Constituindo-se, fundamentalmente, em Estado de Direito, submetendo-se de forma absoluta às leis, ocupa-se o espaço em cada ente federativo o órgão jurídico com atribuições específicas de consultoria e assessoramento jurídico e, sendo o Estado "de Direito", torna-se relevante a atuação desse órgão haja vista que proporcionará (i) aos governantes segurança para que seus atos estejam em conformidade com as leis; (ii) aos administrados promoção da transparência e lisura dos atos assim como garantia de atuação conforme o sistema constitucional de direitos fundamentais e (iii) aos órgãos de controle (internos e externos) garantia de adequabilidade da gestão aos preceitos normativos, afunilando-se os esforços desses personagens aos objetivos de garantia e efetivação dos direitos fundamentais.

A sistematização exposta visa explicitar que a Advocacia Pública, cuja atuação se encontra cravada na organização estatal, mantém sua relação institucional em três níveis de poder (povo, governantes e órgãos de controle) servindo tal projeção de ideia para proporcionar o aclaramento de sua atual envergadura constitucional.

Visa-se expor no presente trabalho a configuração proativa da Advocacia Pública, particularmente em âmbito municipal, atribuída pelo atual contexto orgânico-constitucional, demonstrando que o direcionamento constitucional assim como o próprio direito positivado posiciona a Advocacia Pública como instituição de destaque nas relações jurídicas do Estado, contribuindo para a sua regular atuação. Por meio de sua atuação direta na formulação dos atos e contratos administrativos, sua feição de órgão controlador se evidencia já que detém a prerrogativa de controle de juridicidade.

Diante dessas características, tratar-se-á das atribuições da Advocacia Pública como instituição competente constitucionalmente para, em compasso com a atuação democrática governamental, promover as finalidades precípuas do Estado em plena e irrestrita conformidade com as leis e em observância aos direitos fundamentais.

Considerando a proximidade da atuação, notadamente, da Advocacia Pública municipal com a formalização e materialização dos atos administrativos, buscando

---

[7] "Art. 18. A organização político-administrativa da República Federativa do Brasil compreende a União, os Estados, o Distrito Federal e os Municípios, todos autônomos, nos termos desta Constituição" (BRASIL. [Constituição (1988)]. *Constituição da República Federativa do Brasil de 1988*. Brasília, DF: Presidência da República).

se abordar tema relacionado aos direitos fundamentais sob prisma mais específico, reserva-se um tópico do trabalho para se analisar seu avanço no combate à corrupção, entendido como direito fundamental, apontando-se que, tendo característica de órgão de controle, deve atuar preventivamente e de forma comissiva diante de constatações de irregularidades, defendendo sua isenção técnica e autonomia orgânico-funcional.

Ao final, propõe-se a sistematização e formatação da atuação da Advocacia Pública nos moldes do direito positivado frente às demais instituições jurídicas e políticas constitucionalmente estabelecidas. Afigura-se, portanto, a Advocacia Pública, no âmbito de sua atuação institucional, como primordial para concretização do projeto democrático constitucional já que, norteado pela finalidade precípua de observância aos direitos fundamentais, situa-se como elemento de equilíbrio entre política e direito, povo e atuação estatal.

2 Adequabilidade, conformação e motivação dos atos administrativos ao ordenamento jurídico: atuação da Advocacia Pública como órgão técnico e de controle de juridicidade dos atos

Expostas as considerações sobre os atos administrativos como meio de desenvolvimento e materialização da atividade estatal, com o fim de promover seus objetivos, impende destacar que os atos administrativos são dotados de elementos necessários para que atinja validade e eficácia, sendo tais elementos: competência, objeto, forma, motivo e finalidade. Eventual inobservância a esses elementos gera a nulidade do ato,[8] cabendo mencionar, a título de esclarecimento, que tais elementos se apresentam positivados na Lei nº 4.717/65 (Lei de Ação Popular).

Cabe ainda distinguir o ato vinculado e o discricionário.[9] Neste, a lei concede ao administrador certa margem de escolha conforme conveniência e oportunidade de atuação, em relação ao objeto ou motivo. Naquele, não se possibilita opção ao que detém a atribuição da prática do ato administrativo, devendo respeitar o comando legal para sua prática.

Da breve descrição sobre seus elementos, percebe-se que, advindo imprescindivelmente de autorização prévia normativa, os atos administrativos detêm feição e carga jurídica pois geram efeitos determinantes sobre relações jurídicas. Em outras palavras, todo ato administrativo proporcionará relação(ões) jurídica(s), compreendendo-se que o ato administrativo advém da lei e é a materialização da vontade do ente estatal.

---

[8] "É a orientação aqui adotada e que está consagrada no direito positivo brasileiro a partir da Lei nº 4.717, de 29.6.65 (Lei de Ação Popular), cujo artigo 2º, ao indicar os atos nulos, menciona os cinco elementos dos atos administrativos: competência, forma, objeto, motivo e finalidade" (DI PIETRO, Maria Sylvia Zanella. *Direito Administrativo*. 22. ed. São Paulo: Atlas, 2009, p.195).

[9] "Atos vinculados, como o próprio adjetivo demonstra, são aqueles que o agente pratica reproduzindo os elementos que a lei previamente estabelece. Ao agente, nesses casos, não é dada liberdade de apreciação da conduta, porque se limita, na verdade, a repassar para o ato o comando estatuído na lei. Isso indica que nesse tipo de atos não há qualquer subjetivismo ou valoração, mas apenas a averiguação de conformidade entre o ato e a lei. [...] Diversamente sucede nos atos discricionários. Nestes é própria a lei que autoriza o agente a proceder a uma avaliação de conduta, obviamente tomando em consideração a inafastável finalidade do ato. A valoração incidirá sobre o motivo e o objeto do ato, de modo que este, na atividade discricionária, resulta essencialmente da liberdade de escolha entre alternativas igualmente justas, traduzindo, portanto, um certo grau de subjetivismo" (CARVALHO FILHO, José dos Santos. *Manual de Direito Administrativo*. 27. ed. rev., ampl. e atual. São Paulo: Atlas, 2014, p. 131).

Importante enfatizar que os atos administrativos, em todas as suas formas, geram efeitos jurídicos e determinam relações jurídicas tendo em vista sua carga (política) normativa, que varia em maior ou menor grau conforme a natureza do ato. Daí a pertinência de se reconhecer a relevância da atuação do órgão de consultoria e assessoramento jurídico do ente federativo sobre a prática dos atos administrativos com o fim de se assegurar e de se garantir que o ato seja criado sem vícios e conforme o Direito, observando-se os preceitos e os princípios explícitos e implícitos do ordenamento jurídico brasileiro, entendendo-se o direito em sua integridade.[10]

A relevância institucional da Advocacia Pública que se busca infirmar ganha ainda mais luz quando se considera a execrável cultura de corrupção que parece rondar a atuação dos agentes na Administração Pública, havendo, inclusive, reconhecimento internacional dessa incômoda realidade.[11]

A participação proativa da Advocacia Pública em relação à juridicidade dos atos administrativos[12] é avanço no aspecto do combate à corrupção já que, sendo órgão de consultoria e assessoramento jurídico, apura de forma preventiva eventuais irregularidades, devendo adotar medidas que evitem danos de qualquer espécie e notadamente ao ente a que pertence.

Percebe-se importante movimentação normativa concernente a essa participação proativa da Advocacia Pública principalmente no que se refere à sua atuação como órgão de controle dos atos administrativos. A positivação de normas em tal sentido vem elevando institucionalmente a Advocacia Pública como órgão que detém a capacidade de direcionamento jurídico da Administração Pública.

Entende-se que ao se prescrever objetivamente que o órgão jurídico deve ser consultado sobre determinado ato, a lei lhe impõe a responsabilidade do controle de juridicidade do ato.[13] Com isso, o agente público competente para o ato terá o respaldo técnico-jurídico do órgão de consultoria e assessoramento jurídico, o que garantirá a adequação do ato à lei e, por conseguinte, a verificação da regularidade perante fiscalização de órgãos e instituições de controle externo.

---

[10] "O direito como integridade nega que as manifestações do direito sejam relatos factuais do convencionalismo, voltados para o passado, ou programas instrumentais do pragmatismo jurídico, voltados para o futuro. Insiste em que as afirmações jurídicas são opiniões interpretativas que, por esse motivo, combinam elementos que se voltam tanto para o passado quanto para o futuro" (DWORKIN, Ronald. *O império do direito*. 3. ed. São Paulo: Martins Fontes, 2014, p. 271).

[11] O Brasil aparece na 96ª posição no índice de percepção de corrupção em 2021, sendo tal índice medido pela Organização Transparência Internacional. Disponível em: https://transparenciainternacional.org.br/. Acesso em: 20 jun. 2022.

[12] "Superada a concepção positivista de que 'a lei contém todo o direito', verificam-se, na atualidade, esforços concentrados em superar esse modelo de Estado de direito formal, em benefícios de um Estado de direito material. Nestes termos, passa-se a fundamentar a atividade administrativa na vinculação à ordem jurídica como um todo (princípio da juridicidade), o que se reforça com o constitucionalismo, que acabou por consagrar os princípios gerais ou setoriais do direito na Lei Maior" (BINENBOJM, Gustavo. *Uma teoria do direito administrativo*: direitos fundamentais, democracia e constitucionalização. 2. ed. rev. at. Rio de Janeiro: Renovar, 2008, p. 208).

[13] "A emergência da noção de juridicidade administrativa, com a vinculação direta da Administração à Constituição, não mais permite falar, tecnicamente, numa autêntica dicotomia entre atos vinculados e atos discricionários, mas, isto sim, em diferentes graus de vinculação dos atos administrativos à juridicidade. A discricionariedade não é, destarte, nem uma liberdade decisória externa ao direito, nem um campo imune ao controle jurisdicional. Ao maior ou menor grau de vinculação do administrador à juridicidade corresponderá, via de regra, maior ou menor grau de controlabilidade judicial dos seus atos" (BINENBOJM, Gustavo. *Uma teoria do direito administrativo*: direitos fundamentais, democracia e constitucionalização. 2. ed. rev. at. Rio de Janeiro: Renovar, 2008, p. 208).

Aspecto interessante a ser brevemente enfatizado se refere à consultoria e assessoramento jurídico exercido pela Advocacia Pública aos órgãos de controladoria interna quando instituído em âmbito administrativo do Poder Executivo. Tais órgãos próprios de controladoria, como é o caso da Controladoria-Geral da União no âmbito do governo federal, atuando posteriormente aos atos, devem também submeter seus atos ao controle de juridicidade exercido pela Advocacia Pública quando sua atividade correlacionar a qualquer contexto jurídico.

Visa-se delinear que não há, na amplitude de campos de atuação do Poder Executivo, qualquer ato administrativo emanado por qualquer órgão que não deva ser submetido ao crivo de juridicidade exercido pela Advocacia Pública haja vista sua competência para tanto nos casos em que o ato administrativo se mostrar com visível e proeminente carga jurídica.

Recente e relevante inovação normativa inserida no Estatuto da OAB (Lei Federal 8.906/94, alterada pela Lei Federal 14.365/22) dispõe que o advogado pode contribuir com o processo legislativo e com a elaboração de normas jurídicas no âmbito dos Poderes da República (artigo 2º-A).[14] Visa o dispositivo legal garantir que o processo legislativo e a elaboração das normas respeitarão os preceitos constitucionais e legais, proporcionando, através de sua atuação técnica, segurança jurídica entre a atuação política e direito.

Como o texto legal descreve atribuição a advogado, pode-se concluir que havendo o órgão jurídico constituído no âmbito do Poder Executivo, compete ao mesmo a atuação para a regular formalização e edição de normas, exercendo controle prévio de constitucionalidade e legalidade.

Dessa forma, amplia-se a atuação institucional da Advocacia Pública ao se prever sua participação no processo legislativo e elaboração de normas, consectário de sua função de consultoria e assessoramento jurídico do Poder Executivo, somando-se ao controle de juridicidade dos atos administrativos que demonstrem relevante carga jurídica e a atribuição de representação judicial e extrajudicial do ente federativo.

3 Motivação e fundamentação jurídica do ato administrativo: o controle de juridicidade exercido pela Advocacia Pública por imposição legal

Sendo constitucionalmente definida como como função essencial à Justiça,[15] por meio de sua efetiva participação na formulação dos atos administrativos (consideradas

---

[14] "Art. 2º-A. O advogado pode contribuir com o processo legislativo e com a elaboração de normas jurídicas, no âmbito dos Poderes da República" (BRASIL. *Lei nº 14.365, de 2 de junho de 2022*. Altera as Leis nºs 8.906, de 4 de julho de 1994 (Estatuto da Advocacia), e 13.105, de 16 de março de 2015 (Código de Processo Civil), e o Decreto-Lei nº 3.689, de 3 de outubro de 1941 (Código de Processo Penal), para incluir disposições sobre a atividade privativa de advogado, a fiscalização, a competência, as prerrogativas, as sociedades de advogados, o advogado associado, os honorários advocatícios, os limites de impedimentos ao exercício da advocacia e a suspensão de prazo no processo penal. Brasília, DF: Presidência da República Disponível em: http://www.planalto.gov.br/ccivil_03/_Ato2019-2022/2022/Lei/L14365.htm. Acesso em: 20 jun. 2022).

[15] "O Poder Judiciário exerce uma das funções do Estado e não parece lógico se falar em Estado litigando contra seu próprio entendimento. Outrossim, tem-se que a Constituição Federal de 1988, no Capítulo IV, do Título III, inseriu a Advocacia Pública como função essencial à Justiça, ressaltando, ainda, ao tratar do advogado (em que

suas espécies: atos normativos, ordinatórios, negociais, enunciativos e punitivos),[16] a Advocacia Pública assume o papel de principal órgão interno de controle dos atos administrativos porquanto o estudo sistêmico do ordenamento jurídico leva à conclusão de que não só quando há previsão legal objetiva da obrigatoriedade de sua participação direta, atuando sobre a juridicidade do ato, é necessária a sua atuação, mas sempre que o ato administrativo apresentar relevantes e consideráveis consequências jurídicas.

O entendimento da atuação da Advocacia Pública no controle dos atos administrativos com o fim de promover o dever de probidade, garantindo e defendendo o direito fundamental dos administrados, é absolutamente pertinente haja vista a forma preventiva prevista de modo objetivo, inclusive, para procedimentos específicos.

Ou seja, para determinados procedimentos administrativos a lei estabelece de maneira objetiva que deve o órgão jurídico de consultoria e assessoramento analisar e se manifestar sobre as matérias em questão. Desse modo, para tais procedimentos a participação do órgão jurídico é obrigatória por imposição legal, podendo-se apontar como exemplo o disposto no artigo 53 da Lei Federal 14.133/21 (Nova Lei de Licitações e Contratos Administrativos).[17]

O instrumento para se materializar a atuação da Advocacia Pública no âmbito de sua esfera de competência pode variar dependendo da natureza do procedimento, destacando-se como principal o parecer jurídico como o meio de dar o suporte à atuação estatal no aspecto jurídico.

A adequação normativa dos atos a serem emanados pela Administração é a principal função da Advocacia Pública como órgão jurídico consultivo que se procede por meio de parecer jurídico consubstanciado em manifestação devendo haver a explanação fundamentada e conclusão lógica correspondente que proporcione ao gestor a melhor forma de agir dentro do contexto do Direito em todas suas fontes.[18]

---

se incluem os advogados públicos), sua indispensabilidade à Administração da Justiça (art. 133, da Constituição Federal)" (SCHREIBER, Rafael. A importância do advogado público na efetivação de acordos como aplicador do Direito Administrativo Contemporâneo. *In*: CUNHA, Bruno Santos; NERY, Cristiane da Costa; CAMPELLO, Geórgia Teixeira Jezler (Coords.). *Direito Municipal em Debate.* v. 3 Belo Horizonte: Fórum, 2017, p. 33).

[16] "Atos normativos são aqueles atos que contêm comando geral e abstrato, visando à correta aplicação da lei, detalhando o que a lei previamente estabeleceu. [...] Atos ordinatórios são aqueles que visam a disciplinar o funcionamento da Administração e a conduta funcional dos seus agentes, representando o exercício do poder hierárquico do Estado. [...] Atos negociais são aqueles que contêm uma declaração de vontade da Administração coincidente com a pretensão do particular, visando concretizar atos jurídicos, nas condições previamente impostas pela Administração Pública. [...] Atos enunciativos são todos aqueles em que a Administração se limita a certificar ou atestar um determinado fato, ou então a emitir uma opinião acerca de um tema definido. [...] Atos punitivos são os que contêm uma sanção imposta pela Administração àqueles que infringem disposições legais, regulamentares e ordinatórias de bens e serviços públicos" (MARINELA, Fernanda. *Direito Administrativo.* 8. ed. Niterói: Impetus, 2014, p. 309-311; 315-316).

[17] "Art. 53. Ao final da fase preparatória, o processo licitatório seguirá para o órgão de assessoramento jurídico da Administração, que realizará controle prévio de legalidade mediante análise jurídica da contratação" (BRASIL. *Lei nº 14.133, de 1º de abril de 2021.* Lei de Licitações e Contratos Administrativos. Brasília, DF: Presidência da República Disponível em: http://www.planalto.gov.br/ccivil_03/_ato2019-2022/2021/lei/L14133.htm. Acesso em: 20 jun. 2022).

[18] "São consideradas fontes formais do direito a lei, a analogia, o costume e os princípios gerais de direito (art. 4º da LICC e 126 do CPC); e não formais a doutrina e a jurisprudência. Malgrado a jurisprudência, para alguns, não possa ser considerada, cientificamente, fonte formal de direito, mas somente fonte meramente intelectual ou informativa (não formal), a realidade é que, no plano da realidade prática, ela tem-se revelado fonte criadora do direito. Basta observar a invocação da súmula oficial de jurisprudência nos tribunais superiores (STF e STJ, principalmente) como verdadeira fonte formal, embora cientificamente lhe falte essa condição. Essa situação se acentuou com a entrada em vigor, em 19 de março de 2007, da Lei nº 11.417, de 19 de dezembro de 2006, que

Neste ponto é importante frisar ser inegável que a atuação da Advocacia Pública, principalmente em âmbito municipal, sobrepõe-se a todos os demais órgãos de estrutura do Poder Executivo no que tange à formalização de políticas públicas, uma vez que lhe cabe a delicada e responsável tarefa de verificar a regularidade do ato administrativo, em seu início, meio e fim, sem que, contudo, interfira diretamente na seara de decisões políticas.

Ou seja, para que a máquina pública funcione nos moldes constitucionais, imprescindível a atuação da Advocacia Pública como órgão de controle da juridicidade, permeando toda a atuação política-administrativa. Logicamente não cabe a intervenção da Advocacia Pública a todos os atos administrativos. O que se deve restar plenamente entendido é que a atuação da Advocacia Pública deverá ocorrer quando se constatar que determinado ato se apresenta com carga jurídica relevante que justifique sua participação técnica e formal.

Desse modo, independentemente de haver disposição legal expressa, entende-se necessária a atuação da Advocacia Pública como órgão consultivo nos casos em que o ato a ser emanado detém relevante e proeminente teor jurídico.

Mais uma vez importa ressaltar que não se pretende interferir na decisão política de mérito administrativo ou na discricionariedade da autoridade competente para o ato.[19] Porém, ao se descrever que os atos de conteúdo jurídico devem ter participação da Advocacia Pública o que se reserva é sua devida ocupação espacial na estrutura orgânica de Estado definida pela própria Constituição da República de 1988.

Se cabe à Advocacia Pública as funções de consultoria e assessoramento jurídico ao Poder Executivo, todo ato que, em tese, dependa de análise jurídica, ainda que não esteja objetivamente prevista em lei, somente poderá produzir efeitos após a atuação da Advocacia Pública por meio de seus instrumentos peculiares, conferindo-lhe validade[20] e eficácia.[21]

Sobre tal viés, concentra-se nos planos de validade e eficácia do ato administrativo a imposição legal da atuação da Advocacia Pública. Assim, nos casos em que o ato administrativo se apresente com relevante conteúdo jurídico, obrigatória será sua análise pela Advocacia Pública para se atestar sua conformidade normativa, promovendo sua

---

regulamentou o art. 103-A da Constituição Federal e alterou a Lei nº 9.784, de 29 de janeiro de 1999, disciplinando a edição, a revisão e o cancelamento de enunciado de súmula vinculante pelo Supremo Tribunal Federal. Dentre as fontes formais, a lei é a fonte principal, e as demais são fontes acessórias. Costuma-se, também, dividir as fontes do direito em diretas (ou imediatas) e indiretas (ou mediatas). As primeiras são a lei e o costume, que por si só geram a regra jurídica; as segundas são a doutrina e a jurisprudência, que contribuem para que a norma seja elaborada" (GONÇALVES, Carlos Roberto. *Direito Civil Brasileiro* – Parte geral. v. 1. 9. ed. São Paulo: Saraiva, 2011, p. 50-51).

[19] "O motivo é o fato e fundamento jurídico, enquanto, o objeto é o resultado prático do ato e, por fim, o mérito é a liberdade, a discricionariedade do Administrador" (MARINELA, Fernanda. *Direito Administrativo*. 8. ed. Niterói: Impetus, 2014, p. 297).

[20] "O ato administrativo é válido quando for expedido em absoluta conformidade com as exigências do ordenamento jurídico. Validade é a adequação do ato às exigência normativas, seja com a lei ou com outro ato de grau mais elevado; se contrário, o caso é de invalidação" (*Ibidem*, p. 317).

[21] O ato eficaz é aquele apto a produzir efeitos próprios, ou seja, quando seus efeitos típicos, ao serem desencadeados, não se encontram dependentes de qualquer evento posterior, como uma condição suspensiva, termo inicial ou ato controlador a cargo de outra autoridade. [...] Eficácia é, portanto, definida como "a idoneidade que tem o ato administrativo para produzir efeitos", em outras palavras, "significa que o ato está pronto para atingir o fim a que foi destinado" (*Ibidem*, p. 318-319).

regularidade, apresentando-se como requisito essencial para que surtam os efeitos esperados nos planos de validade e eficácia do ato.

Dessa maneira, compreendendo-se que a própria formação (jurídica e abstrata) do Estado assim como os atos que emana para seu funcionamento decorrem irremediavelmente da lei e prevendo-se na Constituição da República de 1988 que a Advocacia Pública é órgão de consultoria e assessoramento jurídico do Poder Executivo, alcança-se o entendimento de que em tal esfera todo ato que contenha conteúdo de relevante aspecto jurídico deve passar pela análise da Advocacia Pública.

Muito se discute acerca da vinculação do conteúdo do Parecer Jurídico à decisão a ser tomada pela autoridade competente para o ato.[22] A doutrina distingue os pareceres em obrigatórios, facultativos, vinculantes e opinativos.[23] Os obrigatórios decorrem de imposição legal, ou seja, há previsão legal para que o procedimento tenha o crivo do órgão jurídico. Os facultativos, ao contrário, são aqueles que decorrem de consulta da autoridade competente para o ato. Já os vinculantes são aqueles que seu conteúdo e conclusão devem ser seguidos, por expressa imposição legal, pela autoridade competente, apresentando-se o opinativo como aqueles que o embasamento não determina que o administrador siga suas conclusões.

De acordo com o posicionamento que se declina neste trabalho, afigura-se que, inobstante haver casos em que há expressa previsão legal para que seja ouvida a Advocacia Pública, necessária é sua atuação também nos casos em que o conteúdo jurídico do ato apresente relevante, proeminente e perceptível necessidade de análise técnica do órgão de consultoria jurídica com o intuito de garantir com segurança que o ato está conforme o ordenamento jurídico, tanto ao administrador quanto para os administrados.

O cenário que se vislumbra é o papel garantidor da Advocacia Pública não só para a autoridade competente, mas, principalmente, ao administrado, ao povo, legítimo detentor do poder. Em outras palavras, a Advocacia Pública proporciona ao povo a garantia de atuação dos seus representantes conforme a lei, estando estes vinculados ao sistema orgânico-constitucional democrático que entrega à Advocacia Pública a função de consultoria jurídica.

Dessa maneira, por um lado a Advocacia Pública, inserida no sistema orgânico-constitucional, detém prerrogativas indelegáveis de consultoria jurídica do Poder Executivo, promovendo aos gestores suporte para atuarem conforme a lei. Por outro lado, tais prerrogativas proporcionam ao povo a segurança de que há um espaço no sistema

---

[22] "Costuma a doutrina fazer referência aos pareceres vinculantes, assim conceituados aqueles que impedem a autoridade decisória de adotar outra conclusão que não seja a do ato opinativo, ressalvando-se, contudo, que se trata de regime de exceção e, por isso mesmo, só sendo admitidos se a lei o exigir expressamente. Em nosso entender, porém, há um desvio de qualificação jurídica nesses atos: pareceres são atos opinativos, de modo que, se o opinamento do parecerista vincula outra autoridade, o conteúdo do ato é tipicamente decisório, e não meramente opinativo, como é de sua natureza" (CARVALHO FILHO, José dos Santos. *Manual de Direito Administrativo*. 27. ed. rev., ampl. e atual. São Paulo: Atlas, 2014, p. 140).

[23] "Parecer: é o ato pelo qual os órgãos consultivos da Administração emitem opinião sobre assuntos técnicos ou jurídicos de sua competência. Pode ser: facultativo, quando dispensável para a prática do ato, ficando a critério da Administração solicitá-lo ou não, e obrigatório, quando a lei o exige. Nesse caso, o parecer integra o processo de formação do ato, de modo que sua ausência ofende o elemento formal, caracterizando-se um vício de legalidade. Também se admite a modalidade de parecer vinculante, quando a Administração é obrigada a solicitá-lo e a acatar sua conclusão, sendo que tal obrigatoriedade decorre de previsão legal" (MARINELA, Fernanda. *Direito Administrativo*. 8. ed. Niterói: Impetus, 2014, p. 315).

orgânico-constitucional que faz com que os entes estatais não fujam do imperativo das leis, exercendo o controle dos atos e impondo o respeito ao ordenamento jurídico.

E ainda por outro prisma, defende junto aos órgãos de controle (internos e externos)[24] a regularidade na gestão administrativa no contexto jurídico. Assim, a Advocacia Pública alcança três dimensões distintas conforme exerce suas funções diante do povo, dos governantes e dos órgãos de controle.

Portanto, as funções exercidas pela Advocacia Pública pendem para a plena satisfação da atividade estatal pelo povo, atuando, primeiramente, em defesa dos interesses públicos primários e, posteriormente, dos interesses públicos secundários,[25] primando pela promoção dos direitos fundamentais ao balizar a atuação do Estado nos limites e nos moldes da lei.

Como base da argumentação ora declinada, toma-se como referência a Lei Federal 9.784/99, a qual regula o processo administrativo no âmbito da Administração Pública federal, mas que também pode ser aplicada aos demais entes federativos diante da ausência de legislação própria.[26]

O artigo 42[27] da aludida lei prevê prazo para emissão de parecer por órgão consultivo nos casos em que sua obrigatoriedade decorre de imposição legal em processos administrativos. Assim, se para a formação da decisão administrativa ou do ato administrativo se demandar conhecimento técnico-jurídico, obrigatória será a consulta ao órgão

---

[24] "Esse controle poderá ser realizado dentro da própria pessoa jurídica, caracterizando um controle interno ou, ainda, por pessoas ou órgãos estranhos à sua estrutura, configurando um controle externo. O controle externo poderá ser feito: pela entidade da Administração Direta que a criou; pelo Tribunal de Contas, enquanto órgão auxiliar do Poder Legislativo, que tem competência para julgar contas; pelo Poder Judiciário via inúmeras ações judiciais; ou até pelo cidadão por meio de alguns instrumentos constitucionais e legais de controle pelo povo, entre os quais estão a ação popular, a representação por ato de improbidade, a análise das contas municipais, com base no art. 31, §3º, da Constituição Federal" (MARINELA, Fernanda. *Direito Administrativo*. 8. ed. Niterói: Impetus, 2014, p. 114).

[25] "O interesse público primário é a razão de ser do Estado e sintetiza-se nos fins que cabe a ele promover: justiça, segurança e bem-estar social. Estes são os interesses de toda a sociedade. O interesse público secundário é o da pessoa jurídica de direito público que seja parte em uma determinada relação jurídica – quer se trate da União, do Estado-membro, do Município ou das suas autarquias. Em ampla medida, pode ser identificado como o interesse do erário, que é o de maximizar a arrecadação e minimizar as despesas" (BARROSO, Luís Roberto. O Estado contemporâneo, os direitos fundamentais e a redefinição da supremacia do interesse público (Prefácio). *In*: SARMENTO, Daniel (Org.). *Interesses públicos versus interesses privados*: desconstruindo o princípio de supremacia do interesse público. Rio de Janeiro: Lumen Juris, 2005, p. XIV).

[26] "A Lei n. 9.784/1999, especialmente no que diz respeito ao prazo decadencial para a revisão de atos administrativos no âmbito da Administração Pública federal, pode ser aplicada, de forma subsidiária, aos estados e municípios, se inexistente norma local e específica que regule a matéria. Referência: Lei n. 9.784/1999. Precedentes: MS 18.338-DF (1ª S, 14.06.2017 – DJe 21.06.2017) AgRg no AREsp 201.084-SP (1ª T, 13.08.2013 – DJe 21.08.2013) AgRg no AREsp 393.378-DF (1ª T, 06.02.2014 – DJe 18.02.2014) AgRg no REsp 1.083.566-RJ (1ª T, 14.06.2016 – DJe 24.06.2016) REsp 1.251.769-SC (2ª T, 06.09.2011 – DJe 14.09.2011) – acórdão publicado na íntegra AgRg no AREsp 263.635-RS (2ª T, 16.05.2013 – DJe 22.05.2013) AgRg no REsp 1.378.247-SP (2ª T, 17.03.2015 – DJe 25.03.2015) RMS 46.160-PR (2ª T, 08.09.2015 – DJe 18.09.2015) AgRg no AREsp 345.831-PR (2ª T, 09.06.2016 – DJe 21.06.2016) REsp 1.666.687-SP (2ª T, 06.06.2017 – DJe 19.06.2017)" (BRASIL. Superior Tribunal de Justiça. Súmula nº 633. *In*: COMISSÃO de Jurisprudência, Assessoria das Comissões Permanentes de Ministros (Org.). *Súmulas do Superior Tribunal de Justiça*. Brasília: STJ, 2015. Disponível em: https://www.stj.jus.br/publicacaoinstitucional/index.php/Sml/article/view/64/4037. Acesso em: 20 jun. 2022).

[27] "Art. 42. Quando deva ser obrigatoriamente ouvido um órgão consultivo, o parecer deverá ser emitido no prazo máximo de quinze dias, salvo norma especial ou comprovada necessidade de maior prazo" (BRASIL. *Lei nº 9.784, de 29 de janeiro de 1999*. Regula o processo administrativo no âmbito da Administração Pública Federal. Brasília, DF: Presidência da República. Disponível em: http://www.planalto.gov.br/ccivil_03/leis/l9784.htm. Acesso em: 20 jun. 2022).

jurídico da Administração, que no caso do Poder Executivo, é a Advocacia Pública por deter a competência técnica e a atribuição constitucional de consultoria.

Cumulativamente ao artigo 42, o artigo 50 da Lei Federal 9.784/99[28] determina que os atos administrativos deverão ser motivados, apontando-se que obrigatoriamente deverão conter descrição dos fatos e dos fundamentos jurídicos quando (i) neguem, limitem ou afetem direitos ou interesses; (ii) imponham ou agravem deveres, encargos ou sanções; (iii) decidam processos administrativos de concurso ou seleção pública; (iv) dispensem ou declarem a inexigibilidade de processo licitatório; (v) decidam recursos administrativos; (vi) decorram de reexame de ofício; (vii) deixem de aplicar jurisprudência firmada sobre a questão ou discrepem de pareceres, laudos, propostas e relatórios oficiais; (viii) importem anulação, revogação, suspensão ou convalidação de ato administrativo.

Observa-se com clareza que as situações em que se exige a motivação, consubstanciada na indicação dos fatos e na fundamentação jurídica, referem-se a circunstâncias com potencial para criação, reconhecimento, modificação, resguardo ou extinção de relações jurídicas. Ou seja, há patente conteúdo jurídico em tais atos administrativos que devem se submeter à análise de juridicidade da Advocacia Pública.

Desse modo, demonstra-se que há na legislação positivada, dispositivos que impõem a atuação da Advocacia Pública de forma obrigatória quando se constatar que o ato administrativo deve conter motivação, com descrição dos fatos e fundamentos jurídicos, havendo a necessidade de atuação do órgão técnico-jurídico competente para atestar sua regularidade perante o ordenamento jurídico. Ou seja, influindo o ato administrativo em relações jurídicas e tendo em vista seu potencial de efeitos jurídicos, obrigatória será sua análise e parecer pela Advocacia Pública.

Destacando que, conforme sobredito, não há objeção que entes federativos adotem o disposto na Lei Federal 9.784/99, conforme Súmula 633 do Superior Tribunal de Justiça, ainda que se aplique seus dispositivos por analogia. Anota-se que as previsões insertas nos incisos do artigo 50 da Lei Federal 9.784/99 não se fecham em rol taxativo, não excluindo outras situações administrativas em que se necessite da atuação da Advocacia Pública para legitimar a adequação do ato aos preceitos legais.

A extensão interpretativa que se propõe ao se defender a necessidade da atuação da Advocacia Pública na formalização do ato administrativo quando proeminente o aspecto jurídico do ato encontra ainda mais eco ao se analisar o disposto no artigo 10 da nova Lei de Licitação e Contratos Administrativos (Lei 14.133/21).[29] Preconiza tal artigo

---

[28] "Art. 50. Os atos administrativos deverão ser motivados, com indicação dos fatos e dos fundamentos jurídicos, quando: I – neguem, limitem ou afetem direitos ou interesses; II – imponham ou agravem deveres, encargos ou sanções; III – decidam processos administrativos de concurso ou seleção pública; IV – dispensem ou declarem a inexigibilidade de processo licitatório; V – decidam recursos administrativos; VI – decorram de reexame de ofício; VII – deixem de aplicar jurisprudência firmada sobre a questão ou discrepem de pareceres, laudos, propostas e relatórios oficiais; VIII – importem anulação, revogação, suspensão ou convalidação de ato administrativo" (BRASIL. *Lei nº 9.784, de 29 de janeiro de 1999*. Regula o processo administrativo no âmbito da Administração Pública Federal. Brasília, DF: Presidência da República. Disponível em: http://www.planalto.gov.br/ccivil_03/leis/l9784.htm. Acesso em: 20 jun. 2022).

[29] "Art. 10. Se as autoridades competentes e os servidores públicos que tiverem participado dos procedimentos relacionados às licitações e aos contratos de que trata esta Lei precisarem defender-se nas esferas administrativa, controladora ou judicial em razão de ato praticado com estrita observância de orientação constante em parecer jurídico elaborado na forma do §1º do art. 53 desta Lei, a advocacia pública promoverá, a critério do agente público, sua representação judicial ou extrajudicial" (BRASIL. *Lei nº 14.133, de 1º de abril de 2021*. Lei de Licitações

que cabe à Advocacia Pública do respectivo ente a representação judicial e extrajudicial perante as instâncias judicial, administrativas e controladora do agente ou servidor quando praticarem ato com base estritamente em parecer emitido pelo órgão jurídico.[30]

Em outras palavras, a autoridade competente para a prática do ato tem o suporte técnico-jurídico que garante sua atuação sendo que, ao não se adotar o posicionamento do órgão jurídico, assumirá a responsabilidade pela regularidade do ato sem o apoio institucional da Advocacia Pública.

Ou seja, a responsabilidade técnica pela regularidade jurídica de todo o procedimento licitatório compete irrestritamente à Advocacia Pública a qual chancela sua juridicidade, conferindo ao administrador, administrados e órgão controladores a segurança e garantia de conformidade legal, contribuindo, assim, com o dever do Estado em assegurar a efetivação de direitos fundamentais, notadamente os de caráter prestacional,[31] adotando-se o conceito da precípua finalidade do Estado.[32]

Perante tal gama de frentes de atuação administrativa, inúmeros são os instrumentos normativos que regulam tais matérias no contexto das também inúmeras disciplinas do Direito com suas respectivas ramificações que surgem para que alcancem, de forma profunda, os direitos fundamentais em suas dimensões. Importante se mencionar sobre as diversas especialidades jurídicas uma vez que, em maior ou menor grau, todas são passíveis de se encontrarem no contexto administrativo de relações jurídicas.

Por tais circunstâncias, assenta-se o entendimento de que a consulta ao órgão técnico-jurídico competente em relação a determinado ato ou decisão administrativa que se revele com visível e proeminente carga jurídica é obrigatória haja vista a atribuição funcional prevista constitucionalmente à Advocacia Pública, devendo atuar e analisar caso a caso em observância à integridade do direito.[33]

---

e Contratos Administrativos. Brasília, DF: Presidência da República. Disponível em: http://www.planalto.gov.br/ccivil_03/_ato2019-2022/2021/lei/L14133.htm. Acesso em: 20 jun. 2022).

[30] "Em suma: o parecerista acaba tendo a vestimenta de autoridade decisória, cabendo ao agente vinculado papel meramente secundário e subserviente à conclusão do parecerista" (CARVALHO FILHO, José dos Santos. *Manual de Direito Administrativo*. 27. ed. rev., ampl. e atual. São Paulo: Atlas, 2014, p. 140).

[31] "Ao longo do século XIX, o liberalismo e o constitucionalismo se difundem e se consolidam na Europa. Já no século XX, no entanto, sobretudo a partir da Primeira Guerra, o Estado ocidental torna-se progressivamente intervencionista, sendo rebatizado de Estado social. Dele já não se espera apenas que se abstenha de interferir na esfera individual e privada das pessoas. Ao contrário, o Estado, ao menos idealmente, torna-se instrumento da sociedade para combater a injustiça social, conter o poder abusivo do capital e prestar serviços públicos para a população" (BARROSO, Luiz Roberto. *Curso de Direito Constitucional Contemporâneo*: os conceitos fundamentais e a construção do novo modelo. 4. ed. São Paulo: Saraiva, 2013, p. 88).

[32] "O fenômeno da 'constitucionalização' do Direito ocorre, como lembra Daniel Sarmento, com a nova configuração das Constituições que surgem após a 2ª Guerra, quando elas deixam de ter um papel apenas inspirativo (isto é, não vinculante ao legislador e, logo, não judicializável) e passam a conter um extenso catálogo de (novos) direitos fundamentais que reclamam a atuação do Estado, espraiando seu alcance por sobre todas as áreas do Direito. Essas Constituições, portanto, não são mais apenas 'instrumentos de governo' ou declarações formais de direitos individuais e políticos, agora, ao contrário, são muito mais extensas (espraiando seu alcance sobre todos os ramos do direito, traçam programas para o futuro, são Constituições Dirigentes, que pretendem trazer em si o planejamento das ações dos legisladores que se seguirem (independentemente da orientação política destes. Elas alargam o rol dos direitos fundamentais, dotando, inclusive, o cidadão e entes especializados (como o Ministério Público) de meios para a defesa judicial destes direitos" (NUNES, Dierle José Coelho. Fundamentos e dilemas para o sistema processual brasileiro: uma abordagem da litigância de interesse público a partir do Processualismo Constitucional democrático. *In*: FIGUEIREDO, Eduardo Henrique Lopes; MAGALHÃES, José Luiz Quadros (Coords.) *Constitucionalismo e democracia*. Rio de Janeiro: Elsevier, 2012, p. 106).

[33] "É a integridade do Direito a exigir atenção permanente às especificidades únicas e irrepetíveis dos casos concretos, com vistas à promoção simultânea à justiça (*justice*) e à segurança jurídica (*fairness*), que também permite que nos libertemos do mito da possibilidade de decisão padrão capaz de se autoaplicar a todos os

A feição constitucional atribuída como de instituição competente para consultoria jurídica do Poder Executivo, coloca a Advocacia Pública com o papel de controle de juridicidade dos atos administrativos e, consequentemente, como orientador da atividade estatal em busca da concretização programática constante da Constituição da República de 1988 em relação aos direitos fundamentais.

Entender que a Advocacia Pública, em todas as esferas federativas, não atende aos interesses dos governantes, mas, primordialmente, atende aos interesses dos governados, emerge sua atuação como filtro dos atos administrativos praticados pela Administração uma vez que, procedendo-se ao controle de juridicidade, garante-se a regularidade da atividade administrativa conforme o direito, viabilizando o exercício de direitos fundamentais do indivíduo em relação ao Estado.

Desse contexto é que se defende que a atuação da Advocacia Pública como órgão jurídico consultivo, independentemente de previsão legal expressa, deverá ser obrigatória nos casos em que se constatar carga jurídica importante para a consecução do ato administrativo, avultando-se sua atuação como filtro que atesta sua juridicidade perante o ordenamento jurídico, o que se traduz, primordialmente, na defesa de interesse público primário assim como na garantia da efetivação de direitos fundamentais.

4 A atuação da Advocacia Pública como meio de efetivação do direito fundamental à probidade administrativa

A probidade administrativa permeia todos os atos produzidos pelo Estado por meio de seus agentes. A aplicação das normas para o desenvolvimento das atividades estatais deve, antes, de forma permanente e inderrogável, estar atrelada ao agir probo, limpo, transparente por parte daquele que a organização política atribuiu competência, como agente, para praticar o ato.

Portanto, o dever de probidade é nato da democracia, inerente ao que atua para o Estado e em nome do Estado, afigurando-se, de tal modo, como direito fundamental dos administrados já que, enquanto legítimos titulares diretos do poder, na acepção de povo, contam que a promoção dos princípios e objetivos fundamentais serão plenamente exercidos por seus representantes.

O anseio de se fixar politicamente e juridicamente o direito fundamental à probidade administrativa como matéria de especial tratamento é percebido ao se destacar que tramita no Congresso Nacional proposta de emenda constitucional (PEC nº 30/2020)[34] com a qual se busca inserir a prevenção e o combate à corrupção como fundamento

---

casos semelhantes. Cada decisão que assim se apresentar configurará, outra vez, como norma geral e abstrata, estruturalmente indeterminada, introdutora de maior complexidade social, vez que na qualidade de orientação voltada ao futuro também incentivará, por seu turno, pretensões abusivas em relação a ela, as quais só poderão ser desmascaradas mediante o exame reconstrutivo e criterioso da unicidade irrepetível de cada caso concreto que venha a se apresentar" (CARVALHO NETTO, M.; SCOTTI, G. *Os Direitos Fundamentais e a (in) certeza do direito:* a produtividade das tensões principiológicas e a superação do sistema de regras. Belo Horizonte: Fórum, 2011, p. 15-16).

[34] "Art. 1º O art. 1º da Constituição Federal passa a vigorar acrescido do seguinte inciso VI: 'Art. 1º VI – a prevenção e o combate à corrupção'" (BRASIL. *Proposta de Emenda à Constituição nº 30, de 19 de agosto 2020.* Altera o art. 1º da Constituição Federal, para elencar "a prevenção e o combate à corrupção" como um dos fundamentos da República Federativa do Brasil. Disponível em: https://www25.senado.leg.br/web/atividade/materias/-/materia/144138. Acesso em: 22 jun. 2022).

arrolado no artigo 1º da Constituição Federal de 1988. Ou seja, a efetivação do direito fundamental à probidade administrativa surge de forma tão urgente que tal sinalização política indica a necessidade de positivação constitucional do tema.

Diante da magnitude do dever de probidade, entende-se que a aplicação de todos os demais princípios e preceitos jurídicos no trato administrativo devem estar permeados, na origem, do conceito de tal dever. Advém do dever de probidade a necessidade da escorreita observância ao ordenamento jurídico para a formação e execução dos atos administrativos.

Considerando a conjectura normativa construída e considerando que o Estado a utiliza para promover seus atos, alicerçando-se sobre o princípio da legalidade (juridicidade), encontra-se o espaço institucional da Advocacia Pública a qual, sendo função essencial à Justiça, deve ser criada e organizada pelo Poder Executivo, detendo a prerrogativa do controle de legalidade (juridicidade) dos atos administrativos, sendo sua atribuição, além da verificação de regularidade formal dos atos, a adequação do ato às leis em sentido amplo, observando-se preceitos e princípios fundamentais, entre eles a probidade, moralidade, transparência e segurança jurídica.

Não se pretende defender a intromissão indevida na esfera de discricionariedade do gestor, o que ocasionaria desvirtuamento de competência e da própria legitimidade democrática. Pretende-se argumentar que a Advocacia Pública, considerando o espaço que ocupa, detém legitimidade constitucional para inibir/prevenir atos fraudulentos indesejáveis em qualquer circunstância, cabendo-lhe o poder/dever de agir diante de ocorrência administrativa em desconformidade com a lei.[35]

Compreendendo-se como função essencial à Justiça, organizada pelo Poder Executivo e detendo prerrogativa de controle de legalidade dos atos administrativos, a Advocacia Pública, organicamente, conforme definido na Constituição da República de 1988, encontra-se como instituição de controle com o poder/dever de garantir a ação estatal baseada na probidade, na transparência, moralidade e segurança jurídica enquanto princípios jurídicos a serem observados permanentemente e sem exceções no trato administrativo.

Uma vez que se trata de princípios fundamentais que encontram aderência à juridicidade, cabe à Advocacia Pública enquanto instituição competente para assessoramento e consultoria jurídica do Poder Executivo a análise dos atos administrativos conforme a melhor leitura do direito.[36]

---

[35] "A Advocacia Pública assume, no Estado Democrático de Direito, mais do que uma função jurídica de defesa dos interesses patrimoniais da Fazenda Pública, mais até mesmo do que a defesa do princípio da legalidade, porque lhe incumbe igualmente, e veementemente, a defesa da moralidade pública, que se tornou um valor autônomo constitucionalmente garantido. Não é que essa defesa lhe escapasse antes do regime constitucional vigente. Mas, então, o princípio da moralidade tinha uma dimensão estritamente administrativa, quase como simples dimensão da legalidade, ligada aos problemas dos desvios de finalidade. Agora não, porque a Constituição lhe concedeu um sentido próprio e extensivo, e abrangente da ética pública" (SILVA, José Afonso. *Comentário contextual à Constituição*. 9. ed. São Paulo: Malheiros Editores, 2014, p. 618).

[36] "O direito como integridade exige que as decisões jurídicas admitam que "o direito é estruturado por um conjunto coerente de princípios sobre a justiça, a equidade e o devido processo legal. E exige que esses princípios sejam sempre aplicados nos novos casos. Não se trata de coerência com objetivos políticos – com as *policies* – que hoje podem ser diferentes do que vão ser as prioridades políticas de amanhã, mas sim uma coerência com princípios de moralidade política: coerência e integridade a despeito das diversidades de convicções morais da comunidade" (SIMIONI, Rafael Lazzarotto *Curso de hermenêutica jurídica contemporânea:* do positivismo clássico ao pós-positivismo jurídico. Curitiba: Juruá, 2014, p. 386).

Não se pode confundir tal atuação, estritamente jurídica, com atuação política. Sendo função permanente, vincula-se sua atuação somente à lei, viabilizando-se a aplicação de preceitos e princípios jurídicos aos atos administrativos.[37] Coloca-se a Advocacia Pública como instituição de permanente controle de legalidade na gestão administrativa visando promover o dever de probidade ao se emanar atos administrativos, tendo em vista se tratar de princípio a ser respeitado como cumprimento da ordem constitucional.[38]

5   A atuação da Advocacia Pública como representante judicial e extrajudicial dos entes federativos para materialização de preceitos jurídicos fundamentais

Com o intuito didático de sistematizar a abrangência e extensão de competência conferida objetivamente pela legislação positivada à Advocacia Pública, cabe descrever que se destacam, dentre as feições que o atual contexto orgânico-jurídico estabelece à Advocacia Pública, sua atuação na (i) defesa de direitos difusos e coletivos (Lei de Ação Civil Pública – Lei 7.347/85) , assim como na (ii) prevenção e punição de atos de improbidade administrativa (Lei de Improbidade Administrativa – Lei 8.429/92), na (iii) garantia jurídica da regular aplicação do direito em âmbito administrativo (Lei de Introdução às Normas do Direito Brasileiro – Decreto-Lei 4.657/42) e na (iv) solução consensual de conflitos no âmbito administrativo por meio de celebração de termo de ajustamento de conduta (artigo 174 do Código de Processo Civil de 2.015 e artigo 32 da Lei 13.140/15).

Há de se destacar, outrossim, a atuação da Advocacia Pública como representante judicial e extrajudicial do Estado no sentido de viabilizar a dinâmica jurídica que garante a efetivação dos direitos fundamentais, exercendo seu papel institucional na direção de prevalência de tais preceitos junto aos demais poderes, Ministério Público e órgãos de controle externo. Ou seja, deve a Advocacia Pública atuar para a defesa e garantia dos direitos fundamentais quando violados, não permitindo que se ocorra em âmbito judicial e/ou administrativo.

Frisa-se que se tem por escopo demonstrar os meios jurídicos de atuação da Advocacia Pública que se encontram positivados de forma objetiva no ordenamento jurídico, passando-se a abordar as linhas de atuação conforme acima sistematizado.

---

[37]   "Nesta abertura constitucional ao mundo dos valores, os princípios desempenham papel primordial. Aliás, a doutrina vem reconhecendo que a principal característica do paradigma pós-positivista, hoje vigente no Direito, é o reconhecimento do papel central dos princípios, que, na lição de Paulo Bonavides, foram "convertidos em pedestal normativo sobre o qual assenta todo o edifício jurídico dos novos sistemas constitucionais. De meros instrumentos de integração do direito, invocáveis apenas nos casos de lacuna – concepção ultrapassada adotada, por exemplo, no art. 4º da nossa Lei de introdução ao Código Civil – passam os princípios a ser concebidos como normas revestidas de eficácia jurídica, conquanto de natureza qualitativamente distinta das regras jurídicas" (SARMENTO. Daniel. A dimensão objetiva dos direitos fundamentais: fragmentos de uma teoria. *In*: SAMPAIO, José Adércio Leite. *Jurisdição constitucional e os direitos fundamentais*. Belo Horizonte: Del Rey, 2003, p. 275).

[38]   "Portanto, a compreensão da lei a partir da Constituição expressa uma outra configuração do positivismo, que pode ser qualificada de positivismo crítico ou de pós-positivismo, não porque atribui às normas constitucionais o seu fundamento, mas sim porque submete o texto da lei a princípios materiais de justiça e direitos fundamentais, permitindo que seja encontrada uma norma jurídica que revele a adequada conformação da lei" (MARINONI, Luiz Guilherme. *A jurisdição no estado constitucional*. São Paulo: RT, 2007, p. 53).

5.1 A Atuação da Advocacia Pública na Ação Civil Pública como meio de efetivação de direitos difusos e coletivos

Na esfera judicial, ressalta-se a legitimidade ativa conferida aos entes federativos para a propositura de Ação Civil Pública (artigo 5º, inciso III da Lei 7.347/85)[39] com o fim de apuração de responsabilidade em relação a direitos difusos e coletivos (direitos de caráter transindividual). Detendo os entes federativos a legitimidade ativa, cabe à respectiva Advocacia Pública promover a ação civil pública em defesa do direito violado já que lhe incumbe, constitucionalmente, sua representação judicial.

Em âmbito extrajudicial, revela-se a autorização legal para se formalizar compromisso de ajustamento de conduta às exigências legais, mediante cominações e detendo eficácia de título executivo extrajudicial (artigo 5º, §6º da Lei 7.347/85). Tal qual na atuação judicial, a representação extrajudicial conferida à Advocacia Pública do ente federativo impõe que atue na formalização do instrumento de ajustamento.

Nesse prisma, os bens jurídicos de proteção arrolados na Lei de Ação Civil Pública podem ser objeto de termo de ajustamento de conduta entre os entes federativos e os interessados, e, tratando-se de contexto eminentemente jurídico, a atuação da Advocacia Pública é obrigatória (como representante judicial e extrajudicial do ente federativo, atuando no aspecto formal de validade do ato) e determinante (como órgão de consultoria e assessoramento jurídico, atuando no aspecto material do ato).

5.2 Atuação da Advocacia Pública em Ação de Improbidade Administrativa

A Lei 8.429/92, alterada pela Lei 14.230/21, previa em seu artigo 17 que os legitimados para a proposição de ação por ato de improbidade administrativa era o Ministério Público ou a pessoa jurídica interessada, preconizando-se em seu parágrafo 1º, com redação dada pela Lei 13.964/19, que aludidas ações admitiam a celebração de acordo de não persecução cível. Ou seja, o cenário anterior às alterações impostas pela Lei 14.230/21 autorizava os entes federativos a promover ação de improbidade administrativa assim como realizar acordos concernentes às matérias e dentro dos limites legais.

No entanto, com edição da Lei 14.230/21, dando novo texto ao artigo 17 da lei, dispôs-se que somente o Ministério Público detém legitimidade ativa para a propositura da ação de tal natureza, estabelecendo-se, igualmente, a legitimidade exclusiva do Ministério Público para celebração de acordo de não persecução civil (artigo 17-B e parágrafos).[40]

---

[39] "Art. 5º Têm legitimidade para propor a ação principal e a ação cautelar: [...] III – a União, os Estados, o Distrito Federal e os Municípios" (BRASIL. *Lei nº 7.347, de 24 de julho de 1985*. Disciplina a ação civil pública de responsabilidade por danos causados ao meio-ambiente, ao consumidor, a bens e direitos de valor artístico, estético, histórico, turístico e paisagístico (VETADO) e dá outras providências. Brasília, DF: Presidência da República. Disponível em: http://www.planalto.gov.br/ccivil_03/leis/l7347orig.htm. Acesso em: 22 jun. 2022).

[40] "Art. 17-B. O Ministério Público poderá, conforme as circunstâncias do caso concreto, celebrar acordo de não persecução civil, desde que dele advenham, ao menos, os seguintes resultados: I – o integral ressarcimento do dano; II – a reversão à pessoa jurídica lesada da vantagem indevida obtida, ainda que oriunda de agentes privados [...]" (BRASIL. *Lei nº 14.230, de 25 de outubro de 2021*. Altera a Lei nº 8.429, de 2 de junho de 1992, que dispõe sobre improbidade administrativa. Brasília, DF: Presidência da República. Disponível em: http://www.planalto.gov.br/ccivil_03/_Ato2019-2022/2021/Lei/L14230.htm#art2. Acesso em: 22 jun. 2022).

Referida norma, dentre outras, é objeto de Ação Direta de Inconstitucionalidade proposta perante o Supremo Tribunal Federal justamente por ter restringido a legitimidade ativa para a propositura da ação de improbidade administrativa. Tal dispositivo se encontra com efeitos expandidos em virtude de concessão de interpretação conforme a Constituição constante em decisão monocrática do ministro Alexandre de Moraes proferida nas ADIn's 7042/7043 datada de 17 de fevereiro de 2022, aguardando julgamento dos demais ministros.

Nestas ações se discute a constitucionalidade da exclusão da legitimidade das pessoas jurídicas interessadas para a propositura da ação por ato de improbidade administrativa. Afere-se que, em controle de constitucionalidade, o ministro do Supremo Tribunal Federal, ao reconhecer a existência de legitimidade ativa concorrente entre o Ministério Público e a pessoas jurídicas interessadas para a propositura da ação por ato de improbidade administrativa, concedendo interpretação conforme a Constituição aos dispositivos expressamente arrolados, autoriza que as pessoas jurídicas interessadas se valham do disposto no artigo 17-B da Lei 8.429/92, podendo, inclusive, celebrar acordo de não persecução civil.

Daí se visa iluminar a necessária presença da Advocacia Pública em todo o contexto proposto já que, como instituição competente para atuação nos temas relacionados, deve assumir a frente dos trabalhos concernentes à apuração de ilícitos e provocação ao Poder Judiciário ou promoção de acordo, conforme previsão legal.

No aspecto da legitimidade concorrente entende-se como adequada a leitura constitucional exposta pelo ministro Alexandre de Moraes, uma vez que retirá-la dos entes lesados, suprimindo a viabilidade de buscar reparações em juízo por meio de ações de improbidade administrativa, acaba por cercear sua vontade de, com sua própria estrutura jurídico-institucional, apontar e buscar punir os agentes causadores de danos.

Portanto, percebe-se que a legitimação exclusiva do Ministério Público para a propositura de ação de improbidade administrativa representa retrocesso inaceitável,[41] não se podendo admitir a ocorrência do efeito *cliquet*,[42] ainda mais quando se vislumbra que o cenário jurídico-institucional vem reconhecendo e atribuindo à Advocacia Pública função garantidora da legalidade e da probidade administrativa.

---

[41] "O princípio da proibição do retrocesso social pode formular-se assim: o núcleo essencial dos direitos sociais já realizado e efetivado através de medidas legislativas […] deve considerar-se constitucionalmente garantido, sendo inconstitucionais quaisquer medidas estaduais que, sem a criação de outros esquemas alternativos ou compensatórios, se traduzam na prática numa 'anulação', 'revogação' ou 'aniquilação' pura e simples desse núcleo essencial. A liberdade de conformação do legislador e inerente auto-reversibilidade têm como limite o núcleo essencial já realizado, sobretudo quando o núcleo essencial se reconduz à garantia do mínimo de existência condigna inerente ao respeito pela dignidade da pessoa humana" (CANOTILHO, José Joaquim Gomes. *Direito constitucional e teoria da constituição*. 5. ed. Coimbra: Almedina, 2002, p. 339-340).

[42] "Sem dúvida alguma, o debate sobre o princípio da proibição do retrocesso ou o princípio da não reversibilidade dos direitos fundamentais sociais (também chamado de efeito *cliquet*) de matriz europeia (presentes em debates, sobretudo, na Alemanha, Espanha e Portugal), vem sendo desenvolvido na doutrina pátria por autores como: Ingo Sarlet, Lenio Streck, Luíz Roberto Barroso, Ana Paula Barcelos, Gilmar Mendes, entre outros. […] o princípio da proibição do retrocesso ou da não reversibilidade dos direitos fundamentais sociais deve ser entendido na atualidade como limite material implícito, de forma que os direitos fundamentais sociais já constitucionalmente assegurados e que alcançaram um grau de densidade normativa adequado não poderão ser suprimidos por emenda constitucional e nem mesmo por legislação infraconstitucional, a não ser que se tenha prestações alternativas para os direitos em questão" (FERNANDES, Bernardo Gonçalves. *Curso de Direito Constitucional*. 3. ed. Rio de Janeiro: Lumen Juris, 2011, p. 467-468).

Dessa forma, coaduna-se com o posicionamento adotado pelo ministro Alexandre de Moraes ao conferir interpretação conforme à Constituição para estabelecer a existência de legitimidade ativa concorrente entre o Ministério Público e as pessoas jurídicas interessadas para a propositura da ação por ato de improbidade administrativa.

O ministro considerou em sua razão de decidir que:

> a supressão da legitimidade ativa das pessoas jurídicas interessadas para a propositura da ação de improbidade administrativa pode representar grave limitação ao amplo acesso à jurisdição (CF, art. 5º, XXXV), com ferimento ao princípio da eficiência (CF, art. 37, *caput*) e, no limite, obstáculo ao exercício da competência comum da União, Estados, Distrito Federal e Municípios para "zelar pela guarda da Constituição" e "conservar o patrimônio público" (CF, art. 23, I), bem como, um significativo retrocesso quanto ao imperativo constitucional de combate à improbidade administrativa.[43]

A interpretação conferida pelo ministro representa grande avanço no reconhecimento institucional da Advocacia Pública como representante judicial dos entes federativos, legitimando-se sua atuação para a propositura de ação de improbidade administrativa tendo em vista que lhe compete o ajuizamento e condução do processo em juízo. Por tal cenário, defende-se que deve ser tratada a Advocacia Pública, no âmbito de todos os entes federativos (União, Estados, Distrito Federal e Municípios) de instituição permanente e obrigatória em suas estruturas orgânicas.

Inegável que, ao reconhecer a competência concorrente com o Ministério Público para o manejo da ação em análise, mantém-se e se reafirma o espaço ocupado pela Advocacia Pública no sistema orgânico-jurídico como instituição garantidora, no plano do Poder Executivo, do direito fundamental à probidade administrativa uma vez que, conforme descrito alhures, sua atuação é direcionada a três destinatários, quais sejam, administrador, administrados e órgãos de controle, proporcionando segurança jurídica aos atos praticados pelo primeiro, garantindo a legalidade, moralidade, transparência e lisura de tais atos aos administrados e promovendo a regularidade administrativa perante órgão de controle como Ministério Público, Tribunais de Contas e Poder Legislativo.

5.3 Atuação da Advocacia Pública para a garantia jurídica da regular aplicação do direito em âmbito administrativo

Nos moldes definidos na Lei de Introdução às Normas do Direito Brasileiro (Decreto-Lei 4.657/42), em seu artigo 26,[44] a Advocacia Pública deverá ser, obrigatoriamente, consultada nos casos em que a autoridade administrativa entender

---

[43] BRASIL. Supremo Tribunal Federal. *Medida Cautelar na Ação Direta de Inconstitucionalidade 7.043 Distrito Federal.* Relator: Min. Alexandre de Moraes. DJE n. 33, 21.02.2022.

[44] "Art. 26. Para eliminar irregularidade, incerteza jurídica ou situação contenciosa na aplicação do direito público, inclusive no caso de expedição de licença, a autoridade administrativa poderá, após oitiva do órgão jurídico e, quando for o caso, após realização de consulta pública, e presentes razões de relevante interesse geral, celebrar compromisso com os interessados, observada a legislação aplicável, o qual só produzirá efeitos a partir de sua publicação oficial" (BRASIL. *Lei nº 13.655, de 25 de abril de 2018.* Inclui no Decreto-Lei nº 4.657, de 4 de setembro de 1942 (Lei de Introdução às Normas do Direito Brasileiro), disposições sobre segurança jurídica e eficiência na criação e na aplicação do direito público. Brasília, DF: Presidência da República. Disponível em: http://www. planalto.gov.br/ccivil_03/_Ato2015-2018/2018/Lei/L13655.htm#art1. Acesso em: 22 jun. 2022).

pertinente a celebração de compromisso com os interessados com o objetivo de eliminar irregularidade, incerteza jurídica ou situação contenciosa na aplicação do direito.

A norma é clara ao impor a oitiva do órgão jurídico, o qual se refere à Advocacia Pública no âmbito do Poder Executivo, sendo importante frisar que se justifica tal imposição pelo fato de reservar à Advocacia Pública a função de adequação dos atos administrativos ao direito, assumindo-se como instituição que garante a correta aplicação das leis.

A norma ora analisada não delimita os casos em que se deverá haver sua atuação, determinando-se sua participação direta em toda em qualquer decisão administrativa que resolva celebrar compromisso com os interessados e que tenha objetivo de eliminar irregularidade, incerteza jurídica ou situação contenciosa na aplicação do direito.

Para que não haja qualquer confusão entre competências administrativas, essencial se entender que a atuação da Advocacia Pública não alcança o mérito administrativo o qual se encontra no campo de discricionariedade da autoridade administrativa, competindo-lhe a tomada decisões políticas. O que se impõe é a necessidade do ato que se pretende emanar efeitos ser formulado sem nulidade e dentro das formalidades legais.

5.4 Atuação da Advocacia Pública para a promoção de celebração de termo de ajustamento de conduta em solução consensual de conflitos no âmbito administrativo

O artigo 174 do Código de Processo Civil de 2015 aponta diretriz a ser adotada pela União, Estados, Distrito Federal e Municípios ao prever a possibilidade de criação de câmaras de mediação e conciliação, com atribuições relacionadas à solução de conflitos em âmbito administrativo, prevendo-se, inclusive, a promoção de celebração de termo de ajustamento de conduta.

Por seu turno, o artigo 32 da Lei 13.140/15 prevê a criação de câmaras de prevenção e resolução administrativa de conflitos no âmbito da Advocacia Pública da União, Estados, Distrito Federal e Municípios, trazendo também a previsão da promoção da celebração de termo de ajustamento de conduta, quando cabível.

Importante mencionar que, conforme disposto em seu artigo 1º, a Lei 13.140/15 versa sobre a mediação como meio de controvérsia entre particulares e sobre a autocomposição de conflitos no âmbito da administração pública, estabelecendo-se no parágrafo 3º do artigo 2º a limitação material de aplicabilidade de seus preceitos, preconizando-se que poderá ser objeto de mediação o conflito que trate sobre direitos disponíveis ou sobre direitos indisponíveis que admitam transação.

Ou seja, indubitavelmente a lei apresenta um alargamento das funções institucionais da Advocacia Pública ao lhe atribuir a competência de promover a solução consensual de conflitos em âmbito administrativo, autorizando a celebração de ajustamento de conduta em toda matéria relacionada a direitos disponíveis e indisponíveis que admitam transação.

Agregando-se ao posicionamento declinado, deve ser também mencionado o disposto no artigo 784, incisos IV e XII do CPC/15 que prevê que o instrumento de transação referendado pela Advocacia Pública e todos os títulos que, por disposição expressa, a lei atribuir força executiva, são considerados títulos executivos extrajudiciais.

Obviamente não se desconsidera o princípio constitucional de inafastabilidade da jurisdição (CF/88, artigo 5º, XXXV), havendo a previsão no parágrafo 2º do artigo 2º que ninguém será obrigado a permanecer em procedimento de mediação, não se podendo confundir com a criação de tribunal administrativo, inexistente no ordenamento jurídico brasileiro.

Entrementes, é visível a tendência legislativa em atribuir à Advocacia Pública papel de destaque na estrutura orgânica estatal haja vista sua obrigatória participação no âmbito de competência dos entes federativos para (i) promoção de termo de ajustamento de conduta nas matérias relativas a direitos difusos e coletivos, (ii) para a prevenção de improbidade administrativa, (iii) na celebração de compromisso para se eliminar irregularidade, incerteza jurídica ou situação contenciosa na aplicação do direito e (iv) de forma direta, como atribuição própria e institucional, promover celebração de termo de ajustamento de conduta em matérias relacionadas a direitos disponíveis ou sobre direitos indisponíveis que admitam transação.

6 A obrigatoriedade da atuação da Advocacia Pública como elemento indispensável do ato administrativo e sua positivação no ordenamento jurídico brasileiro

Conforme já descrito, a Advocacia Pública se insere como função essencial à Justiça atuando em defesa do erário público e de acordo com o interesse público. Em sua atuação como órgão de assessoramento e consultoria jurídica exerce o controle de juridicidade dos atos administrativos, procedendo-se à adequação das normas à gestão administrativa incumbindo-se a promoção da transparência e segurança jurídica tanto para o administrador quanto para os administrados.

O exercício de controle da Advocacia Pública vem sendo reconhecido e enaltecido no contexto normativo pátrio uma vez que se observa, por várias frentes, a positivação da obrigatoriedade de sua atuação como órgão jurídico técnico.

A nova Lei de Licitação e Contratos Administrativos (Lei nº 14.133/21) demonstra essa inclinação normativa por impor a obrigatoriedade da atuação da Advocacia Pública na atividade administrativa apresentando dispositivos nesse sentido.

A referida lei prevê os procedimentos que deve a Administração Pública seguir para os processos licitatórios e contratações, vislumbrando-se que se confere ao respectivo órgão de consultoria jurídica não mera participação no procedimento, mas, sim, atuação determinante para a validade e eficácia jurídica dos atos pertinentes.

Aponta-se tal circunstância no disposto no artigo 1º, II, "c" da Nova Lei de Licitações e Contratos, no qual se estabelece que somente com parecer favorável do órgão jurídico é possível se proceder à contratação da espécie tratada.[45] Frisa-se que

---

[45] "§3º Nas licitações e contratações que envolvam recursos provenientes de empréstimo ou doação oriundos de agência oficial de cooperação estrangeira ou de organismo financeiro de que o Brasil seja parte, podem ser admitidas: I – condições decorrentes de acordos internacionais aprovados pelo Congresso Nacional e ratificados pelo Presidente da República; II – condições peculiares à seleção e à contratação constantes de normas e procedimentos das agências ou dos organismos, desde que: a) sejam exigidas para a obtenção do empréstimo ou doação; b) não conflitem com os princípios constitucionais em vigor; c) sejam indicadas no respectivo contrato de empréstimo ou doação e tenham sido objeto de parecer favorável do órgão jurídico do contratante do financiamento previamente à celebração do referido contrato" (BRASIL. *Lei nº 14.133, de 1º de abril de 2021. Lei*

o fundamento da lei é garantir a pertinente adequação do procedimento às normas aplicáveis, daí a previsão da atuação do órgão técnico jurídico e da necessidade do parecer ser favorável, o que garante o ato se apresentar dentro da legalidade.

Importante aspecto implementado na Nova Lei de Licitações e Contratos Administrativos se refere à forma a ser observada pelo órgão jurídico na elaboração do parecer jurídico, inovando-se o ordenamento jurídico nesse ponto. Além da imposição da atuação da Advocacia Pública nos procedimentos licitatórios, prevendo expressamente que lhe compete o controle prévio de legalidade mediante análise jurídica da contratação, visa-se estabelecer um formato ao parecer[46] indicando a necessidade de se apresentar com linguagem simples e de fácil entendimento, apontando-se os pressupostos de fato e de direito, ou seja, procedendo-se ao exercício da subsunção das condições fáticas à norma aplicável.

Busca o legislador, ao determinar que o parecer deve ser elaborado com linguagem simples, compreensível, de forma clara e objetiva, explicitar que se trata de instrumento que deve garantir o máximo de transparência e lisura ao procedimento, enfatizando-se que tal manifestação é a peça principal entre o ordenamento jurídico e o ato/contrato que se pretende formalizar, que corresponde à vontade do Administrador como gestor da coisa pública e que proporciona aos administrados a defesa do interesse público como finalidade única da atividade estatal.

Também o artigo 169, inciso II, dispõe que a unidade de assessoramento jurídico se apresenta na segunda linha de defesa das contratações públicas.[47] Observa-se que a lei, positivamente, destaca a Advocacia Pública como instituição de controle.

Assim, a atuação da Advocacia Pública no procedimento administrativo se apresenta garantidora nos vieses interno e externo já que, ao se garantir a conformidade da

---

de Licitações e Contratos Administrativos. Brasília, DF: Presidência da República. Disponível em: http://www. planalto.gov.br/ccivil_03/_ato2019-2022/2021/lei/L14133.htm. Acesso em: 20 jun. 2022).

[46] "Art. 53. Ao final da fase preparatória, o processo licitatório seguirá para o órgão de assessoramento jurídico da Administração, que realizará controle prévio de legalidade mediante análise jurídica da contratação. §1º Na elaboração do parecer jurídico, o órgão de assessoramento jurídico da Administração deverá: I – apreciar o processo licitatório conforme critérios objetivos prévios de atribuição de prioridade; II – redigir sua manifestação em linguagem simples e compreensível e de forma clara e objetiva, com apreciação de todos os elementos indispensáveis à contratação e com exposição dos pressupostos de fato e de direito levados em consideração na análise jurídica; III – (VETADO). §2º (VETADO). §3º Encerrada a instrução do processo sob os aspectos técnico e jurídico, a autoridade determinará a divulgação do edital de licitação conforme disposto no art. 54. §4º Na forma deste artigo, o órgão de assessoramento jurídico da Administração também realizará controle prévio de legalidade de contratações diretas, acordos, termos de cooperação, convênios, ajustes, adesões a atas de registro de preços, outros instrumentos congêneres e de seus termos aditivos. §5º É dispensável a análise jurídica nas hipóteses previamente definidas em ato da autoridade jurídica máxima competente, que deverá considerar o baixo valor, a baixa complexidade da contratação, a entrega imediata do bem ou a utilização de minutas de editais e instrumentos de contrato, convênio ou outros ajustes previamente padronizados pelo órgão de assessoramento jurídico" (BRASIL. *Lei nº 14.133, de 1º de abril de 2021*. Lei de Licitações e Contratos Administrativos. Brasília, DF: Presidência da República. Disponível em: http://www.planalto.gov.br/ccivil_03/_ato2019-2022/2021/lei/L14133. htm. Acesso em: 20 jun. 2022).

[47] "Art. 169. As contratações públicas deverão submeter-se a práticas contínuas e permanentes de gestão de riscos e de controle preventivo, inclusive mediante adoção de recursos de tecnologia da informação, e, além de estar subordinadas ao controle social, sujeitar-se-ão às seguintes linhas de defesa: I – primeira linha de defesa, integrada por servidores e empregados públicos, agentes de licitação e autoridades que atuam na estrutura de governança do órgão ou entidade; II – segunda linha de defesa, integrada pelas unidades de assessoramento jurídico e de controle interno do próprio órgão ou entidade" (BRASIL. *Lei nº 14.133, de 1º de abril de 2021*. Lei de Licitações e Contratos Administrativos. Brasília, DF: Presidência da República. Disponível em: http://www. planalto.gov.br/ccivil_03/_ato2019-2022/2021/lei/L14133.htm. Acesso em: 20 jun. 2022).

gestão às leis, promove segurança ao administrador assim como, por seu turno, garante a lisura e transparência dos atos aos administrados.

De igual maneira a Nova Lei de Licitações e Contratos Administrativos trata das hipóteses em que a lei autoriza contratação direta, compreendendo-se na inexigibilidade e a dispensa, prescrevendo a necessidade do parecer jurídico para verificação dos requisitos autorizativos.[48]

A ainda vigente Lei 8.666/93 prevê, em seu artigo 38, parágrafo único, que devem ser examinadas e aprovadas por assessoria jurídica as minutas de editais de licitação, de contratos, acordos, convênios ou ajustes. A diferença que se nota é justamente a previsão expressa sobre a forma do parecer jurídico e em relação à atuação do órgão jurídico, não bastando o simples "de acordo" do órgão jurídico.

Já a Lei nº 8429/92, a qual dispõe sobre as sanções aplicáveis em virtude da prática de atos de improbidade administrativa, alterada profundamente pela Lei 14.320/21, publicada em 25 de outubro de 2021, apresenta cenário que vai além.

De acordo com o preconizado no seu artigo 17, §20, nas hipóteses em que o ato administrativo for praticado de acordo com parecer jurídico emitido pela Advocacia Pública, esta ficará obrigada a defender o administrador que o praticara até o trânsito em julgado em eventual ação de improbidade administrativa.[49]

A norma em análise supõe vinculação do administrador ao posicionamento jurídico adotado. No entanto, na verdade, resta ao administrador optar pelo posicionamento do órgão consultivo ou não, sendo que eventual adoção de entendimento divergente não pode ser, de fato, defendido pelo órgão que se posicionara em sentido diverso.

De toda forma, conforme já abordado alhures, tal dispositivo se encontra com efeitos suspensos em virtude de decisão monocrática do ministro Alexandre de Moraes proferida nas ADIn's 7042/7043 com publicação na data de 17 de fevereiro de 2022,[50] aguardando julgamento dos demais ministros.

---

[48] "Art. 72. O processo de contratação direta, que compreende os casos de inexigibilidade e de dispensa de licitação, deverá ser instruído com os seguintes documentos: I – documento de formalização de demanda e, se for o caso, estudo técnico preliminar, análise de riscos, termo de referência, projeto básico ou projeto executivo; II – estimativa de despesa, que deverá ser calculada na forma estabelecida no art. 23 desta Lei; III – parecer jurídico e pareceres técnicos, se for o caso, que demonstrem o atendimento dos requisitos exigidos; IV – demonstração da compatibilidade da previsão de recursos orçamentários com o compromisso a ser assumido; V – comprovação de que o contratado preenche os requisitos de habilitação e qualificação mínima necessária; VI – razão da escolha do contratado; VII – justificativa de preço; VIII – autorização da autoridade competente. Parágrafo único. O ato que autoriza a contratação direta ou o extrato decorrente do contrato deverá ser divulgado e mantido à disposição do público em sítio eletrônico oficial" (BRASIL. *Lei nº 14.133, de 1º de abril de 2021*. Lei de Licitações e Contratos Administrativos. Brasília, DF: Presidência da República. Disponível em: http://www.planalto.gov.br/ccivil_03/_ato2019-2022/2021/lei/L14133.htm. Acesso em: 20 jun. 2022).

[49] "§20. A assessoria jurídica que emitiu o parecer atestando a legalidade prévia dos atos administrativos praticados pelo administrador público ficará obrigada a defendê-lo judicialmente, caso este venha a responder ação por improbidade administrativa, até que a decisão transite em julgado" (BRASIL. *Lei nº 14.230, de 25 de outubro de 2021*. Altera a Lei nº 8.429, de 2 de junho de 1992, que dispõe sobre improbidade administrativa. Brasília, DF: Presidência da República. Disponível em: http://www.planalto.gov.br/ccivil_03/_Ato2019-2022/2021/Lei/L14230.htm#art2. Acesso em: 22 jun. 2022).

[50] "Diante do exposto, com fundamento no art. 10, §3º, da Lei 9.868/1999, e no art. 21, V, do RISTF, DEFIRO PARCIALMENTE A CAUTELAR, ad referendum do Plenário desta SUPREMA CORTE, para, até julgamento final de mérito: (A) CONCEDER INTERPRETAÇÃO CONFORME A CONSTITUIÇÃO FEDERAL ao caput e §§6º-A, 10-C e 14, do artigo 17 da Lei nº 8.429/92, com a redação dada pela Lei nº 14.230/2021, no sentido da EXISTÊNCIA DE LEGITIMIDADE ATIVA CONCORRENTE ENTRE O MINISTÉRIO PÚBLICO E AS PESSOAS JURÍDICAS INTERESSADAS PARA A PROPOSITURA DA AÇÃO POR ATO DE IMPROBIDADE ADMINISTRATIVA; (B) SUSPENDER OS EFEITOS do §20, do artigo 17 da Lei nº 8.429/92, com a redação dada pela Lei nº 14.230/2021,

7 Análise sistemática dos dispositivos legais referentes ao atual papel institucional da Advocacia Pública

Já houve a abordagem no presente trabalho, dentre outras, da Lei Federal 14.133/21, que trata das novas disposições das licitações e contratos administrativos, da Lei Federal 8.429/92, profundamente alterada pela Lei Federal 14.230/21, a qual dispõe sobre sanções aplicáveis em virtude de práticas de atos de improbidade administrativa, da Lei Federal 9.784/99 que regula o processo administrativo na esfera federal e da Lei Federal 8.906/94 (Estatuto da Advocacia e da Ordem dos Advogados do Brasil), na qual dispõe da participação do advogado na elaboração de normas no âmbito dos Poderes da República.

Pode-se citar que, além de tais diplomas legais, encontra-se previsão de atuação da Advocacia Pública no artigo 784, IV do Código de Processo Civil, conferindo como título executivo extrajudicial o instrumento de transação referendado pela Advocacia Pública,[51] no artigo 32 da Lei Federal 13.140/15, prevendo-se a possibilidade de criação de câmaras de prevenção e resolução administrativa de conflitos no âmbito dos respectivos órgãos da Advocacia Pública, atribuindo-se competência para dirimir conflitos administrativos internos, buscar soluções de conflitos por meio de composição entre particulares e a Administração e promover celebração de termo de ajustamento de conduta.[52] O mesmo dispositivo é previsto no artigo 174 do Código de Processo Civil de 2015.

Das disposições positivadas acima elencadas pode-se perceber a relevância institucional atribuída à Advocacia Pública na atualidade. Esse cenário se traduz em importante movimento político que vem reconhecendo a Advocacia Pública, inserida como essencial no plano constitucional, como instituição capaz de garantir, internamente, a legalidade e a regular gestão pública sob o aspecto jurídico e externamente como instituição capaz de entregar aos administrados a garantia da moralidade e transparência, o que se traduzem no direito fundamental de probidade administrativa.

Em conjunto com os preceitos normativos declinados, o Código de Processo Civil de 2015 traz, em seu artigo 184, expressa previsão de responsabilidade civil ao membro da Advocacia Pública que agir com dolo ou fraude no exercício de suas funções.

---

em relação a ambas as Ações Diretas de Inconstitucionalidade (7042 e 7043); (C) SUSPENDER OS EFEITOS do artigo 3º da Lei nº 14.230/2021" (BRASIL. Supremo Tribunal Federal. *Medida Cautelar na Ação Direta de Inconstitucionalidade 7.043 Distrito Federal*. Relator: Min. Alexandre de Moraes, 17 de fevereiro de 2022. Brasília: STF, [2022]. Disponível em: https://portal.stf.jus.br/processos/downloadPeca.asp?id=15349715947&ext=.pdf. Acesso em: 22 jun. 2022).

51 "Art. 784. São títulos executivos extrajudiciais: [...] IV – o instrumento de transação referendado pelo Ministério Público, pela Defensoria Pública, pela Advocacia Pública, pelos advogados dos transatores ou por conciliador ou mediador credenciado por tribunal" (BRASIL. *Lei nº 13.105, de 16 de março de 2015*. Código de Processo Civil. Brasília, DF: Presidência da República. Disponível em: http://www.planalto.gov.br/ccivil_03/_ato2015-2018/2015/lei/l13105.htm. Acesso em: 22 jun. 2022).

52 "Art. 32. A União, os Estados, o Distrito Federal e os Municípios poderão criar câmaras de prevenção e resolução administrativa de conflitos, no âmbito dos respectivos órgãos da Advocacia Pública, onde houver, com competência para: I – dirimir conflitos entre órgãos e entidades da administração pública; II – avaliar a admissibilidade dos pedidos de resolução de conflitos, por meio de composição, no caso de controvérsia entre particular e pessoa jurídica de direito público; III – promover, quando couber, a celebração de termo de ajustamento de conduta" (BRASIL. *Lei nº 13.140, de 26 de junho de 2015*. Dispõe sobre a mediação entre particulares como meio de solução de controvérsias e sobre a autocomposição de conflitos no âmbito da administração pública; altera a Lei nº 9.469, de 10 de julho de 1997, e o Decreto nº 70.235, de 6 de março de 1972; e revoga o §2º do art. 6º da Lei nº 9.469, de 10 de julho de 1997. Brasília, DF: Presidência da República. Disponível em: http://www.planalto.gov.br/ccivil_03/_ato2015-2018/2015/lei/l13140.htm. Acesso em: 22 jun. 2022).

De forma similar, a Lei de Introdução às Normas do Direito Brasileiro (LINDB) prevê no artigo 28 que o agente público responde pessoalmente por suas decisões ou opiniões técnicas em caso de dolo ou erro grosseiro.

As duas disposições legais, analisadas contextualmente, chancelam a liberdade funcional do membro da Advocacia Pública no exercício de suas funções tendo em vista que, excetuando-se no caso de dolo, fraude e erro grosseiro, encontra-se o Advogado Público com plena liberdade de atuação para construir seu entendimento jurídico.

Na mesma órbita, aplica-se a garantia prevista no artigo 133 da Constituição da República de 1.988, reproduzida no artigo 2º, §3º do Estatuto da OAB (Lei Federal 8.906/94), onde se determina que o advogado é inviolável por seus atos e manifestações.

Portanto, importante se buscar formar um regime jurídico sistemático da atuação do Advogado Público pois se percebe que o tratamento legal dispensado se apresenta esparsado não havendo legislação própria que regule a atividade da Advocacia Pública, prevendo-se garantias que protejam sua atuação.

Necessário se apresenta tal ponto de vista porquanto se afigura frágil a posição institucional do Advogado Público que, por vezes, pode se recear de adotar posicionamento que entende correto juridicamente por se temer haver questionamento de órgãos do Ministério Público, Tribunais de Contas e Poder Legislativo.

Quanto a isso, destaca-se a inovação positivada no artigo 1º, parágrafos 1º, 2º, 3º e 8º[53] da Lei de Improbidade Administrativa que, aplicados aos Advogados Públicos no exercício de suas funções, exige, em qualquer circunstância, demonstração do dolo para configuração de improbidade administrativa, realçando-se que o disposto no §8º descaracteriza improbidade administrativa adoção de posicionamento para ação ou omissão com base em jurisprudência dissidente em interpretação de divergente.

Essa norma garante a inviolabilidade na atuação do Advogado Público em proceder conforme seu entendimento técnico e da forma que entende ser a melhor leitura do Direito para o caso específico que esteja analisando. Desse modo, encerra-se e delimita-se os pontos de atuação do advogado em sua atuação, encontrando no dolo, a fraude e o erro grosseiro os balizadores da atuação do Advogado Público, concluindo-se que, excluindo-se essas hipóteses, detém ampla e plena liberdade para o exercício profissional.

---

[53] "Art. 1º O sistema de responsabilização por atos de improbidade administrativa tutelará a probidade na organização do Estado e no exercício de suas funções, como forma de assegurar a integridade do patrimônio público e social, nos termos desta Lei. [...] §1º Consideram-se atos de improbidade administrativa as condutas dolosas tipificadas nos arts. 9º, 10 e 11 desta Lei, ressalvados tipos previstos em leis especiais. §2º Considera-se dolo a vontade livre e consciente de alcançar o resultado ilícito tipificado nos arts. 9º, 10 e 11 desta Lei, não bastando a voluntariedade do agente. §3º O mero exercício da função ou desempenho de competências públicas, sem comprovação de ato doloso com fim ilícito, afasta a responsabilidade por ato de improbidade administrativa. [...] §8º Não configura improbidade a ação ou omissão decorrente de divergência interpretativa da lei, baseada em jurisprudência, ainda que não pacificada, mesmo que não venha a ser posteriormente prevalecente nas decisões dos órgãos de controle ou dos tribunais do Poder Judiciário" (BRASIL. *Lei nº 14.230, de 25 de outubro de 2021*. Altera a Lei nº 8.429, de 2 de junho de 1992, que dispõe sobre improbidade administrativa. Brasília, DF: Presidência da República. Disponível em: http://www.planalto.gov.br/ccivil_03/_Ato2019-2022/2021/Lei/L14230.htm#art2. Acesso em: 22 jun. 2022).

8 Considerações finais

O trabalho apresentado tem por escopo se aclarar o entendimento de que se deve reconhecer na Advocacia Pública a instituição capaz de promover os objetivos fundamentais do Estado detendo a função de exercer o controle de juridicidade dos atos administrativos, verificando-se sua regularidade e se apontando a adequabilidade da atuação estatal ao ordenamento jurídico dentro de um sistema de proteção e efetivação dos direitos fundamentais.

Ainda com mais ênfase, deve-se observar a atuação da Advocacia Pública municipal tendo em vista a proximidade com as situações que requerem sua participação, pautando-se, irremediavelmente, pela consecução e garantia de efetividade dos direitos fundamentais.

Sendo reconhecida a causa municipalista, adotando-se a concepção de que é no município que a vida acontece, nota-se ser característica típica da Advocacia Pública municipal uma postura proativa, proporcionando certa identidade institucional *sui generis* já que a Advocacia Pública dos Estados e a da União parecem não se apresentarem com tamanha proximidade física junto aos conflitos do dia a dia assim como não estão tão próximos aos efeitos concretizados dos atos administrativos.

A partir do momento que se sedimenta tal conceito, a efetivação das finalidades do Estado fica mais próxima da realidade pois, sob o império das leis, também o Estado é responsável pela implementação de meios para o exercício pleno dos direitos fundamentais.

Daí a proposta de se estabelecer a sistematização institucional da Advocacia Pública municipal, considerando sua peculiar característica nuclear no cerne administrativo dos municípios, competindo-lhe garantir e prevenir a efetividade dos direitos fundamentais perante (i) administrados (povo); (ii) administrador (governantes); e (iii) órgãos de controle.

Por sua vez, essa efetivação dos direitos fundamentais deve se dar por meio de ampla atuação jurídica, seja em (i) âmbito judicial (representação judicial do Poder Executivo), (ii) âmbito extrajudicial (representação extrajudicial para celebração de termo de ajustamento de conduta e solução consensual de conflitos por meio de mediação), (iii) âmbito administrativo ou em (iv) âmbito controlador (atuação como órgão de consultoria e assessoramento jurídico exercendo controle de juridicidade dos atos administrativos).

Conclui-se, portanto, que adotando práticas administrativas em conformidade com o Direito, estará o Estado observando suas finalidades previstas no programa constitucional, figurando a Advocacia Pública de forma indissociável nessa estrutura como meio da efetivação dos direitos fundamentais já que garantidora da conjugação da atividade estatal aos rigores do ordenamento jurídico constitucional.

Referências

BARROSO, Luís Roberto. O Estado contemporâneo, os direitos fundamentais e a redefinição da supremacia do interesse público (Prefácio). *In*: SARMENTO, Daniel (Org). *Interesses públicos versus interesses privados*: desconstruindo o princípio de supremacia do interesse público. Rio de Janeiro: Lumen Juris, 2005.

BARROSO, Luiz Roberto. Judicialização, ativismo judicial e legitimidade democrática *[Syn]Thesis*, Rio de janeiro, v. 5, n. 1, p. 23-32, 2012. Disponível em http://www.e-publicacoes.uerj.br/index.php/synthesis/article/view/7433. Acesso em 26 dez. 2014.

BARROSO, Luiz Roberto. *Curso de Direito Constitucional Contemporâneo*: os conceitos fundamentais e a construção do novo modelo. 4. ed. São Paulo: Saraiva, 2013.

BINENBOJM, Gustavo. *Uma teoria do direito administrativo*: direitos fundamentais, democracia e constitucionalização. 2. ed. rev. at. Rio de Janeiro: Renovar, 2008.

BRASIL. *Lei nº 7.347, de 24 de julho de 1985*. Disciplina a ação civil pública de responsabilidade por danos causados ao meio-ambiente, ao consumidor, a bens e direitos de valor artístico, estético, histórico, turístico e paisagístico (VETADO) e dá outras providências. Brasília, DF: Presidência da República. Disponível em: http://www.planalto.gov.br/ccivil_03/leis/l7347orig.htm. Acesso em: 22 jun. 2022.

BRASIL. [Constituição (1988)]. *Constituição da República Federativa do Brasil de 1988*. Brasília, DF: Presidência da República. Disponível em: http://www.planalto.gov.br/ccivil_03/leis/l7347orig.htm. Acesso em: 22 jun. 2022.

BRASIL. *Lei nº 9.784, de 29 de janeiro de 1999*. Regula o processo administrativo no âmbito da Administração Pública Federal. Brasília, DF: Presidência da República. Disponível em: http://www.planalto.gov.br/ccivil_03/leis/l9784.htm. Acesso em: 20 jun. 2022.

BRASIL. *Lei nº 13.105, de 16 de março de 2015*. Código de Processo Civil. Brasília, DF: Presidência da República. Disponível em: http://www.planalto.gov.br/ccivil_03/_ato2015-2018/2015/lei/l13105.htm. Acesso em: 22 jun. 2022.

BRASIL. *Lei nº 13.140, de 26 de junho de 2015*. Dispõe sobre a mediação entre particulares como meio de solução de controvérsias e sobre a autocomposição de conflitos no âmbito da administração pública; altera a Lei nº 9.469, de 10 de julho de 1997, e o Decreto nº 70.235, de 6 de março de 1972; e revoga o §2º do art. 6º da Lei nº 9.469, de 10 de julho de 1997. Brasília, DF: Presidência da República. Disponível em: http://www.planalto.gov.br/ccivil_03/_ato2015-2018/2015/lei/l13140.htm. Acesso em: 22 jun. 2022.

BRASIL. Superior Tribunal de Justiça. Súmula nº 633. *In*: COMISSÃO de Jurisprudência, Assessoria das Comissões Permanentes de Ministros (Org.). *Súmulas do Superior Tribunal de Justiça*. Brasília: STJ, 2015. Disponível em: https://www.stj.jus.br/publicacaoinstitucional/index.php/Sml/article/view/64/4037. Acesso em: 20 jun. 2022.

BRASIL. *Lei nº 13.655, de 25 de abril de 2018*. Inclui no Decreto-Lei nº 4.657, de 4 de setembro de 1942 (Lei de Introdução às Normas do Direito Brasileiro), disposições sobre segurança jurídica e eficiência na criação e na aplicação do direito público. Brasília, DF: Presidência da República. Disponível em: http://www.planalto.gov.br/ccivil_03/_Ato2015-2018/2018/Lei/L13655.htm#art1. Acesso em: 22 jun. 2022.

BRASIL. *Proposta de Emenda à Constituição nº 30, de 19 de agosto 2020*. Altera o art. 1º da Constituição Federal, para elencar "a prevenção e o combate à corrupção" como um dos fundamentos da República Federativa do Brasil. Brasília, DF: Senado Federal. Disponível em: https://www25.senado.leg.br/web/atividade/materias/-/materia/144138. Acesso em: 22 jun. 2022.

BRASIL. *Lei nº 14.133, de 1º de abril de 2021*. Lei de Licitações e Contratos Administrativos. Brasília, DF: Presidência da República. Disponível em: http://www.planalto.gov.br/ccivil_03/_ato2019-2022/2021/lei/L14133.htm. Acesso em: 20 jun. 2022.

BRASIL. *Lei nº 14.230, de 25 de outubro de 2021*. Altera a Lei nº 8.429, de 2 de junho de 1992, que dispõe sobre improbidade administrativa. Brasília, DF: Presidência da República. Disponível em: http://www.planalto.gov.br/ccivil_03/_Ato2019-2022/2021/Lei/L14230.htm#art2. Acesso em: 22 jun. 2022.

BRASIL. Supremo Tribunal Federal. *Medida Cautelar na Ação Direta de Inconstitucionalidade 7.043 Distrito Federal*. Relator: Min. Alexandre de Moraes, 17 de fevereiro de 2022. Brasília: STF, [2022]. Disponível em: https://portal.stf.jus.br/processos/downloadPeca.asp?id=15349715947&ext=.pdf. Acesso em: 22 jun. 2022.

BRASIL. *Lei nº 14.365, de 2 de junho de 2022*. Altera as Leis nºs 8.906, de 4 de julho de 1994 (Estatuto da Advocacia), e 13.105, de 16 de março de 2015 (Código de Processo Civil), e o Decreto-Lei nº 3.689, de 3 de outubro de 1941 (Código de Processo Penal), para incluir disposições sobre a atividade privativa de advogado, a fiscalização, a competência, as prerrogativas, as sociedades de advogados, o advogado associado, os honorários advocatícios, os limites de impedimentos ao exercício da advocacia e a suspensão de prazo no processo penal. Brasília,

DF: Presidência da República Disponível em: http://www.planalto.gov.br/ccivil_03/_Ato2019-2022/2022/Lei/L14365.htm. Acesso em: 20 jun. 2022.

CARVALHO FILHO, José dos Santos. *Manual de Direito Administrativo*. 27. ed. rev., ampl. e atual. São Paulo: Atlas, 2014.

CARVALHO NETTO, M.; SCOTTI, G. *Os Direitos Fundamentais e a (in) certeza do direito*: a produtividade das tensões principiológicas e a superação do sistema de regras. Belo Horizonte: Fórum, 2011.

CANOTILHO, José Joaquim Gomes. *Direito constitucional e teoria da constituição*. 5. ed. Coimbra: Almedina, 2002.

DI PIETRO, Maria Sylvia Zanella. *Direito Administrativo*. 22. ed. São Paulo: Atlas, 2009.

DWORKIN, Ronald. *O império do direito*. 3. ed. São Paulo: Martins Fontes, 2014.

FERNANDES, Bernardo Gonçalves. *Curso de Direito Constitucional*. 3. ed. Rio de Janeiro: Lumen Juris, 2011.

GONÇALVES, Carlos Roberto. *Direito Civil Brasileiro* – Parte geral. v. 1. 9. ed. São Paulo: Saraiva, 2011.

MARINELA, Fernanda. *Direito Administrativo*. 8. ed. Niterói: Impetus, 2014.

MARINONI, Luiz Guilherme. *A jurisdição no estado constitucional*. São Paulo: RT, 2007.

NUNES, Dierle José Coelho. Fundamentos e dilemas para o sistema processual brasileiro: uma abordagem da litigância de interesse público a partir do Processualismo Constitucional democrático. *In*: FIGUEIREDO, Eduardo Henrique Lopes; MONACO, Gustavo Ferraz de Campos; MAGALHÃES, José Luiz Quadros (Coords.). *Constitucionalismo e democracia*. Rio de Janeiro: Elsevier, 2012.

SARMENTO. Daniel. A dimensão objetiva dos direitos fundamentais: fragmentos de uma teoria. *In*: SAMPAIO, José Adércio Leite. *Jurisdição constitucional e os direitos fundamentais*. Belo Horizonte: Del Rey, 2003.

SCHREIBER, Rafael. A importância do advogado público na efetivação de acordos como aplicador do Direito Administrativo Contemporâneo. *In*: CUNHA, Bruno Santos; NERY, Cristiane da Costa; CAMPELLO, Geórgia Teixeira Jezler (Coords.). *Direito Municipal em Debate*. v. 3 Belo Horizonte: Fórum, 2017.

SILVA, José Afonso. *Comentário contextual* à Constituição. 9. ed. São Paulo: Malheiros Editores, 2014.

SIMIONI, Rafael Lazzarotto *Curso de hermenêutica jurídica contemporânea*: do positivismo clássico ao pós-positivismo jurídico. Curitiba: Juruá, 2014.

STRECK, Lenio Luiz. *Hermenêutica Jurídica e(m) crise*: uma exploração hermenêutica da construção do Direito. 11. ed. rev., atual. e ampl. Porto Alegre: Livraria do Advogado, 2014.

A ADVOCACIA PÚBLICA COMO INSTRUMENTO DE REALIZAÇÃO DE DIREITOS FUNDAMENTAIS: UMA IDENTIDADE A SER COMPREENDIDA

VINÍCIUS CALEFFI DE MORAES

1 Introdução

A proposta de ponderação acerca da função que a Advocacia Pública exerce pressupõe a compreensão sobre determinadas premissas a respeito das quais versam o desempenho das atribuições constitucionais do Estado.

Com base nesse raciocínio, o entendimento acerca do autêntico significado da instituição de uma Advocacia de Estado em termos constitucionais é resultado de uma perquirição sobre o conteúdo dos direitos fundamentais, bem como do regime constitucional na ordem vigente, tendo como objeto de validação a concepção de Advocacia Pública enquanto meio de instrumento à satisfação de direitos fundamentais.

Nesse direcionamento, a natureza desses direitos qualificados como direitos fundamentais implica necessariamente no reconhecimento de existir características intrínsecas a essas prerrogativas, de sorte a justificar um tratamento distinto pela ordem constitucional, na medida que a diferenciação por essência dos direitos fundamentais projeta uma sistemática diferenciada de interpretação e aplicação, sobretudo quando ainda se pretende uma eficácia voltada para a concretização no plano real.

Assim sendo, dentro dessa investigação que envolve a Advocacia Pública, forçosamente o vértice inicial dessa análise, desdobra-se sobre o entendimento de natureza, sentido e alcance dos direitos fundamentais, conquanto esses destinam-se também a qualificar uma nova ordem constitucional imbuída de valores em um formato normativo.

Ademais, a percepção adequada nesse tocante exige a consciência corroborada de que os direitos fundamentais são predicados que demandam uma atuação dirigida do Estado no sentido de se propor à efetivação em uma perspectiva concreta.

Além disso, dentro de uma dinâmica de reconhecimento da Advocacia Pública nesse contexto, o entendimento de existir um fundamento aos termos de organização constitucional dos poderes do Estado é igualmente imprescindível para se avaliar os mecanismos arquitetados pela Constituição Federal para o cumprimento dos fins de um Estado Democrático de Direito.

Tem-se assim como referência nesse norte a importância de conceber o modo pelo qual as instituições constitucionais sejam dispostas com a finalidade de cumprir com suas funções, bem como se elas são influenciadas pela necessidade de atribuir efetividade aos direitos fundamentais, circunstância na qual igualmente se encadeia ao final as atribuições da Advocacia Pública.

2   Do conteúdo e do conceito dos direitos fundamentais

Os direitos fundamentais correspondem, em essência, a um agrupamento de prerrogativas jurídicas incorporadas pelo Estado e titularizadas pelo homem para a sua realização no plano social. Nesse sentido, os direitos fundamentais apresentam-se em um aspecto objetivo, impondo campos delimitados de atuação para o Estado, da mesma forma que em uma perspectiva subjetiva confere ao ser humano prerrogativas exigíveis em face dos poderes públicos.[1]

Além disso, os direitos fundamentais importam em direitos que invariavelmente justificam-se por uma conquista histórica da sociedade. Assim sendo, os direitos fundamentais albergam, enquanto característica a eles inerente, o fato de serem reconhecidos pelo direito positivo do Estado, em conformidade com o passar de um contexto histórico.

Nessa linha de pensamento, os direitos fundamentais são incorporados ao direito de forma sedimentada pela evolução do pensamento jurídico, por isso, tais direitos verificam-se sempre em um sentido complementar aos anteriores, proporcionando novas prerrogativas, mas também uma nova compreensão daqueles já existentes.

Trata-se assim de um movimento constante de aquisição e reformulação de direitos, em consonância com a evolução do regime político do Estado, motivo pelo qual, por essa percepção, os direitos fundamentais demonstram-se também inesgotáveis nos sentidos possíveis de sua incorporação ao ordenamento jurídico interno de um Estado.[2]

Ademais, são igualmente predicados dessas prerrogativas fundamentais o fato de serem imprescritíveis, universais e irrenunciáveis, conquanto atrelados em última instância ao fato de se destinarem à proteção do indivíduo pela condição de ser humano, sendo certo que essas características devem ser assim então valoradas pelo direito interno quando do seu reconhecimento e positivação.[3]

Logo, seguindo essa direção de raciocínio, para a compreensão do significado dos direitos fundamentais, torna-se preciso entender o contexto político que os proporciona, de sorte a ter em vista que o ponto de partida de reconhecimento dos direitos fundamentais verifica-se correspondente ao propósito de proteção à liberdade individual, nomeadamente com o advento do Estado Moderno em confronto com o Estado Absolutista.

---

[1]   SARLET, Ingo Wolfgang. *A eficácia dos direitos fundamentais:* uma teoria geral dos direitos fundamentais na perspectiva constitucional. 11. ed. rev. atual. Porto Alegre: Livraria do Advogado Editora, 2012. p. 127-128.

[2]   GAUER, Ruth M. Chittó. Historicidade dos direitos humanos e fundamentais. *Duc In Altum – Cadernos de Direito,* v. 4, n. 6, p. 297-309, jul./dez. 2012.

[3]   CAMIN, Gustavo Vinícius; FACHIN, Zulmar. Teoria dos direitos fundamentais: primeiras reflexões. *Revista Jurídica Cesumar-Mestrado,* v. 15, n. 1, p. 41-54, jan./jun. 2015.

Nesse contexto histórico, com o surgimento da influência burguesa no domínio político, despontam novos direitos básicos a serem assegurados à esfera particular do indivíduo, a exemplo da legalidade e da igualdade formal durante o século XVIII.[4]

Além do mais, muito embora seja possível atribuir ao período do advento do Estado Liberal como marco histórico que inicialmente propiciou o acolhimento normativo de princípios fundamentais atrelados a ideia da liberdade individual, não se deve desconhecer ao mesmo tempo que houve ainda assim, em um período anterior, a evolução do pensamento filosófico próprio da Antiguidade Clássica, justamente ao conceber já naquela ocasião que o homem é um sujeito que se dedica a participação do poder político do Estado.[5]

De todo modo, é delineado o reconhecimento inicial pela ultrapassagem do Estado Absolutista ao Estado Liberal, com principal propósito de proteção à esfera privada e à autonomia do indivíduo, bem como pela delimitação da intervenção do Poder Público na atividade particular, tendo ainda naquele contexto como a ideia predominante o primado da legalidade, sendo a lei ora fonte única do direito.[6]

Por esse motivo, em decorrência da influência política da burguesia, surgem novos diplomas legais dedicados à positivação da liberdade do indivíduo. Tem-se assim dentre desse contexto, por exemplo, a Declaração de Direitos do Bom Povo da Virgínia, já em 16 de junho de 1776, conhecida igualmente por "Virginia Bill of Rights", na qual se encontrava textualmente prevista a limitação do poder estatal.[7]

Do mesmo modo, seguem ainda nessa ordem de pensamento daquele período, os movimentos políticos da declaração de independência dos Estados Unidos da América, bem como a própria Revolução Francesa no Século XVIII, com concomitância com a Declaração dos Direitos do Homem e do Cidadão de 1789, ora também decorrente do iluminismo, especialmente com o fim de tornar positivo na ordem interna os direitos individuais da propriedade, liberdade e igualdade.[8]

No entanto, essa perspectiva inicial dos direitos fundamentais, cuja finalidade precípua é afastar a ingerência do Estado na liberdade individual, altera-se, em sentido diverso, sobretudo em decorrência do aparecimento da Revolução Industrial Inglesa, circunstância econômica a partir da qual passam a ser identificadas sucessivas violações à dignidade humana.

Dentro dessa nova conjuntura, percebe-se que a isonomia formal anteriormente assegurada pelo legalismo do Estado Liberal não é mais suficiente à garantia de direitos, na medida que a diferença de classes e de poder de capital provoca a desproteção aos menos favorecidos, momento político que se reconhece, portanto, que o positivismo

---

[4]   MORAES, Alexandre de. *Direitos humanos fundamentais*: teoria geral, comentários aos arts. 1º a 5º da Constituição de República Federativa do Brasil, doutrina e jurisprudência. São Paulo: Atlas, 1998. p. 19.

[5]   MIRANDA, Jorge. *Manual de Direito Constitucional*. Tomo IV. 3. ed. Coimbra: Coimbra editora, 2000. p. 17.

[6]   ZAGRAEBELSKY, Gustavo. *El derecho dúctil*. Ley, derechos, justicia. Madrid: Editorial Trotta, 2007, p. 24.

[7]   MORAES, Guilher Braga Pena de. *Dos direitos fundamentais* – Contribuição para uma teoria. São Paulo: LTR, 1997. p. 45.

[8]   CARVELLI, Urbano; SCHOLL, Sandra. Evolução história dos direito fundamentais: da antiguidade até as primeiras importantes declarações nacionais de direitos. *Revista de informação legislativa*. Brasília, a. 48, n. 191, p. 167-189, jul./set. 2011, p. 182. Disponível em: http://www2.senado.leg.br/bdsf/bitstream/handle/id/242914/000926 858.pdf?sequence=1. Acesso em: 03 jun. 2022.

destinado a assegurar a abstenção do Estado da vida privada, por outro lado, igualmente prejudica o alcance de interesses sociais.

Por isso, a partir dessa percepção, o Estado passa a atuar de forma diversa com a busca da proteção de condições mínimas de sobrevivência. É nesse aspecto que são iniciadas as discussões relativas aos direitos sociais, posto que a ideia de limitação da atuação do Estado deixa de ser um objetivo político predominante para ceder espaço à busca pela atuação do Poder Público em benefício do indivíduo, de tal sorte a assim assegurar a isonomia material.[9]

Nesse sentido, evidencia-se que o capitalismo liberal propagado por ideais burgueses, embora essencial para o reconhecimento de direitos fundamentais atrelados ao conceito da liberdade individual, promoveu por seu turno a concentração de riqueza, de forma que a ideia *"laissez faire"* e *"laissez passer"*, aquiesceu com a exploração do trabalho operário, em vista da ausência do comportamento do Estado no sentido de proteger a dignidade humana.[10]

Assim, em razão desse cenário é que se denota uma reformulação no modelo de atuação do Estado.[11] Nesse eixo, advém o Constitucionalismo Social, com a Constituição Mexicana de 1917 e a Constituição Alemã de Weimar de 1919, constituições que incorporam uma característica distintiva relativa à necessidade de o Estado intervir na ordem econômica e social, com o fim de assegurar a respectiva isonomia material. Trata-se de um dirigismo estatal, voltado para assegurar direitos de cunho programáticos com vistas à realidade socioeconômica.[12]

Essa nova compreensão propicia o surgimento de direitos fundamentais ora reconhecidos enquanto direitos sociais, sendo certo que esses são aqueles que tratam da liberdade positiva do indivíduo a ser reconhecido como sujeito de direitos de atuação do Estado,[13] isto é, tratam de prerrogativas que criam poderes de agir e de exigir a concretização de direitos do Estado.[14]

Ainda deve-se resgatar que o conteúdo dos direitos sociais é de cunho vinculativo a exigir a atuação positiva do Estado em sentido diametralmente oposto do período liberal, pois tem como decorrência um ambiente político, no qual o modelo econômico do capitalismo de exploração do proletariado exerce influência para a existência de uma dominação econômica pela classe burguesa. Tratava-se assim de um ambiente liberal com a legitimação do abuso do poder econômico.[15]

Por essa razão, evidencia-se principalmente a partir do início do século XX, sobretudo após o final da 1ª Guerra Mundial, a exemplo do que se observou com a Constituição Mexicana de 1917 e a Constituição Alemã de Weimar de 1919, o fato de

---

[9] BARBOZA, Estefânia Maria de Queiroz. *Jurisdição Constitucional*: entre constitucionalismo e democracia. Belo Horizonte: Fórum, 2007. p. 142.

[10] SARMENTO, Daniel. *Direitos fundamentais e relações privadas*. Rio de Janeiro: Lumen Juris, 2004. p. 31.

[11] BONAVIDES, Paulo. *Do Estado Liberal ao Estado Social*. 8. ed. São Paulo: Editora Catavento, 2007. p. 188.

[12] BERCOVICI, Gilberto. Tentativa de instituição da democracia de massas no Brasil: instabilidade constitucional e direitos sociais na Era Vargas (1930-1964). *In*: SOUZA NETO, Cláudio Pereira de; SARMENTO, Daniel. (Org.). *Direitos sociais*: fundamentos, judicialização e direitos sociais em espécie. Rio de Janeiro: Lumen Juris, 2008. p. 31.

[13] AGRA, Walber de Moura. *Tratado de Direito Constitucional*. 8. ed. Rio de Janeiro: Forense, 2014, p. 516.

[14] FERREIRA FILHO, Manoel Gonçalves. *Direitos Humanos Fundamentais*. 11. ed. rev. e atual. São Paulo: Saraiva, 2009. p. 50.

[15] SARMENTO, Op. cit. p. 31.

que os direitos sociais incorporaram ao regime constitucional dos Estados democráticos um caráter de atuação programática do Poder Público em prol do indivíduo, de forma a prestar benefícios com objetivo de propiciar melhores condições econômicas e sociais.[16]

Por isso, os direitos sociais são prerrogativas jurídicas reconhecidas ao ser humano que impõem um dirigismo político de atuação ao Estado, o qual por sua vez vincula-se ao conteúdo programático das normas constitucionais com tal natureza, obrigando-se à alusiva concretização de prestações materiais no plano social, ora também entendidas enquanto políticas públicas.

Com base nisso, sucede em verdade uma superação do objetivo único de conferir liberdade de autonomia a realização de vida ao indivíduo, pois nessa nova ordem constitucional, o Estado passa a atuar com o sentido de satisfazer a pretensão de o indivíduo ter condições mínimas de autorrealização, podendo ele, para tanto, assim exigir dos poderes públicos.

A propósito, sobre o modo pelo qual o indivíduo relaciona-se com o Estado no campo dos direitos fundamentais, merece destaque a "Teoria dos Quatro Status dos Direitos Fundamentais", desenvolvida por Georg Jellinek no século XIX, pois tal corrente teórica pressupõe a existência de quatro status possíveis: status passivo, status negativo, status positivo e status ativo. Assim, no status passivo haveria uma sujeição de deveres do indivíduo perante os poderes públicos; no status passivo negativo sucederia o reconhecimento das liberdades individuais por abstenção da atuação do Estado; no status ativo ocorreria a capacidade de o indivíduo participar e interferir na vida política; e no status positivo a prerrogativa de o titular de direito exigir uma atuação do Estado em seu benefício.[17]

De toda sorte, deve-se entrever que os direitos sociais, inobstante possam ser considerados direitos fundamentais, são em verdade direitos que dependem para a sua realização no plano fático de um atuar positivo do Estado, no sentido de promover diligências com a finalidade de criar órgãos e procedimentos aptos a sua realização no plano real.[18]

Exatamente por essa razão é que no que concerne aos direitos sociais observa-se um fenômeno de dependência maior do Estado para a sua concretização, posto que dependem certamente do desempenho de políticas públicas para a sua efetivação.

Dentro desse contexto, em decorrência da ausência do Estado para a efetivação de direitos fundamentais sociais, observa-se um conjunto de mecanismos constitucionais destinados à correção da omissão dos poderes públicos.[19]

Nessa linha, é o que se verifica recentemente, por exemplo, o fenômeno do ativismo judicial, dedicado a propiciar a atuação do Poder Judiciário, no sentido de tornar concretas as prestações devidas pelo Estado para a realização de direitos sociais. Essa perspectiva criada com a ideia de ativismo judicial corresponde a uma diferente

---

[16] BERCOVICI, Gilberto. Tentativa de instituição da democracia de massas no Brasil: instabilidade constitucional e direitos sociais na Era Vargas (1930-1964). *In*: SOUZA NETO, Cláudio Pereira de; SARMENTO, Daniel. (Org.). *Direitos sociais:* fundamentos, judicialização e direitos sociais em espécie. Rio de Janeiro: Lumen Juris, 2008. p. 31.

[17] AGRA, Weber de Moura. *Curso de Direito Constitucional.* 8. ed. Rio de Janeiro: Forense, 2014. p. 206.

[18] MENDES, Gilmar Ferreira; BRANCO, Paulo Gustavo Gonet. *Curso de direito constitucional.* 10. ed. rev. e atual. São Paulo: Saraiva, 2015. p. 632.

[19] KELLER, Arno Arnoldo. *A exigibilidade dos direitos fundamentais sociais no estado democrático de direito.* Porto Alegre: Sergio Antonio Fabris Editor, 2008. p. 265.

participação do Poder Judiciário na concretização dos valores e fins constitucionais, incluindo-se nessa percepção a uma maior interferência na atuação dos demais Poderes.[20] Trata-se assim de um processo de interpretação das normas constitucionais mais amplo e extensível com a atribuição proativa de um sentido e alcance das normas constitucionais definidoras de direitos fundamentais.

A propósito, essa constatação a respeito do advento do fenômeno recente do ativismo judicial revela portanto que, independentemente das possibilidades de existir acerto desse novo mecanismo de correção judicial,[21] é inequívoca a premissa que os direitos fundamentais sociais são suficientemente eficazes a exigir a sua implementação no plano concreto, conquanto, mesmo havendo ausência da sua realização no plano real, o regime constitucional a que se submete o Estado Democrático de Direito proporciona diferentes instrumentos a serem conhecidos para a realização dos direitos fundamentais.[22]

Além disso, seguindo essa linha de pensamento acerca da natureza dos direitos fundamentais, bem como dentro dessa concepção trazida pelo advento dos direitos fundamentais sociais, verifica-se de igual forma o reconhecimento normativo do princípio da dignidade da pessoa humana, ora tendo em vista a necessidade de proteção pelo Estado de condições sociais e econômicas mínimas que garantam a sobrevivência com dignidade do ser humano.

Essa constatação é igualmente importante para a compreensão adequada do regime constitucional que atualmente se verifica sob o Estado brasileiro, sobretudo porque o princípio da dignidade da pessoa humana, antes de corresponder à natureza de um direito fundamental, igualmente se assenta na condição de um fundamento da República Federativa do Brasil. Logo, o princípio da dignidade da pessoa humana traduz-se em um valor que fundamenta todo o ordenamento jurídico, trata-se de um fim ou objetivo a ser perseguido pelo Estado Democrático de Direito, nos termos da Constituição Federal.

Nessa compreensão, o atributo da dignidade da pessoa humana considera em essência uma qualidade especial do homem a ser protegida pelo direito, trata-se da identificação de que o ser humano não é apenas um titular de prerrogativas jurídicas fundamentais, mas também da circunstância de que a ele é inerente uma qualidade intrínseca do ser humano que merece guarida pela ordem jurídica.[23]

Tem-se, portanto, um valor com alto grau de influência no regime constitucional que vem a instruir e informar os demais princípios e normas que compõem o direito, notadamente a partir do advento do Iluminismo no Estado Moderno, pois possibilitou a partir dessa conjuntura a substituição do pensamento religioso pela razão, pelo humanismo e pelo racionalismo, quando se tem então um espaço teórico adequado para o surgimento da preocupação da dignidade do homem enquanto ser humano.[24]

---

[20] BARROSO, Luís Roberto. Judicialização, ativismo judicial e legitimidade democrática. *Revista de Direito do Estado*. [S.l.], a. 4, n. 13, jan./mar., 2009. p.75.

[21] SARMENTO, Daniel Souza. *A constitucionalização do direito*: fundamentos teóricos e aplicações específicas. Rio de Janeiro. Lúmen Júris. 2007. p. 14

[22] BARBOSA, Hélder Fábio Cabral. A efetivação e o custo dos direitos sociais: A falácia da Reserva do possível. *Estudos de direito constitucional*. Recife: Edupe, 2011. p. 151

[23] SARLET, Ingo Wolfgang. *Dignidade da pessoa humana e direitos fundamentais na Constituição Federal de 1988*. 5. ed. Porto Alegre: Livraria do Advogado, 2007. p. 29-31.

[24] BARCELLOS, Ana Paula de. *A eficácia jurídica dos princípios constitucionais*. 3. ed. rev. e atual. Rio de Janeiro:

É importante compreender assim que o princípio da dignidade da pessoa humana tem um axioma fundamental atinente à ideia de proteger o homem apenas pela sua condição de ser humano, o que tem surgimento desde o pensamento de Immanuel Kant, pois deriva da premissa de que o homem é destinatário de proteção pela ordem jurídica, apenas por ser capaz de deter racionalidade e capacidade de autodeterminação.

Esse pensamento kantiano que influencia o entendimento sobre o conceito do princípio da dignidade da pessoa humana, segundo Ana Paula de Barcellos, persiste enquanto valor fundamental, mesmo que nesse conteúdo verifique-se adicionadas novas preocupações e conceitos da sociedade contemporânea.[25]

Em igual sentido, evidencia-se que, concomitantemente ao reconhecimento de direitos fundamentais no plano interno dos Estados, sucede também o advento de um Direito Internacional voltado a proteção de Direitos Humanos,[26] tendo como referência o valor da dignidade da pessoa humana, o que igualmente propaga-se em uma perspectiva internacional desde a Declaração Universal dos Direitos do Homem e Cidadão de 1948.[27]

Toda essa compreensão acerca do princípio da dignidade da pessoa humana figura ser de essencial importância, uma vez que além do seu próprio caráter normativo, tal postulado outorga fundamento para a proteção dos demais direitos fundamentais, face também a alta carga axiológica que se verifica do seu conteúdo.

Além do mais, também por essa razão, é que se reconhece que o princípio da dignidade da pessoa humana funciona na ordem jurídica como um verdadeiro postulado normativo, conquanto intermedia e estrutura as razões de aplicação dos demais princípios e regras da ordem constitucional vigente. Trata-se, portanto, de um paradigma no direito interno para a realização dos direitos fundamentais e, por isso, recebe a condição teórica de uma metanorma.[28]

Assim sendo, a dignidade da pessoa humana traduz-se em um dos fins do Estado,[29] exatamente por essa compreensão, no ordenamento jurídico brasileiro, o Constituinte de 1988 elencou a dignidade da pessoa humana à alçada de princípio fundamental da República Federativa do Brasil, ao art. 1º, inciso III.

Nesse sentido, José Afonso da Silva considera que o princípio da dignidade da pessoa humana é na verdade um valor supremo, fundamental ao regime democrático e que assim antecede ao próprio Estado.[30]

Dessa forma, a dignidade da pessoa humana trata-se portanto não apenas de um princípio normativo insculpido no texto constitucional, mas também de um valor previsto no regime democrático do Estado Constitucional de Direito que orienta e influencia a disciplina de aplicação dos demais direitos fundamentais, razão pela qual a

---

Renovar, 2011. p. 127-128.

[25] BARCELLOS, Ana Paula de. Normatividade dos princípios e o princípio da pessoa humana na constituição de 1988, Revista de Direito Administrativo, n. 221, p. 159-188, jul./set., 2000. p. 161.

[26] PIOVESAN, Flávia. *Direitos humanos e o direito constitucional internacional.* 7. ed. São Paulo: Saraiva, 2006. p. 28-29.

[27] SARLET, Ingo Wolggang. Os direitos fundamentais sociais na constituição de 1988. *Revista Diálogo Jurídico.* Salvador. a. 1, v. 1, n. 1. abr. 2001. p. 10.

[28] ÁVILA, Humberto. *Teoria dos princípios:* da definição à aplicação dos princípios jurídicos. 2. ed. São Paulo: Malheiros, 2003. p. 116.

[29] BASTOS, Celso Ribeiro; MARTINS, Ives Gandra. *Comentários à Constituição do Brasil.* São Paulo: Saraiva, 1988. p 425.

[30] SILVA, José Afonso da. A dignidade da pessoa humana como valor supremo da democracia. *Revista de Direito Administrativo,* Rio de Janeiro, v. 212, p. 89-94, abr./jun., 1998. p. 92.

compreensão do sentido e alcance dessas prerrogativas fundamentais necessariamente se faz em consonância com uma valoração simultânea do princípio da dignidade da pessoa humana.

Além disso, no tocante ao entendimento do conteúdo dos direitos fundamentais, deve-se rememorar que esses direitos justamente por serem sedimentados em torno da evolução política do Estado, devem ser compreendidos no aspecto de desenvolver-se em gerações de direitos fundamentais.

Assim, de forma breve, nessa classificação teórica, os direitos fundamentais de primeira geração estariam associados à ideia de liberdade individual em face do Estado, outorgando para a autonomia privada novos direitos civis e políticos; os de segunda geração, por seu turno, corresponderiam àqueles cujo conteúdo significaria uma exigência de atuar positivo do Estado, para o fim de fornecer prestações materiais para melhores condições sociais e econômicas; já os direitos fundamentais de terceira geração teriam o teor daqueles direitos coletivos em sentido amplo e difusos, ora pertencentes a uma coletividade.

Mas independentemente dessa concepção teórica de acordo com o qual os direitos fundamentais podem ser agrupados em diferentes gerações, na medida que, à cada evolução específica do ambiente político, novos direitos seriam integrados, é necessário compreender que não somente novos direitos passam a ser conhecidos, mas também aqueles mantidos tornam-se remodelados pelo ordenamento jurídico.

Isso significa o entendimento de que, por exemplo, o direito fundamental à propriedade inicialmente concebido pelo Estado Liberal já não possui o mesmo conteúdo daquele que passou a ser considerado com o advento das mudanças políticas sucedidas a partir do século XX, o que evidencia portanto que os direitos fundamentais não possuem um sentido estanque de conteúdo, pois diferentemente disso a compreensão adequada do conceito de cada prescrição fundamental dessa natureza é revelada por um juízo hermenêutico próprio do contexto político e jurídico a que se insere o Estado, o que também justifica, sobretudo, a necessidade recente de moldar o teor de direitos fundamentais ao conteúdo contemporâneo da dignidade da pessoa humana, e o que igualmente justifica portanto, por exemplo, a ideia de função social da propriedade.

Ademais, da mesma maneira que os direitos fundamentais possuem um caráter histórico que incorporam novos direitos e significados com o passar do tempo, em vista da mudança do regime político, o que certamente traduz em uma constante releitura de significado, é certo também que tais direitos possuem ainda um sentido normativo relativo.

Isto é, essas prerrogativas jurídicas fundamentais não se assentam na ordem jurídica incorporando conteúdos com sentido absoluto, pois diversamente dessa concepção, os direitos fundamentais são sempre atrelados a uma ideia de relatividade para a aplicação dos seus preceitos. Ademais, não poderia ser diferente, pois o alcance dos direitos fundamentais sucede na medida que despertam valores enquanto princípios, logo devem ser sempre ponderados por um juízo de concordância prática dos seus conteúdos.

Portanto, sendo de característica essencial a ideia de peso relativo do conteúdo dos direitos fundamentais, tal compreensão possibilita o raciocínio na exata medida de que, na circunstância de existir conflito entre direitos fundamentais contrapostos, não há uma incidência concomitante em igual sentido de aplicação.

Assim, a relatividade dos direitos fundamentais pressupõe a necessidade de máxima efetividade do conteúdo deles, mas também associada à ideia de que podem incidir concomitantemente sobre o mesmo caso concreto, donde se evidenciará um ambiente para a aplicação do exercício hermenêutico da concordância prática das suas disposições.

Destarte, é factível a situação na qual por exemplo o direito fundamental à liberdade de manifestação em suas diferentes acepções choca-se com o conteúdo propagado pelo direito individual à intimidade e à proteção à vida privada, contexto no qual, em função de se verificarem os direitos fundamentais na condição de princípios normativos, a resolução desse processo de aplicação necessariamente ocorrerá por um juízo de relatividade do peso de cada uma das proposições conflitantes.

Esse sopesamento de valores integrantes do conteúdo de direitos fundamentais conflitantes decorre notadamente da sua natureza normativo principiológica, em consonância com a ideia de distinção de regras e princípios, defendida sobretudo por Dworkin e Alexy.[31]

Para essa linha de entendimento, princípios e regras fazem parte do gênero norma, nada obstante, a distinção dessas categorias verifica-se em um plano qualitativo, de tal forma que as regras são normas cujo conteúdo é uma previsão específica, ao passo que os princípios são normas de uma dimensão de valor ou peso,[32] motivo pelo qual o conflito entre princípios não se resolve do mesmo modo do que a aplicação das regras, pois, também em vista do seu grau de indeterminação, são normas que devem ser realizadas na medida do possível, conforme mandados de otimização.[33] [34]

É justamente dentro dessa concepção que os direitos fundamentais correspondem a princípios normativos históricos a serem realizados na medida do possível, aliada ainda a ideia de que os direitos fundamentais são prerrogativas essenciais ao indivíduo, os quais dependem para a sua efetividade no plano concreto de uma atuação positiva do Estado, para assim entregar prestações materiais que assegurem melhores condições de vida.

Por consequência desse conteúdo normativo, verifica-se, de forma concorrente, a necessidade de atuação de um conjunto de mecanismos e instituições do próprio Estado, cujo propósito seja para atuar no sentido de serem efetivos os direitos fundamentais.

Em verdade a concepção de direitos fundamentais enquanto princípios normativos derivados de valores constitucionalmente previstos, ora sedimentados por uma razão no direito interno, assim como, com uma proporção de peso e relatividade, deve ser ainda associada à ideia de que, para a sua efetivação no plano real, dependem necessariamente de uma atuação do Estado no sentido de sua implementação.

Por isso, não somente a previsão normativa dos direitos fundamentais por sua própria natureza é suficiente nesse tocante, mas também o funcionamento de um

---

[31] SOUZA, Felipe Oliveira de. O raciocínio jurídico entre princípios e regras. *Revista de Informação Legislativa.* Brasília a. 48 n. 192 out./dez. 2011. p. 96.

[32] SILVA, Virgilio Afonso da. Princípios e regras: mitos e equívocos acerca de uma distinção. *Revista Latino-Americana de Estudos Constitucionais,* n. 1, p. 607-630, jan./jun. 2003. Disponível em: https://constituicao.direito.usp.br/wp-content/uploads/2003-RLAEC01-Principios_e_regras.pdf. Acesso em: 03 jun. 2022.

[33] VALE, André Rufino do. *Estrutura das normas de direitos fundamentais:* repensando a distinção entre regras, princípios e valores. São Paulo: Saraiva, 2009. p. 129.

[34] MORAES, Alexandre de. *Curso de Direito Constitucional.* 14. ed. São Paulo: Atlas, 2003. p. 61.

conjunto de mecanismos estatais aptos a dedicar os poderes públicos à realização dessas premissas.

Com base nisso, os direitos fundamentais identificam-se como sendo em essência um agregado de direitos com natureza inerente a princípios normativos, mas que ao mesmo tempo informam a ordem constitucional com valores a serem concretizados no plano da realidade, razão pela qual tratam de prerrogativas capazes de exigir um direcionamento de atuação do Estado voltada à satisfação dessas prescrições fundamentais. Esse conteúdo dos direitos fundamentais pressupõe, portanto, uma organização constitucional do Estado capaz de trilhar ações, instituições e procedimentos dedicados à realização dessa carga axiológica, ora fundamento e fim do Estado Democrático de Direito.

3   Da advocacia pública dentro de um Estado Constitucional de Direito

O exercício do poder do Estado corresponde a uma atividade una e indivisível, decorrente da soberania exercida em determinado território. Nessa perspectiva, o poder político da instituição estatal revela-se, como já enunciado pelo ensinamento aristotélico, em diferentes funções, sendo cada qual representada por atos distintos quanto à aplicação do poder. Assim, enquanto Aristóteles originalmente concebia distintas atividades no arranjo do exercício do poder político do Estado, como sendo a atividade separadas de julgar, legislar e executar a lei ao caso concreto,[35] por outro lado, foi Montesquieu então responsável por trazer o pensamento de que a divisão de funções no emprego do poder do Estado destinava-se não apenas a separar as diferentes funções pelas suas características similares, mas sobretudo a limitar o abuso de cada uma delas.[36]

Dentro desse contexto, considerando um cenário advindo do declínio do Estado Absolutista, concomitantemente com o surgimento dos ideais liberais propagados pela burguesia europeia no século XIX, Montesquieu passa considerar a separação do exercício do poder do Estado soberano em três funções predominantes consistentes nas atribuições distintas do Poder Executivo, Legislativo e Judiciário, como forma de autocontenção e de controle entre as atribuições exercidas pelos diferentes poderes do Estado.[37]

Essa concepção foi incorporada e mantida pelas cartas políticas dos países democráticos, com o consequentemente alinhamento das funções segregadas dos Poderes Legislativo, Executivo e Judiciário, como forma de delimitação de atuação, com vistas a dissolução da concentração do poder. Além do mais, também em função deste raciocínio, é que se verifica a atribuição a cada um dos poderes do Estado de atribuições típicas, as quais são, em regra, exercidas de forma predominante, sendo certo ainda que dentro desse sistema não há assim também qualquer característica de superioridade, conquanto

---

[35]   MOISES, Cristian Ricardo Prado. A "separação dos poderes" como garantia fundamental. *Revista da Procuradoria-Geral do Estado*, Porto Alegre, v. 34, n. 72, p. 107-131, 2013. p. 107.

[36]   CARVALHO, Alexandre Douglas Zaidan. Montesquieu e a releitura da separação de poderes no Estado contemporâneo: elementos para uma abordagem crítica. *Lex Humana (ISSN 2175-0947)*, [S.l.], v. 1, n. 2, p. 40-65, 2009.

[37]   GARCIA, Emerson. Princípio da separação dos poderes: os órgãos jurisdicionais e a concreção dos direitos sociais. *Revista da EMERJ*, Rio de Janeiro, v. 8, n. 30, p. 129-167, 2005.

o exercício das atividades do Estado devem ser exercidas de forma independente e ainda harmônica, cada qual nos seios da sua atribuição, como assim bem prevê a Constituição Federal de 1988.[38]

A propósito, a segregação de funções típicas atribuídas aos Poderes Legislativo, Executivo e Judiciário não pode mais ser vista no Estado contemporâneo sob o enfoque da separação estanque, porquanto embora seja predominante o exercício do poder jurisdicional pelo Poder Judiciário, assim como também a função de editar leis pelo Poder Legislativo, é ao mesmo tempo certo que existem campos de interpenetração de funções atípicas a cada um deles dentro do esquema organizatório constitucional, motivo pelo qual, em que pese não de forma predominante, nem mesmo como sendo sua função típica, poderia por exemplo o Poder Executivo editar atos com força de lei e o Poder Legislativo julgar questões, ainda que políticas, com definitividade.[39]

Além disso, todo esse esquema organizatório do poder demonstra que o apro-fundamento nas divisões constitucionais nem sempre leva à conclusão de que somente serão integrantes da organização estatal aqueles integrados ou vinculados às estruturas do Poder Executivo, Poder Legislativo ou Poder Judiciário, conquanto não de forma divisória, mas de forma integrada e concorrente existem ainda mecanismos estatais previstos pelo regime democrático das Constituições contemporâneas que alinham o Poder à satisfação dos interesses públicos e dos direitos fundamentais.

Nesse sentido, é o que se verifica por exemplo o mister constitucional desprendido pelo Ministério Público enquanto função independente e autônoma nos termos da Constituição, com vistas à tutela do regime democrático e de igual forma assenta-se a Defensoria Pública nesse contexto com a missão de representação judicial e extrajudicial daqueles hipossuficientes, juntamente com o controle externo pelo Tribunal de Contas e, especialmente, a Advocacia Pública como instituição pertencente às Funções Essenciais à Justiça.[40]

Deve-se observar, portanto, que a complexidade da organização das funções do Estado em sociedades contemporâneas evoluem para consagrar novos esquemas organizatórios mais avançados que, mesmo sem se depreender da teoria original de repartição do Poder do Estado, agregam novos significados e ferramentas para o exercício democrático do poder político.

Nessa linha é que se encontram fundadas as novas organizações das Funções Essenciais à Justiça, instituições que, embora vinculadas ou não ao exercício de cada um dos poderes do Estado, exerce, de forma possivelmente autônoma, meios para empreender a consecução dos fins constitucionais, donde se evidencia, igualmente de forma especial, a satisfação do interesse público por meio da concretização de direitos fundamentais.

---

[38] SILVA, José Afonso. *Curso de Direito Constitucional Positivo*. 25. ed. São Paulo: Malheiros Editores, 2005, p. 110.

[39] MONTEIRO JÚNIOR, Ermano José Leite. *Eficiência do processo legislativo*: uma abordagem da função legislativa, típica e atípica, nos Poderes Executivo e Judiciário. 2020. 122 f. Dissertação (Mestrado em Direito) – Universidade Nove de Julho, São Paulo, 2021. Disponível em: http://bibliotecatede.uninove.br/bitstream/tede/2594/2/Ermano%20Jos%c3%a9%20Leite%20Monteiro%20J%c3%banior.pdf. Acesso em: 02 jun. 2022.

[40] MURDA, Paula Fernanda Vasconcelos Navarro. *O controle judicial e o papel das funções essenciais à Justiça para a efetivação das políticas públicas*. 2012. 219 f. Dissertação (Mestrado em Direito). Pontifícia Universidade Católica de São Paulo, São Paulo, 2012. Disponível em: https://sapientia.pucsp.br/bitstream/handle/5815/1/Paula%20Fernanda%20Vasconcelos%20Navarro%20Murda.pdf. Acesso em: 03 jun. 2022.

Essa percepção é igualmente relevante, pois vislumbrando-se em sentido além das funções típicas repartidas entre os três poderes do Estado originalmente concebidos, atualmente verifica-se acoplados ao Estado Democrático de Direito, pela própria previsão da atual Carta Constitucional novas instituições com propósitos autônomos e com o fim específico de realização de fins estatais.[41]

Ademais, o Estado contemporâneo apresenta característica distinta da segregação dos poderes pretendida pelo poder constituinte moderno, ora obstinado a evitar a concentração e abuso do poder autoritário, porquanto na nova concepção de Estado o texto constitucional ultrapassa a ideia de limitação de poder para também abranger organizações e instituições destinadas à satisfação dos fins do Estado.[42]

Portanto, partindo-se da premissa de que o exercício do poder político do Estado passa por novos formatos de organização com vistas ao controle, mas sobretudo à manutenção do regime democrático, sendo certo que as organizações consideradas como funções essenciais à justiça do Estado são nítidas instituições que se desprendem à realização dos fins constitucionais,[43] é necessário, contudo, compreender igualmente que o exercício do poder político do Estado não apenas é segregado entre as funções predominantes dos três poderes, mas também em níveis diferentes de federação, uma vez considerado que o Estado brasileiro organiza-se sob a forma de estado federado.

Essa constatação é da mesma forma essencial, porquanto sendo o domínio do poder político repartido em um estado organizado sob a forma federada, com a indissociabilidade do vínculo entre as unidades federadas, cada Ente Federado assim possui parcela de autonomia, nomeadamente relativa à autolegislação, autogoverno e autoadministração, podendo de tal sorte disciplinar as matérias de organização do poder local em constituições estaduais e leis orgânicas, eleger representantes, assim como editar leis no interesse da população local, como também executar serviços públicos sobre sua atribuição, sob o controle rígido das disposições constitucionais, notadamente ainda sobre a jurisdição única do Supremo Tribunal Federal.[44]

Nessa linha de pensamento, independentemente da espécie de federalismo adotado, ainda que simétrico ou assimétrico, pelas distintas realidades de cada região do país, certo é que a Constituição Federal reservou idêntico espaço para o exercício do poder político entre os entes da federação de igual graduação, assim como estabeleceu não apenas uma repartição de competências expressas, mas também um elenco de

---

[41] BORBA, Isabela Souza de. *A (re)formulação garantista da teoria da separação dos poderes*. 2012. 174 f. Dissertação (Mestrado em Direito) – Centro de Ciências Jurídicas, Universidade Federal de Santa Catarina, Florianópolis, 2012. Disponível em: https://repositorio.ufsc.br/bitstream/handle/123456789/99471/305383. pdf?sequence=1&isAllowed=y. Acesso em: 31 maio 2022.

[42] MADUREIRA, Claudio Penedo. *Administração pública, litigiosidade e juridicidade*: a importância da Advocacia pública para o exercício da função administrativa. 2013. 361 f. Tese (Doutorado em Direito). Pontifícia Universidade Católica de São Paulo. 2014. p. 158. Disponível em: https://tede.pucsp.br/bitstream/handle/6437/1/Claudio%20Penedo%20Madureira.pdf. Acesso em: 20 maio 2022.

[43] MOREIRA NETO, Diogo de Figueiredo. A Advocacia de Estado revisitada: essencialidade ao Estado Democrático de Direito. *Revista da Procuradoria Geral do Estado do Espírito Santo*, Vitória, v. 4, n. 4, p. 21-64, jul./dez., 2005. Disponível em: https://pge.es.gov.br/Media/pge/Publica%C3%A7%C3%B5es/Revista%20PGE/PGE_04_editado. pdf#page=23. Acesso em: 30 maio 2022.

[44] HORTA, Raul Machado. Tendências atuais da federação brasileira. *Revista Brasileira Estudos Políticos*, v. 83, n. 7, 1996. Disponível em: https://heinonline.org/HOL/LandingPage?handle=hein.journals/rbep83&div=4&id=&page=. Acesso em 30 maio 2022.

atribuições das unidades federadas que se verificam de forma cooperativa,[45] com o intuito de satisfação dos fins do Estado, sobretudo a concretização dos fundamentos e objetivos elencados pela Constituição Federal para a República Federativa do Brasil.

Portanto, esse modelo constitucional adotado pela carta constitucional de 1988 revela sobretudo um esquema organizatório de estado democrático com níveis harmônicos de descentralização do poder político a serem reproduzido em todos os níveis da federação, motivo pelo qual é assente o posicionamento doutrinário e teórico, no sentido de que, mesmo em esferas distintas da federação, a organização política do Estado deve guardar estreita simetria com a disciplina constitucional com as suas instituições.

É dentro desse contexto que o Supremo Tribunal Federal, ao conhecer da criação das procuradorias municipais, dedicadas ao exercício do assessoramento dos municípios, entes federados com distintivo caráter autônomo no aspecto político, julgou estar compreendida dentro da acepção das funções essenciais à justiça consideradas pelo texto constitucional as procuradorias municipais, ainda que não textualmente inseridas na redação do disposto do art. 132 da Constituição Federal, haja vista que o regime harmônico estabelecido pelo constituinte não prevê distinções às funções públicas exercidas pelos entes locais, havendo nessa ordem de pensamento fundamento constitucional suficiente a considerar que a advocacia pública municipal tem, sem quaisquer distinções, a idêntica alçada de função essencial à justiça.[46]

Além do mais, esse reconhecimento pela Corte Constitucional tem notória importância porquanto verifica-se a partir dessa nova identificação das funções exercidas pela advocacia pública municipal uma atividade de cunho de estado, dedicada à realização de justiça e não apenas complementar, mas, sobretudo, necessária à função jurisdicional do Estado.

Nesse sentido, a atividade da Advocacia Pública nos três níveis da federação é correspondente a um mister previsto na Constituição Federal que se identifica com o assessoramento jurídico precípuo da Administração direta e indireta. Essa representação judicial e consultoria jurídica das unidades federadas agrega na nova ordem constitucional, como assim reconhecido pela recente jurisprudência do Supremo Tribunal Federal, um contorno maior do que aquele restrito ao interesse da representação da entidade pública, porquanto passa a ser uma função organizada em carreira, ora projetada pela Constituição, para a função jurisdicional do Estado dentro de um novo regime democrático.[47]

Essa releitura jurisprudencial da Advocacia Pública propiciada pela jurisprudência do Supremo Tribunal Federal ao status de um função constitucional de assessoramento jurídico das unidades federadas também é reforçada enquanto atributo do Estado Democrático de Direito, porquanto assim indeclinável pelos próprios entes

---

[45] BERCOVICI, Gilberto. A descentralização de políticas sociais e o federalismo cooperativo brasileiro. *Revista de Direito Sanitário*, v. 3, n. 1, p. 13-28, mar. 2002. Disponível em: https://www.revistas.usp.br/rdisan/article/view/81291/84931. Acesso em: 01 jun. 2022.

[46] BRASIL. Supremo Tribunal Federal (Tribunal Pleno). *Recurso Extraordinário nº 663696 RG/MG*. Min. Relator Luiz Fux, 15 de dezembro de 2011. Brasília: STF, [2011].

[47] MADUREIRA, Claudio Penedo. Advocacia pública: órgão do Estado ou do Poder Executivo? *Revista Quaestio Iuris*, Rio de Janeiro, v. 9, n. 2, p. 1155-1174, 2016. Disponível em: https://www.e-publicacoes.uerj.br/index.php/quaestioiuris/article/view/19983. Acesso em 06 jun. 2022

federados, mesmo que pretendam substitui-la quando pelo exercício da gestão, enquanto forma permanente de carreira de estado.

Ademais, aliada ainda a essa concepção tem também se evidenciado pela jurisprudência do Supremo Tribunal Federal a inteligência ao princípio constitucional da unicidade da representação dos ente federados, ora inscrito no art. 132 da Constituição Federal, por meio do qual, em diversas ocasiões a Corte, já julgou serem inconstitucionais as leis estaduais que se dedicaram à criação de estruturas paralelas a procuradorias estaduais para a representação de entidades autárquicas ou fundacionais, uma vez que nessa interpretação constitucional a representação jurídica dos órgãos dos entes federados é atribuída com exclusividade à carreira da Advocacia Pública.[48][49]

Além dessa perspectiva de releitura da instituição que representa a advocacia pública de Estado, reforça esse contexto a mudança de interpretação constitucional propiciada pelo advento do movimento do Neoconstitucionalismo, porquanto, em verdade, este novo posicionamento teórico que marca de forma diferenciada a força normativa da Constituição a partir do século XX e XXI no âmbito do Estado Democrático de Direito revela por sua natureza não apenas uma modificação da forma de hermenêutica e concretização das disposições constitucionais, mas também das normativas de outros ramos do ordenamento jurídico, como também, ainda, das próprias estruturas do Estado, razões pelas quais é dentro desse cenário que as instituições democráticas localizam-se recentemente para o cumprimento das suas atribuições e fins constitucionais.

Logo, a partir dessa conjuntura, é possível entender o movimento do Neoconstitucionalismo como um marco teórico de Direito Constitucional decorrente do pós-positivismo filosófico despontado no final do século XX, o qual consolida a existência de normas jurídicas que veiculam valores atrelados à ética, moral e a própria ideia de existência humana.

Por isso, de forma distinta do posicionamento jusnaturalista inerente ao Iluminismo com o surgimento do Estado moderno em contraposição com o anterior Estado Absolutista, por meio do qual tinha como principal fundamento os valores do direito natural, imanentes ao próprio homem e com a aproximação da lei da razão; o Neoconstitucionalismo, por sua vez, não desconsidera o direito posto, nem recorre para sua interpretação a categorias metafísicas.[50] De igual maneira, o pós-positivismo diferencia-se do positivismo levado a efeito durante o Estado de Direito do século XIX e XX, adstrito ao império da lei, posto que o pós-positivismo em sentido diferente reabriu a possibilidade para a interpretação jurídica comunicada com outros valores ou discussões oriundos da filosofia, bem como da ideia de legitimidade ou de justiça.[51]

---

[48] BRASIL. Supremo Tribunal Federal (Plenário). *Ação Direta de Inconstitucionalidade 3536/SC*. Rel. Min. Alexandre de Moraes, 02 de outubro de 2019. Brasília: STF, [2019]; BRASIL. Supremo Tribunal Federal (Plenário). *Ação Direta de Inconstitucionalidade 5262 MC/RR*. Rel. Min. Cármen Lúcia, 28 de março de 2019. Brasília: STF, [2019]; BRASIL. Supremo Tribunal Federal (Plenário). *Ação Direta de Inconstitucionalidade 5215/GO*. Rel. Min. Roberto Barroso, 28 de março de 2019. Brasília: STF, [2019]; BRASIL. Supremo Tribunal Federal (Plenário). *Ação Direta de Inconstitucionalidade 4449/AL*. Rel. Min. Marco Aurélio, 28 de março de 2019. Brasília: STF, [2019].

[49] PEREIRA, Denner. *Raízes da Advocacia Pública no Brasil*: a Fazenda Pública em juízo no Brasil: gênese e contradições. Editora Dialética, 2021.

[50] VALE, André Rufino do. Aspectos do neoconstitucionalismo. *Revista Brasileira de Direito Constitucional*, v. 9, n. 1, p. 67-77, jan./jun., 2007. Disponível em: http://esdc.com.br/seer/index.php/rbdc/article/view/124/118. Acesso em:06 jun. 2022.

[51] STRECK, Lenio Luiz. Uma leitura hermenêutica das características do neoconstitucionalismo. *Observatório da Jurisdição Constitucional*, Brasília, a. 7, n. 2, p. 25-48, jul./dez. 2014. Disponível em: https://www.portaldeperiodicos.

Por essa razão, o Luís Roberto Barroso, ao ter em vista o fenômeno do Neoconstitucionalismo pontua que ao menos existem três marcos históricos importantes para o surgimento desse movimento, sendo certo que no campo filosófico observa-se o advento do pós-positivismo; no campo histórico o período pós Segunda Guerra Mundial com o declínio do regime nazista e o surgimento do Estado Social e posteriormente Estado Democrático de Direito; e no aspecto teórico destaca-se uma nova dogmática de interpretação constitucional, a expansão da jurisdição constituicional, bem como a Teoria da Força Normativa da Constituição.[52]

Nesse sentido, identifica-se que a proposta do movimento do Neoconstitucionalismo corresponde sobretudo à incorporação de valores normativos ao texto constitucional. Assim sendo, partindo-se da premissa de que não apenas as regras são dotadas de cunho normativo, mas também que os princípios fundamentais de direito também se revestem na condição de norma, ainda que com maior grau de abstratividade e diferentes características de aplicação do que as regras, o Neoconstitucionalismo passa a considerar que a Constituição emprega no novo regime jurídico do Estado Democrático de Direito mandamentos nucleares na forma de princípios normativos com alta carga axiológica.[53]

Essa perspectiva possibilita ainda uma reaproximação do direito com valores apartados do confinamento do ordenamento jurídico, tal como a ética e a moral, os quais passam a fazer parte da interpretação do direito e a integrar o processo de valoração das normas constitucionais. Nesse sentido, o Neoconstitucionalismo proporciona uma ultrapassagem dos limites do positivismo jurídico para a interpretação da norma constitucional, de sorte que na construção do processo da hermenêutica constitucional não mais se verifica apenas o texto da norma, mas também agregado a ela um conjunto de valores extraíveis do comando constitucional.[54]

Por isso, esse conjunto de axiomas constitucionais impregnado por princípios normativos fundamentais possuem como principal consequência a sua eficácia irradiante ou eficácia objetiva para com todo o ordenamento jurídico. Assim sendo, o conteúdo axiológico proporcionado pela Constituição a ela não se limita, pois em sentido de maior amplitude passam a proporcionar uma releitura de toda a disciplina normativa do Estado. Tem-se em verdade dentre desse contexto o fenômeno da constitucionalização dos demais ramos e das suas normas infraconstitucionais.[55]

Nessa percepção, o Neoconstitucionalismo trata-se de um novo modelo constitucional, radicado no advento dos recentes Estados Democráticos de Direito após o período da Segunda Guerra Mundial, destinado a revelar a ascendência de um verdadeiro filtro axiológico de valores, atrelados a ideia de justiça, a ética, a moral e os demais

---

idp.edu.br/observatorio/article/view/1043/672. Acesso em: 06 jun. 2022.

[52] BARROSO, Luís Roberto. Neoconstitucionalismo e constitucionalização do Direito. *Revista Quaestio Iuris*, Rio de Janeiro, v. 2, n. 1, p. 1-48, 2006. Disponível em: https://www.e-publicacoes.uerj.br/index.php/quaestioiuris/article/view/11641/9106. Acesso em: 06 jun. 2022.

[53] SARMENTO, Daniel. *O neoconstitucionalismo no Brasil*: riscos e possibilidades. Filosofia e teoria constitucional contemporânea. Rio de Janeiro: Lumen Juris, 2009. p. 113-146.

[54] BARCELLOS, Ana Paula de. Neoconstitucionalismo, direitos fundamentais e controle das políticas públicas. *Revista de Direito Administrativo*, n. 240, p. 83-103, abr./jun., 2005. Disponível em: https://bibliotecadigital.fgv.br/ojs/index.php/rda/article/view/43620/44697. Acesso em: 07 jun. 2022.

[55] BARROSO, Op. Cit. p. 15-16.

valores substantivos da ideia de ser humano, cujo vértice se solidifica pela Constituição e irradia por todo o ordenamento, promovendo dessa forma uma releitura dos institutos jurídicos e políticos do Estado dentre dessa nova moldura constitucional.[56]

Esse novo regime constitucional, ao densificar a força normativa de princípios constitucionais, possibilitando uma mudança hermenêutica constitucional, bem como ao assim criar um verdadeiro catálogo de direitos fundamentais, tem como propósito final não mais apenas o reconhecimento de um conjunto de prerrogativas jurídicas ao indivíduo em face do Estado, mas sobretudo a concretização fática de direitos e valores fundamentais previsto pela Constituição no plano real, fato que é assim decisivo e influente para a interpretação dos princípios e regras infraconstitucionais.

É justamente dentro desse novo cenário contemporâneo portanto que se identifica mudanças profundas em searas do direito que se atrelam sobretudo na prática à atividade de enfoque da carreira da Advocacia Pública. Nesse sentido, tem-se percebido gradualmente novas tendências teóricas e modificações normativas no âmbito do Direito Administrativo e do Direito Processual Civil, por exemplo, que se alinham a esse novo modelo conceitual propagado pelo Neoconstitucionalismo, cuja principal preocupação do Estado Democrático de Direito é senão com a concretização de direito, valores e fins constitucionais.

Assim sendo, dentro dessa nova linguagem jurídica vigente no ordenamento atual verifica-se de forma simétrica o fenômeno do Neoprocessualismo que, por sua vez, abdicando de valores estritamente formais para o desempenho do Processo Civil, tanto prossegue com uma releitura dos institutos processuais para uma finalidade de atingimento dos fins de justiça, como também passa a conectar o desempenho do processo à realização de um fim social. Nesse contexto, o Processo Civil vem a ser informado pela ideia de atingimento de princípios substantivos como a dignidade, a boa-fé, a razoabilidade e a proporcionalidade, os quais passaram a ser expressamente previstos pelo novo diploma processual. Além do mais, esse idêntico pensamento promove o reconhecimento de que não apenas o exercício da jurisdição pelo Estado pode ser um meio dedicado à pacificação social, mas também que os meios alternativos de solução de conflitos verificam-se como mecanismos mais que suficientes e eficazes para os fins de realização de justiça.[57] [58] [59]

Esse idêntico movimento teórico promovido pelo Neoconstitucionalismo, ao consagrar a centralidade dos direitos fundamentais, assim como o reconhecimento da normatividade dos princípios constitucionais pode ser vislumbrado com a mesma

---

[56] SCHIER, Paulo Ricardo. Novos desafios da filtragem constitucional no momento do neoconstitucionalismo. *A&C – Revista de Direito Administrativo e Constitucional*, Belo Horizonte, ano 5, n. 20, p. 145-165, abr./jun. 2005. Disponível em: http://www.revistaaec.com/index.php/revistaaec/article/viewFile/458/423. Acesso em: 07 jun. 2022.

[57] CAMBI, Eduardo. Neoconstitucionalismo e neoprocessualismo. *Panóptica*, Vitória, ano, v. 1, p. 1-44, 2007.

[58] FARIA, Márcio Carvalho. Neoconstitucionalismo, neoprocessualismo, póspositivismo, formalismo-valorativo... A supremacia constitucional no estudo do processo. *Revista Ética e Filosofia Política*, v. 2, n. 15, p. 103-117, dez. 2012. Disponível em: https://periodicos.ufjf.br/index.php/eticaefilosofia/article/view/17728. Acesso em: 08 jun. 2022.

[59] PRAZERES, Angela dos; VETTORAZZI, Karlo Messa. Estado constitucional e neoprocessualismo: reconstrução do Direito Processual Civil brasileiro. *Caderno PAIC*, v. 16, n. 1, p. 539-554, 2015. Disponível em: https://cadernopaic.fae.edu/cadernopaic/article/view/113. Acesso em: 08 jun. 2022.

influência no âmbito do Direito Administrativo, o qual passa a ser remodelado dentro de uma filtragem axiológica em correspondência aos valores previstos pela Constituição Federal.[60]

Nessa linha, a constitucionalização do Direito Administrativo tem propiciado uma releitura de dogmas conhecidamente tradicionais da Administração Pública, como por exemplo a compreensão do Princípio da Supremacia do Interesse Público. Assim sendo, com a nova ordem de propósitos constitucionais, não mais se observa de forma linear a supremacia do interesse público em contraposição ao interesse particular por haver nessa hipótese maior qualificação de ordem social ao reconhecimento do interesse público, pois, em vez disso, o norte constitucional a ser empregado trata-se em verdade da utilização das prerrogativas do regime do direito público para a satisfação por último dos direitos fundamentais. Trata-se assim de uma superação teórica de influência marcadamente constitucional que amolda o regime de direito administrativo.[61]

Em igual sentido, depara-se com o reconhecimento de que o Direito Administrativo não se encontra arraigado em termos circunstanciados ao princípio da legalidade, notadamente a legalidade estrita, entendida enquanto autorização para o gestor agir, porquanto, em diferente compreensão, a Administração Pública passa a estar vinculada diretamente a princípios fundamentais da ordem constitucional com inequívoco teor normativo, razão pela qual considera-se que o Estado, no exercício do regime de direito público, não está mais vinculado simplesmente à lei, mas sim diretamente à Constituição, sendo apropriado entender por tal motivo que a Administração Pública está sujeita ao princípio da legalidade ampla, ou ainda o princípio da juridicidade, donde se evidencia não apenas a imposição de termos legais à atividade pública, mas também a vinculação de princípios normativos constitucionais.[62]

Por conta disso, havendo necessidade de observância pela Administração Pública aos princípios constitucionais, torna-se possível o controle judicial ou a autotutela dos atos do Poder Público quando os atos administrativos encontrarem-se eivados de vícios que revelem contrariedade deles ao conteúdo substantivo de princípios reconhecidos pelo regime constitucional.[63]

Além disso, existem outras tendências do novo posicionamento constitucional do Direito Administrativo que podem ser destacadas nessa ordem, tais como a ideia de atribuir maior eficiência e desburocratização à atividade do Poder Público numa perspectiva de uma gestão de eficiência, somada à busca de uma administração gerencial e de resultados, assim como a tentativa de conferir maior participação e consensualidade

---

[60] OLIVEIRA, Rafael Carvalho Rezende. *A constitucionalização do direito administrativo*: o princípio da juridicidade, a releitura da legalidade administrativa e a legitimidade das agências reguladoras. 2. ed. Rio de Janeiro: Lumen Juris, 2010.

[61] DI PIETRO, Maria Sylvia Zanella. Da constitucionalização do direito administrativo: reflexos sobre o princípio da legalidade e a discricionariedade administrativa. *Atualidades Jurídicas – Revista do Conselho Federal da Ordem dos Advogados do Brasil*, Belo Horizonte, a. 2, n. 2, jan./jun. 2012. Disponível em: https://www.editoraforum.com. br/wp-content/uploads/2014/05/Da-constitucionalizacao-do-direito-administrativo.pdf. Acesso em: 08 jun. 2022.

[62] BARROSO, Luís Roberto. A constitucionalização do direito e suas repercussões no âmbito administrativo. *In*: ARAGÃO, Alexandre Santos de; MARQUES NETO, Floriano de Azevedo (Coord.). *Direito administrativo e seus novos paradigmas*. Belo Horizonte: Fórum, 2012. p. 31-63. Disponível em: https://www.editoraforum.com.br/wp-content/uploads/2014/09/A-constitucionalizacao_LuisRobertoBarroso.pdf. Acesso em: 08 jun. 2022.

[63] DI PIETRO, Op. Cit. p. 12-19.

nas decisões da Administração Pública, na busca à legitimidade da atuação do Poder Público.

Por conseguinte, dentro desse cenário de mudança teórica influenciada pelo Neoconstitucionalismo com eficácia sobre os demais ramos de direito, evidencia-se uma alteração de paradigma de interpretação das normas infraconstitucionais que por sua vez passam por uma filtragem axiológica, em especial, para o atingimento da finalidade de satisfação de direitos fundamentais, os quais passam a servir de fundamento e limite para as ações do Estado.[64]

Essa perspectiva, modifica, portanto, não apenas o conteúdo normativo e conceitual do ordenamento jurídico nacional, mas também o formato de atuação do Estado e também das suas instituições, contexto no qual se verifica a atividade das funções essenciais à justiça e, nomeadamente, a Advocacia Pública.

Por isso, a ideia de que a atribuição da Advocacia Pública é igualmente voltada à concretização de direitos fundamentais é, portanto, simétrica à nova arquitetura constitucional, na medida que o exercício das suas funções de representação e assessoramento jurídico é desempenhado, notadamente a partir de uma reformulação da própria concepção de Estado Democrático de Direito.

Portanto, com base no pensamento de reformulação dos modelos de atuação das instituições do Estado, as quais passam a ter como especial propósito a busca pela concretização no plano real de valores constitucionais, amolda-se também à posição constitucional da Advocacia Pública nesse espaço.

Ademais, essa mudança de perspectiva possibilita uma releitura sobre o mister de assessoramento jurídico da Administração Pública, na qual integrada dentro dos parâmetros do Estado Democrático de Direito, assume um novo posicionamento não apenas alçado aos interesses do Ente Público.

Isto é, partindo-se do pressuposto de que a Advocacia Pública, enquanto carreira de estado e função essencial à justiça, necessariamente não se destina à representação dos interesses do gestor ou da gestão, sobretudo, pela necessidade de impessoalidade que disciplina o regime de direito público[65][66] e, além disso, que a advocacia pública não se verifica adstrita apenas à persecução do interesse secundário do Estado, entendido como interesse patrimonial da pessoa jurídica de direito público detentora de direitos e obrigações, deve-se, dessa forma, ampliar a compreensão sobre a Advocacia Pública, para reconhecer que a sua atuação abrange também dentro desse espectro o atingimento do interesse primário e constitucional do Estado, o qual de seu turno se identifica propriamente pela satisfação portanto de direitos fundamentais.

Nesse sentido, a Advocacia Pública tem o propósito específico de defesa dos interesses do Estado, sendo certo ainda que nessa concepção de Estado não deve ser

---

[64] JUSTEN FILHO, Marçal. *Curso de direito administrativo*. 4. ed. São Paulo: Saraiva, 2009. p. 492.

[65] VELLOSO, Carlos Mário da Silva. Constitucional. Procurador Municipal. Funções essenciais à justiça. Teto de remuneração dos procuradores municipais: art. 37, inciso XI, da Constituição: exegese. *Revista de Direito Administrativo*, Rio de Janeiro, v. 255, p. 245-272, set./dez. 2010. Disponível em: https://bibliotecadigital.fgv.br/ojs/index.php/rda/article/download/8438/7186. Acesso em 07 jun. 2022.

[66] CASTELO BRANCO, Janaina Soares Noleto. *A adoção de práticas cooperativas pela Advocacia Pública*: fundamentos e pressupostos. 2018. 198 f. Tese (Doutorado em Direito) – Faculdade de Direito, Universidade Federal do Ceará, Fortaleza, 2018. Disponível em: https://repositorio.ufc.br/bitstream/riufc/29712/1/2018_tese_jsncbranco.pdf. Acesso em 03 jun. 2022.

entendida mais pela pessoa jurídica de direito público, mas pelo Estado Democrático de Direito, cujo fim é senão a concretização de princípios constitucionais.[67] [68]

Nessa linha de pensamento, observa-se, portanto, que o exercício funcional das instituições do Estado busca ser coerente com o novo regime constitucional valorativo, cuja busca precípua não é apenas o reconhecimento normativo, mas, sobretudo, a concretização real de prerrogativas constitucionais pelo Estado e pela sociedade.

Esse entendimento possibilita a percepção de uma nova identidade à Advocacia Pública, também harmônica às suas funções de assessoramento jurídico, uma vez que é essa a função de estado que conecta o gestor, ora propriamente incumbido da execução de políticas públicas, ao conteúdo das normas e princípios constitucionais, já na própria seara administrativa.[69]

Logo, considerando que compete especialmente ao Poder Executivo a implementação e execução de políticas públicas que visem a satisfação concreta de direitos fundamentais, uma vez que a função típica dos demais poderes, embora essenciais nesse tocante, dedicam-se de forma distinta nesse diálogo ou movimento constitucional para a realização de direitos, é nesse aspecto que se verifica preponderante a assunção pela Advocacia Pública da atuação concorrente para a concretização de direitos fundamentais, posto que se trata na última instância técnica e interna de controle[70] do ente federado a articular com os meios disponíveis à gestão e o plano teórico normativo imposto pela própria Constituição, em um movimento de diálogo da própria função de assessoramento jurídico.

Ademais, no plano prático, a Advocacia Pública dedica-se notavelmente à discussão não apenas do plano teórico da previsão dos direitos fundamentais, como debatido com predominância pelos demais poderes e as demais funções essenciais à justiça, mas notadamente ao avanço dos meios para a sua realização no plano fático, conquanto incumbe a ela assessorar e indicar, em concorrência com o plano constitucional, os meios cabíveis ao gestor para a realização de direitos fundamentais, razão pela qual ela é um instrumento por excelência para o novo contexto constitucional que se ergue o Estado Democrático de Direito, cujo fim único é a satisfação de valores constitucionais, pois representa por essência um veículo de comunicação da atividade do gestor com o teor normativo constitucional.[71]

---

[67] SANTOS, Marcus Gouveia dos. A advocacia pública como instituição essencial ao estado de direito democrático e social. *Revista Estudos Institucionais*, [S. l.], v. 5, n. 2, p. 422-440, 2019. Disponível em: https://estudosinstitucionais. emnuvens.com.br/REI/article/view/396. Acesso em: 04 jun. 2022.

[68] SILVA, Maurício Lorena Coelho da. *Uma análise sobre os limites da atuação da Advocacia Pública em juízo*: democracia, direitos fundamentais e interesse público. 2021. 138 f. Dissertação (Mestrado em Direito) – Escola de Direito do Brasil, Instituto Brasileiro de Ensino, Desenvolvimento e Pesquisa, São Paulo, 2021. Disponível em: https:// repositorio.idp.edu.br/bitstream/123456789/3835/1/DISSERTA%c3%87%c3%83O_%20MAUR%c3%8dCIO%20 LORENA%20COELHO%20DA%20SILVA%20_MESTRADO%20EM%20DIREITO%2c%20JUSTI%c3%87A%20 E%20DESENVOLVIMENTO.pdf. Acesso em: 04 jun. 2022.

[69] PEREIRA, Aline Carvalho; FERREIRA, Fernanda Macedo. Vinculação da administração pública aos precedentes judiciais: uma análise do papel da advocacia pública na efetivação de direitos fundamentais. *Revista Digital de Direito Administrativo*, v. 2, n. 1, p. 367-380, 2015. Disponível em: https://www.revistas.usp.br/rdda/article/ view/85270/92175. Acesso: 07 maio 2022.

[70] OLIVEIRA, Rafael Carvalho Rezende. O papel da advocacia pública no dever de coerência na administração pública. *Revista Estudos Institucionais*, v. 5, n. 2, p. 382-400, 2019. Disponível em: https://revistas.faa.edu.br/FDV/ article/view/1183/812. Acesso em: 07 maio 2022.

[71] LEAL, Roger Stiefelmann. Inconstitucionalidade das leis e regimes normativos complexos: possibilidades de atuação da advocacia pública em matéria de políticas públicas. *A&C – Revista de Direito Administrativo &*

Nessa compreensão propiciada pela nova ordem constitucional, a Advocacia Pública não mais se assenta sob a ideia de uma Advocacia de Governo, trata-se de uma instituição prevista constitucionalmente, cujo fim é uma Advocacia de Estado. Logo, não mais subsiste o pensamento de que a atividade da Advocacia Pública é adstrita ao controle da legalidade da atuação do gestor, pois mais do que isso a atividade de representação do Ente Público assume dentro do Estado Democrático de Direito o propósito de ser necessariamente ressonante à Constituição Federal, no sentido de legitimar a atuação dos poderes públicos com destino à concretização dos direitos fundamentais.[72]

Portanto, esse compromisso com os fins constitucionais vocaciona à Advocacia Pública na prática a uma nova identidade de atuação a ser percebida,[73] porquanto o assessoramento jurídico atribuído à Advocacia Pública, dentro dessa nova ordem constitucional, é parte integrante e necessária do projeto de valores da Constituição.

Por isso, essa função constitucional expressa ao assessoramento jurídico do ente público guarda harmonia com o juízo de ser instrumento à concretização de direitos fundamentais, conquanto a condução do gestor e da Administração Pública é necessariamente desempenhada de forma primária pela Advocacia Pública, razões pelas quais ela se empreende como um mecanismo indispensável no contexto contemporâneo de um Estado Democrático de Direito, para o fim de fazer valer os direitos fundamentais no plano da realidade.

4   Das considerações finais

O conteúdo dos direitos fundamentais deve ser adequadamente compreendido por uma justificativa histórica de conquista da sociedade em torno do tempo. Nessa compreensão, o sentido dos direitos fundamentais são justificados, sedimentados e reformulados com a evolução do regime de direito do Estado, pressupondo, ainda, um conjunto de mecanismos pelos Poderes Públicos para a sua concretização e exigibilidade.

Além disso, os direitos fundamentais assumem a forma de princípios normativos fundamentados em valores albergados pela Constituição Federal, logo, tais prerrogativas jurídicas verificam-se com um alcance axiológico de peso, com objetivo de despertarem melhores condições de realização no caso concreto, notadamente quando se revestem da condição de direitos sociais, ao projetarem-se para a finalidade de exigir prestações materiais a serem fornecidas pelo Estado, enquanto políticas públicas.

Essa percepção dos direitos fundamentais enquanto valores dedicados a propiciarem melhores condições de vida ao ser humano recebe também um novo sentido quando do reconhecimento normativo do princípio da dignidade da pessoa humana, sobretudo a partir da Constituição Federal de 1988, de acordo com a qual a dignidade humana não é apenas um princípio normativo, mas também um fundamento pelo qual

---

Constitucional, Belo Horizonte, ano 21, n. 84, p. 147-167, abr./jun. 2021. Disponível em: http://www.revistaaec.com/index.php/revistaaec/article/view/1498/905. Acesso em: 01 jun. 2022.

[72] SILVA, José Afonso da. A Advocacia Pública e o Estado Democrático de Direito. *Revista de Direito Administrativo*, [S. l.], v. 230, p. 281-290, 2002. Disponível em: https://bibliotecadigital.fgv.br/ojs/index.php/rda/article/view/46346. Acesso em: 6 jun. 2022.

[73] SEMER, Marcia Maria Barreta Fernandes. *Advocacia das políticas públicas*: uma proposta de identidade para a Advocacia Pública. 2020. Tese (Doutorado em Direito do Estado) – Faculdade de Direito, Universidade de São Paulo, São Paulo, 2020. p. 235.

se ergue o Estado Democrático de Direito, trata-se, portanto, em um fim no qual se encerra o Estado brasileiro.

Assim, em concordância com esse conteúdo e sentido dos direitos fundamentais, a eficácia deles sobre o plano concreto depende tanto do seu próprio status normativo, mas igualmente de estruturas do poder do Estado que sejam dedicadas à satisfação desse fim previsto constitucionalmente, interessa a partir de então, de forma concorrente, o modo pelo qual o Estado organiza-se em torno de instituições democráticas para atingir os seus objetivos delineados pela Constituição Federal.

Reforça ainda justamente essa linha de pensamento o fenômeno teórico do Neoconstitucionalismo, ao estabelecer que nesse contexto contemporâneo que se insere o Estado há um vértice valorativo sob o qual se assenta de forma centralizada a Constituição Federal. Assim, esse movimento de eficácia de normas constitucionais despeja de forma irradiante uma reformulação das demais disposições normativas, atribui-se, então, ao intérprete nessa composição o dever de compreender o direito a partir de uma perspectiva de conferir concretude a direitos fundamentais.

Por conseguinte, a reflexão a ser compreendida refere-se a um novo significado do próprio Estado, que passa por sua vez a ser influenciado e informado em seus diferentes domínios por vetores da ordem constitucional, de tal medida que as instituições do Estado Democrático de Direito assumem nesse rearranjo uma nova diretriz constitucional, pois passam a estar preordenadas à busca por realização de direitos fundamentais.

Destarte, a atividade da Advocacia Pública por inequívoca coerência não mais se identifica como uma advocacia de gestão, trata-se em conceito diverso de uma Advocacia de Estado, sendo ainda preciso entender que nessa acepção de Estado não se está diante de um confinamento ao interesse da pessoa jurídica de direito público titular de direitos e obrigações, porquanto, estando sob o influxo da Constituição Federal de 1988, deve-se ter como sentido obrigatório a compreensão de um Estado Democrático de Direito.

Na prática, a Advocacia Pública é identificada não mais por uma percepção resumida das suas atividades, porque a definição daquilo que consiste a ideia de uma Advocacia de Estado às três esferas federativas já é fundamentada por um desenho contornado pela ordem constitucional e sem quaisquer possibilidades de afastamentos, por isso, essa atividade precípua de assessoramento jurídico insculpida na Constituição deve ser obrigatoriamente congruente ao atingimento dos fins e valores constitucionais do Estado.

Ademais, essa linha de pensamento é igualmente simétrica às atribuições concretas exercidas pela Advocacia Pública, posto que a atividade desta é imanente ao controle de atuação da Administração Pública, sendo certo desta maneira que a legitimidade dos atos desempenhados pelos Poderes Públicos deve ser fundamentada, nomeadamente sob os valores constitucionais. Assim, por consequência, essa função de assessoramento é dedicada a revelar a quem tem a incumbência de direcionamento da Administração quais são os meios e fins constitucionais para o desempenho das funções públicas.

Desse modo, a Advocacia Pública amolda-se à função de servir de veículo para conectar o gestor à Constituição, trata-se assim de um expediente de assessoramento jurídico, ora expresso constitucionalmente, para associar o desempenho dos entes da administração ao cumprimento dos fins do Estado Democrático de Direito.

A Advocacia Pública em todas as esferas da federação é, dessa forma, um anteparo para que os Poderes Públicos sigam uma trajetória demarcada pela Constituição, motivo pelo qual é por sua própria essência constitucional um mecanismo de instrumentação para que os direitos fundamentais sejam realizáveis no plano concreto.

Referências

AGRA, Weber de Moura. *Curso de Direito Constitucional*. 8. ed. Rio de Janeiro: Forense, 2014.

ÁVILA, Humberto. *Teoria dos princípios*: da definição à aplicação dos princípios jurídicos. 2. ed. São Paulo: Malheiros, 2003.

BARBOSA, Hélder Fábio Cabral. A efetivação e o custo dos direitos sociais: A falácia da Reserva do possível. *Estudos de direito constitucional*. Recife: Edupe, 2011.

BARBOZA, Estefânia Maria de Queiroz. *Jurisdição constitucional*: entre constitucionalismo e democracia. Belo Horizonte: Fórum, 2007.

BARCELLOS, A. P. de. Normatividade dos princípios e o princípio da dignidade da pessoa humana na Constituição de 1988. *Revista de Direito Administrativo*, [S. l.], v. 221, p. 159-188, 2000.

BARCELLOS, Ana Paula de. Neoconstitucionalismo, direitos fundamentais e controle das políticas públicas. *Revista de Direito Administrativo*, n. 240, p. 83-103, abr./;jun., 2005. Disponível em: https://bibliotecadigital.fgv.br/ojs/index.php/rda/article/view/43620/44697. Acesso em: 07 jun. 2022.

BARCELLOS, Ana Paula de. *A eficácia jurídica dos princípios constitucionais*. 3. ed. rev. e atual. Rio de Janeiro: Renovar, 2011.

BARROSO, Luís Roberto. Neoconstitucionalismo e constitucionalização do Direito. *Revista Quaestio Iuris*, Rio de Janeiro, v. 2, n. 1, p. 1-48, 2006. Disponível em: https://www.e-publicacoes.uerj.br/index.php/quaestioiuris/article/view/11641/9106. Acesso em: 06 jun. 2022.

BARROSO, Luís Roberto. Judicialização, ativismo judicial e legitimidade democrática. *Revista de Direito do Estado*. [S.l.], a. 4, n. 13, jan./mar., 2009.

BARROSO, Luís Roberto. A constitucionalização do direito e suas repercussões no âmbito administrativo. *In*: ARAGÃO, Alexandre Santos de; MARQUES NETO, Floriano de Azevedo (Coord.). *Direito administrativo e seus novos paradigmas*. Belo Horizonte: Fórum, 2012. p. 31-63. Disponível em: https://www.editoraforum.com.br/wp-content/uploads/2014/09/A-constitucionalizacao_LuisRobertoBarroso.pdf. Acesso em: 08 jun. 2022.

BASTOS, Celso Ribeiro; MARTINS, Ives Gandra. *Comentários à Constituição do Brasil*. São Paulo: Saraiva, 1988.

BERCOVICI, Gilberto. A descentralização de políticas sociais e o federalismo cooperativo brasileiro. *Revista de Direito Sanitário*, v. 3, n. 1, p. 13-28, mar. 2002. Disponível em: https://www.revistas.usp.br/rdisan/article/view/81291/84931. Acesso em: 01 jun. 2022.

BERCOVICI, Gilberto. Tentativa de instituição da democracia de massas no Brasil: instabilidade constitucional e direitos sociais na Era Vargas (1930-1964). *In*: SOUZA NETO, Cláudio Pereira de; SARMENTO, Daniel. (Org.). *Direitos sociais*: fundamentos, judicialização e direitos sociais em espécie. Rio de Janeiro: Lumen Juris, 2008. .

BONAVIDES, Paulo. *Do Estado Liberal ao Estado Social*. 8. ed. São Paulo: Editora Catavento, 2007.

BORBA, Isabela Souza de. *A (re)formulação garantista da teoria da separação dos poderes*. 2012. 174 f. Dissertação (Mestrado em Direito) – Centro de Ciências Jurídicas, Universidade Federal de Santa Catarina, Florianópolis, 2012. Disponível em: https://repositorio.ufsc.br/bitstream/handle/123456789/99471/305383.pdf?sequence=1&isAllowed=y. Acesso em: 31 maio 2022.

BRASIL. Supremo Tribunal Federal (Tribunal Pleno). *Recurso Extraordinário nº 663696 RG/MG*. Min. Relator Luiz Fux, 15 de dezembro de 2011. Brasília: STF, [2011].

BRASIL. Supremo Tribunal Federal (Plenário). *Ação Direta de Inconstitucionalidade 4449/AL*. Rel. Min. Marco Aurélio, 28 de março de 2019. Brasília: STF, [2019].

BRASIL. Supremo Tribunal Federal (Plenário). *Ação Direta de Inconstitucionalidade 5215/GO*. Rel. Min. Roberto Barroso, 28 de março de 2019. Brasília: STF, [2019].

BRASIL. Supremo Tribunal Federal (Plenário). *Ação Direta de Inconstitucionalidade 5262 MC/RR*. Rel. Min. Cármen Lúcia, 28 de março de 2019. Brasília: STF, [2019].

BRASIL. Supremo Tribunal Federal (Plenário). *Ação Direta de Inconstitucionalidade 3536/SC*. Rel. Min. Alexandre de Moraes, 02 de outubro de 2019. Brasília: STF, [2019].

CAMBI, Eduardo. Neoconstitucionalismo e neoprocessualismo. Panóptica, Vitória, ano, v. 1, p. 1-44, 2007.

CAMIN, Gustavo Vinícius; FACHIN, Zulmar. Teoria dos direitos fundamentais: primeiras reflexões. *Revista Jurídica Cesumar-Mestrado*, v. 15, n. 1, p. 41-54, jan./jun. 2015.

CARVALHO, Alexandre Douglas Zaidan. Montesquieu e a releitura da separação de poderes no Estado contemporâneo: elementos para uma abordagem crítica. *Lex Humana (ISSN 2175-0947)*, [S.l.], v. 1, n. 2, p. 40-65, 2009.

CARVELLI, Urbano; SCHOLL, Sandra. Evolução história dos direito fundamentais: da antiguidade até as primeiras importantes declarações nacionais de direitos. *Revista de informação legislativa*. Brasília, a. 48, n. 191, p. 167-189, jul./set. 2011. Disponível em: http://www2.senado.leg.br/bdsf/bitstream/handle/id/242914/000926858. pdf?sequence=1. Acesso em: 03 jun. 2022.

CASTELO BRANCO, Janaina Soares Noleto. *A adoção de práticas cooperativas pela Advocacia Pública*: fundamentos e pressupostos. 2018. 198 f. Tese (Doutorado em Direito) – Faculdade de Direito, Universidade Federal do Ceará, Fortaleza, 2018. Disponível em: https://repositorio.ufc.br/bitstream/riufc/29712/1/2018_tese_jsncbranco. pdf. Acesso em 03 jun. 2022.

DI PIETRO, Maria Sylvia Zanella. Da constitucionalização do direito administrativo: reflexos sobre o princípio da legalidade e a discricionariedade administrativa. *Atualidades Jurídicas – Revista do Conselho Federal da Ordem dos Advogados do Brasil*, Belo Horizonte, a. 2, n. 2, jan./jun. 2012. Disponível em: https://www.editoraforum.com.br/wp-content/uploads/2014/05/Da-constitucionalizacao-do-direito-administrativo.pdf. Acesso em: 08 jun. 2022.

FARIA, Márcio Carvalho. Neoconstitucionalismo, neoprocessualismo, póspositivismo, formalismo-valorativo... A supremacia constitucional no estudo do processo. *Revista Ética e Filosofia Política*, v. 2, n. 15, p. 103-117, dez. 2012. Disponível em: https://periodicos.ufjf.br/index.php/eticaefilosofia/article/view/17728. Acesso em: 08 jun. 2022.

FERREIRA FILHO, Manoel Gonçalves. *Direitos Humanos Fundamentais*. 11. ed. rev. e atual. São Paulo: Saraiva, 2009.

GARCIA, Emerson. Princípio da separação dos poderes: os órgãos jurisdicionais e a concreção dos direitos sociais. *Revista da EMERJ*, Rio de Janeiro, v. 8, n. 30, p. 129-167, 2005.

GAUER, Ruth M. Chittó. Historicidade dos direitos humanos e fundamentais. *Duc In Altum – Cadernos de Direito*, v. 4, n. 6, p. 297-309, jul./dez. 2012.

JUSTEN FILHO, Marçal. *Curso de direito administrativo*. 4. ed. São Paulo: Saraiva, 2009.

KANT, Immanuel. *Fundamentação da metafísica dos costumes*. Trad. Leopoldo Halzbach. São Paulo: Martin Claret, 2003.

KELLER, Arno Arnoldo. *A exigibilidade dos direitos fundamentais sociais no estado democrático de direito*. Porto Alegre: Sergio Antonio Fabris Editor, 2008.

LEAL, Roger Stiefelmann. Inconstitucionalidade das leis e regimes normativos complexos: possibilidades de atuação da advocacia pública em matéria de políticas públicas. *A&C – Revista de Direito Administrativo & Constitucional*, Belo Horizonte, ano 21, n. 84, p. 147-167, abr./jun. 2021. Disponível em: http://www.revistaaec.com/index.php/revistaaec/article/view/1498/905. Acesso em: 01 jun. 2022.

HORTA, Raul Machado. Tendências atuais da federação brasileira. *Revista Brasileira Estudos Políticos*, v. 83, n. 7, 1996. Disponível em: https://heinonline.org/HOL/LandingPage?handle=hein.journals/rbep83&div=4&id=&page=. Acesso em 30 maio 2022.

MADUREIRA, Claudio Penedo. *Administração pública, litigiosidade e juridicidade*: a importância da Advocacia pública para o exercício da função administrativa. 2013. 361 f. Tese (Doutorado em Direito). Pontifícia Universidade Católica de São Paulo. 2014. p. 158. Disponível em: https://tede.pucsp.br/bitstream/handle/6437/1/Claudio%20Penedo%20Madureira.pdf. Acesso em: 20 maio 2022.

MADUREIRA, Claudio Penedo. Advocacia pública: órgão do Estado ou do Poder Executivo? *Revista Quaestio Iuris*, Rio de Janeiro, v. 9, n. 2, p. 1155-1174, 2016. Disponível em: https://www.e-publicacoes.uerj.br/index.php/quaestioiuris/article/view/19983. Acesso em 06 jun. 2022.

MENDES, Gilmar Ferreira; BRANCO, Paulo Gustavo Gonet. *Curso de direito constitucional*. 10. ed. rev. e atual. São Paulo: Saraiva, 2015.

MIRANDA, Jorge. *Manual de Direito Constitucional*. Tomo IV. 3. ed. Coimbra: Coimbra editora, 2000.

MOISES, Cristian Ricardo Prado. A "separação dos poderes" como garantia fundamental. *Revista da Procuradoria-Geral do Estado*, Porto Alegre, v. 34, n. 72, p. 107-131, 2013.

MONTEIRO JÚNIOR, Ermano José Leite. *Eficiência do processo legislativo*: uma abordagem da função legislativa, típica e atípica, nos Poderes Executivo e Judiciário. 2020. 122 f. Dissertação (Mestrado em Direito) – Universidade Nove de Julho, São Paulo, 2021. Disponível em: http://bibliotecatede.uninove.br/bitstream/tede/2594/2/Ermano%20Jos%c3%a9%20Leite%20Monteiro%20J%c3%banior.pdf. Acesso em: 02 jun. 2022.

MORAES, Alexandre de. *Direitos humanos fundamentais*: teoria geral, comentários aos arts. 1º a 5º da Constituição de República Federativa do Brasil, doutrina e jurisprudência. São Paulo: Atlas, 1998.

MORAES, Alexandre de. *Curso de Direito Constitucional*. 14. ed. São Paulo: Atlas, 2003.

MORAES, Guilher Braga Pena de. *Dos direitos fundamentais* – Contribuição para uma teoria. São Paulo: LTR, 1997.

MURDA, Paula Fernanda Vasconcelos Navarro. *O controle judicial e o papel das funções essenciais à Justiça para a efetivação das políticas públicas*. 2012. 219 f. Dissertação (Mestrado em Direito). Pontifícia Universidade Católica de São Paulo, São Paulo, 2012. Disponível em: https://sapientia.pucsp.br/bitstream/handle/5815/1/Paula%20Fernanda%20Vasconcelos%20Navarro%20Murda.pdf. Acesso em: 03 jun. 2022.

MOREIRA NETO, Diogo de Figueiredo. A Advocacia de Estado revisitada: essencialidade ao Estado Democrático de Direito. *Revista da Procuradoria Geral do Estado do Espírito Santo*, Vitória, v. 4, n. 4, p. 21-64, jul./dez., 2005. Disponível em: https://pge.es.gov.br/Media/pge/Publica%C3%A7%C3%B5es/Revista%20PGE/PGE_04_editado.pdf#page=23. Acesso em: 30 maio 2022.

OLIVEIRA, Rafael Carvalho Rezende. *A constitucionalização do direito administrativo*: o princípio da juridicidade, a releitura da legalidade administrativa e a legitimidade das agências reguladoras. 2. ed. Rio de Janeiro: Lumen Juris, 2010.

OLIVEIRA, Rafael Carvalho Rezende. O papel da advocacia pública no dever de coerência na administração pública. *Revista Estudos Institucionais*, v. 5, n. 2, p. 382-400, 2019. Disponível em: https://revistas.faa.edu.br/FDV/article/view/1183/812. Acesso em: 04 de jun. 2022.

PEREIRA, Aline Carvalho; FERREIRA, Fernanda Macedo. Vinculação da administração pública aos precedentes judiciais: uma análise do papel da advocacia pública na efetivação de direitos fundamentais. *Revista Digital de Direito Administrativo*, v. 2, n. 1, p. 367-380, 2015. Disponível em: https://www.revistas.usp.br/rdda/article/view/85270/92175. Acesso: 07 maio 2022.

PEREIRA, Denner. *Raízes da Advocacia Pública no Brasil*: a Fazenda Pública em juízo no Brasil: gênese e contradições. Editora Dialética, 2021.

PIOVESAN, Flávia. *Direitos humanos e o direito constitucional internacional*. 7. ed. São Paulo: Saraiva, 2006.

PRAZERES, Angela dos; VETTORAZZI, Karlo Messa. Estado constitucional e neoprocessualismo: reconstrução do Direito Processual Civil brasileiro. *Caderno PAIC*, v. 16, n. 1, p. 539-554, 2015. Disponível em: https://cadernopaic.fae.edu/cadernopaic/article/view/113. Acesso em: 08 jun. 2022.

SANTOS, Marcus Gouveia dos. A advocacia pública como instituição essencial ao estado de direito democrático e social. *Revista Estudos Institucionais*, [S. l.], v. 5, n. 2, p. 422-440, 2019. Disponível em: https://estudosinstitucionais.emnuvens.com.br/REI/article/view/396. Acesso em: 07 maio 2022.

SARLET, Ingo Wolfgang. *A eficácia dos direitos fundamentais:* uma teoria geral dos direitos fundamentais na perspectiva constitucional. 11. ed. rev. atual. Porto Alegre: Livraria do Advogado Editora, 2012.

SARLET, Ingo Wolfgang. *Dignidade da pessoa humana e direitos fundamentais na Constituição Federal de 1988*. 5. ed. Porto Alegre: Livraria do Advogado, 2007.

SARLET, Ingo Wolggang. Os direitos fundamentais sociais na constituição de 1988. *Revista Diálogo Jurídico*. Salvador, a. 1, v. 1, n. 1. abr., 2001.

SARMENTO, Daniel. *Direitos fundamentais e relações privadas*. Rio de Janeiro: Lumen Juris, 2004.

SARMENTO, Daniel Souza. *A constitucionalização do direito*: fundamentos teóricos e aplicações específicas. Rio de Janeiro. Lúmen Júris. 2007.

SARMENTO, Daniel. *O neoconstitucionalismo no Brasil*: riscos e possibilidades. Filosofia e teoria constitucional contemporânea. Rio de Janeiro: Lumen Juris, 2009.

SCHIER, Paulo Ricardo. Novos desafios da filtragem constitucional no momento do neoconstitucionalismo. *A&C – Revista de Direito Administrativo e Constitucional*, Belo Horizonte, ano 5, n. 20, p. 145-165, abr./jun. 2005. Disponível em: http://www.revistaaec.com/index.php/revistaaec/article/viewFile/458/423. Acesso em: 07 jun. 2022.

SEMER, Marcia Maria Barreta Fernandes. *Advocacia das políticas públicas*: uma proposta de identidade para a Advocacia Pública. 2020. Tese (Doutorado em Direito do Estado) – Faculdade de Direito, Universidade de São Paulo, São Paulo, 2020.

SILVA, José Afonso da. A dignidade da pessoa humana como valor supremo da democracia. *Revista de Direito Administrativo*, Rio de Janeiro, v. 212, p. 89-94, abr./jun., 1998.

SILVA, José Afonso da. A Advocacia Pública e o Estado Democrático de Direito. *Revista de Direito Administrativo*, [S. l.], v. 230, p. 281-290, 2002. Disponível em: https://bibliotecadigital.fgv.br/ojs/index.php/rda/article/view/46346. Acesso em: 6 jun. 2022.

SILVA, José Afonso. *Curso de Direito Constitucional Positivo*. 25. ed. São Paulo: Malheiros Editores, 2005.

SILVA, Maurício Lorena Coelho da. *Uma análise sobre os limites da atuação da Advocacia Pública em juízo*: democracia, direitos fundamentais e interesse público. 2021. 138 f. Dissertação (Mestrado em Direito) – Escola de Direito do Brasil, Instituto Brasileiro de Ensino, Desenvolvimento e Pesquisa, São Paulo, 2021. Disponível em: https://repositorio.idp.edu.br/bitstream/123456789/3835/1/DISSERTA%c3%87%c3%83O_%20MAUR%c3%8dCIO%20LORENA%20COELHO%20DA%20SILVA%20_MESTRADO%20EM%20DIREITO%2c%20JUSTI%c3%87A%20E%20DESENVOLVIMENTO.pdf. Acesso em: 04 jun. 2022.

SILVA, Virgilio Afonso da. Princípios e regras: mitos e equívocos acerca de uma distinção. *Revista Latino-Americana de Estudos Constitucionais*, n. 1, p. 607-630, jan./jun. 2003. Disponível em: https://constituicao.direito.usp.br/wp-content/uploads/2003-RLAEC01-Principios_e_regras.pdf. Acesso em: 03 jun. 2022.

SOUZA, Felipe Oliveira de. O raciocínio jurídico entre princípios e regras. *Revista de Informação Legislativa*. Brasília, a. 48, n. 192, p. 95-109, out./dez. 2011.

STRECK, Lenio Luiz. Uma leitura hermenêutica das características do neoconstitucionalismo. *Observatório da Jurisdição Constitucional*, Brasília, a. 7, n. 2, p. 25-48, jul./dez. 2014. Disponível em: https://www.portaldeperiodicos.idp.edu.br/observatorio/article/view/1043/672. Acesso em: 06 jun. 2022.

VALE, André Rufino do. Aspectos do neoconstitucionalismo. *Revista Brasileira de Direito Constitucional*, v. 9, n. 1, p. 67-77, jan./jun., 2007. Disponível em: http://esdc.com.br/seer/index.php/rbdc/article/view/124/118. Acesso em:06 jun. 2022.

VALE, André Rufino do. *Estrutura das normas de direitos fundamentais*: repensando a distinção entre regras, princípios e valores. São Paulo: Saraiva, 2009.

VELLOSO, Carlos Mário da Silva. Constitucional. Procurador Municipal. Funções essenciais à justiça. Teto de remuneração dos procuradores municipais: art. 37, inciso XI, da Constituição: exegese. *Revista de Direito Administrativo*, Rio de Janeiro, v. 255, p. 245-272, set./dez. 2010. Disponível em: https://bibliotecadigital.fgv.br/ojs/index.php/rda/article/download/8438/7186. Acesso em 07 jun. 2022.

ZAGRAEBELSKY, Gustavo. *El derecho dúctil*. Ley, derechos, justicia. Madrid: Editorial Trotta, 2007.

Subseção II

Categoria Universitária

A RELEVÂNCIA DA ADVOCACIA PÚBLICA MUNICIPAL NO DIREITO CONSTITUCIONAL PARA A EFETIVAÇÃO DO DIREITO FUNDAMENTAL AO MEIO AMBIENTE ECOLOGICAMENTE EQUILIBRADO NO MUNICÍPIO DE PORTO ALEGRE/RS.

KAIO LUCAS COSTA DA SILVA

LISTA DE ABREVIATURAS E SIGLAS

APP – Áreas de Preservação Permanente
CRFB – Constituição da República Federativa do Brasil
IBGE – Instituto Brasileiro de Geografia e Estatística
PARF – Procuradoria de Assistência e Regularização Fundiária
PUMA – Procuradoria de Urbanismo e Meio Ambiente
RS – Rio Grande do Sul
km² – Quilômetro quadrado

1   Introdução

O presente estudo tem como foco abordar a relevância da Advocacia Pública Municipal no direito constitucional para efetivação do direito fundamental ao meio ambiente ecologicamente equilibrado no munícipio de Porto Alegre/RS. A última década foi marcada por mudanças significativas, através dos avanços tecnológicos nas sociedades que impactaram o cotidiano de milhões de pessoas, desde a forma que nos comunicamos até os meios de diagnóstico médico.

Diante desse fato, as nações ao redor do planeta têm debatido sobre como enfrentar as mudanças climáticas – consequências do progresso mencionado – e como equilibrar o desenvolvimento e a preservação ambiental. Perante esse dilema, entidades públicas e privadas têm trabalhado para buscar soluções que contribuam para a conservação do meio ambiente, para a garantia do desenvolvimento sustentável e para o bem-estar dos cidadãos.

Sendo assim, se faz necessário evidenciar as iniciativas que os munícipios brasileiros têm adotado com a finalidade de assegurar um meio ambiente ecologicamente equilibrado para os cidadãos. No Brasil, trata-se de um direito fundamental disposto na Constituição Federal, que distribuiu essa competência para todos os membros da federação. Assim, ressalta-se a responsabilidade das cidades e dos seus agentes públicos, especialmente da Advocacia Pública Municipal como instrumento para realização deste Direito.

Essa pesquisa tem por motivação compreender o papel do munícipio para o enfretamento das mudanças climáticas, com base nos dados divulgados pela Organização das Nações Unidas sobre o cenário atual e as previsões das alterações climáticas no meio ambiente, e visa abordar a problemática atinente ao papel constitucional da Advocacia Pública Municipal para efetivação do direito fundamental ao meio ambiente ecologicamente equilibrado na cidade de Porto Alegre/RS.

As dificuldades na atuação da Advocacia Pública Municipal para concretização desse direito fundamental vão desde a ausência de suporte do poder público local até os problemas na estruturação dessa carreira profissional, demonstrados nos dados contidos no *1º Diagnóstico da Advocacia Pública Municipal no Brasil*. Em vista disso, nota-se que o reconhecimento da carreira da Advocacia Pública Municipal pode impactar direta e indiretamente na efetivação do direito fundamental ao meio ambiente equilibrado.

Nessa seara, contribui-se para o controle das mudanças climáticas, com a conservação ambiental e com o aumento do bem-estar da população nas cidades. Dessa maneira, o objetivo dessa pesquisa é analisar a relevância da Advocacia Pública Municipal no direito constitucional para efetivação do direito fundamental ao meio ambiente ecologicamente equilibrado no município de Porto Alegre/RS.

De forma mais específica, buscou-se investigar o papel da Advocacia Pública Municipal no direito constitucional para efetivação do direito fundamental ao meio ambiente equilibrado, compreender a atuação da Advocacia Pública Municipal na cidade Porto Alegre/RS na realização desse direito fundamental na cidade e, ainda, descrever a importância da Advocacia Pública Municipal especializada como instrumento de concretização do direito fundamental ao meio ambiente equilibrado no contexto nacional.

Este estudo tem por finalidade realizar uma pesquisa de natureza básica, pois visa reconhecer conceitos e aprimorar o conhecimento já produzido.[1] Para alcançar os objetivos propostos deste trabalho, foi utilizada uma abordagem qualitativa, que é definida pela ausência de mecanismos estatísticos para o exame dos dados coletados, baseando-se nas informações teórico-empíricas com valor científico.[2]

Com intuito de conhecer a problemática sobre a área de estudo, foi realizada uma pesquisa exploratória, uma vez que se procura amplificar os conhecimentos sobre determinada área acadêmica.[3] Para a obtenção dos dados necessários, foi utilizada a

---

[1] MINAYO, Maria Cecília de Souza. *O desafio do conhecimento*: pesquisa qualitativa em saúde. 4. ed. São Paulo: HUCITE, 2014. p. 50.

[2] ZANELLA, Liane Carly Hermes. *Metodologia de pesquisa*. 2. ed. Florianópolis: Departamento de Ciências da Administração/UFSC, 2013. p. 35.

[3] *Ibidem*, p. 33.

pesquisa bibliográfica, porque esse método busca analisar as diversas fontes sobre a temática do estudo que foi realizado.[4] Ainda, a pesquisa foi realizada entre os meses de março a junho de 2022.

2 O papel constitucional da Advocacia Pública Municipal e o direito fundamental ao meio ambiente equilibrado

2.1 Os direitos fundamentais e o direito fundamental ao meio ambiente equilibrado

A Constituição do Brasil, durante a história do estado brasileiro, sofreu diversas modificações que alteraram a dinâmica da sociedade. No decorrer do tempo, foram oito constituições, nos anos de 1824, 1891, 1934, 1937, 1946, 1967, 1969 e 1988,[5] experimentando diferentes sistemas de governos e, consequentemente, ampliando ou suprimindo o rol de direitos ao longo desses períodos.

De acordo com Vicente Paulo e Marcelo Alexandrino, os direitos fundamentais são regras jurídicas cuja finalidade, no primeiro momento, foi limitar a interferência estatal sobre a vida privada,[6] quando surgiram, entre os séculos XVIII e XIX. A partir do século XX, os direitos fundamentais assumiram um novo papel, e passou-se a exigir do Estado ações que visassem favorecer a qualidade de vida dos membros daquela sociedade.[7]

A doutrina majoritária, segundo Victor Aguiar Jardim de Amorim, classifica os direitos fundamentais em três gerações ou dimensões, a saber: primeira dimensão ou geração, cujo objetivo foi suprimir o poder do estado sobre a esfera privada do indivíduo; segunda dimensão ou geração, que visou proporcionar, através da atuação estatal, melhoria na qualidade de vida do cidadão; e terceira dimensão ou geração – popularmente conhecida como direitos de solidariedade ou fraternidade – para assegurar o meio ambiente equilibrado, paz e progresso tecnológico.[8]

É primordial destacar que os direitos fundamentais, consoante leciona Vicente Paulo e Marcelo Alexandrino, possuem uma distinção em relação aos direitos humanos, visto que são reiteradamente utilizados com o mesmo valor semântico. Os direitos humanos, para os autores, são regras essenciais para a existência do ser humano. Por outro lado, os direitos fundamentais são normas jurídicas direcionadas às pessoas físicas ou jurídicas submetidas aos ditames institucionais estatais.[9]

A par disso, a carta política nacional reserva em seu bojo uma multiplicidade de direitos fundamentais, conforme ensina Vicente Paulo e Marcelo Alexandrino,

---

[4]   LAKATOS, Eva M. *Técnicas de pesquisa*. 9. ed. São Paulo: Atlas, 2021. p.76.

[5]   PAULO, Vicente; ALEXANDRINO, Marcelo. *Direito constitucional descomplicado*. 15. ed. Rio de Janeiro: Forense; São Paulo: Método, 2016. p. 26-31.

[6]   *Ibidem*, p. 93.

[7]   *Ibidem*, p. 94.

[8]   AMORIM, Victor Aguiar Jardim de. *Curso de direito constitucional*: atualizada até a EC nº 67, de 22/12/2010. Rio de Janeiro: Ed. Ferreira, 2011. p. 132.

[9]   PAULO, Vicente; ALEXANDRINO, Marcelo. *Direito constitucional descomplicado*. 15. ed. Rio de Janeiro: Forense; São Paulo: Método, 2016. p. 95.

distribuídos do artigo 5º ao 17.[10] Os autores ressalvam que "deve-se entender que não existe uma lista taxativa de direitos fundamentais, constituindo eles um conjunto aberto, dinâmico, mutável no tempo".[11]

Esse entendimento, segundo os professores, é fruto do §2º, do artigo 5º, da Constituição de 1988,[12] que diz: "os direitos e garantias expressos nesta Constituição não excluem outros decorrentes do regime e dos princípios por ela adotados, ou dos tratados internacionais que a República Federativa do Brasil seja parte".[13] Infere-se que os direitos fundamentais não estão condensados em alguns artigos da carta maior, mas se encontram dispersos em todo o texto constitucional.

Em razão disso, o legislador originário, a fim de promover o bem-estar dos cidadãos, dispôs, ao longo da Constituição, conteúdo programático com o objetivo de que os entes que compõem o Estado brasileiro assegurassem a qualidade e o equilíbrio do meio ambiente. O artigo 225 da Constituição federal explicita essa vontade:

Art. 225. Todos têm direito ao meio ambiente ecologicamente equilibrado, bem de uso comum do povo e essencial à sadia qualidade de vida, impondo-se ao Poder Público e à coletividade o dever de defendê-lo e preservá-lo para as presentes e futuras gerações

§1º Para assegurar a efetividade desse direito, incumbe ao Poder Público:

I – preservar e restaurar os processos ecológicos essenciais e prover o manejo ecológico das espécies e ecossistemas;

II – preservar a diversidade e a integridade do patrimônio genético do País e fiscalizar as entidades dedicadas à pesquisa e manipulação de material genético;

III – definir, em todas as unidades da Federação, espaços territoriais e seus componentes a serem especialmente protegidos, sendo a alteração e a supressão permitidas somente através de lei, vedada qualquer utilização que comprometa a integridade dos atributos que justifiquem sua proteção;

IV – exigir, na forma da lei, para instalação de obra ou atividade potencialmente causadora de significativa degradação do meio ambiente, estudo prévio de impacto ambiental, a que se dará publicidade;

V – controlar a produção, a comercialização e o emprego de técnicas, métodos e substâncias que comportem risco para a vida, a qualidade de vida e o meio ambie·

VI – promover a educação ambiental em todos os níveis de ensino e a conscientização pública para a preservação do meio ambiente;

VII – proteger a fauna e a flora, vedadas, na forma da lei, as práticas que coloquem em risco sua função ecológica, provoquem a extinção de espécies ou submetam os animais a crueldade.[14]

---

[10] *Ibidem*, p. 93.

[11] *Ibidem*, p. 97.

[12] PAULO; ALEXANDRINO, *loc. cit.*

[13] BRASIL. [Constituição (1988)]. *Constituição da República Federativa do Brasil de 1988*. Brasília, DF: Presidência da República. Disponível: https:// http://www.planalto.gov.br/ccivil_03/constituicao/constituicao.htm. Acesso em: 25 maio 2022.

[14] BRASIL. [Constituição (1988)]. *Constituição da República Federativa do Brasil de 1988*. Brasília, DF: Presidência da República. Disponível: https:// http://www.planalto.gov.br/ccivil_03/constituicao/constituicao.htm. Acesso em: 25 maio 2022.

O artigo 225 da Constituição é uma expressão da preocupação do constituinte com o bem-estar da população e uma declaração da relevância que a preservação ambiental tem para a nação brasileira.[15] Dessa maneira, a previsão contida no artigo supradito é considerada uma proposta de vanguarda, devido ao seu alcance e à adequação prática da norma.[16]

Ao comentar o referido artigo, José Afonso da Silva afirma que outras normas jurídicas explicitam a questão da preservação ambiental e declaram semelhante conteúdo. Sendo o meio ambiente o núcleo, tais conteúdos, para o autor, são abortados de forma direta ou indireta ao longo da Constituição.[17]

É relevante inferir, portanto, que a contemporaneidade será definida pela consolidação do direito que prime pela conservação ambiental. O objetivo dessa consolidação será assegurar a qualidade de vida, de modo a propiciar melhores condições ambientais para o progresso e para o desenvolvimento de toda a capacidade da pessoa humana.[18]

Para Sarlet e Fensterseifer, deve-se reconhecer a existência de um direito fundamental ao meio ambiente equilibrado.[19] Ademais, o artigo 225 da carta magna nacional foi elevado ao nível de direito fundamental, caracterização efetivada através do julgamento do Mandado de Segurança 22.164 de São Paulo pelo Supremo Tribunal Federal.[20]

Destarte, defender, proteger e garantir o equilíbrio do meio ambiente nacional é um dever, uma missão e um direito fundamental firmado na Constituição Federal para todos os membros da sociedade brasileira. Como resultado, possibilita-se um "bem-estar ambiental"[21] ante o atendimento dos anseios da população com a efetivação desse direito.[22]

2.2 As competências municipais e a competência comum ambiental

A República Federativa do Brasil adotou em sua constituição o federalismo como forma de organização estatal, descentralização administrativa e distribuição de competências. No modelo federativo, o estado nacional é composto por estados-membros que declinam de parte de sua soberania em favor do governo central, denominado União.[23]

A partir desse paradigma estatal, são distribuídas as atribuições de cada ente da federação, a divisão de poderes, as competências legislativas e os limites de atuação sobre os assuntos exclusivos, concorrentes e comuns dos membros daquele estado. Para Azambuja, "a faculdade de auto-organização e de autogoverno, dentro dos limites fixados na Constituição federal, é um dos traços fundamentais do regime federativo".[24]

---

[15] MENDES, Gilmar Ferreira; COELHO, Inocêncio Mártires; BRANCO, Paulo Gustavo Gonet. *Curso de direito constitucional*. 3. ed. São Paulo: Saraiva, 2008 p. 1373.

[16] MENDES; COELHO; BRANCO, *loc. cit.*

[17] SILVA, José Afonso da. *Comentário contextual à constituição*. 3. ed. São Paulo: Malheiros, 2007. p. 834.

[18] SARLET, Ingo Wolfgang; FENSTERSEIFER, Tiago. *Direito constitucional ambiental*: constituição, direitos fundamentais e proteção do meio ambiente. 4. ed. São Paulo: Revista dos Tribunais, 2014. p. 51.

[19] *Ibidem*, p. 46.

[20] *Ibidem*, p. 50.

[21] *Ibidem*, p. 51.

[22] LAURINDO, Iara Morassi. O desrespeito aos direitos humanos fundamentais no curso da história. *Revista de direito constitucional e internacional*, São Paulo, v. 87, n. 22, p. 29-43, abr./jun. 2014.

[23] AZAMBUJA, Darcy. *Teoria geral do estado*. 4. ed. São Paulo: Globo, 2008. p. 397.

[24] *Ibidem*, p. 405.

Salienta-se que o modelo institucional recepcionado na carta política brasileira é refinado, tendo em vista o detalhamento na repartição das competências entre os municípios, o Distrito Federal, os estados e a União. Trata-se de uma separação rígida de atribuições, de maneira que somente pode ser modificada por emenda constitucional.[25]

Ante a essa divisão administrativa, destaca-se o papel dos municípios na composição da federação, especialmente quanto às suas competências. Bastos entende que a municipalidade brasileira usufrui de autonomia semelhante à dos estados, em virtude de possuir independência legislativa e administrativa.[26]

Diante dessas considerações, é oportuno demonstrar o que diz a Constituição Federal sobre as competências reservadas aos municípios. Reza o artigo 30:

Art. 30. Compete aos Municípios:

I – legislar sobre assuntos de interesse local;

II – suplementar a legislação federal e a estadual no que couber;

III – instituir e arrecadar os tributos de sua competência, bem como aplicar suas rendas, sem prejuízo da obrigatoriedade de prestar contas e publicar balancetes nos prazos fixados em lei;

IV – criar, organizar e suprimir distritos, observada a legislação estadual;

V – organizar e prestar, diretamente ou sob regime de concessão ou permissão, os serviços públicos de interesse local, incluído o de transporte coletivo, que tem caráter essencial;

VI – manter, com a cooperação técnica e financeira da União e do Estado, programas de educação pré-escolar e de ensino fundamental;

VI – manter, com a cooperação técnica e financeira da União e do Estado, programas de educação infantil e de ensino fundamental;

VII – prestar, com a cooperação técnica e financeira da União e do Estado, serviços de atendimento à saúde da população;

VIII – promover, no que couber, adequado ordenamento territorial, mediante planejamento e controle do uso, do parcelamento e da ocupação do solo urbano;

IX – promover a proteção do patrimônio histórico-cultural local, observada a legislação e a ação fiscalizadora federal e estadual.[27]

Além das atribuições mencionadas, a carta maior atribuiu aos membros da federação a denominada competência comum, que deverá ser exercida por todos os entes da nação.[28] Esta atribuição é estabelecida no artigo 23 da referida carta, e dentre as previsões ali contidas notabilizam-se os deveres atinentes ao meio ambiente, quais sejam: "(f) proteger o meio ambiente e combater a poluição em qualquer de suas formas; (g) preservar as florestas, a fauna e a flora".[29]

---

[25] BASTOS, Celso Ribeiro. *Curso de direito constitucional*. 18. ed. São Paulo: Saraiva, 1997. p. 282.

[26] *Ibidem*, p. 287.

[27] BRASIL. [Constituição (1988)]. *Constituição da República Federativa do Brasil de 1988*. Brasília, DF: Presidência da República. Disponível: https:// http://www.planalto.gov.br/ccivil_03/constituicao/constituicao.htm. Acesso em: 25 maio 2022.

[28] BASTOS, Celso Ribeiro. *Curso de direito constitucional*. 18. ed. São Paulo: Saraiva, 1997. p. 297.

[29] SILVA, José Afonso da. *Curso de direito constitucional positivo*. 17. ed. São Paulo: Malheiros, 2000. p. 501.

Outrossim, trata-se de uma competência municipal, cuja área de alcance são os limites territoriais da cidade. Meirelles doutrina que o poder público local deve agir para a preservação ambiental, aspirando salvaguardar seus habitantes.[30] O professor Meirelles diz que tais ações deverão concentrar-se, sobretudo, na redução da poluição, na conservação dos recursos naturais e na recuperação de áreas ambientais impactadas.[31]

Em razão disso, o município se revela um grande partícipe no processo de conservação do meio ambiente local e, consequentemente, do nacional. Repara-se que o texto constitucional incumbiu uma atribuição de elevado nível às cidades sobre a questão ambiental, uma vez que essas passaram a dispor de ampla capacidade legislativa e administrativa para as operações que visem a proteção do meio ambiente. Nas palavras do professor Farias, "o operador do direito precisa olhar para o Município com as lentes confeccionadas em 1988: uma pessoa jurídica autônoma, com diversas competências, […] uma gama incomensurável […] para proteção do meio ambiente".[32]

2.3 Advocacia Pública Municipal e o seu papel constitucional

A formação de uma nação não está sedimentada apenas na construção de entidades jurídicas abstratas estatais, e sim na conjugação entre componentes naturais (seres humanos e meio ambiente) e artificiais (estado jurídico) que, reunidos, constituem uma nação.[33] Com base nisso, mostra-se fundamental acentuar a participação desses componentes naturais no funcionamento da nação, especificamente a participação dos agentes públicos que atuam na operacionalidade da nação, detidamente na esfera municipal.

Conforme já referido, os municípios no estado brasileiro gozam de autonomia administrativa, decorrendo dessa a possibilidade de auto-organização no que toca à definição de ações locais, à gestão financeira e a de pessoal. A municipalidade detém competência para constituir seus quadros funcionais respeitando as normas jurídicas firmadas na Constituição Federal e resguardando, prioritariamente, os cargos essenciais para o funcionamento e aqueles impostos pelo texto constitucional.[34]

A Constituição da República Federativa do Brasil salvaguardou, no âmago das normas por ela estabelecidas, a obrigatoriedade da formação de carreiras do estado para a operacionalização dos poderes que estruturam as três esferas governamentais da nação brasileira. Dentre as previsões definidas, a constituição positivou as denominadas "funções essenciais à justiça".[35]

Isto posto, faz-se pertinente constatar que as atividades que a Constituição firmou como essenciais à justiça estão reservadas em seus artigos 127 a 135,[36] sendo as seguintes: "o Advogado, o Ministério Público, a Advogado-Geral da União, os

---

[30] MEIRELLES, Hely Lopes. *Direito municipal brasileiro*. 9. ed. São Paulo: Malheiros, 1997. p. 410.

[31] MEIRELLES, *loc. cit.*

[32] FARIAS, Paulo José Leite. *Competência federativa e proteção ambiental*. Porto Alegre: Sergio Antonio Fabris Editor, 1999. p. 300.

[33] MALUF, Sahid. *Teoria geral do estado*. 35. ed. São Paulo: Saraiva, 2019. p. 29-30.

[34] COSTA, Nelson Nery. *Direito municipal brasileiro*. Rio de Janeiro: Forense, 2010. p. 220-221.

[35] SILVA, José Afonso da. *Curso de direito constitucional positivo*. 17. ed. São Paulo: Malheiros, 2000. p. 597.

[36] SILVA, José Afonso da. *Comentário contextual à constituição*. 3. ed. São Paulo: Malheiros, 2007. p. 593.

Procuradores dos Estados e do Distrito Federal (representação das unidades federadas) e os Defensores Públicos".[37] No âmbito das ocupações da Administração Pública, demonstram-se proeminentes os trabalhos desenvolvidos pela Advocacia Pública, que atua na representação judicial e na consultoria jurídica.

De maneira detalhada, os artigos 131 e 132 fixam a obrigatoriedade constitucional da implementação desta carreira na esfera administrativa. Nos termos da Constituição:

DA ADVOCACIA PÚBLICA

Art. 131. A Advocacia-Geral da União é a instituição que, diretamente ou através de órgão vinculado, representa a União, judicial e extrajudicialmente, cabendo-lhe, nos termos da lei complementar que dispuser sobre sua organização e funcionamento, as atividades de consultoria e assessoramento jurídico do Poder Executivo.

....

Art. 132. Os Procuradores dos Estados e do Distrito Federal, organizados em carreira, na qual o ingresso dependerá de concurso público de provas e títulos, com a participação da Ordem dos Advogados do Brasil em todas as suas fases, exercerão a representação judicial e a consultoria jurídica das respectivas unidades federadas.[38]

Porquanto, infere-se deste dispositivo que a Advocacia Pública é primordial para o funcionamento das tarefas desenvolvidas pela Administração Pública, tendo em vista que todas as relações dentro do Estado são tuteladas pelo Direito. Em virtude disso, é imperioso que profissionais de carreira ocupem esse espaço, devido à sua "essencialidade"[39] e à sua "indispensabilidade,"[40] nos âmbitos federal, estadual e municipal.[41]

Na esfera municipal, a criação da carreira de procurador é um mandamento constitucional, considerando que, sendo o município dotado de autonomia para sua gestão, deve-se assegurar a estruturação da carreira. Isso acontece a fim de que sejam efetivados os direitos fundamentais estabelecidos na Constituição em favor dos munícipes e do município nos conflitos com os demais entes da federação.[42]

Diante disso, entende-se que a instituição dessa ocupação faz parte do corpo fixo jurídico estatal, de modo a garantir a concretização do comando constitucional.[43]

---

[37] SILVA, *loc. cit.*

[38] BRASIL. [Constituição (1988)]. *Constituição da República Federativa do Brasil de 1988.* Brasília, DF: Presidência da República. Disponível: https:// http://www.planalto.gov.br/ccivil_03/constituicao/constituicao.htm. Acesso em: 25 maio 2022.

[39] SILVA, José Afonso da. *Comentário contextual à constituição.* 3. ed. São Paulo: Malheiros, 2007. p. 606.

[40] SILVA, *loc. cit.*

[41] SILVA, *loc. cit.*

[42] SOUZA, Robson Soares de. A simetria orgânica aplicável à advocacia como meio de efetivação de direitos fundamentais. *In*: TAVARES, Gustavo Machado; MOURÃO, Carlos Figueiredo; VIEIRA, Raphael Diógenes Serafim (Coords.). *A obrigatoriedade constitucional das procuradorias municipais.* Belo Horizonte: Fórum, 2022. p. 142-192.

[43] DUARTE, Thiago Sanches; SANTOS, Gustavo Seabra. A advocacia pública municipal no quadro constitucional das funções essenciais ao estado e à justiça: indispensabilidade de instituição, privatividade, de exercício por

Portanto, para que sejam materializados os direitos estabelecidos na CRFB em favor de seus cidadãos, demonstra-se imprescindível a atuação da Advocacia Pública Municipal, visto que cabe a ela orientar quais instrumentos e normas jurídicas se fazem necessárias para implementação dos ditames constitucionais.[44]

3 A Advocacia Pública Municipal e os instrumentos jurídicos necessários para a efetivação do direito fundamental ao meio ambiente ecologicamente equilibrado

3.1 Breve relato sobre o cenário atual da Advocacia Pública Municipal

Perante as considerações trazidas no capítulo anterior, mostra-se contundente que o estabelecimento da carreira de procurador municipal é uma determinação constitucional, ou seja, é um dever institucional dos munícipios efetivar e promover a criação da carreira no âmbito da Administração Pública municipal.[45]

Diante disso, evidencia-se a necessidade de exame da atual situação das procuradorias municipais brasileiras, a fim de verificar se as normas constitucionais que tratam da Advocacia Pública estão produzindo seus efeitos na municipalidade. Consoante leciona Korand Hesse, ausente a concretização material do conjunto normativo constitucional, acaba-se reduzindo ou quiçá esvaziando a força normativa da Constituição.[46] Portanto, a ausência mencionada acaba por transformar em um desafio a efetivação dos direitos fundamentais nela contidos.[47]

O *1º Diagnóstico da Advocacia Pública Municipal no Brasil* revelou que, passados trinta e quatro anos da entrada em vigor da carta cidadã, a institucionalização da carreira de procurador municipal tornou-se uma árdua batalha, quase inglória, para a materialização da vontade do legislador constituinte.[48] Para Hesse, tal fato representa condescender perigosamente com "o surgimento de ilusões sobre questões fundamentais para a vida do Estado".[49]

---

membros da carreira e concretização da determinação constitucional pelos munícipios. *Seabra Diniz Advogados,* Rio de Janeiro, 17 jan. 2020. Artigos. Disponível em: https://seabradiniz.com.br/a-advocacia-publica-municipal-no-quadro-constitucional-das-funcoes-essenciais-ao-estado-e-a-justica-indispensabilidade-de-instituicao-privatividade-de-exercicio-por-membros-da-carreira-e-concretizac/?utm_source=rss&utm_medium=rss&utm_campaign=a-advocacia-publica-municipal-no-quadro-constitucional-das-funcoes-essenciais-ao-estado-e-a-justica-indispensabilidade-de-instituicao-privatividade-de-exercicio-por-membros-da-carreira-e-concretizac. Acesso em: 26 maio 2022.

[44] NERY, Cristiane da Costa. A constitucionalização da carreira do Procurador Municipal – Função essencial e típica de Estado. *Revista da procuradoria-geral do município de Porto Alegre,* Porto Alegre, n. 22, p. 93-110, dez. 2009.

[45] MADUREIRA, Claudio Penedo. A instituição de procuradorias municipais como imposição constitucional. *In*: TAVARES, Gustavo Machado; MOURÃO, Carlos Figueiredo; VIEIRA, Raphael Diógenes Serafim (Coords.). *A obrigatoriedade constitucional das procuradorias municipais.* Belo Horizonte: Fórum, 2022. p. 24-53.

[46] HESSE, Korand. *A força normativa da Constituição.* Trad. Gilmar Ferreira Mendes. Porto Alegre: Sergio Antonio Fabris Editor, 1991. p. 22-23.

[47] MAIOLINO, Eurico Zecchin. Desafios à efetividade dos direitos fundamentais. *Revista dos Tribunais,* São Paulo, v. 893, n. 1, p. 47-61, mar. 2010.

[48] MENDONÇA, Clarice Corrêa de; VIEIRA, Raphael Diógenes Serafim; PORTO, Nathália França Figuerêdo. *1º Diagnóstico da advocacia pública municipal no Brasil.* 2. ed. Belo Horizonte: Fórum; Herkenhoff & Prates, 2018. p. 27.

[49] HESSE, Korand. *A força normativa da constituição.* Trad. Gilmar Ferreira Mendes. Porto Alegre: Sergio Antonio Fabris Editor, 1991. p. 26-27.

Constatou-se, no estudo acima citado, que a maior parte dos municípios brasileiros não possuem a carreira da Advocacia Pública Municipal instituída no quadro de servidores da Administração Pública Municipal. A pesquisa revelou que apenas 34,4%[50] das cidades do Brasil possuem a carreira institucionalizada.

Além disso, a distribuição do valor de institucionalização mencionado demonstra-se desproporcional quando se examina as cinco regiões do país: 15,8% no Norte; 23,0% no Nordeste; 26,7% no Centro-Oeste; 33,3% no Sudeste; e 62,3% no Sul.[51] Dessa maneira, denota-se que as regiões Sudeste e Sul possuem um coeficiente maior de municípios com carreira institucionalizada.[52]

Ademais, o diagnóstico identificou que as cidades brasileiras que possuem índices de desenvolvimento humano municipal alto são detentoras de coeficientes maiores de institucionalização da carreira de advogado público municipal, cerca de 45,7%.[53] O índice referido mensura três grandes fatores do processo humano: longevidade, educação e renda,[54] Infere-se, portanto, que a melhoria na qualidade de vida em um munícipio também pode estar ligada à estruturação da carreira de procurador municipal.

Diante disso, depreende-se que a ausência de estrutura jurídica oficial nos quadros dos municípios brasileiros pode acarretar dificuldades para a efetivação de direitos fundamentais ou, de maneira mais específica, para a concretização do direito fundamental ao meio ambiente ecologicamente equilibrado. A carência de tal carreira pode significar um esvaziamento da figura do Estado e, principalmente, da defesa do interesse coletivo.[55]

Portanto, verifica-se que a institucionalização da carreira da Advocacia Pública Municipal avança pelo país em um nível aquém da vontade estabelecida pelo legislador de 1988. Entende-se que isso representa um obstáculo para o aprimoramento das tarefas contidas no texto constitucional.[56] Tal circunstância dificulta não só o cumprimento das normas constitucionais, mas também a implementação dos dispositivos que visam o desenvolvimento das cidades brasileiras e a promoção do equilíbrio ambiental nacional.[57]

3.2 Os instrumentos jurídicos necessários para a efetivação do direito fundamental ao meio ambiente ecologicamente equilibrado

A sociedade brasileira, a partir da carta cidadã, estabeleceu nos dispositivos constitucionais a ideia de promoção de um estado de bem-estar que se funda no equilíbrio

---

[50] MENDONÇA, Clarice Corrêa de; VIEIRA, Raphael Diógenes Serafim; PORTO, Nathália França Figuerêdo. *1º Diagnóstico da advocacia pública municipal no Brasil.* 2. ed. Belo Horizonte: Fórum; Herkenhoff & Prates, 2018. p. 28.

[51] *Ibidem,* p. 29.

[52] MENDONÇA; VIEIRA; PORTO, *loc. cit.*

[53] *Ibidem,* p. 32.

[54] BOHN, Liana; ERVILHA, Gabriel Teixeira; DALBERTO, Cassiano Ricardo. IDHM e eficiência: o desenvolvimento municipal sob um novo prisma. *In*: Encontro Nacional de Economia, 43., 2015. *Anais...* Florianópolis: Associação Nacional dos Centros de Pós-graduação em Economia, 2015.

[55] CAMARGO, Ricardo Antônio Lucas. *Advocacia Pública:* mito e realidade. São Paulo: Memória Jurídica, 2005, p. 98-101.

[56] MOREIRA NETO, Diogo de Figueiredo. A Advocacia de Estado revisitada: essencialidade ao Estado Democrático de Direito. *In*: GUEDES, Jeferson Carús; SOUZA, Luciane Moessa de (Coords.). *Advocacia de Estado:* questões institucionais para construção de um estado de justiça: estudos em homenagem a Diogo de Figueiredo Moreira Neto e José Antonio Dias Toffoli. Belo Horizonte: Fórum, 2022. p. 24-53.

[57] MUKAI, Toshio. *O estatuto da cidade:* anotações à Lei n. 10.257, de 10-7-2001. 3. ed. São Paulo: Saraiva, 2013. p. 17.

entre a proteção do meio ambiente e o desenvolvimento nacional.[58] Isso é fruto de uma "consciência ambientalista"[59] que influenciou as nações pelo mundo, em um momento crescente de debates sobre os impactos ambientais.[60]

Dessa forma, foram desenvolvidos, dentro do ordenamento jurídico brasileiro, instrumentos que possibilitam a atuação em nome da preservação do meio ambiente, tanto pelo particular quanto pelas entidades públicas. Como resultado, há a realização do direito fundamental ao meio ambiente ecologicamente equilibrado.[61] Para Benjamin, a promoção desses direitos pode ser concretizada pela ação administrativa ou judicial da Administração Pública.[62]

Salienta-se, ainda, que proporcionar a tutela desses direitos pela via administrativa ou judicial significa garantir o atendimento dos comandos constitucionais e dos princípios ali positivados.[63] No âmbito da Administração Pública, o impulsionamento destas ações ocorre pelo intermédio dos "processos administrativos ambientais,"[64] cuja instauração poderá ser requerida pelo particular – através de denúncias – ou pela entidade pública responsável pela fiscalização do meio ambiente.[65]

Por outro lado, na seara judicial há um conjunto de instrumentos jurídicos que permitem a asseguração da conservação ambiental e dos direitos fundamentais dela decorrentes, são eles: "ação penal ambiental; ações civis ambientais: o mandado de segurança individual, o mandado de segurança coletivo, o mandado de segurança preventivo, a ação popular, a ação civil pública, a ação ordinária"[66] e o "mandado de injunção".[67]

Outrossim, as ações acima citadas constituem um ferramental necessário para que aqueles que possuam o interesse ou o dever de preservar o meio ambiente o utilizem para efetivar o direito fundamental ao meio ambiente equilibrado. Nas palavras de Frederico Amado:

> Destarte, na esfera de proteção ao meio ambiente, a ação tem a natureza jurídica de garantia fundamental, podendo ser individual ou coletiva, tendo o propósito de realizar primordialmente o direito fundamental ao meio ambiente ecologicamente equilibrado, previsto na cabeça do artigo 225, da Constituição Federal, de terceira dimensão, pois é transindividual.[68]

---

58 SARLET, Ingo Wolfgang; FENSTERSEIFER, Tiago. *Direito constitucional ambiental*: constituição, direitos fundamentais e proteção do meio ambiente. 4. ed. São Paulo: Revista dos Tribunais, 2014. p. 115-117.

59 BENJAMIN, Antonio Herman V. Função Ambiental. *In*: BENJAMIN, Antonio Herman V. *Dano ambiental*: prevenção, reparação e repressão. Vol. 2. São Paulo: Revista dos Tribunais, 1993. p. 9-82.

60 BENJAMIN, *loc. cit.*

61 BENJAMIN, *loc. cit.*

62 BENJAMIN, *loc. cit.*

63 BARROS, Wellington Pacheco. *Direito ambiental sistematizado*. Porto Alegre: Livraria do Advogado, 2008. p. 268-269.

64 BARROS, Wellington Pacheco. *Direito ambiental sistematizado*. Porto Alegre: Livraria do Advogado, 2008. p. 268-269

65 *Ibidem*, p. 282 - 283.

66 *Ibidem*, p. 328 - 348.

67 MILARÉ, Édis. Processo Coletivo Ambiental. *In*: BENJAMIN, Antonio Herman V. (Coord.). *Dano ambiental*: prevenção, reparação e repressão. vol. 2. São Paulo: Revista dos Tribunais, 1993. p. 257-277.

68 AMADO, Frederico. *Curso de direito e prática ambiental*. Salvador: Ed. JusPodivm, 2018. p. 1083.

Destaca-se que, dentre os instrumentos jurídicos acima mencionados, a ação popular e a ação civil pública revelam-se imprescindíveis para que o Poder Público aja para salvaguardar a proteção do meio ambiente, podendo esse ocupar o polo ativo em ambas. No caso da ação popular, a doutrina afirma que a titularidade ativa é do particular/cidadão, mas também é possível que haja a atuação do Ministério Público na sua competência *custos legis* ou titular subsidiário.[69]

Já a ação civil pública, segundo Ada Pellegrini Grinover, mostra-se como a ação ambiental por excelência, especialmente por reservar majoritariamente a legitimidade ativa do Poder Público para sua proposição.[70] Ainda, Milaré sustenta que a referida ação se apresenta como um "peculiar instrumento jurídico a tutela jurisdicional dos interesses transindividuais, em particular a do meio-ambiente [*sic*] [...] de inegável alcance e conteúdo social".[71]

Dessarte, compreende-se que a ação civil pública se mostra um instrumento pertinente para viabilizar a efetivação da preservação ambiental, sendo considerada pela doutrina como um "instrumento processual específico para a defesa do ambiente".[72] Tal fenômeno ocorre num contexto de efetivação da preservação do meio ambiente no campo jurídico.

3.3 A importância da Advocacia Pública Municipal especializada para a efetivação do direito fundamental ao meio ambiente equilibrado

As cidades, nos últimos anos, notabilizaram-se no processo de garantia das condições ambientais necessárias para a asseguração do bem-estar dos cidadãos.[73] Entende-se que as entidades públicas, especialmente as que exercem a função executiva – neste caso, os municípios –, devem atuar para a construção de planos que estabeleçam as políticas urbanas necessárias para o desenvolvimento social baseado na sustentabilidade do meio ambiente.[74]

Assim sendo, mostra-se essencial que os municípios possuam corpos técnicos especializados, capazes de produzir respostas para as mais diversas questões que envolvam a preservação ambiental.[75] Dessa forma, constrói-se outra fronte de "defesa de uma cidadania ambiental cosmopolita",[76] propiciando-se a satisfação das expectativas da sociedade local quanto ao bem-estar social.

---

[69] MANCUSO, Rodolfo de Camargo. *Ação popular:* proteção do erário público, do patrimônio cultural e natural, e do meio ambiente. São Paulo: Revista dos Tribunais, 1993. p. 56-59.

[70] GRINOVER, Ada Pellegrini. Ações ambientais de hoje e de amanhã. *In:* BENJAMIN, Antonio Herman V (Coord.). *Dano ambiental:* prevenção, reparação e repressão. vol. 2. São Paulo: Revista dos Tribunais, 1993. p. 250-256.

[71] MILARÉ, Édis. Processo Coletivo Ambiental. *In:* BENJAMIN, Antonio Herman V. (Coord.). *Dano ambiental:* prevenção, reparação e repressão. vol. 2. São Paulo: Revista dos Tribunais, 1993. p. 257-277.

[72] MILARÉ, *loc. cit.*

[73] BRASILEIRO, Ana Maria. Política urbana – Quem decide. *In:* PESSOA, Álvaro (Coord.). *Direito do urbanismo:* uma visão sócio-jurídica. Rio de Janeiro: Livros técnicos e científicos: Instituto Brasileiro de Administração Municipal, 1981. p. 25-38.

[74] BRASILEIRO, *loc. cit.*

[75] COSTA, Nelson Nery. *Direito municipal brasileiro.* Rio de Janeiro: Forense, 2010. p. 242.

[76] FENSTERSEIFER, Tiago. *Direitos fundamentais e proteção do meio ambiente:* a dimensão ecológica da dignidade humana no marco jurídico-constitucional do estado socioambiental de direito. Porto Alegre: Livraria do Advogado Editora, 2008. p. 134.

Ante a tal agenda ambiental, instituída não somente pela Constituição federal, mas também pelo estatuto das cidades, a instituição de cidades sustentáveis contará, imperativamente, em grande medida, com os crivos da Advocacia Pública Municipal. Consoante doutrina Celso Antonio Pacheco Fiorillo, caberá aos profissionais da área jurídica interpretar e orientar, juridicamente, as finalidades das normas jurídicas que versem sobre a matéria ambiental, na gestão municipal.[77]

Além disso, o arbitramento e a mediação de conflitos relativos às demandas ambientais competirão, em diversos momentos, à procuradoria municipal. O estabelecimento da harmonia dos princípios que norteiam o desenvolvimento e o meio ambiente é, portanto, uma atribuição que, no âmbito local, possui como agente ativo o advogado público municipal,[78] ou seja, a ele cabe defender a "função socioambiental da cidade".[79]

Para Vizzotto, o município e, consequentemente, o procurador municipal são peças fundamentais na promoção da conservação do meio ambiente, limitando-se a atuação desses agentes pelas normas de competência definidas pela Constituição federal relacionadas à legislação e à execução das políticas públicas relacionadas à temática ambiental.[80] Infere-se que o trabalho de assegurar "[...] o direito a cidades sustentáveis, entendido como o direito à terra urbana, à moradia, ao saneamento ambiental, à infra-estrutura urbana, ao transporte e aos serviços públicos, ao trabalho e ao lazer, para as presentes e futuras gerações [...]",[81] nos termos do artigo 2º do Estatuto das Cidades, passa pela atuação contenciosa e/ou consultiva da Advocacia Pública Municipal.

Diante desse cenário, evidencia-se a necessidade de examinar como as procuradorias têm se estabelecido para atuar no âmbito do direito ambiental. Por amostragem, analisou-se as estruturas organizacionais das procuradorias municipais das capitais brasileiras, excetuando-se a do Distrito Federal, devido ao tratamento diferenciado dado pela carta federal.[82]

Consultados os sítios eletrônicos – constantes no Anexo A deste estudo – verificou-se que, das 26 capitais analisadas, 13 capitais possuem, dentro da estrutura organizacional da procuradoria, setores de subprocuradoria, departamento ou setor especializado em matéria ambiental. Tal fenômeno ocorre nas seguintes capitais: Aracaju, Fortaleza, Florianópolis, Manaus, Porto Alegre, Porto Velho, Recife, Rio Branco, Rio de Janeiro, Salvador, São Luís, São Paulo e Teresina. Por outro lado, 13 capitais não possuem em sua organização subprocuradoria, departamento ou setor especializado em matéria ambiental. São as seguintes capitais: Belém, Belo Horizonte, Boa Vista, Campo Grande, Curitiba, Cuiabá, Goiânia, João Pessoa, Macapá, Maceió, Natal, Palmas e Vitória.

---

[77] FIORILLO, Celso Antonio Pacheco. *Estatuto da cidade comentado:* Lei 10.257/2001 – Lei do Meio Ambiente Artificial. 2. ed. São Paulo: Revista dos Tribunais, 2005. p. 41.

[78] BALDO, Iumar Junior. *Direito à cidade:* uma possibilidade real a partir do acesso à moradia digna e sua função socioambiental. Curitiba: Multideia, 2012. p. 26-27.

[79] *Ibidem*, p. 31.

[80] VIZZOTTO, Andrea Teichmann. O exercício da competência dos Municípios em matéria urbano-ambiental. *In:* DAIBERT, Arlindo *et al. Direito municipal em debate.* Belo Horizonte: Fórum, 2008. p. 30.

[81] BRASIL. *Lei nº 10.257, de 10 de julho de 2001.*Regulamenta os arts. 182 e 183 da Constituição Federal, estabelece diretrizes gerais da política urbana e dá outras providências. Brasília, DF: Presidência da República. Disponível em: http://www.planalto.gov.br/ccivil_03/leis/leis_2001/l10257.htm. Acesso em 02 jun. 2022.

[82] SIMÕES, Renato Mário Borges. Decorrências jurídicas da caracterização dos Procuradores Municipais como funções típicas de Estado: teto remuneratório, procuradorias jurídicas organizadas em carreira, inconstitucionalidade da terceirização da dívida ativa. *In:* DAIBERT, Arlindo *et al. Direito municipal em debate.* Belo Horizonte: Fórum, 2008. p. 270.

O resultado do levamento realizado mostra que apenas 50% das procuradorias das principais capitais brasileiras concedem tratamento diferenciado às questões ambientais, dispondo de organização específica para as demandas da área ambiental. Portanto, compreende-se que tal circunstância – a ausência do tratamento diferenciado – pode contribuir para uma maior dificuldade na solução de questões relativas ao meio ambiente local, tendo em vista a complexidade inerente a esta temática. Como consequência, o que se tem é o esvaziamento da importância do município e do procurador Municipal na concretização do direito fundamental ao meio ambiente ecologicamente equilibrado.[83]

4 Advocacia Pública Municipal na cidade de Porto Alegre e as ações para a efetivação do direito fundamental ao meio ambiente

4.1 O panorama ambiental da cidade de Porto Alegre/RS

A cidade de Porto Alegre é a capital mais ao sul no território nacional, localizada no estado do Rio Grande do Sul. O município foi fundado em 26 de março de 1772, inicialmente com o nome de Freguesia de São Francisco do Porto dos Casais, posteriormente alterado para Nossa Senhora Madre de Deus de Porto Alegre.[84]

É popularmente conhecida como a Capital dos Pampas, devido às características ambientais predominantes na região do Rio Grande do Sul e em parte da Argentina e do Uruguai. A cidade possui uma área total de 496,684 km², marcada por uma paisagem repleta de recursos naturais, cercada por um arco de morros. O Morro Santana é o mais alto, com 311 metros de altura. Tais característica contribuíram para que Porto Alegre tenha 30% de sua área como de zona rural, sendo a segunda maior proporção entre as capitais do Brasil.[85]

O município, em sua composição geográfica, possui, ainda, aproximadamente 44 km², divididos em 16 ilhas ao longo do Lago Guaíba. O Lago Guaíba, famoso cartão postal natural da cidade, circunda o município numa extensão de cerca de 70 km, o que torna Porto Alegre uma cidade verde.[86]

O clima de município, nas palavras Fernando Pohlmann Livi:

> A cidade de Porto Alegre, por estar situada na latitude de 30º Sul e a 100 km do Oceano Atlântico, possui um clima subtropical úmido, tendo como como característica marcante a grande variabilidade dos elementos do tempo meteorológico ao longo do ano.[87]

Outros elementos mostram-se importantes para entender o contexto ambiental do município de Porto Alegre. A cidade conta com 9 parques urbanos, a saber: Orla Moacyr Scliar (Orla do Guaíba), Parque Chico Mendes, Parque Farroupilha (Redenção), Parque

---

[83] DAIBERT, Arlindo. Papel constitucional do Município na custódia do ambiente no Brasil. *In*: DAIBERT, Arlindo *et al. Direito municipal em debate*. Belo Horizonte: Fórum, 2008. p. 93.

[84] CONHEÇA Porto Alegre. Prefeitura de Porto Alegre. Disponível em: https://prefeitura.poa.br/gp/projetos/conheca-porto-alegre. Acesso em: 10 jun. 2022.

[85] CONHEÇA Porto Alegre, *loc. cit.*

[86] CONHEÇA Porto Alegre, *loc. cit.*

[87] LIVI, Fernando Pohlmann. Elementos do clima: o contraste de tempos frios e quentes. In: MENEGAT, Rualdo *et al. Atlas ambiental de Porto Alegre*. Porto Alegre: Ed. Universidade/UFRGS, 1998. p. 73

Gabriel Knijnik, Parque Germânia, Parque Marechal Mascarenhas de Moraes, Parque Marinha do Brasil, Parque Maurício Sirotsky Sobrinho (Harmonia) e Parque Moinhos de Vento (Parcão).[88]

Todos os parques são gerenciados pela Secretaria Municipal de Meio Ambiente e proporcionam aos cidadãos locais prática esportiva, lazer, contato com a natureza e, principalmente, conservação ambiental. Além disso, sabe-se que Porto Alegre possui quatro unidades de conservação. Essas unidades, para Porto et al, são:

> Áreas naturais legalmente protegidas que contêm exemplos de variedade biológica representativa dos biomas. Essas áreas incluem recursos naturais importantes que devem ser manejados de forma a conservar a integridade do patrimônio ambiental. O estabelecimento e manutenção de unidades de conservação, principalmente daquelas em que o objeto é a preservação integral, são a estratégia mais eficiente para a proteção dos recursos naturais, como tem sido demonstrado pela experiência mundial.[89]

Há também as unidades administradas pelo município. São as seguintes: Parque Natural Morro do Osso, Parque Natural Municipal Saint' Hilaire, Refúgio de Vida Silvestre São Pedro e Reserva Biológica do Lami.[90] De acordo com a prefeitura da Cidade, "um dos objetivos da preservação é prevenir a simplificação dos sistemas naturais decorrente da perda de biodiversidade, resultante da ocupação humana do território e de suas atividades".[91]

De acordo com os dados do Instituto Brasileiro de Geografia e Estatística, o município de Porto Alegre possui 93% de esgotamento sanitário adequado, 69,4% de urbanização de vias públicas e conta com 82,7% de arborização de vias públicas.[92] Consoante ensina Sanchotene et al, "a arborização constitui um dos importantes patrimônios ambientais de Porto Alegre. Existem cerca de um milhão de árvores apenas nas vias públicas, o equivale a uma floresta com 20 km² de área. A arborização é formada por mais de 200 espécies".[93]

Em vista disso, compreende-se que o município de Porto Alegre se caracteriza ambientalmente como um ecossistema complexo, devido à imensa biodiversidade que cerca a cidade, fato esse que demanda do Poder Público local um altíssimo grau de especialização. Atendidos tais critérios, tem-se a conciliação entre o desenvolvimento urbano e a proteção do meio ambiente e, consequentemente, resguarda-se o "bem-estar ambiental"[94] dos cidadãos.

---

[88] OS PARQUES de Porto Alegre. Prefeitura de Porto Alegre. Disponível em: http://www2.portoalegre.rs.gov.br/smam/default.php?p_secao=290. Acesso em: 10 jun. 2022.

[89] PORTO, Maria Luiza et al. Unidades de conservação ambiental. In: MENEGAT, Rualdo et al. Atlas ambiental de Porto Alegre. Porto Alegre: Ed. Universidade/UFRGS, 1998. p. 79.

[90] O QUE são unidades de conservação. Prefeitura de Porto Alegre. Disponível em: http://www2.portoalegre.rs.gov.br/smam/default.php?p_secao=350. Acesso em 10 jun. 2022.

[91] O QUE são unidades de conservação, loc. cit.

[92] INSTITUTO BRASILEIRO DE GEOGRAFIA E ESTATÍSTICA. Panorama. Disponível em: https://cidades.ibge.gov.br/brasil/rs/porto-alegre/panorama. Acesso em 10 jun. 2022.

[93] SANCHONETE, Maria do Carmo. Cidade das árvores: arborização urbana. In: MENEGAT, Rualdo et al. Atlas ambiental de Porto Alegre. Porto Alegre: Ed. Universidade/UFRGS, 1998. p. 133.

[94] SARLET, Ingo Wolfgang; FENSTERSEIFER, Tiago. Direito constitucional ambiental: constituição, direitos fundamentais e proteção do meio ambiente. 4. ed. São Paulo: Revista dos Tribunais, 2014. p. 51.

4.2 A Advocacia Pública Municipal em Porto Alegre e suas competências institucionais

A gestão dos municípios brasileiros demanda a constituição de quadros técnicos extremamente profissionalizados e multidisciplinares, essenciais para o processo civilizatório das cidades brasileiras. Dentre os elementos que compõem a organização da Administração Pública Municipal, evidenciam-se os profissionais com formação acadêmica na área do Direito que exercem a função de procuradores ou advogados públicos municipais. Para Neto, as atividades desenvolvidas por estes agentes públicos são "instrumentos da sociedade [...] destinados ao controle dos valores e dos princípios jurídicos que dela dimanam e a refletem".[95]

Outrossim, de acordo com Cordaro, a Advocacia Pública Municipal exerce um papel substancial na defesa das demandas dos entes públicos, tanto no âmbito contencioso quanto no consultivo e, notadamente, na satisfação dos princípios que norteiam a Administração Pública, especialmente o da supremacia do interesse público.[96] Diante disso, evidencia-se a necessidade de descrever as características institucionais da Procuradoria Geral do Município de Porto Alegre.

A Advocacia Pública porto-alegrense, consoante Costa Nery, foi fundada em 05 de janeiro de 1925, por intermédio do "ato n. 233"[97] e, posteriormente, instituída como Procuradoria-Geral do Município, mediante promulgação da Lei Municipal nº 4.120 de 03 de maio de 1976. A procuradoria é responsável pela representação judicial e extrajudicial da cidade, atuando nos âmbitos contencioso e consultivo dos órgãos da Administração Pública Municipal.[98]

Em seus quadros técnicos, a entidade possui 130[99] procuradores em atividade, divididos nos órgãos da administração direta e indireta. De acordo com Cristiane da Costa Nery, a procuradoria da cidade de Porto Alegre organiza-se internamente da seguinte forma: "possuímos três Procuradorias-Gerais Adjuntas: Procuradoria Adjunta de Contratos, Pessoal e Serviços Públicos; Procuradoria Adjunta de Domínio Público, Urbanismo e Meio Ambiente; e Procuradoria Adjunta de Assuntos Fiscais".[100]

Além disso, ressalta-se o alto nível de especialização da Advocacia Pública Municipal de Porto Alegre, que possui 9 divisões temáticas: Licitações e Contratos Administrativos, Serviços Públicos, Pessoal Estatutário, Pessoal Celetista, Urbanismo e Meio Ambiente, Regularização Fundiária, Patrimônio e Domínio Público, Dívida Ativa e

---

[95] MOREIRA NETO, Diogo de Figueiredo. A Advocacia de Estado revisitada: essencialidade ao Estado Democrático de Direito. *In*: GUEDES, Jeferson Carús; SOUZA, Luciane Moessa de (Coords.). *Advocacia de Estado*: questões institucionais para construção de um estado de justiça: estudos em homenagem a Diogo de Figueiredo Moreira Neto e José Antonio Dias Toffoli. Belo Horizonte: Fórum, 2022. p. 48-49.

[96] CORDARO, Cesar Antonio Alves. A Advocacia Pública dos Municípios: necessidade de tratamento constitucional. *In*: GUEDES, Jeferson Carús; SOUZA, Luciane Moessa de (Coords.). *Advocacia de Estado*: questões institucionais para construção de um estado de justiça: estudos em homenagem a Diogo de Figueiredo Moreira Neto e José Antonio Dias Toffoli. Belo Horizonte: Fórum, 2022. p. 234.

[97] NERY, Cristiane da Costa. A Procuradoria-Geral do Município de Porto Alegre: Quem Somos Hoje. *Revista da procuradoria-geral do município de Porto Alegre*, Porto Alegre, Edição Especial de 90 anos, p. 07-08, jul. 2015.

[98] A PROCURADORIA-GERAL do Município. Prefeitura de Porto Alegre. Disponível em: http://www2.portoalegre.rs.gov.br/pgm/default.php?p_secao=4. Acesso em 11 jun. 2022.

[99] NERY, Cristiane da Costa. A Procuradoria-Geral do Município de Porto Alegre: Quem Somos Hoje. *Revista da procuradoria-geral do município de Porto Alegre*, Porto Alegre, Edição Especial de 90 anos, p. 07-08, jul. 2015.

[100] NERY, *loc. cit.*

Tributária.[101] Cada uma delas possui uma reserva de competências que abarca grandes áreas do Direito e reflete a essencialidade de uma estrutura sólida e singularizada.

Ademais, perante tal grau de diferenciação, revela-se imperioso explicitar as competências determinadas pela Lei Orgânica da Procuradoria-Geral do Município, definidas pela Lei Complementar nº 701, de 18 de julho de 2012. Há um rol de 27 atribuições estabelecidas na referida Lei, a saber:

I – exercer a consultoria jurídica do Município;

II – representar o Município em juízo ou fora dele;

III – atuar extrajudicialmente para a solução de conflitos de interesse do Município;

IV – atuar perante órgãos e instituições no interesse do Município;

V – assistir no controle da legalidade dos atos do Poder Executivo;

VI – representar o Município perante os Tribunais de Contas;

VII – zelar pelo cumprimento, na Administração Direta e Autárquica, das normas jurídicas, das decisões judiciais e dos pareceres jurídicos da PGM;

VIII – adotar as providências de ordem jurídica, sempre que o interesse público exigir;

IX – efetuar a cobrança judicial da dívida ativa do Município;

X – examinar, registrar, elaborar, lavrar e fazer publicar os instrumentos jurídicos de contratos, acordos e outros ajustes em que for parte ou interessada a Administração Direta e Autárquica;

XI – examinar previamente editais de licitações de interesse da Administração Direta e Autárquica;

XII – elaborar ou examinar anteprojetos de leis de iniciativa do Poder Executivo e minutas de decreto, bem como analisar os projetos de lei do Poder Legislativo, com vista à sanção ou ao veto do Prefeito;

XIII – promover a unificação da jurisprudência administrativa e a consolidação da legislação municipal;

XIV – uniformizar as orientações jurídicas no âmbito do Município;

XV – exarar atos e estabelecer normas para a organização da PGM;

XVI – zelar pela obediência aos princípios da legalidade, da impessoalidade, da moralidade, da publicidade e da eficiência e às demais regras da Constituição da República Federativa do Brasil (CRFB), da Constituição Estadual do Rio Grande do Sul (CE), da Lei Orgânica do Município de Porto Alegre, das leis e dos atos normativos aplicáveis à Administração Direta e Autárquica;

XVII – prestar orientação jurídico-normativa para a Administração Direta e Autárquica;

XVIII – elaborar as informações que devam ser prestadas em mandados de segurança impetrados contra atos do Prefeito, dos Secretários Municipais e de outros agentes da Administração Direta e Autárquica;

XIX – elaborar ações constitucionais relativas a leis, decretos e demais atos administrativos, a requerimento da autoridade competente;

XX – propor ações civis públicas para a tutela do patrimônio público, do meio ambiente, da ordem urbanística e de outros interesses difusos, coletivos e individuais homogêneos, assim como a habilitação do Município como litisconsorte de qualquer das partes nessas ações;

---

[101] NERY, *loc. cit.*

XXI – orientar sobre a forma do cumprimento das decisões judiciais e dos pedidos de extensão de julgados;

XXII – propor às autoridades competentes a declaração de nulidade de seus atos administrativos;

XXIII – receber denúncias acerca de atos de improbidade praticados no âmbito da Administração Direta e Autárquica e promover as medidas necessárias para a apuração dos fatos;

XXIV – participar em conselhos, tribunais administrativos, comitês, comissões e grupos de trabalho em que a instituição tenha assento, ou em que seja convidada ou designada para representar a Administração Pública Municipal;

XXV – ajuizar ações de improbidade administrativa e medidas cautelares;

XXVI – proporcionar o permanente aprimoramento técnico-jurídico aos integrantes da carreira; e

XXVII – exercer outras atribuições necessárias, nos termos do seu Regimento Interno, estabelecido por decreto.[102]

Acrescenta-se que a primordialidade deste modelo institucional justifica-se, haja vista que o compromisso firmado na Constituição impõe a consolidação de carreiras de estado, a fim de que se resguarde o benefício da coletividade. Isso pois, conforme doutrina Renato Mário Borges Simões:

> O Estado é uma máquina que para funcionar com perfeição necessita de manutenção constante das peças da sua engrenagem. Todos os seus componentes, dos mais sensíveis sensores até a mais grosseira ferramenta, precisam trabalhar em harmonia para poder atingir o seu objetivo. [...] A máquina estatal necessita, portanto, de peças que cuidem permanentemente, e com zelo, das suas responsabilidades institucionais.[103]

Mediante o exposto, compreende-se que a procuradoria de Porto Alegre se mostra fundamental não só para o enfrentamento das demandas jurídicas do município, mas também para a gestão administrativa local. Desse modo, nas palavras da Cristiane da Costa Nery, pode-se assegurar "a defesa intransigente do estado democrático e da legalidade sem descuidar da necessária efetividade e eficácia no ato que se pratica, que deve atender ao interesse público".[104]

---

[102] PORTO ALEGRE. Lei Complementar nº 701, de 18 de julho de 2012. Institui a Lei Orgânica da Procuradoria-Geral do Município (PGM). Disponível em: https://leismunicipais.com.br/a1/rs/p/porto-alegre/lei-comple mentar/2012/70/701/lei-complementar-n-701-2012-institui-a-lei-organica-da-procuradoria-geral-do-municipio-pgm. Acesso em: 11 jun. 2022.

[103] SIMÕES, Renato Mário Borges. Decorrências jurídicas da caracterização dos Procuradores Municipais como funções típicas de Estado: teto remuneratório, procuradorias jurídicas organizadas em carreira, inconstitucionalidade da terceirização da dívida ativa. In: DAIBERT, Arlindo et al. Direito municipal em debate. Belo Horizonte: Fórum, 2008. p. 276.

[104] NERY, Cristiane da Costa. A Procuradoria-Geral do Município de Porto Alegre: Quem Somos Hoje. Revista da procuradoria-geral do município de Porto Alegre, Porto Alegre, Edição Especial de 90 anos, p. 07-08, jul. 2015.

4.3 A Advocacia Pública Municipal especializada em Porto Alegre/RS e suas ações para a efetivação do direito fundamental ao meio ambiente equilibrado.

Na seção anterior, apresentou-se a estruturação da procuradoria de Porto Alegre e as competências que lhe foram atribuídas. Dos órgãos contidos no âmbito desta Advocacia Pública Municipal, ressaltam-se as funções destinadas às procuradorias especializadas em urbanismo e meio ambiente e regularização fundiária. Embora sejam distintas objetivamente, entende-se que ambas preservam essencialmente a finalidade do cumprimento do direito fundamental ao meio ambiente ecologicamente equilibrado.[105]

Ademais, a compreensão acerca das ferramentas para a conservação ambiental, conforme doutrina Magalhães, se baseia no fato de que, para que o Poder Público promova a efetividade do direito fundamental ao meio ambiente, poderão existir outros "instrumentos administrativos como o zoneamento ambiental, zoneamento industrial, o estudo de impacto ambiental, o licenciamento de atividades, regramento do parcelamento do solo urbano, restrições urbanísticas etc.".[106]

Neste sentido, o professor Tiago Fensterseifer afirma que "o dever fundamental de proteção do ambiente transporta na sua carga normativa um feixe de deveres e obrigações (negativas e positivas) vinculados à função socioambiental da propriedade".[107] Infere-se que, além dos instrumentos jurídicos típicos da seara ambiental, outras ferramentas jurídicas, como o processo de regularização fundiária, demonstram-se relevantes para que a Administração Pública Municipal realize o direito a preservação ambiental.

Dessa forma, entende-se que o processo de acesso à moradia através de políticas de financiamento, concessão de moradias populares e a regularização fundiária podem contribuir para a realização de direito fundamentais. Para Baldo, garantir esse acesso significa exercer a função socioambiental da cidade:

> Em relação à observação da função socioambiental e das demais diretrizes legais no que diz respeito ao direito à cidade e ambiental, a existência de regulamentação legal já não é mais suficiente para agregar efetividade aquelas disposições [...] dessa forma, a função socio ambiental, princípio inerente tanto ao direito ambiental quanto ao direito à cidade.[108]

Ademais, compreende-se que a regularização fundiária é uma das formas mais relevantes para o processo de asseguração da sustentabilidade nas cidades brasileiras. No ponto, Nelson Saule Júnior doutrina que "o direito ao desenvolvimento e o direito a

---

[105] FENSTERSEIFER, Tiago. *Direitos fundamentais e proteção do meio ambiente:* a dimensão ecológica da dignidade humana no marco jurídico-constitucional do estado socioambiental de direito. Porto Alegre: Livraria do Advogado Editora, 2008. p. 212.

[106] MAGALHÃES, Maria Luísa Faro. Função social da propriedade e meio ambiente – Princípios reciclados. *In*: BENJAMIN, Antonio Herman V. (Coord.). *Dano ambiental:* prevenção, reparação e repressão. vol. 2. São Paulo: Revista dos Tribunais, 1993. p. 147-151.

[107] FENSTERSEIFER, Tiago. *Direitos fundamentais e proteção do meio ambiente:* a dimensão ecológica da dignidade humana no marco jurídico-constitucional do estado socioambiental de direito. Porto Alegre: Livraria do Advogado Editora, 2008. p. 213.

[108] BALDO, Iumar Junior. *Direito à cidade:* uma possibilidade real a partir do acesso à moradia digna e sua função socioambiental. Curitiba: Multideia, 2012. p. 123-124.

um meio ambiente sadio têm como vínculo o desenvolvimento sustentável".[109] Ainda, o professor considera que "a política de desenvolvimento urbano deve ser destinada para promover o desenvolvimento sustentável, de modo a atender as necessidades essênciais [*sic*] das gerações presentes e futuras".[110]

No caso do município de Porto Alegre, destaca-se o pioneirismo na instituição de procedimentos com a finalidade de efetivar a regularização fundiária e, especialmente, a sedimentação de instrumentos administrativos. De acordo com Alfonsin, a cidade criou em 1990 um programa de regularização fundiária, cujo objetivo era a concessão do direito real de uso e o apoio do instituto de usucapião urbana.[111]

Diante dessas considerações, mostra-se necessário apresentar as competências atribuídas à Procuradoria-Geral Adjunta de Domínio Público, Urbanismo e Meio Ambiente de Porto Alegre. Essa, em seu âmbito, gerencia a Procuradoria de Assistência e Regularização Fundiária (PARF) e a Procuradoria de Urbanismo e Meio Ambiente (PUMA).[112]

A PARF possui as seguintes atribuições:

> Atuar na defesa dos interesses dos cidadãos e entidades municipais, em questões relativas a regularização fundiária de terrenos urbanos, fornecendo orientação jurídica e ajuizando ações de usucapião e outras; promover, extrajudicialmente a conciliação das partes em conflitos de interesses relativos às áreas sujeitas à regularização fundiária antes da propositura da ação; peticionar em juízo criminal na defesa dos interesses de servidores públicos municipais, em virtude de atos que praticarem no exercício das funções do cargo e dos quais não decorra conflito de interesses entre eles e o Município. Também atua na regularização de loteamentos do Município, tendo como objetivo principal propiciar agilidade na tramitação dos processos de regularização dos loteamentos implantados de forma irregular ou clandestina. Atua na regularização de parcelamentos do solo, repreensão e combate a novas ocupações irregulares, aplicação dos instrumentos do Estatuto da Cidade e Minha Casa, Minha Vida.[113]

Por outro lado, PUMA reserva as seguintes competências:

> Trata dos assuntos relativos à implantação da legislação urbanística e de proteção ao meio ambiente, tanto no sentido de apresentar solução de conflitos oriundos das relações entre cidadãos e Poder Público, como para desenvolver atuação de forma preventiva. Todas as interfaces que se relacionam na forma como o cidadão usa a propriedade no meio urbano, as suas interferências no meio natural e cultural e as relações do ambiente construído e natural são as bases que norteiam nossas competências.

---

[109] SAULE JÚNIOR, Nelson. *Novas perspectivas do direito urbanístico brasileiro*: ordenamento constitucional da política urbana, aplicação e eficácia do plano diretor. Porto Alegre: Sergio Antônio Fabris Editor, 1997. p. 65-69.

[110] SAULE JÚNIOR, *loc. cit.*

[111] ALFONSIN, Betânia de Moraes. *In*: JÚNIOR, Nelson Saule. *Direito à cidade*: trilhas legais para o direito às cidades sustentáveis. São Paulo: Max Limonad, 1999. p. 165-166.

[112] PROCURADORIA-GERAL adjunta de domínio público, urbanismo e meio ambiente. Prefeitura de Porto Alegre. Disponível em: http://www2.portoalegre.rs.gov.br/pgm/default.php?p_secao=64. Acesso em: 11 jun. 2022.

[113] PROCURADORIA de assistência e regularização fundiária – PARF. Prefeitura de Porto Alegre. Disponível em: http://www2.portoalegre.rs.gov.br/pgm/default.php?reg=5&p_secao=512. Acesso em: 11 jun. 2022.

A atuação dos membros da procuradoria abrange a participação nas etapas de decisão administrativa anteriores, posteriores ou alheias à esfera judicial, trabalho conjuntamente com algumas secretarias na fase de elaboração de normas, processo de licenciamento, subsidiando o gestor com instrumentos legais para fundamentação dos atos administrativos. Também na esfera administrativa, através de termos de compromisso e ajustamento, a procuradoria tem atuado de forma pró-ativa para regularização e adequação de condutas garantindo o cumprimento da legislação urbanística e ambiental, visando à proteção ao meio ambiente natural e construído.[114]

Demonstra-se, dessa maneira, que a Advocacia Pública Municipal especializada na cidade de Porto Alegre revela-se fundamental para a dinamização dos procedimentos para o acesso à moradia, regulação ambiental municipal e as demais atividades inerentes à temática do direito à moradia e do meio ambiente. Essencialmente, trata-se de ações para a realização do direito fundamental ao meio ambiente ecologicamente equilibrado.

Ante a tais argumentos, se faz necessário realçar algumas ações realizadas pela procuradoria cujo objetivo primordial assentou-se na busca pela efetivação de direitos fundamentais, sobretudo para a realização do direito fundamental ao meio ambiente. Evidencia-se o Parecer nº 1161/2010, que discutiu a regularização urbanística do projeto de assentamento da área destinada ao povo indígena Kaigangues, de autoria da procuradora municipal Vanêsca Buzelato Prestes.[115]

Além disso, outras ações no decorrer tempo notabilizam-se, tais como o Parecer nº 1166/2011, que examinou "o projeto de Lei Complementar que institui o Plano de Incentivo às transferências de potencial construtivo nos imóveis atingidos pelas obras da Copa do Mundo de 2014 e institui o solo criado na forma de índice verde"[116] de titularidade da procuradora municipal Andreia Teichmann Vizzotto. Sobressai-se também o Parecer nº 1170/2011, que analisou a Lei Municipal nº 636/10 que, por sua vez, constituiu o "Programa Minha Casa, Minha Vida no Município de Porto Alegre [...] dispondo sobre os benefícios urbanísticos e ambientais, indicando os benefícios fiscais respectivos [...],"[117] exarado pela procuradora municipal Vanêsca Buzelato Prestes.

Ainda mais, destaca-se o Parecer nº 1181/2013 que debateu a "competência legislativa concorrente do Município para dispor sobre limites das APPs quando oferecer maior proteção ambiental [...]",[118] lavrado pelo procurador municipal Felipe Costa Ramos. Distingue-se também o Parecer nº 1188/2014, elaborado pelo procurador municipal Marcelo Dias Ferreira, que tratou da "aplicação da Lei da Mata Atlântica no âmbito do município de Porto Alegre (Lei Federal nº 11.428, de 22 de dezembro de 2006).

---

[114] PROCURADORIA de urbanismo e meio ambiente. Prefeitura de Porto Alegre. Disponível em: http://www2.portoalegre.rs.gov.br/pgm/default.php?reg=3&p_secao=512. Acesso em 11 jun. 2022.

[115] PRESTES, Vanêsca Buzelato. Regularização urbanística do projeto de assentamento da área destinada aos Kaigangues. *Revista da procuradoria-geral do município de Porto Alegre*, Porto Alegre, n. 24, p. 187-190, dez. 2010.

[116] VIZZOTTO, Andrea Teichmann. Planejamento e Gestão Urbana. Plano de incentivo às transferências de potencial construtivo para obras da Copa do Mundo de 2014. Índice Verde. *Revista da procuradoria-geral do município de Porto Alegre*, Porto Alegre, n. 25, p. 199-212, 2014.

[117] PRESTES, Vanêsca Buzelato. Programa minha casa minha vida. Concessão de incentivos urbanístico. Obrigatoriedade termo de compromisso. Lei Municipal n. 636. *Revista da procuradoria-geral do município de Porto Alegre*, Porto Alegre, n. 25, p. 262-281, 2014.

[118] RAMOS, Felipe Costa. Área de Preservação Permanente (APP) em topo de morro. Previsão no Plano Diretor de Desenvolvimento Urbano Ambiental (PDDUA). Aplicabilidade. *Revista da procuradoria-geral do município de Porto Alegre*, Porto Alegre, n. 27, p. 134, 2012.

Critérios norteadores a serem definidos em lei municipal própria, através da instituição de uma política municipal de proteção".[119]

Outrossim, sobreleva-se o Parecer nº 1198/2016, desenvolvido pela procuradora municipal Eleonora Braz Serralta[120] que discutiu:

> O problema aqui enfrentado diz respeito ao artigo 4º, I, da Lei Federal nº 12.651/12 que considera Áreas de Preservação Permanente (APP) as faixas marginais dos cursos d'água, estabelecendo metragens de proteção que, muitas vezes, incidem em grande parte ou no todo dos terrenos em que os proprietários/usuários pleiteiam licenças para edificar, motivando o indeferimento do pedido, já que essa faixa foi inserida na DMWeb, por força do que determina a lei ambiental federal.[121]

Portanto, diante desse cenário, o resultado do longuíssimo trabalho desempenhado pela Advocacia Pública Municipal porto-alegrense foi o recebimento do Prêmio Innovare 2016, na categoria advocacia, com o trabalho intitulado: "regularização fundiária: advocacia pública atuando para o reconhecimento de direitos".[122] Esse reconhecimento ocorreu em virtude do fato de que o mencionado órgão é a única procuradoria que possui competência para o ajuizamento de processos de regularização fundiária em nome de terceiros.[123] Isto posto, evidencia-se que as ações realizadas pela procuradoria demonstram-se exitosas para garantir direitos aos seus cidadãos em tarefas que envolvam, direta ou indiretamente, associação ao meio ambiente. Fundamentalmente, há a satisfação do comando constitucional de resguardar o direito fundamental ao meio ambiente ecologicamente equilibrado.

5   Considerações finais

A Advocacia Pública Municipal revela-se primordial para a promoção de direitos fundamentais, especialmente na instituição e utilização dos instrumentos jurídicos necessários para a realização desses direitos. Em virtude disso, as procuradorias demonstram-se, no contexto nacional, peças-chave para a eficácia dos comandos constitucionais relacionados à asseguração de um meio ambiente ecologicamente equilibrado para todos.

Ademais, a especialização da estrutura interna das advocacias públicas municipais insurge-se como um fator singular para a dinamização de ações que contribuam para a conservação ambiental e o desenvolvimento sustentável. Tal dinamização ocorre tanto nas

---

[119] FERREIRA, Marcelo Dias. Lei da Mata Atlântica. Aplicação ao território de Porto Alegre que tem biomas Pampa e Mata Atlântica. Sugestão de Elaboração de Lei Municipal com critérios específicos. Competência Municipal. *Revista da procuradoria-geral do município de Porto Alegre*, Porto Alegre, n. 28, p. 131, 2013.

[120] SERRALTA, Eleonora Braz. Áreas de Preservação Permanente em Zona Urbana. Análise do Novo Código Florestal. *Revista da procuradoria-geral do município de Porto Alegre*, Porto Alegre, n. 30, p. 260, 2016.

[121] PORTO ALEGRE. Procuradoria de Urbanismo e Meio Ambiente. Parecer nº1198/2016. Porto Alegre, 7 abr. 2016. Disponível em: http://lproweb.procempa.com.br/pmpa/prefpoa/pgm/usu_doc/1198-2016.pdf. Acesso em: 10 jun. 2022.

[122] PRESTES, Vanêsca Buzelato *et al.* Prêmio Innovare 2016 – Regularização Fundiária: Advocacia Pública atuando para o reconhecimento de direitos. *Revista da procuradoria-geral do município de Porto Alegre*, Porto Alegre, n. 30, p. 270, 2016.

[123] *Ibidem*, p. 271.

demandas contenciosas quanto na operacionalização de procedimentos administrativos afetos direta ou indiretamente ao meio ambiente.

Os objetivos da pesquisa foram alcançados, visto que a Constituição Federal estabelece, objetivamente, o papel dos agentes públicos na tarefa de resguardo ambiental e a forma participação da Advocacia Pública Municipal nesse processo. Ainda, identificou-se o conjunto de institutos jurídicos elementares para a efetivação de direitos fundamentais, especialmente os direitos destinados à preservação ambiental. E, no âmbito do município de Porto Alegre, foi possível descrever as atribuições destinadas à Procuradoria-Geral do Munícipio e as ações já realizadas pela Advocacia Pública Municipal em favor da concretização do direito fundamental ao meio ambiente ecologicamente equilibrado.

O estudo demonstrou que, embora a carta federal defina a competência da Administração Pública Municipal para a instituição de quadros técnicos especializados necessários para sua gestão, a carreira mencionada ainda carece de atenção institucional e consolidação da sua atuação no âmbito local. A estruturação da carreira de procurador municipal avança gradativamente nas unidades locais da federação, fato esse que pode significar dificuldade ou inércia do Poder Público em relação à efetivação de direitos fundamentais no munícipio.

Com isso mostra-se a essencialidade da atuação da Advocacia Pública Municipal no processo de proteção ao meio ambiente. Nesse quadro, ressaltam-se os trabalhos realizados pela procuradoria da cidade de Porto Alegre. Tais ações foram feitas pela Advocacia Pública Municipal porto-alegrense e garantiram a efetivação de direitos fundamentais. Em virtude do êxito obtido, as ações mencionadas foram notadamente reconhecidas pela sociedade e foram objeto de premiação. Dessa forma, recomenda-se o aprofundamento dos estudos relacionados à matéria em questão, com o objetivo de que haja continuidade na discussão acerca do papel exercido pelas procuradorias municipais para a efetivação e consolidação de direitos, principalmente em relação ao meio ambiente.

Referências

ALFONSIN, Betânia de Moraes. A regularização fundiária: um imperativo ético da cidade sustentável – O caso de Porto Alegre. *In*: SAULE JÚNIOR, Nelson. *Direito à cidade*: trilhas legais para o direito às cidades sustentáveis. São Paulo: Max Limonad, 1999. p. 157-172.

AMADO, Frederico. *Curso de direito e prática ambiental*. Salvador: Editora JusPodivm, 2018.

AMORIM, Victor Aguiar Jardim de. *Curso de direito constitucional*: atualizada até a EC nº 67, 22/12/2010. Rio de Janeiro: Ferreira, 2011.

A PROCURADORIA-GERAL do Município. Prefeitura de Porto Alegre. Disponível em: http://www2. portoalegre.rs.gov.br/pgm/default.php?p_secao=4. Acesso em 11 jun. 2022.

AZAMBUJA, Darcy. *Teoria geral do estado*. 4. ed. São Paulo: Globo, 2008.

BALDO, Iumar Junior. *Direito à cidade*: uma possibilidade real a partir do acesso à moradia digna e sua função socioambiental. Curitiba: Multideia, 2012.

BARROS, Wellington Pacheco. *Direito ambiental sistematizado*. Porto Alegre: Livraria do Advogado, 2008.

BASTOS, Celso Riberio. *Curso de direito constitucional*. 18. ed. São Paulo: Saraiva, 1997.

BENJAMIN, Antonio Herman V. Função Ambiental. *In*: BENJAMIN, Antonio Herman V. *Dano ambiental*: prevenção, reparação e repressão. vol. 2. São Paulo: Revista dos Tribunais, 1993. p. 9-82.

BOHN, Liana; ERVILHA, Gabriel Teixeira; DALBERTO, Cassiano Ricardo. IDHM e eficiência: o desenvolvimento municipal sob um novo prisma. *In*: Encontro Nacional de Economia, 43, 2015. *Anais...* Florianópolis: Associação Nacional dos Centros de Pós-graduação em Economia, 2015. Disponível: https://www.anpec.org.br/encontro/2015/submissao/files_I/i6-7b26220323e6f3f4182a4409b1c768cc.pdf. Acesso em: 01 jun. 2022.

BRASIL. [Constituição (1988)]. *Constituição da República Federativa do Brasil de 1988*. Brasília, DF: Presidência da República. Disponível: https:// http://www.planalto.gov.br/ccivil_03/constituicao/constituicao.htm. Acesso em: 25 maio 2022.

BRASIL. *Lei nº 10.257, de 10 de julho de 2001*.Regulamenta os arts. 182 e 183 da Constituição Federal, estabelece diretrizes gerais da política urbana e dá outras providências. Brasília, DF: Presidência da República. Disponível em: http://www.planalto.gov.br/ccivil_03/leis/leis_2001/l10257.htm. Acesso em 02 jun. 2022.

BRASILEIRO, Ana Maria. Política urbana – Quem decide. *In*: PESSOA, Álvaro (Coord.). *Direito do urbanismo*: uma visão sócio-jurídica. Rio de Janeiro: Livros técnicos e científicos: Instituto Brasileiro de Administração Municipal, 1981. p. 25-38.

CAMARGO, Ricardo Antônio Lucas. *Advocacia pública*: mito e realidade. São Paulo: Memória Jurídica, 2005.

CONHEÇA Porto Alegre. Prefeitura de Porto Alegre. Disponível em: https://prefeitura.poa.br/gp/projetos/conheca-porto-alegre. Acesso em: 10 jun. 2022.

CORDARO, Cesar Antonio Alves. A Advocacia Pública dos Municípios: necessidade de tratamento constitucional. *In*: GUEDES, Jeferson Carús; SOUZA, Luciane Moessa de (Coords.). *Advocacia de Estado*: questões institucionais para construção de um estado de justiça: estudos em homenagem a Diogo de Figueiredo Moreira Neto e José Antonio Dias Toffoli. Belo Horizonte: Fórum, 2022. p. 231-240.

COSTA, Nelson Nery. *Direito municipal brasileiro*. Rio de Janeiro: Forense, 2010.

DAIBERT, Arlindo. Papel constitucional do Município na custódia do ambiente no Brasil. *In*: DAIBERT, Arlindo *et al*. *Direito municipal em debate*. Belo Horizonte: Fórum, 2008.

DUARTE, Thiago Sanches; SANTOS, Gustavo Seabra. A advocacia pública municipal no quadro constitucional das funções essenciais ao estado e à justiça: indispensabilidade de instituição, privatividade, de exercício por membros da carreira e concretização da determinação constitucional pelos munícipios. *Seabra Diniz Advogados*, Rio de Janeiro, 17 jan. 2020. Artigos. Disponível em: https://seabradiniz.com.br/a-advocacia-publica-municipal-no-quadro-constitucional-das-funcoes-essenciais-ao-estado-e-a-justica-indispensabilidade-de-instituicao-privatividade-de-exercicio-por-membros-da-carreira-e-concretizac/?utm_source=rss&utm_medium=rss&utm_campaign=a-advocacia-publica-municipal-no-quadro-constitucional-das-funcoes-essenciais-ao-estado-e-a-justica-indispensabilidade-de-instituicao-privatividade-de-exercicio-por-membros-da-carreira-e-concretizac. Acesso em: 26 maio 2022.

FARIAS, Paulo José Leite. *Competência federativa e proteção ambiental*. Porto Alegre: Sergio Antonio Fabris Editor, 1999.

FENSTERSEIFER, Tiago. *Direitos fundamentais e proteção do meio ambiente*: a dimensão ecológica da dignidade humana no marco jurídico-constitucional do estado socioambiental de direito. Porto Alegre: Livraria do Advogado Editora, 2008.

FERREIRA, Marcelo Dias. Lei da Mata Atlântica. Aplicação ao território de Porto Alegre que tem biomas Pampa e Mata Atlântica. Sugestão de Elaboração de Lei Municipal com critérios específicos. Competência Municipal. *Revista da procuradoria-geral do município de Porto Alegre*, Porto Alegre, n. 28, p. 131, 2013.

FIORILLO, Celso Antonio Pacheco. *Estatuto da cidade comentado*: Lei 10.257/2001 – Lei do Meio Ambiente Artificial. 2. ed. São Paulo: Revista dos Tribunais, 2005.

GRINOVER, Ada Pellegrini. Ações ambientais de hoje e de amanhã. *In*: BENJAMIN, Antonio Herman V (Coord.). *Dano ambiental*: prevenção, reparação e repressão. vol. 2. São Paulo: Revista dos Tribunais, 1993. p. 250-256.

HESSE, Korand. *A força normativa da constituição*. Trad. Gilmar Ferreira Mendes. Porto Alegre: Sergio Antonio Fabris Editor, 1991.

INSTITUTO BRASILEIRO DE GEOGRAFIA E ESTATÍSTICA. *Panorama*. Disponível em: https://cidades.ibge. gov.br/brasil/rs/porto-alegre/panorama. Acesso em 10 jun. 2022.

LAKATOS, Eva Maria. *Técnicas de pesquisa*. 9. ed. São Paulo: Atlas, 2021.

LAURINDO, Iara Morassi. O desrespeito aos direitos humanos fundamentais no curso da história. *Revista de direito constitucional e internacional*, São Paulo, v. 87, n. 22, p. 29-43, abr./jun. 2014.

LIVI, Fernando Pohlmann. Elementos do clima: o contraste de tempos frios e quentes. *In*: MENEGAT, Rualdo et al. *Atlas ambiental de Porto Alegre*. Porto Alegre: Ed. Universidade/UFRGS, 1998. p. 73-78.

MADUREIRA, Claudio Penedo. A instituição de procuradorias municipais como imposição constitucional. *In*: TAVARES, Gustavo Machado; MOURÃO, Carlos Figueiredo; VIEIRA, Raphael Diógenes Serafim (Coords.). *A obrigatoriedade constitucional das procuradorias municipais*. Belo Horizonte: Fórum, 2022. p. 24-53.

MAGALHÃES, Maria Luísa Faro. Função social da propriedade e meio ambiente – Princípios reciclados. *In*: BENJAMIN, Antonio Herman V. (Coord.). *Dano ambiental*: prevenção, reparação e repressão. vol. 2. São Paulo: Revista dos Tribunais, 1993. p. 147-151.

MAIOLINO, Eurico Zecchin. Desafios à efetividade dos direitos fundamentais. *Revista dos tribunais*, São Paulo, v. 893, n. 1, p. 47-61, mar. 2010.

MALUF, Sahid. *Teoria geral do estado*. 35. ed. São Paulo: Saraiva, 2019.

MANCUSO, Rodolfo de Camargo. *Ação popular*: proteção do erário público, do patrimônio cultural e natural, e do meio ambiente. São Paulo: Revista dos Tribunais, 1993.

MEIRELLES, Hely Lopes. *Direito municipal brasileiro*. 9. ed. São Paulo: Malheiros, 1997.

MENDES, Gilmar Ferreira; COELHO, Inocêncio Mártires; BRANCO, Paulo Gustavo Gonet. *Curso de direito constitucional*. 3. ed. São Paulo: Saraiva, 2008.

MENDONÇA, Clarice Corrêa de; VIEIRA, Raphael Diógenes Serafim; PORTO, Nathália França Figuerêdo. *1º Diagnóstico da Advocacia Pública Municipal no Brasil*. 2. ed. Belo Horizonte: Fórum; Herkenhoff & Prates, 2018.

MILARÉ, Édis. Processo Coletivo Ambiental. *In*: BENJAMIN, Antonio Herman V. (Coord.). *Dano ambiental*: prevenção, reparação e repressão. vol. 2. São Paulo: Revista dos Tribunais, 1993. p. 257-277.

MINAYO, Maria Cecília de Souza. *O desafio do conhecimento*: pesquisa qualitativa em saúde. 4. ed. São Paulo: HUCITEC, 2014.

MOREIRA NETO, Diogo de Figueiredo. A Advocacia de Estado revisitada: essencialidade ao Estado Democrático de Direito. *In*: GUEDES, Jeferson Carús; SOUZA, Luciane Moessa de (Coords.). *Advocacia de estado*: questões institucionais para construção de um estado de justiça: estudos em homenagem a Diogo de Figueiredo Moreira Neto e José Antonio Dias Toffoli. Belo Horizonte: Fórum, 2022. p. 24-53.

MUKAI, Toshio. *O estatuto da cidade*: anotações à Lei n. 10.257, de 10-7-2001. São Paulo: Saraiva, 2013.

NERY, Cristiane da Costa. A constitucionalização da Carreira do procurador municipal: função essencial e típica de estado. *Revista da procuradoria-geral do município de Porto Alegre*, Porto Alegre, n. 23, p. 93-110, dez. 2009.

NERY, Cristiane da Costa. A Procuradoria-Geral do Município de Porto Alegre: Quem Somos Hoje. *Revista da procuradoria-geral do município de Porto Alegre*, Porto Alegre, Edição Especial de 90 anos, p. 07-08, jul. 2015.

O QUE são unidades de conservação. Prefeitura de Porto Alegre. Disponível em: http://www2.portoalegre. rs.gov.br/smam/default.php?p_secao=350. Acesso em 10 jun. 2022.

OS PARQUES de Porto Alegre. Prefeitura de Porto Alegre. Disponível em: http://www2.portoalegre.rs.gov. br/smam/default.php?p_secao=290. Acesso em: 10 jun. 2022.

PAULO, Vicente; ALEXANDRINO, Marcelo. *Direito constitucional descomplicado*. 15. ed. Rio de Janeiro: Forense; São Paulo: Método, 2016.

PORTO, Maria Luiza *et al*. Unidades de conservação ambiental. *In*: MENEGAT, Rualdo *et al*. *Atlas ambiental de Porto Alegre*. Porto Alegre: Ed. Universidade/UFRGS, 1998. p. 79-94.

PORTO ALEGRE. Lei Complementar nº 701, de 18 de julho de 2012. Institui a Lei Orgânica da Procuradoria-Geral do Município (PGM). Disponível em: https://leismunicipais.com.br/a1/rs/p/porto-alegre/lei-complementar/2012/70/701/lei-complementar-n-701-2012-institui-a-lei-organica-da-procuradoria-geral-do-municipio-pgm. Acesso em: 11 jun. 2022.

PORTO ALEGRE. Procuradoria de Urbanismo e Meio Ambiente. Parecer nº1198/2016. Porto Alegre, 7 abr. 2016. Disponível em: http://lproweb.procempa.com.br/pmpa/prefpoa/pgm/usu_doc/1198-2016.pdf. Acesso em: 10 jun. 2022.

PROCURADORIA de assistência e regularização fundiária – PARF. Prefeitura de Porto Alegre. Disponível em: http://www2.portoalegre.rs.gov.br/pgm/default.php?reg=5&p_secao=512. Acesso em 11 jun. 2022.

PROCURADORIA de urbanismo e meio ambiente. Prefeitura de Porto Alegre. Disponível em: http://www2. portoalegre.rs.gov.br/pgm/default.php?reg=3&p_secao=512. Acesso em 11 jun. 2022.

PROCURADORIA-GERAL adjunta de domínio público, urbanismo e meio ambiente. Prefeitura de Porto Alegre. Disponível em: http://www2.portoalegre.rs.gov.br/pgm/default.php?p_secao=64. Acesso em: 11 jun. 2022.

PRESTES, Vanêsca Buzelato *et al*. Prêmio Innovare 2016 – Regularização Fundiária: Advocacia Pública atuando para o reconhecimento de direitos. *Revista da procuradoria-geral do município de Porto Alegre*, Porto Alegre, n. 30, p. 270, 2016.

PRESTES, Vanêsca Buzelato. Programa minha casa minha vida. Concessão de incentivos urbanísticos. Obrigatoriedade termo de compromisso. Lei Municipal n. 636/10. *Revista da procuradoria-geral do município de Porto Alegre*, Porto Alegre, n. 25, p. 262-281, 2014.

PRESTES, Vanêsca Buzelato. Regularização urbanística do projeto de assentamento da área destinada aos Kaigangues. *Revista da procuradoria-geral do município de Porto Alegre*, Porto Alegre, n. 24, p. 187-190, dez. 2010.

RAMOS, Felipe Costa. Área de Preservação Permanente (APP) em topo de morro. Previsão no Plano Diretor de Desenvolvimento Urbano Ambiental (PDDUA). Aplicabilidade. *Revista da procuradoria-geral do município de Porto Alegre*, Porto Alegre, n. 27, p. 134, 2012.

SANCHONETE, Maria do Carmo. Cidade das árvores: arborização urbana. *In*: MENEGAT, Rualdo *et al*. *Atlas ambiental de Porto Alegre*. Porto Alegre: Ed. Universidade/UFRGS, 1998. p. 133-150

SARLET, Ingo Wolfgang; FENSTERSEIFER, Tiago. *Direito constitucional ambiental*: constituição, direito fundamentais e proteção do ambiente. 4. ed. São Paulo: Revista dos Tribunais, 2014.

SERRALTA, Eleonora Braz. Áreas de Preservação Permanente em Zona Urbana. Análise do Novo Código Florestal. *Revista da procuradoria-geral do município de Porto Alegre*, Porto Alegre, n. 30, p. 260, 2016.

SAULE JÚNIOR, Nelson. *Novas perspectivas do direito urbanístico brasileiro*: ordenamento constitucional da política urbana, aplicação e eficácia do plano diretor. Porto Alegre: Sergio Antônio Fabris Editor, 1997.

SILVA, José Afonso da. *Comentário contextual à constituição*. 3. ed. São Paulo: Malheiros, 2007.

SILVA, José Afonso da. *Curso de direito constitucional positivo*. São Paulo: Malheiros, 2000.

SIMÕES, Renato Mário Borges. Decorrências jurídicas da caracterização dos Procuradores Municipais como funções típicas de Estado: teto remuneratório, procuradorias jurídicas organizadas em carreira, inconstitucionalidade da terceirização da dívida ativa. *In*: DAIBERT, Arlindo *et al*. *Direito municipal em debate*. Belo Horizonte: Fórum, 2008. p. 267-290.

SOUZA, Robson Soares de. A simetria orgânica aplicável à advocacia como meio de efetivação de direitos fundamentais. *In*: TAVARES, Gustavo Machado; MOURÂO, Carlos Figueiredo; VIEIRA, Raphael Diógenes Serafim (Coords.). *A obrigatoriedade constitucional das procuradorias municipais*. Belo Horizonte: Fórum, 2022. p. 142-192.

VIZZOTTO, Andrea Teichmann. O exercício da competência dos Municípios em matéria urbano-ambiental. *In*: DAIBERT, Arlindo *et al*. *Direito municipal em debate*. Belo Horizonte: Fórum, 2008. p. 25-58

VIZZOTTO, Andrea Teichmann. Planejamento e gestão urbana. Plano de incentivo às transferências de potencial construtivo para obras da Copa do Mundo de 2014. Índice Verde. *Revista da procuradoria-geral do município de Porto Alegre*, Porto Alegre, n. 25, p. 199-212, 2014.

ZANELLA, Liane Carly Hermes. *Metodologia de pesquisa*. 2. ed. Florianópolis: Departamento de Ciências da Administração/UFSC, 2013.

APÊNDICE A – PROCURADORIAS COM OU SEM ÓRGÃO ESPECIALIZADO EM MATÉRIA AMBIENTAL

(continua)

Nome da Procuradoria	Possui procuradoria especializada em matéria ambiental		Fonte
	Sim	Não	
Procuradoria-Geral do Município de Florianópolis	X		https://www.pmf.sc.gov.br/entidades/procuradoria/index.php?cms=a+procuradoria&menu=1&submenuid=sobre
Procuradoria-Geral do Município de Porto Alegre	X		http://www2.portoalegre.rs.gov.br/pgm/default.php?p_secao=4
Procuradoria-Geral do Município de Curitiba		X	https://imap.curitiba.pr.gov.br/estrutura-procuradoria.html
Procuradoria-Geral do Município de Porto Velho	X		https://pgm.portovelho.ro.gov.br/artigo/20063/organograma-pgm
Procuradoria-Geral do Município de Manaus	X		https://pgm.manaus.am.gov.br/estrutura-organizacional/
Procuradoria-Geral do Município de Rio Branco	X		http://portalcgm.riobranco.ac.gov.br/lai/institucional/procuradoria-juridica/
Procuradoria-Geral do Município de Campo Grande		X	https://prefcg-repositorio.campogrande.ms.gov.br/wp-cdn/uploads/sites/17/2016/12/ESTRUTURA-PGM.pdf
Procuradoria-Geral do Município de Macapá		X	https://macapa.ap.gov.br/unidade-administrativa/progem/
Procuradoria-Geral do Munícipio de Boa Vista		X	https://boavista.rr.gov.br/prefeitura/secretarias-e-orgaos-municipais/procuradoria-geral-do-municipio
Procuradoria-Geral do Município de Cuiabá		X	https://www.cuiaba.mt.gov.br/secretarias/procuradoria-geral/estrutura-organizacional/
Procuradoria-Geral do Município de Palmas		X	https://www.palmas.to.gov.br/media/doc/11_11_2019_18_35_26.pdf
Procuradoria-Geral do Município de São Paulo	X		https://www.prefeitura.sp.gov.br/cidade/secretarias/procuradoria_geral/acesso_a_informacao/index.php?p=178678

(conclusão)

Nome da Procuradoria	Possui procuradoria especializada em matéria ambiental		Fonte
	Sim	Não	
Procuradoria-Geral do Município de Teresina	X		http://antigopgm.teresina.pi.gov.br/admin/upload/documentos/3289b6532e.PDF
Procuradoria-Geral do Município do Rio de Janeiro	X		https://procuradoria.prefeitura.rio/estrutura-2/
Procuradoria-Geral do Município de Belém		X	https://pgm.belem.pa.gov.br/institucional/diretoria-executiva/#
Procuradoria-Geral do Município de Goiânia		X	https://www.goiania.go.gov.br/procuradoria/
Procuradoria-Geral do Município de Salvador	X		https://www.pgms.salvador.ba.gov.br/portalpgms/wp-content/uploads/2018/11/ORGANOGRAMA.pdf
Procuradoria-Geral do Município de São Luís	X		https://www.saoluis.ma.gov.br/pgm/conteudo/3551
Procuradoria-Geral do Município de Maceió		X	https://maceio.al.gov.br/secretarias-e-orgaos/pgm
Procuradoria-Geral do Município de Belo Horizonte		X	https://prefeitura.pbh.gov.br/procuradoria/decreto16683
Procuradoria-Geral do Município de Fortaleza	X		https://portal.pgm.fortaleza.ce.gov.br/quem_e_quem
Procuradoria-Geral do Município de Recife	X		https://pgm.recife.pe.gov.br/organograma-0
Procuradoria-Geral do Município de João Pessoa		X	https://www.joaopessoa.pb.gov.br/wp-content/uploads/2020/06/Organograma.pdf
Procuradoria-Geral do Município de Aracaju	X		https://www.aracaju.se.gov.br/procuradoria/estrutura_administrativa
Procuradoria-Geral do Município de Natal		X	https://www.natal.rn.gov.br/pgm/index
Procuradoria-Geral do Município de Vitória		X	https://www.vitoria.es.gov.br/pgm

Fonte: Elaborada pelo autor, 2022.

PARTE II

ARTIGO DE CONVIDADO

ADVOCACIA PÚBLICA, INTERPRETAÇÃO VINCULANTE E SEGREGAÇÃO DE FUNÇÕES

RICARDO MARCONDES MARTINS

1 Introito

Neste breve estudo pretende-se relacionar as bases conceituas da atuação da Advocacia Pública com a regra fixada no artigo 30 da Lei de Introdução às Normas do Direito Brasileiro (Decreto-Lei 4.657/42). Para tanto, faz-se necessário estabelecer, de início, a razão de ser da Advocacia Pública, compreendendo-a como Advocacia de Estado e não de Governo. Dito isso, será possível compreender o caráter vinculante de suas manifestações para toda respectiva entidade federativa. Compreendido esse caráter vinculante, será possível examinar a relação da atuação da Advocacia Pública com o princípio da segregação de funções, princípio esse expressamente previsto no artigo 5º da Nova Lei de Licitações e Contratos Administrativos (Lei 14.133/21). Espera-se que este estudo contribua, de algum modo, para a compreensão da atuação da Advocacia Pública e o aprimoramento do seu exercício funcional.

2 Advocacia Pública

A atividade jurídica da administração pública deve ser exercida pela Advocacia Pública. Esta é integrada por servidores públicos formados em Direito (a), aprovados no exame da Ordem dos Advogados (b), aprovados em concurso público (c) para cargo público efetivo (d), e, por isso, dotados, após aprovados em estágio probatório, de estabilidade (e). Os cinco requisitos exigem uma breve explicação.

A Advocacia Pública tem por missão exercer a atividade jurídica da Administração Pública. Costuma-se diferenciar essa atividade em dois grupos: atividade judicial, referente à atuação nas ações judiciais em que o Poder Público seja autor, réu, assistente ou opoente, e extrajudicial, referente à atuação consultiva e de assessoramento.[1]

---

[1] Sobre o tema, por todos: DI PIETRO, Maria Sylvia Zanella. *Direito Administrativo*: pareceres. Rio de Janeiro: Forense, 2015, p. 55.

Adota-se, porém, um conceito mais amplo: toda interpretação jurídica a ser realizada pela Administração Pública é de incumbência da Advocacia Pública. Cabe a ela, por definição, realizar a jurisdição – no sentido etimológico de "dizer o direito", *jurisdictio, jus dicere, juris dictio* – no âmbito administrativo. Para tanto, os agentes que a integram precisam ser formados em Direito.

Discute-se na doutrina se o estudo do Direito consiste em um estudo técnico ou científico.[2] Isso porque muitos não acreditam que a interpretação jurídica corresponda a um conhecimento científico.[3] Em que pese essa divergência, segundo o Ministério da Educação, o Curso de Direito é um curso de nível superior; e não um curso técnico, considerado de nível médio. Essa orientação do Ministério é acertada: em que pese o ceticismo de muitos, a interpretação jurídica envolve um discurso correto sobre a disciplina de conduta vigente.[4] Trata-se, pois, de um estudo científico, que exige formação universitária.

Nos termos do inciso XIII do artigo 5º da CF/88, o legislador restringiu o exercício da atividade jurídica profissional. O exercício da advocacia, nos termos do inciso IV do art. 8º da Lei Federal 8.906/94, exige aprovação prévia em exame realizado pela Ordem dos Advogados do Brasil. Trata-se de verificação estatal, realizada pelo respectivo Conselho Profissional, de que os formados em Direito possuem o conhecimento mínimo para o exercício da profissão.

Não basta, porém, que os integrantes da Advocacia Pública se formem na Faculdade de Direito e sejam aprovados no Exame da Ordem. Devem integrar cargo público de provimento efetivo e, nos termos do inciso II do art. 37 da CF/88, a investidura nesse tipo de cargo exige a prévia aprovação em concurso público. Os integrantes da Advocacia Pública precisam, portanto, ser aprovados em concurso público, justamente porque essa é uma exigência constitucional para investidura em cargo público de provimento efetivo. Contudo, qual a razão da necessidade dessa investidura?

A resposta a essa questão exige diferenciar a Advocacia de Estado da Advocacia de Governo.[5] Para tanto, faz-se necessário atentar para o próprio conceito de Administração Pública: por definição, ela existe para realizar o interesse público, compreendido

---

[2] O discurso técnico pretende chegar a um resultado, mas não, necessariamente, por um método correto; o discurso científico busca enunciar afirmações corretas, verdadeiras, sobre dado objeto. Sobre a distinção, por todos: FERRAZ JR., Tercio Sampaio. *A ciência do direito.* São Paulo: Atlas, 1980, p. 10 et seq.

[3] Sobre o tema vide: MARTINS, Ricardo Marcondes. Produção científica do direito administrativo. *Revista Colunistas de Direito do Estado,* São Paulo, n. 393, 22 abr. 2018. Disponível em: https://goo.gl/f2U4oC. Acesso em 13 set. 2022. Para Carlos Ari Sundfeld, por exemplo, o Direito seria equiparável à culinária: assim como não há ciência na elaboração de alimentos saborosos, não haveria ciência na exegese de textos normativos (SUNDFELD, Carlos Ari. *Direito administrativo para céticos.* 2. ed. São Paulo: Malheiros, 2014, p. 179-203, em especial p. 191).

[4] Adotadas as premissas teóricas de Carlos Santiago Nino e Ronald Dworkin há, sim, interpretação *correta.* Para o primeiro, a dogmática jurídica impõe ao intérprete pressupor que o conjunto normativo seja *coerente* (SANTIAGO NINO, Carlos. *Introdução à análise do direito.* Trad. Elza Maria Gasparotto. São Paulo: WMF Martins Fontes, 2015, p. 387). Segundo sua "teoria do legislador racional", o intérprete deve pressupor que o Legislador seja único, imperecível, consciente, onisciente, operante, justo, coerente, onicompreensivo e preciso (Idem, p. 386-387). Para Dworkin, existem dois princípios de integridade política, um destinado ao editor normativo, outro destinado ao aplicador, segundo os quais as normas jurídicas devem ser vistas como um "sistema único e coerente de justiça e equidade na correta proporção" (DWORKIN, Ronald. *O império do direito.* Trad. Jefferson Luiz Camargo. São Paulo: Martins Fontes, 2003, p. 264).

[5] Sobre o tema vide: MARTINS, Ricardo Marcondes. Aspectos controvertidos da Advocacia Pública. *Revista de Direito Administrativo e Infraestrutura* – RDAI, São Paulo, ano 3, n. 09, p. 367-394, abr./jun. 2019, p. 375 et seq.

como o correto cumprimento do ordenamento jurídico.[6] Toda pessoa que diz respeito à Administração Pública (União, Estados, Distrito Federal, Municípios, bem como todas as entidades da Administração Indireta) não possui, por definição, liberdade.[7] A associação desta palavra às entidades públicas é conceitualmente equivocada: essas pessoas têm apenas e tão somente o interesse de cumprir o ordenamento jurídico. Logo, não possuem uma esfera de atuação livre, a ser definida pelo livre-arbítrio das pessoas que as tornam presentes nas relações jurídicas. Os espaços decisórios na função pública, quando existentes, importam no exercício de competência discricionária, que nada tem a ver com a situação de liberdade.[8]

A atividade jurídica exercida nessas entidades não se dá para satisfazer o interesse pessoal dos governantes, dos superiores hierárquicos, dos titulares de cargos eletivos. Dá-se para satisfazer os interesses das entidades, interesses correspondentes, sempre, ao correto cumprimento da Constituição, das leis e dos regulamentos. Daí a distinção entre "Advocacia de Governo" – existente para defender os interesses pessoais dos governantes, nem sempre afinado com o ordenamento vigente – e "Advocacia de Estado" – existente para defender o interesse da Administração Pública. Se o governante pratica um crime ou um ato de improbidade, precisará contratar um advogado para defendê-lo. A Administração Pública, para a definição das questões jurídicas que lhe são afetas, também depende de um profissional da advocacia: o Advogado Público integrante da Advocacia Pública.

Entendida essa distinção, é possível perceber a razão pela qual esses profissionais precisam ser titulares de cargo público de provimento efetivo. Só essa investidura lhes assegura estabilidade, nos termos do art. 41 da CF/88. Trata-se de uma prerrogativa indispensável para imunização à malévola influência política e econômica, imunização essa imprescindível para o bom desempenho funcional.[9] Se o ganha-pão do profissional estivesse comprometido cada vez que ele fosse obrigado a contrariar o interesse do superior hierárquico, é de se supor a dificuldade em superar esse constrangimento. Sem a estabilidade ínsita aos cargos de provimento efetivo, a Advocacia de Estado reduz-se a Advocacia de Governo. Em contextos sociais assolados por graves índices de corrupção, os profissionais da advocacia acabam, sem essa prerrogativa funcional, tornando-se escravos de corruptos. Todos os integrantes da Advocacia Pública necessitam, portanto, da estabilidade obtida após a aprovação no estágio probatório,[10] subsequente à aprovação em concurso público.

Essas exigências se aplicam a todos que exercem atividade jurídica na Administração Pública. Para a União e para os Estados, a instituição está expressamente prevista nos artigos 131 e 132 da Constituição Federal de 1988. O artigo 131 previu, para

---

[6] Por todos: MELLO, Celso Antônio Bandeira de. *Curso de direito administrativo brasileiro*. 35. ed. São Paulo: Malheiros, 2021, p. 57.

[7] Cf. MARTINS, Ricardo Marcondes. *Teoria jurídica da liberdade*. São Paulo: Contracorrente, 2015, p. 106 et seq.

[8] Idem, ibidem.

[9] Sobre essa imunização, própria do regime estatutário, vide o pioneiro trabalho de MELLO, Celso Antônio Bandeira de. *Revista de direito administrativo e infraestrutura – RDAI*, ano 4, n. 14, p. 439-449, jul./set. 2020. Vide também: MARTINS, Ricardo Marcondes. *Estudos de direito administrativo neoconstitucional*. São Paulo: Malheiros, 2015, p. 161 et seq.

[10] O estágio probatório vem sendo mal compreendido pela comunidade jurídica brasileira. Sobre o tema vide: MARTINS, Ricardo Marcondes. Estágio probatório e avaliação de desempenho. *Revista Brasileira de Estudos da Função Pública (RBEFP)*, Belo Horizonte, ano 5, n. 13, p.09-35, jan./abr. 2016.

a União, a Advocacia-Geral da União (AGU) e, para a execução de sua dívida ativa de natureza tributária, a Procuradoria Geral da Fazenda Nacional (PGFN). O artigo 132 previu, para os Estados e Distrito Federal, a carreira de Procuradores. Não houve previsão expressa da Advocacia Pública para os Municípios, o que, por evidente, configura verdadeira "lacuna constitucional".[11] É de evidência solar que também os municípios necessitam de Advocacia de Estado, e não de Governo.

Para terminar esse tópico, faz-se necessário examinar um ponto ainda não bem compreendido pela comunidade jurídica em geral. As entidades integrantes da chamada Administração Indireta também são Administração Pública. Aceita-se, com tranquilidade, que os Advogados Públicos de autarquias e fundações públicas sejam titulares de cargos públicos efetivos. Em relação às empresas estatais,[12] porém, vem prevalecendo o entendimento de que seu regime de pessoal é o celetista, de modo que os seus Advogados, no caso, seriam empregados públicos. Esse entendimento é equivocado: em decorrência da redação atribuída ao *caput* do art. 41 da CF/88 pela EC n. 19/98, empregados públicos não gozam de estabilidade. Logo, nem todos os profissionais das empresas estatais podem ser submetidos ao regime celetista. Os advogados de empresas estatais, por integrarem a Advocacia Pública, devem, também, ser titulares de cargo público efetivo. Dessarte: a única exegese compatível com a Constituição é a de que nem todo regime de pessoal de empresas públicas e de sociedades de economia mista é celetista. Impõe-se, necessariamente, um regime misto, pois os advogados devem ser titulares de cargo público efetivo, e não de emprego, pois devem ser detentores da prerrogativa da estabilidade inerente a esse tipo de cargo.[13]

---

[11] A *lacuna constitucional* configura-se quando a norma constitucional é considerada implícita, por extensão ou restrição do texto literal da Constituição, em decorrência de uma análise global, holística, do texto. Não se confunde com o *silêncio constitucional*, norma implícita decorrente do sentido contrário do texto expresso, nem com a *omissão constitucional*, matéria não tratada na Constituição. Sobre os três institutos: MARTINS, Ricardo Marcondes. *Regulação administrativa à luz da Constituição Federal*. São Paulo: Malheiros, 2011, p. 66-71. Sobre a exigência constitucional de Advocacia Pública para os municípios vide: MARTINS, Ricardo Marcondes. Contratação de advogados por pessoas jurídicas de direito público. *In*: TAVARES, Gustavo Machado. *A obrigatoriedade constitucional das procuradorias municipais*. Belo Horizonte: Fórum, 2022, ⎡   ⎤, em especial p. 240-243.

[12] Registram-se duas observações. Consideram-se as Fundações estatais regidas pelo direito privado verdadeiras *contradictio in terminis*. Fundações estatais são, por definição, autarquias (Cf. MELLO, Celso Antônio Bandeira de. *Natureza e regime jurídico das autarquias*. São Paulo: Revista dos Tribunais, 1968, p. 363 et seq.). A previsão legislativa de submissão das Fundações estatais ao direito privado é inconstitucional. Ademais, consideram-se todas as empresas estatais que não exploram atividade econômica contrafações de autarquias, ou seja, autarquias disfarçadas, invalidamente, de empresas estatais. Cf. MARTINS, Ricardo Marcondes. Teoria constitucional das empresas estatais – 1ª parte. *Revista de Direito Administrativo e Infraestrutura – RDAI*, São Paulo, ano 4, n.14, p. 211-262, jul./set. 2020. Logo, o problema restringe-se às Empresas Estatais exploradoras de atividade econômica, únicas em que o regime jurídico, em boa parte, é composto por normas extraídas de textos normativos de Direito Privado, por força do art. 173, parágrafo único, da CF/88.

[13] No passado já admitimos que os advogados de empresas estatais integram a Advocacia Pública: MARTINS, Ricardo Marcondes. Aspectos controvertidos da Advocacia Pública, *Revista de Direito Administrativo e Infraestrutura – RDAI*, São Paulo, ano 3, n. 09, p. 367-394, abr./jun. 2019, p. 372-373, rodapé 11. Em sua tese de doutoramento Claudio Madureira defendeu que a atividade jurídica dessas entidades deve ser atendida pela Advocacia Pública da administração direta (MADUREIRA, Claudio. *Advocacia pública*. Belo Horizonte: Fórum, 2015, p. 126-129). Seu entendimento é mais apropriado do que prevalente na prática. Propõe-se, porém, outro entendimento: a autonomia ínsita à personalidade desses entes não justifica que toda sua atividade jurídica seja exercida pelos órgãos jurídicos da administração direta. A solução mais apropriada é que seu próprio corpo de advogados seja investido em cargos públicos de provimento efetivo, vale dizer, seja submetido ao regime estatutário.

3 Interpretação jurídica e Advocacia Pública

Fixadas as bases conceituais da Advocacia Pública, é possível compreender melhor sua função. A Administração Pública, nos termos antecipados, tem por interesse jurídico cumprir corretamente a Constituição, as leis e os regulamentos. Em suma: cumprir corretamente o Direito, globalmente considerado. Ocorre que para cumprir corretamente o Direito e, pois, para exercer sua missão institucional, faz-se necessário interpretar os textos normativos vigentes. Em rigor, pode-se afirmar que toda e qualquer atividade da Administração Pública pressupõe, de algum modo, a hermenêutica jurídica, atividade que, nos termos também antecipados, exige diploma universitário. Trata-se de uma atividade científica, que envolve estudo e dedicação.

3.1 Competência vinculada e discricionária

Há dois tipos de competência: vinculada e discricionária.[14] A vinculada se configura quando o Direito, globalmente considerado, apresenta uma única solução como correta, do ponto de vista objetivo, ou seja, independente da divergência de opiniões. Nesse caso, a definição da conduta administrativa dá-se tão somente pela interpretação dos textos normativos vigentes – "atividade cognitiva". Esquematicamente, na competência vinculada, a solução "X" é a única admitida pelo Direito. A competência discricionária configura-se quando a definição sobre a melhor forma de realizar o interesse público dá-se tão somente por critérios subjetivos, variáveis de acordo com a visão de mundo de cada pessoa, vale dizer, ínsitos ao pluralismo político. Nesse caso, a definição da conduta administrativa não depende apenas da interpretação, mas de uma escolha entre duas ou mais alternativas possíveis – "atividade volitiva". Esquematicamente, o Direito admite tanto a solução "X" como a solução "Y", cabendo ao agente competente escolher. Esta não é livre, não se assenta no livre-arbítrio, pois o agente tem o dever de escolher a opção que, segundo suas convicções subjetivas, seja a melhor forma de realizar o interesse público.

Em ambas as hipóteses, cientificamente, sempre há uma única solução: no primeiro caso – competência vinculada – essa solução é a identificada pela interpretação jurídica; no segundo – competência discricionária – a solução decorre da escolha pelo agente competente dentre as hipóteses cabíveis, hipóteses essas definidas pela interpretação jurídica. Em ambos, o papel da Advocacia Pública é fundamental: no primeiro, para definição da única solução admissível; no segundo, para que seja apurado se, de fato, a competência é discricionária. Em muitas hipóteses as pessoas divergem sobre a configuração do espaço decisório. É a interpretação dos textos normativos que indicará se é ou não possível a escolha. Ademais, verificado que existe discricionariedade – ou seja, campo para escolha –, cabe descobrir, também pela interpretação jurídica, quais alternativas são juridicamente admissíveis. Também aqui são comuns divergências: alguns pensam ser cabível escolher, por exemplo, "X", "Y" ou "Z", e só é possível

---

[14] Sobre elas: MARTINS, Ricardo Marcondes. Atos administrativos. *In*: MARTINS, Ricardo Marcondes; BACELLAR FILHO, Romeu Felipe. *Tratado de direito administrativo* – v. 5: Ato administrativo e procedimento administrativo. 3. ed. São Paulo: Revista dos Tribunais, 2022, p. 133-142; MARTINS, Ricardo Marcondes. *Teoria jurídica da liberdade*, op. cit., p. 112 et seq.

escolher "X" ou "Y". A interpretação jurídica, nesse caso, é fundamental para apurar se há espaço para escolha e, havendo, quais as alternativas possíveis.[15]

3.2 Interesse primário e secundário

Segundo consagrado pela doutrina, interesse público primário é o interesse decorrente do correto cumprimento do Direito vigente; interesse secundário é o interesse da pessoa jurídica, enquanto pessoa autônoma.[16] O que muitos esquecem é que o interesse secundário, quando se trata da Administração Pública, só é tutelado pelo Direito quando for coincidente com o primário.[17] "Coincidência" significa equivalência absoluta. Logo, o único interesse da Administração Pública, compatível com o Direito, é o primário, pois o secundário só é admitido quando coincidir com o primário.

Em relação à Advocacia Pública, há quem pense que cabe a ela defender o interesse secundário mesmo que não coincidente com o primário.[18] O entendimento é claramente equivocado: não se pode admitir que os agentes públicos tenham a missão de buscar a violação do Direito vigente. Ocorre que se o Advogado Público individualmente considerado tivesse a prerrogativa de definir, sob seu entendimento pessoal, qual o interesse jurídico a ser perseguido no caso concreto, muitas vezes o interesse público restaria comprometido.[19] A adequada tutela do interesse público exige, por isso, que a atuação da Advocacia Pública contrária ao interesse secundário, por exigência do interesse primário, submeta-se aos condicionamentos institucionais.[20]

Noutras palavras: o fato de o Procurador, individualmente considerado, não ter a prerrogativa de deliberar ou por não contestar uma ação judicial ou por não recorrer de uma sentença de improcedência, não significa que seja válida sua atuação quando a Administração Pública não tenha razão. Dessarte: cabe ao Poder Público atuar de acordo com o Direito; insistir na violação do Direito é violá-lo mais intensamente. Ocorre que essas decisões, que contrariam o interesse secundário por exigência do primário, precisam ser adotadas com as cautelas que a instituição impõe. Logo, faz-se necessária autorização da superior hierarquia para reconhecer juridicamente o pedido, não contestar, não recorrer.[21] Essa autorização é fruto da interpretação do Direito vigente e, por isso, é de competência exclusiva da própria Advocacia Pública, questão examinada adiante.

---

[15] Sobre o tema: MARTINS, Ricardo Marcondes. "Políticas públicas" e Judiciário: uma abordagem neoconstitucional. *A&C – Revista de direito administrativo & constitucional*, Belo Horizonte, ano 18, n. 71, p. 145-165, jan./mar. 2018, em especial p. 150-153.

[16] Por todos: MELLO Bandeira de, Celso Antônio. *Curso de direito administrativo brasileiro*. 35. ed. São Paulo: Malheiros, 2021, p. 55-58.

[17] É a lição de ALESSI, Renato. *Principi di diritto amministrativo*. v. I. Milano: Giuffrè, 1966, §126, p. 200-201. No mesmo sentido, MELLO Bandeira de, Celso Antônio. *Curso de direito administrativo brasileiro*. 35. ed. São Paulo: Malheiros, 2021, p. 56. Sobre o tema vide ainda: MARTINS, Ricardo Marcondes. Arbitragem administrativa à luz da Constituição Federal. *Revista de direito administrativo e infraestrutura*. São Paulo, ano 05, n. 18, p. 153-181, jul./set. 2021, em especial p. 162-168.

[18] Cf. MARTINS, Ricardo Marcondes. Aspectos controvertidos da Advocacia Pública, *Revista de Direito Administrativo e Infraestrutura* – RDAI, São Paulo, ano 3, n. 09, p. 367-394, abr./jun. 2019, p. 377-380.

[19] Idem, p. 382-383.

[20] Idem, p. 383.

[21] Sem embargo, em respeito ao entendimento individual do Advogado Público, quando a instituição diverge de seu entendimento pessoal, cabe a ele atuar como *longa manus* do Superior Hierárquico (MARTINS, Ricardo Marcondes. Aspectos controvertidos da Advocacia Pública, *Revista de Direito Administrativo e Infraestrutura* – RDAI, São Paulo, ano 3, n. 09, p. 367-394, abr./jun. 2019, p. 386-388.

3.3 Burocracia e ponderação

Há dois tipos de decisões jurídicas. Boa parte delas não envolve grandes controvérsias, pois decorre do já estabelecido na literalidade dos textos normativos vigentes. Um exemplo trivial é a multa administrativa imposta ao condutor de veículo automotor que ultrapassa o sinal semafórico vermelho, sanção administrativa definida no art. 208 do Código de Trânsito Brasileiro (Lei 9.503/97). A atuação da Administração Pública só é, em grande parte, viável porque, regra geral, dá-se nestes termos: observa padrões fixados em abstrato, cumpridos em concreto de modo burocrático. O cumprimento burocrático é tranquilamente realizado por agentes não formados em Direito.

Excepcionalmente, porém, o cumprimento do Direito é mais complexo. Diferenciam-se três situações: a) subsunção legal com controvérsia interpretativa; b) ponderação administrativa sem afastamento da ponderação legislativa; c) ponderação administrativa com afastamento da ponderação legislativa. No primeiro caso, é aplicável em concreto o padrão abstrato, mas a definição desse padrão envolve controvérsia, caso em que a própria compreensão da literalidade dos textos normativos é problemática. Faz-se, por exemplo, necessário interpretar a lei para entender seu sentido e alcance. Em termos técnicos, o princípio formal que dá primazia às ponderações do Legislador (PFl) não é afastado em concreto, de modo que a Administração deva executar a lei vigente (PF1 + PFl > PF2); porém, não basta ler o que nela está escrito, a execução da lei exige a atuação da Advocacia Pública encarregada de estabelecer a interpretação jurídica a ser adotada pela Administração Pública.

É possível, outrossim, que não haja padrão em abstrato e o Direito exija da Administração uma conduta em cumprimento direto da Constituição — ponderação administrativa sem afastamento da ponderação legislativa. Nesse caso, o princípio formal que dá primazia às ponderações do Legislador (PFl) é afastado em concreto por um princípio oposto ao concretizado pela inação estatal, exigindo a adoção de uma medida administrativa, mesmo na falta de lei expressa (P2 > PF1 + PFl). É possível, ademais, que haja um padrão em abstrato e o Direito exija que a Administração adote solução parcial ou totalmente diversa – ponderação administrativa com afastamento da ponderação legislativa. Nesse caso, o princípio formal que dá primazia às ponderações do Legislador (PFl) é afastado em concreto por força de um princípio material oposto ao concretizado pela Lei, exigindo o parcial ou total afastamento da lei em concreto (P2 > PF1 + PFl). Nesses dois casos, a ponderação administrativa exige a interpretação constitucional, e, pois, a atuação da Advocacia Pública.

Suponha-se, por exemplo, que alguém passe no sinal de trânsito vermelho porque levava alguém ao hospital, alguém que sofria um ataque cardíaco, de modo que a espera de minutos pudesse resultar em sua morte. O afastamento da multa administrativa exige a ponderação concreta e, por meio dela, a apuração de que o princípio constitucional que determina a proteção da vida tem mais peso do que o princípio concretizado pelo respeito à sinalização do trânsito. Essa ponderação, por óbvio, pressupõe a interpretação constitucional.

No caso de dúvida sobre a compreensão da regra legislativa abstrata, a aplicação dá-se por subsunção, após a interpretação fixada pela Advocacia Pública; no caso de edição de norma concreta sem prévia edição de regra legislativa abstrata, ou de afastamento, em concreto, de regra legislativa abstrata, a aplicação dá-se por ponderação das circunstâncias fáticas e jurídicas. No primeiro caso, a Advocacia Pública compreende a ponderação feita pelo Legislador (*interpretação da ponderação legislativa*); no segundo e terceiro casos, a Advocacia Pública explicita a ponderação a ser feita pelo Administrador Público tendo em vista a interpretação da Constituição (*ponderação administrativa*).

A ponderação realizada à luz do caso concreto implica, segundo a lei doutrinária da colisão, proposta por Robert Alexy, a explicitação de uma "regra de precedência condicionada".[22] Enunciada essa regra, os demais órgãos administrativos passarão a aplicá-la, nos casos futuros, de modo burocrático, por subsunção. Assim, caso se considere que nas circunstâncias fáticas "X", prevalece "P2" sobre "P1", explicita-se uma regra abstrata que tem por hipótese "X" e por consequência a prevalência de "P2" sobre "P1". No futuro, portanto, sempre que se configurar "X", burocraticamente os órgãos da Administração devem aplicar essa regra. Do mesmo modo, afastada a dúvida sobre a compreensão de uma regra abstrata, esta torna-se passível de aplicação burocrática.

Havendo qualquer controvérsia, todo e qualquer agente público deve ter a prerrogativa de requerer a elucidação da questão jurídica pela Advocacia Pública. Sensível a isso, o Legislador tornou expresso, no §3º do art. 8º da Lei 14.133/21, que o agente de contratação e a equipe de apoio tem a prerrogativa de contar com o apoio dos órgãos de assessoramento jurídico para o desempenho de suas funções essenciais; no §3º do art. 117 estabeleceu o Legislador que o fiscal do contrato administrativo tem a prerrogativa de ser auxiliado pelos órgãos de assessoramento jurídico, "que deverão dirimir dúvidas e subsidiá-lo com informações relevantes para prevenir riscos na execução contratual"; no parágrafo único do art. 168 preconizou o Legislador que a autoridade competente para deliberar sobre recursos administrativos e pedidos de reconsideração será auxiliada pelo órgão de assessoramento jurídico, "que deverá dirimir dúvidas e subsidiá-la com as informações necessárias". Trata-se de uma "reiteração enfática" de regra implícita do sistema normativo, extensível a todos os agentes públicos: a prerrogativa – quase sempre, o dever – de submeter, diante de dúvida sobre a correta interpretação do direito, e observada a hierarquia administrativa,[23] a questão ao crivo da Advocacia Pública.

3.4 Interpretação vinculante

Cabe, portanto, à Advocacia Pública a missão de dizer, para a respectiva Administração Pública a que está vinculada, o Direito, ou seja, a missão de exercer, no âmbito administrativo, a "jurisdição", ou, ainda, de realizar a interpretação jurídica, seja a interpretação ínsita ao exercício da competência vinculada, seja a necessária ao exercício da competência discricionária. Essa missão institucional leva a uma consequência que vem sendo desprezada por boa parte da comunidade jurídica: sendo a Advocacia Pública o órgão encarregado de realizar essa atividade, os demais órgãos administrativos estão vinculados à orientação jurídica por ela definida.

Trata-se de uma conclusão lógica: a entidade administrativa, para realizar suas funções, deve interpretar o Direito; a interpretação do Direito exige o exercício de uma

---

[22] ALEXY, Robert. *Teoria dos direitos fundamentais*. Trad. Virgílio Afonso da Silva. São Paulo: Malheiros, 2008, p. 94-99.

[23] Por força da hierarquia administrativa, na falta de previsão normativa em sentido contrário, o subalterno deve encaminhar sua dúvida ao superior imediato, e não diretamente à Advocacia Pública.

atividade científica, própria de quem realizar curso universitário de Direito; para o exercício dessa atividade impõe-se a realização de concurso público e a investidura, dos aprovados, em cargo de provimento efetivo; cabe aos aprovados fixar, para a respectiva entidade administrativa, a interpretação jurídica a ser adotada. Logo, a orientação jurídica definida pela Advocacia Pública tem "efeito vinculante" para todos os órgãos e agentes da respectiva Administração Pública. Esse efeito foi definido pelo Supremo Tribunal Federal quando da compreensão da ação declaratória de constitucionalidade: a questão passa a estar decidida – *stare decisis* – para todos os demais agentes.[24]

Essa orientação condiciona a compreensão do art. 30 da Lei de Introdução às Normas do Direito Brasileiro (Decreto-lei 4.657/42), introduzido pela Lei 13.655/18. Segundo o dispositivo, "as autoridades públicas devem atuar para aumentar a segurança jurídica na aplicação das normas, inclusive por meio de regulamentos, súmulas administrativas e respostas a consultas". Na verdade, sempre que houver uma dúvida jurídica, a autoridade deve dirimi-la formulando consulta à Advocacia Pública. Porém, dirimida a dúvida, a segurança jurídica exige o respeito a essa solução para os casos futuros. Nos termos explicados no item anterior, a resposta jurídica dada em concreto leva à enunciação de uma regra abstrata, aplicável aos casos futuros idênticos. Logo, a solução jurídica dada pela Advocacia Pública deve ser adotada de modo vinculante para os casos futuros. Daí a previsão do parágrafo único do referido art. 30: "os instrumentos previstos no *caput* deste artigo terão caráter vinculante em relação ao órgão ou entidade a que se destinam, até ulterior revisão".[25]

A dúvida jurídica pode decorrer ou da interpretação da ponderação legislativa ou da realização da ponderação administrativa em decorrência da interpretação constitucional, nos termos antecipados. No primeiro caso, explicita-se qual a regra abstrata extraída da lei – subsunção legal controversa; no segundo, explicita-se qual a regra abstrata extraída da Constituição em decorrência da ponderação administrativa – aplicação direta da Constituição por ponderação. No primeiro caso, ocorre vinculação à interpretação administrativa sobre a subsunção legal; no segundo ocorre vinculação à interpretação administrativa sobre a interpretação constitucional. Em ambos, a interpretação jurídica é de competência privativa da Advocacia Pública. Deveras: o legislador ao estabelecer essa vinculação no referido parágrafo único do art. 30, explicitou uma vinculação que já estava implícita no sistema normativo, ínsita à missão institucional da Advocacia Pública.

Por evidente, essa vinculação pode ser afastada em duas hipóteses. Primeiro: compreende-se que o caso futuro, apesar de aparentemente subsumido à hipótese da regra abstrata vinculante, não se adequa a essa hipótese; vale dizer, entende-se que há uma peculiaridade do caso que o torna não abrangido pela hipótese da regra abstrata

---

[24] STF, ADC 1 QO, Rel. Min. Moreira Alves, Tribunal Pleno, j. 27.10.1993, DJ 16.06.1995, p. 18212. Sobre o tema, leciona o Min. Gilmar Mendes: "O traço vinculante dos precedentes superiores para a futura atuação das demais cortes de justiça é conhecido como o *stare decisis*, cuja expressão completa é *stare decisis et non quieta movere*: ficar com o que foi decidido e não mover o que está em repouso" (MENDES, Gilmar Ferreira. A ação declaratória de constitucionalidade e a inovação da Emenda Constitucional n. 03, de 1993. *In*: MARTINS, Ives Gandra da Silva; MENDES, Gilmar Ferreira (Coord.). *Ação declaratória de constitucionalidade*. 1. ed., 3. tir. São Paulo: Saraiva, 1996, p. 51-119, em especial p. 83). O tema é aprofundado em: MENDES, Gilmar Ferreira. *Controle abstrato de constitucionalidade*: ADI, ADC e ADO. São Paulo: Saraiva, 2012, p. 680-694.

[25] O valor concretizado por essas normas é, principalmente, a *segurança jurídica*. Cf. NOBRE JÚNIOR, Edilson Pereira. *As normas de direito público na lei de introdução ao direito brasileiro*: paradigma para interpretação e aplicação do direito administrativo. São Paulo: Contracorrente, 2019, p. 217 et seq.

(*distinguish*). Segundo: caso se compreenda que houve um equívoco na interpretação anteriormente realizada – seja a ínsita à subsunção legal, seja a ínsita à ponderação administrativa (*overruling*).[26] Ambas as hipóteses exigem nova manifestação da Advocacia Pública.

Existem dois tipos de vinculação: formal e material. Esta é ditada pelos valores da segurança jurídica e da igualdade, que geram um ônus argumentativo para não observância do precedente. Quando a vinculação é material, a autoridade que não o editou pode afastar o precedente, caso o considere equivocado, desde que enfrente o referido ônus argumentativo. Na vinculação formal, o afastamento é privativo de quem o estabeleceu.

Daí a diferença entre uma súmula vinculante e uma não vinculante. Quando não for formalmente vinculante, o magistrado, caso entenda que é equivocada, pode, em novo caso concreto submetido a sua apreciação, afastá-la; para tanto, em decorrência da vinculação material, deve superar o ônus argumentativo, ou seja, necessita explicitar as razões pelas quais considera que o entendimento sumulado é equivocado. No caso da súmula vinculante só o próprio órgão encarregado de editar a súmula pode alterá-la. As súmulas vinculantes editadas pelo Supremo Tribunal Federal só podem ser alteradas ou canceladas pela própria Corte, ou por ofício ou por provocação de um dos legitimados discriminados no art. 3º da Lei 11.417/06.

O parágrafo único do art. 30 – na verdade a própria compreensão da missão institucional da Advocacia Pública – estabelece uma vinculação formal: no âmbito da respectiva Administração Pública, só a própria Advocacia Pública pode afastar o erro de interpretação ou ponderação anteriormente cometido. Assim, fixado um entendimento jurídico pela Advocacia Geral da União, Procuradoria do Estado ou do Município, esse entendimento é, respectivamente, vinculante para toda União, Estado e Município.

Por óbvio, esse caráter vinculante da interpretação administrativa não é absoluto. Ele pode ser afastado por decisão jurisdicional. O Judiciário é o oráculo do Direito:[27] é o órgão encarregado de dar, quando provocado, a última palavra sobre a interpretação jurídica. Logo, a interpretação fixada pelo Judiciário prevalece e substitui a interpretação dada pela Advocacia Pública.[28] Assim, a vinculação formal das interpretações jurídicas fixadas pela Advocacia Pública, estabelecida pelo parágrafo único do art. 30 da LINDB, é vinculante para os órgãos da Administração Pública enquanto não for alterada pela própria Advocacia Pública ou pelo Judiciário.

Essa relatividade da vinculação gera outro efeito. Quando a autoridade administrativa desconsidera a vinculação e, ao final, os órgãos de controle considerarem que agiu corretamente, a autoridade estará isenta de responsabilização. Suponha-se que a Advocacia Pública fixe o entendimento "X", e o governante adote o entendimento "Y".

---

[26] Sobre ambas: BUSTAMANTE, Thomas da Roda de. *Teoria do precedente judicial*: a justificação e aplicação de regras jurisprudenciais. São Paulo: Contracorrente, 2012, p. 387 et seq.; MARINONI, Luiz Guilherme. *Precedentes obrigatórios*. São Paulo: Revista dos Tribunais, 2010, p. 326 et seq.

[27] Cf. MELLO, Celso Antônio Bandeira de. Mandado de segurança contra denegação ou concessão de liminar. *Revista de direito administrativo e infraestrutura*, São Paulo, ano 3, n. 11, p. 441-449, out./dez. 2019, p. 445-446; MELLO, Celso Antônio Bandeira de. Juízo liminar: poder-dever de exercício do poder cautelar nessa matéria. *Revista trimestral de direito público*, São Paulo, n. 3, p. 106-116, 1993, p. 114.

[28] Sobre essa vinculação administrativa às decisões judiciais vide: MARTINS, Ricardo Marcondes. Prescrição da pretensão tributária. *Revista Tributária e de Finanças Públicas*, São Paulo, ano 16, n. 78, p. 202-233, jan./fev. 2008, p. 220-223.

Demandado, o governante não terá a prerrogativa de ser defendido pela Advocacia Pública (art. 10 da Lei 14.133/21). Por evidente, caso observe a orientação "X", como o Direito o vincula a ela, se demandado, tem a prerrogativa de ser defendido pela Advocacia Pública, mesmo que não esteja mais no exercício da função. Em decorrência da vinculação, além de ter a prerrogativa de ser defendido pela Advocacia Pública,[29] estará, se não provada a má-fé, isento de responsabilização. Adotado o entendimento "Y", terá que se defender às suas próprias expensas. Porém, se o órgão de controle – Judiciário, Tribunal de Contas – entender que o correto era "Y", e não "X", não será responsabilizado por descumprir a vinculação.

4 Advocacia Pública e segregação das funções

Quando se trata de atividade técnica ou científica, o sistema normativo não tolera a confusão de papéis.[30] Apesar de comumente desprezada, essa regra sempre esteve presente no ordenamento jurídico. Por força dela, um magistrado que seja formado em Engenharia não pode dispensar a perícia de engenharia, quando do exame de uma questão técnica, e utilizar-se de seus conhecimentos pessoais.[31] Como magistrado, é juridicamente habilitado a realizar a atividade judicante, ou seja, a atividade jurídica. Atividade contábil, de engenharia, de medicina, ainda que o magistrado também seja formado em Ciências contábeis, Engenharia ou Medicina, não pode ser por ele exercida. Proíbe-se a confusão de papéis.

A regra impõe-se também para a atividade jurídica administrativa. Suponha-se que um agente político seja formado em Direito. Ele pode realizar a interpretação jurídica, em substituição à Advocacia Pública? Não pode, em decorrência da proibição de confusão de papéis. O papel do presidente da República, governador, prefeito não é estabelecer, de modo vinculante, a interpretação jurídica para a União, Estados e Municípios. A hermenêutica jurídica cabe ao respectivo profissional: o Advogado Público. Dessarte: assim como não pode o magistrado substituir o perito, mesmo quando possua conhecimento técnico, o chefe do Executivo, quando for formado em Direito, não pode substituir o Advogado Público. Essa regra não se aplica apenas ao chefe do Executivo, mas a todos os agentes administrativos.

O Legislador, na Nova Lei de Licitações e Contratos Administrativo (Lei 14.133/21), denominou essa norma de "princípio da segregação das funções". Previu-o expressamente no art. 5º, e o conceituou no §1º do art. 7º: é "vedada a designação do mesmo agente público para atuação simultânea em funções mais suscetíveis a riscos, de modo a reduzir a possibilidade de ocultação de erros e de ocorrência de fraudes na respectiva contratação". Assim, um agente público não pode cumular a função de Advogado Público e agente de contratação ou fiscal do contrato. A autoridade superior,

---

[29] Cf. MARTINS, Ricardo Marcondes. Aspectos controvertidos da Advocacia Pública, *Revista de Direito Administrativo e Infraestrutura* – RDAI, São Paulo, ano 3, n. 09, p. 367-394, abr./jun. 2019, p. 389-391.

[30] Sobre o tema vide: MARTINS, Ricardo Marcondes. Teoria geral da interpretação jurídica: considerações críticas à obra de Black. *Revista de Direito Administrativo e Infraestrutura*. São Paulo, ano 1, v. 3, p. 299-331, out./dez. 2017, em especial p. 320-322.

[31] Foi o que definiu, com maestria, o saudoso professor ALVIM NETTO, José Manoel de Arruda. Apontamentos sobre a perícia. *Revista de processo*. São Paulo, v. 23, p. 9-35, jul./set. 1981.

igualmente, não pode atuar como Advogado Público, agente de contratação ou fiscal do contrato. O sistema não tolera a confusão de papéis, norma legalmente denominada de princípio da segregação das funções.

5 Conclusões

1. Concluiu-se que toda atividade jurídica da Administração Pública deve ser exercida pela Advocacia Pública, instituição integrada por servidores públicos formados em Direito, aprovados no exame da Ordem dos Advogados, aprovados em concurso público para cargo público de provimento efetivo, e, por isso, dotados, após aprovados em estágio probatório, de estabilidade.

2. A necessidade de serem providos em cargo público de provimento efetivo decorre do fato de que a Advocacia de Estado, diversa da Advocacia de Governo, tem por missão defender o interesse da administração pública, muitas vezes dissociado do interesse do governante. Para bem exercer sua função, esses profissionais necessitam das prerrogativas inerentes ao regime estatutário, dentre elas a estabilidade, inerente aos cargos públicos de provimento efetivo.

3. Concluiu-se que o regime dos advogados das empresas estatais exploradoras de atividade econômica deve, necessariamente, ser o estatutário, pois, também eles, devem ser investidos em cargos de provimento efetivo. A Administração indireta também é Administração Pública e, portanto, também pressupõe a Advocacia de Estado e não de Governo.

4. A missão da Advocacia Pública é dizer o direito para a Administração Pública, vale dizer, realizar, no âmbito administrativo, a jurisdição. A interpretação jurídica é necessária tanto para o exercício da competência vinculada, quanto para o exercício da competência discricionária.

5. O interesse secundário, próprio da pessoa estatal, só é tutelado pelo Direito quando for coincidente com o primário. Por isso, não é juridicamente válido que a Advocacia Pública persiga interesse secundário autônomo. Contudo, quando o interesse primário exigir a contrariedade ao secundário, a adequada tutela do interesse público exige que o Advogado Público se submeta às restrições institucionais.

6. A atuação administrativa dá-se, em geral, por meio de agentes não formados em Direito graças ao cumprimento burocrático de regras abstratas. Quando, porém, houver dúvida sobre a interpretação de uma regra legislativa abstrata, ou necessidade de edição de uma regra administrativa em cumprimento direto da Constituição, impõe-se a atuação da Advocacia Pública.

7. Os agentes públicos têm a prerrogativa, e o dever, de consultar a Advocacia Pública tanto sobre a interpretação controversa das normas abstratas como sobre a ponderação administrativa a ser realizada em concreto.

8. Concluiu-se que a interpretação jurídica fixada pela Advocacia Pública é vinculante para todos os órgãos e agentes da respectiva Administração Pública. A vinculação explicitada no parágrafo único do art. 30 da LINDB extrai-se implicitamente da própria missão institucional da Advocacia Pública.

9. A orientação pode ser afastada ou porque o caso é considerado não abrangido por ela ou porque foi considerada equivocada. Ambos os casos exigem nova consulta à Advocacia Pública. A vinculação não é apenas material, mas formal.

10. A interpretação fixada pela Advocacia Pública não prevalece sobre a interpretação jurisdicional. Assim, a vinculação de suas manifestações é afastada quando houver manifestação contrária do Judiciário.

11. Se a autoridade, de boa-fé, seguir a orientação da Advocacia Pública, não poderá ser responsabilizada. Caso questionada, tem a prerrogativa de ser defendida pela própria Advocacia Pública, mesmo que não esteja mais no exercício da função. Caso contrarie a orientação, terá que se defender às suas expensas. Porém, se o órgão de controle entender que a contrariedade foi juridicamente acertada, a autoridade não será responsabilizada por violar a vinculação à interpretação da Advocacia Pública.

12. O sistema normativo não tolera a confusão de papéis: assim como o magistrado não pode substituir o perito na análise de uma questão técnica alheia à questão jurídica; a autoridade administrativa não pode substituir o Advogado Pública na realização da interpretação jurídica. A vedação da confusão de papéis foi denominada pelo legislador de princípio da segregação das funções.

Referências

ALESSI, Renato. *Principi di diritto amministrativo*. v. I. Milano: Giuffrè, 1966.

ALEXY, Robert. *Teoria dos direitos fundamentais*. Trad. Virgílio Afonso da Silva. São Paulo: Malheiros, 2008.

ALVIM NETTO, José Manoel de Arruda. Apontamentos sobre a perícia. *Revista de processo*. São Paulo, v. 23, p. 9-35, jul./set. 1981.

BUSTAMANTE, Thomas da Roda de. *Teoria do precedente judicial*: a justificação e aplicação de regras jurisprudenciais. São Paulo: Contracorrente, 2012.

DI PIETRO, Maria Sylvia Zanella. *Direito Administrativo*: pareceres. Rio de Janeiro: Forense, 2015.

DWORKIN, Ronald. *O império do direito*. Trad. Jefferson Luiz Camargo. São Paulo: Martins Fontes, 2003.

FERRAZ JR., Tercio Sampaio. *A ciência do direito*. São Paulo: Atlas, 1980.

MADUREIRA, Claudio. *Advocacia pública*. Belo Horizonte: Fórum, 2015.

MARINONI, Luiz Guilherme. *Precedentes obrigatórios*. São Paulo: Revista dos Tribunais, 2010.

MARTINS, Ricardo Marcondes. Prescrição da pretensão tributária. *Revista Tributária e de Finanças Públicas*, São Paulo, ano 16, n. 78, p. 202-233, jan./fev. 2008.

MARTINS, Ricardo Marcondes. *Regulação administrativa à luz da Constituição Federal*. São Paulo: Malheiros, 2011.

MARTINS, Ricardo Marcondes. *Estudos de direito administrativo neoconstitucional*. São Paulo: Malheiros, 2015.

MARTINS, Ricardo Marcondes. *Teoria jurídica da liberdade*. São Paulo: Contracorrente, 2015.

MARTINS, Ricardo Marcondes. Estágio probatório e avaliação de desempenho. *Revista Brasileira de Estudos da Função Pública (RBEFP)*, Belo Horizonte, ano 5, n. 13, p.09-35, jan./abr. 2016.

MARTINS, Ricardo Marcondes. Teoria geral da interpretação jurídica: considerações críticas à obra de Black. *Revista de Direito Administrativo e Infraestrutura*. São Paulo, ano 1, v. 3, p. 299-331, out./dez. 2017.

MARTINS, Ricardo Marcondes. "Políticas públicas" e Judiciário: uma abordagem neoconstitucional. *A&C – Revista de direito administrativo & constitucional*, Belo Horizonte, ano 18, n. 71, p. 145-165, jan./mar. 2018.

MARTINS, Ricardo Marcondes. Produção científica do direito administrativo. *Revista Colunistas de Direito do Estado*, São Paulo, n. 393, 22 abr. 2018. Disponível em: https://goo.gl/f2U4oC. Acesso em 13 set. 2022.

MARTINS, Ricardo Marcondes. Aspectos controvertidos da Advocacia Pública. *Revista de Direito Administrativo e Infraestrutura* – RDAI, São Paulo, ano 3, n. 09, p. 367-394, abr./jun. 2019.

MARTINS, Ricardo Marcondes. Teoria constitucional das empresas estatais – 1ª parte. *Revista de Direito Administrativo e Infraestrutura – RDAI*, São Paulo, ano 4, n.14, p. 211-262, jul./set. 2020.

MARTINS, Ricardo Marcondes. Arbitragem administrativa à luz da Constituição Federal. *Revista de direito administrativo e infraestrutura*. São Paulo, ano 05, n. 18, p. 153-181, jul./set. 2021.

MARTINS, Ricardo Marcondes. Contratação de advogados por pessoas jurídicas de direito público. *In:* TAVARES, Gustavo Machado. *A obrigatoriedade constitucional das procuradorias municipais*. Belo Horizonte: Fórum, 2022, p. 237-255.

MARTINS, Ricardo Marcondes. Atos administrativos. *In:* MARTINS, Ricardo Marcondes; BACELLAR FILHO, Romeu Felipe. *Tratado de direito administrativo* – v. 5: Ato administrativo e procedimento administrativo. 3. ed. São Paulo: Revista dos Tribunais, 2022. p. 33-409.

MELLO, Celso Antônio Bandeira de. *Natureza e regime jurídico das autarquias*. São Paulo: Revista dos Tribunais, 1968.

MELLO, Celso Antônio Bandeira de. Juízo liminar: poder-dever de exercício do poder cautelar nessa matéria. *Revista trimestral de direito público*, São Paulo, n. 3, p. 106-116, 1993.

MELLO, Celso Antônio Bandeira de. Mandado de segurança contra denegação ou concessão de liminar. *Revista de direito administrativo e infraestrutura*, São Paulo, ano 3, n. 11, p. 441-449, out./dez. 2019.

MELLO, Celso Antônio Bandeira de. *Revista de direito administrativo e infraestrutura* – RDAI, ano 4, n. 14, p. 439-449, jul./set. 2020.

MELLO, Celso Antônio Bandeira de. *Curso de direito administrativo brasileiro*. 35. ed. São Paulo: Malheiros, 2021.

MENDES, Gilmar Ferreira. A ação declaratória de constitucionalidade e a inovação da Emenda Constitucional n. 03, de 1993. *In:* MARTINS, Ives Gandra da Silva; MENDES, Gilmar Ferreira (Coord.). *Ação declaratória de constitucionalidade*. 1. ed., 3. tir. São Paulo: Saraiva, 1996, p. 51-119.

MENDES, Gilmar Ferreira. *Controle abstrato de constitucionalidade*: ADI, ADC e ADO. São Paulo: Saraiva, 2012.

NOBRE JÚNIOR, Edilson Pereira. *As normas de direito público na lei de introdução ao direito brasileiro*: paradigma para interpretação e aplicação do direito administrativo. São Paulo: Contracorrente, 2019.

SANTIAGO NINO, Carlos. *Introdução* à *análise do direito*. Trad. Elza Maria Gasparotto. São Paulo: WMF Martins Fontes, 2015.

SUNDFELD, Carlos Ari. *Direito administrativo para céticos*. 2. ed. São Paulo: Malheiros, 2014.

SOBRE OS COORDENADORES

Gustavo Machado Tavares
Procurador do Município do Recife. Especialista em Direito Tributário pelo Instituto Brasileiro de Estudos Tributários – Ibet. Especialista em Direito Humanos pela Universidade Católica de Pernambuco – Unicap. Especialista em Direito Penal e Processo Penal pela Faculdade Damas da Instrução Cristã em convênio com Escola Superior de Advocacia – ESA/OAB-PE. Presidente da Associação Nacional dos Procuradores Municipais no biênio 2021-2023. Presidente da Associação dos Procuradores do Município do Recife (2015-2017 e 2019-2021). Conselheiro do Instituto dos Advogados de Pernambuco (2020-2022 e 2022-2024). Presidente da Comissão Organizadora do 2º Concurso de Monografias Oswaldo Aranha Bandeira de Mello.
E-mail: gustavomachadotavares@gmail.com

Raphael Diógenes Serafim Vieira
Procurador do Município de Niterói. Mestrando em Direito Administrativo pela PUC-SP. LL.M pela FGV-Rio Estado e Regulação (LL.M). Bacharel em Direito pela Universidade Federal de Viçosa (UFV). Professor substituto da UFV (2009-2010). Membro do (IDASAN), e dos Grupos de Pesquisas "Ponderação e Contrafações Administrativas-PUC-SP" e "Colaborativo de Direito Administrativo – GDAC-UFF-RJ". Vice-presidente da ANPM no biênio 2016-2018. Coordenador Científico da 1ª e da 2ª edição do Concurso de Monografias Oswaldo Aranha Bandeira de Mello (ANPM).

Taisa Cintra Dosso
Procuradora do Município de Ribeirão Preto. Mestre pela Unesp e Doutora pela PUC Campinas. Pós-Graduada em Direito da Habitação e do Urbanismo junto à Universidade de Lisboa. Conselheira da Ordem dos Advogados do Brasil, Seccional São Paulo, no triênio 2019-2021. Diretora de Eventos Científicos da Associação Nacional dos Procuradores Municipais no biênio 2021-2023. Coordenadora da Escola Nacional de Direito Municipal da ANPM. Vice-presidente da Comissão Organizadora do 2º Concurso de Monografias Oswaldo Aranha Bandeira de Mello.
E-mail: taisacintradosso@gmail.com.

SOBRE OS AUTORES

André Fabiano Guimaraes Araújo
Procurador do Município de Campinas, Mestre em Direito do Estado pela USP, aprovado em 10 concursos da Advocacia Pública.

Eduardo Amin Menezes Hassan
Advogado, Procurador do Município de Salvador, professor e Mestre em Direito Público pela Universidade Federal da Bahia (2013).

Felipe Barbosa de Menezes
Mestre em Direito pela Universidade Federal do Espírito Santo – UFES. Especialista em Direito Público pela UNISUL/SC. Especialista em Direito Marítimo e Portuário pela Faculdade de Direito de Vitória – FDV. Ex-vice-presidente da Comissão de Advogados Públicos da OAB/ES (2015) e membro da Comissão entre os anos de 2012 e 2018. Membro do Grupo de Pesquisa Estado & Direito: Estudos Contemporâneos (foco no tema "Desjudicialização"), vinculado à UEMG. Procurador do Município de Cariacica/ES, Advogado e Consultor Jurídico.

Hélio Augusto Teixeira Silva
Procurador do Município de Ouro Preto/MG. Mestre em Sustentabilidade Socioeconômica e Ambiental – Universidade Federal de Ouro Preto-MG. Pós-Graduado em Gestão Pública e Controle – Escola de Contas Dr. Pedro Aleixo – TCE-MG. Autor de Artigos Científicos publicados na revista do TCE-MG e da Universidade Federal do Paraná/PR.

Kaio Lucas Costa da Silva
Estudante do 6º semestre na Faculdade de Direito da Universidade Federal do Rio Grande do Sul, ex-membro do Núcleo de Pesquisa em Direito Comparado e Internacional, campeão do III Moot Brasileiro de Direito Tributário.

Marianna Vial Brito
Advogada inscrita na OAB-RJ, especialista em Direito Médico e Militar, autora de diversos artigos jurídicos.

Mário Luiz Norris Ribeiro Reis
Ex-Procurador do Município de Barra do Piraí-RJ. Bacharel em Administração Pública e Mestre em Justiça Administrativa pela UFF. Doutorando em Políticas Públicas, Estratégias e Desenvolvimento pelo Instituto de Economia da UFRJ. Consultor da FGV Projetos.

Monica Maria Lauzid de Moraes
Procuradora do Município de Belém/PA. Advogada. Doutora em Ciências Jurídicas e Sociais (UMSA/AR). Mestra em Direito (UFPA/PA). Especialista em Gestão Pública Ambiental (UFPA/PA).

Pedro Henrique do Prado Haram Colucci
Graduando em Direito pela Faculdade de Direito de Franca (FDF), pesquisador dos grupos de pesquisa Direito, Sociedade Mundial e Constituição – DISCO (FDUNB) e Grupo de Pesquisa Estrutura e Dinâmica do Estado Federal – GPEDEF (FDUSP).

Ricardo Marcondes Martins
Procurador do Município de São Paulo. Doutor em Direito Administrativo pela PUC-SP. Professor de Direito Administrativo da PUC-SP. Presidente da Comissão Julgadora do Concurso de Monografias Oswaldo Aranha Bandeira de Mello.

Robson Soares de Souza
Procurador Efetivo do Município de São Lourenço/MG. Mestre em Direito pela Faculdade de Direito do Sul de Minas; Pós- Graduado (*lato sensu*) em: Direito Processual Civil (2008 Univ. Cândido Mendes); Direito Municipal (2010 UNIDERP); Direito Tributário (2018 Faculdade Damásio); Direito do Trabalho (2019 Faculdade Damásio); Direito Público (2019 Faculdade Damásio); Direito Imobiliário (2020 Faculdade Damásio); Direito Notarial e Registral (2021 Faculdade Damásio); Pós-Graduando em Direito Digital e Compliance (Faculdade Damásio).

Vicente Férrer Júnior
Mestre em Direitos Humanos pela Universidade Federal do Pará. Procurador da Fazenda Nacional.

Vinícius Caleffi de Moraes
Procurador do Município de Londrina. Mestre em Direito pela Unicesumar.

Esta obra foi composta em fonte Palatino Linotype, corpo 10
e impressa em papel Offset 75g (miolo) e Supremo 250g (capa)
pela Gráfica Paulinelli, em Belo Horizonte/MG.